DAMA-DMBOK 2

DAMA数据管理知识体系指南

（原书第2版）

[美] DAMA国际　著

DAMA中国分会翻译组　译

《DAMA 数据管理知识体系指南（原书第 2 版）》是 DAMA 国际（DAMA International）组织专家对过去 30 多年数据管理领域知识和实践的总结，是一部综合了数据管理方方面面具有权威性的基础工具书。本书从数据治理、数据架构、数据质量、数据安全、主数据管理、参考数据管理、元数据管理、商务智能和数据参考管理、数据建模设计、数据存储和操作、数据集成和互操作、文档和内容管理、大数据、数据管理人员的道德要求等方面介绍了数据管理的知识体系。DMBOK 已经成为数据管理领域的“圣经”，是指导个人知识体系完善和企业数据管理能力建设的重要文献。本书适合各种组织负责信息化和数字化转型的领导（如 CIO、CDO），从事数据管理的各种技术及业务人员，工作中涉及数据的会计、法律、咨询、教育、政务等领域的人士阅读。同时，也可作为高校 MBA 和计算机专业教学用书。

DAMA-DMBOK2/by DAMA International / ISBN：978-1-63462-234-9

北京市版权局著作权合同登记　图字：01-2018-5041 号。

图书在版编目（CIP）数据

DAMA 数据管理知识体系指南：原书第 2 版/美国 DAMA 国际著；DAMA 中国分会翻译组译 . —北京 ：机械工业出版社，2020. 5（2025. 1 重印）

书名原文：DAMA-DMBOK2

ISBN 978-7-111-65544-2

Ⅰ. ①D…　Ⅱ. ①美…②D…　Ⅲ. ①企业管理-数据管理系统-研究生-教材
Ⅳ. ①F272. 7

中国版本图书馆 CIP 数据核字（2020）第 075429 号

机械工业出版社（北京市西城区百万庄大街 22 号　邮政编码 100037）

策划编辑：张星明　责任编辑：张星明　陈　倩

责任校对：李　杨　责任印制：李　昂

装帧设计：高鹏博

河北宝昌佳彩印刷有限公司印刷

2025 年 1 月第 1 版 · 第 25 次印刷

210mm×285mm · 32 印张 · 769 千字

标准书号：ISBN 978-7-111-65544-2

定价：128. 00 元

电话服务	网络服务
客服电话：010-88361066	机　工　官　网：www. cmpbook. com
010-88379833	机　工　官　博：weibo. com/cmp1952
010-68326294	金　　书　　网：www. golden-book. com
封底无防伪标均为盗版	机工教育服务网：www. cmpedu. com

本书翻译组

组　长

马　欢

组　员

刘　凯	田景熙	吉　雅	訾津津
袁显义	刘庆会	蔡春久	王　轩
姜春宇	郑保卫	杨志洪	王　琤
纪晓东	陈　飚	吴永欢	毛　颖
代国辉	杜绍森	石　杰	何晓梅
刘宇峰	何向飞	杨金坤	陈裕源
季国栋	王　兵	黄万忠	彭　云
张寒梅	马德锋	陈江山	范崇林

中文版序一

国际数据管理协会（DAMA 国际）作为一个国际性的专业机构，最为人所知的应该是以下两项贡献：一个是数据管理知识体系（Data Management Body of Knowledge，DMBOK），另一个是数据管理专业人士认证（Certified Data Management Professional，CDMP）。当然，DAMA 国际还有其他许多亮点，比如每年的 EDW 大会等，但无论如何，DMBOK 仍然是最重要的。

DAMA 国际从成立的那一天起，就致力于建设一套国际公认和权威的数据管理知识体系。这套知识体系是 DAMA 国际所有会员集体智慧的结晶，而 *DAMA-DMBOK*2 正是该结晶的最终体现。本书的出版在 DAMA 国际的历史上和数据管理发展的历程中都具有里程碑意义。

经过 DAMA 中国分会 30 多名会员半年多的努力，本书的翻译工作终于完成。现在，中文版就要面世了！

借此机会，我代表 DAMA 中国分会感谢胡本立先生对本书翻译工作的悉心关怀和指导，也感谢翻译组组长马欢及 DAMA 中国分会会员和志愿者在本书翻译和校对工作中所做出的贡献。在此，还要感谢机械工业出版社的张星明、陈倩两位老师，是他们的敬业精神和专业工作让本书更专业、更规范。

在 *DAMA-DMBOK*2 的出版过程中，DAMA 中国分会更多的是负责翻译工作，作为下一步努力的目标，我希望 *DAMA-DMBOK*3 出版时，能看到 DAMA 中国分会的会员成为作者。中国作为世界第二大经济实体，是全球产业链中不可或缺的重要环节，为世界经济的发展做出了巨大贡献。在数据管理领域，我们对世界也应该有所贡献。在数据管理中，其他国家出现过的问题，我们遇到了；其他国家还未出现的问题，我们也遇到了。实际上，我们已经积累了一定的知识和经验来回馈 DAMA 知识体系。

最后，衷心希望 *DAMA-DMBOK*2 中文版的出版对于促进我国数据管理规范化和科学化发展、提高我国数据管理和数字化水平做出应有的贡献。

汪广盛

中文版序二

在这个不确定的过渡时期，数据的贡献对于人类的生存至关重要，正如彼得·德鲁克所说的，世界正从 IT 的“T”向“I”转变。

DAMA-DMBOK2 是一本非常重要的书，我怀疑很多人对这本书的意义、重要性，卓越性、权威性还不了解……展望不远的将来，它会显示出非凡的意义！而且，我相信这不会是这部开创性作品的最后一个版本！

DAMA-DMBOK2 撰稿人都是很有经验的实践者，其中很多人的名字都是大家熟知的。这不是一本理论书，尽管它具有权威性的理论内容。它主要是一本实践的书、经验的书，表达了当今行业中最优秀实践者所从事的工作。所有的编辑和我、所有的贡献者很快就观察到，这本书代表在出版时那一刻实践者对需求的最好理解，即使是本书的出版商 Steve Hoberman，他也是一位众所周知的、受人尊敬的作者、教育工作者和数据社区的实践者。

当计算机在 1950 年年底和 1960 年年初出现的时候，计算机部门最初被称为电子数据处理（EDP）或自动数据处理（ADP）……这些名称后来被改为数据处理（DP）、信息系统（IS）、管理信息系统（MIS），然后是信息管理（IM）和后来的信息技术（IT）。这些年，发生变化的主要是名称。多次改变门上的名字，但通常情况下，门后没有发生任何变化。它仍然是①数据和②处理……只是某种程度上，似乎很多人都忘记了①数据。在今天的许多想法中，IT 都是关于和仅关于②处理的。

实际上，在 20 世纪 70 年代初期，IBM 的系统开发部门（SDD）生产了一个版本的数据计算机，代号为“F/S”（未来系统），但 IBM 从未将 F/S 引入市场。数据概念出现在 IBM system 38 中，它具有一些今天可能会认识到的特性，类似于 TelaDATA 机器。

过程的概念主导了行业，甚至包括硬件，数据的概念对于整个数据处理历史（IT）起次要作用，无论您选择用什么名称称呼它。我们看到当前很多时尚流行的技术吸引了众多关注，重点都是在处理过程中受到损伤的数据。

彼得·德鲁克在 1998 年 8 月 24 日的福布斯文章《下一次信息革命》中说：“下一次信息革命已经在路上，但信息科学家、信息管理者和信息产业还都在寻找它。它不是技术、机器、技巧、软件或速度的革命。这是概念上的革命。到目前为止，50 年来，信息革命以 IT（信息技术）中的‘T’（技术）为中心。下一次信息革命会聚焦于，信息的意义是什么，信息的目的是什么。”

彼得·德鲁克观察到计算机不是第一次信息革命，而是第四次。第一次革命是五六千年前书写的发明，一种记录信息的方法（纸莎草）。第二次革命是书卷（卷轴）的发明，几千年来知识积累的产物。第三次革命是 1450—1455 年间的可移动类型印刷机的发明。因此，这次的计算机革命实际上是第四次信息革命。“计算机实际上可能加剧了管理者把注意力集中在降低成本的趋势。”当我

1965 年去 IBM 工作时，计算机的营销口号是“更好，更快，更便宜”，这正是生产计算机的动机。

*DAMA-DMBOK*2 不仅是对今天数据实践者相关知识的总结和提炼，更重要的是，它还是未来构建的基础，因为数据处理 DP（IT）的重点已经从 IT 中的“T”（处理）转换到“I”（数据）。数据的意义和目的是创造价值和财富的核心，而不是简单地通过降低成本来提高生产力。在这方面，我不禁联想到 BangLink。

这种转变何时发生？这种转变正是 DAMA 国际存在的目的和原因——为了阐明、促进和支持这种转变。任何出席亚特兰大企业数据世界大会的人都会听到很多关于这个问题的演讲。从现在开始的 50 年里，我们中的很多人仍然在身边（也许那时已退休），但是我们会说：“我们在那里！”“我们都看到了！”我们有我们自己的 *DAMA-DMBOK*2，记录了 2017 年的进展和状态。

在向“信息时代”过渡的关键岁月中，对奉献精神和激情的感激不应仅存在于当下一刻，而要保持持续的敬意。在此，谨向 *DAMA-DMBOK*2 的贡献者和 DAMA 国际表示感谢，并感谢那些坚持不懈的对手和竞争者！

让我们拥抱 *DAMA-DMBOK*2，期待 *DAMA-DMBOK*3！

约翰 · A · 扎克曼（John A. Zachman）

扎克曼框架创始者

原版序

很高兴DAMA国际发布了第2版《DAMA数据管理知识体系指南》（*DAMA-DMBOK2*）。自2009年第1版出版以来，数据管理领域已经出现了有意义的新发展。数据治理已成为许多组织的标准结构；新技术增强了对“大数据”（更多不同格式的数据、半结构化和非结构化数据）的采集和使用能力；作为人们日常生活的一部分，随着人们探索和利用大量数据和信息的专业化能力的不断提升，数据伦理的重要性也日益增强。

这些变化令人兴奋，也对此专业提出了新的要求。为了适应这些变化，DAMA国际重新制定DAMA数据管理框架（DAMA车轮图），使得DMBOK更加深入、清晰和丰富：

· 所有知识领域的语境图都得到了改进和更新。

· 数据集成和互操作作已经被作为一个新的知识领域来强调其重要性（第8章）。

· 由于在数据管理的各个领域都面临着必要的伦理问题，数据处理伦理被作为单独的一章（第2章）论述。

· 数据治理的作用不再仅仅被描述为独立的职能（第3章），数据管理的每个知识领域都有与其关联的论述。

· 在组织变革管理方面也采取了类似的做法，第17章对此做了说明，并将其纳入知识领域各章中进行论述。

· 大数据和数据科学（第14章）与数据管理成熟度评估（第15章）帮助组织了解他们想要发展的方面，并为他们推荐一些工具。

· 本书第2版还包括一套新制定的数据管理原则，以支持组织有效管理数据并从数据资产中获取价值（APTER1）。

希望*DAMA-DMBOK2*能为全球数据管理专业人员提供宝贵的资源和指导。然而，我们也认识到这只是一个起点。只有学习并应用这些理念的时候，真正的进步才会到来。DAMA的存在是为了使大家能够通过分享思想、趋势、问题和解决方案来不断学习进步的。

苏·吉恩（Sue Geuens）

DAMA国际总裁

劳拉·塞巴斯蒂安-科尔曼（Laura Sebastian-Coleman）

DAMA国际出版物干事

目　　录

中文版序一

中文版序二

原版序

第1章　数据管理 …… 1

1.1　引言 …… 1

1.1.1　业务驱动因素 …… 2

1.1.2　目标 …… 2

1.2　基本概念 …… 2

1.2.1　数据 …… 2

1.2.2　数据和信息 …… 3

1.2.3　数据是一种组织资产 …… 4

1.2.4　数据管理原则 …… 4

1.2.5　数据管理的挑战 …… 6

1.2.6　数据管理战略 …… 13

1.3　数据管理框架 …… 14

1.3.1　战略一致性模型 …… 14

1.3.2　阿姆斯特丹信息模型 …… 15

1.3.3　DAMA-DMBOK 框架 …… 15

1.3.4　DMBOK 金字塔（Aiken） …… 19

1.3.5　DAMA 数据管理框架的进化 …… 20

1.4　DAMA 和 DMBOK …… 23

1.5　文献引用与推荐 …… 25

第2章　数据处理伦理 …… 28

2.1　引言 …… 28

2.2　业务驱动因素 …… 29

2.3　基本概念 …… 30

2.3.1　数据伦理准则 …… 30

2.3.2 数据隐私法背后的原则 …… 31

2.3.3 在线数据的伦理环境 …… 34

2.3.4 违背伦理进行数据处理的风险 …… 34

2.3.5 建立数据伦理文化 …… 37

2.3.6 数据伦理和治理 …… 40

2.4 文献引用与推荐 …… 40

第3章 数据治理 …… 43

3.1 引言 …… 43

3.1.1 业务驱动因素 …… 45

3.1.2 目标和原则 …… 46

3.1.3 基本概念 …… 47

3.2 活动 …… 53

3.2.1 规划组织的数据治理 …… 53

3.2.2 制定数据治理战略 …… 55

3.2.3 实施数据治理 …… 60

3.2.4 嵌入数据治理 …… 62

3.3 工具和方法 …… 63

3.3.1 线上应用/网站 …… 63

3.3.2 业务术语表 …… 64

3.3.3 工作流工具 …… 64

3.3.4 文档管理工具 …… 64

3.3.5 数据治理记分卡 …… 64

3.4 实施指南 …… 64

3.4.1 组织和文化 …… 64

3.4.2 调整与沟通 …… 65

3.5 度量指标 …… 65

3.6 文献引用与推荐 …… 66

第4章 数据架构 …… 69

4.1 引言 …… 69

4.1.1 业务驱动因素 …… 70

4.1.2 数据架构成果和实施 …… 71

4.1.3 基本概念 …… 72

4.2 活动 …… 77

4.2.1 建立企业数据架构 …… 79

4.2.2 整合其他企业架构 …… 82

4.3 工具 …… 83

4.3.1 数据建模工具 …… 83

4.3.2 资产管理软件 …… 83

4.3.3 图形设计应用 …… 83

4.4 方法 …… 83

4.4.1 生命周期预测 …… 83

4.4.2 图标使用规范 …… 84

4.5 实施指南 …… 84

4.5.1 就绪评估和风险评估 …… 85

4.5.2 组织和文化 …… 86

4.6 数据架构治理 …… 86

4.6.1 数据架构治理活动 …… 86

4.6.2 度量指标 …… 87

4.7 文献引用与推荐 …… 87

第 5 章 数据建模和设计 …… 90

5.1 引言 …… 90

5.1.1 业务驱动因素 …… 90

5.1.2 目标和原则 …… 91

5.1.3 基本概念 …… 92

5.2 活动 …… 112

5.2.1 规划数据建模 …… 112

5.2.2 建立数据模型 …… 113

5.2.3 审核数据模型 …… 117

5.2.4 维护数据模型 …… 117

5.3 工具 …… 117

5.3.1 数据建模工具 …… 117

5.3.2 数据血缘工具 …… 117

5.3.3 数据分析工具 …… 118

5.3.4 元数据资料库 …… 118

5.3.5 数据模型模式 …… 118

5.3.6 行业数据模型 …… 118

5.4 方法 …… 119

5.4.1 命名约定的最佳实践 …… 119

5.4.2 数据库设计中的最佳实践 …… 119

5.5 数据建模和设计治理 …… 120
5.5.1 数据建模和设计质量管理 …… 120
5.5.2 度量指标 …… 121
5.6 文献引用与推荐 …… 123

第 6 章 数据存储和操作 …… 127
6.1 引言 …… 127
6.1.1 业务驱动因素 …… 128
6.1.2 目标和原则 …… 128
6.1.3 基本概念 …… 129
6.2 活动 …… 145
6.2.1 管理数据库技术 …… 145
6.2.2 管理数据库操作 …… 147
6.3 工具 …… 157
6.3.1 数据建模工具 …… 157
6.3.2 数据库监控工具 …… 157
6.3.3 数据库管理工具 …… 157
6.3.4 开发支持工具 …… 158
6.4 方法 …… 158
6.4.1 在低阶环境中测试 …… 158
6.4.2 物理命名标准 …… 158
6.4.3 所有变更操作脚本化 …… 158
6.5 实施指南 …… 159
6.5.1 就绪评估/风险评估 …… 159
6.5.2 组织和文化变化 …… 159
6.6 数据存储和操作治理 …… 160
6.6.1 度量指标 …… 160
6.6.2 信息资产跟踪 …… 161
6.6.3 数据审计与数据有效性 …… 161
6.7 文献引用与推荐 …… 162

第 7 章 数据安全 …… 165
7.1 引言 …… 165
7.1.1 业务驱动因素 …… 166
7.1.2 目标和原则 …… 168
7.1.3 基本概念 …… 169

7.2 活动 …… 184
7.2.1 识别数据安全需求 …… 185
7.2.2 制定数据安全制度 …… 186
7.2.3 定义数据安全细则 …… 187
7.2.4 评估当前安全风险 …… 189
7.2.5 实施控制和规程 …… 189
7.3 工具 …… 193
7.3.1 杀毒软件/安全软件 …… 193
7.3.2 HTTPS …… 193
7.3.3 身份管理技术 …… 193
7.3.4 入侵侦测和入侵防御软件 …… 193
7.3.5 防火墙（防御） …… 194
7.3.6 元数据跟踪 …… 194
7.3.7 数据脱敏/加密 …… 194
7.4 方法 …… 194
7.4.1 应用 CRUD 矩阵 …… 194
7.4.2 即时安全补丁部署 …… 195
7.4.3 元数据中的数据安全属性 …… 195
7.4.4 项目需求中的安全要求 …… 195
7.4.5 加密数据的高效搜索 …… 195
7.4.6 文件清理 …… 195
7.5 实施指南 …… 196
7.5.1 就绪评估/风险评估 …… 196
7.5.2 组织与文化变革 …… 196
7.5.3 用户数据授权的可见性 …… 197
7.5.4 外包世界中的数据安全 …… 197
7.5.5 云环境中的数据安全 …… 198
7.6 数据安全治理 …… 198
7.6.1 数据安全和企业架构 …… 198
7.6.2 度量指标 …… 199
7.7 文献引用与推荐 …… 201

第 8 章 数据集成和互操作 …… 203
8.1 引言 …… 203
8.1.1 业务驱动因素 …… 204
8.1.2 目标和原则 …… 204

8.1.3 基本概念 …… 206
8.2 活动 …… 215
8.2.1 规划和分析 …… 216
8.2.2 设计数据集成解决方案 …… 218
8.2.3 开发数据集成解决方案 …… 219
8.2.4 实施和监测 …… 221
8.3 工具 …… 221
8.3.1 数据转换引擎/ETL 工具 …… 221
8.3.2 数据虚拟化服务器 …… 222
8.3.3 企业服务总线 …… 222
8.3.4 业务规则引擎 …… 222
8.3.5 数据和流程建模工具 …… 222
8.3.6 数据剖析工具 …… 223
8.3.7 元数据存储库 …… 223
8.4 方法 …… 223
8.5 实施指南 …… 223
8.5.1 就绪评估/风险评估 …… 223
8.5.2 组织和文化变革 …… 224
8.6 数据集成和互操作治理 …… 224
8.6.1 数据共享协议 …… 225
8.6.2 数据集成和互操作与数据血缘 …… 225
8.6.3 度量指标 …… 226
8.7 文献引用与推荐 …… 226

第 9 章 文件和内容管理 …… 229
9.1 引言 …… 229
9.1.1 业务驱动因素 …… 229
9.1.2 目标和原则 …… 230
9.1.3 基本概念 …… 231
9.2 活动 …… 243
9.2.1 规划生命周期的管理 …… 243
9.2.2 创建内容处理制度 …… 244
9.2.3 定义内容信息架构 …… 245
9.2.4 实施的生命周期管理 …… 246
9.2.5 发布和分发内容 …… 248
9.3 工具 …… 249

9.3.1 企业内容管理系统 …… 249
9.3.2 协作工具 …… 251
9.3.3 受控词汇表和元数据工具 …… 251
9.3.4 标准标记和交换格式 …… 252
9.3.5 电子取证技术 …… 254
9.4 方法 …… 254
9.4.1 诉讼应诉手册 …… 254
9.4.2 诉讼应诉数据映射 …… 255
9.5 实施指南 …… 255
9.5.1 就绪评估/风险评估 …… 255
9.5.2 组织和文化变革 …… 257
9.6 文件和内容治理 …… 257
9.6.1 信息治理架构 …… 257
9.6.2 信息的激增 …… 259
9.6.3 管理高质量的内容 …… 259
9.6.4 度量指标 …… 259
9.7 文献引用与推荐 …… 261

第10章 参考数据和主数据 …… 262
10.1 引言 …… 262
10.1.1 业务驱动因素 …… 262
10.1.2 目标和原则 …… 263
10.1.3 基本概念 …… 264
10.2 活动 …… 280
10.2.1 主数据管理活动 …… 280
10.2.2 参考数据管理活动 …… 282
10.3 工具和方法 …… 284
10.4 实施指南 …… 284
10.4.1 遵循主数据架构 …… 284
10.4.2 监测数据流动 …… 284
10.4.3 管理参考数据变更 …… 285
10.4.4 数据共享协议 …… 286
10.4.5 组织和文化变革 …… 286
10.5 参考数据和主数据治理 …… 286
10.5.1 治理过程决定事项 …… 287
10.5.2 度量指标 …… 287

10.6 文献引用与推荐 …… 288

第 11 章 数据仓库和商务智能 …… 290
11.1 引言 …… 290
11.1.1 业务驱动因素 …… 290
11.1.2 目标和原则 …… 291
11.1.3 基本概念 …… 292
11.2 活动 …… 301
11.2.1 理解需求 …… 301
11.2.2 定义和维护数据仓库/商务智能架构 …… 301
11.2.3 开发数据仓库和数据集市 …… 302
11.2.4 加载数据仓库 …… 303
11.2.5 实施商务智能产品组合 …… 304
11.2.6 维护数据产品 …… 305
11.3 工具 …… 307
11.3.1 元数据存储库 …… 307
11.3.2 数据集成工具 …… 308
11.3.3 商务智能工具的类型 …… 308
11.4 方法 …… 311
11.4.1 驱动需求的原型 …… 311
11.4.2 自助式商务智能 …… 312
11.4.3 可查询的审计数据 …… 312
11.5 实施指南 …… 312
11.5.1 就绪评估/风险评估 …… 312
11.5.2 版本路线图 …… 313
11.5.3 配置管理 …… 313
11.5.4 组织与文化变革 …… 313
11.6 数据仓库/商务智能治理 …… 314
11.6.1 业务接受度 …… 315
11.6.2 客户/用户满意度 …… 315
11.6.3 服务水平协议 …… 315
11.6.4 报表策略 …… 315
11.6.5 度量指标 …… 316
11.7 文献引用与推荐 …… 317

第 12 章 元数据管理 …… 320

12.1　引言 …… 320
12.1.1　业务驱动因素 …… 322
12.1.2　目标和原则 …… 322
12.1.3　基本概念 …… 323
12.2　活动 …… 333
12.2.1　定义元数据战略 …… 333
12.2.2　理解元数据需求 …… 334
12.2.3　定义元数据架构 …… 334
12.2.4　创建和维护元数据 …… 336
12.2.5　查询、报告和分析元数据 …… 338
12.3　工具 …… 338
12.4　方法 …… 338
12.4.1　数据血缘和影响分析 …… 338
12.4.2　应用于大数据采集的元数据 …… 340
12.5　实施指南 …… 341
12.5.1　就绪评估/风险评估 …… 341
12.5.2　组织和文化变革 …… 341
12.6　元数据治理 …… 342
12.6.1　过程控制 …… 342
12.6.2　元数据解决方案的文档 …… 342
12.6.3　元数据标准和指南 …… 343
12.6.4　度量指标 …… 343
12.7　文献引用与推荐 …… 344

第13章　数据质量 …… 346
13.1　引言 …… 346
13.1.1　业务驱动因素 …… 348
13.1.2　目标和原则 …… 348
13.1.3　基本概念 …… 349
13.2　活动 …… 365
13.2.1　定义高质量数据 …… 365
13.2.2　定义数据质量战略 …… 366
13.2.3　识别关键数据和业务规则 …… 366
13.2.4　执行初始数据质量评估 …… 367
13.2.5　识别改进方向并确定优先排序 …… 368
13.2.6　定义数据质量改进目标 …… 368

13.2.7 开发和部署数据质量操作 …… 369
13.3 工具 …… 375
13.3.1 数据剖析工具 …… 375
13.3.2 数据查询工具 …… 376
13.3.3 建模和 ETL 工具 …… 376
13.3.4 数据质量规则模板 …… 376
13.3.5 元数据存储库 …… 376
13.4 方法 …… 376
13.4.1 预防措施 …… 376
13.4.2 纠正措施 …… 377
13.4.3 质量检查和审核代码模块 …… 378
13.4.4 有效的数据质量指标 …… 378
13.4.5 统计过程控制 …… 379
13.4.6 根本原因分析 …… 380
13.5 实施指南 …… 380
13.5.1 就绪评估/风险评估 …… 381
13.5.2 组织与文化变革 …… 382
13.6 数据质量和数据治理 …… 382
13.6.1 数据质量制度 …… 383
13.6.2 度量指标 …… 383
13.7 文献引用与推荐 …… 384

第14章 大数据和数据科学 …… 386
14.1 引言 …… 386
14.1.1 业务驱动 …… 387
14.1.2 原则 …… 387
14.1.3 基本理念 …… 387
14.2 活动 …… 397
14.2.1 定义大数据战略和业务需求 …… 397
14.2.2 选择数据源 …… 398
14.2.3 获得和接收数据源 …… 399
14.2.4 制定数据假设和方法 …… 399
14.2.5 集成和调整数据进行分析 …… 400
14.2.6 使用模型探索数据 …… 400
14.2.7 部署和监控 …… 402
14.3 工具 …… 402

14.3.1 MPP 无共享技术和架构 …… 403
14.3.2 基于分布式文件的数据库 …… 404
14.3.3 数据库内算法 …… 405
14.3.4 大数据云解决方案 …… 405
14.3.5 统计计算和图形语言 …… 405
14.3.6 数据可视化工具集 …… 405
14.4 方法 …… 406
14.4.1 解析建模 …… 406
14.4.2 大数据建模 …… 407
14.5 实施指南 …… 407
14.5.1 战略一致性 …… 407
14.5.2 就绪评估/风险评估 …… 408
14.5.3 组织与文化变迁 …… 408
14.6 大数据和数据科学治理 …… 409
14.6.1 可视化渠道管理 …… 409
14.6.2 数据科学和可视化标准 …… 409
14.6.3 数据安全 …… 410
14.6.4 元数据 …… 410
14.6.5 数据质量 …… 411
14.6.6 度量指标 …… 411
14.7 文献引用与推荐 …… 412
第 15 章　数据管理成熟度评估 …… 415
15.1 引言 …… 415
15.1.1 业务驱动因素 …… 416
15.1.2 目标和原则 …… 416
15.1.3 基本概念 …… 418
15.2 活动 …… 421
15.2.1 规划评估活动 …… 422
15.2.2 执行成熟度评估 …… 423
15.2.3 解释结果及建议 …… 424
15.2.4 制订有针对性的改进计划 …… 425
15.2.5 重新评估成熟度 …… 426
15.3 工具 …… 426
15.4 方法 …… 426
15.4.1 选择 DMM 框架 …… 427

15.4.2 DAMA-DMBOK 框架使用 …… 427
15.5 实施指南 …… 428
15.5.1 就绪评估/风险评估 …… 428
15.5.2 组织和文化变革 …… 428
15.6 成熟度管理治理 …… 429
15.6.1 DMMA 过程监督 …… 429
15.6.2 度量指标 …… 429
15.7 文献引用与推荐 …… 430

第 16 章 数据管理组织与角色期望 …… 432
16.1 引言 …… 432
16.2 了解现有的组织和文化规范 …… 432
16.3 数据管理组织的结构 …… 434
16.3.1 分散运营模式 …… 434
16.3.2 网络运营模式 …… 435
16.3.3 集中运营模式 …… 435
16.3.4 混合运营模式 …… 436
16.3.5 联邦运营模式 …… 436
16.3.6 确定组织的最佳模式 …… 438
16.3.7 DMO 替代方案和设计考虑因素 …… 438
16.4 关键成功因素 …… 439
16.4.1 高管层的支持 …… 439
16.4.2 明确的愿景 …… 439
16.4.3 积极的变更管理 …… 440
16.4.4 领导者之间的共识 …… 440
16.4.5 持续的沟通 …… 440
16.4.6 利益相关方的参与 …… 440
16.4.7 指导和培训 …… 441
16.4.8 采用度量策略 …… 441
16.4.9 坚持指导原则 …… 441
16.4.10 演进而非革命 …… 441
16.5 建立数据管理组织 …… 442
16.5.1 识别当前的数据管理参与者 …… 442
16.5.2 识别委员会的参与者 …… 442
16.5.3 识别和分析利益相关方 …… 442
16.5.4 让利益相关方参与进来 …… 443

16.6 数据管理组织与其他数据相关机构之间的沟通 …… 444
16.6.1 首席数据官 …… 444
16.6.2 数据治理 …… 445
16.6.3 数据质量 …… 445
16.6.4 企业架构 …… 446
16.6.5 管理全球化组织 …… 446
16.7 数据管理角色 …… 447
16.7.1 组织角色 …… 447
16.7.2 个人角色 …… 447
16.8 文献引用与推荐 …… 449

第17章　数据管理和组织变革管理 …… 452

17.1 引言 …… 452
17.2 变革法则 …… 452
17.3 并非管理变革：而是管理转型过程 …… 453
17.4 科特的变革管理八大误区 …… 455
17.4.1 误区一：过于自满 …… 456
17.4.2 误区二：未能建立足够强大的指导联盟 …… 456
17.4.3 误区三：低估愿景的力量 …… 456
17.4.4 误区四：10倍、100倍或1000倍地放大愿景 …… 457
17.4.5 误区五：允许阻挡愿景的障碍存在 …… 457
17.4.6 误区六：未能创造短期收益 …… 458
17.4.7 误区七：过早宣布胜利 …… 458
17.4.8 误区八：忽视将变革融入企业文化 …… 459
17.5 科特的重大变革八步法 …… 459
17.5.1 树立紧迫感 …… 460
17.5.2 指导联盟 …… 463
17.5.3 发展愿景和战略 …… 466
17.5.4 沟通传达变革愿景 …… 468
17.6 变革的秘诀 …… 472
17.7 创新扩散和持续变革 …… 473
17.7.1 随着创新扩散而需克服的挑战 …… 474
17.7.2 创新扩散的关键要素 …… 474
17.7.3 创新采纳的五个阶段 …… 475
17.7.4 接受或拒绝创新变革的影响因素 …… 476
17.8 持续变革 …… 476

17.8.1　紧迫感/不满意感 …… 477
17.8.2　构建愿景 …… 477
17.8.3　指导联盟 …… 477
17.8.4　相对优势和可观测性 …… 477
17.9　数据管理价值的沟通 …… 478
17.9.1　沟通原则 …… 478
17.9.2　受众评估与准备 …… 479
17.9.3　人的因素 …… 479
17.9.4　沟通计划 …… 480
17.9.5　保持沟通 …… 481
17.10　文献引用与推荐 …… 481

致谢 …… 483

附录 …… 484
附录 A　主要贡献者 …… 484
附录 B　审阅和评论者 …… 485

第1章　数据管理

1.1　引言

很多组织已经认识到，他们的数据是一种至关重要的企业资产。数据和信息能使他们洞察顾客、产品和服务，帮助他们创新并实现其战略目标。尽管如此，却很少有组织能将他们的数据作为一项资产进行积极管理，并从中获得持续价值（Evans 和 Price，2012）。从数据中获取的价值不可能凭空产生或依赖于偶然，需要有目标、规划、协作和保障，也需要管理和领导力。

数据管理（Data Management）是为了交付、控制、保护并提升数据和信息资产的价值，在其整个生命周期中制订计划、制度、规程和实践活动，并执行和监督的过程。

数据管理专业人员（Data Management Professional）是指从事数据管理各方面的工作（从数据全生命周期的技术管理工作，到确保数据的合理利用及发挥作用），并通过其工作来实现组织战略目标的任何人员。数据管理专业人员在组织中担当着诸多角色，从高级技术人员（如数据库管理员、网络管理员、程序员）到战略业务人员（如数据管理专员、数据策略师、首席数据官等）。

数据管理活动的范围广泛，包括从对如何利用数据的战略价值做出一致性决定，到数据库的技术部署和性能提升等所有方面。因此，数据管理需要技术的和非技术的双重技能。管理数据的责任必须由业务人员和信息技术人员两类角色共同承担，这两个领域的人员需要相互协作，确保组织拥有满足战略需求的高质量数据。

数据和信息不仅是企业为获取未来价值而投资的资产，它们对大多数组织的日常运营也至关重要，因而被称为信息经济的“货币”“生命之血”，甚至“新的石油”[⊖]。一个组织可能没有从数据分析中获得价值，但是绝对无法在没有数据的情况下开展业务。

随着专业领域的发展和成熟，为支持数据管理专业人员开展工作，DAMA 国际数据管理协会出版了本书，即《DAMA 数据管理知识体系指南》（第2版）。本书是在2009年《DAMA 数据管理知识体系指南》（第1版）提供的基础知识的基础上，经过逐步补充和完善，最终编纂而成的。

本章介绍了一组数据管理原则，讨论了遵循这些原则过程中所遇到的挑战，并提出了应对这些挑战的方法。本章也描述了 DAMA 数据管理框架，为数据管理专业人员在各种数据管理知识领域内开展的工作提供关联语境。

⊖ Google “data as currency” “data as life blood” and “the new oil”。

1.1.1 业务驱动因素

信息和知识是竞争优势的关键。拥有关于客户、产品、服务和运营的可靠、高质量数据的组织，能够比没有数据或数据不可靠的组织做出更好的决策。如果不能像管理资本一样管理好数据，就会浪费和失去机会。正如有效管理财务和物理资产使组织能够从这些资产中获取价值一样，数据管理的主要驱动力也是使组织能够从其数据资产中获取价值。

1.1.2 目标

组织管理数据的目标包括：

1）理解并支撑企业及其利益相关方（包括客户、员工和业务合作伙伴等）的信息需求得到满足。

2）获取、存储、保护数据和确保数据资产的完整性。

3）确保数据和信息的质量。

4）确保利益相关方的数据隐私和保密性。

5）防止数据和信息未经授权或被不当访问、操作及使用。

6）确保数据能有效地服务于企业增值的目标。

1.2 基本概念

1.2.1 数据

长期以来，对数据的定义强调了它在反映客观事实方面的作用[㊀]。在信息技术中，数据也被理解为以数字形式存储的信息（尽管数据不仅限于已数字化的信息，而且与数据库中的数据相同，数据管理的原则也适用于纸面上的数据）。但是今天人们可以获得如此之多的电子信息，与这些早期不可能被称为“数据”的数据，如姓名、地址、生日、周六晚餐吃的东西、最近买的书等有关。

诸如此类的个人事实信息可以被汇总、分析并用于营利，以及改善健康或影响公众政策等。此

㊀ 《新牛津美式词典》将数据定义为：收集到一起进行分析的事实和统计信息。美国质量协会（ASQ）将数据定义为：收集到的一组事实，并把数值数据分为两种类型：测量数据或变量数据、计数数据或属性数据。国际标准化组织（ISO）将数据定义为：以适合于通信、解释或处理为目的，以形式化方式对信息重新解释的表达（ISO 11179）。该定义强调数据的电子性质，并正确地假定数据需要标准，因为它是通过信息技术系统管理的。这就是说，它不涉及跨不同系统以一致的方式将数据形式化的挑战，也不能很好地解释非结构化数据的概念。

外，技术可以测量各种事件和活动（从宇宙大爆炸的影响到人们的心跳），可以收集、存储并分析从前不被视为数据的各种事/物的电子版本（视频、图片、录音和文档等），这几乎超越了人们将这些数据合成为可用信息的能力[1]。要利用各种数据而不被其容量和增长速度所压倒，需要可靠的、可扩展的数据管理实践。

大多数人认为数据代表事实，数据是这个世界中与某个事实结合在一起的一种真实表达。但“事实”并不总是简单或直接的。数据是一种表示方法，它代表的是除自身以外的事物（Chisholm，2010）。数据既是对其所代表对象的解释，也是必须被解释的对象（Sebastian Coleman，2013）。这是人们需要语境或上下文使数据有意义的另一种说法。语境可被视为数据的表示系统，该系统包括一个公共词汇表和一系列组件之间的关系，如果知道这样一个系统的约定，就可解释其中的数据[2]。这些数据通常记录在一种特殊类型的数据——元数据中。

可是，由于人们经常在如何表达概念时会做出不同选择，他们创造了表示相同概念的不同方式。从这些不同的选择中，数据呈现出不同的形态。参考人们对日期数据的多种表示方法就可以理解，因此对这个概念要有一个约定好的定义。现在考虑一些更复杂的概念（如客户或产品），其中需要表示内容的颗粒度和详细程度并不总是显而易见的，表示过程也会变得更复杂。随着时间的推移，管理这些信息的过程也会变得更复杂（参见第 10 章）。

即使在一个组织中，也常有同一概念的多种表示方法。因此，需要对数据架构、建模、治理、管理制度以及元数据和数据质量进行管理，所有这些都有助于人们理解和使用数据。当数据跨越多个组织时，多种多样的问题会成倍增加。因此，需要行业级的数据标准，以提高数据一致性。

组织总是需要管理其数据，但技术变化扩展了这种管理的需求范围，因为它们已改变了人们对数据是什么的理解。这些变化让组织能以新方法使用数据来创造产品、分享信息、创造知识并提高组织的成功概率。随着技术的迅速发展以及人类产生、获取和挖掘有意义数据能力的提升，加强有效管理数据变得十分必要。

1.2.2　数据和信息

关于数据和信息的描述早已汗牛充栋。数据被称为“信息的原材料”，而信息则被称为“在上下文语境中的数据”[3]。通常，金字塔模型用于分层描述位于底层的数据、信息、知识与位于顶层的智慧之间的关系。虽然金字塔有助于描述数据需要良好管理的原因，但这种表示方式为数据管理带来了几个异议。

1）基于数据是简单存在的假设。但数据并不是简单存在，而是要被创造出来的。

2）人们将数据到智慧描述为一个自下而上的逐级序列，但未认识到创建数据首先需要知识。

3）金字塔模型意味着数据和信息是分开的，但事实上这两个概念是相互交织并相互依赖的。数据是信息的一种形式，信息也是数据的一种形式。

---

[1] http：//ubm. io/2c4yPOJ（访问日期 2016-12-04）；http：//bit. ly/1rOQkt1（访问日期 2016-12-04）。

[2] 有关数据构造性的更多信息，请参阅：Kent，*Data and Reality*（2012）和 Devlin，*Business Unintelligence*（2013）。

[3] English 1999 年的有关著作和 DAMA（2009）。

组织内部在数据和信息之间画一条线，可能有助于清晰地沟通不同利益相关方对不同用途的需求和期望（如“这是上季度的销售报告”（信息）。它基于数据仓库中的数据（数据）。下一季度，这些结果（数据）将用于生成季度绩效指标（信息）。认识到要为不同的目的准备数据和信息，将使数据管理形成一个核心原则：数据和信息都需要被管理；如果再将两者的使用和客户的需求结合在一起进行管理，则两者应具有更高的质量。在本书中，这些术语可以互换使用。

1.2.3 数据是一种组织资产

资产是一种经济资源，能被拥有或控制、持有或产生价值。资产可以转化为货币。尽管对将数据作为资产进行管理意味着什么的理解仍在不断发展，但是数据已经被广泛认可为一种企业资产。在 20 世纪 90 年代初，一些组织发现商誉的价值是否应该被赋予货币价值是值得怀疑的。现在，“商誉价值”已经通常显示为损益表上的一个项目。同样，虽然数据的资产化还没有得到普遍认可，但越来越常见，在不久的将来，就会被看作损益表上的一个特征（参见第 3 章）。

如今的组织依靠数据资产做出更高效的决定，并拥有更高效的运营。企业运用数据去理解他们的客户，创造出新的产品和服务，并通过削减成本和控制风险的手段来提高运营效率。政府代理机构、教育机构以及非营利组织也需要高质量的数据来指导他们的运营、战术和战略活动。随着大量组织越来越依赖数据，可以更清楚地确定数据资产的价值。

许多组织把自己定义为“数据驱动”型组织。想要保持竞争力的企业必须停止基于直觉或感觉做出决策，而是使用事件触发和应用分析来获得可操作的洞察力。数据驱动包括认识到必须通过业务领导和技术专业知识的合作关系，以专业的规则高效地管理数据。

此外，当今的业务发展速度意味着变革不再是可选项，数字化转型已经成为共识。为了做出反应，业务部门必须与技术数据专业人员共同创建信息解决方案，并与相应的业务团队一起工作。他们必须计划如何获取并管理那些他们知道的用来支持业务战略的数据。

1.2.4 数据管理原则

数据管理和其他形式的资产管理具有共同的特性，如图 1-1 所示。它涉及了解一个组织拥有什么数据以及可以用它完成什么，然后确定利用数据资产来实现组织目标的最佳方式。

同其他管理流程一样，数据管理也必须平衡战略和运营需求。这种平衡最好是遵循一套原则，根据数据管理的特征来指导数据管理实践。

（1）数据是有独特属性的资产

数据是一种资产，但相比其他资产，其在管理方式的某些方面有很大差异。对比金融和实物资产，其中最明显的一个特点是数据资产在使用过程中不会产生消耗。

（2）数据的价值可以用经济术语来表示

将数据称为资产意味着它有价值。虽然有技术手段可以测量数据的数量和质量，但还未形成这样做的标准来衡量其价值。想要对其数据做出更好决策的组织，应该开发一致的方法来量化该价

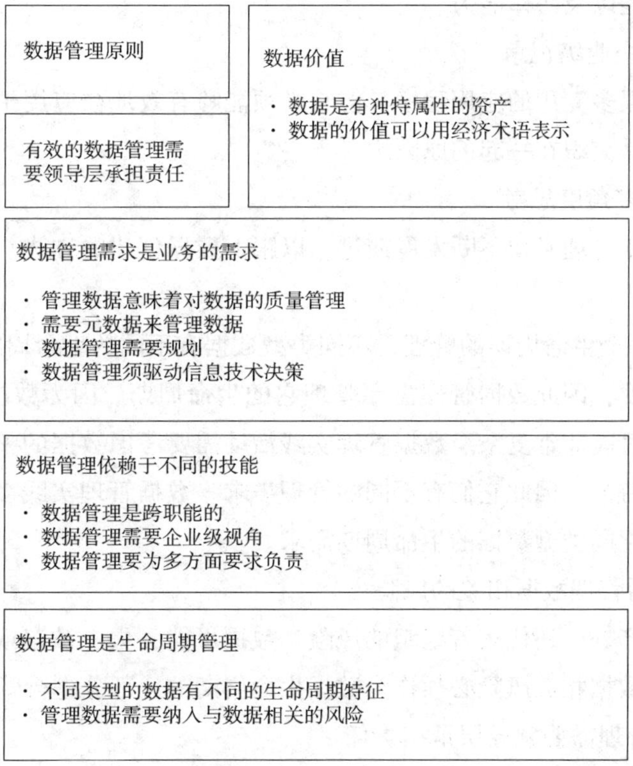

数据管理原则	数据价值 · 数据是有独特属性的资产 · 数据的价值可以用经济术语表示
有效的数据管理需要领导层承担责任	

数据管理需求是业务的需求

- 管理数据意味着对数据的质量管理
- 需要元数据来管理数据
- 数据管理需要规划
- 数据管理须驱动信息技术决策

数据管理依赖于不同的技能

- 数据管理是跨职能的
- 数据管理需要企业级视角
- 数据管理要为多方面要求负责

数据管理是生命周期管理

- 不同类型的数据有不同的生命周期特征
- 管理数据需要纳入与数据相关的风险

图 1-1　数据管理原则

值。他们还应该衡量低质量数据的成本和高质量数据的好处。

（3）管理数据意味着数据质量管理

确保数据符合应用的要求是数据管理的首要目标。为了管理质量，组织必须了解利益相关方对质量的要求，并根据这些要求度量数据。

（4）管理数据需要元数据

管理任何资产都需要首先拥有该项资产的数据（员工人数、账户号码等）。用于管理和使用数据的数据都称为元数据。因为数据无法拿在手中或触摸到，要理解它是什么以及如何使用它，需要以元数据的形式定义这些知识。元数据源于与数据创建、处理和使用相关的一系列流程，包括架构、建模、管理、治理、数据质量管理、系统开发、IT 和业务运营以及分析。

（5）数据管理需要规划

即便是小型组织，也可能有复杂的技术和业务流程蓝图。数据在多个地方被创建，且因为使用需要在很多存储位置间移动，因而需要做一些协调工作来保持最终结果的一致，需要从架构和流程的角度进行规划。

（6）数据管理须驱动信息技术决策

数据和数据管理与信息技术和信息技术管理紧密结合。管理数据需要一种方法，确保技术服务于而不是驱动组织的战略数据。

（7）数据管理是跨职能的工作

数据管理需要一系列的技能和专业知识，因此单个团队无法管理组织的所有数据。数据管理需要技术能力、非技术技能以及协作能力。

（8）数据管理需要企业级视角

虽然数据管理存在很多专用的应用程序，但它必须能够有效地被应用于整个企业。这就是为什么数据管理和数据治理是交织在一起的原因之一。

（9）数据管理需要多角度思考

数据是流动的，数据管理必须不断发展演进，以跟上数据创建的方式、应用的方式和消费者的变化。

（10）数据管理需要全生命周期的管理，不同类型数据有不同的生命周期特征

数据是有生命周期的，因此数据管理需要管理它的生命周期。因为数据又将产生更多的数据，所以数据生命周期本身可能非常复杂。数据管理实践活动需要考虑数据的整个生命周期。不同类型数据有不同的生命周期特征，因此它们有不同的管理需求。数据管理实践需要基于这些差异，保持足够的灵活性，以满足不同类型数据的生命周期需求。

（11）数据管理包括管理数据相关的风险

数据除了是一种资产外，还代表着组织的风险。数据可能丢失、被盗或误用。组织必须考虑其使用数据的伦理影响。数据相关风险必须作为数据生命周期的一部分进行管理。

（12）有效的数据管理需要领导层承担责任

数据管理涉及一些复杂的过程，需要协调、协作和承诺。为了达到目标，不仅需要管理技巧，还需要来自领导层的愿景和使命。

1.2.5 数据管理的挑战

由于数据管理具有源自数据本身属性的独特特性，因此遵循这些原则也带来了很多挑战。下面将讨论这些挑战的细节，其中许多挑战涉及多个原则。

1. 数据与其他资产的区别㊀

实物资产是看得见、摸得着、可以移动的，在同一时刻只能被放置在一个地方。金融资产必须在资产负债表上记账。然而数据不同，它不是有形的。尽管数据的价值经常随着时间的推移而变化，但它是持久的、不会磨损的。数据很容易被复制和传送，但它一旦被丢失或销毁，就不容易重新产生了。因为它在使用时不会被消耗，所以它甚至可以在不损耗的情况下被偷走。数据是动态的，可以被用于多种目的。同样，数据甚至可以在同时被许多人使用，而对实物资产或金融资产来说，这是不可能的。数据被多次使用产生了更多的数据，大多数组织不得不管理不断提升的数据量和越来越复杂的数据关系。

这些差异使得给数据设定货币价值具有挑战性。如果没有这种货币价值，就很难衡量数据是如何促进组织成功的。这些差异还引发了影响数据管理的其他问题，如定义数据所有权、列出组织拥

㊀ 托马斯·雷德曼（Redman Thomas）《信息时代的数据质量》（*Data Quality for the Information Age*，1996）第 41-42、232-236 页；《数据驱动》（*Data Driven*，2008）第 1 章“数据和信息的奇妙和危险特性”。

有的数据量、防止数据滥用、管理与数据冗余相关的风险以及定义和实施数据质量标准。

尽管在测量数据价值方面存在很大的挑战，但大多数人已认识到数据确实存在价值。一个组织的数据对它自身而言是唯一的，如果组织唯一的数据（如客户列表、产品库存或索赔历史）被丢失或销毁，则重新产生这些数据将是不可能的或极其昂贵的。数据也是组织了解自身的手段——它是描述其他资产的元资产（meta-asset）。因此，它为组织的洞察力提供了基础。

无论是在组织内部，还是在各组织之间，数据和信息对于开展业务都是至关重要的。大多数业务交易涉及信息交换。大多数信息是以电子方式交换的，从而创建了一个数据流。除了标记已发生的交换之外，此数据流还可用于其他目的，如可以提供关于组织如何工作的信息。

由于数据在任何组织中都扮演着重要的角色，因此需要谨慎地管理数据。

2. 数据价值

价值（Value）是一件事物的成本和从中获得利益的差额。对于有些资产而言，如存货，计算价值就非常容易，就是它的购买成本和销售价格之间的差额。但对于数据而言，无论是数据的成本还是利润都没有统一标准，这些计算会变得错综复杂。

每个组织的数据都是唯一的，因此评估数据价值需要首先计算在组织内部持续付出的一般性成本和各类收益。类别举例如下[㊀]：

1）获取和存储数据的成本。

2）如果数据丢失，更换数据需要的成本。

3）数据丢失对组织的影响。

4）风险缓解成本和与数据相关的潜在风险成本。

5）改进数据的成本。

6）高质量数据的优势。

7）竞争对手为数据付出的费用。

8）数据潜在的销售价格。

9）创新性应用数据的预期收入。

评估数据资产面临的主要挑战是，数据的价值是上下文相关的（对一个组织有价值的东西可能对另一个组织没有价值），而且往往是暂时的（昨天有价值的东西今天可能没有价值）。即便如此，在一个组织中，某些类型数据可能具有一贯的价值，如可靠的客户信息。随着越来越多与客户活动相关的数据得以积累，客户信息随着时间的推移变得更有价值。

在数据管理方面，将财务价值与数据建立关联的方法至关重要，因为组织需要从财务角度了解资产，以便做出一致的决策。重视数据，是重视数据管理活动的基础[㊁]。数据评估过程也可以作为变更管理的一种手段。要求数据管理专业人员和他们支持的利益相关方了解他们工作的财务意义，可以帮助组织转变对自己数据的理解，并通过这一点转变对数据管理的方法。

㊀ 当DMBOK2英文版准备出版时，另一种评估数据的方法出现在新闻中：Wannacry勒索软件攻击（2017-05-17）影响了150个国家的10万余个组织。罪犯使用该软件将数据作为人质，直到受害者支付赎金才解锁并释放他们的数据。http：//bit. ly/2tnoyq7。

㊁ 有关案例研究和示例，请参阅Aiken和Billings的《货币化数据管理》（*Monetizing Data Management*，2014）。

3. 数据质量

确保高质量的数据是数据管理的核心。组织想要管理自己的数据是因为他们想要使用它，如果他们不能依靠这些数据来满足企业需求，那么收集、存储、保护和访问数据就是一种浪费。为了确保数据满足商业需要，他们必须与数据消费方共同合作来定义需求，其中包括高质量数据的具体要求。

很大程度上因为数据和信息技术紧密联系，管理数据质量一直被视为“事后诸葛亮”。IT 团队通常对他们创建的系统应该存储的数据不屑一顾，很可能是某个程序员第一次看到了“垃圾进，垃圾出”的数据，毫无疑问，他也不想管。但对于想要使用这些数据的人来说却不能忽略数据质量问题，他们通常假设数据是可靠且值得信任的，直到他们有确凿证据开始怀疑。一旦他们不再相信数据可靠，重新获得信任就变得很困难。

多数情况下要在运用数据的过程中进行学习，并进一步创造价值。例如，了解客户习惯以改进产品或服务质量，评估组织绩效或市场趋势以制定更好的业务战略。低质量的数据会对这些决策产生负面影响。

同样重要的是，低质量的数据对任何组织来说都是代价高昂的。尽管估计值不尽相同，但专家认为，企业在处理数据质量问题上的支出占收入的 10% ~30%。IBM 估计，2016 年美国低质量数据的成本为 3.1 万亿美元[㊀]。很多低质量数据的成本是隐藏的、间接的，因此很难测量。其他如罚款等直接成本则是非常容易计算的。

低质量数据的成本主要来源于：

1）报废和返工。

2）解决方法和隐藏的纠正过程。

3）组织效率低下或生产力低下。

4）组织冲突。

5）工作满意度低。

6）客户不满意。

7）机会成本，包括无法创新。

8）合规成本或罚款。

9）声誉成本。

高质量数据的作用包括：

1）改善客户体验。

2）提高生产力。

3）降低风险。

4）快速响应商机。

5）增加收入。

㊀ 据托马斯·雷德曼（Redman，Thomas）报道，“坏数据每年要花费 3 万亿美元。”《哈佛商业评论》（*Harvard Business Review*，2016-09-22）。https：//hbr. org/2016/09/ bad-data-costs-the-u-s-3-trillion-per-year。

6）洞察客户、产品、流程和商机，获得竞争优势。

正如这些成本和收益所暗示的那样，管理数据质量并不是一次性的工作。生成高质量数据需要做好计划并执行，以及拥有将质量构建到流程和系统中的观念。所有的数据管理功能都会影响数据质量，可能很好，也可能很糟糕，所以在执行任何数据管理工作时都必须考虑到这一点（参见第13章）。

4. 数据优化计划

正如1.1节引言所述，从数据中获取价值不是偶然的，需要以多种形式进行规划。首先要认识到组织可以控制自己如何获取和创建数据，如果把数据视作创造的一种产品，他们将要通过它的生命周期做出更好的决定。这些决策需要系统思考，因为它们涉及：

1）数据也许被视为独立于业务流程存在。

2）业务流程与支持它们的技术之间的关系。

3）系统的设计和架构及其所生成和存储的数据。

4）可能被用于推动组织战略的使用数据的方式。

更好的数据规划需要有针对架构、模型和功能设计的战略路径。它也取决于业务和IT领导之间的战略协作，以及单个项目的执行力。

挑战在于，通常存在组织、时间和金钱方面的长期压力，因而阻碍了优化计划的执行。组织在执行战略时必须平衡长期目标和短期目标。只有明确权衡，才会获得有效决策。

5. 元数据和数据管理

组织需要可靠的元数据去管理数据资产，从这个意义上讲应该全面地理解元数据。它不仅包括业务、技术和第12章描述的元数据操作，还包括嵌入在数据架构、数据模型、数据安全需求、数据集成标准和数据操作流程的元数据。

元数据描述了一个组织拥有什么数据，它代表什么、如何被分类、它来自哪里、在组织之内如何移动、如何在使用中演进、谁可以使用它以及是否为高质量数据。数据是抽象的，上下文语境的定义和其他描述让数据清晰明确。它们使数据、数据生命周期和包含数据的复杂系统易于理解。

挑战在于，元数据是以数据形式构成的，因此需要进行严格管理。通常，管理不好数据的组织根本不管理元数据。元数据管理是全面改进数据管理的起点。

6. 数据管理是跨职能的工作

数据管理是一个复杂的过程。在数据生命周期中，不同阶段由不同团队进行不同的管理。数据管理需要系统规划的设计技能、管理硬件和构建软件的高技术技能、利用数据分析理解问题和解释数据的技能、通过定义和模型达成共识的语言技能以及发现客户服务商机和实现目标的战略思维。

挑战在于，让具备这一系列技能和观点的人认识到各部分是如何结合在一起的，从而使他们能够协作并朝着共同的目标努力。

7. 建立企业的视角

管理数据需要理解一个组织中的机会和数据范围。数据是组织中的“横向领域”之一，它跨越不同垂直领域，如销售、营销和运营。数据不仅对组织是独特的，有时对部门或组织的其他部分也是独特的。由于数据通常被简单地视为操作流程的副产品（如销售交易记录是销售流程的副产品），因此通常不会制订超出眼前需求的计划。

甚至在组织内部，数据都可能是迥然不同的。数据源于组织内的多个来源，不同的部门会用不同的方式表示相同的概念（如客户、产品、供应商）。参与数据集成或主数据管理项目的人都可以证明，代表性选择中的细微（或明显）差异在整个组织中都存在挑战。但同时利益相关方会假定一个组织的数据应该是一致的，管理数据的目标是使其以合理的方式组合在一起，以便广大的数据消费者可以使用它。

数据治理变得越来越重要的一个原因是帮助组织跨垂直领域做出数据决策（参见第 3 章）。

8. 数据管理需要多角度思考

现在的组织既使用他们自己产生的数据，也使用从外部获取的数据。他们必须考虑不同国家和行业的法律和合规要求。生产数据的人常常忘记后续有人需要使用数据。了解数据的潜在用途有助于更好地规划数据生命周期，并据此获得更高质量的数据。由于数据会被误用，因此要考虑减少误用的风险。

9. 数据生命周期

像其他资产一样，数据也有生命周期。为了有效管理数据资产，组织需要理解并为数据生命周期进行规划。以组织如何用好数据为管理数据的目标，这是战略性的管理要求。从战略上讲，组织不仅要定义其数据内容需求，还要定义其数据管理要求。这些要求包括对使用、质量、控制和安全的制度和期望，企业架构和设计方法，以及基础设施和软件开发的可持续方法。

数据的生命周期基于产品的生命周期，它不应该与系统开发生命周期混淆。从概念上讲，数据生命周期很容易描述（图 1-2）。它包括创建或获取、移动、转换和存储数据并使其得以维护和共享的过程，使用数据的过程，以及处理数据的过程[⊖]。在数据的整个生命周期中，可以清理、转换、合并、增强或聚合数据。随着数据的使用或增强，通常会生成新的数据，因此其生命周期具有内部迭代，而这些迭代没有显示在图表上。数据很少是静态的，管理数据涉及一系列内部互动的过程，与数据生命周期保持一致。

组织中数据生命周期的细节可能非常复杂，因为数据不仅具有生命周期，而且具有血缘（它从起点移动到使用点的路径，也称为数据链）。了解数据血缘需要记录数据集的起源，以及它们在访问和使用它们的系统中的移动和转换。生命周期和血缘相互交叉，有助于相互理解。一个组织越了解数据的生命周期和血缘关系，管理数据的能力就越强。

数据管理对数据生命周期的关注有几个重要影响：

⊖ 有关产品生命周期和数据的信息，请参阅 McGilvray（2008） 和 English（1999）。

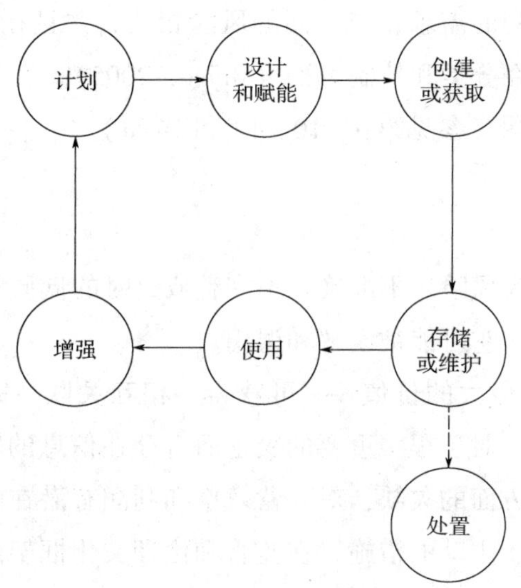

图 1-2　数据生命周期中的关键活动

1）创建和使用是数据生命周期中的关键点。对数据进行管理必须在理解如何生成或获取数据以及如何使用数据的情况下执行。生产数据需要花费资金。只有当数据被消费或应用时，它才是有价值的（参见第 5、6、8、11 和 14 章）。

2）数据质量管理必须贯穿整个数据生命周期。数据质量管理是数据管理的核心。低质量的数据意味着成本和风险，而不是价值。组织经常发现管理数据质量具有挑战性，如前所述，数据通常是作为操作过程的副产品创建的，并且组织通常不为质量设置明确的标准。由于数据的质量水平可能会受到一系列生命周期事件的影响，因此质量必须作为数据生命周期的一部分进行规划（参见第 13 章）。

3）元数据质量管理必须贯穿整个数据生命周期。因为元数据是数据的一种形式，并且由于组织依赖它来管理其他数据，所以元数据质量必须以与其他数据质量相同的方式进行管理（参见第 12 章）。

4）数据管理还包括确保数据安全，并降低与数据相关的风险。那些需要保护的数据必须在其整个生命周期中受到保护（从创建到销毁）（参见第 7 章）。

5）数据管理工作应聚焦于关键数据。组织产生了大量的数据，其中很大一部分实际上从未被使用过，试图管理每一条数据是不可能的。生命周期管理要求将重点放在组织关键的数据上，并将数据 ROT（冗余的 Redundant、过时的 Obsolete、碎片化的 Trivial）降至最低（Aiken，2014）。

10. 不同种类的数据

不同种类的数据有各自不同的生命周期管理需求，这使得管理数据变得更加复杂。任何管理系统都需要将管理的对象进行分类。可以按数据类型分类，例如划分为交易数据、参考数据、主数据、元数据，或者类别数据、源头数据、事件数据、详细交易数据；也可以按数据内容（如数据域、主题区域）、数据所需的格式或保护级别、存储或访问的方式和位置进行分类（参见第 5 章和第 10 章）。

由于不同数据类型具有不同的需求，与不同的风险相关，并且在一个组织中扮演不同的角色，因此许多数据管理工具都集中在分类和控制方面（Bryce，2005）。例如，主数据与交易数据具有不同的用途，因此管理要求也不同（参见第 9、10、12 和 14 章）。

11. 数据和风险

数据不仅代表价值，也代表风险。不准确、不完整或过时的低质量数据，因为其信息不正确明显代表风险。数据的风险在于，它可能被误解和误用。

最高质量的数据带给组织最大的价值——可获得、相互关联、完整、准确、一致、及时、适用、有意义和易于理解。然而，对于很多重要的决定而言存在信息的缺口——已知信息和须知信息之间的差异。企业在信息缺口方面的欠缺，对经营效率和利润有潜在的深远影响。意识到高质量数据价值的组织能够采取具体的、主动的措施，在监管和伦理文化框架内提高数据和信息的质量和可用性。

随着信息作为组织资产的作用在所有部门中越来越大，监管者和立法者越来越关注信息使用中潜在的滥用问题。从萨班斯法案（Sarbanes-Oxley，专注于控制从交易到资产负债表的金融交易数据准确性和有效性）到偿付能力标准 II（Solvency II，专注于支持保险行业风险模型和资本充足率的数据血统和数据质量），再到过去十年中数据隐私法规的快速增长（包括处理各种行业和司法管辖区内的人员数据），显而易见，虽然仍在等待财务部门将信息作为资产负债表上的资产，但监管环境越来越希望将其列入风险登记册，并采取适当的缓解和控制措施。

同样，随着消费者越来越了解他们的数据是如何使用的，他们不仅希望操作流程更加顺畅和高效，而且希望保护他们的信息和尊重他们的隐私。这意味着针对数据管理专业人员而言，战略层面利益相关方的范围通常比传统情况下更广了（参见第 2 章和第 7 章）。

不幸的是，当这些风险没有得到管理时，股东会通过抛售股票表达意见，监管者会对公司运营施加罚款或限制，客户会用钱包做出选择，从而导致信息管理对资产负债表的影响越来越大。

12. 数据管理和技术

如 1.1 节引言所述，数据管理活动范围广泛，需要技术和业务技能。因为现在绝大多数的数据是以电子方式存储的，所以数据管理策略受到技术的强烈影响。从一开始，数据管理的概念就与技术管理紧密结合在一起，这种状况还在延续。在许多组织中，在构建新技术的动力和拥有更可靠数据的愿望之间存在着持续的紧张关系，就好像这两个组织是对立的，而不是彼此必需的。

成功的数据管理需要对技术做出正确的决策，但管理技术与管理数据不同。组织需要了解技术对数据的影响，以防止技术诱惑推动他们对数据的决策。相反，与业务战略一致的数据应该推动有关技术的决策。

13. 高效的数据管理需要领导力和承诺

《领导者的数据宣言》（*The Leader's Data Manifesto*）（2017）认为，“组织有机增长的最佳机会在于数据。”对于大多数已经将数据视为资产的组织来说，他们距离数据驱动还很远。许多人不知道他们拥有什么数据，或者对业务最关键的数据是什么。他们混淆了数据和信息技术，并对两者进行了错误管理。他们没有关于数据的战略蓝图，同时低估了数据管理相关的工作。这些条件增加了管理数据的挑战。一个对组织成功至关重要的因素是：坚定的领导和组织中各级人员的参与[⊖]。上面概述的挑战让事情回到原点：数据管理既不简单也不容易。正是由于很少有组织能很好地做到这一点，因此这也是一个很大程度上尚未开发的机会。要想变得更好，需要有远见、计划和改变的意愿（参见第 15 ~ 17 章）。

倡导首席数据官（CDO）的作用源于认识到管理数据会带来独特的挑战，成功的数据管理必须由业务驱动，而不是由 IT 驱动。CDO 可以领导数据管理计划，使组织能够利用其数据资产并从中获得竞争优势。然而，CDO 不仅领导倡议发起，他还必须领导文化变革，使组织能够对其数据采取更具战略性的方法。

1.2.6 数据管理战略

战略是一组选择和决策，它们共同构成了实现高水平目标的高水平行动过程。在国际象棋比赛中，战略是一系列的动作，以将死对方取胜或以平局生存。战略计划是为实现高水平目标而采取的高水平行动。

数据战略应该包括使用信息以获得竞争优势和支持企业目标的业务计划。数据战略必须来自对业务战略固有数据需求的理解：组织需要什么数据，如何获取数据，如何管理数据并确保其可靠性以及如何利用数据。

通常，数据战略需要一个支持性的数据管理战略——一个维护和改进数据质量、数据完整性、访问和安全性的规划，同时降低已知和隐含的风险。该战略还必须解决与数据管理相关的已知挑战。

在许多组织中，数据管理战略由 CDO 拥有和维护，并由数据治理委员会支持的数据管理团队实施。通常，CDO 会在数据治理委员会成立之前起草一份初步的数据战略和数据管理战略，以获得高级管理层对建立数据管理和治理的支持。

数据管理战略的组成应包括：

1）令人信服的数据管理愿景。

2）数据管理的商业案例总结。

3）指导原则、价值观和管理观点。

4）数据管理的使命和长期目标。

5）数据管理成功的建议措施。

6）符合 SMART 原则（具体、可衡量、可操作、现实、有时间限制）的短期（12 ~ 24 个月）数据管理计划目标。

7）对数据管理角色和组织的描述，以及对其职责和决策权的总结。

8）数据管理程序组件和初始化任务。

9）具体明确范围的优先工作计划。

⊖ 《领导者的数据宣言》，全文见 http：//bit. ly/2sqhcy7。

10）一份包含项目和行动任务的实施路线图草案。

数据管理战略规划的可交付成果包括：

1）数据管理章程。包括总体愿景、业务案例、目标、指导原则、成功衡量标准、关键成功因素、可识别的风险、运营模式等。

2）数据管理范围声明。包括规划目的和目标（通常为 3 年），以及负责实现这些目标的角色、组织和领导。

3）数据管理实施路线图。确定特定计划、项目、任务分配和交付里程碑（参见第 15 章）。

数据管理战略应涉及与组织有关的所有 DAMA 数据管理框架知识领域（图 1-5）和 1. 3. 3 节、1. 3. 4 节）。

1. 3　数据管理框架

数据管理涉及一组相互依赖的功能，每个功能都有自己的目标、活动和职责。数据管理专业人员需要考虑从抽象的企业资产中获取价值所固有的挑战、平衡战略和运营目标、特定业务和技术要求、风险和合规性需求，并理解数据所包含的内容以及数据是否高质量。

上面提到的很多东西需要跟踪管理，这就是为什么需要一个框架来全面了解数据管理，并查看其组件之间的关系。因为这些组件功能相互依赖、需要协调一致，所以在任何组织中，各方面数据管理人员都需要紧密协作才能从数据中获得价值。

DAMA 框架针对不同抽象级别提供了一系列关于如何管理数据的路径。这些视角提供了可用于阐明战略、制定路线图、组织团队和协调职能的洞察力。

DMBOK2 中提出的想法和概念在不同的组织中都可以应用。组织所采用的数据管理方法取决于某些关键要素，如其所处行业、所应用的数据范围、企业文化、成熟度、战略、愿景以及待解决的问题和挑战。本节描述的框架中提供了一些视角，通过这些视角审视数据管理并应用 DMBOK 中提出的概念。

1）前两个模型，即战略一致性模型和阿姆斯特丹（Amsterdam）信息模型，展示了组织管理数据的高阶关系。

2）DAMA-DMBOK 框架（DAMA 车轮图、六边形图和语境关系图）描述了由 DAMA 定义的数据管理知识领域，并解释了它们在 DMBOK 中的视觉表现。

3）最后两个模型是以 DAMA 为基础重新排列组件，以便于更好地理解和描述它们之间的关系。

1. 3. 1　战略一致性模型

战略一致性模型（Strategic Alignment Model，SAM）抽象了各种数据管理方法的基本驱动因素（Henderson 和 Venkatraman，1999），模型的中心是数据和信息之间的关系。信息通常与业务战略和数据的操作使用相关。数据与信息技术和流程相关联，这些技术和过程支持可访问数据的物理系统。围绕这一概念的是战略选择的 4 个基本领域：业务战略、IT 战略、组织和流程以及信息系统。

战略一致性模型的完整阐述比图 1-3 所示的更复杂。每个角的六边形都有自己的下层结构。例如，在业务和 IT 战略中，都需要将范围、能力和治理纳入考虑。运营必须考虑基础设施、流程和技能。研究各部分间的关系有助于理解不同组件适配战略和功能集成。即使是图 1-3 描述的模型，也可以帮助理解数据和数据管理是如何影响组织决策的。

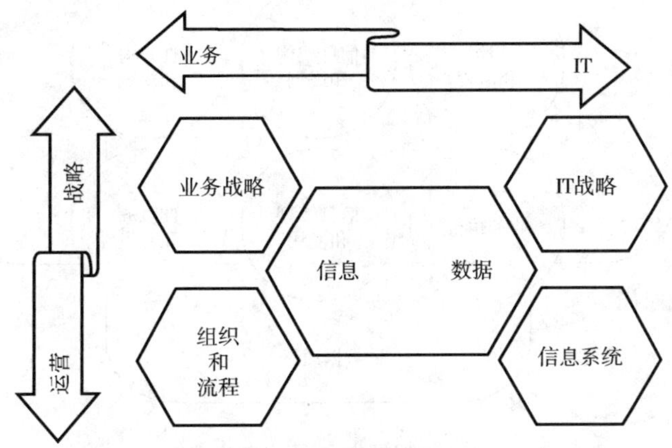

图 1-3　战略一致性模型[1]

1.3.2　阿姆斯特丹信息模型

阿姆斯特丹信息模型（The Amsterdam Information Model，AIM）与战略一致性模型一样，从战略角度看待业务和 IT 的一致性（Abcoower、Maes 和 Truijens，1997）[2]，共有 9 个单元，它抽象出一个关注结构（包括规划和架构）和策略的中间层。此外，还要认识到信息通信的必要性（在图 1-4 中表示为信息治理和数据质量支柱）。

SAM（战略一致性模型）和 AIM（阿姆斯特丹信息模型）框架从横轴（业务/IT 战略）和纵轴（业务战略/业务运营）两个维度详细描述组件之间的关系。

1.3.3　DAMA-DMBOK 框架

DAMA-DMBOK 框架更加深入地介绍了构成数据管理总体范围的知识领域。通过 3 幅图描述了 DAMA 的数据管理框架：

1）DAMA 车轮图（图 1-5）。

[1] 由 Henderson 和 Venkatraman 改编。

[2] 参见商业 IT 联盟博客，阿姆斯特丹信息模型（AIM）第 9 单元（发布于 2010-12-08），https：//businessitalignment. wordpress. com/tag/amsterdam-information-model/ 第 13 章 IT 管理框架，VanHaren 出版社，2006。http：//bit. ly/2sq2ow1。

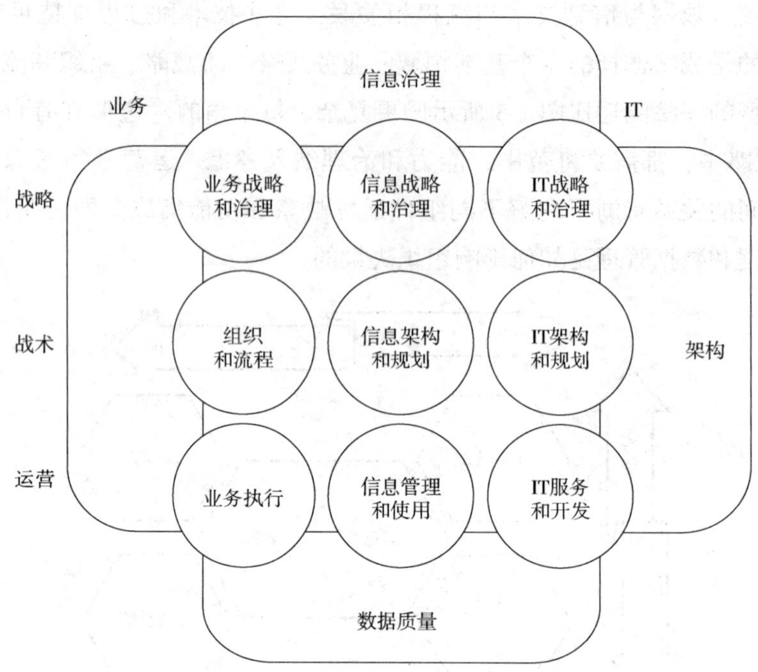

图 1-4 阿姆斯特丹信息模型[⊖]

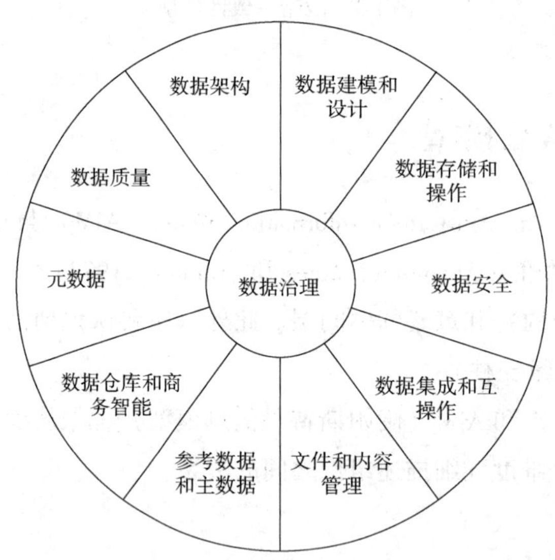

图 1-5 *DAMA-DMBOK2* 数据管理框架（DAMA 车轮图）

2）环境因素六边形图（图 1-6）。

3）知识领域语境关系图（图 1-7）。

DAMA 车轮图定义了数据管理知识领域。它将数据治理放在数据管理活动的中心，因为治理是实现功能内部一致性和功能之间平衡所必需的。其他知识领域（数据体系结构、数据建模等）围绕车轮平衡。它们都是成熟数据管理功能的必要组成部分，但根据各组织的需求，它们可能在不同的时间实现。这些知识领域是本书第 3 ~ 13 章的重点内容。

⊖改编自 Maas。

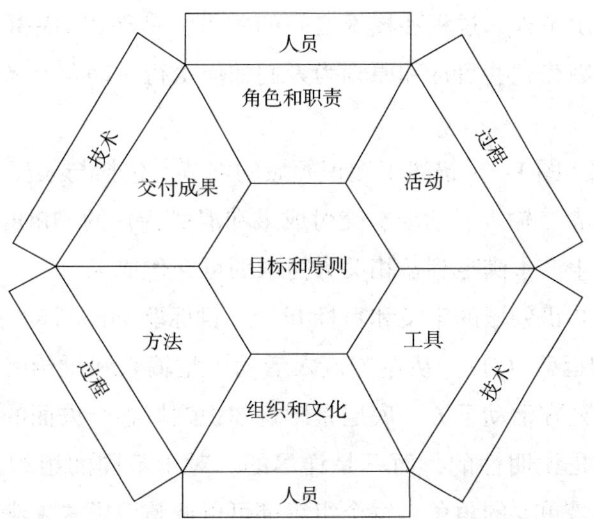

图 1-6　DAMA 环境因素六边形图

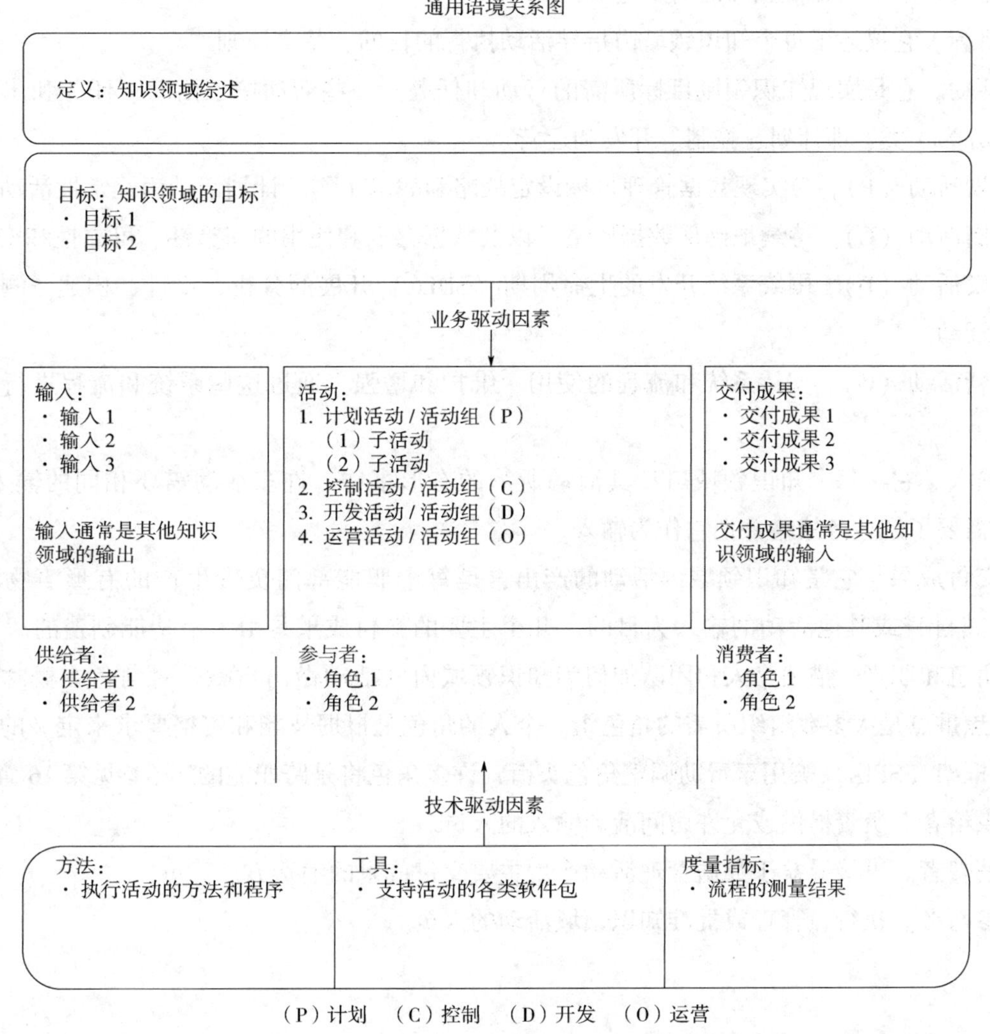

图 1-7　知识领域语境关系图

环境因素六边形图显示了人、过程和技术之间的关系，是理解 DMBOK 语境关系图的关键。它将目标和原则放在中心，因为这些目标和原则为人们如何执行活动及有效地使用工具成功进行数据管理提供了指导。

知识领域语境关系图（图 1-7）描述了知识领域的细节，包括与人员、流程和技术相关的细节。它们基于产品管理（供给者、输入、活动、交付成果和消费者）的 SIPOC 图的概念。语境关系图将活动放在中心，这些活动生产了满足利益相关方需求的可交付成果。

每个语境关系图都以知识领域的定义和目标开始。目标驱动的活动分为 4 个阶段：计划（P）、控制（C）、开发（D）和运营（O）。从左侧流入活动中是输入和供给者，右侧从活动中流出是交付成果和消费者，参与者列在活动下方，底层是影响知识领域各个方面的技术、工具和度量指标。

语境关系图中的列表是说明性的，而不是详尽的。对于不同的组织活动事项有不同的应用方式。高级角色列表只包括最重要的角色。每个组织都可以调整该模式来满足自己的需求。

语境关系图的组成部分包括：

1）定义。本节为知识领域的简要定义。

2）目标。它描述了每个知识领域内指导活动执行的目的、基本原则。

3）活动。它是实现知识领域目标所需的行动和任务。一些活动按子活动、任务和步骤进行描述。活动分为 4 类，即计划、控制、开发和运营。

①计划活动（P）。为实现数据管理目标设定战略和战术工作。计划活动为经常性活动。

②控制活动（C）。持续地确保数据质量，以及数据存取和使用的完整性、可靠性和安全性。

③开发活动（D）。围绕系统开发的生命周期（SDLC）开展的分析、设计、构建、测试、准备和部署等活动。

④运营活动（O）。支持系统和流程的使用、维护和增强，通过这些系统和流程进行数据的存取和使用。

4）输入。它是每个知识领域启动其活动所需的有形事物。许多活动需要相同的输入。例如，许多领域需要了解业务战略并把它作为输入。

5）交付成果。它是知识领域内活动的产出，是每个职能部门负责生产的有形事物。交付成果可能以其自身或其他活动的输入为目的。几个主要的交付成果是由多个功能创建的。

6）角色和职责。描述个人和团队如何为知识领域内的活动做出贡献。对角色在概念上进行了描述，聚焦重点是大多数组织所需的角色组。个人的角色是根据技能和资格要求来定义的。信息时代的技能框架（SFIA）被用于帮助调整角色头衔，许多角色将是跨职能的[⊖]（参见第 16 章）。

7）供给者。负责提供或允许访问活动输入的人员。

8）消费者。直接受益于数据管理活动产生主要交付成果的消费方。

9）参与者。执行、管理或批准知识领域活动的人员。

⊖ http：//bit. ly/2sTusD0。

10）工具。它是实现知识领域目标的应用程序和其他技术[㊀]。

11）方法。它是用于在知识领域内执行活动和产生可交付成果的方法和程序。它还包括共同约定、最佳实践建议、标准和协议以及新出现的一些合适的替代方法。

12）度量指标。它是衡量或评估绩效、进度、质量、效率或其他影响的标准。这些指标用于定义每个知识领域内完成工作的可量化事实。度量指标也可以用于测量更抽象的特性，如提升或价值。

DAMA 车轮图呈现的是一组知识领域的概要，六边形图展示了知识领域结构的组成部分，语境关系图显示了每个知识领域中的细节。现有的 DAMA 数据管理框架还没有描述不同知识领域之间的关系。重新制定 DAMA 新框架就是为解决这一问题所做的努力，这将在接下来的两部分中进行描述。

1.3.4　DMBOK 金字塔（Aiken）

如果被问到，许多组织都会说想从他们的数据中获得最大的好处——他们正在努力实现高级应用实践的黄金金字塔（数据挖掘、分析等）。但是，黄金金字塔只是一个更大结构的顶部，一个巨大基础之上的顶峰。大多数组织在开始管理数据之前都没有定义完整的数据管理战略。相反，通常都是在不太理想的条件下朝着这种能力发展。

彼得·艾肯（Peter Aiken）的框架中使用 DMBOK 知识领域来描述许多组织演化的情况。使用此框架，组织可定义一种演化路径，达到拥有可靠的数据和流程的状态，支持战略业务目标的实现。为了实现这一目标，许多组织都经历了类似的逻辑步骤（图 1-8）。

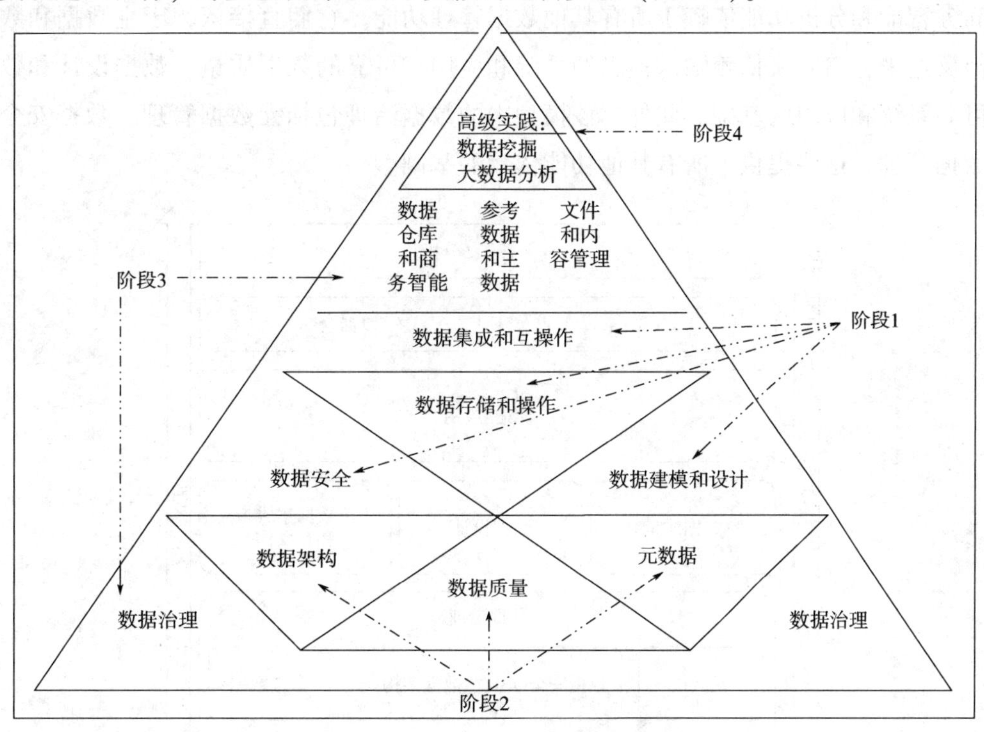

图 1-8　购买或构建的数据库能力[㊁]

㊀ DAMA 国际不认可特定工具或供应商。

㊁ 黄金金字塔图版权属于 Data BluePrin，经许可使用。

第 1 阶段：组织购买包含数据库功能的应用程序。这意味着组织以此作为数据建模、设计、数据存储和数据安全的起点（例如，让一些人进来，让其他人出去）。要使系统在其数据环境中运行，还需要做数据集成和交互操作方面的工作。

第 2 阶段：一旦组织开始使用应用程序，他们将面临数据质量方面的挑战，但获得更高质量的数据取决于可靠的元数据和一致的数据架构，它们说明了来自不同系统的数据是如何协同工作的。

第 3 阶段：管理数据质量、元数据和架构需要严格地实践数据治理，为数据管理活动提供体系性支持。数据治理还支持战略计划的实施，如文件和内容管理、参考数据管理、主数据管理、数据仓库和商务智能，这些黄金金字塔中的高级应用都会得到充分的支持。

第 4 阶段：该组织充分利用了良好管理数据的好处，并提高了其分析能力。

Aiken 的金字塔是基于 DAMA 车轮图构建出来的，展示了各知识领域之间的关系。各领域之间并非都可以互换，它们有多种相互依赖的关联关系。金字塔框架有两个驱动因素：第一，建立一个基础，每个组件都出现在合适的位置上、彼此之间相互支持；第二，某些矛盾的观点认为，这些组件可以任意顺序出现。

1.3.5 DAMA 数据管理框架的进化

Aiken 的金字塔中描述了一个组织如何向更好的数据管理实践发展的路径。学习 DAMA 知识领域的另一种方法是探索它们之间的依赖关系。图 1-9 中的框架由苏伊格恩斯（Sue Geuens）开发，他认识到商务智能和分析功能依赖于所有其他数据管理功能。它们直接依赖于主数据和数据仓库解决方案。但反过来，它们又依赖输入信息的系统和应用。可靠的数据质量、数据设计和数据交互操作实践是可靠系统和应用的基础。此外，该模型中的数据治理包括元数据管理、数据安全、数据架构和参考数据管理，这些提供了所有其他功能依赖的基础。

图 1-9　DAMA 功能领域依赖关系图

图 1-10 中描述了 DAMA 车轮图的第三种替代方案。该图借鉴了体系结构概念，呈现了 DAMA 知识领域之间的一组关系。为了澄清这些关系，提供了一些知识领域内容的附加细节。

该框架从数据管理的指导目标开始：使组织能够像从其他资产中获取价值那样，从其数据资产中获取价值。派生价值需要生命周期管理，因此与数据生命周期相关的数据管理功能在图的中心进行了描述。这包括：为可靠、高质量的数据进行规划和设计；建立过程和功能来使用和维护数据；在各种类型的分析活动以及这些过程中使用数据，以提高其价值。

1. 2. 5 数据管理的挑战一节中描述了支持传统数据使用（商务智能、文件和内容管理）所需的数据管理设计和运营职能领域（建模、体系结构、存储和操作等），还认可新兴的数据管理领域（大数据存储），支持新兴的数据使用（数据科学、预测分析等）。在将数据真正作为资产进行管理的情况下，组织可以通过将其数据出售给其他组织（数据货币化）从数据中获得直接价值。

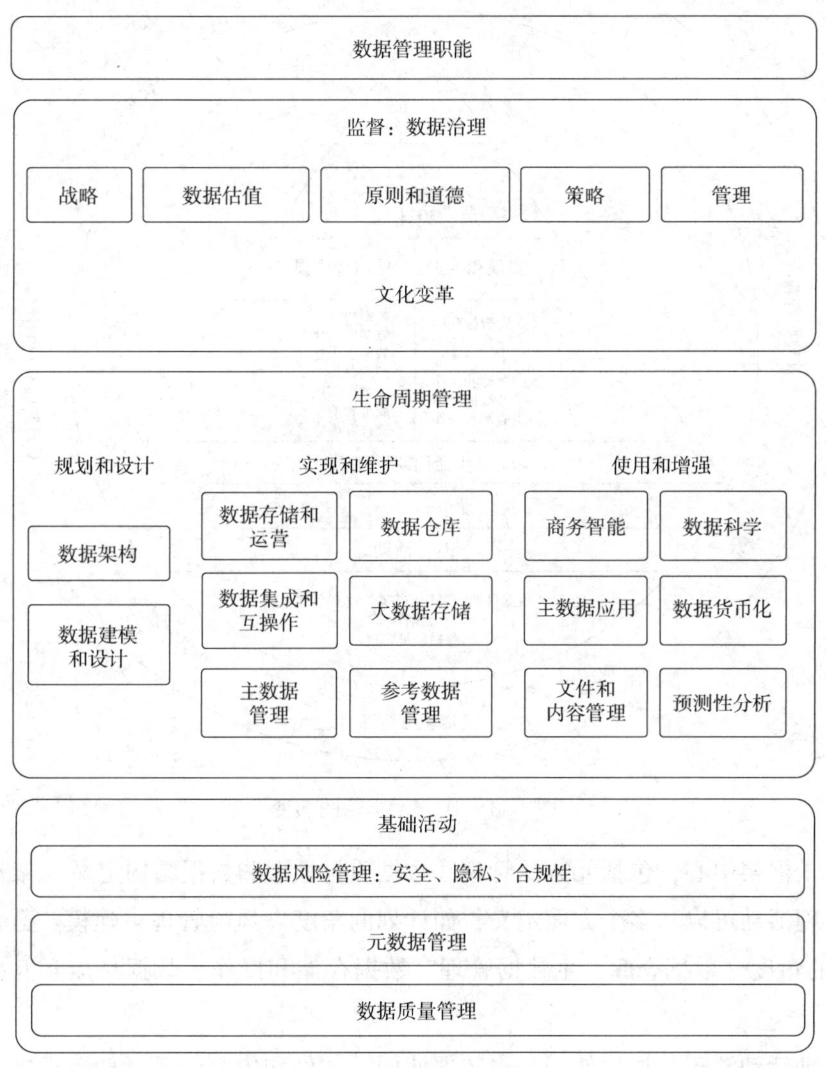

图 1-10　DAMA 数据管理功能框架

只关注直接生命周期功能的组织，从其数据中获得的价值要少于那些通过基础活动和治理活动支持数据生命周期的组织。基础活动，如数据风险管理、元数据和数据质量管理，跨越了数据生命周期。它们促进决策更加有效和数据更易于使用。如果这些管理工作都能很好地执行，那么数据的维护成本就会降低，数据消费者对它有更多的信心，并且使用数据的机会也会扩大。

为了成功地支持数据的生产和使用，并确保基本的活动是以规范的方式执行，许多组织以数据治理的形式建立了监督职能。数据治理项目通过制定战略和支持原则、制度和管理实践，使组织能够以数据为驱动力，确保组织认识到并利用从其数据中获得价值的机会。数据治理项目还应与组织变革管理活动联系在一起，以培育组织并鼓励能够战略性使用数据的行为。因此，必要的文化变革贯穿数据治理各项职责，特别是当组织的数据管理实践成熟时。

DAMA 数据管理框架也被描述为另一种形式的 DAMA 车轮图，数据治理范围内的应用活动围绕着数据管理生命周期内的各项核心活动进行（图 1-11）。

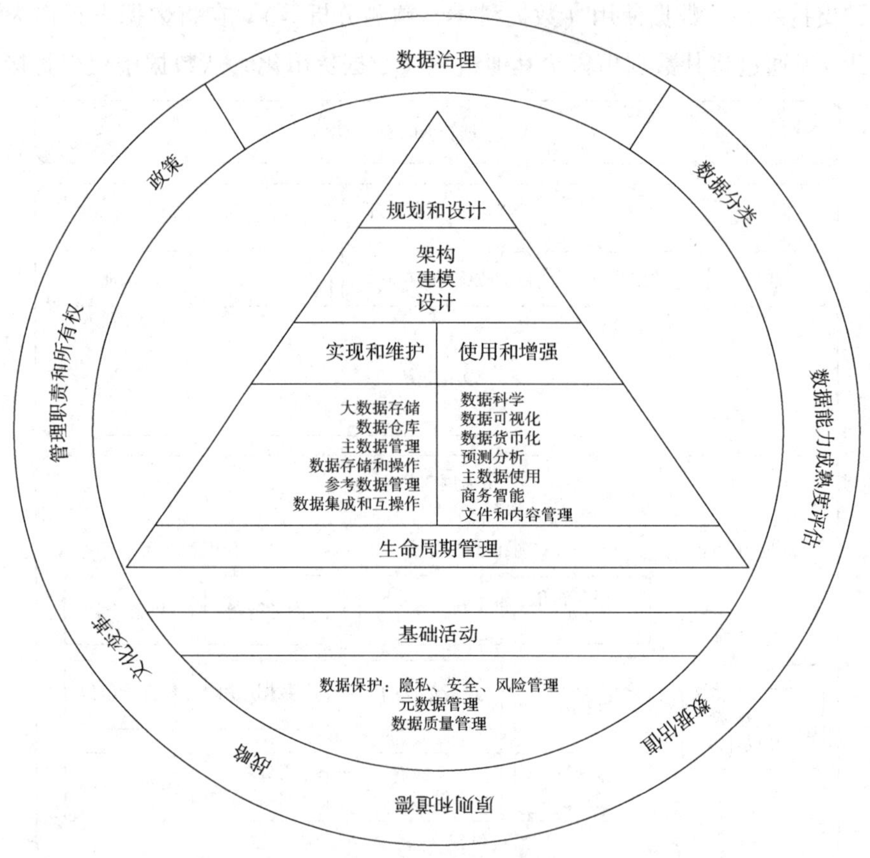

图 1-11　DAMA 车轮图演变

核心活动位于框架中心，包括元数据管理、数据质量管理和数据结构定义（架构）。

生命周期管理活动可以从多个方面定义，如计划的角度（风险管理、建模、数据设计、参考数据管理），实现的角度（数据仓库、主数据管理、数据存储和操作、数据集成和互操作、数据开发技术）。

生命周期管理活动源于数据的使用：主数据使用、文件和内容管理、商务智能、数据科学、预测分析、数据可视化。许多情况下都会基于现有数据进行增强性的开发，获取更多洞察，产生更多的数据和信息。数据货币化的机会可以确定源于数据的使用。

数据治理活动通过战略、原则、制度和管理提供监督和遏制。它们通过数据分类和数据估值实现一致性。

DAMA数据管理框架采用多种方式描述的原因是期望提供额外的视角，并就如何应用DMBOK中呈现的概念展开讨论。随着数据管理重要性的提高，这些框架成为数据管理社区内以及数据管理社区和利益相关方之间沟通的有力工具。

1.4　DAMA和DMBOK

虽然数据管理带来许多挑战，但很少有新的挑战。至少从20世纪80年代起，各组织就已认识到管理数据是其成功的关键。随着创建和利用数据的能力和愿望的增强，可靠数据管理实践的需求也在增加。

DAMA的成立就是为了应对这些挑战。DMBOK是一本面向数据管理专业人员的权威参考书，通过以下方式支持DAMA的使命：

1）为实施企业数据管理实践提供功能框架，包括指导原则、广泛采用的实践、方法和技术、功能、角色、可交付成果和度量指标。

2）为数据管理概念建立通用词汇表，并以此作为数据管理专业人员最佳实践的基础。

3）作为数据管理专业人士认证（CDMP）和其他认证考试的基本参考指南。

DMBOK是围绕DAMA-DMBOK数据管理框架（也称为DAMA车轮图，参见图1-5）的11个知识领域构建的。第3～13章重点介绍各个知识领域内容。各个知识领域章节遵循相同的结构：

- 引言
  - 业务驱动因素
  - 目标和原则
  - 基本概念
- 活动
- 工具
- 方法
- 实施指南
- 与数据治理的关系
- 度量指标

知识领域描述了数据管理活动集的范围和语境。嵌入在知识领域内是数据管理的基本目标和原则。因为数据在组织内横向移动，所以知识领域的各种活动与其他知识领域活动及组织其他职能相互作用。

（1）数据治理（Data Governance）

通过建立一个能够满足企业需求的数据决策体系，为数据管理提供指导和监督（参见第3章）。

（2）数据架构（Data Architecture）

定义了与组织战略协调的管理数据资产蓝图，以建立战略性数据需求及满足需求的总体设计（参见第4章）。

（3）数据建模和设计（Data Modeling and Design）

以数据模型（Data Model）的精确形式，进行发现、分析、展示和沟通数据需求（参见第5章）。

（4）数据存储和操作（Data Storage and Operations）

以数据价值最大化为目标，包括存储数据的设计、实现和支持活动以及在整个数据生命周期中，从计划到销毁的各种操作活动（参见第6章）。

（5）数据安全（Data Security）

确保数据隐私和机密性得到维护，数据不被破坏，数据被适当访问（参见第7章）。

（6）数据集成和互操作（Data Integration and Interoperability）

包括与数据存储、应用程序和组织之间的数据移动和整合相关的过程（参见第8章）。

（7）文件和内容管理（Document and Content Management）

用于管理非结构化媒体数据和信息的生命周期过程，包括计划、实施和控制活动，尤其是指支持法律法规遵从性要求所需的文档（参见第9章）。

（8）参考数据和主数据（Reference and Master Data）

包括核心共享数据的持续协调和维护，使关键业务实体的真实信息以准确、及时和相关联的方式在各系统间得到一致使用（参见第10章）。

（9）数据仓库和商务智能（Data Warehousing and Business Intelligence）

包括计划、实施和控制流程来管理决策支持数据，并使知识工作者通过分析报告从数据中获得价值（参见第11章）。

（10）元数据（Metadata）

包含规划、实施和控制活动，以便能够访问高质量的集成元数据，包括定义、模型、数据流和其他至关重要的信息（对理解数据及其创建、维护和访问系统有帮助）（参见第12章）。

（11）数据质量（Data Quality）

包括规划和实施质量管理技术，以测量、评估和提高数据在组织内的适用性（参见第13章）。

除了有关知识领域的章节外，*DAMA-DMBOK2* 还包含以下主题的章节：

1）数据处理伦理（Data Handling Ethics）。描述了关于数据及其应用过程中，数据伦理规范在促进信息透明、社会责任决策中的核心作用。数据采集、分析和使用过程中的伦理意识对所有数据管理专业人员有指导作用（参见第2章）。

2）大数据和数据科学（Big Data and Data Science）。描述了针对大型的、多样化数据集收集和分析能力的提高而出现的技术和业务流程（参见第14章）。

3）数据管理成熟度评估（Data Management Maturity Assessment）。概述了评估和改进组织数据管理能力的方法（参见第15章）。

4）数据管理组织和角色期望（Data Management Organization and Role Expectations）。为组建数

据管理团队、实现成功的数据管理活动提供了实践指导和参考（参见第 16 章）。

5）数据管理和组织变革管理（Data Management and Organizational Change Management）。描述了如何计划和成功地推动企业文化变革。文化的变革是将数据管理实践有效地嵌入组织中的必然结果（参见第 17 章）。

某个特定的组织如何管理它的数据取决于它的目标、规模、资源和复杂性以及对数据如何支持总体战略的认识程度。大多数企业并不会执行每个知识领域中描述的所有活动。然而，更广泛地了解数据管理背景将有助于组织在工作中更好地决定应该关注哪里，从而改进这些职能内部和职能之间的管理实践。

1.5　文献引用与推荐

Abcouwer，A. W.，Maes，R.，Truijens，J.：“Contouren van een generiek Model voor Informatienmanagement.” Primavera Working Paper 97-07，1997. http：//bit. ly/2rV5dLx.

Adelman，Sid，Larissa Moss，and Majid Abai. *Data Strategy.* Addison-Wesley Professional，2005. Print.

Aiken，Peter and Billings，Juanita. *Monetizing Data Management.* Technics Publishing，LLC，2014. Print.

Aiken，Peter and Harbour，Todd. *Data Strategy and the Enterprise Data Executive.* Technics Publishing，LLC. 2017. Print.

APRA（Australian Prudential Regulation Authority）. Prudential Practice Guide CPG 234，Management of Security Risk in Information and Information Technology. May 2013. http：//bit. ly/2sAKe2y.

APRA（Australian Prudential Regulation Authority）. *Prudential Practice Guide CPG* 235，*Managing Data Risk.* September 2013. http：//bit. ly/2sVIFil.

Borek，Alexander et al. *Total Information Risk Management：Maximizing the Value of Data and Information Assets.* Morgan Kaufmann，2013. Print.

Brackett，Michael. *Data Resource Design：Reality Beyond Illusion.* Technics Publishing，LLC. 2014. Print.

Bryce，Tim. *Benefits of a Data Taxonomy.* Blog 2005-07-11. http：//bit. ly/2sTeU1U.

Chisholm，Malcolm and Roblyn-Lee，Diane. *Definitions in Data Management：A Guide to Fundamental Semantic Metadata.* Design Media，2008. Print.

Devlin，Barry. *Business Unintelligence.* Technics Publishing，LLC. 2013. Print.

English，Larry. *Improving Data Warehouse and Business Information Quality：Methods For Reducing Costs And Increasing Profits.* John Wiley and Sons，1999. Print.

Evans, Nina and Price, James. “Barriers to the Effective Deployment of Information Assets: An Executive Management Perspective.” *Interdisciplinary Journal of Information, Knowledge, and Management* Volume 7, 2012. Accessed from http://bit.ly/2sVwvG4.

Fisher, Tony. *The Data Asset: How Smart Companies Govern Their Data for Business Success.* Wiley, 2009. Print. Wiley and SAS Business Ser.

Henderson, J. C., H Venkatraman, H. “Leveraging information technology for transforming Organizations.” *IBM System Journal.* Volume 38, Issue 2.3, 1999. [1993 Reprint] http://bit.ly/2sV86Ay and http://bit.ly/1uW8jMQ.

Kent, William. *Data and Reality: A Timeless Perspective on Perceiving and Managing Information in Our Imprecise World.* 3d ed. Technics Publications, LLC, 2012. Print.

Kring, Kenneth L. *Business Strategy Mapping - The Power of Knowing How it All Fits Together.* Langdon Street Press (a division of Hillcrest Publishing Group, Inc.), 2009. Print.

Loh, Steve. *Data-ism: The Revolution Transforming Decision Making, Consumer Behavior, and Almost Everything Else.* HarperBusiness, 2015. Print.

Loshin, David. *Enterprise Knowledge Management: The Data Quality Approach.* Morgan Kaufmann, 2001. Print.

Maes, R.: “A Generic Framework for Information Management.” PrimaVera Working Paper 99-02, 1999.

McGilvray, Danette. *Executing Data Quality Projects: Ten Steps to Quality Data and Trusted Information.* Morgan Kaufmann, 2008. Print.

McKnight, William. *Information Management: Strategies for Gaining a Competitive Advantage with Data.* Morgan Kaufmann, 2013. Print. The Savvy Manager's Guides.

Moody, Daniel and Walsh, Peter. “Measuring The Value Of Information: An Asset Valuation Approach.” *European Conference on Information Systems (ECIS)*, 1999. http://bit.ly/29JucLO.

Olson, Jack E. *Data Quality: The Accuracy Dimension.* Morgan Kaufmann, 2003. Print.

Redman, Thomas. “Bad Data Costs U.S. $3 Trillion per Year.” *Harvard Business Review.* 22 September 2016. Web.

Redman, Thomas. Data Driven: Profiting from Your Most Important Business Asset. *Harvard Business Review Press.* 2008. Print.

Redman, Thomas. *Data Quality: The Field Guide.* Digital Press, 2001. Print.

Reid, Roger, Gareth Fraser-King, and W. David Schwaderer. *Data Lifecycles: Managing Data for Strategic Advantage.* Wiley, 2007. Print.

Rockley, Ann and Charles Cooper. *Managing Enterprise Content: A Unified Content Strategy.* 2nd ed. New Riders, 2012. Print. Voices That Matter.

Sebastian-Coleman, Laura. *Measuring Data Quality for Ongoing Improvement: A Data Quality Assessment Framework.* Morgan Kaufmann, 2013. Print. The Morgan Kaufmann Series on Business Intelligence.

Simsion, Graeme. *Data Modeling: Theory and Practice.* Technics Publications, LLC, 2007. Print.

Surdak, Christopher. *Data Crush: How the Information Tidal Wave is Driving New Business Opportunities.* AMACOM, 2014. Print.

Waclawski, Janine. *Organization Development: A Data-Driven Approach to Organizational Change.* Pfeiffer, 2001. Print.

White, Stephen. *Show Me the Proof: Tools and Strategies to Make Data Work for the Common Core State Standards.* 2nd ed. Advanced Learning Press, 2011. Print.

第2章 数据处理伦理

2.1 引言

简单来说，伦理是建立在是非观念上的行为准则。伦理准则通常侧重于公平、尊重、责任、诚信、质量、可靠性、透明度和信任等方面。数据处理伦理指如何以符合伦理准则的方式获取、存储、管理、使用和销毁数据。基于伦理准则去处理数据对于任何希望从数据中持续获得价值的组织都是必要的。违反数据处理伦理准则会导致组织声誉的损失及失去客户，因为它会使那些数据被泄露的人面临风险。在某些情况下，那些违反伦理的行为甚至触犯法律[㊀]。因此，对于数据管理专业人员及其工作的组织来说，数据伦理是一项社会责任问题。

数据处理伦理问题较为复杂，不过主要集中在几个核心概念上：

1）对人的影响。由于数据代表个人的特征，可被用于各类决策，从而影响人们的生活，因此必须保证其质量和可靠性。

2）滥用的可能。滥用数据会对人和组织造成负面影响，所以需要有伦理准则来防止数据被滥用。

3）数据的经济价值。数据存在经济价值。需要规定数据所有权，即谁可以去使用数据及如何使用数据。

组织保护数据的动机很大程度上来自法律法规的要求。然而，由于数据代表了人（客户、员工、患者、供应商等），数据管理专业人员应认识到，保护数据并且确保其不被滥用除了法律约束以外还有伦理因素。即使不直接代表个人的数据也可能会用于做出影响人们生活的决策。

伦理准则不仅要保护数据，而且要管理数据的质量。决策者及受决策影响者都希望数据完整、准确。从业务和技术角度来看，数据管理专业人员都要有管理数据的伦理责任，以降低数据可能被歪曲、滥用或误解的风险。这种责任贯穿从数据的创建到消亡的整个数据生命周期。

不幸的是，许多组织未能认识到数据管理伴随的伦理义务并对其作出响应。他们依然采用传统的技术观念和方式，并且声称不去理解这些数据；或者他们认为只要遵守法律相关规定，就不会有数据处理相关的风险。这是一个危险的假设。

㊀ 美国的HIPAA（健康保险可移植性和责任法案）、加拿大的PIPEDA（个人信息保护和电子文件法案）、欧盟通用数据保护条例（GDPR）和其他数据保护/信息隐私法描述了处理个人标识数据（如姓名、地址、宗教信仰或性取向）和隐私数据（访问或限制此信息）的要求。

数据生态正在迅速发展。组织现在使用数据的方式，在几年前甚至他们自己都想象不到。虽然法律规定了一些伦理准则，但立法跟不上数据生态变化所带来的风险。组织必须认识并响应其伦理义务，通过培训和持续深化信息处理伦理价值观文化来保护托付给他们管理的数据。

数据处理伦理语境关系图如图 2-1 所示。

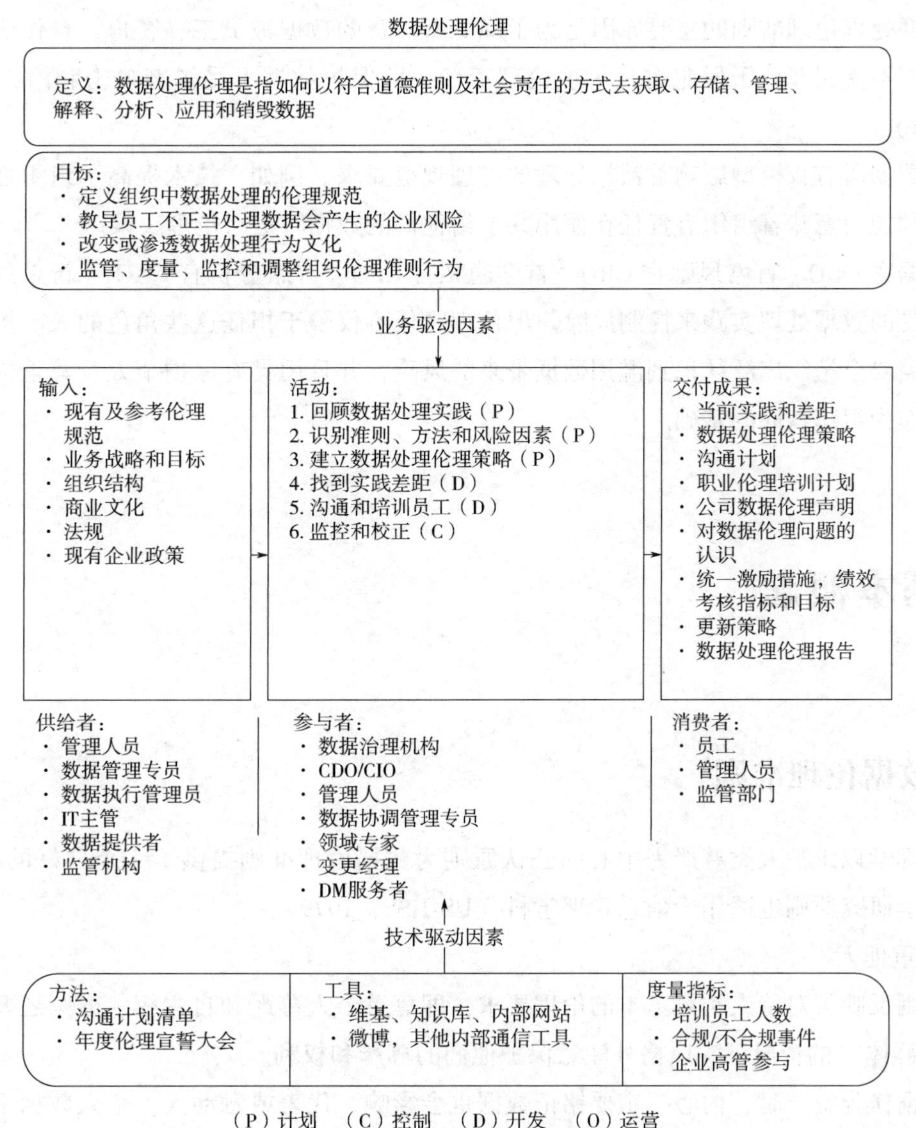

图 2-1　语境关系图：数据处理伦理

2.2　业务驱动因素

正如爱德华·戴明关于质量的定义，伦理意味着“在没有人注意的情况下正确做事（Doing it right when no one is looking）”。按照符合伦理准则的方式使用数据越来越被认为是一种商业竞争优势（Hasselbalch 和 Tranberg，2016）。遵循数据处理伦理可以提高组织本身及其数据和处理结果的可信度，建立组织与其利益相关方之间更好的关系。创建一种伦理文化需要引入适当的治理活动，包括建立控制机制，以确保数据处理的预期结果和最终结果都符合伦理要求，不违背托管人的信任或侵犯人类的尊严。

数据处理不会在真空中发生，客户和利益相关方期望其业务及数据流程合乎伦理行为和结果。组织构建数据处理伦理准则的主要原因是为了降低所负责的数据被员工、客户、合作伙伴滥用的风险。保护数据不受犯罪分子侵犯也是一项伦理责任，即保护数据不受黑客攻击和潜在的数据泄露（参见第 7 章）。

不同的数据所有权模型影响着数据处理的伦理规范要求。例如，技术提高了组织之间共享数据的能力，这种能力意味着组织有责任在使用共享给他们的数据时进行伦理决策。

首席数据官 CDO、首席风险官 CRO、首席隐私官 CPO、首席分析官 CAO 等新兴角色专注于通过建立可接受的数据处理实践来控制风险。但伦理责任不仅限于担任这些角色的人。按伦理准则进行数据处理需要全组织广泛认识到滥用数据带来的风险，并且用具有保护个人及尊重数据所有权的行为准则来作为组织认同的基础。

2.3　基本概念

2.3.1　数据伦理准则

生物伦理学以维护人类尊严为中心的公认原则为数据伦理准则提供了一个良好的起点。例如，贝尔蒙特医学研究原则也适用于信息管理学科（US-HSS，1979）。

（1）尊重他人

这个准则反映了对待人类最基本的伦理要求，即尊重个人尊严和自主权。准则还要求，人们在处于“弱势群体”的情况下，应格外注意保护他们的尊严和权利。

当把数据作为资产时，内心一定要铭记数据也会影响、代表或触动人。个人数据不同于其他原始“资产”，如石油或煤。不伦理地使用个人数据会直接影响人们之间的相互交往、就业机会和社会地位。是否考虑过设计信息系统时是采用强制模式还是用户自由选择的模式？是否考虑过处理数据对精神患者或残疾人有何影响？是否考虑过应对访问和利用数据负责？是否考虑过应基于用户知情及授权情况下处理数据？

（2）行善原则

这条准则有两个要素：第一，不伤害；第二，将利益最大化、伤害最小化。

“不伤害”伦理准则在医学伦理学中有着悠久的历史，在数据和信息管理的背景下也有明确的应用。伦理的数据和信息从业者应识别利益相关方，并考虑数据处理和工作的结果，以最大限度地提高效益并最大限度地降低设计过程造成的伤害风险。处理过程的设计方式是基于零和博弈，还是双赢的理念？数据处理是否具有不必要的侵入性，是否存在风险较低的方式来满足业务需求？有问题的数据处理是否缺乏透明度，可能会隐藏对人们造成的伤害？

(3) 公正

这一准则认为待人公平和公正。

关于这一准则可能会被提到几个问题：在相似情形下，人们或某一群体是否受到不平等对待？流程或算法结果是否对部分人带来了利益或分配不均的情况？机器学习训练所用的数据集是否使用了无意中加强文化偏见的数据？

美国国土安全机构的 Menlo 报告中将贝尔蒙特准则用于信息和通信技术研究，其中增加了第四个准则：尊重法律和公众利益（US-DHS，2012）。

2015 年，欧盟数据保护主管发表了一篇关于数字伦理方面的文章，强调了关于数据处理和大数据发展的“工程、哲学、法律和伦理含义”，呼吁关注维护人类尊严的数据处理，并明确提出了信息生态系统中数据处理伦理所必须遵循的四大支柱（EDPS，2015），即

1）面向未来的数据处理条例、尊重隐私权和数据保护权利。

2）确定个人信息处理的责任人。

3）数据处理产品及服务设计及工程过程中的隐私意识。

4）增加个人的自主权。

这些准则大致符合贝尔蒙特报告中提出的准则，旨在提升人类尊严和自主权。EDPS 指出隐私权是人类权力的基础。要求数据环境中的创新者将尊严、隐私和自主权视作可持续发展的机遇，而不是发展的阻碍，并呼吁与利益相关方保持透明和沟通。

数据治理是一个重要的工具，可以确保谁可以使用哪些数据、什么是处理数据的合适方式等情况，为进行决策时提供了参考准则。从业者必须考虑数据处理对所有利益相关方带来的伦理影响和风险，并且使用与数据质量管理类似的方式进行管理。

2.3.2　数据隐私法背后的原则

公共政策和法律中试图根据在伦理准则基础上把各种是非法典化，但法律法规无法细化每一种情况。例如，欧盟、加拿大和美国隐私法的编制中使用了不同的数据伦理方法。这些伦理准则也可以为组织制度提供框架。

隐私法并不新鲜。隐私和信息隐私概念与尊重人类权力的伦理要求紧密相关。1890 年，美国法律学者塞缪尔·沃伦（Samuel Warren）和路易斯·布兰迪斯（Louis Brandeis）将隐私和信息隐私描述为需要普遍保护的人权，这是构成美国宪法中几项权力的基础。在 1973 年，提出了公平信息实践的准则，并在 1974 年《美国隐私法》（Louis Brandeis）中重申了信息隐私作为一项基本权力的概念，规定“隐私权力是受美国宪法保护的基本人权”。

在第二次世界大战期间发生侵犯人权事件后，《欧洲人权公约》（the European Convention of Human Rights，1950）确立了一般隐私权和特定的信息隐私权（或保护个人数据的权利）作为人权，这是维护人类尊严权力的基础权利。在 1980 年，经济合作与发展组织（OECD，简称经合组织）制

定了公平信息处理指引和准则，成为欧盟数据保护法律的基础。

经合组织的 8 项核心原则，即公平信息处理标准，旨在确保以尊重个人隐私权的方式处理个人数据。具体包括：数据采集的限制、对数据高质量的期望、为特定目的进行采集数据、对数据使用的限制、安全保障、对开放性和透明度的期望、个人挑战与自己有关数据的准确性以及组织遵守准则的责任。

此后，经合组织的准则被欧盟通用数据保护条例依据的准则所取代（GDPR，2016），见表 2-1。

表 2-1 GDPR 准则

GDPR 准则	描述
公平、合法、透明	数据主题中的个人数据应以合法、公平和透明的方式进行处理
目的限制	必须按照指定、明确、合法的目标去采集个人数据，并且不得将数据用于采集目标之外的方面
数据最小化	采集的个人数据必须足够相关，并且仅限于与处理目的相关的必要信息
准确性	个人数据必须准确，有必要保持最新的数据。必须采取一切合理步骤，确保在完成个人数据处理后能及时删除或更正不准确的个人数据
存储限制	数据必须以可以识别的数据主体（个人）的形式保存，保存时间不得超过处理个人数据所需的时间
诚信和保密	必须确保个人数据得到安全妥善的处理，包括使用适当技术和组织方法防止数据被擅自或非法处理，防止意外丢失、被破坏或摧毁等
问责制度	控制数据的人员应负责并能够证明符合上述这些原则

这些原则支持和平衡了个人对其数据的某些合法权利，包括访问权限、纠正不准确数据、可移植性、反对有可能造成损伤和窘迫的数据处理行为以及删除数据的权利。处理个人数据时需征求其同意，该同意必须是自由给予、具体、知情和明确的肯定行为。GDPR 通过有效的治理和文档，在设计上实现和证明了合规性隐私授权。

加拿大隐私法将隐私保护制度与行业自律全面结合。PIPEDA（个人信息保护及电子文件法）适用于在商业活动过程收集、使用和传播个人信息的所有组织。它规定每个组织在使用消费者个人信息时需要遵循和允许例外的规则。表 2-2 描述了基于 PIPEDA 的法定义务[⊖]。

在加拿大，联邦隐私专员全权负责处理针对组织的隐私投诉。但是，他们只是担任监察员的角色，他们的决定只是建议（不具备法律约束力并且没有先例，即使是在委员会内部）。

表 2-2 基于 PIPEDA 的法定义务

准则	描述
问责制度	组织有责任对其控制下个人信息负责，并设立专职人员去保证组织遵守这些准则
目的明确	组织在收集个人信息之时或之前必须明确采集的目的

⊖ http：//bit. ly/2tNM53c。

（续）

准则	描述
授权	组织去采集、使用或披露个人信息时需征求当事人的知情和同意，但不适用的情况除外
收集、使用、披露和留存限制	个人信息必须限定于为该组织确定的目标所必需的采集。信息采集应当采取公平、合法的方式。除经个人同意或法律要求外，不得将个人信息用于采集个人信息目的以外的其他用途或披露个人信息。个人信息仅在为实现这些目的所需的时间内保留
准确性	个人信息必须准确、完整、最新，以达到使用目标
保障措施	采集的个人信息必须受到与信息敏感程度相匹配的安全保障措施的保护
透明度	组织必须向个人提供有关其个人信息的信息管理制度和实践相关的具体信息
个人访问	个人应被告知其个人信息的存在、使用和披露情况，并有权访问这些信息。个人应当能够对信息的准确性和完整性提出质疑，并酌情予以修正
合规挑战	个人应能够针对以上原则的遵从性，向负责组织或个人发起合规性质疑

2012 年 3 月，美国联邦贸易委员会（FTC）发布了一份报告，建议组织按照报告描述的最佳实践去设计和实施自己的隐私计划。报告中重申了 FTC 对公平信息处理原则的重视（表 2-3）。

表 2-3　美国隐私方案标准

准则	描述
发布/告知	数据采集者在采集消费者个人信息之前，必须披露对这些信息的用途和过程
选择/许可	个人信息是否采集或如何采集，以及会被用于超出采集目标之外的情况，都必须征求被采集者的意见
访问/参与	消费者可以查询，并且质疑其个人数据的准确性和完整性
诚信/安全	数据采集者需要采取合理的步骤，以确保从消费者采集的信息是准确的，并且防止未经授权使用
执行/纠正	使用可靠机制对不遵守这些公平信息实践的行为实施制裁

制定这些准则是为了体现 OECD 公平信息处理指南中的概念，包括强调数据最小化（合理的采集限制）、存储限制（声音保留）、准确性及公司对于消费者数据提供合理的安全性要求。公平信息实践其他重点包括：

1）简化消费者选择，减轻消费者负担。

2）在信息生命周期中建议始终保持全面的数据管理程序。

3）为消费者提供不要跟踪选项（Do Not Track Option）。

4）要求明确肯定的同意。

5）关注大型平台提供商的数据采集能力、透明度以及明确的隐私声明和制度。

6）个人对数据的访问。

7）提高消费者对个人隐私保护意识。

8）设计时考虑保护隐私。

欧盟立法标准制定后，增强对个人隐私保护的立法，已成为全球趋势。世界各地法律对于跨国界的流动有不同类型的限制。即使在跨国公司内部，在全球范围内共享数据都受到法律限制。因此，重要的是组织制定制度和指导方针，使员工能够遵守相关法律要求，并在组织的风险偏好范围内使用数据。

2.3.3 在线数据的伦理环境

1）数据所有权。与社交媒体网站和数据代理相关的个人数据控制权。个人数据的下游聚合器可以将数据嵌入到个人不知道的深度配置文件中。

2）被遗忘的权力。从网上删除个人信息，特别是调整互联网上的个人声誉。该主题一般是数据保留实践的一部分。

3）身份。拥有得到一个身份和一个准确的身份，或者选择匿名的权力。

4）在线言论自由。表达自己的观点，而非恃强凌弱、恐怖煽动、“挑衅”或侮辱他人。

2.3.4 违背伦理进行数据处理的风险

大部分与数据打交道的人都知道，利用数据歪曲事实是有可能的。达莱尔·哈夫（Darrell Huff，1954）的经典之作《统计数字会撒谎》（*How to Lie with Statistics*）描述了数据可以被歪曲的事实，同时创造一个事实的虚假表象。方法包括主观的数据选择、范围的操控、部分数据点遗漏。这些方法直到今天还在使用。

理解数据处理伦理含义的一个方式是去检查大部分人认同的违背伦理的行为。符合伦理的数据需要积极通过伦理实践去处理，如可信度。确保数据可信度包括对数据质量维度的度量（如准确性和时效性），还有基本级别的可信度和透明度-不使用数据欺骗或误导，以及对组织数据处理背后意图、用途和来源保持透明。以下场景描述了违反这些伦理原则的数据实践活动。

1. 时机选择

有可能通过遗漏或根据时间将某些数据点包含在报告或活动中而撒谎。通过“日终”股票交易操纵股票市场，可以在收盘时人为地拉升股票价格，从而对股票的价值给出一个不合理的价格。这种情况被称为市场择时（Market Timing），这是非法的行为。

商业情报人员可能是第一个注意到这些异常状况的人。实际上，他们现在被视为世界股票交易中心的重要参与者，进行重塑交易模式、寻找类似错误、分析报告、审查及监测规则和警报等工作。道德的商业情报人员需要提醒相应的治理及管理职能部门注意这些异常情况。

2. 可视化误导

图表和图形可用于以误导性方式去呈现数据。例如，修改比例尺可以使趋势线看起来更好或者更糟。撇开数据不谈，比较两个事实并且不澄清他们的关系或者忽视公认的视觉惯例（如饼图的百分比加起来必须为100），也可以诱骗人们以数据本身不支持的方式去解释可视化效果[㊀]。

3. 定义不清晰或无效的比较

据美国一家新闻媒体报告，依据2011年人口普查局数据，在美国的1.086亿人靠福利生活，而只有1.017亿人有全职工作，似乎总人口中有较多人在靠福利生活[㊁]。媒体解释了这些差异：这1.086亿关于"福利人口"数字来自人口普查数据……参与了2011年第四季度调查，包括"居住在一个或多个受惠家庭中的每一个人"，因此是包括了那些没有受到政府恩惠的人。另外，"有全职工作的人"的图形……只包括那些工作的人，而不是居住在至少有一个人工作的家庭中的每一个人[㊂]。

在展示信息时，符合伦理的做法是交代清楚事情的背景及其意义。如人口普查时，清晰、明确地说清楚普查人口的定义，以及会有什么福利和好处。如果省略了相关的背景信息，呈现出来的表面现象可能就是数据不支持所需的信息。不管这种效果是由于故意欺骗还是由于能力不足所致，这样使用数据都是不道德的。

从数据伦理的角度来看，不滥用统计数据也是非常必要的。

在一段时间内，对数字进行统计平滑处理完全可以改变人们对数字的看法。"数据挖掘和探测"是一个最近新造的术语，指的是数据挖掘统计调查中的一种现象，即在数据集合上执行详尽的相关性分析，本质上该数据集合是一个经过训练的统计模型。由于存在"显著统计性"现象，因此有理由期望一些具有显著统计性的结果，但实际上是一个随机结果，未经训练的人会被这个结果误导。这种现象在金融和医疗领域很常见（Jensen，2000；ma. utexas. edu，2012）[㊃]。

4. 偏见

偏见是指一种有倾向性的观点。在个人层面上，这个词与不合理的判断或歧视有关。在统计学中，偏见是指偏离期望值。这种情况通常是通过抽样或数据选择的系统错误引入的[㊄]。偏见可能在数据生命周期的不同时间点存在：在数据被采集或创建时，当它被选中用于分析时，甚至分析数据的方法以及分析结果的呈现方式都可能存在偏见。

正义的伦理原则有助于创造了一种积极的责任，即主动意识到数据采集、处理、分析或解释可能存在的偏差。这一点尤为重要，因为大规模数据处理可能对历史上受到歧视或不公平待遇的人群产生特别大的影响。在不解决可能引入偏见的情况下使用数据，特别是在降低过程透明度的同时加上偏见，这会使结果在不中立的情况下披上了公正或中立的外衣。

㊀ How To Statistics (Website). Misleading Graphs: Real Life Examples (2014-01-24). http://bit.ly/1jRLgRH See also io9 (Website). The Most Useless and Misleading Infographics on the Internet. http://bit.ly/1YDgURl See http://bit.ly/2tNktve Google "misleading data visualization" for additional examples. For counter examples, i. e., visuals with an ethical base, see Tufte (2001)。

㊁ 截至2015年，美国总人口估计为3.214亿。http://bit.ly/2imlp58。

㊂ 该例子还演示了一个误导性的视觉效果，如条形图所示，条形图1.086亿的显示值大约是1.107亿的5倍。http://mm4a.org/2spktou。

㊃ 另见戴明的大量文章。http://bit.ly/2tNnlZh。

㊄ http://bit.ly/2lOzJqU。

偏差有几种类型：

1）预设结论的数据采集。分析师迫于压力采集数据并产生结果，来支持一个预先定义的结论，而不是为了得出一个客观的结论。

2）对所收集数据的使用偏见：收集数据时可能没有太多偏见，但分析师会迫于压力使用它来确认预先确定的结论。甚至可能操纵数据到这个目的（即，如果某些数据不能证实该方法，则可能会被丢弃）。

3）预感和搜索。分析师有一种预感，且想要满足这种预感，故只使用能证实这种直觉的数据，并且不想考虑从数据中能得出的其他可能性。

4）片面抽样方法。抽样往往是数据采集的一个常用方法。但是，选择样本集的方法可受到偏见的影响。对于人类来说，没有某种偏见，几乎是不可能的。为了限制偏见，可使用统计工具选择样本并建立适当大小的样本。意识到用于训练目的样本数据可能存在偏见尤其重要。

5）背景和文化。偏见通常是基于文化或背景，因此，要中立地看待事物，就必须走出这种文化或背景。

偏见的问题源于许多因素，例如，有问题的数据处理类型、涉及的利益相关方、数据集如何填充、正在实现的业务需要以及流程的预期结果。然而，消除所有偏见并不总是可行的，甚至是不可取的。业务分析师构建许多场景时，对低价值客户（那些不再产生新业务的客户）有业务偏见是基本常识。它们会被从样本中剔除或者在分析时忽略。在这种情况下，分析师应该记录他们用来定义研究的人口标准。相比之下，采用预测算法确定“犯罪风险”的个人或预测警务资源发送给特定的社区，会有更高违反正义和公平原则的风险，因此应该有更大的预防措施，以确保算法的透明性和问责性，并在数据集上对抗偏见，纠正预测算法。[㊀]

5. 转换和集成数据

数据集成过程也有伦理上的挑战，因为数据在从系统到系统的交互过程中发生了变化。如果数据未经治理，就会出现不符合伦理要求的处理方式，甚至存在非法数据的风险。这些伦理风险与数据管理中的一些基本问题交织在一起，包括：

1）对数据来源和血缘的了解有限。如果一个组织不知道数据来自哪里，以及它在系统之间移动时如何变化，那么组织就无法证明数据代表他们所声称的内容。

2）质量差的数据。组织应该有明确的、可衡量的数据质量标准，并应该测量数据以确认它符合质量标准。如果没有这种确认，一个组织不能保证数据和数据的消费者在使用数据时可能会面临风险或者使其他人处于危险之中。

3）不可靠的元数据。数据使用者依赖可靠的元数据，包括对单个数据元素的一致定义数据来源的文档以及参考的文档（如数据集成的规则）。如果没有可靠的元数据，那么数据可能会被误解和被滥用。数据可能在组织之间移动，特别是在可能跨部门输入或输出的情况下，元数据应该包括

㊀ 例如，机器学习偏见的例子，参见 Brennan（2015）和福特基金会和 ProPublica 网站。除了偏见，还有不透明性的问题。随着学习机器的预测算法变得越来越复杂，很难跟踪其决策的逻辑和沿袭过程。参见 Lewis 和 Monett（2017）。http：//bit. ly/1OM41AP；http：//bit. ly/2Oymnru。

标明其来源的标签，谁拥有它，它需要怎样特定的保护等信息。

4）没有数据修订历史的文档。组织也应该保留与数据更改方式相关的可审计信息。即使数据修订的意图是提高数据的质量，但这种做法可能是非法的。数据补救应该始终遵循一个正式的、可审计的变更控制过程。

6. 数据的混淆和修订

混淆和修订数据是进行信息脱敏或信息不公开的常用方法。但是，如果下游的活动（分析或与其他数据集相结合）需要公开数据，那么仅仅混淆就不足以保护数据。这种风险存在于以下活动中：

1）数据聚合（Data Aggregation）。跨越多个维度进行聚合数据并删除标识数据时，这组数据仍然可以用于其他分析服务，而不必担心泄露个人识别信息（PII）。按地理区域聚合是一种常见的做法（参见第 7 章和第 14 章）。

2）数据标记（Data Marking）。数据标记用于对敏感数据（秘密、机密、个人等）进行分类，并将其控制发布到合适的社区，如公众或供应商，甚至来自某些国家或其他社区的供应商。

3）数据脱敏（Data Masking）。数据脱敏是一种只有提交适当数据才能解锁过程的实践。操作人员无法看到原本的数据是什么，只是简单地输入密钥，如果这些操作是正确的，就允许进一步的活动。使用数据脱敏的业务流程包括外包呼叫中心或只能访问部分信息的子承包商。

在数据科学分析中，使用非常大的数据集引起了对匿名有效性的实际而非理论上的关注。在大型数据集中，即使输入数据集是匿名的，也可以通过某种方式重新组合数据，使个人能够被特定地识别出来。当数据到达数据湖中时，首先要考虑的是对其进行敏感数据分析，并采用公认的保护方法。然而，单靠这些措施可能无法提供足够的保障，这就是为什么组织必须有强有力的治理和对数据处理伦理的承诺（参见第 14 章）。

2.3.5　建立数据伦理文化

建立一个符合伦理的数据处理文化需要理解现有规范，定义预期行为，并将这些编入相应制度和伦理规范中，并提供相应的培训和监管以强制推行预期行为。就像其他的关于数据管理和文化创新一样，这一过程也需要强有力的领导。

数据的伦理处理显然包括遵守法律，但也会影响数据的分析和解释方式以及数据在内部和外部的利用方式。明确重视伦理行为的组织文化中不仅有行为准则，而且将确保建立明确的沟通和治理控制，以支持员工提出疑问和适当的升级路径，以便员工意识到不应触犯伦理的行为或伦理风险：他们能够在不担心报复的情况下提出问题或停止进程。改善组织在数据方面的伦理行为需要一个正式的组织变更管理（OCM）过程（参见第 17 章）。

1. 评审现有数据处理方法

改善的第一步就是了解组织现在所处的状态。评审现有数据处理流程的目的是为了理解这些方法在多大程度上直接而且明确的与伦理和合规性驱动因素有关。这些评审中还应该定义雇员如何理解现有做法在建立和维护客户、合伙人和其他利益相关方之间信任方面的伦理影响。该评审的交付物中应记录整个数据生命周期，包括数据共享活动中的收集、使用和监督数据所依据的伦理准则。

2. 识别原则、实践和风险因素

使数据处理的伦理规范化目的在于降低数据被滥用，从而降低给客户、雇员、供应商、其他利益相关方甚至是整个组织所带来的风险。一个试图改善其做法的组织应该了解这些通用原则，如保护用户个人隐私的必要性，同时也应关注具体行业问题，如财产保护和健康方面的信息。

组织对于数据伦理的处理方法必须符合法律和法规的合规性要求。例如，在全球开展业务的组织需要了解其业务所在国家的法律基础和伦理准则，并具体了解各国之间的协议。此外，许多组织都有一些其特有的风险，这些风险可能与其技术迹、雇员更替率、采集客户数据的方式或其他因素有关。

原则应与风险（如果不遵守原则可能发生的坏事情）和实践（正确的做法以避免风险）保持一致，应通过控制来支持实践。

1）指导性原则。人们对自己的健康信息有隐私权。因此，患者的健康数据除非被授权作为照顾患者的一部分人，其他人不允许访问患者的个人健康数据。

2）风险。如果可以广泛访问患者的个人健康数据，那么这些个人信息将变成公共知识，从而危及患者的个人隐私权。

3）实践。只有护士和医生才允许访问患者的个人健康数据，并且仅用于提供护理。

4）控制。将对包含患者个人健康信息系统的所有用户进行年度审查，以确保只有需要访问的人才能访问。

3. 制定合乎伦理的数据处理策略和路线图

在评审当前状态并开发了一系列原则之后，组织可以通过正式制定策略来改善其数据处理方法。这些策略必须同时包含伦理准则和预期行为，以价值陈述和伦理行为准则来表达。这样的策略包括如下组成部分：

1）价值观声明。价值观声明描述的是一个组织的信仰。例如，包括但不限于真理、公平和正义。这些声明提供了一个符合伦理准则的数据处理和决策制定的框架。

2）符合伦理的数据处理原则。符合伦理的数据处理原则描述了一个组织如何处理数据所带来的挑战。例如，如何尊重个人的隐私权。原则和预期行为可以概括为伦理准则，并通过伦理制度加以支持。培训和沟通计划应包括社会的规范和制度。

3）合规框架。合规框架包括驱动组织义务的因素。符合伦理的行为应使组织能够满足合规性要求。法规遵从性要求受地理和行业问题的影响。

4）风险评估。风险评估定义了组织内部特殊问题出现的可能性和影响。这些应用于确定与缓解措施有关的优先行为，包括雇员遵守伦理准则的情况。

5）培训和交流。培训应该包括对伦理准则的审查。雇员必须确保他们熟悉相应准则并了解违背伦理的数据处理所造成的影响。培训必须是不间断的。例如，每年度对伦理操守进行评估。交流应该覆盖到所有雇员。

6）路线图。路线图应包括可由管理层批准的活动时间表。活动将包括执行培训和沟通计划、识别和补救现有实践中的差距、风险缓解和监控计划。制定详细的报表，反映组织在适当处理数据方面的目标地位，包括角色、职责和过程以及参考专家，以获取更多信息。路线图应涵盖所有适用的法律和文化因素。

7）审计和监测方法。通过培训可以加强伦理观念和伦理准则。还应监测具体活动，以确保这些活动符合伦理准则。

4. 采用对社会负责的伦理风险模型

负责商务智能、分析学、数据科学的数据专业人士通常负责描述以下内容的数据：

1）他们是谁。包括他们的原籍国家、民族、族裔和宗教特征。

2）他们做什么。包括政治、社会和潜在的犯罪行为。

3）他们在哪儿生活；他们有多少钱；他们买什么；他们与谁交谈，给谁发短信或者邮件。

4）他们被如何对待。包括支出的分析，如评分和偏好跟踪，这些将会被标记为最终特权和未来的业务。

这些数据可能会被滥用并且与潜在的伦理标准相抵触，如尊重他人，善行和正义。

执行商务智能、分析和数据科学相关活动时，需要一种超越当前所在组织界限的伦理观念，这会对更广泛的社区产生影响。伦理观点之所以是必需的，不仅因为数据容易被滥用，而且因为组织的社会责任不允许其损害数据。

例如，某一组织可以专门为他们认为“不良”的用户设置标准，以便停止与这些人的商务活动。但是，如果该组织在基础服务领域拥有垄断地位，那么这些人会发现自己无法获得必要的服务，所以他们将因为该组织的决定而受到伤害。

使用个人信息资料的项目应该有一套严格的资料使用规则。抽样项目的伦理风险模型如图 2-2 所示。

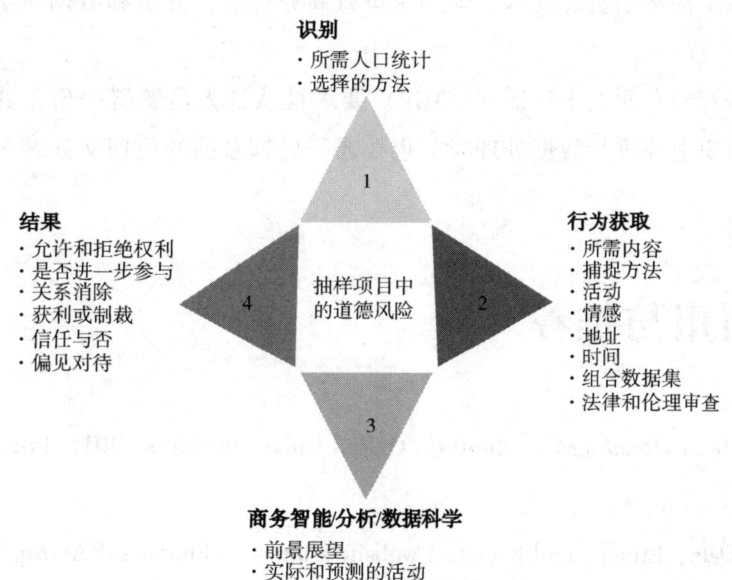

图 2-2　抽样项目的伦理风险模型

他们应说明：

1）他们如何选择自己的群体进行研究（箭头1）。

2）数据如何获取（箭头2）。

3）活动分析的重点（箭头3）。

4）如何使结果易于理解（箭头4）。

他们应该把每个领域都考虑在内，并处理好潜在伦理风险，尤其是对客户和公民可能产生负面影响的风险。

风险模型可以被用于决定项目是否被执行，同时也影响项目怎样实施。例如，可以以匿名的方式生成数据，并将个人信息从档案中删除。加强并确保档案的安全性，并根据当地和其他适用的隐私法进行核审。如果该组织是对应领域的垄断者，而公民对于该资源，如能源和水，没有其他供应者可以选择，则法律可能不允许拒绝该用户。

因为数据分析是一个非常复杂的项目，人们可能看不清伦理上的挑战。每个组织都需要积极地识别潜在风险。他们还需要保护那些确实看到风险并提出疑虑的举报人。自动化监控已经无法防止不符合伦理要求的活动。分析家自己需要反思可能存在的偏见。工作场所的文化和伦理规范会影响公共的行为——伦理模型的学习和使用。DAMA 国际标准鼓励数据专业人员采取专业立场，向那些可能没有认识到数据特定用途影响以及牵连到他们工作中的业务领导人介绍这些风险状况。

2.3.6 数据伦理和治理

数据处理行为的数据监督属于数据治理和法律顾问范畴。他们必须了解法律的最新变化，同时确保雇员了解自己的义务以降低伦理不当带来的风险。数据治理必须制定相关标准和制度以提供数据处理和监督的方法。雇员一定期待公平处理，以避免可能的违规行为遭到举报，影响他们的私人生活。数据治理有一个特殊的监督要求，即用于审查商务智能、分析和数据科学研究提出的计划和决策。

DAMA 国际数据管理专业人士认证（CDMP）要求被认证人员签署一份正式的伦理准则，其中包括在聘用他们的组织之外进行数据处理时，也要履行处理数据的伦理义务。

2.4 文献引用与推荐

Blann, Andrew. *Data Handling and Analysis*. Oxford University Press, 2015. Print. Fundamentals of Biomedical Science.

Council for Big Data, Ethics, and Society（website）http：//bit. ly/2sYAGAq.

Davis, Kord. *Ethics of Big Data*：*Balancing Risk and Innovation*. O'Reilly Media, 2012. Print.

European Data Protection Supervisor (EDPS). Opinion 4/2015 "Towards a new digital ethics: Data, dignity and technology." http://bit.ly/2sTFVlI.

Federal Trade Commission, US (FTC). *Federal Trade Commission Report Protecting Consumer Privacy in an Era of Rapid Change.* March 2012. http://bit.ly/2rVgTxQ and http://bit.ly/1SHOpRB.

GDPR REGULATION (EU) 2016/679 OF THE EUROPEAN PARLIAMENT AND OF THE COUNCIL of 27 April 2016 on the protection of natural persons with regard to the processing of personal data and on the free movement of such data, and repealing Directive 95/46/EC (General Data Protection Regulation).

Hasselbalch, Gry and Pernille Tranberg. *Data Ethics: The New Competitive Advantage.* Publishare. 2016.

Huff, Darrell. *How to Lie with Statistics.* Norton, 1954. Print.

Jensen, David. "Data Snooping, Dredging and Fishing: The Dark Side of Data Mining A SIGKDD99 Panel Report." *SIGKDD Explorations.* ACM SIGKDD, Vol. 1, Issue 2. January 2000. http://bit.ly/2tNThMK.

Johnson, Deborah G. *Computer Ethics.* 4th ed. Pearson, 2009. Print.

Kaunert, C. and S. Leonard, eds. *European Security, Terrorism and Intelligence: Tackling New Security Challenges in Europe.* Palgrave Macmillan, 2013. Print. Palgrave Studies in European Union Politics.

Kim, Jae Kwan and Jun Shao. *Statistical Methods for Handling Incomplete Data.* Chapman and Hall/CRC, 2013. Chapman and Hall/CRC Texts in Statistical Science.

Lake, Peter. *A Guide to Handling Data Using Hadoop: An exploration of Hadoop, Hive, Pig, Sqoop and Flume.* Peter Lake, 2015.

Lewis, Colin and Dagmar Monett. *AI and Machine Learning Black Boxes: The Need for Transparency and Accountability.* KD Nuggets (website), April 2017. http://bit.ly/2q3jXLr.

Lipschultz, Jeremy Harris. *Social Media Communication: Concepts, Practices, Data, Law and Ethics.* Routledge, 2014. Print.

Mayfield, M. I. *On Handling the Data.* CreateSpace Independent Publishing Platform, 2015. Print.

Mazurczyk, Wojciech, et al. *Information Hiding in Communication Networks: Fundamentals, Mechanisms, and Applications.* Wiley-IEEE Press, 2016. Print. IEEE Press Series on Information and Communication Networks Security.

Naes, T. and E. Risvik eds. *Multivariate Analysis of Data in Sensory Science.* Volume 16. Elsevier Science, 1996. Print. Data Handling in Science and Technology (Book 16).

Olivieri, Alejandro C. et al, eds. *Fundamentals and Analytical Applications of Multi-way Calibration.* Volume 29. Elsevier, 2015. Print. Data Handling in Science and Technology (Book 29).

ProPublica (website). "Machine Bias: Algorithmic injustice and the formulas that increasingly influence our lives." May 2016 http://bit.ly/2oYmNRu.

Provost, Foster and Tom Fawcett. *Data Science for Business: What you need to know about data mining and data-analytic thinking*. O'Reilly Media, 2013. Print.

Quinn, Michael J. *Ethics for the Information Age*. 6th ed. Pearson, 2014. Print.

Richards, Lyn. *Handling Qualitative Data: A Practical Guide*. 3 Pap/Psc ed. SAGE Publications Ltd, 2014. Print.

Thomas, Liisa M. *Thomas on Data Breach: A Practical Guide to Handling Data Breach Notifications Worldwide*. LegalWorks, 2015. Print.

Tufte, Edward R. *The Visual Display of Quantitative Information*. 2nd ed. Graphics Pr., 2001. Print.

University of Texas at Austin, Department of Mathematics (website). *Common Misteaks Mistakes in Using Statistics*. http://bit.ly/2tsWthM. Web.

US Department of Health and Human Services. *The Belmont Report*. 1979. http://bit.ly/2tNjb3u (US-HSS, 2012).

US Department of Homeland Security. "Applying Principles to Information and Communication Technology Research: A Companion to the Department of Homeland Security Menlo Report". January 3, 2012. http://bit.ly/2rV2mSR (US-DHS, 1979).

Witten, Ian H., Eibe Frank and Mark A. Hall. *Data Mining: Practical Machine Learning Tools and Techniques*. 3rd ed. Morgan Kaufmann, 2011. Print. Morgan Kaufmann Series in Data Management Systems.

第3章　数据治理

3.1　引言

数据治理（Data Governance，DG）的定义是在管理数据资产过程中行使权力和管控，包括计划、监控和实施。在所有组织中，无论是否有正式的数据治理职能，都需要对数据进行决策。建立了正式的数据治理规程及有意向性地行使权力和管控的组织，能够更好地增加从数据资产中获得的收益。

数据治理职能是指导所有其他数据管理领域的活动。数据治理的目的是确保根据数据管理制度和最佳实践正确地管理数据。而数据管理的整体驱动力是确保组织可以从其数据中获得价值，数据治理聚焦于如何制定有关数据的决策，以及人员和流程在数据方面的行为方式。数据治理项目的范围和焦点依赖于组织需求，但多数项目都包含如下内容：

1）战略（Strategy）。定义、交流和驱动数据战略和数据治理战略的执行。

2）制度（Policy）。设置与数据、元数据管理、访问、使用、安全和质量有关的制度。

3）标准和质量（Standards and Quality）。设置和强化数据质量、数据架构标准。

4）监督（Oversight）。在质量、制度和数据管理的关键领域提供观察、审计和纠正等措施（通常称为管理职责 Stewardship）。

5）合规（Compliance）。确保组织可以达到数据相关的监管合规性要求。

6）问题管理（Issue Management）。识别、定义、升级和处理问题，针对如下领域：

数据安全、数据访问、数据质量、合规、数据所有权、制度、标准、术语或者数据治理程序等。

7）数据管理项目（Data Management Projects）。增强提升数据管理实践的努力。

8）数据资产估值（Data Asset Valuation）。设置标准和流程，以一致的方式定义数据资产的业务价值。

为了实现这些目标，数据治理时将制定制度和实施细则，在组织内多个层次上实践数据管理，并参与组织变革管理工作，积极向组织传达改进数据治理的好处以及成功地将数据作为资产管理所必需的行为。

对于多数企业，采用正式的数据治理需要进行组织变革管理（参见第17章），以及得到来自最高层管理者（C级别）的支持，如CRO、CFO或者CDO。

产生和分享数据、信息的能力改变了个人及经济的互动。在充满活力的市场环境中，随着将数据作为差异化竞争优势的意识提升，促使组织调整数据管理职责。上述改变已经很明显地出现在金融、电子商务、政府和零售领域。各个组织都在努力成为数据驱动型组织，主动将数据需求作为战略发展、项目规划和技术实施的一部分。然而，这样做通常会带来企业文化上的挑战。此外，鉴于企业文化可以影响任何战略目标，进行数据治理时需要努力将文化变革部分纳入考虑，以期获得强有力的领导支持。

要从作为企业资产的数据中受益，组织必须学会衡量数据和数据管理活动的价值。即使拥有最佳的数据战略，数据治理和数据管理计划也可能不会成功，除非企业愿意接受并进行管理变革。对很多组织而言，文化变革是一项主要的挑战。变革管理的基础信条是，组织变革需要个人的改变（Hiatt 和 Creasey，2012）。当数据治理和数据管理要求显著的行为变化时，为了成功，一定需要正式的变革管理。数据治理和管理职责语境关系图如图 3-1 所示。

图 3-1　语境关系图：数据治理和管理职责

3.1.1　业务驱动因素

数据治理最常见的驱动因素是法规遵从性，特别是重点监控行业。例如，金融服务和医疗健康，需要引入法律所要求的治理程序。高级分析师、数据科学家的迅猛发展也成为新增的驱动力。

尽管监管或者分析师可以驱动数据治理，但很多组织的数据治理是通过其他业务信息化管理需求所驱动的，如主数据（MDM）管理等。一个典型场景：一家公司需要更优质的客户数据，它选择开发客户主数据平台，然后接下来意识到成功的主数据管理是需要数据治理的。

数据治理并不是到此为止，而是需要直接与企业战略保持一致。数据治理越显著地帮助解决组织问题，人们越有可能改变行为、接受数据治理实践。数据治理的驱动因素大多聚焦于减少风险或者改进流程。

（1）减少风险

1）一般性风险管理。洞察风险数据对财务或商誉造成的影响，包括对法律（电子举证 E-Discovery）和监管问题的响应。

2）数据安全。通过控制活动保护数据资产，包括可获得性、可用性、完整性、连续性、可审计和数据安全。

3）隐私。通过制度和合规性监控，控制私人信息、机密信息、个人身份信息（PII）等。

（2）改进流程

1）法规遵从性。有效和持续地响应监管要求的能力。

2）数据质量提升。通过真实可信的数据提升业务绩效的能力。

3）元数据管理。建立业务术语表，用于定义和定位组织中的数据；确保组织中数量繁多的元数据被管理和应用。

4）项目开发效率。在系统生命周期（SDLC）中改进，以解决整个组织的数据管理问题，包括利用数据全周期治理来管理特定数据的技术债。

5）供应商管理。控制数据处理的合同，包括云存储、外部数据采购、数据产品销售和外包数据运维。

在整个组织内澄清数据治理的业务驱动因素是基础性工作，将它与企业整体业务战略保持一致。经常聚焦“数据治理”往往会疏远那些认为治理产生额外开销却没有明显好处的领导层。对组织文化保持敏感性也是必要的，需要使用正确的语言、运营模式和项目角色。在 *DAMA-DMBOK2* 编写过程中，术语“组织”被诸如“运营模式”或“运营框架”之类所取代。

人们有时表示难以理解数据治理是什么，治理本身是一个通用概念。与其发明新的概念，数据管理专家可以将其他治理的概念和原则应用于数据治理。通常将审计、会计与数据治理放在一起比较，审计员和财务主管设置管理财务资产的规则，数据治理专家制定管理数据资产的规则，然后其他领域执行这些规则。

数据治理不是一次性的行为。治理数据是一个持续性的项目集，以保证组织一直聚焦于能够从数据获得价值和降低有关数据的风险。可以由一个虚拟组织或者有特定职责的实体组织承担数据治理的责任。只有理解了数据治理的规则和活动才能达到高效执行，为此需要建立可运转良好的运营框架。数据治理程序中应该考虑到组织和文化的独特性问题，以及数据管理在组织内面对的具体挑战和机遇（参见第 1 和第 16 章）。

数据治理要与 IT 治理区分开。IT 治理制定关于 IT 投资、IT 应用组合和 IT 项目组合的决策，从另一个角度还包括硬件、软件和总体技术架构。IT 治理的作用是确保 IT 战略、投资与企业目标、战略的一致性。COBIT（Control Objectives for Information and Related Technology）框架提供 IT 治理标准，但是其中仅有很少部分涉及数据和信息管理。其他一些重要法规，如萨班斯法案（Sarbanes-Oxley）则覆盖企业治理、IT 治理和数据治理多个领域。相反，数据治理仅聚焦于管理数据资产和作为资产的数据。

3.1.2 目标和原则

数据治理的目标是使组织能够将数据作为资产进行管理。数据治理提供治理原则、制度、流程、整体框架、管理指标，监督数据资产管理，并指导数据管理过程中各层级的活动。为达到整体目标，数据治理程序必须包括以下几个方面。

（1）可持续发展（Sustainable）

治理程序必须富有吸引力。它不是以一个项目作为终点，而是一个持续的过程。需要把它作为整个组织的责任。数据治理必须改变数据的应用和管理方式，但也不代表着组织要作巨大的更新和颠覆。数据治理是超越一次性数据治理组件实施可持续发展路径的管理变革。可持续的数据治理依靠于业务领导、发起者和所有者的支持。

（2）嵌入式（Embedded）

数据治理不是一个附加管理流程。数据治理活动需要融合软件开发方法、数据分析应用、主数据管理和风险管理。

（3）可度量（Measured）

数据治理做得好有积极的财务影响，但要证明这一影响，就需要了解起始过程并计划可度量的改进方案。

实施数据治理规划需要有变革的承诺。早在 2000 年，下列可以帮助建立起强大数据治理基础的原则就被定义出来[㊀]。

（1）领导力和战略（Leadership and Strategy）

成功的数据治理始于远见卓识和坚定的领导。数据战略指导数据管理活动，同时由企业业务战略所驱动。

（2）业务驱动（Business-driven）

数据治理是一项业务管理计划，因此必须管理与数据相关的 IT 决策，就像管理与数据有关的业务活动一样。

㊀ 数据治理研究所。http：//bit. ly/1ef0tnb。

(3) 共担责任 (Shared Responsibility)

在所有数据管理的知识领域中，业务数据管理专员和数据管理专业人员共担责任。

(4) 多层面 (Multi-layered)

数据治理活动发生在企业层面和各地基层，但通常发生在中间各层面。

(5) 基于框架 (Framework-based)

由于治理活动需进行跨组织职能的协调，因此对数据治理项目必须建立一个运营框架来定义各自职责和工作内容。

(6) 原则导向 (Principle-based)

指导原则是数据治理活动、特别是数据治理策略的基础。通常情况下，组织制定制度时没有正式的原则，他们只是在试图解决特定的问题。有时原则可以从具体策略通过逆向工程反推得到。然而最好把核心原则的阐述和最佳实践作为策略的一部分工作。参考这些原则可以减少潜在的阻力。随着时间的推移，在组织中会出现更多的指导原则与相关的数据治理组件共同对内部发布。

3.1.3 基本概念

正如财务审计人员实际上并不执行财务管理一样，数据治理确保数据被恰当地管理而不是直接管理数据（参见第 15 章）。数据治理相当于将监督和执行的职责分离。数据治理和数据管理的关系如图 3-2 所示。

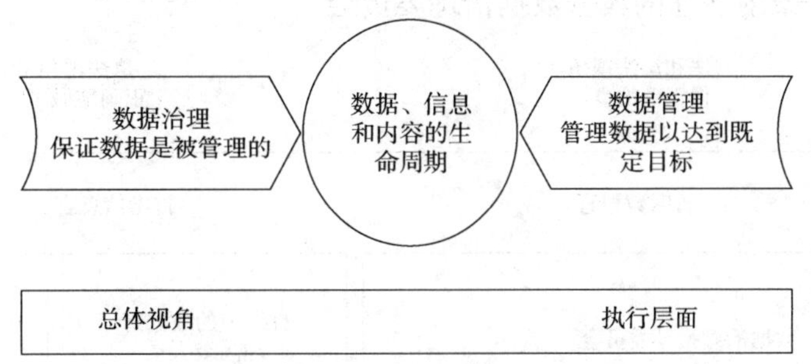

图 3-2　数据治理和数据管理的关系

1. 以数据为中心的组织

以数据为中心的组织将数据作为资产估值，在生命周期所有阶段进行管理，包括项目开发和持续运营阶段。为达到以数据为中心，组织必须改变将战略转化为行动的方式。数据不再被作为是流程和业务产品的附属。业务处理的目标就是为了得到高质量的数据。有效数据管理成为企业致力于通过分析获得洞察、制定决策时的高优先级事项。

人们常常混淆数据和信息技术。企业为达到以数据为中心需要进行不同以往的思考方式，要理解管理数据不同于管理 IT。转型并非易事，现有文化及内部制度、关于拥有权的争议、预算、历史遗留系统，都将成为建立企业级数据治理和数据管理的最大障碍。

虽然每个组织都需要有自己的原则，但是那些寻求从其数据中获得更多价值的组织可能会分享以下内容：

1）数据应该作为企业资产管理起来。

2）应该在整个组织内鼓励数据管理的最佳实践。

3）企业数据战略必须与业务战略一致。

4）应不断改进数据管理流程。

2. 数据治理组织

治理项目的核心词是治理。数据治理可以从政治治理的角度来理解。它包括立法职能（定义策略、标准和企业架构）、司法职能（问题管理和升级）和执行职能（保护和服务、管理责任）。为更好地管理风险，多数组织采用了典型的数据治理形式，以便能够听取所有利益相关方的意见。

每个组织都应该采用一个支持其业务战略，并可能在其自身文化背景下取得成功的治理模型。组织也应该准备好发展这种模式以迎接新的挑战。模型在组织结构、形式级别和决策方法方面有所不同。有些模型是集中组织的，而另一些则是分布式的。

数据治理组织还可以具有多个层次，以解决企业内不同级别的问题——本地、部门和企业范围。治理工作通常分为多个委员会，每个委员会的目的和监督水平与其他委员会不同。

图 3-3 展示了一个通用的数据治理组织模型。在组织内部（垂直轴）的不同级别上进行活动，并在组织功能内以及技术（IT）和业务领域之间分离治理职责。注意，这不是组织结构图。该图说明了各个领域如何根据上述趋势共同开展数据治理，以消除对术语“组织”的强调。表 3-1 描述了可能在数据治理操作框架内建立的典型数据治理委员会。

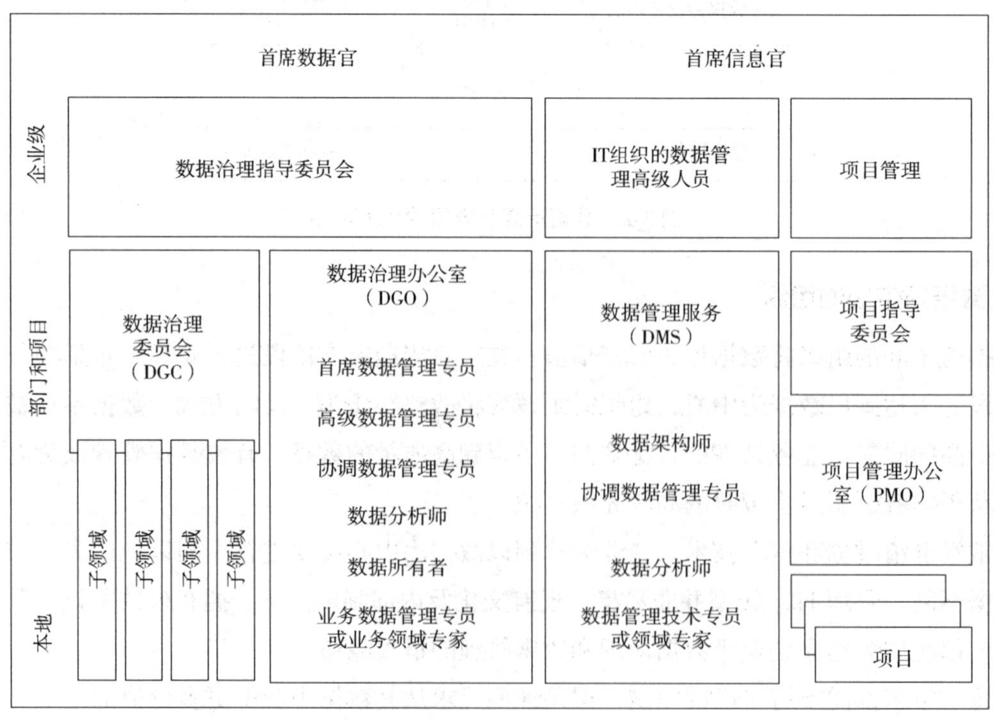

图 3-3 数据治理组织的组成部分

表 3-1　典型数据治理委员会/机构

数据治理机构	说明
数据治理指导委员会	组织中数据治理的主要和最高权威组织，负责监督、支持和资助数据治理活动。由跨职能的高级管理人员组成 通常根据 DGC 和 CDO 的建议，为数据治理发起的活动提供资金。该委员会可能会反过来受到来自更高级别组织或者委员会的监督
数据治理委员会	管理数据治理规划（如制度或指标的制定）、问题和升级处理。根据所采用的运营模型由相关管理层人员组成（参见图 3-4）
数据治理办公室	持续关注所有 DAMA 知识领域的企业级数据定义和数据管理标准，由称为数据管理专员、数据保管人和数据拥有者等协调角色组成
数据管理团队	与项目团队在数据定义和数据管理标准方面进行协作、咨询，由聚焦于一个或者更多领域或项目的成员组成，包括业务数据管理专员、技术数据管理专员或者数据分析师（注：偏重管理职责）
本地数据治理委员会	大型组织可能有部门级或数据治理指导委员会分部，在企业数据治理委员会（DGC）的指导下主持工作。小型组织应该避免这种复杂设置

3. 数据治理运营模型类型

在集中式管理模式中，数据治理组织监督所有业务领域中的活动。在分布式管理模式中，每个业务单元中采用相同的数据治理运营模型和标准。在联邦式管理模式中，数据治理组织与多个业务单元协同，以维护一致的定义和标准。企业数据治理运营模型示例如图 3-4 所示（参见图 3-4 和第 16 章）。

4. 数据管理职责

数据管理职责（Data Stewardship）描述了数据管理岗位的责任，以确保数据资产得到有效控制和使用。可以通过职位名称和职责描述正式确定管理职责，也可以采用非正式的形式，由帮助组织获取数据价值的人所驱动。通常情况下，像保管人、受托人这样的称呼，就是类似的管理岗位的同义词。

管理职责的焦点因组织不同而不同，取决于组织战略、文化、试图解决的问题、数据管理成熟度水平以及管理项目的形式等因素。然而在大多数情况下，数据管理活动将集中于以下部分（未必全部）：

1）创建和管理核心元数据。它包括业务术语、有效数据值及其他关键元数据的定义和管理。通常管理专员负责整理的业务术语表，成为与数据相关的业务术语记录系统。

2）记录规则和标准。它包括业务规则、数据标准及数据质量规则的定义和记录。通常基于创建和使用数据的业务流程规范，来满足对高质量数据的期望。为确保在组织内部达成共识，由数据管理专员帮助制定规则并确保其得到连贯的应用。

3）管理数据质量问题。数据管理专员通常参与识别、解决与数据相关的问题，或者促进解决的过程。

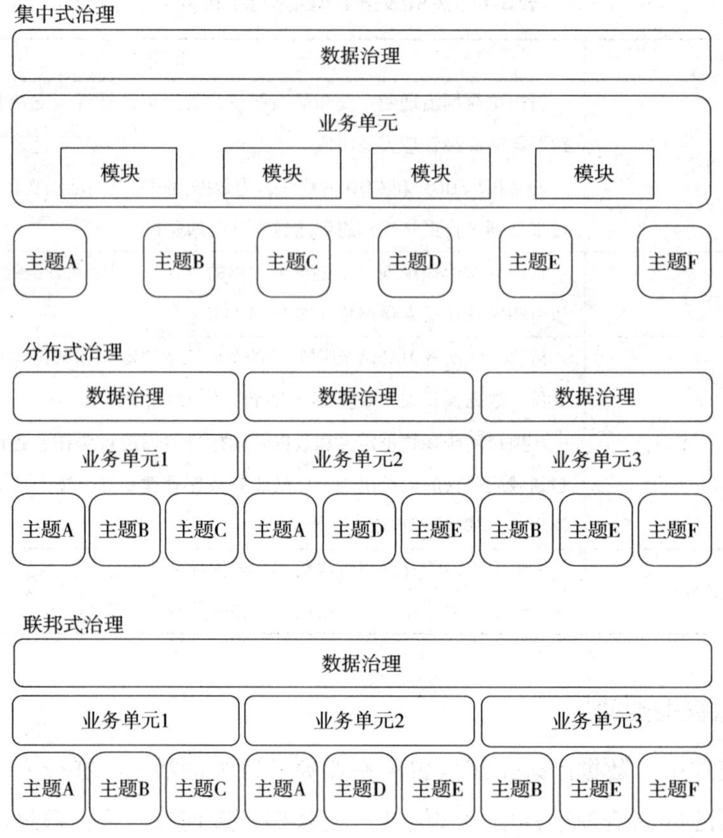

图 3-4　企业数据治理运营模型示例㊀

4）执行数据治理运营活动。数据管理专员有责任确保数据治理制度和计划在日常工作或每一个项目中被遵循执行，并对决策发挥影响力，以支持组织总体目标的方式管理数据。

5. 数据管理岗位的类型

管理专员（Steward，直译为管家，本书译为管理专员）指其职责是为别人管理财产的人。数据管理专员代表他人的利益并为组织的最佳利益来管理数据资产（McGilvray，2008）。数据管理专员代表所有相关方的利益，必须从企业的角度来确保企业数据的高质量和有效使用。有效的数据管理专员对数据治理活动负责，并有部分时间专门从事这些活动。

根据组织的复杂性和数据治理规划的目标，各个组织中正式任命的这些数据管理专员在其工作职位上会有一些区别，例如：

1）首席数据管理专员（Chief Data Stewards）。CDO 的替代角色，担任数据治理机构的主席，也可以是虚拟的（基于委员会）或者在分布式数据治理组织中担任 CDO。他们甚至也可能是高层发起者。

2）高级数据管理专员（Executive Data Stewards）。他们是数据治理委员会（DGC）的资深管理者。

㊀ 改编自 Ladley（2012）。

3）企业数据管理专员（Enterprise Data Stewards）。他们负责监督跨越业务领域的数据职能。

4）业务数据管理专员（Business Data Stewards）。他们是业务领域专业人士，通常是公认的领域专家，对一个数据域负责。他们和利益相关方共同定义和控制数据。

5）数据所有者（Data Owner）。他们是某个业务数据管理专员，对其领域内的数据有决策权。

6）技术数据管理专员（Technical Data Stewards）。他们是某个知识领域内工作的IT专业人员，如数据集成专家、数据库管理员、商务智能专家、数据质量分析师或元数据管理员。

7）协调数据管理专员（Coordinating Data Stewards）。这在大型组织中尤为重要，其领导并代表业务数据管理专员和技术数据管理专员进行跨团队或者数据专员之间的讨论。

*DAMA-DMBOK*1 指出，“通常最好的数据管理专员都是在工作中被发现的，而不是靠培养的”。这意味着，在大多数组织中，即使没有数据治理项目，也有人负责数据管理。这些人已经参与到帮助组织降低数据的风险和从数据中获得更多价值的工作中。将他们的岗位管理职责正式化，可以使他们的工作得到认可，帮助他们更加成功、做出更多的贡献。所有这些都意味着，数据管理专员可以被“培养”，可以培训员工成为各类数据管理专员。让那些已经在管理数据的人可以发展他们自己的技能和知识，从而使他们工作得更好（Plotkin，2014）。

6. 数据制度

数据制度包括对数据治理管理初衷的简要说明和相关基本规则，这些规则贯穿数据和信息的创造、获取、集成、安全、质量和使用的全过程。

数据制度是全局性的，它们支持数据标准以及与数据管理和使用等关键方面的预期行为，不同组织的数据制度差异很大。数据制度描述了数据治理的“什么”（做什么和不做什么），而标准和规程描述了数据治理的“如何”。数据制度应该相对较少，并且尽量采用简单直接的表述。

7. 数据资产估值

数据资产估值（Data Asset Valuation）是一个理解和计算数据对组织的经济价值的过程。因为数据、信息甚至商务智能都是抽象概念，人们很难将它们与经济影响联系起来。理解不可替换项（如数据）价值的关键是理解如何使用它以及它的使用带来的价值（Redman，1996）。与诸多其他资产（如货币、物理设备）不同，数据具有不可互换性（替换性）。某组织客户数据的重要性不同于另一个组织的客户数据；不仅是客户本身，而且包括与之相关的数据（如采购历史、首选项等）。一个组织如何从客户数据中获得价值（即从这些数据中了解到的客户信息以及如何应用所学信息），可以成为组织的竞争优势。

数据生命周期的大多数阶段涉及成本（包括获取数据、存储、管理和处置）。数据只有在使用时才有价值，使用时数据还产生了与风险管理相关的成本。因此，当使用数据的经济效益超过了上述成本时，就会显现其价值。

其他度量价值的方式包括：

1）替换成本（Replacement Cost）。在灾难性数据破坏事件或者数据中断时，数据替换或恢复的成本，包括组织内的交易、域、目录、文档和指标信息等。

2）市场价值（Market Value）。兼并或收购企业时作为企业资产的价值。

3）发现商机（Identified Opportunities）。通过交易数据或者通过售卖数据，从数据（商务智能）中发现商机获得的收入价值。

4）售卖数据（Selling Data）。一些组织把从数据中获得的洞察整合为数据产品出售。

5）风险成本（Risk Cost）。它是基于潜在罚款、补救成本和诉讼费用的估价。来自法律或监管的风险包括：

①缺少必需的数据。

②存在不应留存的数据（例如，在法律审计期间发现的意外数据；需要清除但尚未清除的数据）。

③除上述成本外，包括数据不正确造成客户、公司财务和声誉受到损害。

④风险下降或者风险成本的下降，其实是与提升和验证数据等操作干预成本的抵消之后的溢出部分。

为了描述信息资产价值的概念，可以将公认的会计准则转换为公认的信息原则㊀（表 3-2）。

表 3-2　数据资产会计准则

原则	说明
问责原则	组织必须确定对各种类型数据和内容负有最终责任的个人
资产原则	各种类型的数据内容都是资产，并且具有其他资产的特征。它们应像物理或者金融资产一样可以进行管理、担保和核算
审计原则	数据和内容的准确性要接受独立机构的定期审计
尽职调查原则	如果风险是已知的，必须要报告。如果可能存在风险，必须予以确认。数据风险包括与不良数据管理实践相关的风险
持续经营原则	数据及其内容对于组织的成功、持续运营和管理至关重要，即它们不是为实现目标的临时手段，也不是业务的副产品
估值级别原则	在最合理或最容易测量的级别上将数据作为资产进行估值
责任原则	基于监管和伦理，存在着与数据及内容有关的滥用或者管理不当的财务责任
质量原则	数据准确性、数据生命周期和内容会影响组织的财务状况
风险原则	存在与数据和内容相关的风险。无论是作为负债还是作为管理和降低固有风险的成本，风险必须得到正式确认
价值原则	基于满足组织目标的方式、可流通性以及对组织商誉（资产负债表）的贡献来判断，数据和内容是有价值的。信息的价值反映的是其维护和运行的成本与它对组织的贡献抵消之后的溢出

㊀ 改编自 Ladley（2010）。见第 108-109 页，普遍接受的信息原则。

3.2　活动

3.2.1　规划组织的数据治理

数据治理工作必须支持业务战略和目标。一个组织的业务战略和目标影响着组织的数据战略，以及数据治理和数据管理在组织的运营方式。

数据治理与数据相关的决策责任可共享。数据治理活动跨越了组织和系统的边界，以支持整体的数据视图。成功的数据治理应当是清楚地了解需要治理什么、怎么治理以及谁来执行治理。

相对于孤立、特定的功能领域，当数据治理是一项企业层面工作时，效果最为显著。在企业中定义数据治理的范围通常需要先定义企业的含义。反过来，数据治理控制了定义它的企业。

1. 执行就绪评估

评估当前组织的信息管理能力、成熟度和有效性，对于制订数据治理的计划至关重要。通过它们，可以用来衡量一个项目的有效性。评估工作对于管理和维持数据治理规划也很有价值。

典型的评估包括：

1）数据管理成熟度。了解组织对数据的处理方式；衡量其当前的数据管理能力和潜力。重点是业务人员对公司管理和利用数据，以发挥其优势的胜利程度，以及客观标准（如工具的使用、报告级别等）（参见第 15 章）。

2）变革能力。数据治理需要行为上的改变，因此测量组织为适应数据治理所需而改变行为的能力非常重要。此外，这些活动将有助于识别潜在的阻力点。通常进行数据治理需要正式的组织变革管理。在评估变革能力时，变革管理过程中将评估现有的组织结构、文化观念以及变革管理过程本身（Hiatt 和 Creasy，2012）（参见第 17 章）。

3）协作准备。该评估体现了组织在管理和使用数据方面的协作能力。根据定义，管理工作跨越不同职能领域，因此本质上是需要协作才能完成的。如果某个组织对于如何协作无从下手，那么这样的企业文化将成为管理的障碍。永远不要假设一个组织开始就知道如何协作，当结合变革能力进行评估时，该评估提供了洞察实施数据治理所需企业文化的能力。

4）与业务保持一致。通过业务一致性能力评估可以检查组织如何调整数据的使用来支持满足业务战略要求，有时这项评估会包含在变革能力评估中一起进行。通过这项评估常常会惊奇地发现临时安排的（Ad hoc）数据相关活动往往令人惊讶。

2. 探索与业务保持一致

数据治理项目必须通过识别和交付特定的价值来为组织作出贡献。例如，减少监管机构的罚款。通过评估活动将识别和评价现有制度、指导方针的有效性，如它们处理了哪些风险、鼓励了哪些行为以及实施的情况，同时还能够识别数据治理的机会，以此提高数据及内容的实用性，并把业务调整的商业利益附加在数据治理要素中。

数据质量分析是评估的一部分工作。通过数据质量评估可以洞察现有问题和障碍以及低质量数据的影响，还可以识别使用低质量数据执行业务流程存在的风险，以及作为数据治理工作组成部分的数据质量项目带来的财务和其他收益（参见第 13 章）。

数据管理实践的评估是数据治理评估过程的另一个关键方面。例如，评估过程中可能找到一些有能力的用户，为正在进行中的数据治理活动创建一个潜在代理的初始列表。

从发现和校准活动中派生出一个数据治理需求清单。例如，如果监管风险对业务产生财务问题，则需指定支持风险管理的数据治理活动。这些需求影响着数据治理的战略和战术。

3. 制定组织触点

协调工作的一部分包括为数据治理工作制定组织接触点。图 3-5 举例说明了在首席数据官（Chief Data Officer，CDO）直接权利之外，支持企业数据治理和数据管理一致性和凝聚力的组织触点。

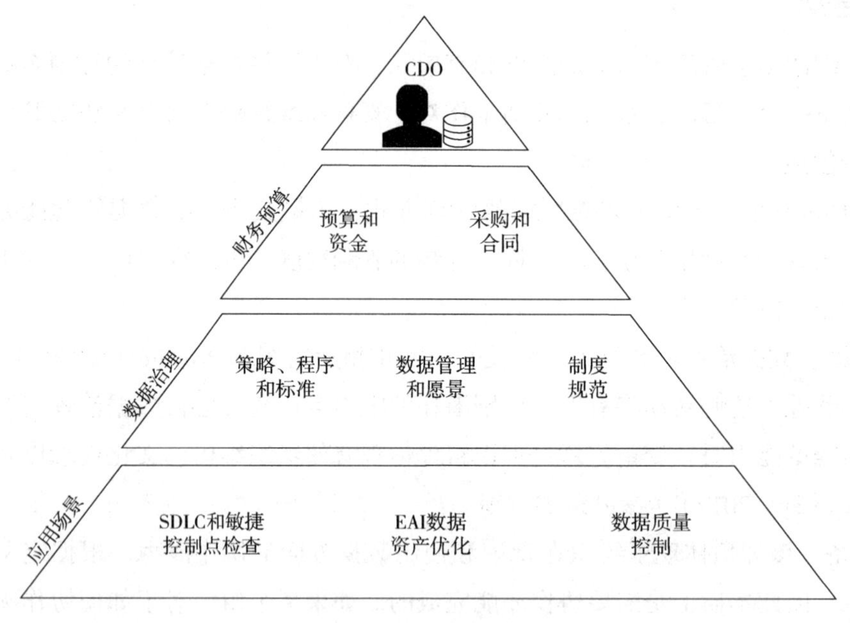

图 3-5 CDO 组织触点

（1）采购和合同（Procurement and Contracts）

首席数据官与供应商/合作伙伴的管理部门或者采购部门合作，制定和执行关于数据管理合同的标准文本。这包括数据即服务（DaaS）、云服务采购、其他外包、第三方开发工作或者内容获取/许可协议以及可能的以数据为中心的 IT 工具采购和升级。

（2）预算和资金（Budget and Funding）

如果首席数据官没有直接控制所有与数据采购相关的预算，那么数据管理办公室将成为防止重复工作及保证优化获得数据资产的焦点。

（3）法规遵从性（Regulatory Compliance）

首席数据官在不同地区、国家和国际监管环境中工作，要理解这些环境如何影响组织及其数据管理活动。需要开展持续性的监控活动，以识别、跟踪新出现和潜在的影响和要求。

（4）SDLC/开发框架（SDLC/Development Framework）

数据治理规划中确定了在系统或应用程序开发生命周期中制定组织策略、流程和标准的控制点。

首席数据官影响组织触点，支持企业在管理其数据时的凝聚力，也会增加企业使用数据的敏捷性。从本质上来讲，这是组织如何理解和看待数据治理的一个态度。

3.2.2 制定数据治理战略

数据治理战略定义了治理工作的范围和方法。应根据总体业务战略以及数据管理、IT战略全面定义和明确表达数据治理战略。如同标准工件，以迭代的方式开发及获得认可。应根据每个组织制定具体内容，交付物包括：

1）章程。确定数据管理的业务驱动愿景、使命和原则，包括成熟度评估、内部流程分析及当前问题和成功标准。

2）运营框架和职责。定义数据治理活动的结构和责任。

3）实施路线图。制定时间计划，其涉及最终发布的制度、指令、业务术语、架构、资产价值评估、标准和程序以及所期望业务和技术流程发生的改变、支持审计活动和法规遵从的交付成果。

4）为成功运营制订计划。为数据治理活动描述一个可持续发展的目标状态。

1. 定义数据治理运营框架

开发数据治理的基本定义很容易，但是创建一个组织采用的运营框架可能很困难。在构建组织的运营框架时需要考虑以下几个方面：

1）数据对组织的价值。如果一个组织出售数据，显然数据治理具有巨大的业务影响力。将数据作为最有价值事物的组织（如Facebook、亚马逊）将需要一个反映数据角色的运营模式。对于数据是操作润滑剂的组织，数据治理形式就不那么严肃了。

2）业务模式。分散式与集中式、本地化与国际化等是影响业务发生方式以及如何定义数据治理运营模式的因素。与特定IT策略、数据架构和应用程序集成功能的链接，应反映在目标运营框架设计中（图3-6）。

3）文化因素。就像个人接受行为准则、适应变化的过程一样，一些组织也会抵制制度和原则的实施。开展治理战略需要提倡一种与组织文化相适应的运营模式，同时持续地进行变革。

4）监管影响。与受监管程度较低的组织相比，受监管程度较高的组织具有不同的数据治理心态和运营模式。可能还与风险管理或法律团队有联系。

数据治理层通常作为整体解决方案的一部分。这意味着确定管理活动职责范围、谁拥有数据等。运营模型中还定义了治理组织与负责数据管理项目人员间的协作、参与变革管理活动以引入新的规程以及通过治理实现问题管理的解决方案。图 3-6 展示了一个运营框架示例，这个例子很有说服力。必须定制这种工作才能满足不同组织的个性化需求。

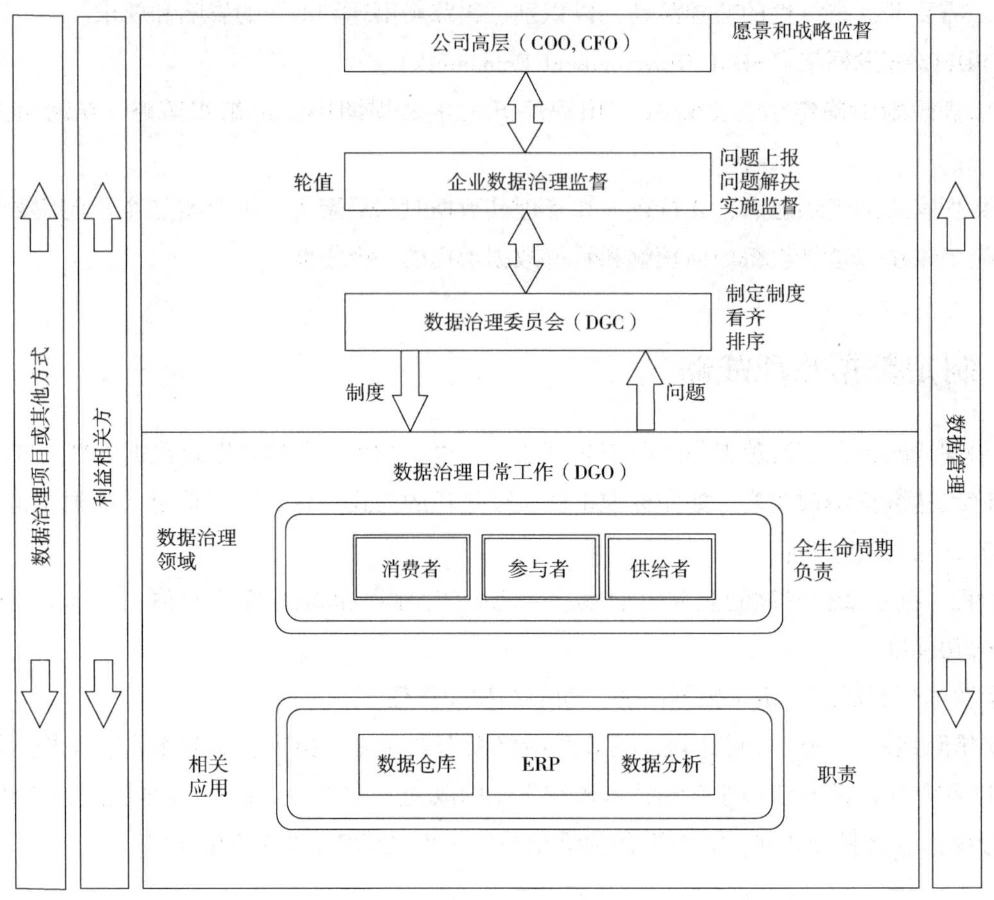

图 3-6　运营框架示例

2. 制定目标、原则和制度

依据数据治理战略制定的目标、原则和制度将引导组织进入期望的未来状态。

通常由数据管理专业人员、业务策略人员，在数据治理组织的支持下共同起草数据治理的目标、原则和制度，然后由数据管理专员和管理人员审查并完善，最终由数据管理委员会（或类似组织）进行终审、修订和发布采用。

管理制度可能包含多个不同方面内容，如：

1）由数据治理办公室（DGO）认证确认组织用到的数据。

2）由数据治理办公室（DGO）批准成为业务拥有者。

3）业务拥有者将在其业务领域委派数据管理专员，数据管理专员的日常职责是协调数据治理活动。

4）尽可能地提供标准化报告、仪表盘或计分卡，以满足大部分业务需求。

5）认证用户将被授予访问相关数据的权限，以便查询即席（ad hoc）报表和使用非标准报告。

6）定期复评所有认证数据，以评价其准确性、完整性、一致性、可访问性、唯一性、合规性和效率等。

必须有效地沟通、监督、执行和定期复评数据管理制度。数据管理委员会可将此权力委托给数据管理指导委员会。

3. 推动数据管理项目

改进数据管理能力的举措可为整个企业带来好处。这些通常需要来自数据治理委员会的跨职能关注和支持。数据管理项目很难推动，它们经常被看作“完成工作”的障碍。推动数据治理项目关键是阐明数据管理提高效率和降低风险的方法。组织如果想从数据中获得更多价值，则需要有效优先发展或提升数据管理能力。

数据治理委员会负责定义数据管理项目的商业案例，监督项目状态和进度。如果组织中存在项目管理办公室，数据治理委员会要和数据管理办公室协同工作，数据管理项目可视为整个 IT 项目组合的一部分。

数据治理委员会还可以与企业范围内的大型项目集配合开展数据管理改进工作。主数据管理项目，如企业资源计划（ERP）、客户关系管理（CRM）和全球零件清单等都是很好的选择。

其他项目中的数据管理活动，一般由组织内部 SDLC、服务交付管理、ITIL 和 PMO 统筹考虑[⊖]。对于每个含有重要数据组件的项目（几乎所有项目都包含）在软件生命周期的前期（规划和设计阶段）就应该收集数据管理需求。这些内容包括系统架构、合规性、系统记录的识别和分析以及数据质量的检测与修复。此外，还可能有一些其他数据管理支持活动，包括使用标准测试台进行需求验证测试。

4. 参与变革管理

组织变革管理（Organizational Change Management，OCM）是进行组织管理体系和流程变革的管理工具。变革管理研究所（The Change Management Institute）认为，组织的变革管理不仅仅是“项目中人的问题”，应该被视为整个组织层面管理改良的一种途径。组织经常面临管理项目上的变迁，而不是管理组织体系进化（Anderson 和 Ackerson，2012）。成熟的组织在变革管理中建立清晰的组织愿景，从高层积极引导和监督变革，设计和管理较小的变革尝试，再根据整个组织的反馈和协同情况调整变革计划方案（参见第 17 章）。

对很多组织来说，数据治理所固有的形式和规则不同于已有的管理实践。适应数据治理需要人们改变行为和互动方式。对于正式的管理变革项目，需要有适合的发起者，这对于推动维持数据治理所需的行为变化至关重要。组织需要组建一个团队来负责以下事项：

1）规划。规划变革管理，包括进行利益相关方分析、获得支持以及建立能够克服阻力的沟通方法。

2）培训。建立和执行数据治理项目培训。

3）影响系统开发。与项目管理办公室（PMO）合作，在软件开发生命周期（SDLC）中增加数据治理步骤。

⊖ http：//bit. ly/2spRr7e。

4）制度实施。宣传数据制度和组织对数据管理活动的承诺。

5）沟通。提高数据管理专员和其他数据治理专业人员对自身角色和职责以及数据管理项目目标和预期的认知。

沟通对变更管理过程至关重要。为了正式的数据治理变更管理方案获得支持，应将沟通重点放在：

1）提升数据资产价值。教育和告知员工数据在实现组织目标中所起的作用。

2）监控数据治理活动的反馈并采取行动。除了共享信息外，通过沟通计划还应引导出相关方反馈，以指导数据治理方案和变更管理过程。积极寻求和利用利益相关方的意见可以建立对项目目标的承诺，同时也可以确定成功和改进的机会。

3）实施数据管理培训。对各级组织进行培训，以提升对数据管理最佳实践和管理流程的认知。

4）可以从以下 5 个关键领域衡量变革管理的程度[⊖]：

①意识到需要改变。

②希望参与并支持变革。

③知道如何改变。

④具备实施新技能和行为的能力。

⑤保持持续变革。

5）实施新的指标和关键绩效（KPI）。应重新调整员工激励措施，以支持与数据管理最佳实践相关的行为。由于企业数据治理需要跨职能合作，激励措施中应该鼓励跨部门活动和协作。

5. 参与问题管理

问题管理是识别、量化、划分优先级和解决与数据治理相关的问题的过程，包括：

1）授权。关于决策权和程序的问题。

2）变更管理升级。升级变更过程中出现问题的流程。

3）合规性。满足合规性要求的问题。

4）冲突。包括数据和信息中冲突的策略、流程、业务规则、命名、定义、标准、架构、数据所有权以及冲突中利益相关方的关注点。

5）一致性。与策略、标准、架构和流程一致性相关的问题。

6）合同。协商和审查数据共享协议，购买和销售数据、云存储。

7）数据安全和身份识别。有关隐私和保密的问题，包括违规调查。

8）数据质量。检测和解决数据质量问题，包括灾难事件或者安全漏洞。

很多问题可以在数据管理团队中被解决。需要沟通或者上报的问题必须被记录下来，并将其上报给数据管理团队或者更高级别的数据治理委员会，如图 3-7 所示。数据治理计分卡可用于识别与问题相关的趋势，如问题在组织内发生的位置、根本原因等。数据治理委员会无法解决的问题应升级上报给公司治理或管理层。

开展数据治理需要在以下几个方面建立控制机制和流程：

⊖ http：//bit. ly/1qKvLyJ。另见 Hiatt and Creasey（2012）。

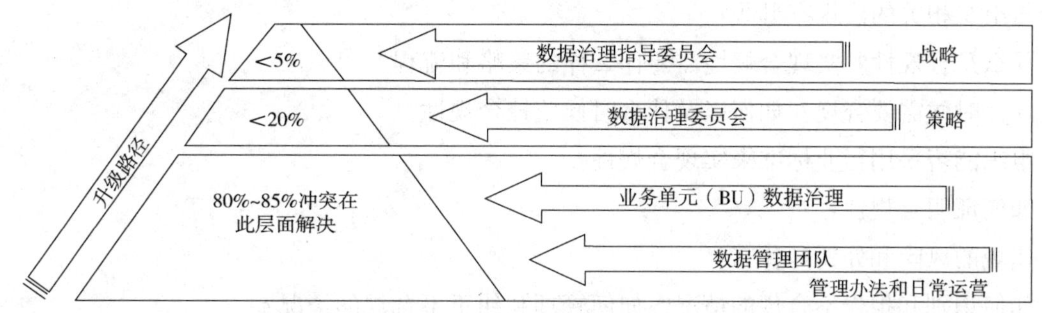

图 3-7　数据问题升级路径

1）识别、收集、记录和更新的问题。

2）各项活动的评估和跟踪。

3）记录利益相关方的观点和可选解决方案。

4）确定、记录和传达问题解决方案。

5）促进客观、中立的讨论，听取各方观点。

6）将问题升级到更高权限级别。

数据问题管理非常重要。通过问题管理为数据治理团队建立了信任，减轻了生产支持团队的负担，这对数据消费者有直接、积极的影响。通过解决问题也证明了数据管理和质量的提高。对于成功的问题管理需要有展示工作过程和消除影响的控制机制。

6. 评估法规遵从性要求

每个组织都受到政府和行业法规的影响，其中包括规定如何管理数据和信息的法规。数据治理的部分功能是监督并确保合规。合规性通常是实施数据管理的初始原因。数据治理指导实施适当的控制措施，以记录和监控数据相关法规的遵从情况。

对管理信息资产有重大影响的部分全球性法规如下：

1）会计准则。政府会计准则委员会（GASB）和财务会计准则委员会（FASB）的会计准则对（在美国）管理信息资产具有重大影响。

2）BCBS 239（巴塞尔银行监管委员会）和巴塞尔 II。这是指有效的风险数据汇总和风险报告原则，是一整套针对银行的法规。自 2006 年以来，在欧盟国家开展业务的金融机构必须报告证明流动性的标准信息。

3）CPG 235。澳大利亚审慎监管局（APRA）负责监督银行和保险实体，公布了一些标准和指南以帮助被监管对象满足这些标准，其中包括 CPG235，一个管理数据风险的标准。制定这个标准的目的是解决数据风险的来源，并在整个生命周期中管理数据。

4）PCI-DSS。支付卡行业数据安全标准（PCI-DSS）。

5）偿付能力标准 II。欧盟法规，类似巴塞尔协议 II，适用于保险行业。

6）隐私法。适用于各地区、各主权实体和国际的法律。

数据治理组织与其他业务和技术的领导一起评估各种法规的影响。例如，评估过程中每个组织必须确定：

1）与组织相关的法规有哪些？

2）什么是合规性？实现合规性需要什么样的策略和流程？

3）什么时候需要合规？如何以及什么时候监控合规性？

4）组织能否采用行业标准来实现合规性？

5）如何证明合规性？

6）违规的风险和处罚是什么？

7）如何识别和报告不合规的情况？如何管理和纠正不合规的情况？

数据治理监控组织要对涉及数据和数据实践的监管要求或审计承诺作出响应，如在监管报告中证明数据质量合格（参见第 6 章）。

3.2.3 实施数据治理

数据治理不可能一夜之间实现。治理过程包含了很多复杂性协调工作，需要对治理进行规划，不仅要考虑到组织的变化，而且改变得要简单。最佳方式是创建一个实施路线图，说明不同活动间的关系和整体时间框架。例如，如果数据治理项目的重点是提高合规性，则优先事项可能由特定的法规要求驱动。在联合数据治理组织中，根据不同业务线的参与程度、成熟度以及资金来源，可以在不同时间表上执行不同业务线的数据治理。

有一些数据治理工作是基础性的，其他工作依赖于此。这些基础性工作分为初始阶段和持续阶段。高优先级的前期工作包括：

1）定义可满足高优先级目标的数据治理流程。

2）建立业务术语表，记录术语和标准。

3）协调企业架构师和数据架构师，帮助他们更好地理解数据和系统。

4）为数据资产分配财务价值，以实现更好的决策，并提高对数据在组织成功中所起作用的理解。

1. 发起数据标准和规程

标准被定义为“用来判断其他事物质量的好东西”或“由权威建立和确定，作为衡量数量、重量、范围、价值或质量的规则[㊀]”。因为标准提供了一种比较方法，所以其有助于质量的定义。标准还提供了简化流程的潜力。通过采用标准，组织只需做一次决定，并将其编成一组实施细则（标准），而不再需要为每个项目重新做出相同的决定。实施标准应促进使用标准的过程产生一致的结果。

不幸的是，建立或采用标准通常是一个政治化的过程，这样的过程很可能导致制定标准的目标丢失。大多数组织在开发或实施数据或数据治理标准方面没有很好的实践。在某些情况下，他们没有意识到这样做的价值，因此也没有花时间这样做。有的时候他们根本还不知道怎么做。因此，“标准”在组织内部和跨组织变化很大，对一致性的期望也是如此。数据治理的标准应该具有强

㊀ http：//bit. ly/2sTfugb。

制性。

数据标准可以采用不同的形式，具体取决于所描述的内容：关于如何填充字段的要求、控制字段之间关系的规则、可接受和不可接受值的详细文档、格式等。它们通常由数据管理专业人员起草。数据标准应由数据治理委员会授权工作组（如数据标准指导委员会）审查、批准和采用。数据标准文档中的详细程度在某种程度上取决于组织文化。应记住，通过记录数据标准提供了一个捕获细节和知识的机会，否则可能会丢失这些细节和知识。与预先记录相比，重新创建或反向工程获取这些知识是非常昂贵的。

数据标准必须得到有效沟通、监控，并被定期审查和更新。最重要的是，必须有强制手段，对数据可以根据标准进行测量。数据管理活动可由数据治理委员会或数据标准指导委员会按照规定的时间表或作为 SDLC 批准流程的一部分进行审核，以确保符合标准。

数据管理流程是遵循文档化的方法、技术和步骤来完成产生特定的结果和支持的特定活动。与数据标准一样，通过流程文档以明确的形式捕获组织知识。通常由数据管理专业人员来起草数据流程文档。

数据管理知识领域内的标准化概念示例如下：

1）数据架构（Data Architecture）。它包含企业级数据模型、工具标准和系统命名规范。

2）数据建模和设计（Data Modeling and Design）。它包括数据模型管理程序、数据模型的命名规范、定义标准、标准域、标准缩写等。

3）数据存储和操作（Data Storage and Operations）。它包括标准工具、数据库恢复和业务连续性标准、数据库性能、数据留存和外部数据采集。

4）数据安全（Data Security）。它包括数据访问安全标准、监控和审计程序、存储安全标准和培训需求。

5）数据集成（Data Integration）。它是用于数据集成和数据互操作的标准方法、工具。

6）文件和内容（Documents and Content）。它包含内容管理标准及程序，包括企业分类法的使用，支持法律查询、文档和电子邮件保留期限、电子签名和报告分发方法。

7）参考数据和主数据（Reference and Master Data）。它包括参考数据管理控制流程、数据记录系统、建立标准及授权应用、实体解析标准。

8）数据仓库和商务智能（Data Warehousing and Business Intelligence）。它包括工具标准、处理标准和流程、报告和可视化格式标准、大数据处理标准。

9）元数据（Metadata）。它指获取业务和技术元数据，包括元数据集成和使用流程。

10）数据质量（Data Quality）。它包括数据质量规则、标准测量方法、数据补救标准和流程。

11）大数据和数据科学（Big Data and Data Science）。它包含数据源识别、授权、获取、记录系统、共享和刷新。

2. 制定业务术语表

数据管理专员通常负责整理业务术语表的内容。由于人们说话用词习惯不同，所以建立术语表是必要的。由于数据代表的是自身之外的事务，因此数据的明确定义尤为重要（Chisholm，2010）。

此外许多组织使用个性化的内部词汇，术语表是在组织内部共享词汇的一种方法。开发、记录标准数据定义，可以减少歧义混乱，提升沟通效率。定义必须清晰、措辞严谨，并能解释任何可能的例外、同义词或者变体。术语表的批准人包括来自核心用户组的代表。通过数据架构通常可以从主题域模型中提供草稿定义和类型突破。

业务术语表具有如下目标：

1）对核心业务概念和术语有共同的理解。

2）降低由于对业务概念理解不一致而导致数据误使用的风险。

3）改进技术资产（包括技术命名规范）与业务组织之间的一致性。

4）最大限度地提高搜索能力，并能够获得记录在案的组织知识。

业务术语表不仅仅是术语和定义的列表，而且每个术语还同其他有价值的元数据关联，包括同义词、度量、血缘、业务规则，负责管理术语的人员等。

3. 协调架构团队协作

数据治理委员会支持并批准数据架构。例如，面向业务的企业数据模型。数据治理委员会可以任命或与企业数据架构指导委员会或架构审查委员会（ARB）互动，以监督项目及其迭代项目。应由数据架构师和数据管理专员在业务领域团队中共同开发和维护企业数据模型。根据组织情况的不同，可以由企业数据架构师或数据管理专员协调这项工作。随着业务需求的发展，数据主管团队应提出更改建议，并开发扩展企业级数据模型。

企业级数据模型应经数据治理委员会评审、批准并正式采用，与关键业务战略、流程、组织和系统保持一致性。在管理数据资产方面，数据战略和数据架构是在“做正确的事”与“正确地做事”之间协调的核心。

4. 发起数据资产估值

数据和信息是具有价值或者可以创造价值的企业资产。现今的财务实践中，考虑将数据和信息视为无形资产，如同软件、文档、专家知识、商业秘密和其他知识产权一样。尽管如此，各组织都认为赋予数据以货币价值是一项有挑战性的事情。数据治理委员应组织开展相关工作，并为此设置标准。

有些组织首先应该估计由于信息不足而造成业务损失的价值。信息缺口——所需信息和可用信息之间的差异——代表业务负债。弥补或防止差距的成本可用于估算数据丢失的业务价值。参考这个思路，组织可以开发模型来评估实际存在信息的价值。

可以将价值评估过程构建在数据战略路线图中，以便为质量问题的解决方案以及其他治理方案的业务案例提供依据。

3.2.4 嵌入数据治理

数据治理组织的一个目标是将治理活动嵌入到数据作为资产管理相关的一系列流程中。数据治理的持续运作需要规划。运营计划包含实施和运营数据治理活动所需的事件，其中包括维持成功所需的活动、时间和技术。

可持续性意味着采取行动，保证流程和资金到位，以确保可持续地执行数据治理组织框架。这一要求的核心是组织接受数据治理；实现管理职能，监控和测量其结果，并克服常导致数据治理不稳定或失败的障碍。

通常为了加深组织对数据治理的理解，可通过其本地应用创建一个感兴趣的数据治理社区来加强相互学习。这种做法在治理的最初几年特别有用，但随着数据治理运营的成熟，其效果可能会逐渐减少。

3.3 工具和方法

数据治理从根本上讲是关于组织行为的。这不是一个可以通过技术解决的问题。但是，仍需要一些工具支持整个过程。例如，数据治理需要持续的沟通，可以利用现有的沟通渠道以一致的方式传达关键信息，使相关方了解到制度、标准和要求。

此外，数据治理流程必须有效管理自己的工作和数据。利用工具不仅仅对任务有帮助，而且对支持它们的指标也有帮助。在为某些特定功能（如业务术语表解决方案）工作选择工具之前，组织应该通过定义总体治理目标和需求来选择适合的工具。例如，有些术语表解决方案中还包括用于策略、工作流管理其他组件。如果需要这样的附加功能，那么在采用工具之前，应该对需求进行澄清和测试。否则，组织会拥有多个工具，却没有一个能够完全满足需求的。

3.3.1 线上应用/网站

数据治理也应该能够线上体现，可以通过中心门户或者协作门户提供核心文档。网站可以容纳文档库，提供搜索功能，帮助管理简单的工作流。通过 LOGO 和统一视觉展现，在一个网站上可以帮助建立相应的品牌。数据治理规划的网站应该包括如下内容：

1）数据治理战略和项目章程，包括愿景、效益、目标、原则和实施路线图。

2）数据制度和数据标准。

3）数据管理制度的角色和职责说明。

4）数据治理相关新闻公告。

5）指向相关数据治理社区论坛的链接。

6）指向相关数据治理主题执行进展的链接。

7）数据质量测试报告。

8）问题识别和上报的规程。

9）请求服务或获取问题的入口。

10）相关在线资源的描述和链接、演示文档和培训计划。

11）数据管理实施路线图。

3.3.2 业务术语表

业务术语表是数据治理的核心工具。IT 部门要认可业务术语的定义，并将定义与数据进行关联。业务术语表的工具有很多，有些是大型 ERP 系统、数据集成工具或者元数据管理工具的一部分以及一些独立工具。

3.3.3 工作流工具

更大的组织可能会考虑使用强大的工作流工具来管理流程，如实施新的数据治理策略。通过这些工具将流程连接到文档，这在策略管理和问题解决中非常有用。

3.3.4 文档管理工具

治理团队经常使用文档管理工具协助管理策略和规程。

3.3.5 数据治理记分卡

它是跟踪数据治理活动和制度遵从性的指标集合，通过自动记分卡的形式向数据治理委员会和数据治理指导委员会报告。

3.4 实施指南

一旦定义了数据治理的规程、制订了运营计划，加上在数据成熟度评估过程中收集数据制定的实施路线图，组织即可启动实施数据治理（参见第 15 章）。数据治理要么起始于一些重大项目（如 MDM 主数据管理），要么通过区域或者部门试点。大多数推广策略都是渐进式的，很少有直接在整个组织范围内部署的情况。

3.4.1 组织和文化

如 3.2.9 节所述，数据治理中很多固有的形式和规则对于许多组织来说都是新的、不同的。数据治理通过改变组织行为来提升价值。对于决策和治理项目的新方法，可能存在抵制变化及学习或采用消极态度的情况。

有效而持久的数据治理需要组织文化的转变和持续的变革管理，文化包括组织思维和数据行为，变革包括为实现未来预期的行为状态而支持的新思维、行为、策略和流程。无论数据治理战略多么精确、多么独特，忽视企业文化因素都会减少成功的概率。实施战略必须专注于变革管理。

组织变革目标是可持续性的。可持续性是过程的质量指标，以此衡量过程持续增值的难易程度。维持数据治理规程需要对变化作出计划（参见第 17 章）。

3.4.2　调整与沟通

数据治理规程是在更广泛的业务和数据管理战略背景下逐步实现的。实现成功需要更广泛的目标，同时需要将各部分落实到位。数据治理团队要有灵活性，并且能够随着条件的变化调整相应的方法。管理和沟通变更所需的工具包括：

1）业务战略/数据治理战略蓝图（Business / DG Strategy Map）。这些蓝图将数据治理活动与业务需求联系起来。定期衡量和沟通数据治理对业务的帮助，对于数据治理持续获得支持是至关重要的。

2）数据治理路线图（DG Road Map）。数据治理路线图不应刻板、僵化，而应适应业务环境或优先级的变化进行调整。

3）数据治理的持续业务案例（Ongoing Business Case for DG）。数据治理的业务案例必须定期被调整，以反映组织不断变化的优先级和财务状况。

4）数据治理指标（DG Metrics）。随着数据治理规程的成熟，数据治理的相关指标也应随之逐渐增长和变化。

3.5　度量指标

为应对长期学习曲线的阻力和挑战，对数据治理项目必须要有通过证明数据治理参与者如何增加业务价值和实现目标的指标来衡量进展和成功。

为了管理所需的行为变化，要着重衡量数据治理的推广进展、与治理需求的符合程度以及数据治理为组织带来的价值。重点是充实和强化治理价值的指标。另外，数据治理推出后，要验证组织是否拥有支持数据治理所需资源的指标，这对于维持治理规程同样重要。

数据治理指标的示例包括：

（1）价值

1）对业务目标的贡献。

2）风险的降低。

3）运营效率的提高。

（2）有效性

1）目标的实现。

2）数据管理专员正在使用相关工具的程度。

3）沟通的有效性。

4）培训的有效性。

5）采纳变革的速度。

（3）可持续性

1）制度和流程的执行情况（即它们是否正常工作）。

2）标准和规程的遵从情况（即员工是否在必要时遵守指导和改变行为）。

3.6 文献引用与推荐

Adelman, Sid, Larissa Moss and Majid Abai. *Data Strategy*. Addison-Wesley Professional, 2005. Print.

Anderson, Dean and Anderson, Linda Ackerson. *Beyond Change Management*. Pfeiffer, 2012.

Avramov, Lucien and Maurizio Portolani. *The Policy Driven Data Center with ACI: Architecture, Concepts, and Methodology*. Cisco Press, 2014. Print. Networking Technology.

Axelos Global Best Practice (ITIL website). http://bit.ly/1H6SwxC.

Brzezinski, Robert. *HIPAA Privacy and Security Compliance-Simplified: Practical Guide for Healthcare Providers and Practice Managers*. CreateSpace Independent Publishing Platform, 2014. Print.

Calder, Alan. *IT Governance: Implementing Frameworks and Standards for the Corporate Governance of IT*. IT Governance Publishing, 2009. Print.

Change Management Institute and Carbon Group. *Organizational Change Maturity Model*, 2012. http://bit.ly/1Q62tR1.

Change Management Institute (website). http://bit.ly/1Q62tR1.

Chisholm, Malcolm and Roblyn-Lee, Diane. *Definitions in Data Management: A Guide to Fundamental Semantic Metadata*. Design Media, 2008. Print.

Cokins, Gary et al. *CIO Best Practices: Enabling Strategic Value with Information Technology*, 2nd ed. Wiley, 2010. Print.

De Haes, Steven and Wim Van Grembergen. *Enterprise Governance of Information Technology: Achieving Alignment and Value, Featuring COBIT 5*. 2nd ed. Springer, 2015. Print. Management for Professionals.

DiStefano, Robert S. *Asset Data Integrity Is Serious Business*. Industrial Press, Inc., 2010. Print.

Doan, AnHai, Alon Halevy and Zachary Ives. *Principles of Data Integration.* Morgan Kaufmann, 2012. Print.

Fisher, Tony. *The Data Asset: How Smart Companies Govern Their Data for Business Success.* Wiley, 2009. Print.

Giordano, Anthony David. *Performing Information Governance: A Step-by-step Guide to Making Information Governance Work.* IBM Press, 2014. Print. IBM Press.

Hiatt, Jeff and Creasey, Timothy. *Change Management: The People Side of Change.* Prosci, 2012.

Huwe, Ruth A. *Metrics 2.0: Creating Scorecards for High-Performance Work Teams and Organizations.* Praeger, 2010. Print.

Ladley, John. *Data Governance: How to Design, Deploy and Sustain an Effective Data Governance Program.* Morgan Kaufmann, 2012. Print. The Morgan Kaufmann Series on Business Intelligence.

Ladley, John. *Making Enterprise Information Management (EIM) Work for Business: A Guide to Understanding Information as an Asset.* Morgan Kaufmann, 2010. Print.

Marz, Nathan and James Warren. *Big Data: Principles and best practices of scalable realtime data systems.* Manning Publications, 2015. Print.

McGilvray, Danette. *Executing Data Quality Projects: Ten Steps to Quality Data and Trusted Information.* Morgan Kaufmann, 2008. Print.

Osborne, Jason W. *Best Practices in Data Cleaning: A Complete Guide to Everything You Need to Do Before and After Collecting Your Data.* SAGE Publications, Inc, 2013. Print.

Plotkin, David. *Data Stewardship: An Actionable Guide to Effective Data Management and Data Governance.* Morgan Kaufmann, 2013. Print.

PROSCI (website). http://bit.ly/2tt1bf9.

Razavi, Behzad. *Principles of Data Conversion System Design.* Wiley-IEEE Press, 1994. Print.

Redman, Thomas C. *Data Driven: Profiting from Your Most Important Business Asset.* Harvard Business Review Press, 2008. Print.

Reinke, Guido. *The Regulatory Compliance Matrix: Regulation of Financial Services, Information and Communication Technology, and Generally Related Matters.* GOLD RUSH Publishing, 2015. Print. Regulatory Compliance.

Seiner, Robert S. *Non-Invasive Data Governance.* Technics Publications, LLC, 2014. Print.

Selig, Gad. *Implementing IT Governance: A Practical Guide to Global Best Practices in IT Management.* Van Haren Publishing, 2008. Print. Best Practice.

Smallwood, Robert F. *Information Governance: Concepts, Strategies, and Best Practices.* Wiley, 2014. Print. Wiley CIO.

Soares, Sunil. *Selling Information Governance to the Business: Best Practices by Industry and Job Function.* Mc Press, 2011. Print.

Tarantino, Anthony. *The Governance, Risk, and Compliance Handbook: Technology, Finance, Environmental, and International Guidance and Best Practices.* Wiley, 2008. Print.

The Data Governance Institute (website). http://bit.ly/1ef0tnb.

The KPI Institute and Aurel Brudan, ed. *The Governance, Compliance and Risk KPI Dictionary: 130 + Key Performance Indicator Definitions.* CreateSpace Independent Publishing Platform, 2015. Print.

第 4 章　数据架构

4.1　引言

架构是构建一个系统（如可居住型建筑）的艺术和科学，以及在此过程中形成的成果——系统本身。用通俗的话说，架构是对组件要素有组织的设计，旨在优化整个结构或系统的功能、性能、可行性、成本和用户体验。

术语“架构”已经被广泛接受，并用于描述信息系统的重要设计部分。在国际标准 ISO/IEC/IEEE 42010：2011 中，将架构定义为“系统的基本结构，具体体现在架构构成中的组件、组件之间的相互关系以及管理其设计和演变的原则”。然而，从全局来理解，“架构”一词可以指对系统当前状态的描述、一组系统的组件、系统设计的准则（架构实践）、一个系统或一组系统的意向性设计（未来状态或计划的架构）、描述系统的构件（架构文档）或执行设计工作的团队（架构师或架构团队）等。

架构设计工作通常在组织的不同范围（企业、业务条线、项目等）内，在信息系统的不同层级（基础架构、应用架构和数据架构等）来开展。架构师所从事的工作也许会对那些未从事架构工作或对架构所涉及的范围及针对的信息系统的不同层级难以定位和认识清楚的人来说，会感到一定程度的迷惑。然而，架构师就是要通过自身的专业技能，将这些容易被非专业架构人员难以理解或迷惑的内容定义和设计清晰，以便浅显易懂。这也是架构师的价值之所在。

企业架构包括多种不同类型，如包括业务架构、数据架构、应用架构和技术架构等。良好的企业架构管理有助于组织了解系统的当前状态，加速向期待状态的转变，实现遵守规范，提高效率的目标。其中数据架构的主要目标是有效地管理数据，以及有效地管理存储和使用数据的系统。

本章节中，将从以下几个方面考虑数据架构：

1）数据架构成果，包括不同层级的模型、定义、数据流，这些通常被称为数据架构的构件。

2）数据架构活动，用于形成、部署和实现数据架构的目标。

3）数据架构行为，包括影响企业数据架构的不同角色之间的协作、思维方式和技能。

以上三方面的内容是数据架构的基本组成部分。

数据架构是数据管理的基础。由于大多数组织拥有的数据超出了个人可以理解的范围，因此有必要在不同抽象层级上描述组织的数据，以便更好地了解数据，帮助管理层做出决策。

数据架构的构件包括当前状态的描述、数据需求的定义、数据整合的指引、数据管控策略中要求的数据资产管理规范。组织的数据架构是指不同抽象层级主要设计文档的集合，其中主要包括数据的收集、存储、规划、使用和删除等标准。这是按照数据的生命周期来对数据架构中包括的内容进行定义和范围界定，同时也可以按照数据在组织系统中所存储的容器和路径来进行定义和确定范围。

最为详细的数据架构设计文件是正式的企业数据模型，包含数据名称、数据属性和元数据定义、概念和逻辑实体、关系以及业务规则。物理数据模型也属于数据架构文件，但物理数据模型是数据建模和设计的产物，而不是数据架构的产物。

数据架构如果能够完全支持整个企业的需求，它才是最有价值的。企业数据架构是实现整个企业数据标准一致及数据整合的保证。

架构师设计的数据架构构件是非常有价值的元数据的重要组成部分。在理想情况下，数据架构构件应该在企业级元知识库中被集成存储和管理。

目前，正处于终端客户数字化的第三波浪潮中。第一波浪潮是银行和金融交易；第二波浪潮是各种数字服务交互；物联网和远程信息处理推动了第三波浪潮。在第三波浪潮中，传统行业像汽车、医疗保健设备和工具等也正在进行数字化转型。

数字化转型几乎发生在每一个企业中。新的沃尔沃汽车现在为客户提供全天候 24 小时服务，他们提供的服务不仅包括解决车辆相关事宜，而且还包括为客户提供餐厅和商店定位服务。起重机、托盘装载机和麻醉设备等生产及供应企业也需要通过收集和传送运营数据来支撑其正常的运营服务，其业务模式从设备供应转变为按使用和可用性收取费用。他们中的许多企业，在基于数据提供服务的业务模式上几乎没有什么经验，因为在此之前这些服务都是由零售商或售后服务提供商负责。

具有前瞻性的组织在设计新产品时，设计团体应该包括数据管理专业人员（如企业数据架构师或战略数据管理员），因为现在新产品的设计需要以数据为基础，而数据通常需要涉及捕获数据的硬件、软件和服务以及依赖数据访问服务等。

4.1.1 业务驱动因素

数据架构的目标是在业务战略和技术实现之间建立起一座通畅的桥梁，数据架构是企业架构中的一部分，其主要职责为：

1）利用新兴技术所带来的业务优势，从战略上帮助组织快速改变产品、服务和数据。

2）将业务需求转换为数据和应用需求，以确保能够为业务流程处理提供有效数据。

3）管理复杂数据和信息，并传递至整个企业。

4）确保业务和 IT 技术保持一致。

5）为企业改革、转型和提高适应性提供支撑。

以上业务驱动的职责是评判数据架构任务完成情况或价值的重要指标，这些指标直接影响对数据架构工作好坏的评估。

数据架构师创建和维护企业相关数据及其系统的知识。这些知识可以使得企业将数据作为资产进行管理，以及研究更多数据在业务应用、降低成本、风险防控等方面的场景，以提升企业在数据价值变现方面的能力。

4.1.2　数据架构成果和实施

数据架构的主要成果包括：

1）数据存储和处理需求。

2）设计满足企业当前和长期数据需求的结构和规划。

数据架构语境关系图如图 4-1 所示。

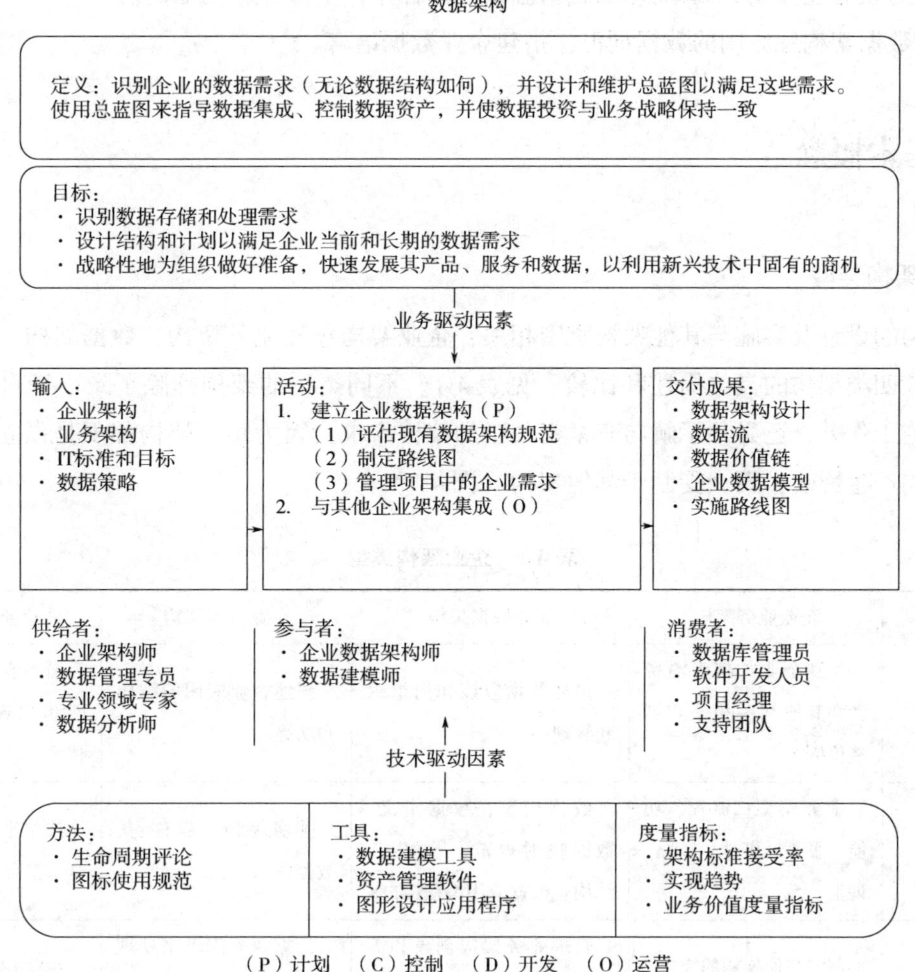

图 4-1　语境关系图：数据架构

架构师寻求一种能够为组织带来价值的方式对组织的数据架构进行设计。这种价值主要通过合适的技术应用、有效运营、项目效率提升以及数据应用能力加强来体现。为了实现该目标，要求组织具有良好的设计和计划以及确保设计和计划能够被执行的能力。

为了达到该目的，数据架构师需要定义和维护的具体事宜如下：

1）定义组织中数据的当前状态。

2）提供数据和组件的标准业务词汇。

3）确保数据架构和企业战略及业务架构保持一致。

4）描述组织数据战略需求。

5）高阶数据整合概要设计。

6）整合企业数据架构蓝图。

总体数据架构实施包括：

1）使用数据架构构件（主蓝图）来定义数据需求、指导数据整合、管控数据资产，确保数据项目投入与企业战略保持一致。

2）与参与改进业务或 IT 系统开发的利益相关方合作，学习并影响他们。

3）通过数据架构及通用的数据词汇，搭建企业数据语言。

4.1.3 基本概念

1. 企业架构类型

数据架构的设计及实施与其他架构紧密相关，企业架构包括业务架构、数据架构、应用架构和技术架构。该四类架构的具体描述和比较，见表 4-1。不同类型的架构师除了致力于自己所属的架构设计和实施工作外，还必须了解与其紧密关联的架构需求，因为每个架构都不是孤立存在的，要么对其他架构产生影响，要么受制于其他架构（图 4-3）。

表 4-1 企业架构类型

类型	企业业务架构	企业数据架构	企业应用架构	企业技术架构
目的	识别企业如何为消费者和其他利益相关方创造价值	描述数据应该如何组织和管理	描述企业应用的结构和功能	描述能使系统发挥功能和传递价值的实体技术
元素	业务模型、流程、功能、服务、事件、策略、词汇	数据模型、数据定义、数据映射规范、数据流、结构化数据应用编程接口	业务系统、软件包、数据库	技术平台、网络、安全、整合工具
依赖项	制定其他架构的需求	管理业务架构创建和需要的数据	依据业务需求来处理指定的数据	承载并执行应用架构
角色	业务架构师和分析师、业务数据管理员	数据架构师、建模师、数据管理员	应用架构师	基础设施架构师

2. 企业架构框架

企业架构框架是用于开发广泛的相关架构的基础结构。架构框架提供了思考和理解架构的方式。他们代表了一个总体的“架构的架构”。

IEEE 计算机协会维护的企业架构框架标准是 ISO/IEC/IEEE 42010：2011，系统和软件工程-架构描述和对比表[⊖]。常见框架和方法中包括作为架构之一的数据架构。

最著名的企业架构框架是由 John A Zachman 在 20 世纪 80 年代开发的 Zachman 框架（图 4-2）。这个框架处在不断演进过程中。Zachman 意识到在建筑、飞机、企业、价值链、项目或系统中，有许多利益相关方，且各方对架构都持有一个不同的观点。因此，他就将此概念应用到一个企业的不同架构类型和层次需求中。

Zachman 框架是一个本体，即 6 × 6 矩阵构成了一组模型，这组模型可以完整地描述一个企业以及相互之间的关系。它并不定义如何创建模型，只是显示哪些模型应该存在。

	是什么	怎样做	在哪里	是谁	什么时间	为什么	
管理层	库存标识	过程识别	分发识别	责任认定	时间识别	动机识别	上下文范围
业务管理	库存定义	流程定义	分布定义	责任定义	时间定义	动机定义	业务概念
架构师	库存表示	过程表示	分布表示	责任表示	时间表示	动机表示	系统逻辑
工程师	库存规格	流程规范	分布规范	责任规范	时间规范	动机规范	实施部署
技术员	库存配置	流程配置	分发配置	责任配置	时间配置	动机配置	工具组件
操作员	库存实例	流程实例	分发实例	责任实例	时间实例	动机实例	操作实例
	库存集	过程流	分销网络	责任分配	时间周期	动机的意图	

图 4-2　简化的 Zachman 框架

矩阵框架的两个维度为：问询沟通（如是什么、怎样做、在哪里、是谁、什么时间和为什么）在列中显示，重新定义转换（如识别、定义、描述、规范、配置和实例）在行中显示。框架分类按照单元格呈现（问询和转换之间的交叉）。框架的每个单元格代表一个独特的设计组件。

在问询沟通时，可以询问关于任何一个实体的基本问题，将其转换成企业架构，每个列可以按照如下理解：

1）什么（What）。目录列，表示构建架构的实体。

2）怎样（How）。流程列，表示执行的活动。

3）在哪里（Where）。分布列，表示业务位置和技术位置。

⊖ http：//bit. ly/2tNnD2j；http：//bit. ly/2rVinIq。

4）谁（Who）。职责列，表示角色和组织。

5）什么时间（When）。时间列，表示间隔、事件、周期和时间表。

6）为什么（Why）。动机列，表示目标、策略和手段。

重新定义转换是将抽象的概念转变为具体的实例（实例化）的必经步骤。矩阵中的每一行代表不同的角色，具体的角色包括规划者、所有者、设计师、建造者、实施者和用户。每个角色对整个过程和不同问题的解决均持有不同的视角。这些不同的视角对应的内容在每行中进行显示。例如，每个视角与“什么”列（目录或数据）均有交叉，说明相互之间具有不同关联关系。具体说明如下：

1）高管视角（业务背景）。定义不同模型范围的业务元素目录。

2）业务管理视角（业务概念）。明确管理层在定义的业务模型中所涉及的不同业务概念之间的关系。

3）架构师视角（业务逻辑）。作为模型设计的架构师细化系统需求，设计系统逻辑模型。

4）工程师视角（业务实体）。作为具体模型建造者的工程师，在特定技术、人员、成本和时间限制内，优化和实施为具体应用设计的物理模型。

5）技术人员视角（组件程序集）。采用特定技术、脱离上下文语境的视角，来解释配置模型的技术人员如何使用、组装和实施配置组件。

6）用户视角（操作类）。参与人员所使用的实际功能实例。该视角没有模型。

如前面提到，Zachman 框架的每个单元格代表设计组件的独特类型，在行列的交叉中进行定义。每个组件代表每个具体视角如何回答具体问题。

3. 企业数据架构

数据架构定义了对组织非常重要元素的标准术语和设计。企业数据架构的设计中包括业务数据描述，如数据的收集、存储、整合、移动和分布。

当数据在组织中通过源或接口流动时，需要安全、集成、存储、记录、分类、共享的报表和分析，最终交付给利益相关方使用。在这个过程中，数据可能会被验证、增强、链接、认证、整合、脱敏处理以及用于分析，直到数据被归档或清除。因此，企业数据架构描述必须包括企业数据模型（如数据结构和数据规范）和数据流设计。关于这两个方面的具体定义如下：

1）企业数据模型。企业数据模型是一个整体的、企业级的、独立实施的概念或逻辑数据模型，为企业提供通用的、一致的数据视图。通常用于表示高层级简化的数据模型，也表示了不同抽象层级。企业数据模型包括数据实体（如业务概念）、数据实体间关系、关键业务规则和一些关键属性，它为所有数据和数据相关的项目奠定了基础。任何项目级的数据模型必须基于企业数据模型设计。企业数据模型应该由利益相关方审核，以便它能一致有效地代表企业。

2）数据流设计。定义数据库、应用、平台和网络（组件）之间的需求和主蓝图。这些数据流展示了数据在业务流程、不同存储位置、业务角色和技术组件间的流动。

这两种模型需要互相配合。如前面所提到的，这两个模型都需要反映当前状态和目标状态（架构视角）及过渡状态（项目视角）。

（1）企业数据模型

有些组织将企业数据模型创建为单独的构件，还有些组织认为数据模型是由不同角度和不同层级的细节组成，这些细节一致地描述了组织对企业内数据实体、数据属性和它们之间关系的理解。企业数据模型包括通用的（企业范围的概念和逻辑模型）和特定于应用或具体项目的数据模型及其定义、规范、映射和业务规则。

采用行业标准模型能够加快开发企业数据模型的效率。这些模型提供了有用的指南和参考。然而，即使组织已经开始着手购买数据模型，但设计企业级的数据模型仍需要大量的投资。其工作包括定义和管理企业词汇、业务规则和企业知识。企业级数据模型设计、开发完成后，后继维护和丰富企业数据模型也仍然需要投入持续的时间和精力。

需要设计企业数据模型的组织，必须决定投入多少时间和精力到构建和维护企业数据模型上。通过企业数据模型可以构建不同的层级，资源的可用性将影响其构建范围。随着时间的推移，企业需求会发生变化，随之带来企业数据模型中的范围和各层级中内容通常会扩张。对大多数成功的企业数据模型会利用不同层级增量和迭代的方式来构建。图 4-3 显示了不同的模型是如何关联的，以及概念模型如何最终与物理应用数据模型关联。其明显特征为：

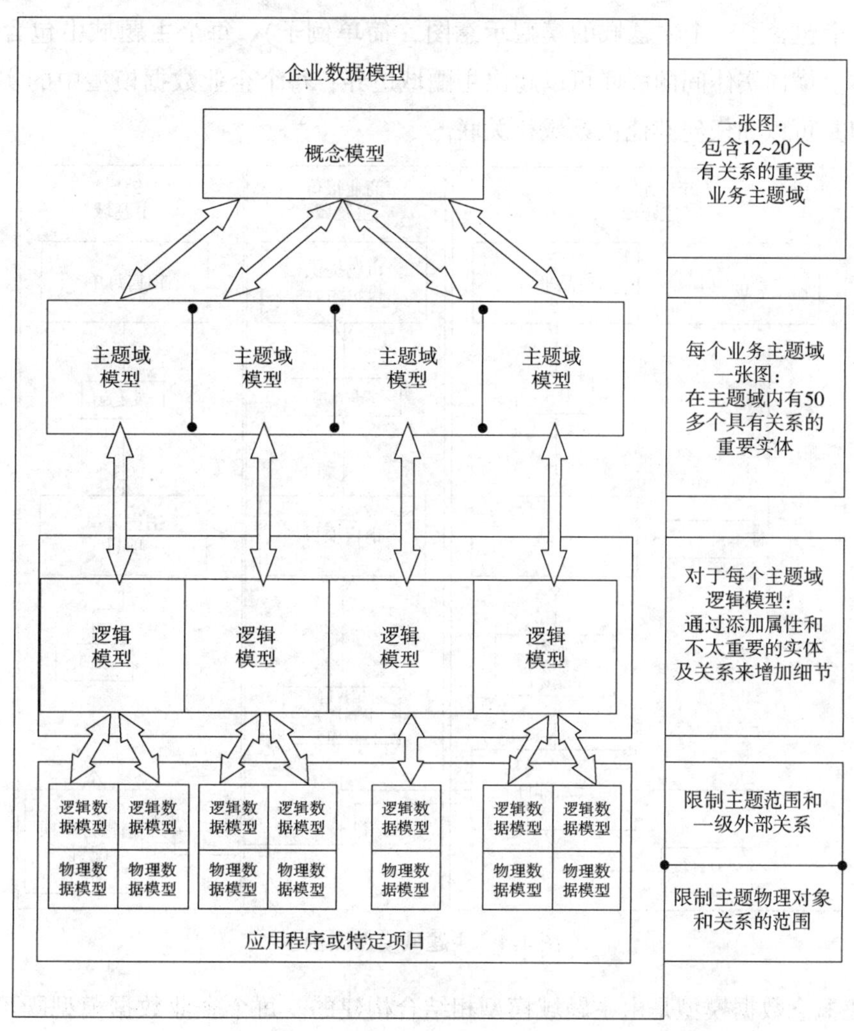

图 4-3　企业数据模型

1）企业主题域的概念概述。

2）各主题域的实体和关系概述。

3）归属于同一主题域的详细逻辑概述。

4）具体到应用或项目的逻辑和物理模型。

各层级的模型是企业数据模型的组成部分，模型链接定义和管理了模型的纵向从上到下以及横向之间的关联路径。

1）纵向。不同层级模型之间的映射。例如，项目的物理模型中定义的“移动设备”存储的数据表/数据文件，可以和项目的逻辑模型中的移动设备实体对应，可以和企业逻辑模型中的产品主题域中的移动设备实体、产品主题域模型中的概念实体以及企业概念模型中的产品实体相关联。

2）横向。同一个实体和关系可能出现在同一层级的多个模型中。位于一个主题域中的逻辑模型中的实体可以和其他主题域中的实体相关联，在模型图中标记为其他主题域的外键。例如，一个产品的部分实体可以出现在产品主题域模型中，也可以以外部关联的形式出现在销售订单、库存和营销主题域中。

通过使用数据建模技术开发企业数据模型（参见第 5 章）。

图 4-4 是一个包含了三个主题域的模型示意图（简单例子），每个主题域中包含一个概念数据模型和一套实体。横向实体间的关联可以超出主题域边界；每个企业数据模型中的实体应该仅属于一个主题域，但是可以和任何其他主题域相关联。

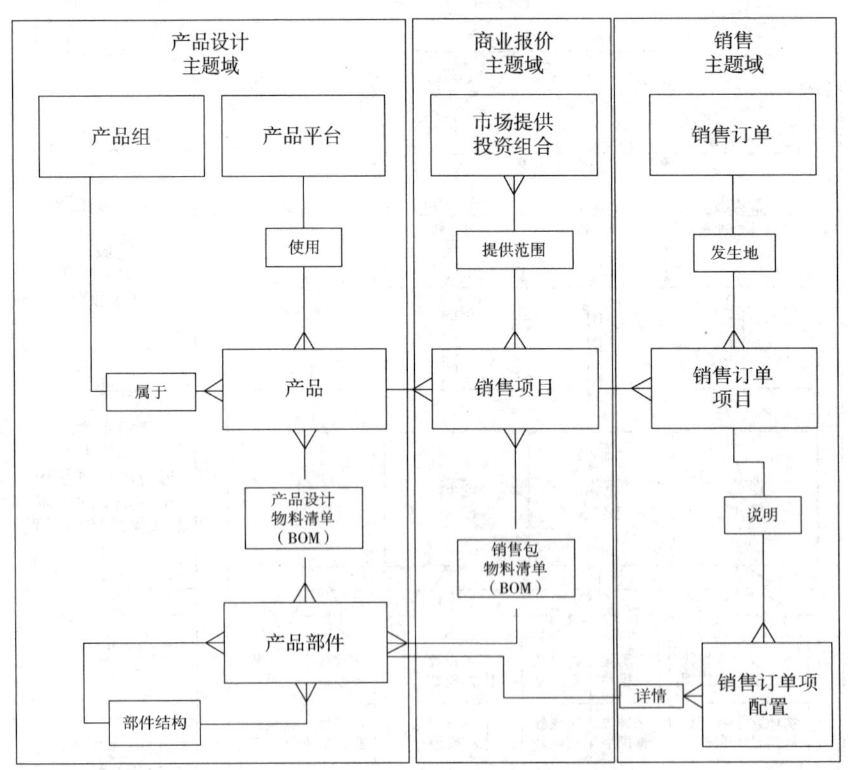

图 4-4　主题域模型图例

因此，企业概念数据模型是由主题域模型相结合构建的。每个企业数据模型既可以采用自上而下，也可以采用自下而上的方法进行构建。自上而下是从主题域开始，先设计主题，再逐步设计下层模型。而采用自下而上的方法时，主题域结构则是基于现有逻辑数据模型向上提炼抽象而成。通常推荐两种方法相结合，即自下而上地从分析现有模型开始，自上而下地设计主题模型，通过两种方法的结合来共同完成企业数据模型的设计工作。

主题域的识别准则必须在整个企业模型中保持一致。常用的主题域识别准则包括：使用规范化规则，从系统组合中分离主题域，基于顶级流程（业务价值链）或者基于业务能力（企业架构）从数据治理结构和数据所有权（或组织）中形成主题领域。如果主题域结构是使用规范化规则形成的，那么它对于数据架构工作通常是最有效的。规范化过程将建立承载/构成每个主题域的主要实体。

（2）数据流设计

数据流是一种记录数据血缘的数据加工过程，用于描述数据如何在业务流程和系统中流动。端到端的数据流包含了数据起源于哪里，在哪里存储和使用，在不同流程和系统内或之间如何转化。数据血缘分析有助于解释数据流中某一点上的数据状态。

数据流映射记录了数据与以下内容的联系：

1）业务流程中的应用。

2）某个环境中的数据存储或数据库。

3）网段（有助于安全映射）。

4）业务角色（描述哪些角色有职责创建、更新和删除数据）。

5）出现局部差异的位置。

数据流可以用于描述不同层级模型的映射关系：主题域、业务实体，乃至属性层面的映射关系。系统可以通过网络、平台、常用应用集或独立服务器呈现。数据流可以通过二维矩阵（图 4-5）或数据流图（图 4-6）的方式呈现。

通过矩阵可以清晰地展现创建和使用数据的过程。采用矩阵方法显示数据需求的优势是可以清晰看出数据不是只在一个方向上流动。在复杂数据使用场景中，数据交换是多对多的，并会在多种地方出现，而且通过矩阵方法可以明确流程中的数据获取职责及数据依赖关系，反过来也可以促进流程的制定。只需要将流程轴转变为系统能力，对业务熟悉的人便可以很容易上手使用。在企业模型中构建这些矩阵是一个长期的过程。IBM 在其业务系统规划（BSP）方法中介绍了这种做法。20 世纪 80 年代，James Martin 在他的信息系统规划（ISP）方法中推广了这种方法。

图 4-6 示例是传统系统级的数据流图，其中描述了系统之间的数据流类型。通过这种图可以以较为直观的方式，进一步扩展更细层级的数据流图。

4.2　活动

简化数据和企业架构所面临的复杂问题，基于以下两种方式解决：

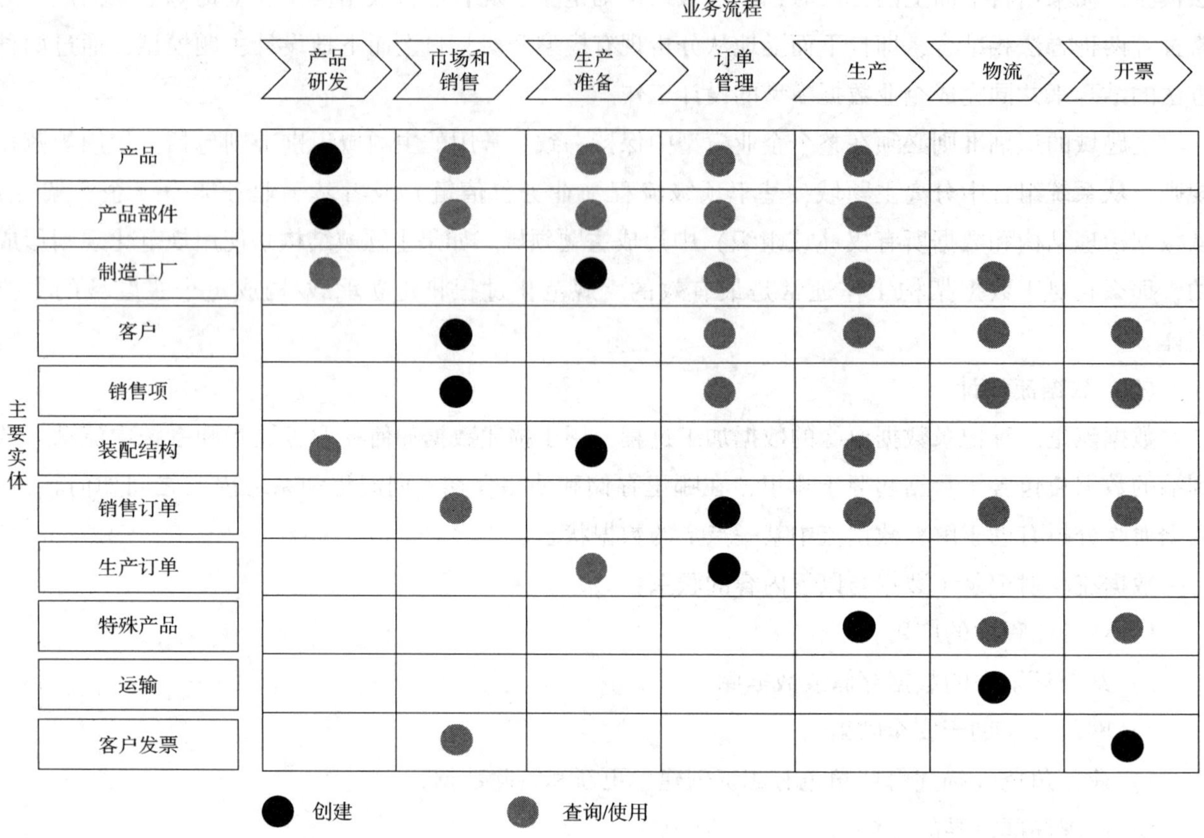

图 4-5 矩阵形式描述的数据流

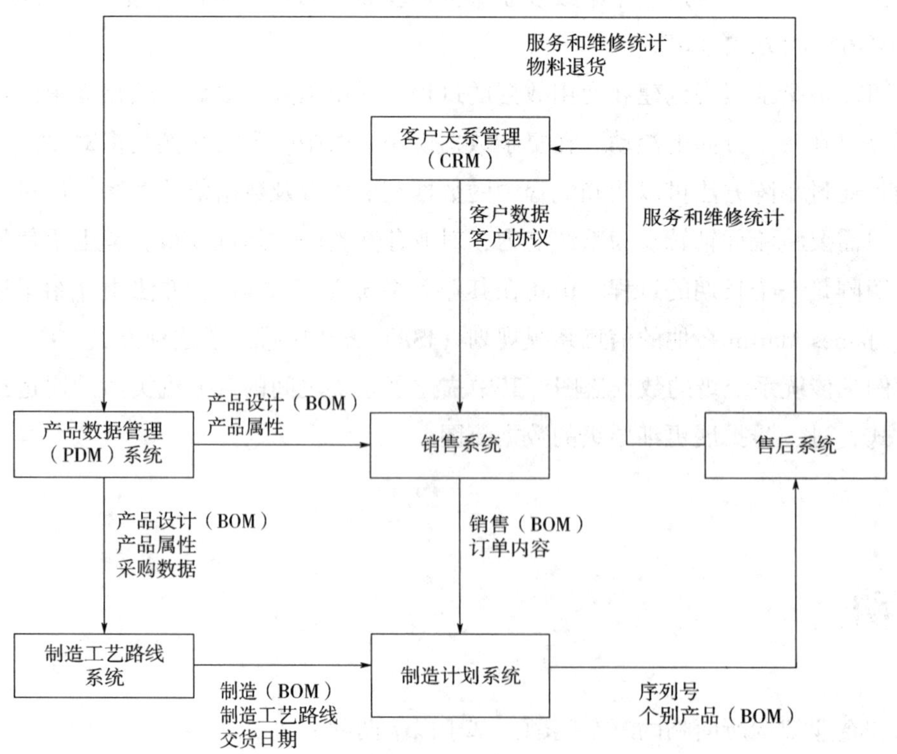

图 4-6 数据流示例

1）面向质量。专注于业务和IT开发周期内对数据架构进行不断改进。如果架构没有得到妥善管理，也会慢慢遭到破坏，系统逐渐变得越来越复杂和缺乏扩展性，因而给组织带来风险。对数据整合、数据复制以及“意大利面”式接口关系无法控制，这会使组织效率越来越低，并降低数据的真实性。

2）面向创新。专注于业务和IT转换，致力于新的期待和机会。用创新性技术和数据使用驱动创新，已经成为现代企业架构的一种功能。

运用这两种方法有不同的方法论。面向质量的方法与传统的数据架构工作保持一致，其中架构质量改进是逐步完成的。架构任务被分解到项目中，由架构师参与或由委托项目执行。通常，架构师需要掌握整体架构，将治理、标准化、架构发展作为长期目标进行持续投入。对面向创新的方法通常不用面面俱到的考虑，可以应用未经广泛验证的业务逻辑和前沿技术。该方法通常要求架构师与组织中那些缺少互动的IT专家进行联系（如产品经理和业务设计者）。

4.2.1　建立企业数据架构

在理想情况下，数据架构应该是企业架构的组成部分。但如果没有企业架构，则依然可以构建数据构架团队。在这种情况下，组织应该设计有助于明确目标和驱动数据架构的框架。该框架将对数据架构实施路线图中的方法、范围和工作优先级产生影响。

选择适用于业务类型的框架（如使用政府组织的政府框架）。框架中的视图和分类必须利于不同的利益相关方的沟通。这对于数据架构实施计划尤为重要，因为数据架构框架致力于业务和系统术语。数据架构与业务架构有非常密切的联系。

建立企业数据架构通常包括以下工作，这些工作可以串行或并行执行。

1）战略。选择框架，制定方法，开发路线图。

2）沟通与文化。建立沟通机制，并激励积极参与者。

3）组织：通过明确责任和职责来组织数据框架工作。

4）工作方法。与企业架构保持一致，在开发项目中定义最佳实践并执行数据架构工作。

5）结果。在总体路线图中产出数据架构产品。

企业数据架构也会影响项目和系统开发的范围边界。如：

1）定义项目数据需求。通过数据架构为企业提供每个项目的数据需求。

2）审评项目数据设计。通过设计审评来确保概念、逻辑和物理数据模型与架构一致，与组织的长期策略一致。

3）确定数据溯源影响。确保数据流在应用中的业务规则一致并且可追溯。

4）数据复制控制。复制是一种常见的，能够提供改善应用性能和便于获取数据的方法，但是也有可能导致数据的不一致。数据架构治理能保证充分的复制控制（方法和机制）来达到所需的一致性（并不是所有应用要求的严格程度都一致）。

5）实施数据架构标准。为企业数据架构生命周期制定和实施标准。标准可以表示为原则、流程、指南和规划蓝图。

6）指导数据技术和更新决策。数据架构与企业架构一起管理每个应用的数据技术版本、补丁和数据技术路线图策略。

1. 现有数据架构规范评估

每个组织都保存着现有系统的一系列文档。为了了解当前数据架构，需要识别这些文件，并评估其准确性、完整性和详细程度。如果必要，还需要更新这些文件使其真实反应系统的当前状态。

2. 开发路线图

如果一个企业是从零开始开发的（不依赖于现有的流程），那么一个最佳的体系结构将仅仅基于运行该企业所需的数据，优先级将由业务战略确定，决策可以不受过去的阻碍。很少有组织处于这种状态。即使在理想的情况下，数据依赖关系也会迅速出现并需要进行管理。路线图提供了一种管理这些依赖性并做出前瞻性决策的方法。路线图有助于组织权衡并制订夯实的项目计划，使其与业务需求和机会、外部需求、可用资源保持一致。

企业数据架构路线图描述了架构 3 ~ 5 年的发展路径。考虑到实际情况和技术评估，路线图和业务需求共同将目标架构变为现实。企业数据架构路线图必须与企业架构路线图相整合，企业架构路线图包括：高层次里程碑事件、所需资源、成本评估、业务能力工作流划分。路线图应以数据管理成熟度评估为指导（参见第 15 章）。

多数业务能力都需要数据输入，有些业务能力还可以生成其他业务能力依赖的数据。在业务能力之间的依赖链上，解析这些数据能够形成一致的企业架构和企业数据架构。

业务数据驱动路线图可以从最独立的业务能力开始（如对其他业务能力依赖最小），再处理相互依赖程度较高的业务能力。按照顺序处理每个业务能力，需要遵循整体业务数据生成顺序。图 4-7是一个业务能力数据依赖链的例子，顶部模块依赖最底部模块。产品管理和客户管理不依赖任何模块，因此属于主数据。依赖度最高的模块位于底部，客户发票管理依赖客户管理和销售订单管理，而销售订单管理也依赖另外两个管理模块。

因此，在理想中，建议从产品管理和客户管理能力开始路线图，然后从上到下解决每一步依赖关系。

3. 在项目中管理企业需求

架构不应该受开发时间的限制。利用数据模型及其有关规范描述的组织数据架构必须足够灵活，并能适应未来需求。构建架构层级的数据模型不仅应有企业全局观，而且要有能够让企业内部完全清楚理解的定义。

对获取、存储、分发数据的开发项目实施解决方案，需要以业务需求和企业数据架构的标准为基础。这个过程是需要逐步完成的。

在项目级别上，通过数据模型定义需求的过程是从审查业务需求开始的。通常，这些需求是特定于项目目标的，不会对企业产生影响。该过程还应包括开发术语定义和支持数据使用的其他活动。

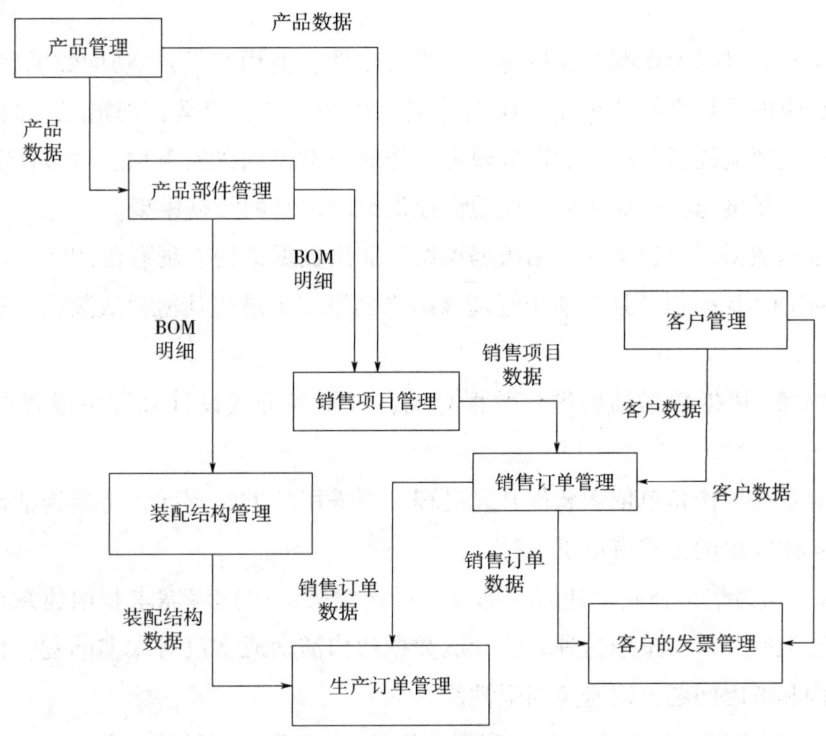

图 4-7　业务能力的数据依赖

重要的是，数据架构师必须能够理解需求与其他整体架构的关系。当项目范围完成时，数据架构师应该决定：

1）规范中所描述实体是否符合标准。

2）在需求中，哪些实体应该被包括在整体企业数据架构中。

3）规范中的实体和定义是否需要扩大或加深以满足将来的趋势。

4）是否更新了数据架构或者是否向开发人员指出了哪些可以重用。

组织经常要等到项目需要重新设计数据存储和集成的时候，才来解决数据架构问题。但是，最好在规划的早期和整个项目生命周期中考虑这些因素。

企业数据架构项目相关的活动包括：

1）定义范围。保证范围和接口与企业数据模型一致。理解项目对整体企业数据架构的潜在贡献、项目的建模和设计、哪些现有组件应该或能够被重用。在需要设计的部分，对项目应该确定项目范围外的利益相关方的依赖性，如下游流程。确定项目共享或重要的数据构件，把它们整合到企业逻辑数据模型和指定的存储库中。

2）理解业务需求。获取数据相关的需求，如实体、资源、可用性、质量和痛点，以及评估满足这些需求的业务价值。

3）设计。形成详细的目标规范，包括：数据生命周期内的业务规则、验证结果的有效性、需要提供的时间、提升模型的扩展性和改进标准模型等。企业逻辑数据模型和企业架构知识库可用于项目数据架构师查询，为企业内可重用数据结构共享提供很好的支撑。同时，审核和使用数据技术标准。

4）实施。

①什么时候购买。可以考虑购买支持逆向工程的软件（商用产品）、逆向数据库中的数据模型，对比项目建设期提供的设计文档或模型，识别并记录数据模型、定义、规则等方面的差异和不同。在理想情况下，供应商应提供其产品的数据模型，然而因考虑到优先事项，许多产品中并不提供数据模型。如果可能，尽量与供应商协商，让他们提供深度定义的数据模型。

②什么时候重用数据。通过建立应用数据模型与通用数据结构、现有流程和新流程之间的对比映射关系，来理解 CRUD 操作。强制使用管理该结果的系统记录或其他权威数据，以便识别和存储差异。

③什么时候构建。根据数据结构进行数据存储；根据标准或设计并评审通过的规范进行集成（参见第 8 章）。

项目中的企业数据架构角色依赖软件开发过程。因采用的方法不同，将架构活动嵌入到项目中的过程也不同，具体采用的方式有以下三种：

1）瀑布方式。作为整个企业设计的一部分，在连续阶段中理解需求和构建系统。这种方法包括设计用于控制变化的关口。按照这种方式开展数据架构活动通常没有太多问题，但需确保能够从企业视角设计架构和考虑问题，以避免局限性。

2）迭代方式。逐步学习和构建（如小型瀑布模型）。这种方式适合总体需求模糊的原型。这种方式在启动阶段至关重要，最好是早期迭代中创建一个全面的数据设计。

3）敏捷方式。这种方式是指在离散的交付包中学习，构建并测试（称为“sprints”冲刺）。离散的交付包很小，如需要丢弃，也不会损失太多。敏捷模型（Scrum，快速开发，统一流程）能提高目标导向的模型，强调用户界面设计、软件设计和系统行为。使用数据模型、数据捕获、数据存储和数据分布规范完成这些方法。当程序员和数据架构师有很强的工作联系，并且他们的标准和指南兼容时，可以采用 DevOps 方法。DevOps 是一种新兴且流行的敏捷方法，它可以帮助改进数据设计，并使得数据设计的选择更有效。

4.2.2 整合其他企业架构

从主题域层级到更细化的层面，对每个层面都需要建立与其他类型架构的联系。开发企业数据架构规范的工作通常是在某些项目中一并进行的，这些项目决定了架构工作的优先级。然而，企业范围的架构问题应该及早解决。事实上，数据架构可能会影响项目的范围。因此，最好把企业数据架构问题和项目组合管理进行整合。这样做能促进路线图的实施，有助于获得更好的项目效果。

同样，企业数据架构师的工作应被包含在企业应用开发和整合计划中，同时将数据架构视图应用于目标应用场景以及该场景的路线图中。

4.3　工具

4.3.1　数据建模工具

在管理所有层级数据模型的过程中，数据模型工具和模型库都是非常必需的。市场上，很多数据模型工具具有数据血缘和关系跟踪功能，这便于架构师能够管理为了不同目的及在不同抽象层级中创建的数据模型（参见第 5 章）。

4.3.2　资产管理软件

资产管理软件用于管理数据资源目录，描述其内容以及跟踪它们之间的关系。另外，利用这些工具还可以确保组织遵循软件许可相关的合同义务，并收集资产相关的数据，最小化成本，优化 IT 流程。由于通过数据资产管理软件盘点了 IT 资产，所以这些工具收集并包含了关于系统及相关数据的元数据。在创建数据流或研究当前状态时，这些元数据非常有用。

4.3.3　图形设计应用

图形设计应用可以用于创建架构设计图形、数据流、数据价值链和其他架构构件。

4.4　方法

4.4.1　生命周期预测

架构设计可以是针对当前的，也可以是面向未来的，还可以是已实施并完成的，甚至是准备退役的产品。无论哪种情况，其工作成果都应该存档管理。

1）当前的。当前支持和使用的产品。

2）部署周期的。未来 1 ~ 2 年内部署使用的产品。

3）策略周期的。未来两年后期待使用的产品。

4）退役的。一年内，组织已经停止使用或打算停止使用的产品。

5）优先的。被多数应用优先使用的产品。

6）限制的。在一定应用中限制使用的产品。

7）新兴的。为将来可能的部署研究和试行的产品。

9）审核的。已经评估的产品，评估结果目前不能用于以上状态的产品。

详细内容可参考第 6 章更多相关数据管理技术。

4.4.2 图标使用规范

运用模型和图标呈现信息是指以已定义好的且达成共识的一套图标来表达待说明内容的一种方式。该方式是通过使用图标来实现视觉转换，以达到提高可读性和便于理解的目的。对图标的使用必须保持一致，如果使用不当，会给读者造成误解或者曲解，那么就可能会适得其反。对图标的使用需要遵从干扰最小化、有用信息最大化的原则。具体使用规范如下所示：

1）清晰一致的说明。应该清晰标识并说明所有对象和线条及图标所代表的内容。在所有图表中，应该在统一的位置描述说明。

2）所有图表对象与说明相匹配。在使用的说明模板中，并不是所有的说明对象都会在图标中出现，但是所有的图标对象都应该有与之相匹配的说明。

3）清晰一致的线条方向。所有线条的流向都应该从某一侧或角（通常为左侧）开始，尽可能流向对侧或对角。有可能会出现循环或者环，但仍然要确保回流和循环的线条方向清楚可见。

4）一致的交叉线显示方法。要清楚交叉点并非连接点，在无法避免交叉的情况下允许线交叉；对同一个方向上的所有线使用跨线；不要将线与线直接连接；尽可能减少线交叉现象出现的次数。

5）一致的对象属性。对任何大小、颜色、线条粗细等不同的图标均要求表示不同的内容，否则会因此增加读者的理解难度，容易造成混淆。

6）线性对称。行和列排放整齐的图标比随机摆放的图标易读性更好，更容易理解。虽然几乎不可能使所有对象都能够保持一致，且能够实现行和列排放整齐，但至少在某一个方向上（水平或垂直）排列整齐，这也将在很大程度上提高图标的可读性。

4.5 实施指南

如简介所述，数据架构包括构件、活动和行为。因此，实施企业数据架构主要包含的工作内容为：

1）建立企业数据架构团队和举办问题讨论会。

2）生成数据架构构件的初始版本。例如，企业数据模型、企业范围数据流和路线图。

3）在开发项目中，形成和建立数据架构工作方式。

4）提高组织对数据架构工作价值的认识。

数据架构实施应该至少包括其中两项工作内容，因为这样可以实现互补，以获得相对较好的效果。所选择的两项工作内容最好可以串行进行，如因各种原因选择两项工作内容存在困难，则至少通过并行方式确保其实施活动。实施可以从部分组织中开始，或从某些数据域中开始，如产品数据或消费者数据。认知和工作方式成熟以后，可以逐步扩大实施范围。

在开发模型中获取数据模型和其他数据架构构件，然后被数据架构师标准化和管理。因此，数据架构工作在第一个项目中的投入相对比较大，但在此过程中形成的构件可以被后继项目重复使用，因而后继项目投入就会减少。这些早期的项目应该用特殊的架构资金来实施。

企业数据架构师要与其他业务和技术架构师合作，架构师的共同目标是提高组织的有效性和灵活性。整体企业架构的业务驱动策略也会明显影响企业数据架构实施决策。

在以解决问题为导向的文化中，当使用新兴技术创新时，建议企业数据架构考虑敏捷的实施方法。这就要求包括一个主题的全层级模型在敏捷实施的冲刺过程中被详细设计。因此，企业数据架构是一个逐步演变的过程。然而，对这种灵活的方法需要数据架构师尽早参与到开发活动中，因为在技术创新的文化中，它们演变得特别快。

对企业设计架构的质量驱动需求要求在规划项目时，强制将数据架构工作内容纳入企业的所有项目的开发计划中。通常，从非常需要改进的主数据域开始建立企业数据架构，一旦被接受，就扩展到包括面向业务事件的数据（即事务性数据）中。这是传统的实现方法，企业数据架构师生成蓝图和模板，以便在整个系统环境中使用，并使用各种治理方法确保落地和遵守。

4.5.1 就绪评估和风险评估

架构类项目可能相比其他项目，特别是在组织中第一次尝试时，容易暴露出更多的风险。最明显的风险有：

1）缺少管理层支持。在计划的项目执行过程中，任何企业组织都可能影响架构流程。例如，新作决定的人可能对流程产生疑问，试图撤出参与数据架构工作的相关人员。管理层的支持是数据架构流程在组织重组过程中被应用的关键所在。因此，确保在数据架构开发过程中多寻求一些能够理解数据架构并愿意支持的高层管理人员，这是数据架构成败的关键。

2）成功与否缺乏证据。高层支持对于这项工作的成功至关重要，因为他或她的信任对成功执行数据架构功能是非常重要的。执行最重要的步骤时，须寻求资深架构师的帮助。

3）缺乏管理者的信任。如果高层要求所有沟通都需要经过他们允许，这可能暗示这些人不确定他们的角色，可能只对除了数据架构流程目标之外的东西感兴趣或不信任数据架构师的能力。不管哪种原因，高层必须允许项目经理和数据架构师在项目中发挥主导作用。争取获得高层信任，并在工作中保持独立。

4）管理层不正确的决策。可能有一种情况，尽管管理层能够理解数据架构的价值，但是却不知道如何去实现它。因此，他们可能会作出与架构师工作相反的决定。这不是说管理不当，而是提示数据架构师需要经常清晰地与管理层进行沟通。

5）文化冲击。考虑数据架构工作文化将如何在那些将受数据架构体系影响的人中发生变化。

试着想象一下，对于员工来说，改变他们在组织中的行为是多么的容易或困难。

6）缺乏有经验的项目经理。确保项目经理具有企业数据架构经验，特别是项目具有非常重要的数据组件时。如果不是这样，鼓励高层更换或培养项目经理（Edvinsson，2013）。

7）单一维度视角。有时业务应用的所有者可能会决定他们对整个企业级数据架构（如 ERP 系统的所有者）的看法，而牺牲一个更平衡、更包容的观点。

4.5.2 组织和文化

组织架构实施的速度依赖于适应文化的程度。设计工作中要求架构师与组织中开发者和其他有创意的思想者进行合作。这些人往往习惯按照自己的工作方式工作。他们有可能欣然接受，也有可能抵制为适应规范的数据架构原则和工具而需要做的改变。

以产出为导向，战略一致的组织能更好地适应架构实施。这些组织通常以目标为导向，能意识到客户和合作方的挑战，而且能根据共同目标确定优先级。

一个组织接受并实施数据架构的能力依赖于以下几个方面：

1）对架构方法的接受度（开发架构的友好性）。

2）确认数据属于组织的业务资产，而不仅仅是 IT 的任务。

3）放弃局部数据视角，接受企业级数据视角的能力。

4）将架构交付成果整合到项目实施中的能力。

5）规范数据治理的接受程度。

6）立足企业全局，而不是仅仅局限于项目交付成果和 IT 解决问题的能力（Edvinsson，2013）。

4.6 数据架构治理

数据架构活动能直接支持数据模型不同层级的映射管理及控制数据。数据架构师通常充当数据治理活动的业务联络人。因此，企业数据架构和数据治理组织必须保持一致。在理想情况下，数据架构师和数据管理员对每个主题域，甚至每个主题域的实体都保持一致。而且，数据监督应该与流程监督保持一致。业务事件主题域应该与流程监督保持一致，因为每个事件实体通常与业务流程相对应。

4.6.1 数据架构治理活动

1）项目监督。这包括确保项目符合所需的数据架构活动、使用和提高架构资产，且必须根据架构标准实施。

2）管理架构设计、生命周期和工具。必须对架构设计进行定义、评估和维护。数据架构是企业长期整合规划的“分区规划”之一。数据架构的未来状态不仅影响项目目标，而且也影响项目在项目群中的优先级。

3）定义标准。制定数据在组织内如何使用的规则、指南和规范。

4）创建数据相关构件。支持治理规范的构件。

4.6.2　度量指标

企业数据架构衡量指标反映了架构目标：架构接受度、实施趋势、业务价值。数据架构衡量工作通常作为项目总体业务客户满意度的一部分，每年开展一次。

（1）架构标准接受率

可以测量项目与已建立的数据架构的紧密程度及项目与企业架构参与流程的遵循度。追踪项目预期的衡量指标也有助于理解和采纳执行过程中出现的问题。

（2）实施趋势

对跟踪企业架构改善组织实施项目能力的程度，至少沿两个方向进行改善：

1）使用/重用/代替/废弃测量。决定使用新架构构件与重用、代替或废弃构件的比例。

2）项目执行效率测量。测量项目的交付时间和可重用构件及指导构件的交付改进成本。

（3）业务价值度量指标

追踪向期待的业务效果和利益方向的发展过程：

1）业务敏捷性改进。解释生命周期改进或改变的好处，改进延误成本的测量方法。

2）业务质量。测量业务案例是否按期完成；基于新创建或集成的数据导致业务发生的改变，测量项目是否实际交付了这些变更。

3）业务操作质量。测量改进效率的方法。实例包括准确性改进、时间减少，由于数据错误而导致的纠错费。

4）业务环境改进。实例包括由于数据错误减少而改变的客户保留率和在递交报告中当局评论的减少率。

4.7　文献引用与推荐

Ahlemann, Frederik, Eric Stettiner, Marcus Messerschmidt, and Christine Legner, eds. *Strategic Enterprise Architecture Management: Challenges, Best Practices, and Future Developments*. Springer, 2012. Print. Management for Professionals.

Bernard, Scott A. *An Introduction to Enterprise Architecture*. 2nd ed. Authorhouse, 2005. Print.

Brackett, Michael H. *Data Sharing Using a Common Data Architecture.* John Wiley and Sons, 1994. Print.

Carbone, Jane. *IT Architecture Toolkit.* Prentice Hall, 2004. Print.

Cook, Melissa. *Building Enterprise Information Architectures: Re-Engineering Information Systems.* Prentice Hall, 1996. Print.

Edvinsson, Hakan and Lottie Aderinne. *Enterprise Architecture Made Simple Using the Ready, Set, Go Approach to Achieving Information Centricity.* Technics Publications, LCC, 2013. Print.

Executive Office of the President of the United States. *The Common Approach to Federal Enterprise Architecture.* whitehouse. gov, 2012. Web.

Fong, Joseph. *Information Systems Reengineering and Integration.* 2nd ed. Springer, 2006. Print.

Gane, Chris and Trish Sarson. *Structured Systems Analysis: Tools and Techniques.* Prentice Hall, 1979. Print.

Hagan, Paula J., ed. *EABOK: Guide to the (Evolving) Enterprise Architecture Body of Knowledge.* mitre. org MITRE Corporation, 2004. Web.

Harrison, Rachel. *TOGAF Version* 8. 1. 1 *Enterprise Edition-Study Guide.* The Open Group. 2nd ed. Van Haren Publishing, 2007. Print. TOGAF.

Hoberman, Steve, Donna Burbank, and Chris Bradley. *Data Modeling for the Business: A Handbook for Aligning the Business with IT using High-Level Data Models.* Technics Publications, LLC, 2009. Print. Take It with You Guides.

Hoberman, Steve. *Data Modeling Made Simple: A Practical Guide for Business and Information Technology Professionals.* 2nd ed. Technics Publications, LLC, 2009. Print.

Hoogervorst, Jan A. P. *Enterprise Governance and Enterprise Engineering.* Springer, 2009. Print. The Enterprise Engineering Ser.

ISO (website). http: //bit. ly/2sTp2rA, http: //bit. ly/2ri8Gqk.

Inmon, W. H., John A. Zachman, and Jonathan G. Geiger. *Data Stores, Data Warehousing and the Zachman Framework: Managing Enterprise Knowledge.* McGraw-Hill, 1997. Print.

Lankhorst, Marc. *Enterprise Architecture at Work: Modeling, Communication and Analysis.* Springer, 2005. Print.

Martin, James and Joe Leben. *Strategic Information Planning Methodologies*, 2nd ed. Prentice Hall, 1989. Print.

Osterwalder, Alexander and Yves Pigneur. *Business Model Generation: A Handbook for Visionaries, Game Changers, and Challengers.* Wiley, 2010. Print.

Perks, Col and Tony Beveridge. *Guide to Enterprise IT Architecture.* Springer, 2003. Print. Springer Professional Computing.

Poole, John, Dan Chang, Douglas Tolbert, and David Mellor. *Common Warehouse Metamodel.* Wiley, 2001. Print. OMG (Book 17).

Radhakrishnan, Rakesh. *Identity and Security: A Common Architecture and Framework For SOA and Network Convergence.* futuretext, 2007. Print.

Ross, Jeanne W., Peter Weill, and David Robertson. *Enterprise Architecture As Strategy: Creating a Foundation For Business Execution.* Harvard Business School Press, 2006. Print.

Schekkerman, Jaap. *How to Survive in the Jungle of Enterprise Architecture Frameworks: Creating or Choosing an Enterprise Architecture Framework.* Trafford Publishing, 2006. Print.

Spewak, Steven and Steven C. Hill. *Enterprise Architecture Planning: Developing a Blueprint for Data, Applications, and Technology.* 2nd ed. A Wiley-QED Publication, 1993. Print.

Ulrich, William M. and Philip Newcomb. *Information Systems Transformation: Architecture-Driven Modernization Case Studies.* Morgan Kaufmann, 2010. Print. The MK/OMG Press.

第5章 数据建模和设计

5.1 引言

数据建模是发现、分析和确定数据需求的过程，用一种称为数据模型的精确形式表示和传递这些数据需求。数据建模是数据管理的一个重要组成部分。建模过程中要求组织发现并记录数据组合的方式。在建模过程本身，设计了数据组合的方式（Simsion，2013）。数据模型有助于组织能够理解其数据资产。数据可以采用多种不同的模式来表示。其中最为常见的6种模式分别是：关系模式、多维模式、面向对象模式、事实模式、时间序列模式和NoSQL模式。按照描述详细程度的不同，每种模式又可以分为3层模型：概念模型、逻辑模型和物理模型。每种模型都包含一系列组件，如实体、关系、事实、键和属性。一旦建立了模型，就需要对其进行质量审查；一旦得到批准，后续还需要对其进行维护。数据建模和设计的语境关系图如图5-1所示。

数据模型包含数据使用者所必需的元数据。在数据建模过程中发现的大部分元数据对于其他数据管理功能是必不可少的。如数据治理的定义、数据仓库与数据血缘分析等。

本章将描述数据模型的用途、数据建模中的基本概念和常用词汇以及数据建模的目标和原则。本章将使用一组与教育相关的数据作为案例来说明用各种数据建模的方法，并介绍它们之间的差异。

5.1.1 业务驱动因素

数据模型对于有效的数据管理至关重要，如：

1）提供有关数据的通用词汇表。

2）获取、记录组织内数据和系统的详细信息。

3）在项目中作为主要的交流沟通工具。

4）提供了应用定制、整合，甚至替换的起点。

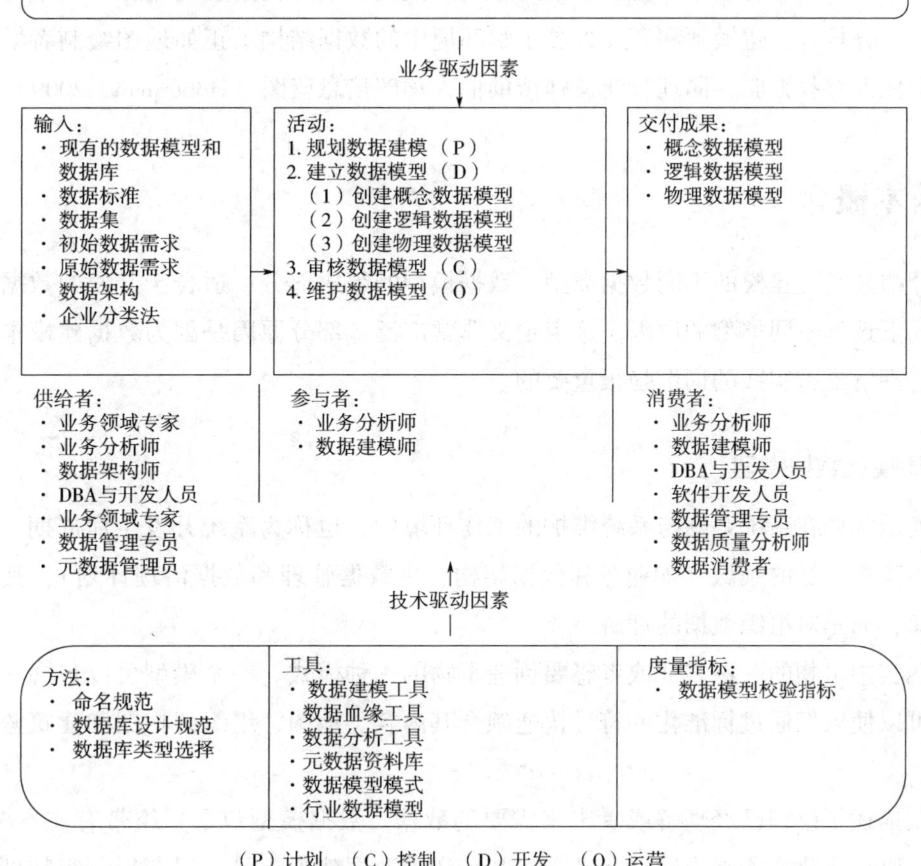

图 5-1　语境关系图：数据建模和设计

5.1.2　目标和原则

数据建模的目标是确认和记录不同视角对数据需求的理解，从而使应用程序与当前和未来的业务需求更加紧密地结合在一起，并为成功地完成广泛的数据应用和管理活动奠定基础，如主数据管理和数据治理计划。良好的数据建模会降低支持成本，增加未来需求重复利用的可能性，从而降低构建新应用的成本。数据模型是元数据的一种重要形式。

确认和记录不同视角的理解有助于：

1）格式化。数据模型是对数据结构和数据关系的简洁定义。能够评估当前或者理想情况下业务规则对数据的影响情况。格式化的定义赋予数据规范的结构，减少在访问和保存数据时发生异常的概率。通过展现数据中的结构和关系，数据模型使数据更容易被使用。

2）范围定义。数据模型可以帮助解释数据上下文的边界，以及购买的应用程序包、项目、方案或实施的现有系统。

3）知识保留记录。数据模型通过以书面的形式获取知识来保存系统或项目的企业信息。它能给未来项目提供原始记录。数据模型有助于更好地理解一个组织、一个业务方向、一个已存在的应用，也有助于理解修改现有数据结构所带来的影响。数据模型可被重复利用，可以帮助业务专业人员、项目经理、分析师、建模师和开发人员了解环境中的数据结构。正如地图绘制者学习并记录地理环境来帮助他人寻找方向，同理，建模师帮助他人理解信息蓝图（Hoberman，2009）。

5.1.3 基本概念

本节将介绍几类可建模的不同数据类型、数据模型的组成部分、适合于开发的数据模型类型以及在不同情况下选择不同类型的原因。这组定义非常广泛，部分原因是因为数据建模本身就是关于定义的过程。理解支持实践的词汇是很重要的。

1. 数据建模和数据模型

数据建模最常用在系统开发与系统维护的工作环境中，也称为系统开发生命周期（SDLC）。数据建模可以用于更广泛的领域（如业务和数据架构、主数据管理和数据治理计划），其直接的结果不是在数据库，而是对组织数据的理解。

模型是现实中事物的一种表征或者想要创造事物的一种模式。一个模型可以包含一个或多个图表。模型图可以使人们通过标准化的符号快速领会其内容。地图、组织架构图和建筑蓝图都是日常模型的例子。

数据模型描述了组织已经理解或者未来需要的数据。数据模型包含一组带有文本标签的符号，这些符号试图以可视化方式展现数据需求并将其传递给数据建模人员，以获得一组特别的数据。这些数据大小不一，小到仅可以用于一个项目，大到可以用于整个组织。模型是一种文档形式，用于记录数据需求和建模过程产生的数据定义。数据模型是用来将数据需求从业务传递到 IT，以及在 IT 内部从分析师、建模师和架构师到数据库设计人员和开发人员的主要媒介。

2. 建模的数据类型

在任何既定组织中适合于建模的数据类型反映了组织或项目需要数据模型的优先级。可以对下列 4 种主要类型的数据进行建模（Edvinsson，2013）：

1）类别信息（Category Information）。用于对事物进行分类和分配事物类型的数据。例如，按市场类别或业务部门分类的客户；按颜色、型号、大小等分类的产品；按开放或关闭分类的订单。

2）资源信息（Resource Information）。实施操作流程所需资源的基本数据。例如，产品、客户、供应商、设施、组织和账户等。在 IT 专业人员定义中，资源实体有时被称为参考数据。

3）业务事件信息（Business Event Information）。在操作过程中创建的数据。例如，客户订单、供应商发票、现金提取和业务会议等。在 IT 专业人员定义中，事件实体有时被称为交易性业务数据。

4）详细交易信息（Detail Transaction Information）。详细的交易信息通常通过销售系统（商店或在线应用）生成。它还可以通过社交媒体系统、其他互联网交互（单〈双〉击流等）和机器上的传感器产生。这些传感器可以是船只和车辆的部件、工业组件或个人设备（全球定位系统、射频识别、无线等）。这种类型的详细信息可以被聚合，用于派生其他数据，并用以分析趋势，类似于业务时间信息的使用方式。这种类型的数据（大容量或快速变化）通常被称为大数据。

这四类都属于“静态数据”。部分“动态数据”也可以建模。例如，系统的方案，包括用于消息传递和基于事件的系统的协议和方案等。

3. 数据模型组件

正如将在本章后面讨论的一样，不同类型的数据模型采用不同的约定符号来表示数据。然而，大多数数据模型都包含基本相同的组件：实体、关系、属性和域。

（1）实体

在数据建模之外的概念中，实体（Entity）的定义是有别于其他事物的一个事物。在数据建模概念里，实体是一个组织收集信息的载体。实体有时被称为组织的一组名词。一个实体可以被认为是一些基本问题的答案——谁、什么、何时、何地、为什么、怎么办或这些问题的综合（参见第 4 章）。表 5-1 定义并给出了常用实体类别的例子（Hoberman，2009）。

表 5-1　常用的实体类别

分类	定义	示例
谁 （Who）	相关的人或组织。也就是谁对业务很重要？“谁”通常是泛指的一个参与方或角色。例如，客户或供应商。人员或组织可以有多个角色，也可以包含在多个参与方中	员工，病人，玩家，嫌疑人，客户，供应商，学生，乘客，竞争者，作者
什么 （What）	为相关企业提供的产品或服务。它通常指的是组织的产出或提供的服务。也就是说，什么对企业来说是重要的？类别、类型等属性在这里非常重要	产品，服务，原料，成品，课程，歌曲，照片，书
何时 （When）	和企业相关的日历或时间间隔，即业务什么时候经营	日期，月，季度，年，学期，财政周期，分钟，出发时间
何地 （Where）	企业相关的地点。地点可以指实际的地方或者电子场所，即业务在哪里进行	邮寄地址，分发点，网址，IP 地址
为什么 （Why）	企业相关的事件或交易。这些事件使业务得以维持，即企业为什么要运行	下订单，退货，投诉，取款，存款，表扬，查询，贸易，索赔
怎么办 （How）	和企业相关的事件记录。这些记录提供事件发生的证据，如记录订单事件的购买订单，即如何知道事件发生了	发货单、合同、协议、账户、购买单、超速票、装箱单、贸易确认书
度量 （Measurement）	关于时间、地点和对象的计数、总和等	销售数量，项目数，付款金融，余额

1）实体的别名。

通用术语“实体”可以使用其他名称表示。最常见的是使用“实体类型”代表一类事物。例如，Jane 是 Employee 类型。因此，Jane 是实体，Employee 是实体类型。然而，目前普遍的用法是用术语“实体”表示 Employee，用“实体实例”（Entity Instance）表示 Jane（表 5-2）。

表 5-2　实体、实体类型和实体实例

用法	实体	实体类型	实体实例
常识用法	Jane	Employee	
推荐用法	Employee		Jane

实体实例是特定实体的具体化或取值。实体学生可能有多个学生实例，比如名字是鲍勃·琼斯、乔·杰克逊、简·史密斯等实例。实体课程可以有《数据建模基础》《高级地质学》和《17 世纪英国文学》等实例。

实体别名会根据模型类型（Scheme）而变化（参见后面的“数据建模的方法”）。在关系模型中经常用到“实体”这个术语，在维度模型中经常使用“维度”和“事实表”等术语，在面向对象模型中经常使用“类”或“对象”等术语，在基于时间模型中经常使用“中心”“卫星”“链接”等术语，在非关系型数据库模型中经常使用“文件”或“节点”等术语。

实体别名（Entity Aliases）也会根据模型抽象程度不同而有所不同。概念模型中的实体一般被称为概念（Concept）或术语（Term），逻辑模型中的实体被称为实体（Entity）（其他称呼取决于不同模型类型）。而在物理模型中，实体的称呼根据数据库技术的不同也不一样，最常见的称呼是表（Table）。三级层次模型的细节将在后面的“数据模型级别”中讨论 。

2）实体的图形表示。

在数据模型中，通常采用矩形（或带有圆边的矩形）代表实体，矩形的中间是实体的名称，如图 5-2 所示。图中有三个实体：学生（Student）、课程（Course）和讲师（Instructor）。

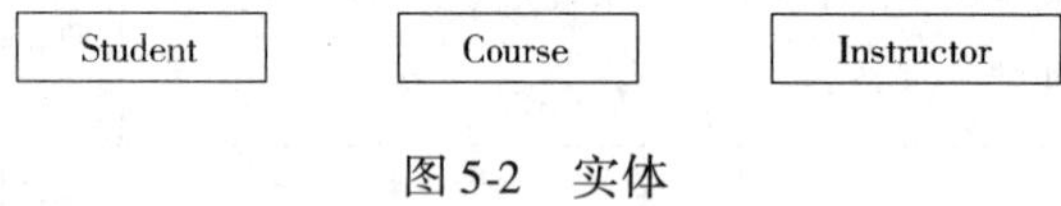

图 5-2　实体

3）实体的定义。

实体的定义对于任何数据模型所描述的业务价值都有巨大贡献。它们属于核心元数据。高质量的定义澄清了业务词汇表的含义，并有助于精确管理实体之间关系所描述的业务规则。它们帮助业务和 IT 专业人员针对业务和应用程序设计做出明确的决策。高质量的数据定义具备以下 3 个基本特征：

①清晰（Clarity）。定义应该易于阅读和理解，采用简单清晰的语言表述，没有晦涩的首字母缩写词或难于解释的歧义术语表达，如“有时”或“正常”。

②准确（Accuracy）。定义是对实体的精准和正确的描述，应由相关业务领域的专家进行审查，以确保其准确性。

③完整（Completeness）。定义要尽量全面，所包括的内容都要体现。例如，在定义代码时，要包括代码值的示例。在定义标识符时，标识符的唯一性范围应包括在定义中说明。

（2）关系

关系（Relationship）是实体之间的关联（Chen，1976）。关系捕获概念实体之间的高级别交互、逻辑实体之间的详细交互以及物理实体之间的约束。

1）关系的别名。

通用术语“关系”也可以用其他名称来表示。关系的别名（Relationship Aliases）根据模型不同而变化。在关系模型中经常使用术语“关系”，在维度模型中经常使用术语“导航路径”，在NoSQL 非关系型数据库模型中经常使用诸如“边界”或“链接”等术语。关系别名也可以根据模型抽象程度而有所不同。在概念和逻辑级别上的关系就被称为“关系”，但是在物理级别上的关系可能会采用其他名称表示，如“约束”或“引用”等，这主要取决于具体的数据库技术。

2）关系的图形表示。

关系在数据建模图上通常显示为线条。图 5-3 是一个用信息工程法表示关系的示例。

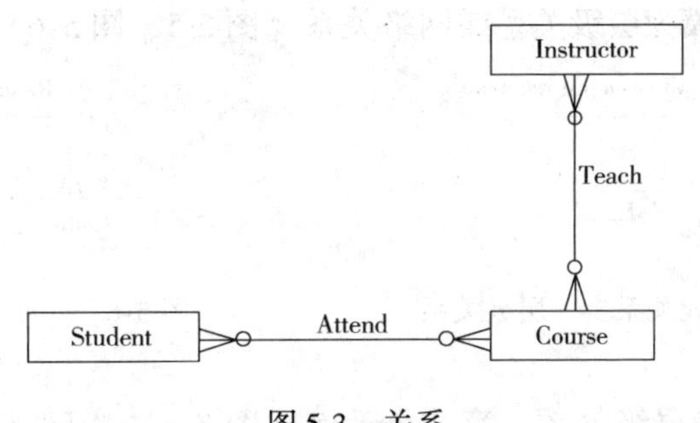

图 5-3　关系

在这个示例中，学生（Student）和课程（Course）之间的关系描述了学生可以参加课程的规则。讲师（Instructor）和课程（Course）之间的关系描述了讲师可以教授课程的规则。线上的符号（称为基数）以精确的语法说明了规则。关系通过关系数据库中的外键来表示，在非关系型数据库中通过边界或链接来表示。

3）关系的基数。

在两个实体之间的关系中，基数（Cardinality）说明了一个实体（实体实例）和其他实体参与建立关系的数量。基数由出现在关系线两端的符号表示。数据规则是通过基数指定来强制执行的。对于关系，如果没有基数，那么人们最多只能说两个实体以某种方式相连。

对于基数而言，只能选择 0、1 或多（“多”的意思是超过“1”个）。关系的每一方都可以有 0、1 或多的任意组合。指定 0 或 1 表示关系中是否需要实体实例。1 个或多个表示给定关系中参与的实例数量。

下面以下学生（Student）和课程（Course）的例子来解释这些基数符号的含义（见图 5-4）。

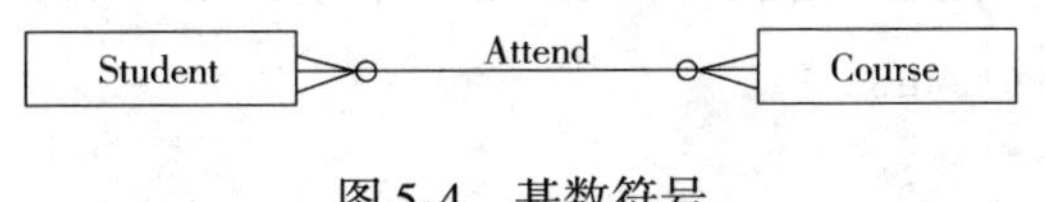

图 5-4　基数符号

业务规则是：

①每一名学生可以选择一门或多门课程。

②每一门课程可以被一名或多名学生选择。

4）关系的元数。

关系中涉及实体的数目被称为关系的元数（Arity），最常见的有一元关系、二元关系以及三元关系。

①一元关系。一元关系（Unary Relationship）也被称为递归关系（Recursive Relationship）或自我引用关系（Self-referencin Relationship）。它只包含一个实体。一对多的递归关系描述了一种层级关系，而多对多的关系描述的是一种网络或图表。在层级关系中，一个实体最多拥有一个父实体（或称上级实体）。在关系模型中，子实体处于关系中的“多”的一边，而父实体处于关系中的“一”的一边。在关系网络中，一个实体可以拥有多个父实体。

例如，一门课程（Course）需要有先导课程。如果想要参加生物学研讨会，学生必须首先听完生物学讲座，生物学讲座是生物学研讨会的先决条件。在以下关系型数据模型中，使用信息工程表示法可以将这种递归关系建模为层级关系或网络关系（图 5-5、图 5-6）。

图 5-5　一元关系——层级关系　　图 5-6　一元关系——网络关系

第一个示例（图 5-5）为层级关系，第二个示例（图 5-6）为网络关系。在第一个示例中，参加生物学研讨会需要首先参加生物学讲座。一旦生物学讲座被设定为生物学研讨会的先导课程，则生物学讲座不可再作为其他课程的先决条件。第二个示例则允许生物学讲座作为其他课程的先导课程。

②二元关系。涉及两个实体的关系被称为二元关系（Binary Relationship）。在二元关系的传统数据模型中，最常见的二元关系包含两个实体。图 5-7 是一个 UML 课程的图解，学生（Student）和课程（Course）构成二元关系的两个实体。

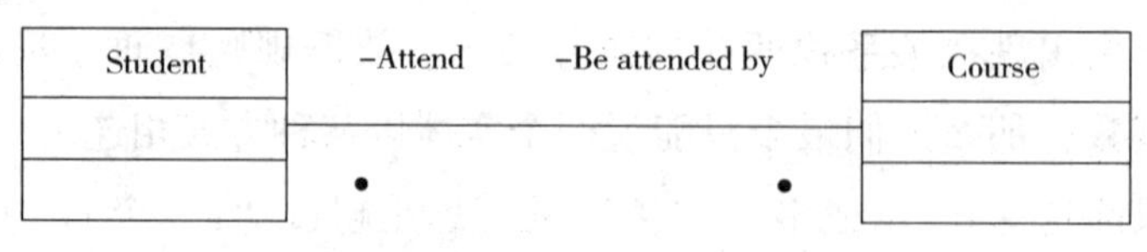

图 5-7　二元关系

③三元关系。涉及三个实体的关系被称为三元关系（Ternary Relationship）。图 5-8 展示了一个基于事实（对象角色表示法）建模的例子。此例中，学生（Student）可以在特定的学期（Semester）中选择一门特定的课程（Course）。

5）外键。

外键（Foreign Key）通常用在物理数据建模中表示关系，在逻辑数据建模中，有时也用这种方

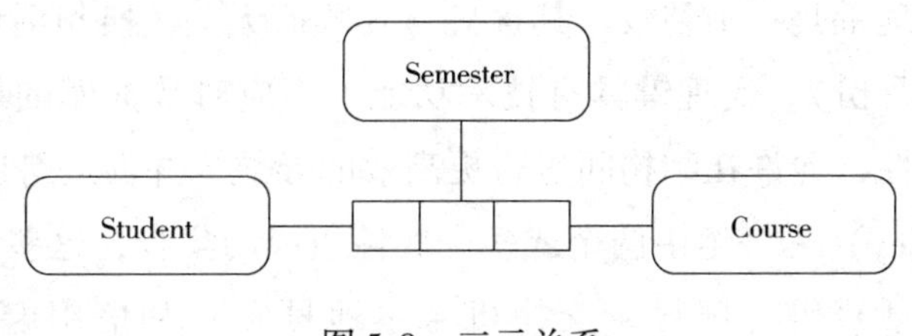

图 5-8　三元关系

法表示关系。当在两个实体之间定义关系时，可以隐式地创建外键，这取决于数据库技术或数据建模工具，以及所涉及的两个实体是否具有相互依赖性。

在图 5-9 示例中，注册（Registration）包含两个外部键：来自学生（Student）的学号（Student Number）和来自课程（Course）的课程号（Course Code）。课程号来自于课程实体，学号来自于学生实体。外键体现在关系中的“多”的一边的实体，即子实体中。示例中的学生（Student）和课程（Course）是父实体，而注册（Registration）是子实体。

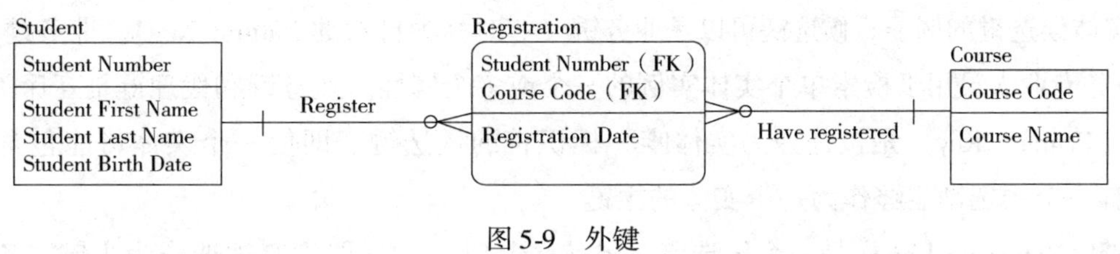

图 5-9　外键

（3）属性

属性（Attribute）是一种定义、描述或度量实体某方面的性质。属性可能包含域，这将在后面展开讨论。实体中属性的物理展现为表、视图、文档、图形或文件中的列、字段、标记或节点等。

1）属性的图形表示。

在数据模型中，属性通常在实体矩形内的列表中描述，如图 5-10 所示，其中实体学生（Student）的属性包括学号（Student Number）、姓（Student First Name）、名（Student Last Name）、出生年月（Student Birth Date）。

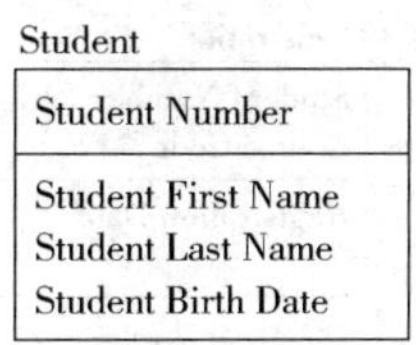

图 5-10　属性

2）标识符。

标识符（Identifiers）也称为键，是唯一标识实体实例的一个或多个属性的集合。本节根据键的结构（单一键、组合键、复合键、代理键）和功能（候选键、主键、备用键）进行分类。

①键的结构类型。

单一键（Simple Key）是唯一标识实体实例的一个属性。通用产品代码（UPC）和车辆识别号（VINS）都是单一键的例子。代理键也是一种单一键。代理键是表的唯一标识符，通常是一个计数符，由系统自动生成。代理键是一个整数，其含义与其数值无关（换句话说，代表月份的代理键数值为 1 不能推断其代表 1 月份）。代理键具有技术功能，不应对数据库的最终用户可见。它们保存在后台，以帮助保持唯一性，允许在结构间进行更高效的导航，并促进跨应用程序的集成。

组合键（Compound Key）是一组由两个或多个属性组成的集合，这些属性一起唯一地标识一个实体实例。例如，美国电话号码（区号 + 交换机 + 本地号码）和信用卡号码（申请者 ID + 账户号 + 校验数）。

复合键（Composite Key）包含一个组合键和至少一个其他单一键、组合键或非键属性。例如，多维事实表上的键，它可能包含几个复合键、单一键和可选的加载时间戳。

②键的功能类型。

超键（Super Key）是唯一标识实体实例的任何属性集。候选键（Candidate Key）是标识实体实例的最小属性集合，可能包含一个或多个属性（如一个单一键或复合键）。最小意味着候选键的任意子集都无法唯一标识实体实例。一个实体可以有多个候选键。电子邮件地址、手机号码和客户账号数据报是客户实体候选键的例子。候选键可以是业务键（有时称为自然键 Natural Key）。业务键（Business Key）是业务专业人员用于检索单个实体实例的一个或多个属性。业务键和代理键是互斥关系。

主键（Primary Key）是被选择为实体唯一标识符的候选键。即使一个实体可能包含多个候选键，但只有一个候选键能够作为一个实体的主键。

备用键（Alternate Key）是一个候选键，虽然也是唯一的，但没有被选作为主键。备用键可用于查找特定实体实例。通常，主键是代理键，而备用键是业务键。

③标识关系与非标识关系。

独立实体是指其主键仅包含只属于该实体的属性。非独立实体是指其主键至少包含一个来自其他实体的属性。在关系模式中，大多数数据建模图用矩形符号表示独立实体，非独立实体则用圆角矩形表示。

在图 5-11 所示的学生例子中，学生（Student）和课程（Course）是独立实体，注册（Registration）则为非独立实体

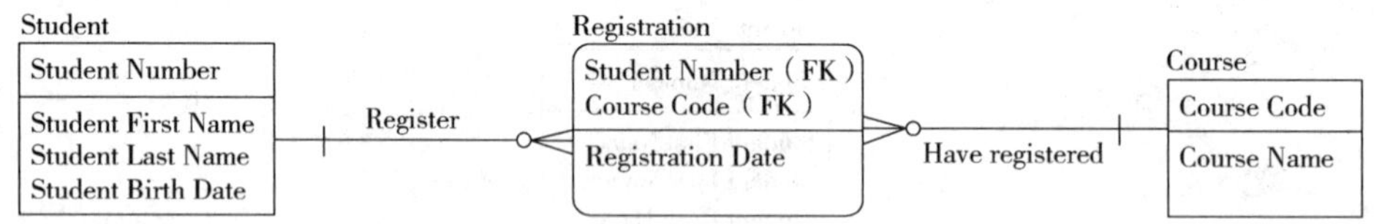

图 5-11　独立和非独立实体

非独立实体至少含有一个标识关系。标识关系是指父实体（关系图中一端实体）的主键作为外键被继承到子实体主键的一部分。正如学生（Student）和注册（Registration）之间、课程（Course）和注册（Registration）之间的关系。在非标识关系中，父实体的主键仅被继承为子实体的非主外键属性。

（4）域

在数据建模中，域（Domain）代表某一属性可被赋予的全部可能取值。域可以用不同的方式来表达（参见本章节末的要点）。域提供了一种将属性特征标准化的方法。例如，日期域，包含了所

有可能的日期，可以适用于任何逻辑数据模型或是物理数据模型中日期属性，如：

1）聘用员工的日期。

2）收到订单的日期。

3）提交声明的日期。

4）课程开始的日期。

域中所有的值都为有效的值。不在域中的值被称为无效的值。属性中不应当含有其指定的域以外的值。例如，员工性别编码，限定只能为女性或男性的性别编码域中。聘用员工的日期域，可被简单地定义为所有有效日期。在此规则下，聘用员工日期的域不应包含每年的 2 月 30 日。

可以用附加的规则对域进行限制，这些限制规则被称为约束。规则可以涉及格式、逻辑或两者皆有。例如，通过将聘用员工日期域限制为早于今天的日期，可以从有效值域中排除 2050 年 3 月 10 日，即便它是一个有效日期。员工聘用日期也可以被约束在一个特定的工作日（在星期一、星期二、星期三、星期四或星期五）。域可以用多种不同的方式定义。

1）数据类型（Data Type）。域中的某一属性中的数据有特定的标准类型要求。例如，整数、字符（30 字节）和日期都属于数据类型域。

2）数据格式（Data Format）。使用包括模板和掩码等格式的域，如邮政编码和电话号码以及字符的限制（仅用字母数字代码，字母数字代码和某些特殊符号等），用这些格式来定义有效值。

3）列表（List）。含有有限个值的域。很多人都非常熟悉下拉列表就属于此类。例如，订单状态域的值可以限制在订单开立、发货、订单结束、退货等状态。

4）范围（Range）。允许相同数据类型的所有值在一个或多个最小值和/或最大值之间的域。有些范围可以是开放式的。例如，订单送货日期（Order Delivery Date）必须在订单下达日期（Order Date）之后的三个月之内。

5）基于规则（Rule-Based）。域内的值必须符合一定的规则才能够成为有效值。规则包括将关系或组合中的值与计算值或其他属性值进行对比。例如，物品价格必须高于物品成本。

4. 数据建模的方法

常见的 6 种数据建模方法是关系建模、维度建模、面向对象建模、基于事实建模、基于时间建模和非关系型建模。每种建模方法都采用一些特定的表示法进行表达（表 5-2）。

表 5-2　建模方法和表示法

建模方法	表示法
关系 (Relational)	信息工程（IE） 信息建模集成定义（IDEF1X） 巴克符号（Barker Notation） 陈氏符号（Chen）
维度 (Dimensional)	维度（Dimensional）

（续）

建模方法	表示法
面向对象 （Object-Oriented）	统一建模语言（UML）
基于事实 （Fact-Based）	对象角色建模（ORM2） 完全面向交流的信息建模（FCO-IM）
基于时间 （Time-Based）	数据拱顶模型（Data Vault） 锚建模（Anchor Modeling）
非关系型 （NoSQL）	文档（Document） 列（Column） 图（Graph） 键值（Key-Value）

本节将简要介绍每一种方法及其采用的表示方法。见表 5-3，某些方法仅适用于特定的技术，使用哪种方法，部分取决于打算要建立的数据库。

表 5-3 数据库交叉应用模式（Scheme to Database Cross Reference）

建模方法	关系型数据库	多维数据库	对象数据库	文档数据库	列式数据库	图数据库	键值数据库
关系	CDM LDM PDM	CDM LDM	CDM LDM	CDM LDM	CDM LDM	CDM LDM	CDM LDM
维度	CDM LDM PDM	CDM LDM PDM					
面向对象	CDM LDM PDM		CDM LDM PDM				
基于事实	CDM LDM PDM	CDM LDM	CDM LDM	CDM LDM	CDM LDM	CDM LDM	CDM LDM
基于时间	PDM						
非关系型			PDM	PDM	PDM	PDM	PDM

在关系建模方法中，三层模型仅适用于关系型数据库，而概念模型和逻辑型模型可适用于其他数据库。基于事实的建模方法与此类似。对于维度建模方法，三层模型仅适用于关系型数据库和多维数据库。面向对象的建模方法仅适用于关系型数据库和对象数据库。

基于时间的建模方法属于物理数据建模技术，主要用于关系型数据库环境中的数据仓库。No-

SQL 方法严重依赖于底层数据库结构（文档、列、图或键值），因此也属于物理数据建模技术。表 5-3 展示了建模过程中的几个要点。甚至在如基于文档数据库这样的非传统数据库中，也可以在文档物理模型之后构建关系概念模型和逻辑模型。

（1）关系建模

关系理论首先由 Edward Codd 博士在 1970 年提出。他提出了一种能够清晰表达含义的系统方法来组织数据，这种方法在减少数据存储冗余方面卓有成效。Edward Codd 博士发现二维关系是最有效管理数据的方式。术语“关系”来源于该方法所基于的数学方法——集合理论（参见第 6 章）。

关系模型设计的目的是精确地表达业务数据，消除冗余。关系模型特别适合设计操作型的系统，因为这类系统需要快速输入信息并精确地存储信息（Hay，2011）。

在关系建模中有几类不同的表示法可以用来表达实体间的关系，包括信息工程法 IE、信息建模的集成定义 IDEF1X、巴克表示法（Barker）和陈氏表示法（Chen）。最常见的是信息工程法，该方法采用三叉线（俗称“鸭掌模型”）来表示基数（图 5-12）。

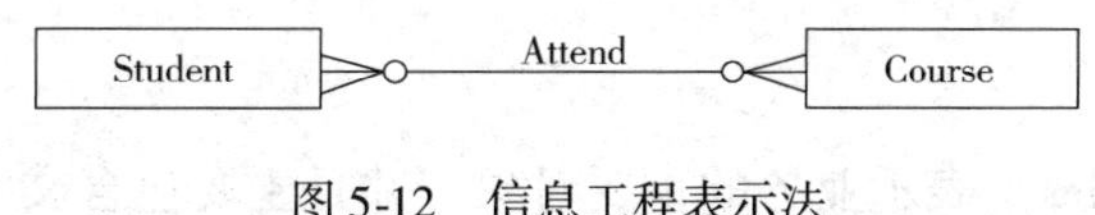

图 5-12　信息工程表示法

（2）维度建模

维度建模（Dimensional）的概念起源于 20 世纪 60 年代，由 Gerneral Mills 和达特茅斯学院（Dartmouth College）在一次联合研究项目中提出[⊖]。在维度模型中，数据组织的方式是为了优化海量数据的查询和分析。与此对应的是，操作型系统支持事务的处理，为优化单个事务快速处理而生。

维度数据模型专注于特定业务流程的业务问题，图 5-12 中展示的是用维度模型分析招生情况。可以根据学生所在的区域（Zone）、学校名称（School）、学期（Semester）以及学生是否接受财政资助（Financial Aid）来查看招生信息。导航可以从一个区域（Zone）上升到地区（Region）和国家（Country），从学期（Semester）上升到学年（Year），从学校名称（Name）上升到学校等级（Level）。

在这个模型中，用到了图形方法“轴表示法（Axis Notation）”来建模，对于那些不习惯阅读传统数据建模语法的人来说，“轴表示法”是一种非常有效的沟通工具。

关系和维度数据模型都基于同样的业务过程（如录取情况的例子所示）。不同点在于关系代表的含义不同。在关系模型中，关系连线表示业务规则。而在维度模型中，实体之间的连线表示用于说明业务问题的导航路径。

1）事实表。

在维度模型中，事实表（Fact Tables）的行对应于特定的数值型度量值。例如，金额、交易量或个数等。有些度量值是算法的结果，在这种情况下，元数据对于正确理解和使用至关重要。事实表占据了数据库的大部分空间（90% 是一个合理的经验法则），并且往往具有大量的行。

⊖ http://bit.ly/2tsSP7w。

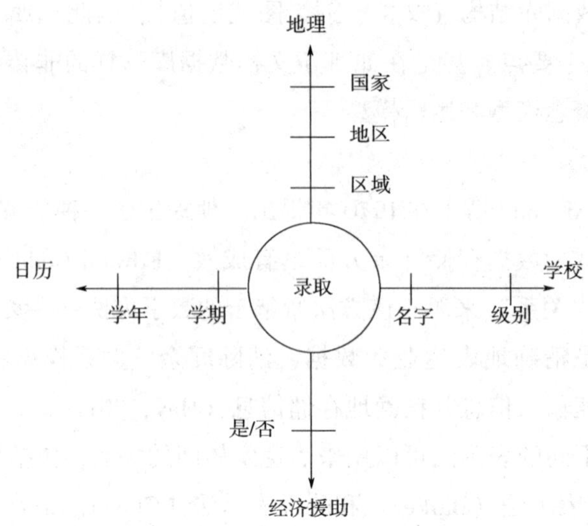

图 5-12　维度模型的轴表示法

2）维度表。

维度表（Dimension Tables）表示业务的重要对象，并且主要包含文字描述。维度是事实表的入口点或链接，充当“查询”或“报表”约束的主要来源。维度通常是高度反范式的，通常占总数据的 10% 左右。

各个维度必须在每一行都有一个独一无二的标识符。维表中最主要的两种标识键是代理键和自然键。

维度也有一些属性，它们以不同的速率发生变化。渐变类的维度根据变化的速率和类型来管理变化。3 种主要的变化类型有时被称为 ORC，具体如下：

①第一类，覆盖（Overwrite）。新值覆盖旧值。

②第二类，新行（New Row）。新值写在新行中，旧行被标记为非当前值。

③第三类，新列（New Column）。一个值的多个实例列在同一行的不同列中，而一个新值意味着将系列中的值向下一点写入，以便在前面为新值留出空间。最后一个值被丢弃。

3）雪花模型。

雪花模型（Snowflaking）的含义是将星型模式中的平面、单表、维度结构规范为相应的组件层次结构或网络结构。

4）粒度。

粒度（Grain）这一概念是指事实表中的单行数据的含义或者描述，这是每行都有的最详细信息。定义一个事实表中的粒度是维度建模的关键步骤之一。例如，如果一个维度模型用于度量学生注册过程，粒度可能为学生、日期和班级。

5）一致性维度。

一致性维度（Conformed Dimensions）是基于整个组织考虑构建的，而不是基于某个特定的项目。由于具有一致的术语和值，这些维度在不同的维度模型中可以共享。例如，如果日期是一个一致性维度，那么为按学期计算学生申请人数而建立的维度模型，将包含与为计算毕业生而建立的维度模型具有相同的值和定义。

6）一致性事实。

一致性事实（Conformed Facts）使用跨多个数据集市的标准化术语。不同的业务用户可能以不同的方式使用同一术语。客户增加与毛利润增加或调整增加是否一致？开发者需要敏锐地意识到很多事物称谓一样，但在各组织中概念并不相同；或者相反，事物的称谓不一样却在各个组织中实际表达的是同一概念。

（3）UML

统一建模语言（UML）是一种图形风格的建模语言。UML 根据数据库的不同有着不同种类的表示法（类模型）。UML 规定了类（实体类型）和它们之间关系类型（Blaha，2013）。图 5-13 体现了 UML 类模型的特点：

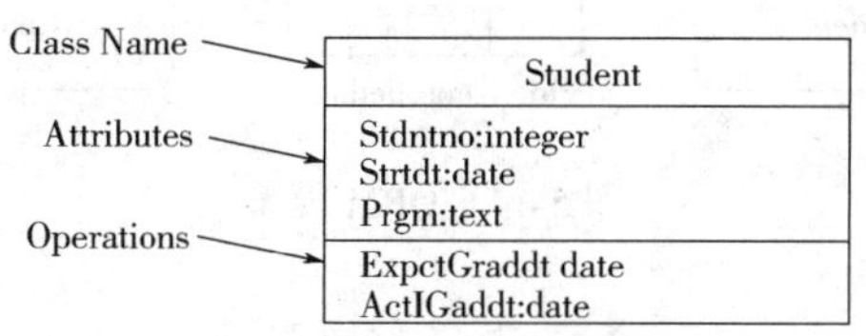

图 5-13　UML 类模型

1）与 ER 图相似，但 ER 中没有操作（Operation）或方法部分。

2）在 ER 图中，与操作最为接近概念的是存储过程。

3）属性类型（如日期、分钟）是用程序编程语言的数据类型表示的，而不是物理数据库数据类型来表示。

4）默认值可以在符号中有选择的显示。

5）访问数据是通过类的公开接口。封装或数据隐藏是基于“局部影响”的。类和实例的维护都是通过暴露出来的操作方法进行。

每个类包含有相关的操作或方法（也称为“类行为”）。由于类行为需要排序和计时，其只是松散地连接到业务逻辑中。在 ER 术语中，数据库表具有存储过程/触发器。

类操作可以是：

1）公开的（Public）。完全可见。

2）内部可见的（Internally）。对子实体可见。

3）私密的（Private）。隐藏的。

相比之下，ER 物理模型只提供公共访问途径；所有数据都同样暴露在进程、查询或操作当中。

（4）基于事实的建模

基于事实的建模（Fact-Based Modeling，FBM）方法起源于 20 世纪 70 年代末，是一种概念建模语言。这类语言通常基于 Fact-Based Modeling 对象的特征，以及每个对象在每个事实中所扮演的角色来描述世界。一个广泛而强大的约束系统依赖于流畅的自动语言和对具体实例的自动检查。基于事实的模型不使用属性，通过表示对象（实体和值）之间的精确关系来减少直观或专家判断的需求。使用最广的基于事实建模方法是对象角色建模（ORM），由 Terry Halpin 在 1989 年提出。

1）对象角色建模。

对象角色建模（Object Role Modeling，ORM 或 ORM2）是一种模型驱动的工程方法。它以典型的需求信息或查询的实例开始，这些实例在用户熟悉的外部环境中呈现，然后在概念层次上用受控自然语言所表达的简单事实来描述这些实例。受控自然语言是受限制的无歧义的自然语言版本，因此所表达的语义很容易被人理解。它也是形式化语言，因此可以自动将结构映射到较低级操作上（Halpin，2015）。

ORM 模型如图 5-14 所示。

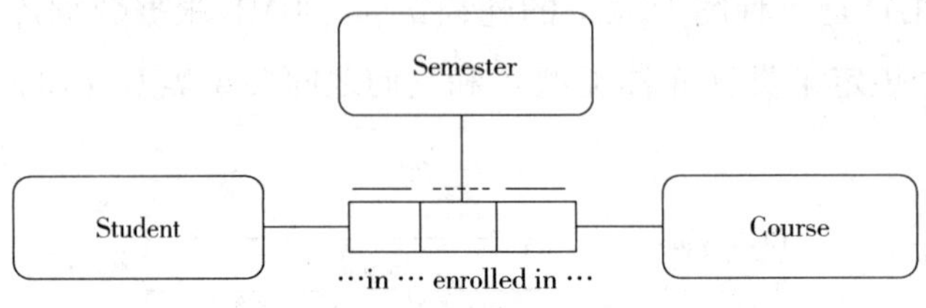

图 5-14　ORM 模型

2）完全面向通信的建模。

完全面向通信的建模（Fully Communication Oriented Modeling，FCO-IM）在注释和方法上与 ORM 相似。图 5-15 中的数字 2 是对某些事实的描述：1234 号学生的名字是比尔。

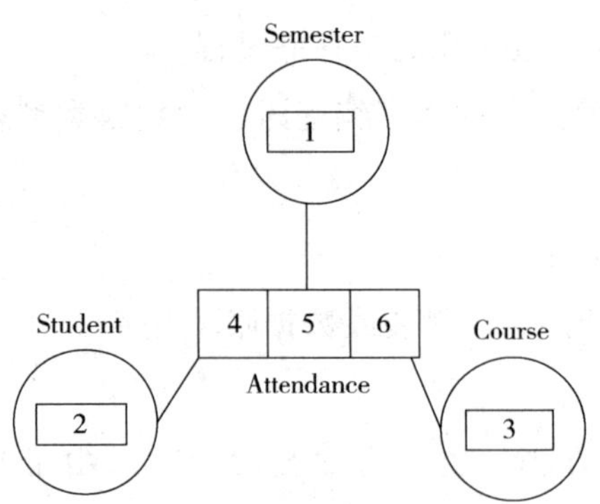

图 5-15　FCO-IM 模型

（5）基于时间的数据模型（Time-Based）

当数据值必须按照时间顺序与特定时间值相关联时，需要用到基于时间的建模（Time-Based）。

1）数据拱顶。

数据拱顶（Data Vault）是一组支持一个或多个业务功能领域，面向细节、基于时间且唯一链接的规范化表。数据拱顶模型是一种混合方式，综合了第三范式（3NF，将会在后面章节中讨论）和星型模式的优点。数据拱顶模型专门为满足企业数据仓库的需求而设计的。数据拱顶模型有 3 种类型的实体：中心表、链接表和卫星表。数据拱顶模型设计的重点是业务的功能领域，中心表代表业务主键，链接表定义了中心表之间的事务集成，卫星表定义了中心表主键的语境信息（Linstedt，2012）。

如图 5-16 所示，学生（Student）和课程（Course）是中心表，它们代表主题中的主要概念。参加课程（Attendance）是一个链接表，其将两个中心表联系在一起。学生联络方式（Student Contact）、学生属性（Student Characteristics）和课程描述（Course Description）是几个卫星表，提供了一些关于中心概念的描述信息，可以支持不同类型的历史。

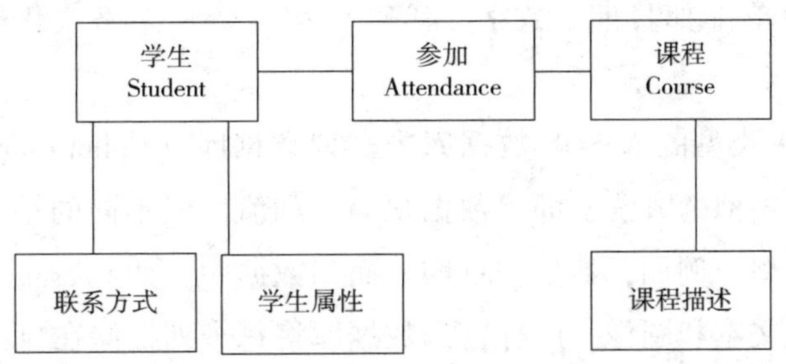

图 5-16　数据拱顶模型（Data Vault）

2）锚建模。

锚模型（Anchor Model）适合信息的结构和内容都随时间发生变化的情况。它提供用于概念建模的图形语言，能够扩展处理临时数据。锚建模（Anchor Modeling）有 4 个基本的建模概念：锚、属性、连接、节点。锚模拟的是实体和事件，属性模拟了锚的特征，连接表示了锚之间的关系，节点用来模拟共享的属性。

如图 5-17 所示的锚模型，学生（Student）、课程（Course）和参加课程（Attendance）都是锚点，灰色的菱形代表连接，圆圈代表属性。

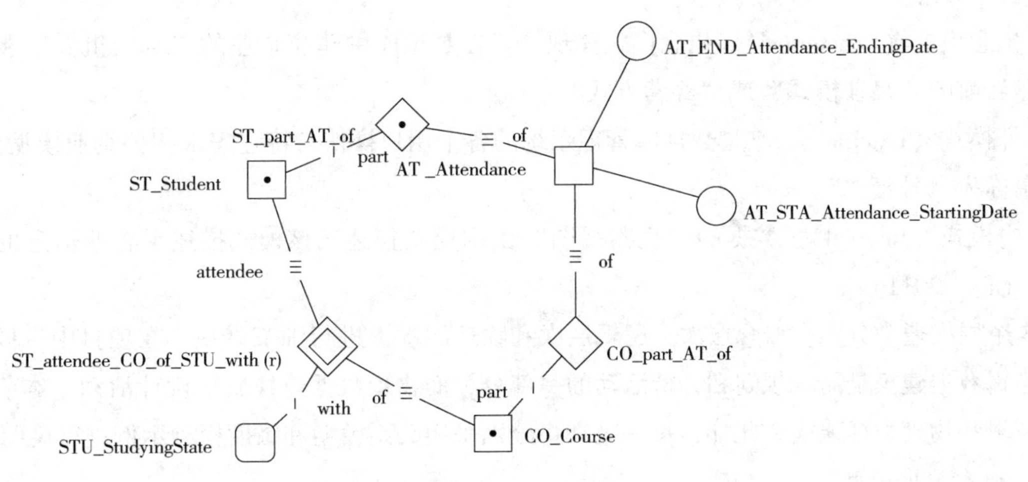

图 5-17　锚模型

（6）非关系型数据库

非关系型数据库（NoSQL）是基于非关系技术构建的数据库的统称。有些人认为 NoSQL 并不是一个很好的名称，因为它不是关于如何查询数据库（这是 SQL 的来源），而是关于如何存储数据的（这是关系结构的来源）。

通常有 4 类 NoSQL 数据库：文档数据库、键值数据库、列数据库和图数据库。

1）文档数据库。文档数据库（Document Databases）通常将业务主题存储在一个称为文档的（Document）结构中，而不是将其分解为多个关系结构。例如，不是将学生（Student）、课程

（Course）和注册信息（Registration）存储在 3 种不同的关系结构中，而是将这 3 种结构的属性存储在一个称为注册信息（Registration）的文档中。

2）键值数据库。键值数据库（Key-value Databases）只在两列中存储数据（键和值），其特性是可以在值列同时存储简单（如日期、数字、代码）和复杂（未格式化的文本、视频、音乐、文档、照片）的信息。

3）列数据库。在 4 种类型的 NoSQL 数据库中，列数据库（Column-oriented Databases）最接近关系型数据库。两者都有类似的方法，即将数据视为行和值。但不同的是，关系型数据库使用预定义的结构和简单的数据类型。例如，数量和日期。而列数据库，如 Cassandra，可以使用更复杂的数据类型，包括未格式化的文本和图像。此外，列数据库将每个列存储在自己的结构中。

4）图数据库。图数据库（Graph Databases）是为那些使用一组节点就可以很好地表示它们之间的关系的数据而设计的，这些节点之间的连接数不确定。图数据库最适用的例子是社交关系（节点是人）、交通网络（节点可以是公共汽车或火车站）或路径图（节点可以是街道十字路口或高速公路出口）。图数据库最大的功能是在图中寻找最短路径或者最近的邻居，这些功能在传统的关系型数据库中实现是极其复杂的。常见的图数据库包括 Neo4J、Allegro 和 Virtuoso 等。

5. 数据模型级别

1975 年，美国国家标准协会的标准规划与需求委员会（SPARC）发布了数据库管理的三重模式，它们分别是：

1）概念模式（Conceptual）。概念模式体现了正在数据库中建模企业的“真实世界”视图，代表了企业当前的“最佳模式”或“经营方式”。

2）外模式（External）。它是数据库管理系统的各个用户操作与特定需求相关企业模型的子集。这些子集称为“外模式”。

3）内模式（Internal）。数据的“机器视图”由内模式描述。该模式描述了企业信息的存储表示形式（Hay，2011）。

这 3 个层次通常分别在概念层次、逻辑层次和物理层次上进行细节展现。在项目中，概念数据建模和逻辑数据建模是需求规划和分析活动的一部分，而物理数据建模属于设计活动。本节概述了概念、逻辑和物理数据建模。此外，每一级都将分别采用关系模型和维度模型示例进行说明。

（1）概念数据模型

概念数据模型（Conceptual Data Model，CDM）是用一系列相关主题域的集合来描述概要数据需求。概念数据模型仅包括给定的领域和职能中基础和关键的业务实体，同时也给出实体和实体之间关系的描述。例如，要对学生和学校之间的关系进行建模，采用信息工程（IE）语法描绘的关系型概念数据模型，如图 5-18 所示。

每所学校（School）有若干个学生（Student），每个学生只来自一所学校。此外，每个学生可提交若干个申请（Application），每一个申请只能由一个学生提交。关系线获取了关系数据模型中的业务规则。例如，学生 Bob 可以申请郡高中或皇后学院，但不能同时去就读这两所大学。此外，一份申请只能由一个学生提交，而不是两个或零个。

如图 5-19 所示，使用轴表示法的维度型概念数据模型说明了学校相关的概念。

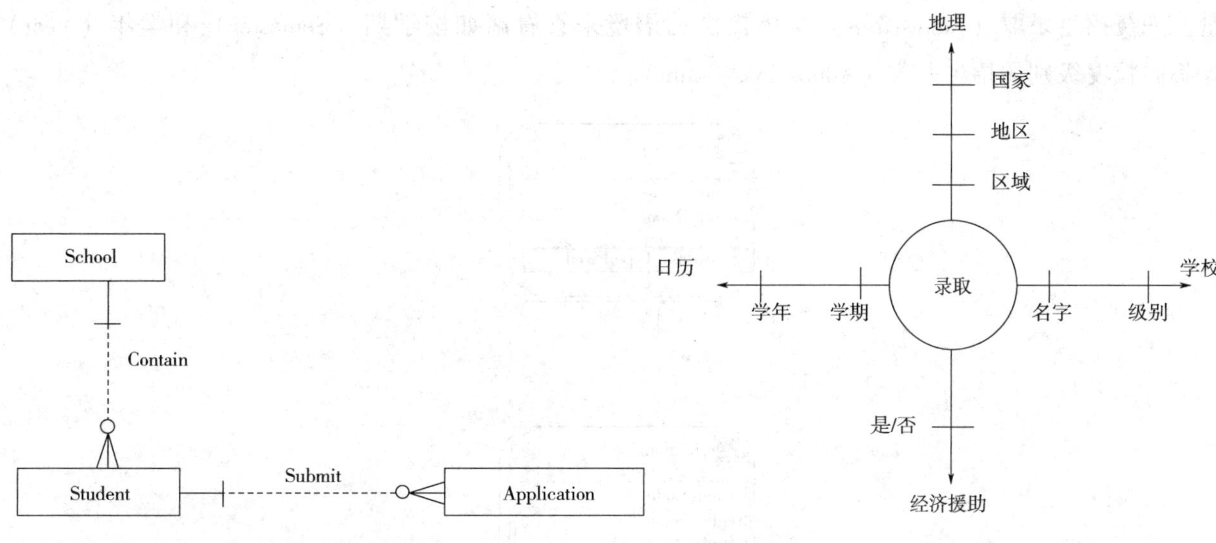

图 5-18　关系型概念数据模型　　图 5-19　维度型概念数据模型

（2）逻辑数据模型

逻辑数据模型（Logical Data Model，LDM）是对数据需求的详细描述，通常用于支持特定用法的语境中（如应用需求）。逻辑数据模型不受任何技术或特定实施条件的约束。逻辑数据模型通常是从概念数据模型扩展而来。

在关系逻辑数据模型中，通过添加属性来扩展概念数据模型。属性通过应用规范化技术被分配给实体，如图 5-20 所示。每个属性和它所在实体的主键之间都有非常强的关系。例如，学校名称（School Name ）与学校代码（School Code）有很强的关系，学校代码的每个值最多返回一个学校名称。

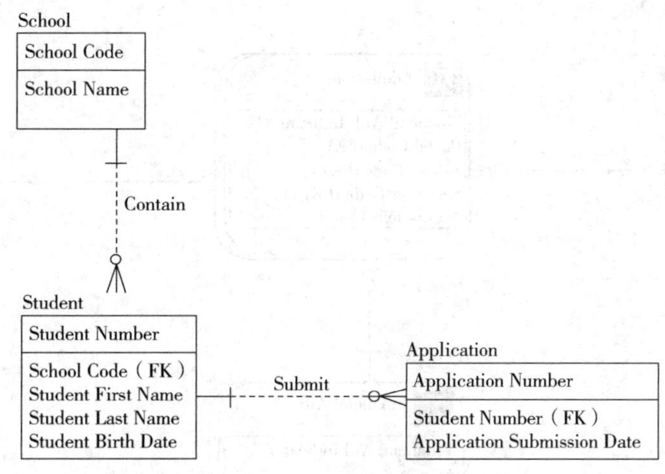

图 5-20　关系型逻辑数据模型

在很多情况下，维度型逻辑数据模型是维度型概念数据模型的完全属性透视图，如图 5-21 所示。关系型逻辑数据模型捕获业务流程的规则，而维度型逻辑数据模型捕获业务问题以确定业务流程的运行状况和性能。

图 5-21 中的录取人数（Admissions Count）是回答与录取（Admissions）相关的业务问题的度量。围绕招生录取（Admissions）实体提供的语境来查看诸如按学期（Semester）和学年（Year）等不同粒度级别的招生人数（Admissions Count）。

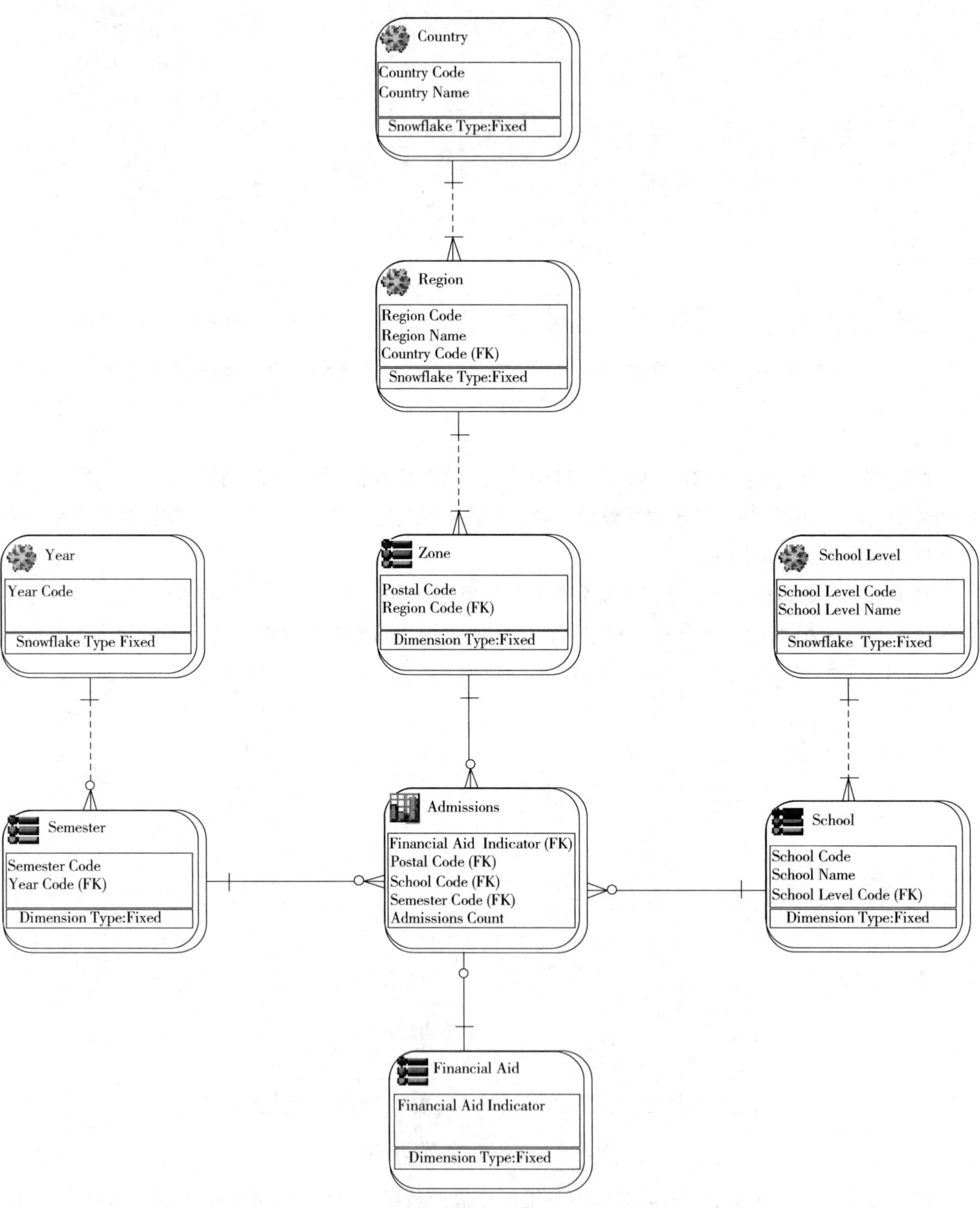

图 5-21　维度型逻辑数据模型

（3）物理数据模型

物理数据模型（Physical Data Model，PDM）描述了一种详细的技术解决方案，通常以逻辑数据模型为基础，与某一类系统硬件、软件和网络工具相匹配。物理数据模型与特定技术相关。例如，关系型数据库管理系统应被设计成具有特定功能的数据库管理系统（如 IBM DB2，UDB，Oracle，Teradata，Sybase，Microsoft SQL Server，or Microsoft Access）。

图 5-22 展示了一个关系型物理数据模型。在这个数据模型中，为了适应特定的技术要求，学校已经被逆范式化到了学生实体（Student）中。当访问一个学生信息时，他的学校信息也同时被访问到了，因此，两者一起存储的结构比两个独立存储的性能更好。

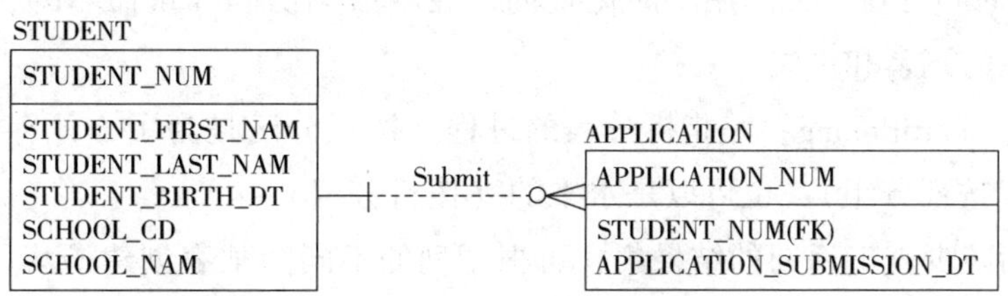

图 5-22　关系型物理数据模型

由于物理数据模型受实现技术约束，因此常常通过对结构进行组合（逆范式化）来提高检索性能，类似上面例子中的学生和学校。

图 5-23 说明了一个维度模型的物理数据模型（通常是星型模式，意味着每个维度都有一个结构）。

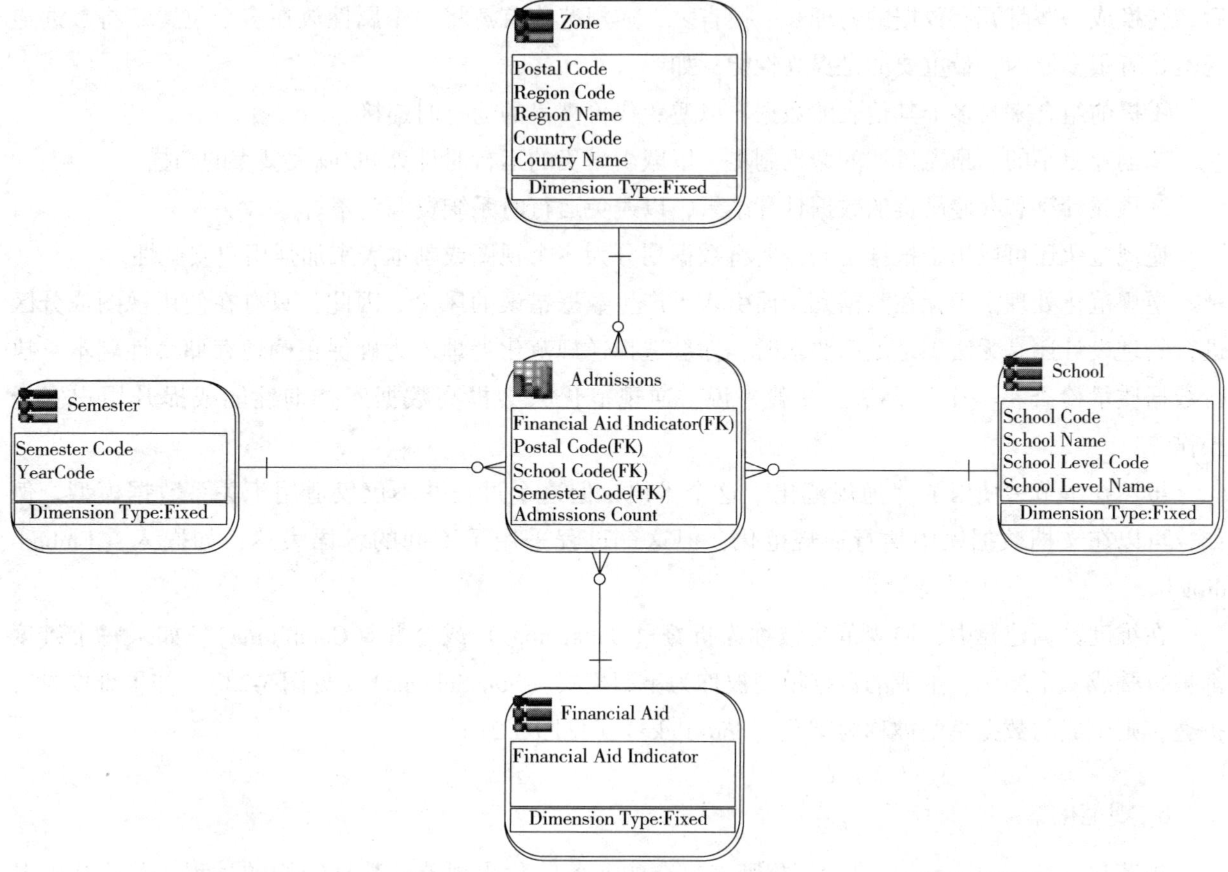

图 5-23　维度型物理数据模型

与关系模型的物理数据模型类似，该结构已从逻辑对应结构修改为使用特定技术，以确保业务问题能够以简单和快速的方式得到解决。

1）规范模型。规范模型（Canonical Model）是物理模型的一个变种，用于描述系统之间的数据移动。该模型描述了在系统之间作为数据报或消息传递的数据结构。当通过 Web 服务、企业服务总线（ESB）或企业应用程序集成（EAI）发送数据时，规范模型描述了发送服务和接收服务应该使用的数据结构。这些结构的设计应尽可能通用，以实现重用和简化接口需求。

2）视图。视图（Views）是虚拟表，它提供了一种从多张包含或引用实际属性的表中查看数据的方法。当请求视图中的一个属性时，标准视图会运行 SQL 来检索数据。实例化（通常称为“物化”）视图在预定的时间运行。视图用于简化查询、控制数据访问和重命名列，而不会由于逆规范化而导致引用完整性的冗余和丢失。

3）分区。分区（Partitioning）是指拆分表的过程。执行分区是为了方便存档和提高检索性能。分区可以是垂直的（按列分组），也可以是水平的（按行分组）。

①垂直分割。为减少查询返回的结果集，可根据列的不同为某表创建子集。例如，将客户表分割成两张表，分别基于相对静态的字段或相对易变的字段（以提高加载/索引性能），或基于查询中常见和非常见字段（提高全表扫描性能）。

②水平分割。为减少查询返回的结果集，使用某列的值作为区分创建子集表。例如，创建只包含特定区域中客户的区域客户表。

4）逆规范化。逆规范化（Denormalization）是将符合范式规则的逻辑数据模型经过慎重考虑后，转换成一些带冗余数据的物理表。换言之，逆规范化有意将一个属性放在多个位置。将数据逆规范化有很多原因，最重要的是提高性能，如：

①提前组合来自多个其他表的数据，以避免代价高昂的运行时连接。

②创建更小的、预先过滤的数据副本，以减少昂贵的运行时计算和/或大型表的扫描。

③预先计算和存储昂贵的数据计算结果，以避免运行时系统资源竞争。

逆规范化还可以用于根据访问需要将数据划分为多个视图或副本表来加强用户安全性。

逆规范化处理由于存在数据冗余而引入了产生数据错误的风险。因此，只有在使用视图或分区进行物理设计还是无法满足效率要求时，才会选择逆规范化处理。为确保正确地存储属性副本，执行数据质量检查是一个好办法。一般来说，逆规范化只会提高数据库查询性能或提升用户安全操作。

虽然在本节中使用了“逆规范化”这个术语，但这个过程并不仅仅适用于关系数据模型。例如，可以在文档数据库中执行逆规范化，但这个过程采用了不同的术语表达，如嵌入（Embedding）。

在维度数据建模中，逆规范化被称为折叠（Collapsing ）或合并（Combining）。如果每个维度都被折叠成一个结构，生成的数据模型被称为星型模式（Star Schema）（见图 5-23）。如果维度没有折叠，则生成的数据模型被称为雪花（Snowflake）（见图 5-21）。

6. 规范化

规范化（Normalization）是运用规则将复杂的业务转化为规范的数据结构的过程。范式化的基本目标是保证每个属性只在一个位置出现，以消除冗余或冗余导致的不一致性。整个过程需要深入理解每个属性，以及每个属性与主键的关系。

规范化规则根据主键和外键整理属性。规范化规则可归类到不同规范层次，对每一个层次可应用更细的方式和规范性来搜索正确的主键和外键。每个级别由一个独立的范式组成，并且每个相继级别不需要包含以前的级别。范式的层次包括：

1）第一范式（1NF）。确保每个实体都有一个有效的主键，每个属性都依赖于主键，而且消除冗余的分组，以确保每个属性的原子性（不能有多个值存在）。第一范式包括了与通常称为关联实体的附加实体的多对多关系解析。

2）第二范式（2NF）。确保每个实体都有最小的主键，每个属性都依赖于完整的主键。

3）第三范式（3NF）。确保每一个实体都没有隐藏的主键，每个属性都不依赖于键值之外的任何属性（仅依赖于完整的主键）。

4）Boyce / Codd 范式（BCNF）。解决了交叉的复合候选键的问题。候选键是主键或备用键。复合意味着不止一个（如一个实体主键有两个属性），交叉是指键与键之间隐藏着业务规则。

5）第四范式（4NF）。将所有三元关系分解成二元关系，直到这些关系不能再分解成更小的部分。

6）第五范式（5NF）。将实体内部的依赖关系分解成二元关系，所有联结依赖部分主键。

模型的规范化通常要求达到第三范式水平即可。实践中 BCNF、4NF、5NF 很少出现。

7. 抽象化

抽象化（Abstraction）就是将细节移除，这样可以在更广泛的情况下扩展适用性，同时保留概念或主题的重要和本质属性。抽象化的一个例子是参与者/角色结构，可以用来描述人员和组织如何扮演特定的角色（如员工和客户）。并不是所有的建模人员或开发人员都熟悉或有能力处理抽象化问题。建模人员需要权衡开发和维护抽象结构的成本，以及在未来需要修改非抽象结构时所需的返工工作量（Giles，2011）。

抽象包括泛化（Generalization ）和特化（Specialization）。泛化将实体的公共属性和关系分组为超类（Supertype）实体，而特化将实体中的区分属性分离为子类（Subtype）实体。这种特化通常基于实体实例中的属性值。

超类也可以使用角色或分类创建子类，将实体的实例按功能分离到组中。一个例子是参与者（Party），其中含有个人（Individual）和组织（Organization）两个子类。

子类关系意味着超类的所有属性都被子类继承。在图 5-24 所示的关系示例中，大学（University）和高中（High School）是学校（School）的子类。

在数据模型中，子类可以减少冗余。这也使得看起来截然不同但拥有相似之处的实体之间更容易沟通。

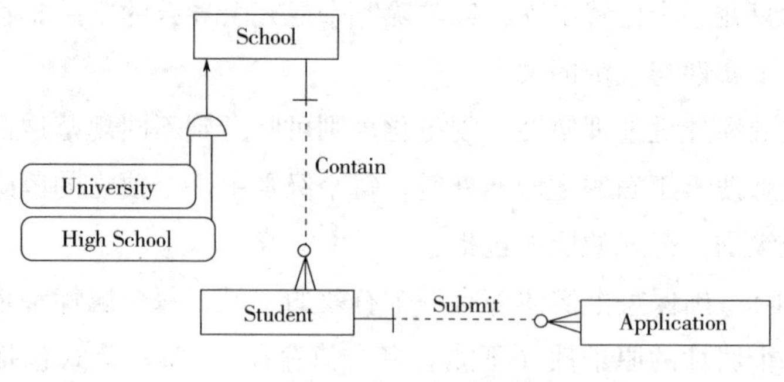

图 5-24　超类和子类关系

5.2　活动

本节将简要介绍数据建模概念、逻辑和物理数据模型的设计步骤，以及维护和审查数据模型的步骤和方法，并讨论正向工程和逆向工程。

5.2.1　规划数据建模

在数据模型设计工作开始之前，首先要制订一个合理的工作计划。数据建模工作计划主要包括评估组织需求、确定建模标准、明确数据模型存储管理等任务。

数据建模工作交付成果包括以下 4 个方面内容：

1）图表（Diagram）。一个数据模型包含若干个图表，图表是一种以精确的方式描述需求的形式。需求可以描述不同详细程度的层级（如概念、逻辑或物理模型）、采用的数据模型（关系、维度、对象、基于事实的、基于时间的或 NoSQL），以及实例中采用的表示方法（如信息工程、统一建模语言、对象角色建模等）。

2）定义（Definitions）。实体、属性和关系的定义对于维护数据模型的精度至关重要。

3）争议和悬而未决的问题（Issues and Outstanding Questions）。数据建模过程经常出现可能无法解决的一些争议和问题。此外，负责解决这些争议或回答这些问题的人员或团队通常位于数据建模团队之外。因此，通常数据建模工作交付的文档应包含当前的议题和未解决的问题。例如，对于一个学生模型而言，比较突出的问题可能是：如果一个学生离开学校后又返回，那么这种情况是为他分配新的学号，还是保留原来的学号？

4）血缘关系（Lineage）。对于物理模型（有时是逻辑数据模型）来说，了解数据血缘关系是非常重要的。血缘关系是指数据从哪里来，经过什么样的加工，变成了什么样的结果的脉络关系。一般而言，血缘关系会以来源/目标映射的形式呈现，这样就可以了解到源系统的属性以及它们如何被迁移至目标系统。血缘关系还可以在同一建模过程中，追踪数据模型层级。例如，从概念模型到逻辑模型。血缘关系之所以在数据建模过程中很重要，有以下两个原因：一是有助于数据建模人员深入理解数据需求，准确定位属性来源；二是确定属性在源系统中的情况，这是验证模型和映射关系准确性的有效工具。

5.2.2　建立数据模型

为了更好地开展建模工作，建模人员前期通常需要搜集大量材料，开展大量的分析工作并了解之前的建模情况。在研究完这些内容后，才能够真正开始建模工作。数据建模是一个不断迭代的过程，具体迭代方式如图 5-25 所示。在建模过程中，首先要研究现有的数据模型和数据库，参考已发布的建模标准和数据标准，搜集和考虑随时提出的新的数据要求，在此基础上建模人员设计数据模型初稿；然后再与业务专家和业务分析师确认及讨论模型设计是否符合业务规则要求，同时提出修改建议；最后由建模人员进行修改。如此反复进行，直至没有任何问题为止（Hoberman，2014）。

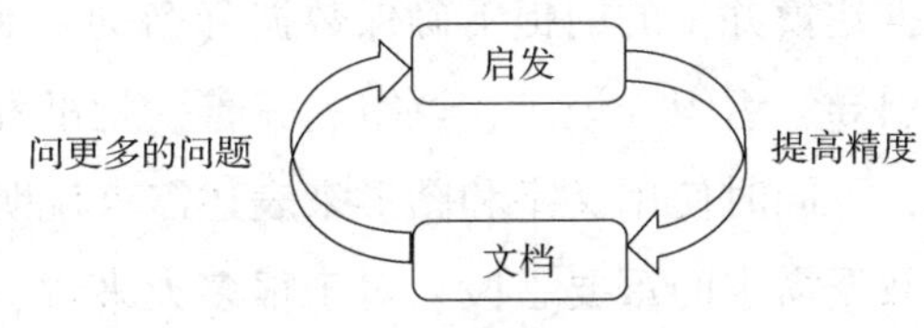

图 5-25　建模迭代图

1. 正向工程

正向工程是指从需求开始构建新应用程序的过程。首先需要通过建立概念模型来理解需求的范围和核心的术语；然后建立逻辑模型来详细描述业务过程；最后是通过具体的建表语句来实现物理模型。

（1）概念数据模型建模

创建概念数据模型涉及以下步骤：

1）选择模型类型。从关系、维度、基于事实或者 NoSQL 的建模方法中选择一种来进行建模。参见前面关于模式类型的讨论以及选择每个方案的时间。

2）选择表示方法。一旦选定了建模的模式类型，接下来就该考虑采用何种建模表示方法。例如，信息工程法（IE）或对象角色建模（ORM）。选择语言通常取决于组织内的标准情况和人员的习惯等。

3）完成初始概念模型。初始概念模型主要目的是获取用户的观点。不要试图将该组用户的观点与其他部门去匹配而使这个流程复杂化。

4）收集组织中最高级的概念（名称）。这些概念主要包括时间、地点、用户/会员、商品/服务和交易。

5）收集与这些概念相关的活动（动词）。关系可以是双向的，也可以涉及多个概念。例如，顾客有多个地址（家庭、工作等）、同一空间地址有多个客户，交易涉及的客户、销售的产品、发生的时间点及位置等。

6）合并企业术语。一旦数据建模人员获取了某些用户的观点，接下来需要确保这些观点与企业的术语和定义相一致。例如，如果概念数据模型有一个名为“客户”的实体，并且企业术语中也存在相同概念的名词如“顾客”，这时就需要合并企业术语。

7）获取签署。初始模型完成后，确保对模型进行最佳实践及需求满足程度的评审。通常采用电子邮件方式发送给大家，如果看起来是准确的就足够了。

（2）逻辑数据模型建模

逻辑数据模型补充了概念模型的需求细节。

1）分析信息需求。

为确认信息需求，需要在若干业务流程中确认业务信息需求。业务流程所要消费的信息可定义为输入，而其他业务流程的输出可定义为信息产品。这些信息产品的名称往往可以确定一个必需的业务词汇，而且数据建模以此为依据。不管流程还是数据都是以顺序或并发的方式进行设计。有效的分析和设计能够在流程和数据建模并重的前提下确保数据（名词）和流程（动词）的相对平衡。

需求分析包括业务需求的引导、组织、记录、评审、完善、批准和变更控制。某些需求可以用于确定数据和信息的业务需求，可同时使用文字和图形来表述需求说明。

逻辑数据建模是表达业务数据需求的重要手段。对于很多人来说，喜欢图形表达方式，正如老话所说：“图片胜于千言万语”。但是，也有一些人不喜欢图形表达，而更喜欢数据建模工具所创建的表格和报表。

很多组织都有规范的管理要求，以用于指导需求说明书的起草和完善，如“系统应该……”。书面的数据需求说明书使用需求管理工具来维护。任何此类文档的内容收集规范都应该与数据模型捕获的需求同步，以便于进行影响分析。这样，就可以回答“我的数据模型的哪些部分代表或实现了哪个需求”或者“为什么这个实体在这里”。

2）分析现有文档。

通常，分析现有与建模有关的档案（包括已设计的数据模型和数据库）对建模工作是一个很好的开始。即使现有的数据模型文件已过时，或与实际生产系统存在较大差异，有价值的部分也会对新模型的设计提供很大帮助。但需要注意的是，在参考已有模型文件中的内容进行新模型设计时，务必向相关专家确认其每个细节的准确性和时效性，以确保新模型设计的准确性。企业经常使用的套装软件，如企业资源规划（ERP）系统，它们拥有自己的数据模型。在设计逻辑数据模型时，应考虑这些已有的数据模型，并在合适的情况下使用或将其映射到新的企业数据模型中。此外，还有一些有用的数据建模模式（Patterns），如一种标准的角色概念建模方法。许多行业捕获了该行业的通用模型（如零售业或制造业）可以使用，基于这些通用模型进行定制开发，以适用于特定的项目。

3）添加关联实体。

关联实体（Associative Entities）用于描述多对多关系。关联实体从关系中涉及的实体获取标识属性，并将它们放入一个新的实体中。该实体只描述实体之间的关系，并允许添加属性来描述这种关系，如有效日期和到期日期。关联实体可以有两个以上的父实体。关联实体可能成为图形数据库中的节点。在维度建模中，关联实体通常被称为事实表。

4）添加属性。

将属性添加到概念实体中。逻辑数据模型中的属性具有原子性，它应该包含一个且只有一个数据（事实），不能被再次拆分。例如，一个名为“电话号码”的概念分为几个逻辑属性，分别是电话类型代码（家庭、办公室、传真、手机等）、国家代码（美国和加拿大为1）、区号、前缀、基本电话号码和分机等。

5）指定域。

域（Domains）的作用是保证模型属性中格式和数值集的一致性。例如，学生学费金额（Student Tuition Amount）和教师薪水金额（Instructor Salary Amount）都可以为其分配金额域（Amount Domain），这是一个标准的货币域。

6）指定键。

分配给实体的属性可以是键属性，也可以是非键属性。键属性有助于从所有实体实例中识别出唯一的实体实例，可以是单独一个属性成为键，也可以是与其他键元素组合的部分键。非键属性描述实体实例，但无法唯一标识该实例。另外，还需要识别主键和备用键。

（3）物理数据建模

逻辑数据模型需要进行修改和调整以形成物理数据模型，并使得最终的设计在存储应用程序中运行良好。例如，适应微软 Access 所需的更改将和适应 Teradata 所需的更改完全不同。接下来的介绍中，术语“表”（Table）用于表示引用表、文件和模式等含义；术语“列”（Column）用于表示引用列、字段和元素等含义；术语“行”（Row）用于表示引用行、记录或实例等含义。

1）解决逻辑抽象。

逻辑抽象实体（超类型和子类型）通过使用以下任意一种方法，在物理数据库设计中成为独立对象。

①子类型吸收（Subtype Absorption）。子类型实体属性作为可空列，包含在表示超类型实体的表中。

②超类型分区（Supertype Partition）。超类型实体的属性包含在为每个子类型创建的单独表中。

2）添加属性细节。

向物理模型添加详细信息，如每个表和列（关系数据库）、文档和字段（非关系数据库）、模式和元素（XML 数据库）的技术名称。

定义每个列或字段的物理域、物理数据类型和长度。为列或字段添加适当的约束（如允许为空和默认值），尤其是对于“NOT NULL”的约束。

3）添加参考数据对象。

逻辑数据模型中参考数据的集合可以通过以下3种常见方式在物理模型中实现：

①创建匹配的单独代码表。根据模型的不同，这些代码表数量也不一样。

②创建主共享代码表。对于拥有大量代码表的模型，可以将所有的代码表合并到一张表中。但是，这意味着更改一个引用列表将对整个表产生影响。同时，应该避免代码值的冲突。

③将规则或有效代码嵌入到相应对象的定义中。为对象嵌入的规则或列表代码创建约束，对于仅用作其他对象引用的代码列表，这可能是一个很好的解决方案。

4）指定代理键。

给业务分配不可见的唯一键值，与它们匹配的数据没有任何意义或关系。这是一个可选步骤，主要取决于自然键是否够大或是复合值，以及其属性是否分配了可能随时间变化的值。

如果将代理键指定为表的主键，请确保原始主键上有备用键。例如，如果在逻辑数据模型上，学生表（Student）的主键是学生姓名（Student First Name）、学生姓氏（Student Last Name）和学生出生日期（Student Birth Date）组成的复合主键，则在物理数据模型上，学生的主键可以是代理键学生编号（Student ID）。在这种情况下，应该在学生名字、学生姓氏和学生出生日期的原始主键上定义备用键。

5）逆规范化。

在某些情况下，逆规范化或添加冗余可以极大地提高性能，远超过了重复存储和复制处理的成本。维度模型主要采用逆规范化的手段。

6）建立索引。

索引是用于访问数据库数据的过程中优化查询（数据检索）性能的另一个选择。在许多情况下，索引可以提高查询性能。数据库管理员或数据库开发人员必须为数据库表选择和定义适当的索引。主要的 RDBMS 产品支持多种类型的索引。索引可以是唯一的或非唯一的、集群的或非集群的、分区的或非分区的、单列或多列、b 树、位图或散列等多种类型。如果没有适当的索引，DBMS 将读取表中的每一行（表扫描）以检索所有数据。对于大表来说，这将会耗费很多成本。要尝试在大表上构建索引，使用最频繁引用的列（特别是键，包括主键、备用键和外键）来实现最常运行的查询。

7）分区。

必须充分考虑整个数据模型（维度）的分区策略，尤其是当事实包含许多可选维度键（稀疏）时。在理想情况下，建议在日期键上进行分区；如果无法做到这一点，则需要根据分析结果和工作负载进行研究，以提出并改进后续分区模型。

8）创建视图。

视图可用于控制对某些数据元素的访问，也可用于嵌入公共连接条件或过滤器，以实现常见对象或查询的标准化。视图本身应该是需求驱动的。在许多情况下，需要对照逻辑数据模型和物理数据模型的开发流程来创建视图。

2. 逆向工程

逆向工程是记录现有数据库的过程。物理数据建模通常是第一步，以了解现有系统的技术设计；逻辑数据建模是第二步，以记录现有系统满足业务的解决方案；概念数据建模是第三步，用于记录现有系统中的范围和关键术语。大多数数据建模工具支持各种数据库的逆向工程。但是，将模型元素进行可读性的布局展示仍需要建模人员来完成。可以选择几种常见的布局（如正交、维度和层次结构）来启动流程，但语境的组织（即按主题区域或功能对实体分组）在很大程度上仍是一个手动流程。

5.2.3　审核数据模型

和 IT 的其他领域一样，需要通过持续改进实践来控制模型质量。诸如价值实现时间、支持成本和数据模型质量验证器（如数据模型记分卡）（Hoberman，2009）等技术都可用于评估模型的正确性、完整性和一致性。一旦完成概念数据建模、逻辑数据建模和物理数据建模，这些模型就成为任何需要理解模型的角色（从业务分析师到开发人员）非常有用的工具。

5.2.4　维护数据模型

数据模型需要保持最新的状态。需求或业务流程发生变化时，都需要对数据模型进行更新。通常来说，在一个特定项目中，模型级别需要更改时，也意味着相应的更高级别的模型需要更改。例如，如果物理数据模型需要添加新的一列，则经常需要将该列作为属性添加到相应的逻辑数据模型中。在结束开发迭代时，一个好的习惯是对最新的物理数据模型进行逆向工程，并确保它与相应的逻辑数据模型保持一致。许多数据建模工具可以自动比较物理模型与逻辑模型差异。

5.3　工具

有多种类型的工具可以帮助数据建模人员完成他们的工作，包括数据建模、模型血缘、数据剖析工具和元数据资料库等。

5.3.1　数据建模工具

数据建模工具是自动实现数据建模功能的软件。入门级数据建模工具提供基本的绘图功能，以便用户可以轻松创建实体和关系，如数据建模托盘。这些入门级工具还支持“橡皮筋”功能，在移动实体时自动重绘关系线。更复杂的数据建模工具支持从概念模型到逻辑模型，从逻辑模型到物理模型，从物理模型到数据库结构转换的正向工程，允许生成数据库数据定义语言（DDL）。大多数还支持从数据库到概念模型的逆向工程。这些更复杂的工具通常支持诸如命名标准验证、拼写检查、存储元数据的位置（如定义和血缘）以及共享（如发布到 Web）等功能。

5.3.2　数据血缘工具

数据血缘工具是允许捕获和维护数据模型上每个属性的源结构变化的工具。通过这些工具可实现变更影响分析，也就是说，可以使用它们来查看一个系统的变化或系统的一部分中的变化是否对另一个系统产生影响。例如，属性总销售额可能来自多个应用程序，需要计算才能填充——血缘工具将存储此信息。Microsoft Excel®是一种常用的血缘工具。虽然易于使用且相对便宜，但是 Excel 无法实现真正的影响分析，必须手动管理元数据。在数据建模工具、元数据资料库或数据集成工具中也经常获取数据的血缘（参见第 11 章和第 12 章）。

5.3.3 数据分析工具

数据分析工具可以帮助探索数据内容，根据当前的元数据进行验证、识别数据质量和现有数据工件（如逻辑和物理模型、DDL 和模型描述）的缺陷。例如，如果业务部门预期员工一次只能有一个职位，而系统显示员工在同一时间段内有多个职位，则该记录将被记录为数据异常（参见第 8 章和第 13 章）。

5.3.4 元数据资料库

元数据资料库是一款软件工具，用于存储有关数据模型的描述性信息，包括图表和附带的文本（如定义）以及通过其他工具和流程（软件开发工具、BPM 工具、系统目录等）导入的元数据。元数据资料库本身应该启用元数据集成和交换。共享元数据比存储元数据更为重要。元数据资料库必须具有便于用户访问的方式，供人们查询存储库的内容。数据建模工具通常自带一个功能有限的资料库（参见第 13 章）。

5.3.5 数据模型模式

数据模型模式是可重复使用的模型结构，可以在很多场景下被广泛应用。有组件、套件和整合数据模型模式。基本模式（Elementary Pattern）是数据建模的“螺母和螺栓”。它们包括解决多对多关系和构建自引用层次结构的方法。套件模式（Assembly Pattern）是指跨越业务人员和数据建模人员范畴的一套构建块。业务人员可以理解它们——资产、文档、人员和组织等。重要的是，这些已公布的数据模型模式主题模型套件，可以为建模设计人员提供可靠的、强健的、可扩展的和可实现的模型设计。整合模式（Integration Pattern）提供了以常见方式整合套件模式的框架（Giles，2011）。

5.3.6 行业数据模型

行业数据模型是为整个行业预建的数据模型，包括医疗保健、电信、保险、银行、制造业等行业。这些模型通常范围广泛且内容详细。一些行业的数据模型包含数千个实体和属性。可以通过供应商购买行业数据模型，也可以通过 ARTS（零售）、SID（通信）或 ACORD（保险）等行业组织获得。

任何购买的数据模型都需要进行定制以适应组织的特点，因为它是根据其他组织的需求进行设计的。所需的定制级别取决于该数据模型与组织需求的接近程度，以及最重要部分的详细程度。在某些情况下，它们可以作为工作参考，帮助建模人员制作更完整的模型。有时，它只能帮助数据建模人员节约一些公共元素的录入工作。

5.4　方法

5.4.1　命名约定的最佳实践

ISO11179 元数据注册是一种表示组织中元数据的国际标准，包含与数据标准相关的几个部分，包括命名属性和编写定义。

数据建模和数据库设计标准是有效满足业务数据需求的指导原则，它们符合企业架构和数据架构的要求（参见第 4 章），以确保数据质量标准（参见第 14 章）。数据架构师、数据分析师和数据库管理员必须共同开发这些标准，它们之间是相互补充的关系，与 IT 标准没有冲突。

对每种类型建模对象和数据库对象发布数据模型和数据库命名标准。命名标准对于实体、表、属性、键、视图和索引尤为重要。名称应该是唯一的并且尽可能具有描述性。

逻辑名称对业务用户应具有意义，应尽可能使用完整的单词，并避免使用除最熟悉的缩写之外的单词。物理名称必须符合 DBMS 允许的最大长度，因此必要时将使用缩写。逻辑名称通常情况下不允许使用任何的分隔符对单词进行分隔，但物理名称通常使用下划线作为单词分隔符。

命名标准应该尽量减少跨环境的名称变化。名称不应受其特定环境影响，如测试、QA 或生产环境。分类词（Class Word），即数量、名称和代码等属性名称中的最后一个术语，可用于从表名中区分实体和列名的属性。他们还可以显示哪些属性和列是定量的而不是定性的，这在分析这些列的内容时是非常重要的衡量标准，也是数据质量检核的重要依据。

5.4.2　数据库设计中的最佳实践

在设计和构建数据库时，DBA 应牢记以下 PRISM 设计原则：

1）性能和易用性（Performance and Ease of Use）。确保用户可快速、轻松地访问数据，从而最大限度地提高应用程序和数据的业务价值。

2）可重用性（Reusability）。应确保数据库结构在适当的情况下，能够被多个应用重复使用，并且可用于多种目的（如业务分析、质量改进、战略规划、客户关系管理和流程改进）。避免将数据库、数据结构或数据对象耦合到单个应用程序中。

3）完整性（Integrity）。无论语境如何，数据应始终具有有效的业务含义和价值，并且应始终反映业务的有效状态。实施尽可能接近数据的数据完整性约束，并立即检测并报告数据完整性约束的违规行为。

4）安全性（Security）。应始终及时向授权用户提供真实准确的数据，且仅限授权用户使用。必须满足所有利益相关方（包括客户、业务合作伙伴和政府监管机构）的隐私要求。强化数据安全性，就像数据完整性检查一样，执行数据的安全性约束检查，尽可能确保数据的安全性。如果检查发现存在违反数据安全性约束的情况，则立刻报告违规行为。

5）可维护性（Maintainability）。确保创建、存储、维护、使用和处置数据的成本不超过其对组织的价值，以能够产生价值的成本方式执行所有数据工作；确保尽可能快速地响应业务流程和新业务需求的变化。

5.5 数据建模和设计治理

5.5.1 数据建模和设计质量管理

数据分析人员和设计人员作为信息消费者（具有数据业务需求的人）和数据生产者之间的中介，他们必须平衡信息消费者的数据使用要求和数据生产者的应用要求。

数据专业人员还必须平衡短期商业利益和长期商业利益的关系。信息消费者需要及时获取数据以满足短期业务任务，并及时利用当前的商业机会。系统开发项目团队必须满足时间和预算限制。但是，他们还必须确保组织的数据驻留在安全、可恢复、可共享和可重用的数据结构中，并且这些数据尽可能正确、及时、相关和可用，从而满足所有利益相关方的长期利益。因此，数据模型和数据库设计应该是企业短期需求和长期需求之间的合理平衡。

1. 开发数据建模和设计标准

如前所述，数据建模和数据库设计标准提供了满足业务数据需求、符合企业和数据架构标准以及确保数据质量的指导原则。数据建模和数据库设计标准应包括以下内容：

1）标准数据建模和数据库设计可交付成果的列表和描述。

2）适用于所有数据模型对象的标准名称、可接受的缩写和非常用单词的缩写规则列表。

3）所有数据模型对象的标准命名格式列表，包括属性和分类词。

4）用于创建和维护这些可交付成果的标准方法的列表和说明。

5）数据建模和数据库设计角色和职责的列表和描述。

6）数据建模和数据库设计中捕获的所有元数据属性的列表和描述，包括业务元数据和技术元数据。例如，指导原则中可以设置数据模型为每个属性捕获数据血缘的期望。

7）元数据质量期望和要求（参见第 13 章）。

8）如何使用数据建模工具的指南。

9）准备和领导设计评审的指南。

10）数据模型版本控制指南。

11）禁止或需要避免的事项列表。

2. 评审数据模型以及数据库设计质量

项目团队应对概念数据模型、逻辑数据模型和物理数据库设计进行需求评审和设计评审。审查会议的议程应包括审查启动模型（如有）的项目、对模型所做的更改、考虑和拒绝的任何其他选项以及新模型在多大程度上符合现有的建模或架构标准。

组建具有不同背景、技能、期望和意见的不同领域的专家小组对数据模型和数据库设计进行评审。在组建专家评审小组时，可能需要通过特定途径，邀请有关领域的专家参与。参与者必须能够讨论不同的观点，并最终达成小组共识，不存在任何个人冲突，因为所有参与者都有共同的目标，即推广最实用、表现最好、最可用的设计。推动会议进程的负责人主持设计审查。该负责人设计并遵循议程，确保所有必需的文档在评审会议开始前都可用且已经分发，征求所有参与者的意见，维护秩序并保持会议的顺利进行，总结评审小组的共识。在许多情况下，举办设计评审会时需要指派专门的记录员来记录讨论的要点。

如果审查没有通过，建模人员必须通过修改以解决评审小组提出的所有问题。如果存在建模人员无法自行解决的问题，应该将问题反馈给系统所有者并寻求最终解决办法。

3. 管理数据模型版本与集成

对数据模型和其他设计规范需要谨慎的变更控制，就像需求规范和其他 SDLC 可交付成果一样。注意对数据模型的每次更改，需要以时间线记录变更内容。如果更改影响到了逻辑数据模型，如新的或更改了的业务数据要求，则需要数据分析师或架构师审核并批准对模型的更改。

每个变更都应该予以记录，包括：

1）为什么（Why）项目或情况需要变更。

2）变更对象（What）以及如何（How）更改，包括添加了哪些表，修改或删除了哪些列等。

3）变更批准的时间（When）以及将此变更应用于模型的时间（不一定在系统中实施更改）。

4）谁（Who）做出了变更。

5）进行变更的位置（Where）在哪些模型中。

一些数据建模工具包括了提供数据模型版本控制和集成功能的资料库。否则，在 DDL 导出或 XML 文件中保留数据模型，将它们参考应用程序代码一样签入和签出标准源代码管理系统进行管理。

5.5.2　度量指标

有几种方法可以测量数据模型的质量，但这些方法都需要与某个标准进行比较。下面通过一个示例介绍数据模型计分卡方法，用于衡量数据模型质量，其中提供了 10 个数据模型质量指标，介绍了组成计分卡的 10 个不同类别的指标及分值，以及 10 个类别指标的总体分数（Hoberman，2015）。数据模型记分卡见表 5-4。

表 5-4　数据模型计分卡

序号	类别	总分数	模型分数	%	注释
1	模型多大程度上反映了业务需求	15			
2	模型的完整性如何	15			
3	模型与模式的匹配度是多少	10			
4	模型的结构如何	15			
5	模型的通用性如何	10			
6	模型遵循命名标准的情况如何	5			
7	模型的可读性如何	5			
8	模型的定义如何	10			
9	模型与企业数据架构的一致性如何	5			
10	与元数据的匹配程度如何	10			
	总分	100			

“模型分数”列包含评审员对特定模型满足评分标准的评估，最高分数是总分数列中显示的值。例如，评审人员可能会在“模型多大程度上反映了业务需求”这一项打 10 分。“百分比”列显示该项得分占该项总分数的比例。例如，改下模型得 10 分，该百分比列的值为 66.7%（10/15）。注释列应记录更详细解释分数的信息或记录修复模型所需的操作项。最后一行包含该模型获得的总分数，即每行的总和。

各个类别的简要描述如下：

1）模型多大程度上反映了业务需求？要确保数据模型代表需求。如果需要获取订单信息，则在评审该项指标时应检查模型中是否包含订单信息。如果需求中要求按学期和专业查看学生人数，则应检查模型中是否支持按照学期和专业查询学生人数的功能。

2）模型的完整性如何？这里的完整性具有两个方面的要求：需求的完整性和元数据的完整性。需求的完整性意味着已经提出的每个需求都应在模型中得到满足。这意味着数据模型只包含被要求的内容而没有额外的内容。在模型设计时也需要考虑在不久的将来因业务的变化而能够很容易地向模型中追加内容，这部分设计在审查过程中也会被注意和考虑。如果建模人员在模型中设计了从未被要求的内容，那么该项目可能变得难以交付。此外，还需要考虑包含未来需求增加所引发的可能成本。元数据的完整性是指模型周围的所有描述性信息也要完整。例如，如果正在评审一个物理数据模型，希望数据格式和允许为空的定义和描述出现在数据模型上。

3）模型与模式的匹配度是多少？确保正在审查模型的具象级别（概念模型、逻辑模型或物理模型）和模式（关系、维度、NoSQL）与该类型模型的定义相匹配。

4）模型的结构如何？验证用于构建模型的设计实践，以确保最终可以从数据模型构建数据库。

这包括避免一些设计问题，如在同一实体中有两个具有相同名称的属性或者在主键中有一个空属性。

5）模型的通用性如何？评审模型的扩展性或者抽象程度。例如，从客户位置转到更通用的位置，可以使设计更容易地处理其他类型的位置，如仓库和配送中心。

6）模型遵循命名标准的情况如何？确保数据模型采用正确且一致的命名标准。主要关注命名标准的结构、术语和风格。命名标准被正确地应用于实体、关系和属性上。例如，一个属性构造块选用“客户”或“产品”等属性主题。术语意味着为属性或实体被赋予专有名称。术语还包括正确的拼写和缩写要求。风格意味着外观，如大写或驼峰拼写等内容。

7）模型的可读性如何？确保数据模型易于阅读。这个问题并不是十大类别中最重要的，但是如果模型难以阅读，则可能无法准确地评估记分卡上其他更重要的类别。将父实体放置在其子实体上方，相关实体显示在一起，并最小化关系线长度都可以提高模型的可读性。

8）模型的定义如何？确保定义清晰、完整和准确。

9）模型与企业数据架构的一致性如何？确认数据模型中的结构能否在更加广泛和一致的环境中应用，以便在组织中可以使用一套统一的术语和模型结构。主要评审出现在数据模型中的术语和结构与组织中的相关数据模型中出现的结构是否保持一致。在理想情况下，与企业数据模型（EDM）（如果存在的话）结合使用为佳。

10）与元数据的匹配程度如何？确认存储在模型结构中的数据和实际数据是一致的。例如，客户姓氏（Customer Last Name）这一列中是否真的存储的是客户的姓氏数据？数据类别旨在减少这些意外，并有助于确保模型上的结构与这些结构将保存的数据相匹配。

综上所述，计分卡提供了对模型质量的总体评估方法，并明确指出了针对模型的改进方案。

5.6　文献引用与推荐

Ambler, Scott. *Agile Database Techniques: Effective Strategies for the Agile Software Developer*. Wiley and Sons, 2003. Print.

Avison, David and Christine Cuthbertson. *A Management Approach to Database Applications*. McGraw-Hill Publishing Co., 2002. Print. Information systems ser.

Blaha, Michael. *UML Database Modeling Workbook*. Technics Publications, LLC, 2013. Print.

Brackett, Michael H. *Data Resource Design: Reality Beyond Illusion*. Technics Publications, LLC, 2012. Print.

Brackett, Michael H. *Data Resource Integration: Understanding and Resolving a Disparate Data Resource*. Technics Publications, LLC, 2012. Print.

Brackett, Michael H. *Data Resource Simplexity: How Organizations Choose Data Resource Success or*

Failure. Technics Publications, LLC, 2011. Print.

Bruce, Thomas A. *Designing Quality Databases with IDEF1X Information Models*. Dorset House, 1991. Print.

Burns, Larry. *Building the Agile Database: How to Build a Successful Application Using Agile Without Sacrificing Data Management*. Technics Publications, LLC, 2011. Print.

Carlis, John and Joseph Maguire. *Mastering Data Modeling-A User-Driven Approach*. Addison-Wesley Professional, 2000. Print.

Codd, Edward F. "A Relational Model of Data for Large Shared Data Banks". *Communications of the ACM*, 13, No. 6 (June 1970).

DAMA International. *The DAMA Dictionary of Data Management*. 2nd Edition: Over 2, 000 Terms Defined for IT and Business Professionals. 2nd ed. Technics Publications, LLC, 2011. Print.

Daoust, Norman. *UML Requirements Modeling for Business Analysts: Steps to Modeling Success*. Technics Publications, LLC, 2012. Print.

Date, C. J. *An Introduction to Database Systems*. 8th ed. Addison-Wesley, 2003. Print.

Date, C. J. and Hugh Darwen. *Databases, Types and the Relational Model*. 3d ed. Addison Wesley, 2006. Print.

Date, Chris J. *The Relational Database Dictionary: A Comprehensive Glossary of Relational Terms and Concepts, with Illustrative Examples*. O'Reilly Media, 2006. Print.

Dorsey, Paul. *Enterprise Data Modeling Using UML*. McGraw-Hill Osborne Media, 2009. Print.

Edvinsson, Håkan and Lottie Aderinne. *Enterprise Architecture Made Simple: Using the Ready, Set, Go Approach to Achieving Information Centricity*. Technics Publications, LLC, 2013. Print.

Fleming, Candace C. and Barbara Von Halle. *The Handbook of Relational Database Design*. Addison Wesley, 1989. Print.

Giles, John. *The Nimble Elephant: Agile Delivery of Data Models using a Pattern-based Approach*. Technics Publications, LLC, 2012. Print.

Golden, Charles. *Data Modeling 152 Success Secrets-152 Most Asked Questions On Data Modeling- What You Need to Know*. Emereo Publishing, 2015. Print. Success Secrets.

Halpin, Terry, Ken Evans, Pat Hallock, and Bill McLean. *Database Modeling with Microsoft Visio for Enterprise Architects*. Morgan Kaufmann, 2003. Print. The Morgan Kaufmann Series in Data Management Systems.

Halpin, Terry. *Information Modeling and Relational Databases*. Morgan Kaufmann, 2001. Print. The Morgan Kaufmann Series in Data Management Systems.

Halpin, Terry. *Information Modeling and Relational Databases: From Conceptual Analysis to Logical De-*

sign. Morgan Kaufmann, 2001. Print. The Morgan Kaufmann Series in Data Management Systems.

Harrington, Jan L. *Relational Database Design Clearly Explained.* 2nd ed. Morgan Kaufmann, 2002. Print. The Morgan Kaufmann Series in Data Management Systems.

Hay, David C. *Data Model Patterns: A Metadata Map.* Morgan Kaufmann, 2006. Print. The Morgan Kaufmann Series in Data Management Systems.

Hay, David C. *Enterprise Model Patterns: Describing the World (UML Version)*. Technics Publications, LLC, 2011. Print.

Hay, David C. *Requirements Analysis from Business Views to Architecture.* Prentice Hall, 2002. Print.

Hay, David C. *UML and Data Modeling: A Reconciliation.* Technics Publications, LLC, 2011. Print.

Hernandez, Michael J. *Database Design for Mere Mortals: A Hands-On Guide to Relational Database Design.* 2nd ed. Addison-Wesley Professional, 2003. Print.

Hoberman, Steve, Donna Burbank, Chris Bradley, et al. *Data Modeling for the Business: A Handbook for Aligning the Business with IT using High-Level Data Models.* Technics Publications, LLC, 2009. Print. Take It with You Guides.

Hoberman, Steve. *Data Model Scorecard.* Technics Publications, LLC, 2015. Print.

Hoberman, Steve. *Data Modeling Made Simple with ER/Studio Data Architect.* Technics Publications, LLC, 2013. Print.

Hoberman, Steve. *Data Modeling Made Simple: A Practical Guide for Business and IT Professionals.* 2nd ed. Technics Publications, LLC, 2009. Print

Hoberman, Steve. *Data Modeling Master Class Training Manual.* 7th ed. Technics Publications, LLC, 2017. Print.

Hoberman, Steve. *The Data Modeler's Workbench. Tools and Techniques for Analysis and Design.* Wiley, 2001. Print.

Hoffer, Jeffrey A., Joey F. George, and Joseph S. Valacich. *Modern Systems Analysis and Design.* 7th ed. Prentice Hall, 2013. Print.

IIBA and Kevin Brennan, ed. *A Guide to the Business Analysis Body of Knowledge (BABOK Guide).* International Institute of Business Analysis, 2009. Print.

Kent, William. *Data and Reality: A Timeless Perspective on Perceiving and Managing Information in Our Imprecise World.* 3d ed. Technics Publications, LLC, 2012. Print.

Krogstie, John, Terry Halpin, and Keng Siau, eds. *Information Modeling Methods and Methodologies: Advanced Topics in Database Research.* Idea Group Publishing, 2005. Print. Advanced Topics in Database Research.

Linstedt, Dan. *Super Charge Your Data Warehouse: Invaluable Data Modeling Rules to Implement Your*

Data Vault. Amazon Digital Services. 2012. Data Warehouse Architecture Book 1.

Muller, Robert. J. *Database Design for Smarties: Using UML for Data Modeling*. Morgan Kaufmann, 1999. Print. The Morgan Kaufmann Series in Data Management Systems.

Needham, Doug. *Data Structure Graphs: The structure of your data has meaning*. Doug Needham Amazon Digital Services, 2015. Kindle.

Newton, Judith J. and Daniel Wahl, eds. *Manual for Data Administration*. NIST Special Publications, 1993. Print.

Pascal, Fabian. *Practical Issues in Database Management: A Reference for The Thinking Practitioner*. Addison-Wesley Professional, 2000. Print.

Reingruber, Michael. C. and William W. Gregory. *The Data Modeling Handbook: A Best-Practice Approach to Building Quality Data Models*. Wiley, 1994. Print.

Riordan, Rebecca M. *Designing Effective Database Systems*. Addison-Wesley Professional, 2005. Print.

Rob, Peter and Carlos Coronel. *Database Systems: Design, Implementation, and Management*. 7th ed. Cengage Learning, 2006. Print.

Schmidt, Bob. *Data Modeling for Information Professionals*. Prentice Hall, 1998. Print.

Silverston, Len and Paul Agnew. *The Data Model Resource Book, Volume 3: Universal Patterns for Data Modeling*. Wiley, 2008. Print.

Silverston, Len. *The Data Model Resource Book, Volume 1: A Library of Universal Data Models for All Enterprises. Rev. ed.* Wiley, 2001. Print.

Silverston, Len. *The Data Model Resource Book, Volume 2: A Library of Data Models for Specific Industries. Rev. ed.* Wiley, 2001. Print.

Simsion, Graeme C. and Graham C. Witt. *Data Modeling Essentials*. 3rd ed. Morgan Kaufmann, 2004. Print.

Simsion, Graeme. *Data Modeling: Theory and Practice*. Technics Publications, LLC, 2007. Print.

Teorey, Toby, et al. *Database Modeling and Design: Logical Design*, 4th ed. Morgan Kaufmann, 2010. Print. The Morgan Kaufmann Series in Data Management Systems.

Thalheim, Bernhard. *Entity-Relationship Modeling: Foundations of Database Technology*. Springer, 2000. Print.

Watson, Richard T. *Data Management: Databases and Organizations*. 5th ed. Wiley, 2005. Print.

第 6 章　数据存储和操作

6.1　引言

数据存储与操作包括对存储数据的设计、实施和支持，最大化实现数据资源的价值，贯穿于数据创建/获取到处置的整个生命周期（参见第 1 章）。

数据存储与操作包含两个子活动（图 6-1）。

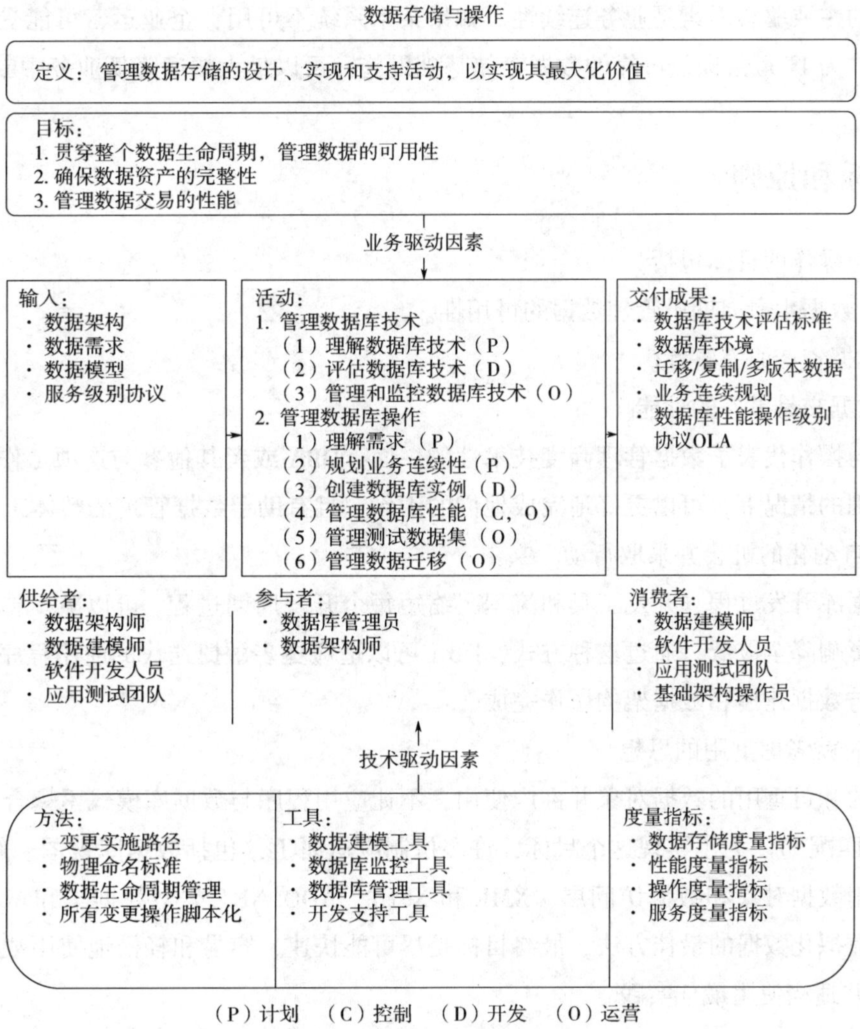

图 6-1　语境关系图：数据存储与操作

（1）数据库操作支持

数据库操作支持主要关注与数据生命周期相关的活动，即从数据库环境的初始搭建，到数据的获取、备份再到处置数据。同时，它还包括需要确保数据库性能状态良好。监控和优化数据库性能对数据库支持是非常重要的。

（2）数据库技术支持

数据库技术支持包括定义满足组织需要的数据库技术要求，定义数据库的技术架构，安装和管理数据库技术，以及解决与数据库相关的技术问题。

数据库管理员（DBA）在数据存储和操作上述两个方面中都扮演着重要的角色。DBA 这个角色是数据专业中最常见，也是最被广泛接纳的角色。数据库管理实践可能也是数据管理实践领域最成熟的。在数据安全方面，DBA 同样发挥着主导作用（参见第 7 章）。

6.1.1 业务驱动因素

组织依赖它们的信息系统来运营业务。数据存储与操作活动对于依赖数据的企业来说非常关键，这些活动的主要驱动因素是业务连续性。如果某个系统不可用，企业运营可能受到损害，甚至完全停止运营。为 IT 运营提供可靠的数据存储基础设施，可以最大幅度降低业务中断的风险。

6.1.2 目标和原则

数据存储与操作的目标包括：

1）在整个数据生命周期中管理数据的可用性。

2）确保数据资产的完整性。

3）管理数据交易事务的性能。

数据存储与操作代表了数据管理高度技术性的一面。DBA 或者其他参与这项工作的人员，在遵循以下指导原则的情况下，可以更好地完成他们的工作，且有助于数据管理的整体工作。

（1）识别自动化的机会并采取行动

自动化数据库开发过程、开发工具和流程，缩短每个开发周期过程，可以减少错误和返工，将对开发团队的影响降至最低。通过这种方式，DBA 可以适应更多敏捷迭代的应用程序开发方法。这项改进工作应与数据建模和数据架构协作完成。

（2）构建时就考虑重用的思想

开发抽象的和可重用的数据对象并推广使用，不让应用程序与数据库模式紧耦合（所谓的“对象-关系阻抗不匹配”）。为了实现这个目标，许多机制应运而生，包括数据库视图、触发器、函数、存储过程、应用数据对象和数据访问层、XML 和 XSLT、ADO. NET 类型数据集和 Web 服务。DBA 应该具备评估虚拟化数据的最佳方法，最终目标是尽可能快速、容易和轻松地使用数据库。

（3）理解并适当使用最佳实践

DBA 应该将数据库标准和最佳实践作为需求来推广。但是，如果出现偏离标准的情况，并且偏离理由可以接受，那么 DBA 应该有足够的灵活性来处理这些偏差。数据库标准不应该成为项目成功的威胁。

（4）支持数据库的标准需求

例如，服务水平协议（SLA）可以反映 DBA 推荐的、开发人员认可的方法，以确保数据完整性和数据安全性。如果开发团队要自己写数据库更新过程或数据访问层，那么 SLA 应该反映出从 DBA 到开发团队的责任转移。这就避免了要么完全遵循，要么完全不遵循标准的做法（“all or nothing”）。

（5）为项目中的 DBA 角色设置期望值

在项目定义阶段就让 DBA 参与进来，有助于确保项目方法论贯穿整个软件开发生命周期。DBA 可以预先理解项目需求和支持需求，通过明晰项目团队对数据团队的期望值来促进沟通。在项目分析和设计阶段拥有专门的主、备 DBA，有助于阐明对 DBA 任务、标准、工作成果和开发工作时间表的期望值。项目团队还应该阐明对项目实施后的支持期望。

6.1.3　基本概念

1. 数据库术语

数据库术语是专有的、技术性的。DBA 或者与 DBA 一起工作的人员，理解这些技术语言的特定含义是非常重要的。

（1）数据库

不论其结构和内容如何，数据库是存储数据的集合。一些大型数据库也称为“实例（Instance）”或“模式（Schema）”。

（2）实例

通过数据库软件，执行对某一特定存储区域的控制访问。一个组织通常使用不同的存储区域，同时执行多个实例。每个实例与所有其他实例相互独立。

（3）模式

模式是数据库或实例中的数据库对象的一个子集（Subset）。模式被用来将数据库对象组织成多个可管理的集合。通常，一个模式拥有一个用户以及访问该模式内容的特定访问列表。模式的常见用法是将包含敏感数据的对象与普通用户群隔离，或者是在关系数据库中将只读视图与基础表隔离。模式还可以表示具有相似性的数据库结构的集合。

（4）节点

一台单独的计算机作为分布式数据库处理数据或者存储数据的一个部分。

（5）数据库抽象

通用应用接口（API）通常用来调用数据库函数。这样，一个应用可以连接到多个不同数据库，而开发者不必知道所有函数可能调用了哪些数据库。ODBC（Open Database Connectivity）是支持数据库抽象的一个 API 示例。数据库抽象的优势是可移植性很强，缺点是对于某些针对特定数据库的函数，就很难跨库使用了。

2. 数据生命周期管理

贯穿数据设计、实现到使用（任何系统存储、处理和检索数据）的整个数据生命周期，DBA 都有责任维护和确保数据的准确性和一致性。DBA 是所有数据库变更的监管人。当各需求方请求对数据库进行变更时，由 DBA 来定义数据库需要进行的变更内容，实施变更并控制变更的结果。

数据生命周期管理包括为数据的获取、迁移、保留、过期和处置进行的实施策略和过程。稳妥的做法是准备好检查表，确保所有的任务都能高标准、高质量的完成。DBA 应该采用一种可控制、可记录、可审计的流程，将应用程序的数据库变更实施到 QA 环境和生产环境中。这个流程通常由主管批准的服务申请或变更申请来启动。DBA 应该有一个回退计划，在变更出现异常的情况下可以撤销变更。

3. 管理员

数据库管理员（DBA）是数据专业中最常见、也是最广泛被接纳的角色。DBA 在数据存储与操作活动中承担着主导角色，在数据安全活动（参见第 7 章）及物理模型建模、数据库设计活动（参见第 5 章）中也是关键的角色。DBA 为开发环境、测试环境、QA 环境及其他特殊数据库环境提供支持。

DBA 不是独立完成数据存储和操作所有相关活动的唯一角色。数据管理专员、数据架构师、网络管理员、数据分析师和安全分析师也要参与数据性能、保留和恢复的规划。这些团队还可以参与外部资源的数据获取和数据处理。

从专业分工来划分，DBA 被分为生产 DBA、应用程序 DBA、过程和开发 DBA。一些企业也会将数据存储系统从数据存储应用/架构独立出来，设有专门的网络存储管理员（NSA）负责。

在各个组织中，IT 部门内的不同专业角色可能向不同组织汇报工作。生产 DBA 可能归属于生产基础设施组或者应用维护支持组，应用程序 DBA 及过程和开发 DBA 有时被归并应用开发组，NSA 一般归属于基础设施组。

（1）生产 DBA

生产 DBA 主要负责数据操作管理，包括：

1）通过性能调优、监控、错误报告等活动，确保数据库的性能及可靠性。

2）通过建立备份与恢复机制，确保在任何意外情况下数据能够被恢复。

3）通过建立集群和容错机制，确保数据连续可用。

4）执行其他数据库维护活动，如建立数据归档机制 。

作为数据管理操作的一部分，生产 DBA 创建以下可交付结果：

1）生产数据库环境，包括支持服务器上的数据库管理系统（DBMS）实例；提供足够的资源和容量，确保获得很好的性能；配置适当的安全性、可靠性和可用性级别。数据库系统管理员为 DBMS 的环境负责。

2）在生产环境中，控制数据库实施变更的机制和流程。

3）针对各种可能导致数据丢失或数据损坏的情况，建立确保数据完整、可用和恢复的机制。

4）建立任何可能发生在数据库或数据服务器上的错误检测和报告的机制。

5）提供与服务水平协议（SLA）相匹配的数据库服务，包括可用性、数据恢复及性能等。

6）建立伴随工作负载和数据量变化的数据库性能监控的机制和过程。

（2）应用程序 DBA

应用程序 DBA 通常负责所有环境（开发、测试、QA 及生产）中的一套或多套数据库，而不是指定负责管理某个环境的数据库系统。有时，应用程序 DBA 需要向提供数据库支持的应用程序开发与维护的部门汇报。设置专门的应用程序 DBA 岗位，有利也有弊。

应用程序 DBA 被当作应用支持团队不可或缺的成员。他们专注于某个指定的数据库，可以为应用程序开发人员提供更好的支持服务。然而，应用程序 DBA 也因此容易变得孤立，忽视了组织的整体数据需求及 DBA 通用实践。应用程序 DBA 应与数据分析师、建模师和架构师等密切协作。

（3）过程和开发 DBA

过程 DBA 负责审查和管理数据库的过程对象。过程 DBA 专门开发和支持关系数据库控制和执行的过程逻辑：存储过程、触发器及用户自定义的函数（UDFs）。过程 DBA 确保过程逻辑是按规划进行的、可实施的、经过测试的、可共享的（可重用的）。

开发 DBA 主要关注数据设计活动，包括创建和管理特殊用途的数据库，如“数据沙盒”或者数据探索区。

通常，这两个角色会合并成一个职位，统称为开发 DBA。

（4）网络存储管理员

网络存储管理员（Network Storage Administrators，NSA）主要关注支持数据存储阵列的软硬件。不同于单一的数据库管理系统，多元化的网络存储阵列系统各有不同的关注特性和监控需求。

4. 数据架构类型

数据库可以分为集中式数据库和分布式数据库。集中式系统管理单一数据库，而分布式系统管理多个系统上的多个数据库。分布式系统组件可以根据组件系统的自治性分为两类：联邦的（自治的）或非联邦的（非自治的）。图 6-2 展现了集中式和分布式数据库的差异。

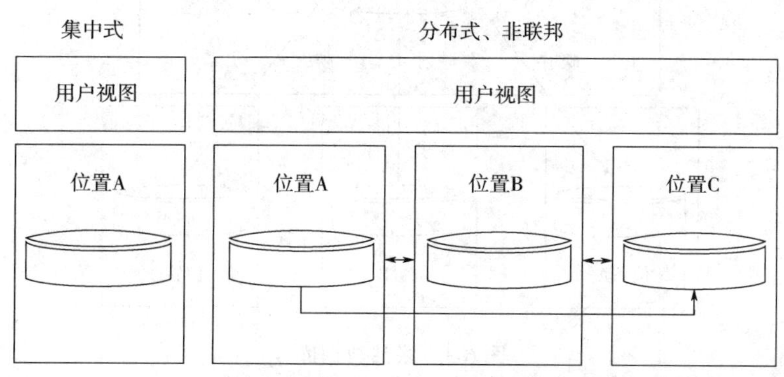

图 6-2　集中式和分布式数据库的差异

（1）集中式数据库

集中式数据库将所有数据存放在一个地方的一套系统中，所有用户连接到这套系统进行数据访问。对某些访问受限的数据来说，集中化可能是理想的，但对于需要大范围、广泛使用的数据来说，集中式数据库可能存在风险。例如，如果集中式数据库不可用，就没有其他途径能访问到数据。

（2）分布式数据库

分布式数据库通过扫描大量节点来快速获取数据。主流的分布式数据库技术是基于普通的商业硬件服务器来实现的。它被设计成可横向扩展，即从一台到成千上万台服务器，而每台服务器提供本地的计算和存储能力。高效能力不靠单一硬件，而是依靠数据库管理软件在服务器间复制数据来实现，因而可以让整个计算机集群提供高效的服务。在数据库管理软件的设计之初，就要考虑如何检测和处理故障。任何一台给定的计算机都可能会发生故障，但整个系统不太可能丧失服务能力。

一些分布式数据库通过采用 MapReduce 模型进一步提升了性能。在 MapReduce 模型中，数据请求会被分成许多小的工作模块，每个工作模块都可以在集群内任一节点上执行一次或重复执行。另外，数据位于各个计算节点上，通过集群提供高带宽的聚合数据访问能力。文件系统和应用程序在设计上都能自动处理节点失效的情况。

1）联邦数据库。

数据联邦提供的数据不需要对数据源进行额外复制或持久化。联邦数据库系统地将多个自治的数据库系统映射成一个单一的联邦数据库（图 6-3）。组成联邦的数据库有时是分散在不同地理位置，通过计算机网络关联在一起。他们保留本地的自治操作，同时参与到一个联邦中，允许部分和受控地共享他们的数据。数据联邦提供了合并不同数据库的一种替代方法。由于是数据联邦，联邦数据库并没有将真实的数据整合到一起，而是通过数据互操作性将数据联邦视为一个大型对象来管理（参见第 8 章）。相对而言，非联邦数据库系统则是将非自治的数据库集成在一起，它们被集中的数据库管理系统控制、管理和约束。

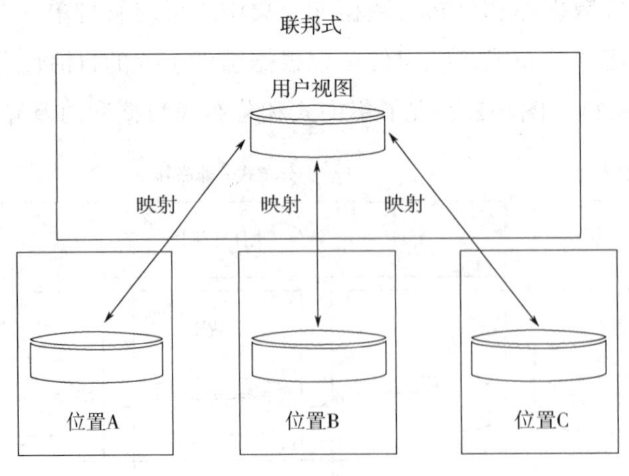

图 6-3　联邦数据库

联邦数据库对于类似企业信息集成、数据可视化、模式匹配和主数据管理这样异构和分布式的集成项目非常合适。

根据组成联邦的组件数据库系统的级别和联邦提供的扩展服务的不同，联邦架构也会有所不同。联邦数据库管理系统可以分为松耦合和紧耦合两类。

松耦合联邦系统需要多个组件数据库来构造他们自己的联邦模式。用户一般是通过一种多数据库语言访问其他组件数据库系统，这会消除任何级别的地域透明性，让用户直接获知联邦模式的知识。用户会从其他组件数据库导入所需数据，并将其与他们自己的数据集成组合成一个联邦模式。

紧耦合联邦系统由组件数据库系统组成，用独立的进程构造，发布一个集成的联邦模式。相同的模式能适用于联邦的所有部分，无须进行数据复制。紧耦合和松耦合联邦数据库对比如图 6-4 所示。

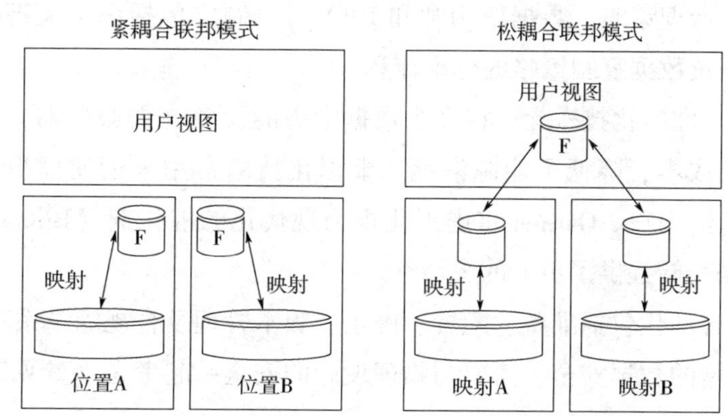

图 6-4 紧耦合和松耦合联邦数据库对比

2）区块链数据库。

区块链数据库属于一种联邦数据库，用于安全管理金融交易。它们也能用来进行合同管理或健康信息交换。区块链数据库有两种结构类型：单条记录和块。每个交易包含一条记录，每个区块包含一组带时间戳的交易，整个数据库由多个区块形成的链状结构组成，每个区块还包括链中前一个区块的信息。存储在区块中的交易信息在生成时使用了哈希算法，新生成区块位于整个链的末端。一旦新的区块产生，旧的区块（前一个区块）的哈希值就不再变化。这意味着，区块内的交易信息也不再会发生变化。如果交易信息（或区块）在传送过程中发生任何变化（如遭到篡改），那么运行哈希计算得到的哈希值与原来的哈希值就不匹配了。

（3）可视化/云计算平台

虚拟化（或称“云计算”）提供计算、软件、数据访问和存储服务，不要求终端用户了解提供服务系统的物理位置和相关配置。云计算的概念和电网的概念非常相似，即最终用户使用电但不必了解提供电力服务的基础设施，也不必理解供电设备。不过，虚拟化可以本地部署，也可以远程部署。

云计算是虚拟化、SOA（面向服务架构）和效用计算广泛使用的自然演进形态。这里列出在云上实施数据库的一些方法：

1）虚拟机镜像。云平台允许用户购买虚拟机实例，只使用一段时间。在这些虚拟机上，用户可以部署数据库，也可以把装好数据库的机器镜像上传到云上，还可以使用现成的机器镜像，而里面包括一个已经优化好的数据库。

2）数据库即服务（DaaS）。一些云平台为用户提供 DaaS 服务的配置选项，无须为数据库单独购买虚拟机。在这种配置中，应用程序用户不需要自己安装和维护数据库，只需要为使用数据库付费。

3）管理托管在云上的数据库。在这里，数据库不是作为一项服务来提供的，而是云厂商代表应用程序所有者管理数据库。

DBA 需要与网络和系统管理员协调，建立系统的项目集成机制，包括标准化、整合、虚拟化、数据自动备份与恢复以及数据安全，即：

1）标准化/整合。整合减少数据在组织里存储位置的数量，包括在一个数据中心内数据存储和处理的数量。基于数据治理策略，数据架构师和 DBA 可以制定包括识别关键战略数据、数据保留的周期、数据加密过程及数据复制策略的标准流程。

2）服务器虚拟化。虚拟化技术允许将多个数据中心的设备（如服务器）进行替换或整合。虚拟化减少了资金和运营成本，降低了能源消耗。虚拟化技术常用来创建虚拟桌面，托管在数据中心，以订阅的方式出租给用户。Gartner 将虚拟化视为现代化的催化剂（Bittman，2009）。虚拟化技术为本地和云端的数据存储提供了更大的灵活性。

3）自动化。数据自动化包括准备、配置、修正、版本管理及合规等一系列自动化任务。

4）安全。虚拟环境的数据安全，需要与物理设施的安全一起考虑（参见第 7 章）。

5. 数据处理类型

数据库处理有两种基本类型：ACID 和 BASE。ACID（英文中有“酸”的意思）和 BASE（英文中有“碱”的意思）是 pH 酸碱度范围对立的两端，因此这个巧合的命名对于理解它们也有所帮助。CAP 定理用于界定分布式系统与 ACID（强调一致性 C）还是与 BASE（强调可用性 A）更加接近。

（1）ACID

缩写词 ACID 是在 20 世纪 80 年代末期出现的一个合成词，含义是保证数据库事务可靠性不可或缺的约束。数十年来，它为事务处理提供了坚实的基础[⊖]。

1）原子性（Atomicity）。所有操作要么都完成，要么一个也不完成。因此，如果事务中的某部分失败，那么整个事务就都会失败。

2）一致性（Consistency）。事务必须时刻完全符合系统定义的规则，未完成的事务必须回退。

3）隔离性（Isolation）。每个事务都是独立的。

4）持久性（Durability）。事务一旦完成，就不可撤销。

在关系型数据库存储中，ACID 相关技术是最主要的工具，通常采用 SQL 作为接口。

（2）BASE

数据增长规模空前，数据新增种类繁多。记录和存储非结构化数据的需要，读优化和数据负载性能需要以及后续在横向扩展、设计、处理、成本及灾难恢复方面有更大灵活性的需要等，这些都走向了与 ACID 正好相反的一方。BASE 应时而生，满足了这些需要。

⊖ Jim Gray 建立了这个概念。Haerder 和 Rueter（1983）首次提出了 ACID 这个词。

1）基本可用（Basically Available）。即使节点发生故障，系统仍然能保证一定级别数据的可用性。数据可能过时，但系统仍然会给出响应。

2）软状态（Soft State）。数据处于持续流动的状态，当给出响应时，数据不保证是最新的。

3）最终一致性（Eventual Consistency）。数据在所有节点、所有数据库上最终状态是一致的，但并非每时每刻在每个事务里都是一致的。

通常在大数据环境里会使用 BASE 类型的系统，如大型互联网公司和社交媒体公司。因为，它们的业务场景任何时候都不需要立即准确地拿到所有数据。表 6-1 总结了 ACID 和 BASE 的区别。

表 6-1　ACID 和 BASE 的区别

事项	ACID	BASE
数据结构（Casting）	模式必须存在	动态的
	表结构必须存在	在运行中调整
	列数据的类型是确定的	存储不同类型的数据
一致性（ Consistency）	强一致性可用	强一致、最终一致或不追求一致性
处理焦点（ Processing Focus）	事务	键值存储
处理焦点（Processing Focus）	行/列	宽列存储
历史（History）	20 世纪 70 年代末期开始，应用存储	2000 年，非结构化存储
扩展（Scaling）	依赖产品	在商业服务器间自动传播数据
来源（Origin）	混合（商业和开源）	开源
事务（Transaction）	是	可能

（3）CAP

CAP 定理（也称为“布鲁尔定理”）是集中式系统在朝着分布式的系统方向发展过程中提出的理论。CAP 定理指的是分布式系统不可能同时满足 ACID 的所有要求。系统规模越大，满足的要求点越少。分布式系统必须在各种属性（要求）间进行权衡。

1）一致性（Consistency）。系统必须总是按照设计和预期的方式运行。

2）可用性（Availability）。请求发生时系统时刻都保持可用状态，并对请求作出响应。

3）分区容错（Partition Tolerance）。偶尔发生数据丢失或者部分系统故障发生时，系统依然能够继续运行提供服务。

CAP 定理指出，在任何共享数据的系统里，这 3 项要求最多只可能同时满足其中两项。通常用“三选二”来说明，如图 6-5 所示。

第 14 章将讨论的 Lambda 架构设计就是该定理的有趣运用。Lambda 架构是通过两种路径方式来使用数据：当可用性和分区容错更重要时采用 Speed 路径（效率优先）；当一致性和可用性更重要时采用 Batch 路径。

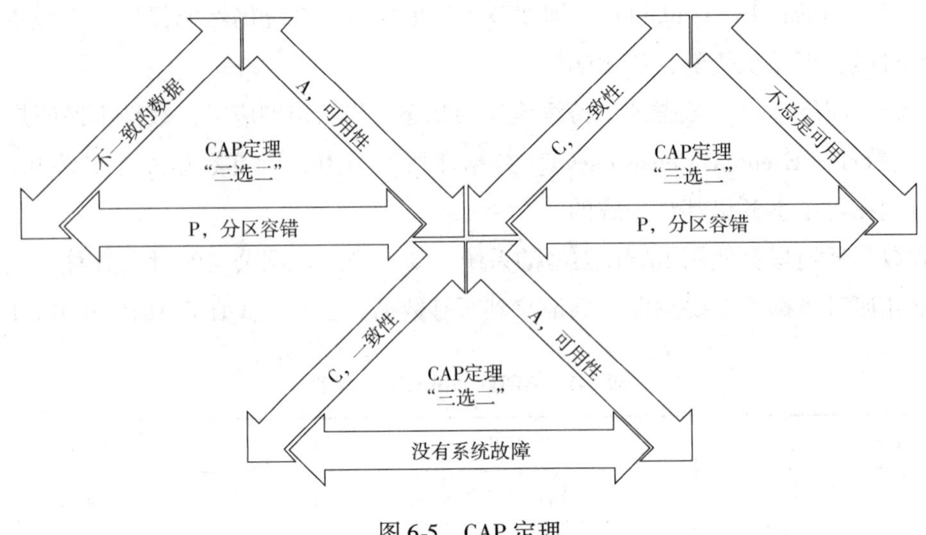

图 6-5　CAP 定理

6. 数据存储介质

数据能存放到各种介质里，如磁盘、内存、闪存等。一些系统可能同时采用多种存储介质，最常见的用法是磁盘和存储区域网络（Storage Area Networks，SAN）、内存和列压缩解决方案、虚拟存储区域网络（Virtual SAN，VSAN）、基于云的存储解决方案、射频识别技术（Radio Frequency Identification，RFID）、数字钱包、数据中心和私有云、公有云及混合云存储（参见第 14 章）。

（1）磁盘和存储区域网络（SAN）

磁盘存储是一种非常稳定的存储永久数据的方法。同一个系统里，可以用多种不同类型的磁盘。可根据数据访问频率的不同，采用不同的存储介质。访问频率较低的数据，适合存储在比高性能磁盘系统更廉价的慢速磁盘上。

磁盘阵列可以组成 SAN。SAN 内的数据可以直接通过背板上的光口或电口移动，不需要通过网络。

（2）内存

每当系统启动时，内存数据库（In-Memory Database，IMDB）从永久存储中将数据加载到内存中，所有的数据处理都在内存中完成。这相比在磁盘上处理数据的系统，事务响应速度更快。大部分内存数据库也具有配置数据持久化的特性，以防意外宕机。

如果能将应用相关的大部分或者全部数据加载到内存中，那么使用内存数据库将会获得显著的性能提升。相比磁盘存储系统，IMDB 能够在更可期待的时间内获取数据，当然，这需要更大的资金投入。IMDB 提供实时数据分析处理的功能，在很大程度上这也就是投入之所在了。

（3）列压缩方案

列式数据库（Columnar-based Databases）是为处理那些数据值存在大量重复的数据集而设计的。比如说，一个表有 256 个列，查找某行中的某个列的值，需要检索行中的所有数据（很可能是从磁盘上读取）。列式存储按列的方式存储数据并使用压缩技术，可以降低对 I/O 带宽的占用。就好像某个状态被存为一个指向状态表的指针，这样可以显著压缩主表。

（4）闪存

近年来，内存存储（Flash Memory）技术的发展日新月异，闪存和 SSD 固态盘成为磁盘最有吸引力的替代品。闪存具有集内存的访问速度和存储持久性于一体的特点。

7. 数据库环境

在系统的开发生命周期中，数据库在不同的环境中都会用到。当测试到一些变化时，DBA 应介入到开发环境的数据结构设计。DBA 团队要实施 QA 环境的各种变更，并且还是对生产环境变更唯一负责的团队。生产环境变更必须严格遵守标准流程和实施步骤。

虽然大多数数据处理技术都是运行在通用硬件上的软件，但偶尔也会有用于支持独特数据管理需求的专用硬件。专用硬件的类型包括数据库一体机，特别为数据转换和数据分布而设计的服务器。这些服务器要么以插件的方式直接参与现有基础设施集成，要么以外设的方式通过网络连接。

（1）生产环境

生产环境是指处理所有生产业务流程发生的技术环境。生产环境非常关键，如果它停止运行，所有业务流程都会停止，最终导致业务损失，同时会给那些无法访问服务的客户造成负面影响。在紧急情况下或者公共服务系统中，非计划的业务功能失效可能是灾难性的。

从业务角度来看，生产环境才是实实在在的“真”环境。然而，为了确保有一个可靠的生产环境，其他的非生产环境同样必须实实在在地存在，并且把它们恰当地利用起来。举个例子来说，生产环境不应该被用作开发或者测试用途，因为这样做会将生产业务和数据置于危险境地。

（2）非生产环境

系统的变更在真正部署到生产环境之前，需要在非生产环境下进行开发和测试。在非生产环境下，变更引发的问题可以被提前检查和处理掉，不会影响到正常的业务流程。为了尽可能检测出潜在的问题，非生产环境的配置要与生产环境非常接近。

出于空间和成本的考虑，通常不可能配置与生产环境完全一致的非生产环境。非生产环境越接近生产环境，它的配置也就越需要尽可能赶上生产环境的配置。任何与生产环境配置的偏差，都可能会产生与变更无关的问题或错误，使问题的研究和处理变得复杂。

常见的非生产环境包括开发环境、测试环境、支持环境和特别用途环境。

1）开发环境。

开发用的环境通常是生产环境的精简配置版本，相对而言是更少量的磁盘空间、更少的 CPU 及内存等。开发人员在这个环境下编写代码，并测试不同环境下对代码进行的变更，然后在 QA 环境对这些代码进行集成测试。取决于开发项目的管理方式不同，开发人员可能会拥有多个生产数据模型的副本。大型企业可能会给个别开发人员独立的环境，通过恰当的权限进行开发管理。

开发环境应该是任何补丁或更新进行测试的第一场所。这个环境应该与生产环境隔离开来，使用不同的物理硬件。因为进行了隔离，需要将数据从生产系统复制到开发环境。然而，在很多行业，生产数据是受法律法规保护的。如果没有确定清楚法律法规限制了些什么，不要从生产环境复制数据出来（参见第 7 章）。

2）测试环境。

测试环境通常用于执行质量保证和用户验收测试，有些情况下，也用于压力测试或性能测试。为了防止测试结果因为环境差异而失真，理想的测试环境应该与生产环境使用完全一样的软硬件配置，这一点对于性能测试来说尤为重要。测试或许可以通过网络连接读取生产数据，但是，测试环境永远不要写数据到生产系统。

测试环境通常用于：

①质量保证测试（QA）。依据需求进行功能测试。

②集成测试。将独立开发或更新的多个模块作为一个整体系统进行测试。

③用户验收测试（UAT）。从用户视角进行系统功能测试。在这个场景下，测试用例是最常见的测试输入。

④性能测试。任何时候都可考虑进行的高复杂度或大容量的测试，而不必等到下班后，或者对生产系统的高峰时间产生不利的影响。

3）数据沙盒或实验环境

数据沙盒是允许以只读的方式访问和管理生产数据的另一个环境。数据沙盒用于实验开发或者验证相关假设的数据，或者将用户自己开发的数据或从外部获得的补充数据与生产数据进行合并。数据沙盒的价值如同进行一场概念验证（Proof-of Concept，POC）。

沙盒环境可以是与生产处理隔离的生产系统的一个子集，也可以是一个完全独立的环境。数据沙盒的使用者经常在他们自己的空间中有 CRUD 权限，方便他们快速验证一些计划落实到生产系统上的想法。对于这些环境，DBA 除了帮他们构建沙盒、赋予权限和监控使用情况之外，几乎不用做什么。如果沙盒区域位于生产数据库系统内，为避免对生产系统产生负面影响，就必须对他们进行隔离，以杜绝这些环境的数据回写到生产系统。

沙盒环境可采用虚拟机（Virtual Machines，VMs），除非单个实例的许可成本过高。

8. 数据库组织模型

数据存储系统提供了一种将数据放入磁盘并管理和处理这些数据所需指令的封装方法，因此开发人员可以简单地使用指令来操作数据。数据库通常以 3 种形式进行组织：层次型、关系型和非关系型，这种归类并非是完全互斥的（图 6-6）。一些数据库系统可以同时读写以关系型和非关系型结构组织的数据。层次型数据库可以映射成关系型表结构。带有行分隔符的文本文件可以被读取为分行的表，并且可以定义一列或多列来描述行内容。

（1）层次型数据库

层次型数据库（Hierarchical Database）是最古老的数据库类型，在早期的大型数据库管理系统中使用，它的结构要求最为严格。在层次型数据库中，数据被组织成具有强制的父子关系的树型结构：每个父级可以有多个子级，但每个子级只有一个父级（也称为一对多关系）。目录树是层次数据库的一个示例。XML 使用的也是层次模型，尽管实际的结构是树的遍历路径，但可以表示成关系数据库。

（2）关系型数据库

人们有时认为关系型数据库是以表之间的关系而得名，事实并非如此。关系型数据库（Rela-

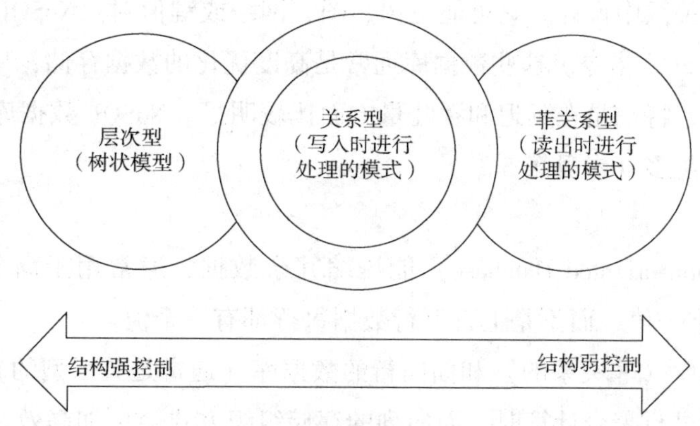

图 6-6 数据库组织方式

tional Databases）基于集合理论和关系代数，其中数据元素或属性（列）与元组（行）相关（参见第 5 章）。表是指具有相同结构的关系集。集合操作（如 Union、Intersect 和 Minus）以结构化查询语言（SQL）的形式从关系型数据库中组织或检索数据。要写入数据，必须提前知道表的结构（模式），所以称之为“写入时进行处理的模式”。关系型数据库是面向行（Row）的。

关系型数据库管理系统被称为 RDBMS。当需要存储的数据不断变化时，关系型数据库是主要选择。关系型数据库的变体包括多维数据库和时态数据库。

1）多维数据库。

多维数据库（Multidimensional Database）技术将数据存储在一种数据结构中，它允许同时对多个数据元素过滤器进行搜索。这种类型的结构最常用于数据仓库（DW）和商务智能（BI）。尽管大多数大型数据库都有作为对象内置的多维数据集技术，但其中一些数据库类型是专有的。多维数据库对数据的访问使用的是 SQL 的一个变体多维表达式（Multidimensional eXpression，MDX）。

2）时态数据库。

时态数据库（Temporal Database）是一种内置了支持处理涉及时间数据的关系型数据库。面向时间的特性通常包括有效时间和事务时间。这些特性可以组成双时态数据模型。

①有效时间。现实世界中一个真实事件或实体对象发生的时间范围。

②事务时间。存储在数据库中的事实被认为是真实的时间段。

数据库中可能包含除了有效时间和事务时间之外的时间线，如决策时间。对应双时态数据库，这种情况被称为多时态数据库。时态数据库让应用开发人员和 DBA 在同一个数据库中管理数据当前、将来和历史的多个版本。

（3）非关系型数据库

非关系型数据库（Non-relational Database）可以将数据存储为简单的字符串或者完整的文件。根据需要（这种特性被称为“读出时进行处理的模式”），可以用不同的方式读取这些文件中的数据。非关系型数据库可以是面向行的，但并非必须如此。

非关系型数据库提供了一种存储和检索数据的机制，与传统关系数据库相比，它使用的一致性模型约束较少。这种方法/机制的动机包括：简化设计、水平扩展性以及对可用性更好的控制。

非关系型数据库通常被称为 NoSQL 数据库（代表“Not Only SQL”）。主要区别是存储结构，数据结构不再绑定到表格关系中设计。它可能是树、图、网络或键值对。NoSQL 数据库强调某些版本实际上可能支持传统的 SQL 指令。这些数据库通常是高度优化的数据存储，用于简单的检索和插入操作。目的是提高性能，特别是在延迟和吞吐量方面比较明显。NoSQL 数据库在大数据和实时 Web 应用程序中的应用越来越多（参见第 5 章）。

1）列式数据库。

列式数据库（Column-oriented Database）能压缩冗余数据，通常用于商务智能（BI）的应用。例如，状态 ID 列仅有唯一值，而不是上百万行数据每行都有一个值。

选择面向列的数据库（非关系的）和面向行的数据库（通常是关系型的）需要进行权衡：

①当需要对很多行进行聚合计算时，面向列的存储组织方式会更加高效。这只适用于处理少数列的情况，因为读取少数列比读取所有列的数据更快。

②当一次向所有行更新某个列时，面向列的存储组织更加高效，因为可以不必访问行里的其他列就有效地写入数据，替换旧的列数据。

③当同时需要获取一行中的许多列，并且行的体量相对较小，单次磁盘访问就能将整行数据检索时，面向行的存储组织更加高效。

④如果写入一条新纪录时同时要提供所有的行数据，那么面向行的组织效率更高；整个行的数据可以用单次磁盘操作写入。

⑤在实践中，面向行的存储布局非常适合于在线事务处理（OLTP）类的工作负载，此类负载的重点是交互式事务。面向列的存储布局非常适合于在线分析处理（OLAP）类的工作负载。例如，数据仓库通常涉及对所有数据（可能有千兆字节大小）的少量高度复杂的查询。

2）空间数据库。

空间数据库（Spatial Database）被优化用于存储和查询表示几何空间中定义的对象数据。空间数据库支持基本类型（简单的几何图形，如方框、矩形、立方体、圆柱体等）和由点、线和形状组合成的几何图形。

空间数据库使用索引进行快速查找，常见的数据库索引对于空间查询来说不是最佳的。因此，空间数据库使用空间索引加快数据库操作。

空间数据库可以执行各种各样的空间操作。根据开放地理空间联盟标准，空间数据库可以执行以下一个或多个操作：

①空间评估（Spatial Measurements）。计算线条长度、多边形面积、几何图形之间的距离等。

②空间功能（Spatial Functions）。修改现有特征以创建新特征。例如，在空间周围提供缓冲区、相交特征等。

③空间预测（Spatial Predicate）。允许对几何图形之间的空间关系进行真假查询。例如，两个多边形重叠吗？拟建垃圾填埋场附近 1000 米范围内是否有住宅？

④几何构造（Geometry Constructors）。通常通过描述所定义形状的顶点（点或节点）来创建新的几何图形。

⑤观测功能（Observer Functions）。查询并返回某个特征的特定信息。例如，圆心的位置。

3）对象/多媒体数据库。

多媒体数据库（Multi-media Database）包括一个分层存储管理系统，用于高效管理磁介质和光存储介质。它还包括表示系统基础对象的集合。

4）平面文件数据库。

平面文件数据库（Flat File Database）描述了将数据集编码为单个文件的各种方法。平面文件可以是纯文本文件或二进制文件。严格来说，平面文件数据库只包含数据以及长度和分隔符不同的记录。更广泛地说，这个术语是指以行和列的形式存在于单个文件中的任何数据库，除此之外，记录和字段之间没有任何关系或链接。纯文本文件通常每行包含一条记录。手写在纸上的姓名、地址和电话号码列表就是平面文件数据库的一个示例。平面文件不仅用作数据库管理系统的数据存储工具，还用作数据传送工具。Hadoop 数据库使用平面文件做数据存储。

5）键值对。

键值对数据库（Key-Value Pair Database）的数据项包含两个部分：键的标识符和值。这类数据库有许多特定的用法：

①文档数据库（Document Databases）。面向文档的数据库包含由结构和数据组成的文件集合。每个文档都分配了一个键。更高级的面向文档的数据库还可以存储文档内容的属性，如日期或标记。这种类型的数据库可以存储完整或不完整的文档。文档数据库可以使用 XML 或 JSON（Java 脚本对象注释）结构。

②图数据库（Graph Databases）。图数据库存储关键值对，关注的重点是组成图的节点关系，而不是节点本身。

6）三元组存储。

由主语、谓语和宾语组成的数据实体称为三元组存储（Triplestore）。在资源描述框架（Resource Description Framework，RDF）术语中，三元组存储由表示资源的主语、表示资源和对象之间关系的谓语以及对象本身组成。三元组存储是一个专门构建的数据库，用于以主-谓-宾表达式的形式存储和检索三元组。

三元组存储大致可以分为三类：原生三元组存储、RDBMS 支持的三元组存储和 NoSQL 三元组存储。

①原生三元组存储（Native Triplestores）。那些从零开始实现并利用 RDF 数据模型来高效地存储和访问 RDF 数据的三元组存储。

②RDBMS 支持的三元组存储（RDBMS-backed Triplestores）。在现有的 RDBMS 之上添加 RDF 描述层构建的三元组存储。

③NoSQL 三元组存储（NoSQL Triplestores）。目前正在被研究将来可能的 RDF 存储管理器。

三元组存储数据库最适合分类和同义词管理、链接数据集成和知识门户。

9. 专用数据库

有些特殊情况需要特殊类型的专用数据库，它们的管理方式不同于传统关系型数据库。例如：

1）计算机辅助设计和制造（CAD / CAM）。其程序和大多数嵌入式的实时应用程序一样，需要一个对象数据库。

2）地理信息系统（GIS）。一些每年保持更新参考数据的地理空间信息专用数据库。这些专用的 GIS 系统用于公用事业（电网、燃气等）、电信管理网或航海等领域。

3）购物车功能。在大多数在线零售网站上都有采用，利用 XML 数据库暂时存储客户订购数据以及用于社交媒体数据库在其他网站上进行实时广告投放。

这些数据的一部分被复制到一个或多个传统 OLTP 数据库或数据仓库中。另外，许多现成的供应商应用程序可能使用他们自己的专用数据库。这些专用数据库即使它们构建在传统关系数据库之上，它们的模式也是专有的，并且大部分情况下是隐藏的。

10. 常见数据库过程

不管是什么类型的数据库，通常都存在下面这些管理过程。

（1）数据归档

归档（Archiving）是将数据从可立即访问的存储介质迁移到查询性能较低的存储介质上的过程。归档后的数据可以恢复到原系统，供短期使用。不需要活跃地支持应用程序处理的数据，应迁移到价格较低的磁盘、磁带或 CD/DVD 光盘中进行归档。从归档中恢复的过程简单来说是将归档文件中的数据复制回原系统。

归档过程必须与分区策略保持一致，以确保最佳的可用性和数据保留度。稳妥的方法包括：

1）创建一个辅助存储区域，优先建在辅助数据库服务器上。

2）将当前的数据库表分区成可以归档的单元。

3）将不经常使用的数据复制到单独的数据库。

4）创建磁带或磁盘备份。

5）创建数据库任务，定期清理不再使用的数据。

对归档进行定期恢复测试是明智做法，以确保在紧急事件发生时避免无法恢复的意外状况。

对生产系统的技术或架构进行改造时，同时需要进行归档评估，以确保历史归档数据能被读取到当前存储中。当归档数据不同步或不一致时，有以下几种处理方法：

1）确定是否保留历史归档或有多少历史归档需要保留。不需要的历史归档可以清除。

2）对于重大技术调整，在调整前将归档恢复到原始系统、升级或迁移到新系统，并在新系统下重新归档数据。

3）对于源数据库结构发生更改的高价值归档数据，恢复归档，并对数据结构进行相应更改，用新结构重新归档。

4）对于相对低价值的低频访问归档，在源系统的技术或结构发生改变时，保持旧系统的小版本，供有限的数据访问，并根据需要用旧系统的数据格式从归档中抽取数据。

现有技术无法恢复的归档是糟糕的归档。那些一定要用旧系统（老技术）来读取归档而其他方式无法读取归档，不管从效率或成本来看都是不合算的。

（2）容量和增长预测

把数据库想象成一个盒子，把数据想象成水果，把管理成本（索引等）想象成包装材料。用隔板把盒子隔成小格子，将水果和包装材料放进各个小格子：

1）先确定盒子的大小。它要容纳所有的水果和必需的包装材料，这就是容量（Capacity）。

2）有多少水果要放进盒子，放的速度有多快？

3）有多少水果要取出盒子，取的速度有多快？

确定盒子的容量是随着时间的推移保持不变，还是必须随着时间的推移而扩大，以便确定存放更多的水果。对盒子要装进来的水果和包装材料的多少和多快所作出的预测，就称为增长预测（Growth Projection）。如果盒子不能扩大，那么水果必须尽可能从盒子里快进快出，增长预测即为零。

水果在格子里应该放多久？如果放久了格子里的水果会蔫掉或者由于什么原因变得不那么有用了，那么这个水果应该放在一个单独的盒子里长期保存起来吗（比如归档）？有没有需求把蔫掉的水果放回原来的盒子里？将水果移动到另一个盒子里和将其移回第一个盒子里的能力，是归档的重要组成部分。这样就不必频繁地扩大盒子。

如果水果变质不能食用了，就要把它扔掉（即清除数据）。

（3）变动数据捕获

变动数据捕获（Change Data Capture，CDC）是指检测到数据的变动并确保与变动相关的信息被适当记录的过程。CDC 通常指的是基于日志的复制，是一种非侵入性方法，将数据更改复制到目标端而不影响源端。在一个简化的 CDC 语境中，一台计算机系统的数据可能在前一个时间点发生了改变，在第二台计算机系统里需要反映这一变化。与通过网络复制整个数据库的数据来反映一些微小的变化不同，CDC 只发送变化的内容（增量信息），接收系统就可以进行恰当的更新。

有两种不同的检测和收集更改方法：数据版本控制-评估标识已改动过行的列（例如，有上次更新时间戳的列、有版本号的列、有状态标识的列），或通过读取日志（Logs）。日志里记录了变化，并能将变化复制到辅助系统中。

（4）数据清除

如果所有数据都要永远保存在主要存储中，那么最终数据会填满所有的可用空间，从而使性能开始下降。此时，需要将数据存档、清除，或者两样都要做。同样重要的是，有些数据的价值会降低，不值得继续保留。清除（Purging）是指从存储介质中彻底删除数据并让它无法恢复的过程。数据管理的主要目标是维护数据的成本不应超过其对组织的价值。清除数据可以降低成本和风险。通常来说，要清除的数据即使从监管的角度来看也是被认定是过时的和不必要的。某些数据如果超过保存的必要时间，就会成为负担。清除这些数据还可以降低它被滥用的风险。

（5）数据复制

数据复制（Replication）意味着多个存储设备上存放着相同的数据。在某些情况下，拥有重复的数据库很有用。例如，在高可用性环境中，在业务高峰期或者灾难发生时，可以在不同服务器甚至不同数据中心的相同数据库之间分配工作负载，保持业务连续性。

复制有主动复制和被动复制两种模式：

1）主动复制（Active Replication）。不存在主副本，可以在每个副本上主动创建和存储来自其他副本的相同数据。

2）被动复制（Passive Replication）。首先在主副本上创建和存储数据，然后把更改的状态传送到其他副本上。

数据复制有两个维度的扩展方式：

1）水平数据扩展。拥有更多的数据副本。

2）垂直数据扩展。将数据副本放到距离更远的不同地理位置上。

多主机复制模式可以将更新提交到任何数据库节点，然后传递复制到其他服务器，但这会增加复杂性和成本。

当数据在数据库服务器间被复制时，这种复制对用户是透明的，整个数据库系统内的信息保持一致，用户就无法分辨甚至无法知道他们使用的是哪个数据库副本。

有两种主要的复制方式：镜像和日志传送（图 6-7）。

1）镜像（Mirroring）。作为两阶段提交过程的一个部分，在主库的更新会立即（相对而言）同步给辅助数据库。

2）日志传送（Log Shipping）。辅助数据库定时接收并应用从主数据库传来的事务日志副本。

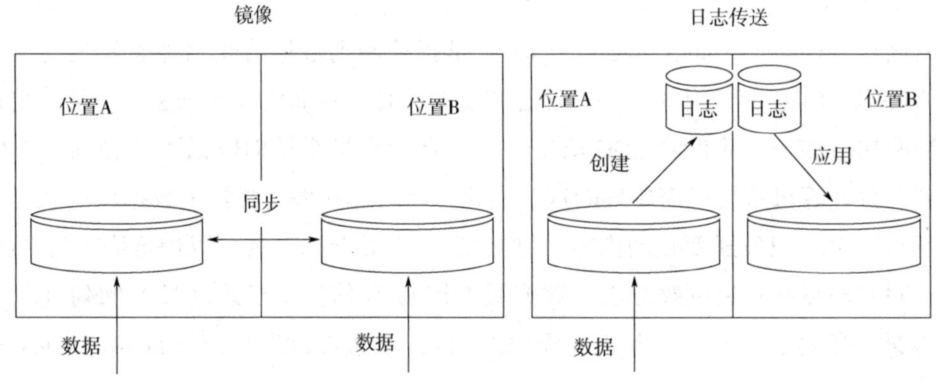

图 6-7　镜像和日志传送

复制方法的选择取决于数据有多重要，以及立即进行故障切换到辅助服务器的重要性。镜像方式通常比日志传送方式成本更高。镜像方式通常对一台辅助服务器是有效的，日志传送方式可以用来更新数据到更多的辅助服务器。

（6）韧性与恢复

数据库韧性（Resiliency）是衡量系统对错误条件容忍度的指标。如果一个系统能够容忍高级别的处理错误，并且仍能像预期的那样工作，那么它就具有很强的韧性。如果应用程序一碰到意外条件就崩溃，那么系统就没有韧性。如果数据库可以检测异常，并提前终止或从通用的错误处理办法（如失控查询）中自动恢复，则认为它具有韧性。总有一些意外情况，系统无法预先检测到。例如，电源故障或者被称为灾难的情况。

这里提供了 3 种恢复类型，指导读者如何快速恢复：

1）立即恢复（Immediate Recovery）。有些问题有时需要通过设计来解决的。例如，可以通过预判并自动解决问题，切换到备用系统。

2）关键恢复（Critical Recovery）。它是指尽快恢复以尽量减少业务延迟或业务中断的恢复计划。

3）非关键恢复（Non-critical Recovery）。它是指该类业务可以延迟恢复，直到更关键的系统恢复完毕。

数据处理错误包括数据加载失败、查询返回失败以及阻碍 ETL 或其他过程正常完成的错误。提高数据处理系统恢复能力的常见方法是：捕获并重新输入导致错误的数据，检测并忽略导致错误的数据。在处理过程中对这些数据做出标记，以免重启一个处理进程时又要再次处理这些数据，或者在重新启动流程时重复已完成的步骤。

每个系统都需要具备一定程度（高或低）的韧性。有些应用程序可能会要求遇到任何错误都中止所有的处理（低韧性）；而有些应用程序，如果不完全忽略错误的话，可能只要求捕获错误信息供后续分析并重新启动应用。

对于非常关键的数据，DBA 需要执行一种复制机制，把数据移动到远端服务器上的另一个数据库副本。如果数据库出现故障，则应用程序可以进行“故障切换”，切换到远端数据库上继续处理业务。

（7）数据保留

数据保留（Retention）是指数据保持可用的时间。数据保留规划应该是物理数据库设计的一部分。数据保留需求也会影响容量规划。

数据安全性也会影响数据保留计划，出于合规考虑，某些数据需要保留到特定的时间段。未能将特定数据保留到合适的时间周期，可能会导致法律后果。同样，也有与清除数据相关的法规。如果保存时间超过规定时间，数据可能成为一种负担。各组织应根据监管要求和风险管理规定制定保留策略。这些策略应该有助于建立数据清除和数据归档的规范。

（8）数据分片

分片（Sharding）是一个把数据库中的一部分独立出来的过程。因为分片的复制只是一个很小的文件，所以分片可以独立于其他分片进行更新。因为分片通常很小，更新甚至整个分片刷新都很容易。

6.2　活动

数据存储和操作包括数据库技术支持和数据库操作支持两个主要活动。数据库技术支持侧重选择和维护用于存储和管理数据的软件，而数据库操作支持侧重软件所管理的数据和进程。

6.2.1　管理数据库技术

管理数据库的技术应同任何其他管理技术遵循相同的原则和标准。

技术管理的主要参考模型是信息技术基础设施库（ITIL）。ITIL 是英国开发的一种技术管理过程模型，其原则对数据库管理技术同样适用[㊀]。

㊀ http：//bit. ly/1gA4mpr。

1. 理解数据库的技术特征

理解技术是如何工作的，以及它在特定业务环境中如何提供价值是非常重要的。DBA 与其他数据服务团队一起，同业务用户及其主管密切合作，以便了解业务的数据和信息需求。DBA 和数据库架构师将他们对工具的了解与业务需求结合起来，提出最佳技术应用方案，以满足组织需要。

数据专业人员必须先理解候选数据库技术的特点，然后才能确定将哪种技术推荐为解决方案。例如，没有事务功能（如提交和回滚）的数据库技术不适合用于零售业务（Point-of-Sale，POS）。

不能假设单一类型的数据库架构或数据库管理系统可以满足所有业务需求。大多数组织都安装了多种数据库工具，完成从性能优化、备份，到数据库自身管理的一系列功能。这些工具之中只有少数具有强制性标准。

2. 评估数据库技术

选择战略性的数据库管理系统（DBMS）软件非常重要。DBMS 软件对数据集成、应用程序性能和业务产能都有比较大的影响。选择 DBMS 软件时，应考虑下列一些因素：

1）产品架构和复杂性。

2）容量和速度限制，包括数据流传送速率。

3）应用类别，如事务处理、商务智能、个人资料。

4）特殊功能，如时间计算支持。

5）硬件平台及操作系统支持。

6）软件支持工具的可用性。

7）性能评测，包括实时统计信息。

8）可扩展性。

9）软件、内存和存储需求。

10）韧性，包括错误处理和错误报告。

还有一些因素与技术本身没有直接关系，而是与采购组织和供应商有直接关系。例如：

1）组织对技术风险的偏好。

2）提供训练有素的技术专业人员。

3）拥有成本，如软件许可费、维护费和计算资源成本。

4）供应商声誉。

5）供应商支持策略和版本计划。

6）其他客户案例。

产品的费用，包括维护管理费用、许可费用和技术支持费用，不应超过产品对企业的价值。在理想情况下，技术（产品）应该尽可能方便用户、自我监控和自我管理。如果不能做到这点，那就有必要引入熟练使用相关工具的员工。

在进行全面的生产实施之前，从一个小的试点项目或者概念验证项目（POC）开始引入产品，这是一个比较好的做法，这样可以比较真实地了解成本和收益。

3. 管理和监控数据库技术

DBA 通常是作为后台技术支持与服务台和供应商的支持人员一起，理解、分析和解决用户问题。要想有效理解和使用某种技术，关键在于培训。各组织应确保为参与实施、支持和使用数据和数据库技术的每个人制订培训计划并预留预算。培训计划应包括适当级别的交叉培训，以更好地支持应用程序开发，尤其是敏捷开发。DBA 应具备应用程序开发的相关知识，如数据建模、用例分析和应用程序的数据访问方式。

DBA 要确保定期给数据库做备份，同时还要做恢复测试。但是，如果这些数据库中的数据需要与其他数据库中的数据合并，则可能存在数据集成的挑战。DBA 不应该简单地合并数据。相反，他们应该与其他利益相关方合作，以确保数据能够正确有效地集成。

当某项业务需要使用新技术时，DBA 要与业务用户和应用程序开发人员合作，确保最有效地使用该技术，探索该技术的新应用，并解决使用过程中出现的任何问题。然后，DBA 在准生产和生产环境中部署新技术产品。他们还需要创建并记录部署流程和过程，以便花尽可能少的精力和成本就能管理好新的产品。

6.2.2　管理数据库操作

DBA 和网络存储管理员提供的数据库支持是数据管理的核心。数据库部署在托管存储区域中。托管存储可以小到个人计算机上的磁盘驱动器（由操作系统管理），也可以大到存储区域网络（SAN）上的 RAID 阵列。备份介质也属于托管存储。

DBA 通过分配存储结构、维护物理数据库（包括物理数据模型和数据的物理分布，如分配给特定文件或磁盘区域）以及在服务器上建立数据库环境来管理各种数据存储应用程序。

1. 理解需求

（1）定义存储需求

DBA 为数据库管理系统（DBMS）应用程序建立存储系统，为 NoSQL 建立文件存储系统。网络存储管理员和 DBA 在建立文件存储系统方面都发挥着重要作用。在正常的业务运营中，数据存入存储介质，取决于是要永久性存放还是临时性存放。在真正提供存储空间之前，做好增加额外空间的规划是很重要的。紧急情况下的任何维护操作都是危险的。

所有项目都应该作第一年运营的初始容量估算，以及未来几年内的空间增长预测。空间和增长的评估，不要只考虑数据自身所需空间，还要考虑索引、日志以及其他任何的冗余特征，如镜像（Mirror）。

数据存储需求必须考虑与数据保留相关的法规。出于合规考虑，组织需要保留特定时间周期的一些数据（参见第 9 章）。在某些情况下，过了规定的时间周期，他们还要求清除数据。最好在设计时与数据所有者讨论数据的保留需求，并就在数据的整个生命周期中如何处理数据达成一致。

数据保留计划被批准后，DBA 将与应用程序开发人员和其他操作人员（包括服务器和存储管理员）一起实施这些计划。

（2）识别使用模式

可预见的几种基本的数据库使用模式，包括：

1）基于事务型。

2）基于大数据集的读或写型。

3）基于时间型（月末压力大、周末压力轻等）。

4）基于位置型（人口集中的地区有更多交易等）。

5）基于优先级型（某些部门或者某些批处理相对有更大权限的优先级）。

一些系统可能会同时具备这些基本模式。DBA 要能够预测使用模式的起伏转换，并有应对高峰期（如查询管理或优先级管理），以及利用低谷期（将需要大量资源的操作过程延迟到低谷期执行）的适当的流程。这些信息可以用来维护数据库性能。

（3）定义访问需求

数据访问包括与存储、获取或者处理存储在其他数据库和资料库中的数据等相关的活动。简单来说，数据访问就是授权访问不同数据文件的过程。

从数据库和其他资料库中访问数据有多种标准语言、方法和格式可以采用。适用于 ACID 类型的有 SQL、ODBC、JDBC、XQJ、ADO. NET、XML、X Query、X path 和 Web 服务等。适用于 BASE 类型的有 C、C + + 、REST、XML 和 Java㊀。有些标准允许将数据从非结构化（如 HTML 或文本文件）转换为结构化（如 XML 或 SOL）。

数据架构师和 DBA 有义务为组织选择合适的数据访问方法和工具。

2. 规划业务连续性

组织需要为灾难事件、影响系统或影响使用数据的不利事件进行业务连续性规划（Plan for Business Continuity）。DBA 必须确保所有数据库和数据库服务器都有恢复计划，包括可能导致数据丢失或数据损坏的场景，例如：

1）物理数据库服务器失效。

2）一块或多块磁盘存储设备失效。

3）数据库失效，包括主要的数据库、临时的存储数据库和事务日志等。

4）数据库索引或数据页损坏。

5）数据库和日志段的文件系统失效。

6）数据库或事务日志的备份文件失效。

应该评估每个数据库的重要性，以此确认恢复的优先顺序。有些数据库可能对业务处理非常重要，意外发生后需要立即恢复。在主要系统启动和正常运行之前，不太重要的数据库不会投入精力去恢复。还有一些系统可能根本不需要做恢复。例如，那些只是在数据加载时刷新的副本。

管理层和组织的业务连续性管理团队（如果有的话）应审查和批准数据恢复计划。DBA 团队应定期审查计划的准确性和全面性。将计划的副本、需要安装配置 DBMS 所需的所有软件、说明书

㊀ http：//bit. ly/1rWAUxS，列出了所有基本类型的数据访问方法（2016-02-28）。

和安全代码（如管理员密码）保存在生产之外的其他安全地方，以便灾难发生时使用。

如果备份不可用或不可读，则无法从灾难中恢复任何系统。定期备份对于任何恢复工作都是必不可少的，但如果备份不能被读取，那比没有备份可用还糟糕。那些不可读备份的处理时间不仅被浪费了，而且还错失了修复不可读备份的机会。要将所有的备份保存在远离生产现场的安全位置。

（1）备份数据

如果对数据库做备份，条件允许的话，还要对数据库事务日志做备份。系统的服务水平协议（SLA）中应该指定备份的频率。需要在数据的重要性和保护数据的成本之间作权衡。对大型数据库来说，过快的备份频率会消耗大量的存储空间和服务器资源。除了增量备份之外，应定期对每个数据库进行全库备份。同时，数据库应存储在托管存储区域。在理想情况下，存储在存储区域网络（SAN）的RAID阵列上，每天再备份到独立的存储介质。对于OLTP类型的数据库，事务日志的备份频率取决于数据更新的频率和涉及的数据量。对于频繁更新的数据库，更频繁的日志转储不仅可以提供更大的保护，还可以减少备份对服务器资源和应用程序的影响。

备份文件应该与数据库分开，存放到不同的文件系统中。在SLA中，应该要求备份到单独的存储介质中。每天备份的副本应该存储在安全且远离生产系统的场所中。大多数DBMS支持对数据库进行热备份——在应用程序运行时进行的备份。在备份传送过程中，某些更新同时发生，它们要么一直运行到完成更新，要么在备份时回滚。另外的一种方法是对数据库进行冷备份，这就要求数据库离线（也就是不对外提供服务，关闭数据库）。但是，如果应用程序需要连续可用，那么冷备份这种方式就不太适用了。

（2）恢复数据

大多数备份软件都有从备份中读取并恢复到系统的功能。DBA与基础架构团队合作，重新加载包含备份的介质并执行恢复的过程。用于执行数据恢复的具体工具取决于数据库的类型。

文件型数据库中的数据比关系型数据库管理系统中的数据更容易恢复。如果是从日志中恢复而不是从备份中恢复，那么关系型数据库管理系统在恢复的过程中还需要更新目录（Catalog）信息。

定期进行数据库的恢复测试是非常重要的。这样做可以减少灾难或紧急情况下发生意外。恢复测试可以在具有相同基础架构和配置的非生产系统的副本环境上进行。如果系统有“故障切换”环境，那么恢复测试可以在辅助系统上进行。

3. 创建数据库实例

DBA负责创建数据库实例。相关活动包括：

1）安装和更新DBMS软件。DBA安装DBMS软件的新版本，并在从开发到生产的所有环境中安装由DBMS供应商提供的维护补丁。由DBA专家、安全专家和管理人员审查这些补丁并确定安装优先级。这是一项关键的活动，可以防御漏洞攻击，并确保集中式和分布式安装环境中持续的数据完整性。

2）维护多种环境的安装，包括不同的DBMS版本。DBA可以在沙盒环境、开发环境、测试环境、用户验收测试（UAT）环境、系统验收测试环境、质量保证环境、预生产环境、热修复（Hot-Fix）环境、灾难恢复环境和生产环境中安装和维护DBMS软件的多个实例，并管理与应用程序版本、系统版本变更相关的 DBMS 软件版本的升级迁移。

3）安装和管理相关的数据技术。DBA 可能要安装数据集成软件和第三方数据管理工具。

（1）物理存储环境管理

物理存储环境管理需要遵循传统的软件配置管理（SCM）过程或信息技术基础设施库（ITIL）的方法，以记录对数据库配置、结构、约束、权限、阈值等的修改。作为标准配置管理过程中的一部分，DBA 需要更新物理数据模型，以反映存储对象的修改。通过敏捷开发和极限编程思想，物理数据模型的更新在防止设计或开发错误方面发挥着重要作用。

DBA 需要遵循 SCM 过程，以跟踪更改并验证开发、测试和生产环境中的数据库是否具有每个版本中包含的所有增强功能，即使这些更改只是外观上的，或者只是在虚拟化数据层中。

确保一个完善的 SCM 过程需要 4 个步骤：配置识别、配置变更控制、配置状态报告和配置审计。

1）配置识别。在配置识别过程中，DBA 将与数据专员、数据架构师和数据建模师一起明确为终端用户所定制的各个方面的属性配置。这些属性配置被记录在配置文档和基线中。一旦一个属性被基线化，就需要一个正式的配置变更控制过程来改变属性的配置。

2）配置变更控制。它是一组用于更改配置项属性并重新对其进行基线化的流程和审批阶段。

3）配置状态报告。及时记录和报告任意点上与每个配置项相关的配置基线。

4）配置审计。它发生在交付和发生变更的时候。配置审计有两种类型，即物理配置审计和功能配置审计。物理配置审计是确保配置项按照其详细设计文档的要求进行安装；功能配置审计是确保配置项的性能属性得以实现。

在整个数据生命周期中，为了保持数据的完整性和可追溯性，DBA 将这些变更同步给建模人员、开发人员和元数据管理人员。

为了确定数据复制需求、数据迁移量和数据恢复检查点，DBA 需要维护与数据量相关的数据容量、查询语句性能以及物理对象的统计数据等。大型数据库还包含对象分区，必须要对它定期监视和维护，以确保对象保持所期望的数据分布。

（2）管理数据访问控制

DBA 负责管理那些可以访问数据的控件。DBA 为保护数据资产和数据完整性对以下功能进行监督：

1）受控环境。DBA 与网络存储管理员合作管理数据资产的受控环境，包括网络角色和权限管理、全天候监控和网络健康监控、防火墙管理、补丁管理和微软基准安全分析器（MBSA）集成管理。

2）物理安全。数据资产的物理安全性由基于简单网络管理协议（SNMP）的监控、数据审计日志记录、灾难管理和数据库备份计划进行管理的。DBA 配置且监视这些协议。监控对于安全协议尤其重要。

3）监控。DBA 通过对关键服务器进行连续的硬件和软件监控，来实现数据库系统的可用性。

4）控制。DBA 通过访问控制、数据库审计、入侵检测和漏洞评估工具来维护数据安全。构建数据安全相关的概念和活动，将在第 7 章详细讨论。

（3）创建存储容器

所有的数据存储在一个物理设备上并被进行组织，以便加载、查询或检索。存储容器本身可能包含存储对象，并且每个级别都必须与该对象的级别相适合。例如，关系型数据库具有包含表的模式，而非关系型数据库具有包含文件的文件系统。

（4）应用物理数据模型

DBA 负责创建和管理完整的物理数据存储环境，而数据存储环境通常是以物理数据模型为基础。物理数据模型包括存储对象、索引对象以及执行数据质量规则、连接数据库对象以及实现数据库性能所需的任何封装代码对象。

根据组织的不同，数据建模师可能会提供数据模型，而 DBA 则在存储中进行数据模型的物理布局。在其他组织中，DBA 可能规划出物理模型的基本架构，添加所有特定于该数据库的实施细节，包括索引、约束、分区或集群、容量估计和存储分配详细信息。

对于作为应用的一部分提供的第三方数据库架构，大多数数据建模工具允许对现成的商业软件（Commercial Off the Shelf，COTS）或 ERP 系统的数据库进行逆向工程。只要建模工具可以读取存储工具目录信息，这些就可以用来构建一个物理模型。由于基于应用程序的限制或关系的存在，DBA 或数据建模师仍然需要审查且可能需要更新物理模型。并不是所有的限制和关系都安装在数据库目录中，特别是那些还需要进行数据库抽象化的较早期应用程序。

当 DBA 提供数据服务（Data-as-a-Service，DaaS）时，更有必要维护良好的物理模型。

（5）加载数据

数据库刚创建时是空的，DBA 用数据将它们填充起来。如果待加载的数据已经用数据库实用程序导出，则可能不需要使用数据集成工具将其加载到新数据库中。大多数数据库系统都具有批量加载功能，要求数据的格式与目标数据库对象相匹配，或者具有将源数据与目标对象相连接的简单映射功能。

大多数组织还从第三方来源获取一些数据。例如，从信息中心购买的潜在客户的列表、邮政编码和地址信息或供应商提供的产品数据。数据可以通过被免费授权或作为免费开放的数据服务来获取；以诸多不同的标准格式（CD，DVD，EDI，XML，RSS feeds，Text file）获取这些数据，或根据要求按需获取，或通过订阅服务定期更新。一些数据的获取需要法律许可，因此在加载数据之前，DBA 需要注意这些限制。

DBA 需要处理这些类型的数据加载，或者创建初始加载路线图。除了在安装或其他一次性的情况下使用外，尽量限制人工执行加载的方式，确保它们是自动的和有计划的加载。

另外一种数据采集的管理方法是将数据订阅服务的责任集中在数据分析人员上。数据分析人员需要在逻辑数据模型和数据字典中记录外部数据源。开发人员可以设计和创建脚本或程序来读取数据并将其加载到数据库中。数据库应用系统将负责实现必要的流程，以便将数据加载到数据库中，或使其可用于应用程序。

（6）管理数据复制

DBA 可以通过以下方面的建议来影响关于数据复制过程的决策：

1）主动或被动复制。

2）基于分布式数据系统的分布式并发控制。

3）在数据更改控制过程中，通过时间戳或版本号来识别数据更新的适当方法。

对于小型系统或数据对象来说，完整的数据刷新可以满足并发的要求。对于较大的数据对象来说，如果大多数的数据不必更改，则将更改合并到数据对象中比每次更改时完全复制所有数据更有效率。然而如果大型数据对象的大部分数据要被更改的话，那么频繁更新会带来很多花销。相比而言，进行刷新可能是更好的选择。

4. 管理数据库性能

数据库的性能取决于两个相互依赖的因素：可用性和响应速度。性能包括确保空间的可用性、查询优化以及其他能使数据库以有效的方式返回数据的因素。如果没有可用性，就无法衡量数据库的性能。一个不可用的数据库其性能指标为 0。DBA 和网络存储管理员通过以下步骤管理数据库的性能：

1）设置和优化操作系统及应用程序参数。

2）管理数据库连接。网络存储管理员和 DBA 为 IT 人员和商业用户提供技术指导和支持，并基于组织中的标准和协议的要求来实施数据库连接策略。

3）与系统开发人员和网络管理员合作，优化操作系统、网络和事务处理中间件，以方便数据库更好地运行。

4）提供合适的存储，让数据库与存储设备和存储管理软件有效配合。存储管理软件的优化有别于存储技术的使用。将早期的和较少使用的数据迁移到较便宜的存储设备上，可以使核心数据的检索时间大大加快。DBA 与存储管理员一起设置和监控有效的存储管理过程。

5）提供容量增长预测，支持存储获取和一般数据生命周期管理活动，包括保留、调优、存档、备份、清理和灾难恢复。

6）与系统管理员一起，提供操作工作负载和基准，以支持 SLA 管理、收费计算、服务器容量以及规划的生命周期轮换。

（1）设置数据库性能服务水平

系统性能、数据可用性、恢复预期以及团队对问题的响应期望，通常是通过 IT 数据管理服务组织和数据所有者之间的服务水平协议（SLA）来管理的（图 6-8）。

通常，SLA 将确定在哪些时间框架中可以使用数据库。SLA 通常会为一些应用程序事务（复杂的查询与更新的混合）确定一个指定的最大允许执行时间。如果数据库不能按照约定的方式使用，或者如果流程执行时间违反 SLA，那么数据所有者将要求 DBA 识别和纠正问题产生的原因。

（2）管理数据库可用性

可用性是指系统或数据库可以用于生产工作的时间百分比。随着组织增加对数据的使用，可用性需求也增加，不可用数据的风险和成本也随之增加。为了满足更高的需求，维户窗口正在缩小。以下 4 个相关因素影响系统可用性：

1）可管理性（Manageability）。创建和维护环境的能力。

2）可恢复性（Recoverability）。中断发生后重新建立服务的能力，修复由于不可预见的事件或

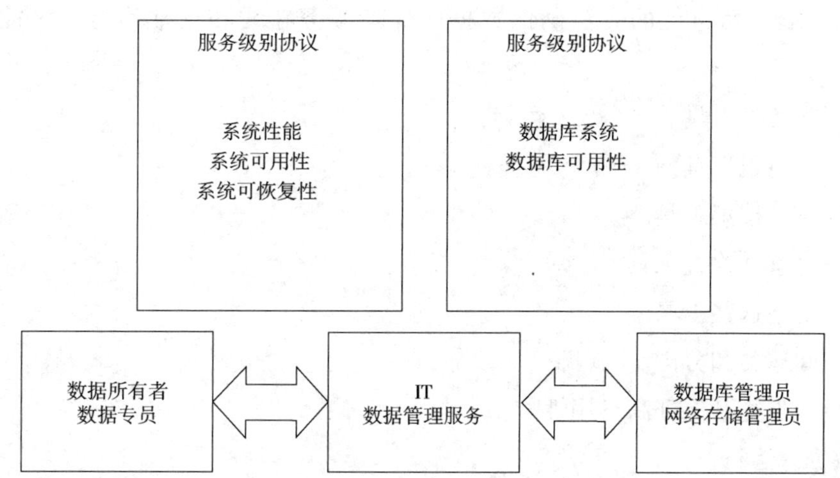

图 6-8　系统级数据库性能 SLA

组件故障导致的错误的能力。

3）可靠性（Reliability）。在规定时间内提供指定水平服务的能力。

4）可维护性（Serviceability）。识别存在问题的能力，诊断原因，修复/解决问题。

许多因素可能会影响数据库的可用性，包括：

1）计划性停机。

①出于维护的考虑。

②出于升级的考虑。

2）非计划停机。

①服务器硬件故障。

②磁盘硬件故障。

③操作系统故障。

④数据库软件故障。

⑤数据中心站点故障。

⑥网络故障。

3）应用问题。

①安全和授权问题。

②严重性能问题。

③恢复失败。

4）数据问题。

①数据损坏（由于缺陷、架构设计或者用户错误）。

②数据库对象丢失。

③数据丢失。

④数据复制问题。

5）人为错误。

DBA 有责任采取一切可能的方法确保数据库保持服务在线和正常运行，可能的工具和方法包括：

1）运行数据库备份工具。

2）运行数据库重组工具。

3）运行统计信息搜集工具。

4）运行数据完整性检查工具。

5）自动执行上述这些工具。

6）利用表空间聚类和分区。

7）跨库进行数据复制保证高可用性。

（3）管理数据库运行

DBA 部署数据库监控，监视数据库的运行、数据变更日志的使用和复制环境的同步等情况。日志大小和位置需要空间。在某些情况下，日志大小和位置可以像基于文件的数据库一样自行处理。必须管理其他使用日志的应用程序，以确保在所需日志级别上使用正确的日志。日志记录的细节越多，需要的空间和处理进程就越多，这可能会对数据库性能造成负面影响。

（4）维护数据库性能服务水平

DBA 通过性能监控、快速有效响应问题的方式，对数据库性能进行主动和被动的优化。大多数数据库管理系统具有监控性能的能力，允许数据库应用系统自动生成分析报告。大多数服务器操作系统都有类似的监视和报告功能。数据管理员应该定期对数据库管理系统和服务器制作活动和性能报告，尤其在大量活动期间更应如此。他们应该将这些报告与之前的报告进行比较，以确定是否存在负面趋势，并将它们保存下来以帮助分析问题。

1）事务性能与批处理性能。

数据移动可能通过在线交易实时发生。然而，许多数据移动和转换活动是通过批处理程序执行的，这些程序可能在系统之间移动数据，或者仅仅对某个系统内的数据执行操作。这些批处理作业必须在操作时间表的指定窗口中完成。DBA 和数据集成专家监控批处理数据的工作性能，指出异常的完成时间和执行中的错误，并确定错误的根本原因及解决这些问题。

2）问题修复。

当数据库性能出现问题时，DBA、网络存储管理员和服务器管理团队应使用数据库管理系统的监控和管理工具来帮助确定问题的根源。数据库性能低下的常见原因包括：

①内存分配和争用。为数据分配缓冲区或缓存。

②锁与阻塞。在某些情况下，数据库运行的进程可能会锁定数据库资源，如表或数据页，并阻塞另一个需要它们的进程。如果问题继续存在，DBA 可以终止阻塞进程。在某些情况下，两个进程可能会出现“死锁”，即一个进程会锁定另一个进程所需的资源。大多数数据库管理系统会在一段时间后自动终止其中一个进程。这类问题通常是编码不良所致，在数据库或应用程序中都是如此。

③不准确的数据库统计信息。多数关系型数据库管理系统都有一个内置的查询优化器，它依赖所存储的关于数据和索引的统计信息，从而决定如何最有效地执行给定的查询。这些统计数据应该经常更新，特别是在活跃的数据库中。如果不更新，将导致查询结果不理想。

④不良代码。数据库性能差的最常见原因可能是 SQL 编码不良。查询编码人员需要对 SQL 查询优化器的工作方式有一个基本的了解。他们应该最大化地利用优化器功能来编写结构化查询语言。一些系统允许在存储过程中封装复杂的结构化查询语言，这些过程可以预编译和预优化，而不是嵌入到应用程序代码或脚本文件中。

⑤低效而复杂的表连接。使用视图来预先定义复杂的表连接。此外，在数据库函数中避免使用复杂的结构化查询语言（如表连接）。与存储过程不同，这些对查询优化器是不透明的。

⑥不当的索引。编写复杂的查询和使用表上构建的索引来实现大表的查询。创建支持这些查询所必需的索引。在频繁更新的表上创建太多索引要慎重，这样做会减慢数据更新过程的速度。

⑦应用程序活动。在理想情况下，应用程序应该在与数据库管理系统分开的服务器上运行，这样它们就不会争抢资源。配置和调优数据库服务器以获得最佳性能。此外，新的数据库管理系统允许应用程序对象，如被封装在数据库对象中的 Java 和 . Net 类，在数据库管理系统中执行。但要小心使用这个功能，虽然在某些情况下，它可能非常有用，但是在数据库服务器上执行应用程序代码可能会影响数据库进程的互操作性、应用程序架构和性能。

⑧过载的服务器。支持多个数据库和应用程序的数据库管理系统可能存在一个临界点，增加更多的数据库会对现有数据库的性能产生不利影响。在这种情况下，需创建一个新的数据库服务器。此外，将已经变得非常大的数据库或将使用更频繁的数据库迁移到另一个服务器。在某些情况下，通过将不太常用的数据归档到另一个位置，或者删除过期或过时的数据，这样可以解决大型数据库过载的问题。

⑨数据库的易变性。在某些情况下，在短时间内大量表的插入和删除会产生不准确的数据库分布统计数据。在这些情况下，应停止更新这些表的数据库统计，因为不正确的统计数字会对查询优化器产生不利影响。

⑩失控的查询语句。用户可能会无意识地提交了一个占用大部分共享资源的查询。在它们被评估和改进之前，使用排名或查询调控器来终止或暂停这些查询。

在查明问题的原因之后，DBA 应当采取必要的措施来解决这些问题，包括与开发人员合作改进和优化数据库代码，以及归档或删除应用程序不再需要的数据。对 OLTP 数据库的某些例外情况，DBA 可能要考虑与数据建模师一起对数据库的受影响部分进行模型重构。当然，只有尝试过其他措施（如视图、索引和结构化查询语言代码的重写），并且仔细评估了可能的后果，如数据完整性丢失或对非规范化表的 SQL 查询复杂度增加后，才会考虑这么做。

对只读型报表和分析型数据库来说，这是个例外。非规范化是有助于提高性能和易于访问的常用手段，不会构成威胁和风险。

（5）维护备用环境

数据库并非是一旦建成就永不改变的。随着业务规则更改、业务流程更改和技术更改，开发和测试环境允许在变更被带入生产环境之前进行更改测试。DBA 可以将数据库结构和数据的全部或子集复制到其他环境中，以支持更改的开发和测试。有几种类型的替代环境：

1）开发环境。用于创建和测试将在生产中执行的更改。尽管资源配置有所缩减，开发必须与生产环境保持紧密的联系。

2）测试环境。测试环境有几种用途，如质量保证、集成测试、用户验收测试和性能测试。理想的测试环境也有与生产环境相同的软件和硬件环境。特别是，用于性能测试的环境通常不应该减少资源配置。

3）数据沙箱。实验环境被用来检验假设及开发新的数据使用。DBA 通常要设置、授予沙箱的访问权限，并监视这些环境的使用情况。他们还应该确保沙箱是隔离的，不会对生产操作产生不利影响。

4）备用的生产环境。它是被用来支持脱机备份、故障转移和韧性支持的系统。这些系统应该与生产系统是相同的。考虑到它专注 I/O 活动，备用（和恢复）系统在配置方面可以再缩小它的计算能力。

5. 管理测试数据集

软件测试是劳动密集型的活动，占近一半的系统开发成本。有效的测试需要高质量的测试数据，并且必须对这些数据进行管理。测试数据的生成是软件测试中的一个关键步骤。

测试数据是专门用于测试系统的。测试可以验证给定的输入集产生的预期输出，或者检测编程对异常、极端或意外输入的响应能力。测试数据可以是完全虚构的，也可以用无意义的值生成，也可以是样本数据。样本数据可以是实际生产数据的子集（内容或结构的），也可以从生产数据中生成。根据需要，可以对生产数据进行筛选或聚合创建多个示例数据集。如果生产数据报含受保护或受限制的数据，那么样本数据必须与外界隔离。

测试数据可以集中产生，也可以用系统的方式（通常是功能测试的情况下）使用统计或过滤器来生成，或者使用其他不太集中的方法（通常是在高容量随机自动化测试的情况下）。测试数据可以由测试人员、辅助测试人员的程序与功能产生，也可由选择和筛选的生产数据副本产生。测试数据可以作为短期重新使用的数据而保存，用来创建和管理支持回归测试，或者数据一次性使用后删除——尽管在大多数组织中，项目完成后不包括清理工作这一步骤。DBA 应监管项目的测试数据，定期清除旧的测试数据以保留数据库容量。

某些测试（特别是性能测试）并不总是能够产生足够的测试数据。要生成的测试数据的数量是由时间、成本和质量等因素决定或限制的，同时还受到在测试环境中使用生产数据的规章制度影响（参见第 7 章）。

6. 管理数据迁移

数据迁移是在尽可能不改变数据的情况下，在不同存储类型、格式或计算机系统之间传送数据的过程。迁移过程期间的数据修改内容将在第 8 章讨论。

数据迁移对于任何系统实施、升级或合并，都是需要考虑的关键因素。它通常基于规则采用事先编好的程序自动执行。然而，要确保这些规则和程序正确的执行。数据迁移的原因有很多，包括服务器或存储设备替换、升级、网站整合、服务器维护或数据中心迁移。大多数迁移工作在执行的时候允许以一种非破坏性的方式进行。例如，在主机上并发的对逻辑判执行 I/O 操作。

映射的粒度决定了元数据的更新速度，决定了迁移过程中需要多少额外的磁盘容量，决定了先前位置被标记为空闲的速度。粒度越小意味着更新速度越快，所需空间越小，释放旧存储越快。

通过执行一些简单的例行任务，存储管理员就可以使用数据迁移技术完成相关工作：

1）将过度使用的存储设备上的数据转移到一个单独的环境中。

2）根据需要将数据移动到速度更快的存储设备上。

3）实施数据生命周期管理策略。

4）将数据从旧的存储设备（无论是报废还是停止租赁）迁移到线下或云存储上。

在数据迁移过程中，通常会执行自动和手动的数据修复，以提高数据的质量、消除冗余或过时的信息，并适应新系统的需求。中等或高度复杂的应用程序数据（设计、提取、修复、加载、验证）迁移到新系统部署之前，通常需要重复演练多次。

6.3　工具

除了数据库管理系统外，DBA 还会使用很多其他工具来管理数据库。例如，数据建模工具和应用程序开发工具，允许用户编写和执行查询的接口、为实现数据质量改进的数据评估和修改工具，以及性能负载监控工具等。

6.3.1　数据建模工具

数据建模工具可以帮助数据建模人员自动化执行许多任务。一些数据建模工具允许生成数据库数据定义语言脚本（DDL）。大多数建模工具支持从数据库到数据模型进行逆向工程。更复杂的工具可以验证命名标准、检查拼写、存储元数据（定义和血缘关系），甚至可以发布信息到网站上(参见第 5 章）。

6.3.2　数据库监控工具

数据库监控工具自动监控关键指标（如容量、可用性、缓存性能、用户统计等），并向 DBA 和网络存储管理员发出当前数据库问题报警。大多数的数据库监控工具可以同时监控多种类型的数据库。

6.3.3　数据库管理工具

数据库系统通常自带管理工具。同时，一些第三方的软件可协助 DBA 管理多种数据库。这些软件包括配置功能、安装补丁和升级、备份和恢复、数据库克隆、测试管理和数据清理任务。

6.3.4 开发支持工具

开发支持工具包含一个可视化界面，用于连接和执行数据库上的命令。其中一些被包含在数据库管理软件中，其他的在第三方应用程序中。

6.4 方法

6.4.1 在低阶环境中测试

对于操作系统、数据库软件、数据库变更以及代码更改的升级和补丁，首先要在最低阶配置的环境中安装和测试——通常是开发环境。在最低阶环境中测试后，再在下一阶的环境继续验证，最后安装部署到生产环境中。这个过程可以让安装人员积累升级或修复补丁的经验，并且可以确保对生产环境的影响最小。

6.4.2 物理命名标准

命名的一致性有助于加快理解的速度。数据架构师、数据库开发人员和 DBA 可以使用命名标准来定义元数据或创建不同组织之间交换文件的规则。

利用 ISO/IEC 11179-元数据注册表（Metadata Registries，MDR）处理数据的语义、数据的表示和数据描述的注册。通过这些描述，可以准确地理解数据语义，并对数据进行有用的描述。

在这个标准中，对物理数据库最重要的部分是第 5 章——命名和识别原则，它描述了如何形成命名数据元素及其组件的约定。

6.4.3 所有变更操作脚本化

由于请求的“一次性”以及缺乏适当的工具，直接更改数据库中的数据是非常危险的。然而，有些情况必须这样做。例如，在账户结构表中的年度变化，或在合并、收购或紧急的情况等。在应用到生产之前，将更改脚本文件并在非生产环境下进行全面测试，会非常有帮助。

6.5 实施指南

6.5.1 就绪评估/风险评估

就绪评估/风险评估主要围绕两个中心思想：数据丢失的风险和与技术准备有关的风险。

（1）数据丢失

由于技术或程序错误，或者出于恶意的目的，数据可能会丢失。组织需要制定一些制度来降低此类风险。服务水平协议（SLA）通常规定了数据保护的一般要求，它需要得到良好的文档化程序支持。正在进行的评估需要确保强有力的技术支持，以防止恶意目的造成的数据丢失。随着网络威胁的不断演变，建议进行 SLA 审计和数据审计来评估和规划风险缓解措施。

（2）技术准备

对于新技术，如非关系型数据库（NoSQL）、大数据、三元组存储（Triple Stores）和任务空间功能描述（FDMS）等需要 IT 技能和经验准备。许多组织没有掌握集成这些新技术优势所需的技能。DBA、系统工程师和应用程序开发人员以及商业用户必须做好发挥这些技术在商务智能及其他应用领域作用的准备。

6.5.2 组织和文化变化

DBA 往往不能有效地提升自身工作对组织的价值。他们需要认识到数据所有者和消费者的合理需求，平衡短期和长期的数据需求，在组织中将数据管理实践的重要性灌输给他人，优化数据开发实践，以确保使组织利益最大化和对数据消费者的影响最小化。把数据工作看作是一系列原则和实践的抽象集合，无视参与者的人为因素，传播“我们 vs. 他们”的对立心态，这会给工作制造障碍，对工作没有任何帮助。

大量断层主要是由于参考框架中的冲突所导致的。组织是从特定的应用程序角度看待信息技术，而不是从数据角度，通常是以应用程序为中心的角度来看待数据。对于安全的、可重复使用和高质量数据的长期价值，如作为企业资源的数据，则不那么容易被认识其价值或得到足够的重视。

在应用程序开发时，常常将数据管理视为应用程序开发的一个障碍，认为它使得项目开发的时间更长、成本更高，而且并没有带来其他的好处。数据库应用系统已经慢慢地适应了技术方面的变革（如 XML、对象和 SOA）以及应用程序开发的新方法（如敏捷开发、XP 和 Scrum）。此外，开发人员常常无法意识到，良好的数据管理实践能够帮助他们实现对象和应用程序重复使用的长期目标，以及真正面向服务的应用程序架构。

DBA 和其他数据管理人员可以帮助克服这些组织和文化障碍。他们可以通过遵循指导原则来识别和采取行动，在考虑重用的情况下进行构建，应用最佳实践，将数据库标准与支持联系起来，从而促进一种更有用和协作的方法来满足组织的数据和信息需求，并设定 DBA 在项目工作中的预期目标。此外，他们应该：

1）主动沟通。DBA 在开发期间和开发完成后，都应与项目团队密切沟通，尽早发现并解决问题。他们应该审查开发团队编写的数据访问代码、存储程序、视图和数据库函数，并帮助解决数据库设计中的问题。

2）站在对方的立场上与之沟通。例如，同业务人员交流业务需求和投资回报会更好一些，与开发人员讨论面向对象、松耦合和开发的易用性更合适一些。

3）保持专注于业务。应用程序开发的目标是满足业务需求并从项目中获得最大的价值。

4）对他人要有帮助。总是对他人说“不”会导致对方忽略标准，另谋他路。需要让对方认识到，虽然每个人都需要完成自己分内的工作，但是在他人成功的道路上不施以援手对彼此都不利。

5）不断学习。评估在项目实施中遇到的挫折，吸取教训，以规避再次出现类似的问题。

总之，要了解利益相关方及其需求，制定清晰、简明、实用、以业务为中心的标准，尽可能以最好的方式完成工作。此外，传授和执行这些标准的方式应为利益相关方提供最大的价值，并赢得他们的尊重。

6.6 数据存储和操作治理

6.6.1 度量指标

数据存储的度量指标，包括：

1）数据库类型的数量。

2）汇总交易统计。

3）容量指标。

4）已使用存储的数量。

5）存储容器的数量。

6）数据对象中已提交和未提交块或页的数量。

7）数据队列。

8）存储服务使用情况。

9）对存储服务提出的请求数量。

10）对使用服务的应用程序性能的改进。

性能度量评估指标，包括：

1）事务频率和数量。

2）查询性能。

3）API 服务性能。

操作度量指标，包括：

1）有关数据检索时间的汇总统计。

2）备份的大小。

3）数据质量评估。

4）可用性。

服务度量指标，包括：

1）按类型的问题提交、解决和升级数量。

2）问题解决时间。

DBA 应与数据架构师和数据质量团队一起讨论度量指标的需求。

6.6.2 信息资产跟踪

数据存储治理中的一部分是确保数据库遵守所有许可协议和监管要求。因此，应该对软件使用许可、年度支持费用以及服务器租赁协议和其他固定费用，进行仔细跟踪和年度审计。不遵守许可协议会给组织带来严重的财务和法律风险。

审计数据可以帮助确定每种技术和产品的总拥有成本（TCO）。定期评估那些过时、过保、用处不大或太昂贵的技术和产品。

6.6.3 数据审计与数据有效性

数据审计是根据定义的标准对数据集进行评估的过程，通常是对数据集的特定关注点进行审计。审计的目的是为了确定数据的存储是否符合合同和方法要求。数据审计方法可能包括一个项目特定和全面的检查表、所需的可交付成果和质量控制标准。

数据验证是根据既定的验收标准评估存储数据的过程，以确定其质量和可用性。数据验证程序依赖于数据质量团队（如果该团队存在）或其他数据使用者的需求所建立的标准。DBA 对数据审计和验证提供部分支持工作，包括：

1）帮助制定和审查方法。

2）进行初步的数据筛选和审查。

3）开发数据监控方法。

4）应用统计信息、地理统计信息、生物统计信息等技术来优化数据分析。

5）支持采样及分析。

6）审核数据。

7）提供数据发现的支持。

8）担任与数据库管理相关问题的主题专家。

6.7 文献引用与推荐

Amir, Obaid. *Storage Data Migration Guide.* 2012. Kindle.

Armistead, Leigh. *Information Operations Matters: Best Practices.* Potomac Books Inc., 2010. Print.

Axelos Global Best Practice (ITIL website). http://bit.ly/1H6SwxC.

Bittman, Tom. "Virtualization with VMWare or HyperV: What you need to know." Gartner Webinar, 25 November, 2009. http://gtnr.it/2rRl2aP, Web.

Brewer, Eric. "Toward Robust Distributed Systems." PODC Keynote 2000. http://bit.ly/2sVsYYv Web.

Dunham, Jeff. *Database Performance Tuning Handbook.* McGraw-Hill, 1998. Print.

Dwivedi, Himanshu. *Securing Storage: A Practical Guide to SAN and NAS Security.* Addison-Wesley Professional, 2005. Print.

EMC Education Services, ed. *Information Storage and Management: Storing, Managing, and Protecting Digital Information in Classic, Virtualized, and Cloud Environments.* 2nd ed. Wiley, 2012. Print.

Finn, Aidan, et al. *Microsoft Private Cloud Computing.* Sybex, 2013. Print.

Finn, Aidan. *Mastering Hyper-V Deployment.* Sybex. 2010. Print.

Fitzsimmons, James A. and Mona J. Fitzsimmons. *Service Management: Operations, Strategy, Information Technology.* 6th ed. Irwin/McGraw-Hill, 2007. Print with CDROM.

Gallagher, Simon, et al. *VMware Private Cloud Computing with vCloud Director.* Sybex. 2013. Print.

Haerder, T. and A Reuter. "Principles of transaction-oriented database recovery". *ACM Computing Surveys* 15 (4) (1983). https://web.stanford.edu/class/cs340v/papers/recovery.pdf Web.

Hitachi Data Systems Academy, *Storage Concepts: Storing and Managing Digital Data.* Volume 1. HDS Academy, Hitachi Data Systems, 2012. Print.

Hoffer, Jeffrey, Mary Prescott, and Fred McFadden. *Modern Database Management.* 7th Edition. Prentice Hall, 2004. Print.

Khalil, Mostafa. *Storage Implementation in vSphere* 5.0. VMware Press, 2012. Print.

Kotwal, Nitin. Data Storage Backup and Replication: Effective Data Management to Ensure Optimum Performance and Business Continuity. Nitin Kotwal, 2015. Amazon Digital Services LLC.

Kroenke, D. M. *Database Processing: Fundamentals, Design, and Implementation.* 10th Edition.

Pearson Prentice Hall, 2005. Print.

Liebowitz, Matt et al. *VMware vSphere Performance: Designing CPU, Memory, Storage, and Networking for Performance-Intensive Workloads.* Sybex, 2014. Print.

Matthews, Jeanna N. et al. *Running Xen: A Hands-On Guide to the Art of Virtualization.* Prentice Hall, 2008. Print.

Mattison, Rob. *Understanding Database Management Systems.* 2nd Edition. McGraw-Hill, 1998. Print.

McNamara, Michael J. *Scale-Out Storage: The Next Frontier in Enterprise Data Management.* FriesenPress, 2014. Kindle.

Mullins, Craig S. *Database Administration: The Complete Guide to Practices and Procedures.* Addison-Wesley, 2002. Print.

Parsaye, Kamran and Mark Chignell. *Intelligent Database Tools and Applications: Hyperinformation Access, Data Quality, Visualization, Automatic Discovery.* John Wiley and Sons, 1993. Print.

Pascal, Fabian. *Practical Issues in Database Management: A Reference for The Thinking Practitioner.* Addison-Wesley, 2000. Print.

Paulsen, Karl. *Moving Media Storage Technologies: Applications and Workflows for Video and Media Server Platforms.* Focal Press, 2011. Print.

Piedad, Floyd, and Michael Hawkins. *High Availability: Design, Techniques and Processes.* Prentice Hall, 2001. Print.

Rob, Peter, and Carlos Coronel. *Database Systems: Design, Implementation, and Management.* 7th Edition. Course Technology, 2006. Print.

Sadalage, Pramod J., and Martin Fowler. *NoSQL Distilled: A Brief Guide to the Emerging World of Polyglot Persistence.* Addison-Wesley, 2012. Print. Addison-Wesley Professional.

Santana, Gustavo A. *Data Center Virtualization Fundamentals: Understanding Techniques and Designs for Highly Efficient Data Centers with Cisco Nexus, UCS, MDS, and Beyond.* Cisco Press, 2013. Print. Fundamentals.

Schulz, Greg. *Cloud and Virtual Data Storage Networking.* Auerbach Publications, 2011. Print.

Simitci, Huseyin. *Storage Network Performance Analysis.* Wiley, 2003. Print.

Tran, Duc A. *Data Storage for Social Networks: A Socially Aware Approach.* 2013 ed. Springer, 2012. Print. Springer Briefs in Optimization.

Troppens, Ulf, et al. *Storage Networks Explained: Basics and Application of Fibre Channel SAN, NAS, iSCSI, InfiniBand and FCoE.* Wiley, 2009. Print.

US Department of Defense. *Information Operations: Doctrine, Tactics, Techniques, and Procedures.*

2011. Kindle.

VMware. *VMware vCloud Architecture Toolkit（vCAT）: Technical and Operational Guidance for Cloud Success*. VMware Press, 2013. Print.

Wicker, Stephen B. *Error Control Systems for Digital Communication and Storage*. US ed. Prentice-Hall, 1994. Print.

Zarra, Marcus S. *Core Data: Data Storage and Management for iOS, OS X, and iCloud*. 2nd ed. Pragmatic Bookshelf, 2013. Print. Pragmatic Programmers.

第 7 章　数据安全

7.1　引言

数据安全包括安全策略和过程的规划、建立与执行，为数据和信息资产提供正确的身份验证、授权、访问和审计。虽然数据安全的详细情况（如哪些数据需要保护）因行业和国家有所不同，但是数据安全实践的目标是相同的，即根据隐私和保密法规、合同协议和业务要求来保护信息资产。这些要求来自以下几个方面。

（1）利益相关方

应识别利益相关方的隐私和保密需求，包括客户、病人、学生、公民、供应商或商业伙伴等。组织中的每个人必须是对利益相关方数据负有责任的受托人。

（2）政府法规

政府法规制定的出发点是保护利益相关方的利益。政府法规目标各有不同，有些规定是限制信息访问的，而另一些则是确保公开、透明和问责的。

（3）特定业务关注点

每个组织的专有数据都需要保护。这些数据运用得当，组织就可以获得竞争优势。若保密数据遭窃取或破坏，则组织就会失去竞争优势。

（4）合法访问需求

组织在保护数据安全的同时，还须启用合法访问。业务流程要求不同角色的人能够访问、使用和维护不同的数据。

（5）合同义务

合同和保密协议对数据安全要求也有影响。例如，PCI 标准是信用卡公司和某个商业企业之间的协议，需要以规定方式保护某些类型的数据（如强制加密客户密码）。

有效的数据安全策略和过程确保合法用户能以正确的方式使用和更新数据，并且限制所有不适当的访问和更新（Ray，2012）（图 7-1）。了解并遵守所有利益相关方隐私、保密需求，符合每个组织的最高利益。客户、供应商和各相关方都信任并依赖数据的可靠使用。数据安全需求的来源语境关系图如图 7-2 所示。

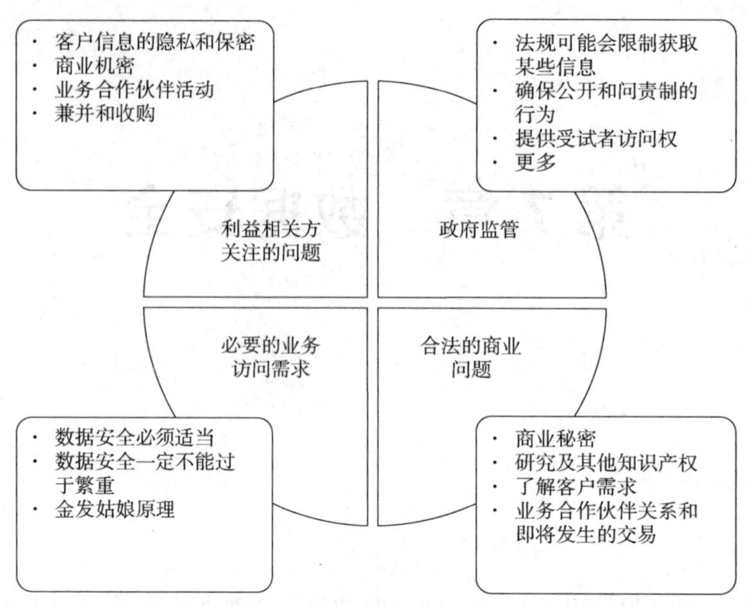

图 7-1　语境关系图：数据安全需求的来源

7.1.1　业务驱动因素

降低风险和促进业务增长是数据安全活动的主要驱动因素。确保组织数据安全，可降低风险并增加竞争优势。安全本身就是宝贵的资产。

数据安全风险与法规遵从性、企业和股东的信托责任、声誉以及员工保护、业务合作伙伴、客户隐私、敏感信息的法律、道德责任等有关。组织可能因不遵守法规和合同义务而被罚款。数据泄露会导致声誉和客户信心的丧失（参见第 2 章）。

业务增长包括实现并维持运营业务目标。数据安全问题、违规以及对员工访问数据不合理的限制会对成功运营造成直接影响。

如果将降低风险和发展业务的目标整合到一个连贯的信息管理和保护战略中，那么这些目标可以是互补和相互支持的。

1. 降低风险

随着数据法规的增多（通常是为应对数据盗窃和违规），合规性要求也随之增加。安全部门通常不仅负责管理 IT 合规性要求，还负责管理整个组织的策略、实践、数据分类分级和访问授权规则。

与数据管理的其他职责类似，数据安全最好在企业级层面开展。如果缺乏协同努力，业务单元各自寻找安全需求解决方案，那么将会导致总成本的增加，同时还可能由于不一致的保护措施而降低安全性。无效的安全体系结构或流程可能会导致组织产生违规成本并降低工作效率。一个在整个企业中得到适当资金支持、面向系统并保持一致的运营安全策略将降低这些风险。

信息安全管理首先对组织数据进行分类分级，以便识别需要保护的数据。整个流程包括以下

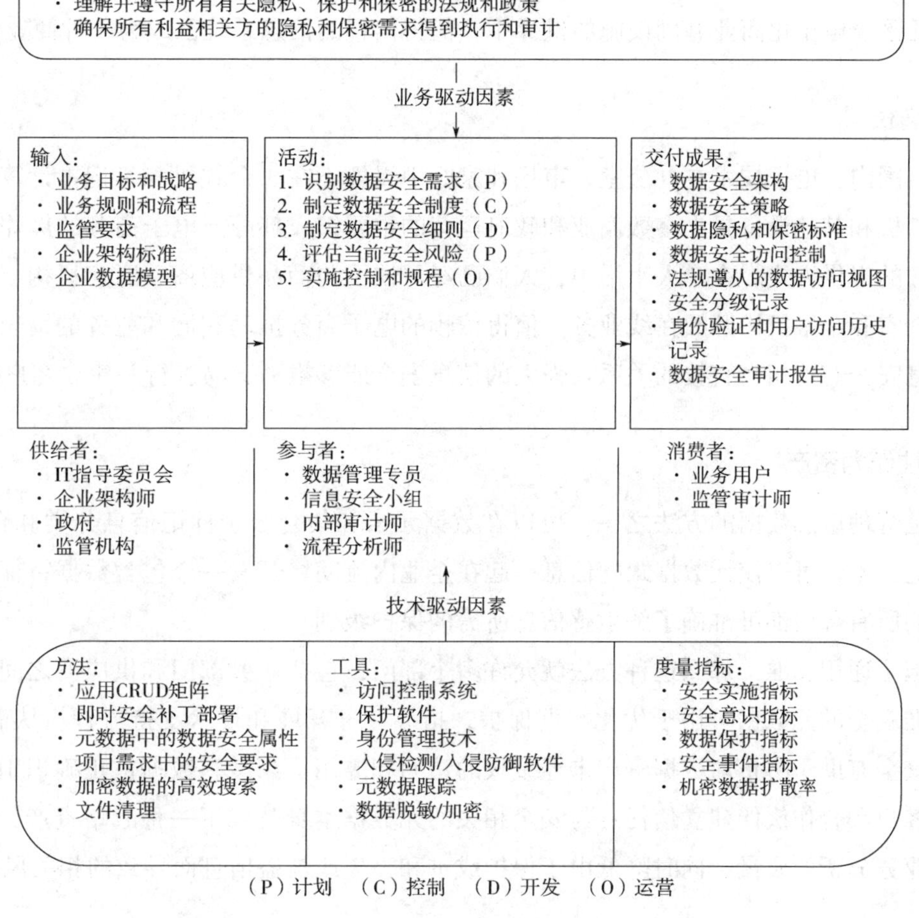

图 7-2 语境关系图：数据安全

步骤：

1）识别敏感数据资产并分类分级。有一些数据资产和敏感数据（包括个人身份识别、医疗数据、财务数据等）需要根据所属行业和组织类型等进行分类分级。

2）在企业中查找敏感数据。这取决于数据存储的位置，其安全要求可能有所不同。大量敏感数据存储在单一位置，如果这个位置遭到破坏，那么将会带来极高的风险。

3）确定保护每项资产的方法。根据数据内容和技术类型不同，确保采取针对性的安全措施。

4）识别信息与业务流程如何交互。需要对业务流程进行分析，以确定在什么条件下允许哪些访问。

除了对数据本身进行分类分级外，还需对外部威胁（如来自黑客和犯罪分子的威胁）和内部风险（由员工和流程产生）进行评估。许多数据的丢失或暴露是由于员工对高度敏感的信息缺乏认识或者绕过安全策略视而不见[⊖]造成的。网络服务器中的客户销售数据被黑、员工数据库下载至承包商笔记本计算机中后被盗、商业机密未加密保留在高管的计算机中后丢失，所有这些现象都是由于缺少或未强制实施安全控制造成的。

近年来，安全漏洞的负面影响对知名品牌造成了巨大经济损失和客户信任度的下降。来自犯罪黑客团体的外部威胁变得越来越复杂和有针对性，外部和内部威胁（故意或无意）造成的损失也在逐年增加（Kark，2009）。

在一个几乎全电子化商业基础设施的世界中，值得信赖的信息系统已成为一种商业优势。

2. 业务增长

在全球范围内，电子技术在办公室、市场和家庭中无处不在。台式机和笔记本计算机、智能手机、平板计算机和其他设备是大多数商业和政府运营的重要组成部分。电子商务的爆炸式增长改变了商品和服务的提供方式。在个人生活中，人们已经习惯了与商品供应商、医疗机构、公共事业部门、政府办公室和金融机构开展在线业务。值得信赖的电子商务推动利润和业务的增长。产品和服务质量与信息安全有着相当直接的关系：强大的信息安全能够推动交易进行并建立客户的信心。

3. 安全性作为资产

元数据是管理敏感数据的方法之一。可以在数据元素和集合级别标记信息分类和合规敏感度。利用数据标记技术，可以使元数据跟随信息一起在企业内流动。开发一个包含数据特征的主存储库意味着企业的所有部门都可准确了解敏感信息所需的保护级别。

如果实施了通用标准，那么这种方法就允许多个部门，包括业务部门和供应商之间使用相同的元数据。标准安全的元数据可用于优化数据保护，指导业务开展和技术支持流程，从而降低成本。这一层信息安全有助于防止对数据资产未经授权的访问和滥用。当敏感数据被正确识别出来时，组织就可以与客户和合作伙伴建立信任。与安全相关的元数据本身就成了一种战略资产，可以提高交易、报告和业务分析的质量，同时降低由于保护成本和丢失或被盗信息而导致的相关风险。

7.1.2 目标和原则

1. 目标

数据安全活动目标，包括以下几个方面：

1）支持适当访问并防止对企业数据资产的不当访问。

2）支持对隐私、保护和保密制度、法规的遵从。

3）确保满足利益相关方对隐私和保密的要求。

㊀ 调查显示，“70%的 IT 专业人士认为，使用未经授权的程序会导致多达一半的公司产生数据丢失事件。这种看法在美国（74%）、巴西（75%）和印度（79%）最为常见”。Ponomon 集团和 Symantic 杀毒软件公司的一份报告显示，“2012 年 2/3 的数据泄露是人为错误和系统问题导致的”。http：//bit. ly/1dGChAz，http：//symc. ly/1FzNo5l，http：//bit. ly/2sQ68Ba，http：//bit. ly/2tNEkKY。

2. 原则

组织数据安全遵循以下指导原则：

1）协同合作。数据安全是一项需要协同的工作，涉及 IT 安全管理员、数据管理专员/数据治理、内部和外部审计团队以及法律部门。

2）企业统筹。运用数据安全标准和策略时，必须保证组织的一致性。

3）主动管理。数据安全管理的成功取决于主动性和动态性、所有利益相关方的关注、管理变更以及克服组织或文化瓶颈，如信息安全、信息技术、数据管理以及业务利益相关方之间的传统职责分离。

4）明确责任。必须明确界定角色和职责，包括跨组织和角色的数据“监管链”。

5）元数据驱动。数据安全分类分级是数据定义的重要组成部分。

6）减少接触以降低风险。最大限度地减少敏感/机密数据的扩散，尤其是在非生产环境中。

7.1.3 基本概念

信息安全领域有一些特定的术语，了解这些关键术语有助于清楚阐明治理要求。

1. 脆弱性

脆弱性（Vulnerability）是系统中容易遭受攻击的弱点或缺陷，本质上是组织防御中的漏洞。某些脆弱性称为漏洞敞口。例如，存在过期安全补丁的网络计算机、不受可靠密码保护的网页、来自未知发件人的电子邮件附件的用户，不受技术命令保护的公司软件（这将使攻击者能够控制系统）。

在许多情况下，非生产环境比生产环境更容易受到威胁。因此，将生产数据控制在生产环境之内至关重要。

2. 威胁

威胁（Threat）是一种可能对组织采取的潜在进攻行动。威胁包括发送到组织感染病毒的电子邮件附件、使网络服务器不堪重负以致无法执行业务（拒绝服务攻击）的进程，以及对已知漏洞的利用等。

威胁可以是内部的，也可以是外部的。他们并不总是恶意的。一个穿制服的内部人员可以在不知情的情况下再次对组织采取攻击性行动。威胁可能与特定的漏洞有关，因此可以优先考虑对这些漏洞进行补救。对每种威胁，都应该有一种相应的抵御能力，以防止或限制威胁可能造成的损害。存在威胁的地方也称为攻击面。

3. 风险

风险（Risk）既指损失的可能性，也指构成潜在损失的事物或条件。对于每个可能的威胁，可从以下几个方面计算风险：

1）威胁发生的概率及其可能的频率。

2）每次威胁事件可能造成的损害类型和规模，包括声誉损害。

3）损害对收入或业务运营的影响。

4）发生损害后的修复成本。

5）预防威胁的成本，包括漏洞修复手段。

6）攻击者可能的目标或意图。

风险可按潜在损害程度或发生的可能性来确定优先级，而容易被利用的漏洞会具有发生风险的更大可能性。通常，优先级列表结合两方面的指标。风险的优先排序必须由各利益相关方通过正式的流程来确定。

4. 风险分类

风险分类描述了数据的敏感性以及出于恶意目的对数据访问的可能性。分类用于确定谁（即角色中的人员）可以访问数据。用户权限内所有数据中的最高安全分类决定了整体的安全分类。风险分类包括以下几个方面：

1）关键风险数据（Critical Risk Data，CRD）。由于个人信息具有很高的直接财务价值，因此内部和外部各方可能会费尽心思寻求未经授权使用这些信息。滥用关键风险数据不仅会伤害个人，还会导致公司遭受重大的处罚，增加挽留客户、员工的成本以及损害公司品牌与声誉，从而对公司造成财务损害。

2）高风险数据（High Risk Data，HRD）。高风险数据为公司提供竞争优势，具有潜在的直接财务价值，往往被主动寻求未经授权使用。如果高风险数据被滥用，那么可能会因此使公司遭受财务损失。高风险数据的损害可能会导致因不信任而使业务遭受损失，并可能导致法律风险、监管处罚以及品牌和声誉受损。

3）中等风险数据（Moderate Risk Data，MRD）。对几乎没有实际价值的公司非公开信息，未经授权使用可能会对公司产生负面影响。

5. 数据安全组织

数据安全组织取决于不同的企业规模。在信息技术（IT）领域内通常有完整的信息安全职能。大型企业通常设有向 CIO 或 CEO 报告的首席信息安全官（CISO）。在缺失专职信息安全人员的组织中，数据安全的责任将落在数据管理者身上。在任何情形下，数据管理者都需要参与数据安全工作。

在大型企业中，信息安全人员可以有让业务经理指导具体数据治理和用户授权的职能。例如，授予用户权限和数据法规遵从。专职信息安全人员通常最关心的是信息保护的技术方面，如打击恶意软件和系统攻击。但是，在项目的开发或安装期间，仍有足够的协作空间。

当 IT 和数据管理这两个治理实体缺乏一个有组织的流程来共享法规和安全要求时，这种协同作用的机会常常会错过。因此，需要有一个标准的程序来实现他们的数据法规、数据丢失威胁和数据保护要求，并在每个软件开发或安装项目开始时就这样做。

例如，NIST（美国国家标准与技术研究院）风险管理框架的第一步是对所有企业信息进行分类㊀。建立企业数据模型对于这个目标的实现至关重要。如果无法清楚地了解所有敏感信息的位置，就不可能创建全面有效的数据保护计划。

数据管理者需要与信息技术开发人员和网络安全专业人员积极合作，以便识别法规要求的数据，恰当地保护敏感系统，并设计用户访问控制以强制实施保密性、完整性和数据合规性。企业越大，就越需要团队合作，并依赖正确和更新的企业数据模型。

6. 安全过程

数据安全需求和过程分为 4 个方面，即 4A：访问（Access）、审计（Audit）、验证（Authentication）和授权（Authorization）。为了有效遵守数据法规，还增加了一个 E，即权限（Entitlement）。信息分类、访问权限、角色组、用户和密码是实施策略和满足 4A 的一些常用手段。安全监控对于保障其他进程的正常运行也至关重要。监控和审计都可连续或定期地进行。正式审计必须由第三方进行才能视为有效。第三方可以来自组织内部，也可以来自组织外部。

（1）4A

1）访问（Access）。使具有授权的个人能够及时访问系统。访问作动词用，意味着主动连接到信息系统并使用数据；作名词用，是指此人对数据具有有效的授权。

2）审计（Audit）。审查安全操作和用户活动，以确保符合法规和遵守公司制度和标准。信息安全专业人员会定期查看日志和文档，以验证是否符合安全法规、策略和标准。这些审核的结果会定期发布。

3）验证（Authentication）。验证用户的访问权限。当用户试图登录到系统时，系统需要验证此人身份是否属实。除密码这种方式外，更严格的身份验证方法包括安全令牌、回答问题或提交指纹。在身份验证过程中，所有传送过程均经过加密，以防止身份验证信息被盗。

4）授权（Authorization）。授予个人访问与其角色相适应的特定数据视图的权限。在获得授权后，访问控制系统在每次用户登录时都会检查授权令牌的有效性。从技术上讲，这是公司活动目录中数据字段中的一个条目，表示此人已获得授权访问数据。它进一步表明，用户凭借其工作或公司地位有权获得此权限，这些权限由相关负责人授予。

5）权限（Entitlement）。权限是由单个访问授权决策向用户公开的所有数据元素的总和。在生成授权请求之前，负责的经理必须决定某人“有权”访问此信息。在确定授权决策的监管和保密要求时，需要对每个授权所暴露的所有数据进行清点。

（2）监控

系统应包括检测意外事件（包括潜在的安全违规）的监视控制。包含机密信息（如工资或财务数据）的系统通常实施主动、实时的监控，以提醒安全管理员注意可疑活动或不当访问。

某些安全系统将主动中断不遵循特定访问配置文件要求的活动。在安全管理人员详细评估之前，账户或活动将保持锁定状态。

㊀ 美国国家标准技术研究所，http：//bit. ly/1eQYolG。

相反，被动监控是通过系统定期捕获系统快照，并将趋势与基准或其他标准进行比较，跟踪随时发生的变化。系统向负责的数据管理专员或安全管理人员发送报告。主动监控是一种检测机制，被动监控是一种评价机制。

7. 数据完整性

在安全性方面，数据完整性（Data Integrity）是一个整体状态要求，以免于遭受不当增/删改所造成的影响。例如，美国的萨班斯法案（Sarbanes-Oxley）主要涉及对如何创建和编辑财务信息的规则进行识别，以保护财务信息的完整性。

8. 加密

加密（Encryption）是将纯文本转换为复杂代码，以隐藏特权信息、验证传送完整性或验证发送者身份的过程。加密数据不能在没有解密密钥或算法的情况下读取。解密密钥或算法通常单独存储，不能基于同一数据集中的其他数据元素来进行计算。加密方法主要有 3 种类型，即哈希、对称加密、非对称加密，其复杂程度和密钥结构各不相同。

（1）哈希

哈希（Hash）将任意长度数据转换为固定长度数据表示。即使知道所使用的确切算法和应用顺序，也无法解密出原始数据。通常哈希用于对传送完整性或身份的验证。常见的哈希算法有 MD5 和 SHA。

（2）对称加密

对称加密使用一个密钥来加解密数据。发送方和接收方都必须具有读取原始数据的密钥。可以逐个字符加密数据（如在传送中），也可对数据块加密。常见的私钥算法包括数据加密标准（DES）、三重 DES（3DES）、高级加密标准（AES）和国际数据加密算法（IDEA）。Cyphers Twofish 算法 和 Serpent 算法也被视为安全方法。由于 DES 现在可被多种攻击手段轻松攻破，因此使用简单的 DES 是不明智的。

（3）非对称加密

在非对称加密中，发送方和接收方使用不同的密钥。发送方使用公开提供的公钥进行加密，接收方使用私钥解密显示原始数据。当许多数据源只需将受保护的信息发送给少数接收方（如将数据提交到清算交易所）时，这种加密方法非常有用。非对称加密算法包括 RSA 加密算法和 Diffie-Hellman 密钥交换协议等。PGP（Pretty Good Privacy）是一个免费的公钥加密应用程序。

9. 混淆或脱敏

可通过混淆处理（变得模糊或不明确）或脱敏（删除、打乱或以其他方式更改数据的外观等）的方式来降低数据可用性，同时避免丢失数据的含义或数据与其他数据集的关系。例如，与其他对象或系统的外键关系。属性中的值可能会更改，但新值对这些属性仍然有效。当在屏幕上显示敏感信息供参考或者从符合预期应用逻辑的生产数据中创建测试数据集时，混淆或脱敏处理非常有用。

数据混淆或脱敏是解决数据使用过程中的一种安全手段。数据脱敏分为两种类型：静态脱敏和动态脱敏。

静态脱敏按执行方式又可以分为不落地脱敏和落地脱敏。

（1）静态数据脱敏

静态数据脱敏（Persistent Data Masking）永久且不可逆转地更改数据。这种类型的脱敏通常不会在生产环境中使用，而是在生产环境和开发（或测试）环境之间运用。静态脱敏虽然会更改数据，但数据仍可用于测试、应用程序、报表等。

1）不落地脱敏（In-flight Persistent Masking）。当在数据源（通常是生产环境）和目标（通常是非生产）环境之间移动需要脱敏或混淆处理时，会采用不落地脱敏。由于不会留下中间文件或带有未脱敏数据的数据库，不落地脱敏方式非常安全。另外，如果部分数据在脱敏过程中遇到问题，则可重新运行脱敏过程。

2）落地脱敏（In-place Persistent Masking）。当数据源和目标相同时，可使用落地脱敏。从数据源中读取未脱敏数据，进行脱敏操作后直接覆盖原始数据。假定当前位置不应该保留敏感数据，需要降低风险，或者在安全位置中另有数据副本，在移动至不安全位置之前就应当进行脱敏处理。这个过程存在一定的风险，如果在脱敏过程中进程失败，那么很难将数据还原为可用格式。该技术在一些细分领域中还有些用途，但一般来说，不落地脱敏能更安全地满足项目需求。

（2）动态数据脱敏

动态数据脱敏（Dynamic Data Masking）是在不更改基础数据的情况下，在最终用户或系统中改变数据的外观。当用户需要访问某些敏感的生产数据（但不是全部数据）时，这就相当有用。例如，在数据库中，假设社会安全号码存储为 123456789，那么采用此方法后，呼叫中心人员需要验证通话对象时，看到的该数据显示的是 ***-**-6789。

（3）脱敏方法

可以脱敏或混淆数据的方法有以下几种：

1）替换（Substitution）。将字符或整数值替换为查找或标准模式中的字符或整数值。例如，可以用列表中的随机值替换名字。

2）混排（Shuffling）。在一个记录中交换相同类型的数据元素或者在不同行之间交换同一属性的数据元素。例如，在供应商发票中混排供应商名称，以便将发票上的原始供应商替换为其他有效供应商。

3）时空变异（Temporal Variance）。把日期前后移动若干天（小到足以保留趋势），足以使它无法识别。

4）数值变异（Value Variance）。应用一个随机因素（正负一个百分比，小到足以保持趋势），重要到足以使它不可识别。

5）取消或删除（Nulling or Deleting）。删除不应出现在测试系统中的数据。

6）随机选择（Randomization）。将部分或全部数据元素替换为随机字符或一系列单个字符。

7）加密技术（Encryption）。通过密码代码将可识别、有意义的字符流转换为不可识别的字符流。

8）表达式脱敏（Expression Masking）。将所有值更改为一个表达式的结果。例如，用一个简单的表达式将一个大型自由格式数据库字段中的所有值（可能包含机密数据）强制编码为“这是个注释字段”。

9）键值脱敏（Key Masking）。指定的脱敏算法/进程的结果必须是唯一且可重复的，用于数据库键值字段（或类似字段）脱敏。这种类型脱敏对用于测试需要保持数据在组织范围内的完整性极为重要。

10. 网络安全术语

数据安全涉及静态数据和动态数据两种情况。动态数据需要网络才能在系统之间移动。组织已经无法完全信任防火墙可保护其免受恶意软件和来自社交方面的攻击。每台计算机都需要一道防线，而 Web 服务器由于在互联网上持续向全世界开放，因此更需要复杂的安全保护。

（1）后门

后门（Backdoor）是指计算机系统或应用程序的忽略隐藏入口。它允许未经授权用户绕过密码等限制获取访问权限。后门通常是开发人员出于维护系统的目的而创建的，其他的包括由商业软件包创建者设置的后门。

安装任何软件系统或网页包时，默认密码保持不变，这就是一个后门，黑客早晚会发现它的存在，所以任何后门都是安全风险。

（2）机器人或僵尸

机器人（Robot）或僵尸（Zombie）是已被恶意黑客使用特洛伊木马、病毒、网络钓鱼或下载受感染文件接管的工作站。远程控制机器人用来执行恶意任务。例如，发送大量垃圾邮件、使用网络阻塞互联网数据报、执行非法资金转移和托管欺诈性网站等来攻击合法企业。机器人网络是机器人计算机（被感染机器）组成的网络[一]。

据估计，2012 年全球 17% 的计算机（11 亿台计算机中约有 1.87 亿台计算机）没有病毒防护措施[二]。同年，美国有 19.32% 的用户不受防病毒系统的保护，其中大多数是僵尸。据估计，截至 2016 年，有 20 亿台计算机在运行[三]。考虑到台式机和笔记本计算机逐渐被智能手机、平板计算机、可穿戴设备和其他设备所取代，其中许多设备用于商业交易，数据暴露的风险只增不减[四]。

（3）Cookie

Cookie 是网站在计算机硬盘上安放的小型数据文件，用于识别老用户并分析其偏好。Cookie 用于互联网电子商务。由于 Cookie 有时会被间谍软件利用，从而引发隐私问题，所以 Cookie 的使用也是有争议的。

（4）防火墙

防火墙（Firewall）是过滤网络流量的软件和/或硬件，用于保护单个计算机或整个网络免受未

[一] http：//bit. ly/1FrKWR8，http：//bit. ly/2rQQuWJ。

[二] http：//tcrn. ch/2rRnsGr（17% globally lack AV），http：//bit. ly/2rUE2R4，http：//bit. ly/2sPLBN4，http：//ubm. io/1157kyO（Windows 8 lack of AV）。

[三] http：//bit. ly/2tNLO0i，http：//bit. ly/2rCzDCV，http：//bit. ly/2tNpwfg。

[四] 据思科公司（Cisco Corporation）估计，“到 2018 年，手持设备或个人移动设备将达到 82 亿台，机器与机器之间的连接（例如，汽车的 GPS 系统、航运和制造业的资产跟踪系统或使患者的病历和健康状况更容易获得的医疗应用程序）数量将达到 20 亿次”。http：//bit. ly/Msevdw（未来计算机和设备的数量）。

经授权的访问和免遭企图对系统的攻击。防火墙可能会对传入和传出的通信信息进行扫描，以寻找受限或受监管的信息，并防止未经许可通过（数据泄露防护）。某些防火墙还限制对特定外部网站的访问。

（5）周界

周界（Perimeter）是指组织环境与外部系统之间的边界。通常将防火墙部署在所有内部和外部环境之间。

（6）DMZ

DMZ 是非军事区（De-militarized Zone）的简称，指组织边缘或外围区域。在 DMZ 和组织之间设有防火墙。DMZ 环境与 Internet 互联网之间始终设有防火墙（图 7-3）。DMZ 环境用于传递或临时存储在组织之间移动的数据。

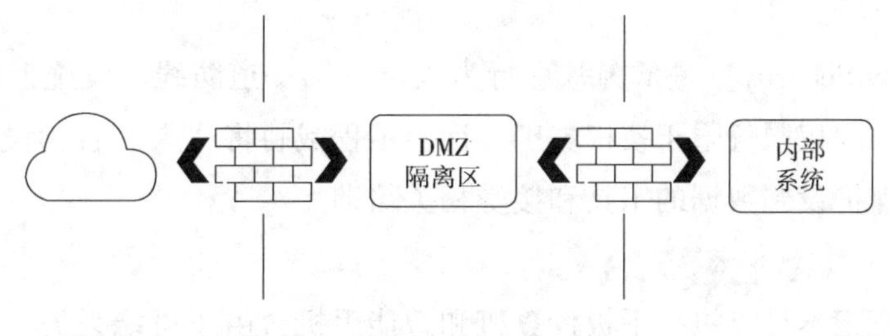

图 7-3　DMZ 示例

（7）超级用户账户

超级用户（Super User）账户是具有系统管理员或超级用户访问权限的账户，仅在紧急情况下使用。这些账户的凭据保存要求具有高度安全性，只有在紧急情况下才能通过适当的文件和批准发布，并在短时间内到期。例如，分配给生产控制的员工可能需要对多个大型系统进行访问授权，但这些授权应严格控制时间、用户 ID、位置或其他要求，以防被滥用。

（8）键盘记录器

键盘记录器（Key Logger）是一种攻击软件，对键盘上键入的所有击键进行记录，然后发送到互联网上的其他地方。因此，它将会捕获每个密码、备忘录、公式、文档和 Web 地址。通常，受感染的网站或恶意软件下载将安装键盘记录器。某些类型的文档下载也允许安装键盘记录器。

（9）渗透测试

在未经测试以确保真正安全时，新建的网络和网站是不完整的。在渗透测试（Penetration Testing）中，来自组织本身或从外部安全公司聘任的“白帽”黑客试图从外部侵入系统，正如恶意黑客一样，试图识别系统漏洞。通过渗透测试发现的漏洞应该在应用程序正式发布之前予以解决。

有些人认为“白帽”黑客审计只会指手画脚，感觉受到威胁。现实情况是，在业务安全和犯罪黑客之间快速变换的冲突中，可以发现所有购买和内部开发的软件都包含了创建时不为人知的潜在漏洞。因此，必须定期对所有软件进行渗透测试。查找漏洞是一个持续的过程，不应受任何指责，唯一要做的是安装安全补丁。

作为持续软件漏洞消除的证据，可关注来自软件厂商源源不断的安全补丁。这种持续的安全补丁更新过程是这些供应商尽职勤勉和专业客户支持的标志。这些补丁中有许多是“白帽”黑客代表供应商执行检测行为的成果。

（10）虚拟专用网络

虚拟专用网络（VPN）使用不安全的互联网创建进入组织环境的安全路径或“隧道”。隧道是高度加密的。VPN 允许用户和内部网络之间通信，通过使用多重身份验证元素连接到组织环境外围的防火墙。然后，VPN 对所有传送数据进行强加密。

11. 数据安全类型

数据安全不仅涉及防止不当访问，还涉及对数据的适当访问。应通过授予权限（选择加入）来控制对敏感数据的访问。未经许可，不允许用户在系统内查看数据或执行操作。“最小权限”是一项重要的安全原则。仅允许用户、进程或程序访问其合法目的所允许的信息。

（1）设施安全

设施安全（Facility Security）是抵御恶意行为人员的第一道防线。设施上至少应具有一个锁定能力的数据中心，其访问权限仅限于授权员工。社会工程威胁将“人”视为设施安全中最薄弱的环节。应确保员工拥有保护设施数据的工具和接受相关培训。

（2）设备安全

移动设备，包括笔记本计算机、平板计算机和智能手机，由于可能丢失、被盗以及遭受犯罪黑客的物理/电子攻击，本身并不安全。移动设备通常存有公司的电子邮件、电子表格、地址和文档，如果遭公开，那么就可能对组织、员工或客户造成损害。

随着便携式设备的爆炸式增长，这些设备（包括公司拥有和个人所有）的安全性管理计划必须作为公司整体战略安全架构的一部分。该计划应包括软件和硬件工具。

设备安全（Device Security）的标准包括：

1）使用移动设备连接的访问策略。

2）在便携式设备（如笔记本计算机、DVD、CD 或 USB 驱动器）上存储数据。

3）符合记录管理策略的设备数据擦除和处置。

4）反恶意软件和加密软件安装。

5）安全漏洞的意识。

（3）凭据安全

凭据安全是为每个用户分配访问系统时使用的。大多数凭据是用户 ID 和密码的组合。基于系统数据敏感性以及系统链接到凭据存储库的能力，在同一环境的系统之间使用凭据有多种不同方式。

1）身份管理系统。

传统上对于每个独立资源、平台、应用系统或工作站，用户都有不同的账户和密码。此方法要求用户管理多套密码和账户。具有企业用户目录的组织可以在异构资源之间建立同步机制，以简化用户密码管理。在这种情况下，用户只需一次性输入密码（通常是在登录工作站时），之后所有身份验证和授权都通过引用企业用户目录来执行。实现此功能的身份管理系统称为“单点登录”，从用户角度来看是最佳的。

2）电子邮件系统的用户 ID 标准。

在电子邮件域中，用户 ID 应当是唯一的。大多数公司使用一些名字或首字母以及完整或部分姓氏作为电子邮件或网络 ID，并使用数字来区分冲突。姓氏通常为人所共知，在业务联系时更有用。

不鼓励使用包含系统员工 ID 号的电子邮件或网络 ID，因为这些信息通常在组织外部不可用，并且给潜在供给者提供了应该在系统内保密的数据信息。

3）密码标准。

密码是保护数据访问的第一道防线。每一个用户账户都需要有一个密码，由用户（账户所有者）自己设置。要求在安全标准中定义足够高的密码级别，通常称为“强”密码。

在创建新用户账户时，生成的临时密码应设置为首次使用立即过期，且后续访问必须由用户选择新密码，不得使用空白密码。

大多数安全专家建议用户每隔 45～180 天更改一次密码，具体更改频率取决于系统性质、数据类型和企业敏感程度。但是，更改密码过于频繁也会带来风险，因为员工会在本子上记录新密码。

4）多因素识别。

有些系统需要额外的识别程序。这包括对包含代码的用户移动设备的返回调用、用于登录所必需的硬件设备的使用或者诸如指纹、面部识别或视网膜扫描的生物特征因素。双重因素识别使得进入账户或登录用户设备更加困难，所有具有高度敏感信息权限的用户都应使用双重因素识别技术登录网络。

（4）电子通信安全

不安全的通信方式可被外部读取或拦截。为避免通过电子邮件或即时通信应用发送个人信息或任何限制级/机密级公司信息，用户必须接受安全培训。发送电子邮件后，用户将失去对其中信息的控制。它可以在发件人不知情或没有同意的情况下被转发给其他人。

社交媒体也应被视为不安全的通信方式，包括博客、门户、Wiki、论坛和其他互联网或局域网社交媒体，都不应包含机密或限制级信息。

12. 数据安全制约因素

数据安全制约因素包括数据的保密等级和监管要求。

1）保密等级。保密意味着机密或私密。组织确定哪些类型的数据不应泄露到组织外部，甚至不应为组织中某些部门所知道。机密信息仅在“需要知道”的基础上共享。保密等级取决于谁需要知道某些类型的信息。

2）监管要求。根据外部规则（如法律、条约、海关协定和行业法规）分配监管类别。监管信息在“允许知道”的基础上共享。数据共享方式受该法规明细条款的约束。

保密和监管的主要区别是要求来源不同。保密要求源自内部，而监管要求则由外部定义。另外的区别是任何数据集（如文档或数据库视图）只能有一个密级，其密级是基于该数据集中最敏感（最高密级）的数据项设立的。然而，监管分类是附加的。单个数据集可能根据多个监管类别限制数据。为了确保法规遵从性，应执行每种法规类别所需的所有操作以及保密要求。

当安全限制应用于用户授权（用户授权提供对特定数据元素的访问权限）时，必须遵循全部保护策略，无论这些策略是内部的还是外部的。

（1）机密数据

保密范围要求从高（如只有极少人能够访问员工薪酬数据）到低（每个人都可以访问产品目录）。在以下列出的 5 个机密分类级别中，典型的分类架构可能包括其中两个或更多。

1）对普通受众公开（For General Audiences）。可向任何人（包括公众）提供的信息。

2）仅内部使用（Internal Use Only）。仅限员工或成员使用的信息，但信息分享的风险很小。这种信息仅供内部使用、可在组织外部显示或讨论，但不得复制。

3）机密（Confidential）。若无恰当的保密协议或类似内容，不得在组织以外共享。不得与其他客户共享客户机密信息。

4）受限机密（Restricted Confidential）。受限机密要求个人通过许可才能获得资格，仅限于特定“需要知道”的个人。

5）绝密（Registered Confidential）。信息机密程度非常高，任何信息访问者都必须签署一份法律协议才能访问数据，并承担保密责任。

保密级别并不意味着由于监管要求而受到任何限制的细节。例如，不会通知数据管理者，不得在数据来源国之外公开数据，或者某些员工不得查看某些基于 HIPAA 之类法规的信息。

（2）监管限制的数据

某些类型的信息受外部法律、行业标准或合同规范的约束，对其使用方式、谁可以访问以及出于何种目的的访问将产生影响。由于有许多重叠的法规，所以更容易按主题域将其归纳到几个法规类别或法规系列中，以便更好地向数据管理者通报法规要求。

当然，每个企业都必须建立满足自身合规需求的法规类别。更重要的是，此过程和分类必须尽可能简单，以便具有可操作性。当法规类别的保护法案相似时，应合并为“系列”法规。每个法规类别都应包括可审计的保护措施，这并非组织工具，而是一种执行方法。

由于不同行业受到不同类型法规的影响，组织需要制定满足其运营需求的法规类别。例如，本国以外没有业务的公司可能无须纳入与出口有关的法规。

但是，由于各个国家/地区在个人数据隐私法律方面都有所交融，而且客户可能来自世界各地，因此将所有客户数据隐私法规整理到同一个法规类别中，并符合所有国家的要求，可能更为明智且容易。这样既可以提供统一实施标准，也可以确保全球任何地方的合规性。

例如，按照法律，法规合规的某个条例可能禁止数据库中某类数据元素流出原始国家的物理边界。国内和国际的一些法规都有此要求。

法规类别的最佳数量建议不超过 9 个。一些法规类别示例如下：

1）法规系列举例。

某些政府法规按名称指定数据元素，并要求以特定的方式对其进行保护。每个元素不需要多个不同的法规类别；相反，使用单个法案条例系列来保护所有特定目标的数据字段。在这些类别（是合同义务，而非政府法规）中可能包含某些 PCI 数据。PCI 合同义务在全球基本统一。

①个人身份信息（PII）。个人身份信息也称为个人隐私信息（PPI），包括任何可以识别个人或

一组人的信息，如姓名、地址、电话号码、日程安排、政府ID号码、账号数据报、年龄、种族、宗教、生日、家庭成员或朋友的姓名、职业和薪酬等数据。高度类似的保护行动可以满足欧盟隐私指令、加拿大隐私法（PIPEDA）、日本PIP法案（2003）、PCI标准、美国FTC要求、GLB与FTC标准以及大多数信息安全泄露法案的要求。

②财务敏感数据。所有财务信息，包括可能称为“股东”或“内部人士”的数据以及尚未公开披露的所有当前财务信息。另外，还包括未公布的任何未来业务计划、计划中的并购或分拆、公司重大问题的非公开报告、高级管理层的意外变化、综合的销售以及订单和账单数据。对所有这些信息都可归为此类别并采用相同的保护策略。在美国，这些信息受内幕交易法、SOX（萨班斯-奥克斯利法案）或GLBA（格兰姆-利奇-布莱利/金融服务现代化法案）的管辖。注意：萨班斯-奥克斯利法案限制和管理谁可以更改财务数据，从而确保数据完整性，而内幕交易法则对所有能够查看财务数据的人都有影响。

③医疗敏感数据/个人健康信息（PHI）。有关个人健康或医疗的所有信息。在美国，HIPAA（健康信息可移植性和责任法）涵盖了这些信息。其他国家/地区也有关于保护个人信息和医疗信息的限制性法律。因此，要确保公司法律顾问意识到在业务开展或拥有客户的国家/地区，组织需要遵守法律要求的必要性。

④教育记录。有关个人教育的所有信息。在美国，这些信息由FERPA（家庭教育权利和隐私法）涵盖。

2）行业法规或基于合同的法规。

某些行业对如何记录、保留和加密信息有特定的标准，有些还不允许删除、编辑或分发到禁止的地方。例如，有关药品、危险品、食品、化妆品和先进技术的法规，禁止在原产国之外传送或存储某些信息，或要求在传送过程中对数据进行加密。

①支付卡行业数据安全标准（PCI-DSS）。PCI-DSS是最广为人知的行业数据安全标准，解决了可以识别具有金融机构账户的个人信息，如姓名、信用卡号（卡上的任意号码）、银行账号数据报或账户到期日期等问题。这些数据字段大多受法律和制度的监管。当这些数据包含在任何数据库、应用程序、报表、仪表板或用户视图中时，其元数据自动定义中带有此分类，数据管理专员应对这些数据进行仔细检查。

②竞争优势或商业秘密。使用专有方法、组合、方案、来源、设计、工具、配方或操作技术以实现竞争优势的公司，可受到行业法规和/或知识产权法的保护。

③合同限制。在与供应商和合作伙伴签订的合同中，组织可规定某些信息如何被使用、不得使用以及哪些信息可以共享、哪些不能共享。例如，环境记录、危险材料报告、批号、烹饪时间、原产地、客户密码、账号数据报以及非美国国民的某些国家的身份证件号码等。特定的技术公司可能需要将某些受限制产品或成分列入这一类别中。

13. 系统安全风险

识别风险的第一步是确定敏感数据的存储位置以及这些数据需要哪些保护。另外，还需要确定系统的固有风险。系统安全风险包括可能危及网络或数据库的风险要素。这些威胁允许合法员工有意或无意地滥用信息，并有助于恶意黑客攻击成功。

（1）滥用特权

在授予数据访问权限时，应采用最小特权原则。仅允许用户、进程或程序访问其合法目的所允许的信息。风险是指当具有超出工作职责需要的权限时，用户可能会出于恶意目的或意外地滥用这些权限。用户可能被过多地授予超出应该拥有的访问权限（权限过大）。仅仅管理用户授权工作，本身就具有很大的挑战性。DBA 可能缺乏时间或元数据来定义和更新每个用户的授权细粒度访问控制机制。因此，许多用户被赋予通用默认访问权限，该权限远远超过具体工作需要。缺乏对用户权利的监督，这是许多数据法规指定数据管理安全性的原因之一。

解决权限过大的方案是查询级访问控制，这种控制机制可将数据库权限限制为最低要求的 SQL 操作和数据范围。数据访问控制粒度要从表格级访问深入到特定行和特定列。查询级访问控制可以检测出恶意员工滥用特权的行为。

大多数数据库软件在实施时都对查询级访问控制（触发器、行级安全性、表安全性、视图）进行了一定程度的整合，但由于这些“内置”功能的手动特性，使得除了最基本的部署之外的所有其他部署都不切实际。为所有用户手动定义跨数据库行、列和操作查询级访问控制策略的过程非常耗时。更糟糕的是，当用户角色变化时，必须更新查询策略以匹配新角色。在某个时间点为少数用户定义有用的查询策略，大多数 DBA 很难做到，更不用说数百个用户了。因此，在许多组织中有必要使用自动化工具，以使查询级访问控制真正发挥作用。

（2）滥用合法特权

出于未经授权的目的，用户可能滥用合法赋予他的数据库权限。如一个医护人员具有犯罪倾向，他有权通过定制的 Web 应用程序查看患者的病历。

公司 Web 应用程序的结构通常限制用户查看单个患者的医疗历史记录，无法同时查看多条记录，并且不允许电子拷贝。但医护人员可以通过使用替代系统，如 MS-Excel 连接到数据库来规避这些限制。使用 MS-Excel 以及合法登录凭据，医护人员可能会检索并保存所有患者记录。

两种风险都需要考虑：故意和无意滥用。当医护人员故意不当地使用组织数据时，就会发生故意滥用。恶意的医护人员想要用患者病历来换取金钱或进行蓄意伤害，如公开发布（或威胁发布）敏感信息。无意滥用的风险更常见：勤奋的医护人员为满足其所认为的合法工作目的，将大量患者信息检索并存储到工作计算机中。一旦数据保存到终端计算机上，就很容易受到笔记本计算机被盗和丢失而造成的影响。

部分解决滥用合法特权的方案是数据库访问控制。这不仅适用于特定查询，而且适用于对终端计算机（使用时间、位置和下载信息量）强制实施安全策略，以及降低任何用户无限制地访问包含敏感信息的全部记录的能力，除非他们的工作有明确要求并经其主管批准。例如，虽然现场代理人可能需要访问其客户的个人记录，但不允许他们为了“节省时间”将整个客户数据库下载到笔记本计算机中。

（3）未经授权的特权升级

存储过程、内置函数、协议实现甚至 SQL 语句中都可能存在漏洞。攻击者可能会利用数据库平台软件漏洞将访问权限从普通用户权限变为管理员权限。例如，金融机构的软件开发人员可能会利用易受攻击的缺陷特性来获得数据库管理权限。使用管理权限，违规的开发人员可能会关停审计机制、创建虚假账户、转移资金或关闭账户。

将传统入侵防护系统（IPS）和查询级访问控制入侵防护相结合，以防止特权升级漏洞。这些系统检查数据库流量，以识别出与已知模式相对应的漏洞。例如，如果给定功能容易受到攻击，IPS 可能会对该进程的所有访问进行阻止，或者对允许嵌入式攻击的进程进行阻止。

将 IPS 与其他攻击指标（如查询访问控制）相结合，可提高识别攻击的准确性。IPS 可检测出数据库请求所访问的是否为漏洞功能，而查询访问控制可以检测请求是否符合正常的用户行为。如果一个请求同时指示对脆弱功能的访问且行为异常，那么几乎肯定会发生攻击。

（4）服务账户或共享账户滥用

使用服务账户（批处理 ID）和共享账户（通用 ID）会增加数据泄露风险，并使跟踪漏洞来源的能力更加复杂。有些组织将监控系统配置为忽略与这些账户相关的任何警报，会进一步增加这些风险。信息安全经理应考虑运用工具来安全地管理服务账户。

1）服务账户。

服务账户的便利性在于可自定义对进程的增强访问。但如果用于其他目的，则无法跟踪到特定用户或管理员。除非有权访问解密密钥，一般服务账户不会对加密数据产生威胁。这一点对于服务器上保存法律文档、医疗信息、商业机密或机密运营计划等数据尤为重要。

将服务账户的使用限制为特定系统上的特定命令或任务，需要文档和批准才能分发凭据。考虑每次使用时分配新密码，可参考使用诸如超级用户账户之类的管理流程。

2）共享账户。

当所需用户账户数多到应用程序无法处理时，或添加特定用户需要大量工作或产生额外许可成本时，可创建共享账户。对于共享账户，会将凭据提供给多个用户。由于要通知所有用户，所以密码很少更改。由于共享账户提供的访问几乎不受控制，因此应仔细评估对共享账户的使用。默认情况下不应使用共享账户。

（5）平台入侵攻击

数据库资产的软件更新和入侵防护需要结合定期软件升级（补丁）和部署专用入侵防御系统（Intrusion Prevention Systems，IPS）。IPS 通常（但并非总是）与入侵检测系统（IntrusionDetection System，IDS）一起部署。目标是杜绝大多数网络入侵企图，并对任何成功通过防御系统的入侵行为快速响应。入侵保护的最原始形式是防火墙。但随着移动用户、Web 访问和移动计算设备成为大多数企业环境的一部分时，一个简单的防火墙虽然仍是必要的，但已无法满足安全需求。

随着时间的推移，厂商提供的更新减少了数据库平台中的漏洞。遗憾的是，软件更新通常由企业定期按维护周期实施，而不是在补丁可用后尽快实施。在补丁更新之前，数据库不受保护。此外，兼容性问题有时会完全阻止软件更新。要解决这些问题，需实施部署入侵防御系统（IPS）。

（6）注入漏洞

在 SQL 注入攻击中，攻击者将未经授权的数据库语句插入（或注入）到易受攻击的 SQL 数据通道中，如存储过程和 Web 应用程序的输入空间。这些注入的 SQL 语句被传递到数据库，在那里它们通常作为合法命令执行。使用 SQL 注入时，攻击者可以不受限制地访问整个数据库。

通过将 SQL 命令作为函数或存储过程的参数，SQL 注入也用于攻击数据库管理系统（DBMS）。例如，提供备份功能的组件通常拥有较高运行特权，在该特定组件中调用 SQL 注入易受攻击函数可能允许常规用户提升其特权、成为 DBA 并接管数据库。

一般通过将所有输入数据上传服务器处理之前对其进行清理，从而降低这种风险。

（7）默认密码

在软件包安装期间创建默认账户是软件业长期以来的一种惯例。有一些是用于安装本身的需要，另一些是为用户提供开箱即用的测试软件的方法。

默认密码是许多演示包的一部分。安装第三方软件会产生其他账户默认密码。例如，CRM 包可能在后端数据库中创建多个账户，用于安装、测试和管理。SAP 在安装时创建了多个默认数据库用户。DBMS 行业也采用了这种做法。

攻击者不断寻找一种窃取敏感数据的捷径。创建必需的用户名和密码组合，并确保 DBMS 中并未保留默认密码，可缓解对敏感数据的威胁。清除默认密码是每次实施过程中的重要安全步骤。

（8）备份数据滥用

备份是为了降低数据丢失而产生的相关风险，但备份也代表一种安全风险。新闻报道中有许多有关丢失备份介质的故事。对所有数据库备份加密，可防止有形介质或电子传送中丢失备份数据。要安全地管理备份的解密密钥，密钥必须异地可用，才有助于灾难恢复。

14. 黑客行为/黑客

“黑客行为”一词产生于以寻找执行某些计算机任务的聪明方法为目标的时代。黑客是在复杂的计算机系统中发现未知操作和路径的人。黑客有好有坏。

道德或“白帽”（美国西部电影中主人公总是戴着白帽子）黑客致力于改进系统。如果没有这些道德黑客，就只有在偶然情况下才能发现并纠正的系统漏洞。道德黑客有助于系统性地修补（更新）计算机系统，以提高其安全性。

恶意黑客是故意破坏或“黑入”计算机系统以窃取机密信息或造成损害的人。恶意黑客通常寻找财务或个人信息，以窃取金钱或身份信息。他们试图猜测简单的密码，并试图找到现有系统中尚未记录的弱点和后门。他们有时被称为“黑帽”黑客（美国西部片中恶棍们戴着黑帽子）。

15. 网络钓鱼/社工威胁

安全的社工威胁通常涉及直接通信（无论是当面、通过电话，还是通过互联网），旨在诱使有权访问受保护数据的人提供该信息（或信息访问途径）给拟用于犯罪或恶意目的人。

社会工程（Social Engineering）是指恶意黑客试图诱骗人们提供信息或访问信息的方法。黑客利用所获得的各种信息来说服有关员工他们有合法的请求。有时，黑客会按顺序联系几个人，在每一步收集信息以用于获得下一个更高级别员工的信任。

网络钓鱼（Phishing）是指通过电话、即时消息或电子邮件诱使接受方在不知情的情况下提供有价值的信息或个人隐私。通常，这些呼叫或消息似乎来自合法来源。例如，在折扣或降低利率的销售宣传中，要求提供个人信息，如姓名、密码、社会保险号码或信用卡信息。为减少怀疑，这些消息通常会要求接收者“更新”或“确认”信息。网络钓鱼的即时消息和电子邮件还可能引导用户访问虚假网站，诱骗他们提供个人信息。特别危险的是专门针对高管的虚假电子邮件。这被称为“鲸鱼的鱼叉”。除了打电话和欺骗外，黑客还亲自前往目标地点，直接与员工交谈，有时会伪装或冒充供应商以便获取敏感信息㊀。

16. 恶意软件

恶意软件是指为损坏、更改或不当访问计算机或网络而创建的软件。计算机病毒、蠕虫、间谍软件、密钥记录器和广告软件都是恶意软件的例子。如果不是出于其他原因，未经系统所有者授权而占用磁盘空间和可能的处理周期，以及任何未经许可安装的软件都可视为恶意软件。恶意软件可以有多种形式，具体取决于其用途（复制、销毁、记录或进行盗窃，或行为监控）。

（1）广告软件

广告软件（Adware）是一种从互联网下载至计算机的间谍软件。广告软件监控计算机的使用，如访问了哪些网站。广告软件也可能在用户的浏览器中插入对象和工具栏。广告软件并不违法，但它用于收集完整的用户浏览和购买习惯的个人资料并出售给其他营销公司。恶意软件也很容易利用它来窃取身份信息。

（2）间谍软件

间谍软件（Spyware）是指未经同意而潜入计算机以跟踪在线活动的任何软件程序。这些程序倾向于搭载在其他软件程序上。当用户从互联网站点下载并安装免费软件时，通常用户不知情时就安装了间谍软件。不同形式的间谍软件跟踪不同的活动类型。有的程序监视网站访问，有的程序则记录用户按键以窃取个人信息，如信用卡号、银行账户信息和密码。

包括搜索引擎在内的许多合法网站都会安装跟踪间谍软件，这也是一种广告软件。

（3）特洛伊木马

特洛伊木马（Trojan Horse）是希腊人送给特洛伊人的一座大型木制“雕像礼物”，特洛伊人迅速将其作为战利品带入城中。不幸的是，木马中隐藏了希腊士兵，这些士兵在进入特洛伊城后就溜出来并袭击了这座城市。

在计算机安全术语中，特洛伊木马是指通过伪装或嵌入合法软件而进入计算机系统的恶意程序。安装后的特洛伊木马将删除文件、访问个人信息、安装恶意软件、重新配置计算机、安装键盘记录器，甚至允许黑客将计算机用作攻击网络中其他计算机的武器（机器人或僵尸）。

（4）病毒

病毒（Virus）是一种计算机程序，它将自身附加到可执行文件或易受攻击的应用程序上，能造成从让人讨厌到极具破坏性的后果。一旦受感染文件被打开就可执行病毒文件。病毒程序总是需要依附于另一个程序上。下载打开这些受感染的程序可能会释放病毒。

（5）蠕虫

计算机蠕虫（Worm）是一种自己可以在网络中进行复制和传播的程序。受蠕虫感染的计算机

㊀ FBI 2016年美国总统大选期间俄罗斯黑客行为的报告概述了这些技术是如何在这类情况下使用的。http：//bit.ly/2iKStXO。

将源源不断地发送感染信息。其主要功能是通过消耗大量带宽来危害网络，从而导致网络中断。蠕虫也可能会执行多种其他恶意的活动。

（6）恶意软件来源

1）即时消息。即时消息（IM）允许用户实时地相互传递消息。IM 也正在成为网络安全的新威胁。由于许多 IM 系统在添加安全功能方面进展缓慢，恶意黑客发现 IM 是传播病毒、间谍软件、网络钓鱼诈骗和各种蠕虫的有效手段。通常，通过受感染的附件和邮件可将威胁渗透到用户系统中。

2）社交网。在社交网站，如 Facebook、Twitter、Vimeo、Google +、LinkedIn、Xanga、Instagram、Pintery 或 MySpace 上，用户建立在线个人资料并分享个人信息、观点、照片、博客条目和其他信息，而这些网站已成为在线罪犯、垃圾邮件发送者和身份盗窃者的目标。

除了代表性的来自恶意攻击者的威胁之外，某些员工在社交网站上可能发布企业敏感信息或可能影响上市公司股价的“内部”知识，从而引发风险。要告知用户：无论他们发布什么，都将永久存留在互联网上的现实情况及其危险。即使他们后来删除了这些数据，许多人也会留有副本。一些公司会在其防火墙上阻止这些站点的访问。

3）垃圾邮件。垃圾邮件（Spam）是指批量发送那些未经请求的商业电子邮。通常发送给数千万用户，希望获得一些用户回复。1% 的回复率有可能达数百万美元收益。大多数电子邮件路由系统都设有陷阱，它将已知模式的垃圾邮件进行过滤，以减少内部网流量。这些排除模式包括：

①已知的垃圾邮件传送域。

②抄送或密送的地址超出限量。

③电子邮件正文只有一个超链接的图。

④特定文本字符串或单。

垃圾邮件的回复会使发送者得以确认并获得一个合法电子邮件地址。由于有效电子邮件列表可出售给其他垃圾邮件发送者，未来垃圾邮件量会增加。

垃圾邮件也可能是互联网恶作剧或包含恶意软件的附件，带有附件名称和扩展名、邮件文本和图像具有合法通信的外观。检测垃圾邮件方法之一是将光标悬停在任意超链接上，该超链接将显示实际链接是否与文本中的公司有共同之处。另一种方法是看是否显示为无法取消订阅。在美国，广告电子邮件必须列出取消订阅链接以中止接收以后的电子邮件。

7.2 活动

尚无放之四海而皆准的数据安全实施方法来满足所有必需的隐私和保密要求。监管关注的是安全的结果，而非实现安全的手段。组织应设计自己的安全控制措施，并证明这些措施已达到或超过了法律法规的严格要求。记录这些控制措施的实施情况，并随着时间的推移进行监控和测量。与其他知识领域一样，数据安全活动包括确定需求、评估当前环境的差距或风险、实施安全工具与流程以及审核数据安全措施，以确保其有效。

7.2.1　识别数据安全需求

区分业务需求、外部监管限制和应用软件产品的规则很重要。尽管应用程序系统是执行业务规则和过程的载体，但这些系统通常具有超出业务流程所需的数据安全要求。在套装软件和现成的系统中，这些安全需求变得越来越普遍。同时也有必要确保支持组织的数据安全标准。

1. 业务需求

在组织内实施数据安全的第一步是全面了解组织的业务需求。组织的业务需求、使命、战略和规模以及所属行业，决定了所需数据安全的严格程度。例如，美国的金融证券行业受到高度监管，需要保持严格的数据安全标准。相比之下，一个小型零售企业可能不大会选择大型零售商的同类型数据安全功能，即使他们都具有相似的核心业务活动。

通过分析业务规则和流程，确定安全接触点。业务工作流中的每个事件都可能有自己的安全需求。在进行这些需求与数据安全角色组、参数和权限定义之间的映射时，数据-流程矩阵和数据-角色关系矩阵是非常有效的工具。有计划地处理短期和长期目标，以实现均衡有效的数据安全功能。

2. 监管要求

当今全球环境瞬息万变，组织需遵从的法律法规愈来愈多。信息时代的道德法律问题促使各国政府制定新的法律和标准，这些都对组织信息管理施加了严格的安全控制（参见第 2 章）。

创建一份完整的清单，其中包含所有相关数据法规以及受每项法规影响的数据主题域，在为法规遵从而制定的相关安全策略和实施的控制措施之间建立链接关系（表 7-1）。法规、策略、所需行动和受影响的数据将随时间推移而变化，因此采用的清单格式应易于管理和维护。

表 7-1　法规清单示例表

法规	所影响的数据主题域	相关安全策略链接	控制措施

影响数据安全的法律法规示例如下。

（1）美国

1）2002 年萨班斯-奥克斯利法。

2）作为 2009 年美国复苏和再投资法案的一部分而颁布的经济和临床健康卫生信息技术法案（HITECH）。

3）1996 年健康保险便携性和责任法案（HIPAA）。

4）美国金融服务法 I 和 II。

5）美国证券交易委员会（SEC）法律和公司信息安全责任法。

6）国土安全法案和美国爱国者法。

7）联邦信息安全管理法。

8）加利福尼亚州：SB 1386，加州安全违规信息法。

（2）欧盟

1）数据保护指令（EU DPD 95/46/）AB 1901，涉及电子文件或数据库的盗窃。

（3）加拿大

1）加拿大 198 法案。

（4）澳大利亚

1）澳大利亚经济改革计划法案（CLERP 法案）。

影响数据安全的行业监管规范，包括：

1）支付卡行业数据安全标准（PCI DSS）。以合同协议的形式且适用于所有信用卡的公司。

2）欧盟的《巴塞尔协议 II》。对在欧盟相关国家开展业务的所有金融机构实施信息控制。

3）客户信息保护的 FTC（联邦贸易委员会）标准（美国）。

遵守公司制度或监管限制通常需要调整业务流程。例如，为遵从 HIPAA 要求，需要授权多个独立用户组访问用户健康信息（受管制的数据元素）。

7.2.2 制定数据安全制度

组织在制定数据安全制度时应基于自己的业务和法规要求。制度是所选行动过程的陈述以及为达成目标所期望行为的顶层描述。数据安全策略描述了所决定的行为，这些行为符合保护其数据的组织的最佳利益。要使这些制度产生可衡量的影响，它们必须是可审计且经审计过的。

公司的制度通常具有法律含义。法院可认为，为支持法律监管要求而制定的制度是该组织为法律遵从而努力的内在组成部分。如发生数据泄露事件，未能遵守公司制度可能会带来负面的法律后果。

制定安全制度需要 IT 安全管理员、安全架构师、数据治理委员会、数据管理专员、内部和外部审计团队以及法律部门之间的协作。数据管理专员还必须与所有隐私官（萨班斯-奥克斯利法案主管、HIPAA 官员等）以及具有数据专业知识的业务经理协作，以开发监管类元数据并始终如一地应用适当的安全分类。所有数据法规遵从行动必须协调一致，以降低成本、工作指令混乱和不必要的本位之争。

管理与企业安全相关的行为需要不同级别的制度，例如：

1）企业安全制度。员工访问设施和其他资产的全局策略、电子邮件标准和策略、基于职位或职务的安全访问级别以及安全漏洞报告策略。

2）IT 安全制度。目录结构标准、密码策略和身份管理框架。

3）数据安全制度。单个应用程序、数据库角色、用户组和信息敏感性的类别。

通常，IT 安全制度和数据安全制度是安全制度组合的一部分。然而最好将其区别开来。数据安全制度在本质上颗粒度更细，针对不同内容，需要不同的控制和过程。数据治理委员会是数据安全制度的审查和批准方。数据管理专员是制度的主管方和维护方。

员工需要了解并遵从安全制度。制定安全制度应明确定义和实现所需流程及其背后的原因，以便安全制度易于实现和遵从。制度需要在不妨碍用户访问的前提下保护数据，以确保数据安全。

安全制度应便于供应商、消费者和其他利益相关方可以轻松访问，应在公司局域网或类似协作门户上被提供和维护。

应定期重新评估数据安全制度、过程和活动，在所有利益相关方的数据安全要求之间取得尽可能的平衡。

7.2.3　定义数据安全细则

制度提供行为准则，但并不能列出所有可能的意外情况。细则是对制度的补充，并提供有关如何满足制度意图的其他详细信息。例如，制度可能声明密码必须遵循强密码准则；强密码的标准将单独详细阐述；如果密码不符合强密码标准，将会通过阻止创建密码的技术强制执行该制度。

1. 定义数据保密等级

保密等级分类是重要的元数据特征，用于指导用户如何获得访问权限。每个组织都应创建或采用满足其业务需求的分级方案。任何分级方案都应清晰易行，它将包含从最低到最高的一系列密级。例如，从“一般用途”到“绝密”。

2. 定义数据监管类别

高度公开的数据泄露事件（其中敏感的个人信息被泄露）日益增多，导致出台了很多与数据相关的法律。聚焦于金融的数据事件促使全球各国政府实施更多的法规。

这就产生了新的数据类别，可称为“监管信息”。法规要求是信息安全的延伸。需要采取其他措施，以对监管要求进行有效管理。与公司法律顾问协商通常有助于确定某些法规对企业的要求。通常，法规仅仅意味着给出一个信息保护目标，由公司决定其实现方法，并为审计提供了合规的法律证据。

就像将各种风险归到几个安全类别中一样，对待特定数据法规的有效方法是分析类似法规并分组归类。

世界各地有关数据的特定条例超过百种，为每个法规分别制定不同的类别毫无意义。大多数数据法规都是由单独法律实体发布的，其诉求相同。例如，保护客户机密数据的合同义务与美国、日本和加拿大政府保护个人身份信息的法规非常相似，与欧盟隐私法规遵从也类似。列出并比较各法规的可审计合规行为，很容易看出这种模式。因此，可通过使用相同的保护措施类别对数据法规进行恰当的管理。

安全分级和监管分类的一项关键原则是，大多数信息可以聚合，从而使其具有更高或更低的敏感性。开发人员需要知道聚合如何影响整体安全分级和监管类别。当仪表板、报表或数据库视图的开发人员知道所需的某些数据可能是个人隐私或内部受控或与竞争优势相关时，那么在系统中可设计为将这些数据从授权中去除。或者，如果数据必须保留在用户授权中，那么在用户授权时强制执行全部安全和法规要求。

分类分级的工作成果是一组经正式批准的安全分级和监管类别，以及从中央存储库中获得此类元数据的流程，以便业务和技术员工了解他们所处理、传送和授权信息的敏感性。

3. 定义安全角色

数据访问控制可根据需要在单个用户级或组织级中进行管理。也就是说，逐个用户账户授予和更新访问权限需要大量的冗余工作。小型组织可能会发现在单个级别管理数据访问是可接受的。但是大型组织将从基于角色的访问控制中获益匪浅，通过为角色组授予权限，从而为组中每个成员授予权限。

角色组使得安全管理员能够按角色定义权限，并通过在适当角色组中注册用户实现权限授予。虽然从技术上讲，可将用户注册到多个组中，但是这种做法可能使得授予特定用户的权限难以理解。尽可能将每个用户分配到一个角色组内，这可能需要为某些数据授权而创建不同的用户视图以遵守法规。

在用户和角色管理中的挑战之一是数据一致性。用户信息（如姓名、职务和员工 ID）不得不冗余存储在多个位置，这些代表着“真相”的多个版本的数据孤岛经常发生冲突。为避免数据完整性问题，需要对用户身份数据和角色组成员身份集中管理，这也是有效访问控制数据质量的要求。安全管理员创建、修改和删除用户账户和角色组以及对组分类和成员资格的变更应得到批准。应通过变更管理系统跟踪变更。

在组织内不一致或不恰当地应用数据安全措施可能会导致员工不满，并给组织带来重大风险。基于角色的安全取决于明确定义、一致分配的角色。

对角色进行定义和组织的方法有两种：网格（从数据开始）或层次结构（从用户开始）。

（1）角色分配矩阵

基于数据机密性、法规和用户功能，矩阵可用于映射数据的访问角色。公共用户角色可以访问公开级别中列出的所有数据，不受任何法规约束。营销角色可以访问某些 PII 信息，用于开展营销活动，但不能访问任何受控数据或客户机密数据。表 7-2 显示了一个角色分配矩阵示例。

表 7-2　角色分配矩阵示例

	保密级别		
	一般受众	客户机密	受限机密
不受监管	公共用户角色	客户经理角色	受限访问角色
PII	营销角色	客户营销角色	人力资源角色
PCI	财务角色	客户财务角色	受限财务角色

（2）角色分配层次结构

在工作组或业务单元级别构建组定义。在层次结构中组织这些角色，以便子角色进一步限制父角色的权限。这些层次结构的持续维护是一项复杂的活动，需要能够深入获取到单个用户权限的报告系统。安全角色层次结构示例如图 7-4 所示。

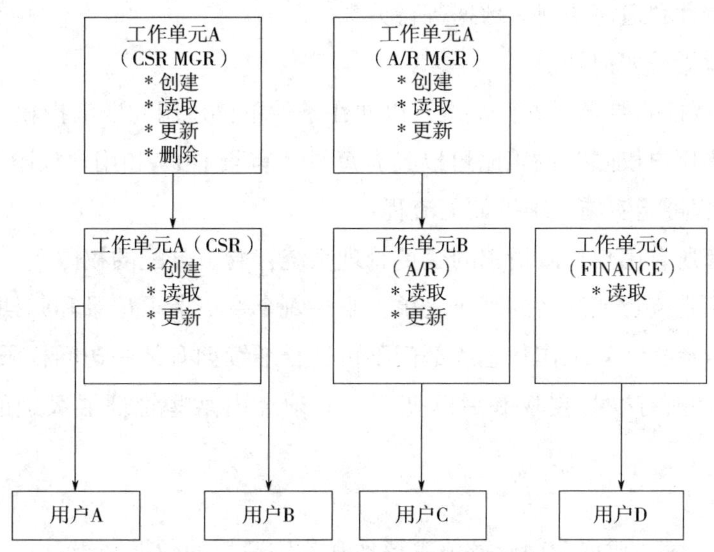

图 7-4　安全角色层次结构示例图

7.2.4　评估当前安全风险

安全风险包括可能危及网络和/或数据库的因素。识别风险的第一步是确定敏感数据的存储位置，以及这些数据需要哪些保护措施。对每个系统进行以下评估：

1）存储或传送的数据敏感性。

2）保护数据的要求。

3）现有的安全保护措施。

记录调查结果以此为将来的评价创建基线。记录文档也可能是隐私法规遵从的要求，如在欧盟。必须通过技术支持的安全流程改进来弥补差距。应对改进效果进行衡量和监测，以确保风险得到缓解。

在大型组织中，可能会聘用“白帽”黑客来评估漏洞。白帽测试可作为组织不可渗透的证明，可用于市场声誉的宣传。

7.2.5　实施控制和规程

数据安全策略的实施和管理主要由安全管理员负责，与数据管理专员和技术团队协作。例如，数据库安全性通常是 DBA 的职责。

组织必须实施适当的控制以满足安全策略要求。控制和规程（至少）应涵盖：

1）用户如何获取和终止对系统和/或应用程序的访问权限。

2）如何为用户分配角色并从角色中去除。

3）如何监控权限级别。

4）如何处理和监控访问变更请求。

5）如何根据机密性和适用法规对数据进行分类。

6）检测到数据泄露后如何处理。

对允许原始用户授权的要求要进行记录，以便在条件不再适用时取消授权。

例如，“维护适当用户权限”的策略可以具有每月“审查 DBA 和用户权限”的控制目标。一个组织要满足此控制过程可能实施和维护如下流程：

1）根据用于跟踪所有用户权限请求的变更管理系统，验证分配的权限。

2）需要工作流审批流程或签名的纸质表单，来对每个变更请求记录和归档。

3）包括取消授权流程，对工作状态或部门不再适合继续拥有某些访问权限的人取消授权。

对用户和组授权的所有初始授权和后续变更，必须经由某些管理层级别的正式请求、跟踪和批准。

（1）分配密级

根据组织的分类方案，数据管理专员负责评估和确定适当的数据密级。

文件和报告的分类应基于文件中发现的任何信息的最高密级（参见第 9 章）。在每个页面或每个屏幕的页眉或页脚中标记分类。分类为最不机密的信息产品（如一般受众）无须标签。假定任何未标记的产品都是面向一般受众的。

文件作者和信息产品设计人员负责评估、正确分类和标记每个文档以及每个数据库（包括关系表、列和用户权限视图）的适当密级。

在大型组织中，大部分安全分类和保护工作由专门的信息安全组织负责。信息安全部门乐于由数据管理专员负责这些分类，他们通常负责实施及网络的物理保护。

（2）分配监管类别

组织应创建或采用能确保满足法规遵从要求的分类方案。此分类方案为响应内部和外部审计提供了基础。一旦确定后就需要在架构中评估和分类信息。由于安全人员使用的是基础设施系统，而非某项数据法规，他们可能不熟悉这一概念。因此，需要有与这些类别相关的数据保护文档要求，因为其中定义了可实施的行为。

（3）管理和维护数据安全

一旦所有需求、制度和过程都到位，则主要任务是确保不会发生安全漏洞。如果发生漏洞，则尽快检测出来。持续监视系统和审核安全程序的执行，对于维护数据安全至关重要。

1）控制数据可用性/以数据为中心的安全性。

控制数据可用性需要管理用户权限，以及对在技术上基于权限的访问控制的结构（数据脱敏、视图创建等）进行管理。某些数据库在提供保护存储数据的结构和流程方面比其他数据库更好。

安全合规经理可能直接负责设计用户授权配置文件，在遵循相关限制的同时，使业务能够顺利运行。

定义授权和授予授权需要数据清单、对数据需求仔细分析以及每个用户权利中公开的数据文档。高度敏感信息通常与非敏感信息混合在一起。企业数据模型对于识别和定位敏感数据至关重要。

即使数据无意暴露，利用数据脱敏也可以保护数据。某些数据法规需要加密，这是落地脱敏的极端情况。解密密钥授权可以是用户授权过程的一部分。授权访问解密密钥的用户可以看到未加密的数据，而其他人只能看到随机字符。

关系数据库视图可用于强制执行数据安全级别。视图可以基于数据值限制对某些行的访问，或对某些列的限制访问，从而限制对机密/受监管字段的访问。

2）监控用户身份验证和访问行为。

报告访问是合规性审计的基本要求。监视身份验证和访问行为提供了有关谁正在连接和访问信息资产的信息。监控还有助于发现值得调查的异常、意外或可疑的交易。通过这种方式，弥补了数据安全规划、设计和实现方面的缺陷。

要根据业务和法规要求进行仔细分析，以决定需要监控什么、监控多长时间以及决定在警报发生时要采取哪些行动。监控涉及多种活动，可具体到某些数据集、用户或角色。监控可用于验证数据完整性、配置或核心元数据。监控可在系统内实现，也可以跨依赖的异构系统实现。监控可以专注于特定权限，如下载大量数据或在非工作时间访问数据的能力。

监控可自动或手动执行，也可通过自动化和监督相结合的方式来执行。自动监控确实会给底层系统带来开销，并可能影响系统性能。活动的定期快照有助于理解趋势和对标比较。可能需要迭代配置变更来获得适当监控的最佳参数。

敏感或异常数据库事务的自动记录应该是任何数据库部署的一部分。缺乏自动化监控意味着严重的风险：

1）监管风险（Regulatory Risk）。数据库审计机制薄弱的组织将越来越多地发现他们与政府的监管要求相悖。金融服务领域的萨班斯 - 奥克斯利法案（SOX）和医疗保健部门的医疗保健信息可移植性和责任法案（HIPAA）只是两个典型的美国政府法规，其中有明确的数据库审计要求。

2）检测和恢复风险（Detection and Recovery Risk）。审计机制代表最后一道防线。如果攻击者绕过其他防御，则审计数据可以在事后识别是否存在违规行为。审计数据还可作为系统修复指南或将违规关联到特定用户。

3）管理和审计职责风险（Administrative and Audit Duties Risk）。具有数据库服务器管理访问权限的用户（无论该访问权限是合法还是恶意获得的），都可以关闭审计以隐藏欺诈活动。在理想的情况下，审计职责应独立于 DBA 和数据库服务器平台支持人员。

4）依赖于不适当的本地审计工具的风险（Risk of Reliance on Inadequate Native Audit Tools）。数据库软件平台通常集成基本审计功能，但它们往往受到很多限制或部署的阻碍。当用户通过 Web 应用程序（如 SAP、Oracle 电子商务套件或 PeopleSoft）访问数据库时，该机审计机制无法识别特定的用户身份，且所有用户活动都与 Web 应用程序账户名称相关联。因此，当该机审计日志显示欺诈性数据库事务时，缺乏指向对此负责的用户链接。

为了降低风险，可以部署实施基于网络的审计设备。虽然这可以解决与单机审计工具相关的大多数弱点，但是不能代替由受过培训的审计人员进行的定期审计。此类设备具有以下优点：

1）高性能（High Performance）。基于网络的审计设备可以在线运行，对数据库性能的影响很小。

2）职责分离（Separation of Auties）。基于网络的审计设备应独立于 DBA 运行，从而能够恰当地将审计职责与管理职责分开。

3）精细事务跟踪（Granular Transaction Tracking）。它支持高级欺诈检测、取证和恢复。日志包括源应用程序名称、完整查询文本、查询响应属性、源操作系统、时间和源名称等详细信息。

（4）管理安全制度遵从性

管理安全制度合规性包括确保遵循制度并有效维护控制的日常活动。管理还包括提供满足新需求的建议。在通常情况下，数据管理专员将与信息安全和公司法律顾问协作，使运营制度和技术控制保持一致。

1）管理法规遵从性。

管理法规遵从性包括：

①衡量授权细则和程序的合规性。

②确保所有数据需求都是可衡量的，因此也是可审计的（如“小心”等表述是无法衡量的）。

③使用标准工具和流程保护存储和运行中的受监管数据。

④发现潜在不合规问题以及存在违反法规遵从性的情况时，使用上报程序和通知机制。

合规性控制需要审计跟踪。例如，如果制度规定用户在访问某些数据之前必须接受培训，那么组织必须能够证明所有指定的用户都参加了培训。没有审计跟踪，就没有合规的证据。应设计控制措施以确保其是可审计的。

2）审计数据安全和合规活动。

应确保对数据安全和法规制度遵从情况进行连续性的定期内部审计。当颁布新的数据法规或现有法规发生变化时，必须重新审视合规性控制本身，并定期回顾确保控制的有效性。审计工作可以从内部或外部开展。在任何情况下，审计师必须独立于审计中涉及的数据和/或流程，以避免任何利益冲突，并确保审计活动和审计结果的完整性。

审计不是为了发现错误。审计的目标是为管理层和数据治理委员提供客观、公正的评估以及合理、实用的建议。

数据安全制度的表述、标准文档、实施指南、变更请求、访问监控日志、报告输出和其他记录（电子或硬拷贝）构成了审计的输入来源。除了检查现有证据外，审计通常还包括执行测试和检查，如：

①评估制度和细则，确保明确定义合规控制并满足法规要求。

②分析实施程序和用户授权实践，确保符合监管目标、制度、细则和预期结果。

③评估授权标准和规程是否充分且符合技术要求。

④当发现存在违规或潜在违规时，评估所要执行的上报程序和通知机制。

⑤审查外包和外部供应商合同、数据共享协议以及合规义务，确保业务合作伙伴履行义务及组织履行其保护受监管数据的法律义务。

⑥评估组织内安全实践成熟度，并向高级管理层和其他利益相关方报告“监管合规状态”。

⑦推荐的合规制度变革和运营合规改进。

数据安全性审计不能替代数据安全管理。审计是客观地评估管理是否达到目标的支持过程。

7.3　工具

信息安全管理使用的工具，在很大程度上取决于组织规模、网络架构以及安全组织采用的策略和标准。

7.3.1　杀毒软件/安全软件

杀毒软件可保护计算机免受网上病毒的侵扰。每天都有新的病毒和其他恶意软件出现，因此重要的是要定期更新安全软件。

7.3.2　HTTPS

如果 Web 地址以 https：// 开头，则表示网站配备了加密的安全层。用户通常必须提供密码或其他身份验证手段才能访问该站点。在线支付或访问机密信息都采用此加密保护。在通过 Internet 或企业内部执行敏感操作时，培训用户在 URL 地址中查找它（https：//）。如果缺乏加密，同一网段上的用户就可以读取纯文本信息。

7.3.3　身份管理技术

身份管理技术（Identity Management Technology）是存储分配的凭据，并根据请求（如当用户登录到系统时）与系统共享。尽管大多数或所有应用程序使用中央凭据存储库，虽然这对于用户来说更方便，但是一些应用程序仍然会管理自身的凭据存储库。有一些用于管理凭据的协议：轻量级目录访问协议（LDAP）就是其中之一。

某些公司采用并提供企业许可的“密码安全”产品，该产品在每个用户的计算机上创建加密的密码文件。用户只需学习一个长密码即可打开程序，并且可以安全地将所有密码存储在加密文件中。单点登录系统也可以起到同样的作用。

7.3.4　入侵侦测和入侵防御软件

当黑客入侵防火墙或其他安全措施时，设有能够检测入侵并动态地拒绝访问的工具很有必要。

在不当事件发生时，入侵检测系统（IDS）将通知相关人员。IDS 最好与入侵防御系统（IPS）进行连接，IPS 系统可对已知攻击和不合逻辑的用户命令组合自动响应。检测通常是通过分析组织内的模式来进行。对预期模式的了解可检测出异常事件，当异常事件发生时系统会发送警报。

7.3.5 防火墙（防御）

安全且复杂的防火墙应部署在企业网关上，它具有在允许高速数据传送的同时还能够执行详细的数据报分析的能力。对于暴露于 Internet 的 Web 服务器，建议使用更复杂的防火墙结构，因为许多恶意黑客攻击可以通过有意扭曲的合法流量，对数据库和 Web 服务器漏洞加以利用。

7.3.6 元数据跟踪

跟踪元数据的工具有助于组织对敏感数据的移动进行跟踪。这些工具会存在一种风险：外部代理可从与文档关联的元数据中检测出内部信息。使用元数据标记敏感信息是确保数据得到防护的最佳方式。由于大量数据丢失事件都是由于不知道数据的敏感性而缺少数据保护造成的。如果元数据以某种方式从元数据库中暴露出来，则可能会发生这种风险，因为元数据文档完全掩盖了任何假设的风险。由于经验丰富的黑客在网络上查找不受保护的敏感数据非常简单，因此这种风险可以忽略不计。最有可能忽视保护敏感数据的人，往往是员工和管理人员。

7.3.7 数据脱敏/加密

进行脱敏或加密的工具对于限制敏感数据的移动很有用。

7.4 方法

管理信息安全取决于组织规模、网络架构、要保护的数据类型以及组织采纳的安全策略和标准。

7.4.1 应用 CRUD 矩阵

创建和使用数据-流程矩阵和数据-角色关系（CRUD—创建、读取、更新、删除）矩阵有助于映射数据访问需求，并指导数据安全角色组、参数和权限的定义。某些版本中添加 E（Execute）执行，以创建 CRUDE 矩阵。

7.4.2　即时安全补丁部署

应该有一个尽可能快地在所有计算机上安装安全补丁程序的流程。恶意黑客只需获取一台计算机超级访问权限，就可以在网络上成功地开展攻击，因此不应该推迟这些更新。

7.4.3　元数据中的数据安全属性

元数据存储库对于确保企业数据模型在跨业务流程使用中的完整性和一致性至关重要。元数据应包括数据的安全性和监管分类。安全元数据的到位可保护组织避免员工对敏感数据缺乏认知而造成的影响。当数据管理专员确定适用密级和监管类别时，类别信息应记录在元数据存储库中。如果技术允许的话，则标记到数据。这些分类可用于定义和管理用户权限和授权，并告知开发团队与敏感数据相关的风险。

7.4.4　项目需求中的安全要求

对每个涉及数据的项目都必须解决系统和数据安全问题，在分析阶段详细确定数据和应用程序安全要求。预先识别有助于指导设计，避免安全流程的改造。如果实施团队一开始就了解数据保护要求，那么可将合规性构建到系统的基本架构中。此信息还可用于选择适当的供应商/采购软件包。

7.4.5　加密数据的高效搜索

搜索加密数据显然包括需要解密数据。减少需要解密数据量的方法之一是采用相同的加密方法来加密搜索条件（如字符串），然后用密文去查找匹配项。匹配加密搜索条件的数据量要少得多，因此解密成本（和风险）会更低。然后在结果集上使用明文搜索以获得完全匹配。

7.4.6　文件清理

文件清理是在文件共享之前从中清理元数据（如历史变更记录跟踪）的过程。文件清理降低了注释中的机密信息可能被共享的风险。特别是在合同中，获取这些信息可能会对谈判产生负面影响。

7.5 实施指南

实施数据安全项目取决于企业文化、风险性质、公司管理数据的敏感性以及系统类型。实施系统组件应在战略性的安全规划和支持架构的指导下开展。

7.5.1 就绪评估/风险评估

保持数据安全与企业文化息息相关。组织往往会对危机作出反应，而不是主动管理问责并确保可审计性。虽然完美的数据安全几乎不可能，但避免数据安全漏洞的最佳方法是建立安全需求、制度和操作规程的意识。组织可通过以下方式提高合规性：

1）培训。通过对组织各级安全措施的培训促进安全规范。通过在线测试等评估机制进行培训，以提高员工数据安全意识。此类培训和测试应是强制性的，同时是员工绩效评估的前提条件。

2）制度的一致性。为工作组和各部门制定数据安全制度和法规遵从制度，以健全企业制度为目标。采取“因地制宜”的方式更有助于有效地吸引大家参与。

3）衡量安全性的收益。将数据安全的收益同组织计划联系起来。组织应在平衡记分卡度量和项目评估中包括数据安全活动的客观指标。

4）为供应商设置安全要求。在服务水平协议（SLA）和外包合同义务中包括数据安全要求。SLA 协议必须包括所有数据保护操作。

5）增强紧迫感。强调法律、合同和监管要求，以增强数据安全管理的紧迫感。

6）持续沟通。支持持续的员工安全培训计划，向员工通报安全计算实践和当前威胁。通过持续性的规划传递一个信息，即安全计算十分重要，这需要管理层的支持。

7.5.2 组织与文化变革

组织需要制定数据相关制度，使其能够实现业务目标，同时保护受监管和敏感信息不被滥用或未经授权的披露。在权衡风险与易获得性的时候，组织必须考虑到所有利益相关方的利益。通常，技术架构必须适应数据架构来平衡这些需求，以创建安全有效的电子环境。在大多数组织中，如果要成功保护其数据，那么管理层和员工的行为都需要改变。

在许多大型公司中，信息安全小组的工作涉及制定制度、保障措施、安全工具、访问控制系统以及信息保护设备和系统。应该清楚地理解和认同这些要素是对数据管理专员和数据管理人员所做工作的补充。数据管理专员通常负责数据分类。信息安全团队协助其遵从执行，并根据数据保护制度以及安全和监管分类建立操作规程。

在忽视客户和员工期望的情况下，实施数据安全措施可能会导致员工不满、客户不满和组织风险。为了促进其合规，制定数据安全措施必须站在那些将使用数据和系统的人的角度考虑。精心规划和全面的技术安全措施应使利益相关方更容易获得安全访问。

7.5.3 用户数据授权的可见性

必须在系统实施期间审查每个用户的数据授权（即单点授权提供的所有数据的总和），以确定是否包含任何受控信息。了解谁可以访问哪些数据、需要包含密级和监管分类描述的元数据管理以及对权利和授权本身的管理。监管敏感性分级应是数据定义过程的标准部分。

7.5.4 外包世界中的数据安全

任何事情皆可外包，但责任除外。

外包IT运营会带来额外的数据安全挑战和责任。外包增加了跨组织和地理边界共担数据责任的人数。对以前非正式的角色和责任必须明确定义为合同义务，必须在外包合同中明确每个角色的职责和期望。

任何形式的外包都增加了组织风险，包括失去对技术环境、对组织数据使用方的控制。数据安全措施和流程必须将外包供应商的风险既视为外部风险，又视为内部风险。

IT外包的成熟使组织能够重新审视外包服务。一个广泛的共识是，包括数据安全架构在内的IT架构和所有权应该是一项内部职责。换句话说，内部组织拥有并管理企业和安全架构。外包合作伙伴可能负责实现体系架构。

转移控制，并非转移责任，而是需要更严格的风险管理和控制机制。其中一些机制包括：

1）服务水平协议（SLA）。

2）外包合同中的有限责任条款。

3）合同中的审计权条款。

4）明确界定违反合同义务的后果。

5）来自服务提供商的定期数据安全报告。

6）对供应商系统活动进行独立监控。

7）定期且彻底的数据安全审核。

8）与服务提供商的持续沟通。

9）如果供应商位于另一国家/地区并发生争议时，应了解合同法中的法律差异。

在外包环境中，跟踪跨系统和个人的数据血缘或流转对于维护“监管链”至关重要。外包组织从CRUD（创建、读取、更新和删除）矩阵的创建中受益匪浅。该矩阵映射跨业务流程、应用程序、角色和组织的数据职责，以跟踪数据转换、血缘关系和监管链。此外，执行业务决策或应用程序功能（如批准审查、批准订单）的能力必须包含在矩阵中。

负责、批注、咨询、通知（RACI）矩阵也有助于明确不同角色的角色、职责分离和职责，包括他们的数据安全义务。

RACI 矩阵可成为合同协议和数据安全制度的一部分。通过定义责任矩阵（如 RACI）在参与外包的各方之间确立明确的问责制和所有权，从而支持总体数据安全制度及其实施。

在外包信息技术业务中，维护数据的责任仍在组织方。建立适当的履约机制，并对签订外包协议的缔约方抱有现实期望至关重要。

7.5.5 云环境中的数据安全

Web 计算以及 B2B、B2C 交互的蓬勃发展，使得数据边界超出了组织边界，云计算的最新进展进一步扩展了数据边界。现在“即服务”在技术和业务栈中随处可见。“数据即服务（DaaS）”“软件即服务（SaaS）”“平台即服务（PaaS）”是当今常用术语。云计算或通过互联网分发资源来处理数据和信息是对“XaaS”配置的补充。

数据安全制度需要考虑跨不同服务模型的数据分布。这包括需要利用外部数据安全标准。

在云计算中，共担责任、定义数据监管链以及定义所有权和托管权尤为重要。基础设施方面的考虑对数据安全管理和数据制度有着直接的影响。例如，当云计算提供商通过网络交付软件时，谁负责防火墙？谁负责服务器上的访问权限？

各种规模的组织都需要微调甚至创建面向云计算的新数据安全管理制度。即使组织尚未在云中直接实施资源，业务合作伙伴也可能会实施。在互联的数据世界中，允许业务合作伙伴使用云计算意味着组织的数据也被放在云中。相同的数据扩散安全原则也适用于敏感/机密的生产数据。

私有云架构，包括虚拟机，即使可能更安全，也应遵循与企业其他部分相同的安全制度要求。

7.6 数据安全治理

保护企业系统及其存储的数据需要 IT 和业务利益相关方之间的协作。清晰有力的制度和规程是数据安全治理的基础。

7.6.1 数据安全和企业架构

企业架构定义了企业的信息资产和企业组件、它们之间的相互关系以及关于转换、原则和指南的业务规则。数据安全架构是企业架构的一部分，描述了在企业内如何实现数据安全以满足业务规则和外部法规。安全架构涉及：

1）用于管理数据安全的工具。

2）数据加密标准和机制。

3）外部供应商和承包商的数据访问指南。

4）通过互联网的数据传送协议。

5）文档要求。

6）远程访问标准。

7）安全漏洞事件报告规程。

安全架构对于以下数据的集成尤为重要：

1）内部系统和业务部门。

2）组织及其外部业务合作伙伴。

3）组织和监管机构。

例如，内部和外部各方之间面向服务集成的架构（SOA）模式，将要求不同于传统电子数据交换（EDI）集成体系架构的数据安全模式来实现。

对于大型企业而言，以上各方之间的正式联络对于保护信息免遭误用、盗窃、泄露和丢失至关重要。各方都必须了解与其他方有关的内容，以便能够以共同的语言沟通并朝着共同的目标努力。

7.6.2　度量指标

必须对信息保护过程进行衡量并确保按要求运行。指标还有助于流程改进，一些指标衡量流程的进度：开展的审计量、安装的安全系统、报告的事件数以及系统中未经检查的数据量。更复杂的指标将侧重于审计结果或组织在成熟度模型上的变动。

拥有信息安全人员的大型组织可能已存在大量这样的指标。将现有指标作为整体威胁管理衡量过程的一部分加以复用，防止重复工作，这一点很有帮助。创建每个指标的基线（初始读数），用以显示随时间而取得的进展。

虽然可以度量和跟踪大量安全活动和状态，但是应关注可操作的指标。与明显不相关的几个指标页面相比，组织在一起的几个关键指标更易于管理。改进行动可能包括对数据监管政策和合规行动意识方面的培训。

许多组织都面临着类似的数据安全挑战。以下列表可能有助于选择适用的指标。

1. 安全实施指标

这些常见的安全指标可以设定为正值百分比：

1）安装了最新安全补丁程序的企业计算机百分比。

2）安装并运行最新反恶意软件的计算机百分比。

3）成功通过背景调查的新员工百分比。

4）在年度安全实践测验中得分超过80%的员工百分比。

5）已完成正式风险评估分析的业务单位的百分比。

6）在发生如火灾、地震、风暴、洪水、爆炸或其他灾难时，成功通过灾难恢复测试的业务流程百分比。

7）已成功解决审计发现的问题百分比。

可以根据列表或统计数据的指标跟踪趋势：

1）所有安全系统的性能指标。

2）背景调查和结果。

3）应急响应计划和业务连续性计划状态。

4）犯罪事件和调查。

5）合规的尽职调查以及需要解决的调查结果数量。

6）执行的信息风险管理分析以及导致可操作变更的分析数量。

7）制度审计的影响和结果，如清洁办公桌制度检查，由夜班安保人员在换班时执行。

8）安全操作、物理安全和场所保护统计信息。

9）记录在案的、可访问的安全标准（制度）。

10）相关方遵守安全制度的动机。

11）业务行为和声誉风险分析，包括员工培训。

12）基于特定类型数据（如财务、医疗、商业机密和内部信息）的业务保健因素和内部风险。

13）管理者和员工的信心和影响指标，作为数据信息安全工作和制度如何被感知的指示。

随着时间的推移，在适当的类别中选择和维护合理数量的可操作指标，以确保合规性；在问题成为危机之前被发现，并向高级管理层表明保护企业信息的决心。

2. 安全意识指标

考虑以下这些常规领域并选择适当的指标：

1）风险评估结果。评估结果提供了定性数据，需要反馈给相关业务单位，以增强其责任意识。

2）风险事件和配置文件。通过这些事件和文件确定需要纠正的未管理风险敞口。在安全意识倡议实施后，通过后续的测试来确定风险敞口以及制度遵从方面的缺失或可衡量改进的程度，以了解这些信息的传达情况。

3）正式的反馈调查和访谈。通过这些调查和访谈确定安全意识水平。此外，还要衡量在目标人群中成功完成安全意识培训的员工数量。

4）事故复盘、经验教训和受害者访谈。为安全意识方面的缺口提供了丰富的信息来源。具体指标可包括已减小了多少漏洞。

5）补丁有效性审计。涉及使用机密和受控信息的计算机，以评估安全补丁的有效性（尽可能推荐自动补丁系统）。

3. 数据保护指标

需求决定哪些指标与组织相关：

1）特定数据类型和信息系统的关键性排名。如果无法操作，那么将对企业产生深远影响。

2）与数据丢失、危害或损坏相关的事故、黑客攻击、盗窃或灾难的年损失预期。

3）特定数据丢失的风险与某些类别的受监管信息以及补救优先级排序相关。

4）数据与特定业务流程的风险映射，与销售点设备相关的风险将包含在金融支付系统的风险预测中。

5）对某些具有价值的数据资源及其传播媒介遭受攻击的可能性进行威胁评估。

6）对可能意外或有意泄露敏感信息的业务流程中的特定部分进行漏洞评估。

敏感数据的可审计列表的位置信息，要在整个组织中传播。

4. 安全事件指标

安全事件指标包括：

1）检测到并阻止了入侵尝试数量。

2）通过防止入侵节省的安全成本投资回报。

5. 机密数据扩散

应衡量机密数据的副本数量，以减少扩散。机密数据存储的位置越多，泄露的风险就越大。

7.7　文献引用与推荐

Andress, Jason. *The Basics of Information Security: Understanding the Fundamentals of InfoSec in Theory and Practice.* Syngress, 2011. Print.

Calder, Alan, and Steve Watkins. *IT Governance: An International Guide to Data Security and ISO27001/ISO27002.* 5th ed. Kogan Page, 2012. Print.

Fuster, Gloria González. *The Emergence of Personal Data Protection as a Fundamental Right of the EU.* Springer, 2014. Print. Law, Governance and Technology Series / Issues in Privacy and Data Protection.

Harkins, Malcolm. *Managing Risk and Information Security: Protect to Enable (Expert's Voice in Information Technology)*. Apress, 2012. Kindle.

Hayden, Lance. *IT Security Metrics: A Practical Framework for Measuring Security and Protecting Data.* McGraw-Hill Osborne Media, 2010. Print.

Kark, Khalid. "Building A Business Case for Information Security". *Computer World.* 2009-08-10 http://bit.ly/2rCu7QQ Web.

Kennedy, Gwen, and Leighton Peter Prabhu. *Data Privacy: A Practical Guide.* Interstice Consulting LLP, 2014. Kindle. Amazon Digital Services.

Murdoch, Don GSE. *Blue Team Handbook: Incident Response Edition: A condensed field guide for the Cyber Security Incident Responder.* 2nd ed. CreateSpace Independent Publishing Platform, 2014. Print.

National Institute for Standards and Technology (US Department of Commerce website) http://bit.ly/1eQYolG.

Rao, Umesh Hodeghatta and Umesha Nayak. *The InfoSec Handbook: An Introduction to Information Security.* Apress, 2014. Kindle. Amazon Digital Services.

Ray, Dewey E. *The IT professional's merger and acquisition handbook.* Cognitive Diligence, 2012.

Schlesinger, David. *The Hidden Corporation: A Data Management Security Novel.* Technics Publications, LLC, 2011. Print.

Singer, P. W. and Allan Friedman. *Cybersecurity and Cyberwar: What Everyone Needs to Know©.* Oxford University Press, 2014. Print. What Everyone Needs to Know.

Watts, John. *Certified Information Privacy Professional Study Guide: Pass the IAPP's Certification Foundation Exam with Ease!* CreateSpace Independent Publishing Platform, 2014. Print.

Williams, Branden R., Anton Chuvakin Ph. D. *PCI Compliance: Understand and Implement Effective PCI Data Security Standard Compliance.* 4th ed. Syngress, 2014. Print.

第 8 章　数据集成和互操作

8.1 引言

数据集成和互操作（DII）描述了数据在不同数据存储、应用程序和组织这三者内部和之间进行移动和整合的相关过程。数据集成是将数据整合成物理的或虚拟的一致格式。数据互操作是多个系统之间进行通信的能力。数据集成和互操作的解决方案提供了大多数组织所依赖的基本数据管理职能：

1）数据迁移和转换。

2）数据整合到数据中心或数据集市。

3）将供应商的软件包集成到组织的应用系统框架中。

4）在不同应用程序或组织之间数据共享。

5）跨数据存储库和数据中心分发数据。

6）数据归档。

7）数据接口管理。

8）获取和接收外部数据。

9）结构化和非结构化数据集成。

10）提供运营智能化和管理决策支持。

数据集成和互操作依赖于数据管理的其他领域，如：

1）数据治理。用于治理转换规则和消息结构。

2）数据架构。用于解决方案设计。

3）数据安全。无论数据是持久化、虚拟化还是在应用程序和组织之间流动，都要确保解决方案对数据的安全性进行适当的保护。

4）元数据。用于知晓数据的技术清单（持久的、虚拟的和动态的）、数据的业务含义、数据转换的业务规则、数据操作历史和数据血缘。

5）数据存储和操作。管理解决方案的物理实例化。

6）数据建模和设计。用于设计数据结构，包括数据库中的物理持久化的结构、虚拟的数据结构以及应用程序和组织之间传送的消息结构。

数据集成和互操作对数据仓库和商务智能、参考数据和主数据管理至关重要，因为所有这些都关注数据从源系统转换和集成到数据中心，以及从数据中心到目标系统，最终交付给数据消费者（人和系统）的过程。

数据集成和互操作是新兴大数据管理领域的核心。大数据旨在整合各种类型的数据，包括存储在数据库中的结构化数据、存储在文档或文件中的非结构化文本数据以及其他类型的非结构化数据，如音频、视频和流媒体数据。这种数据整合后可以被用来进行挖掘、开发预测模型，并将其用于运营智能活动中。

8.1.1 业务驱动因素

数据集成和互操作主要目的是为了对数据移动进行有效管理。由于大多数组织都有数以百计的数据库和存储库，因此每个信息技术组织的主要责任就是管理数据在组织内部的存储库与其他组织之间的双向流动过程。如果管理不当，移动数据的过程可能会压垮 IT 资源和能力，并弱化对传统应用程序和数据管理领域需求的支持能力。数据集成和互操作语境关系图如图 8-1 所示。

一些组织从软件供应商处购买应用程序而不是开发定制应用程序，这扩大了企业数据集成和互操作性的需求。每个购买的应用程序都有自己的一组主数据存储、交易数据存储和报表数据存储，这些数据存储必须与组织中的其他数据存储集成。即使是运行组织公共功能的企业资源规划（ERP）系统，也很少（如果有的话）包含组织中的所有数据存储。他们也必须将其数据与其他组织数据集成。

对企业来说，管理数据集成的复杂性以及相关成本是建立数据集成架构的原因。企业级的数据集成设计远远比分散的或点对点的解决方案效率更高、成本更低。在应用程序之间采用点对点的解决方案，可能产生出成千上万的接口，即使最有效率和最有能力的 IT 支撑组织也会被迅速拖垮。

数据仓库和主数据解决方案，如数据中心（Data Hub），通过整合许多应用程序所需的数据，并为这些应用程序提供一致的数据视图，从而能缓解这个问题。类似地，对于需要跨组织共享的操作和交易数据，通过使用企业数据集成技术（如中心辐射型集成（Hub-and-Spoke Integration）和规范化消息模型等）可以极大地简化管理这些数据的复杂性。

另一个业务驱动因素是维护管理成本。在使用多种技术来移动数据时，每种技术都需要特定的开发和维护技术，这样都会造成支撑成本增加。标准工具的应用可以降低维护和人力成本，并提高故障排除工作的效率。降低接口管理的复杂性不仅可以减少接口的维护成本，并使支撑资源能更有效地在企业其他优先事务中发挥作用。

数据集成和互操作（DII）还支持组织遵守数据处理标准和规则的能力。企业级数据集成和互操作系统可以重用代码，从而实现规则的兼容性，并简化兼容性验证工作。

8.1.2 目标和原则

数据集成和互操作实践与解决方案的实施目标是：

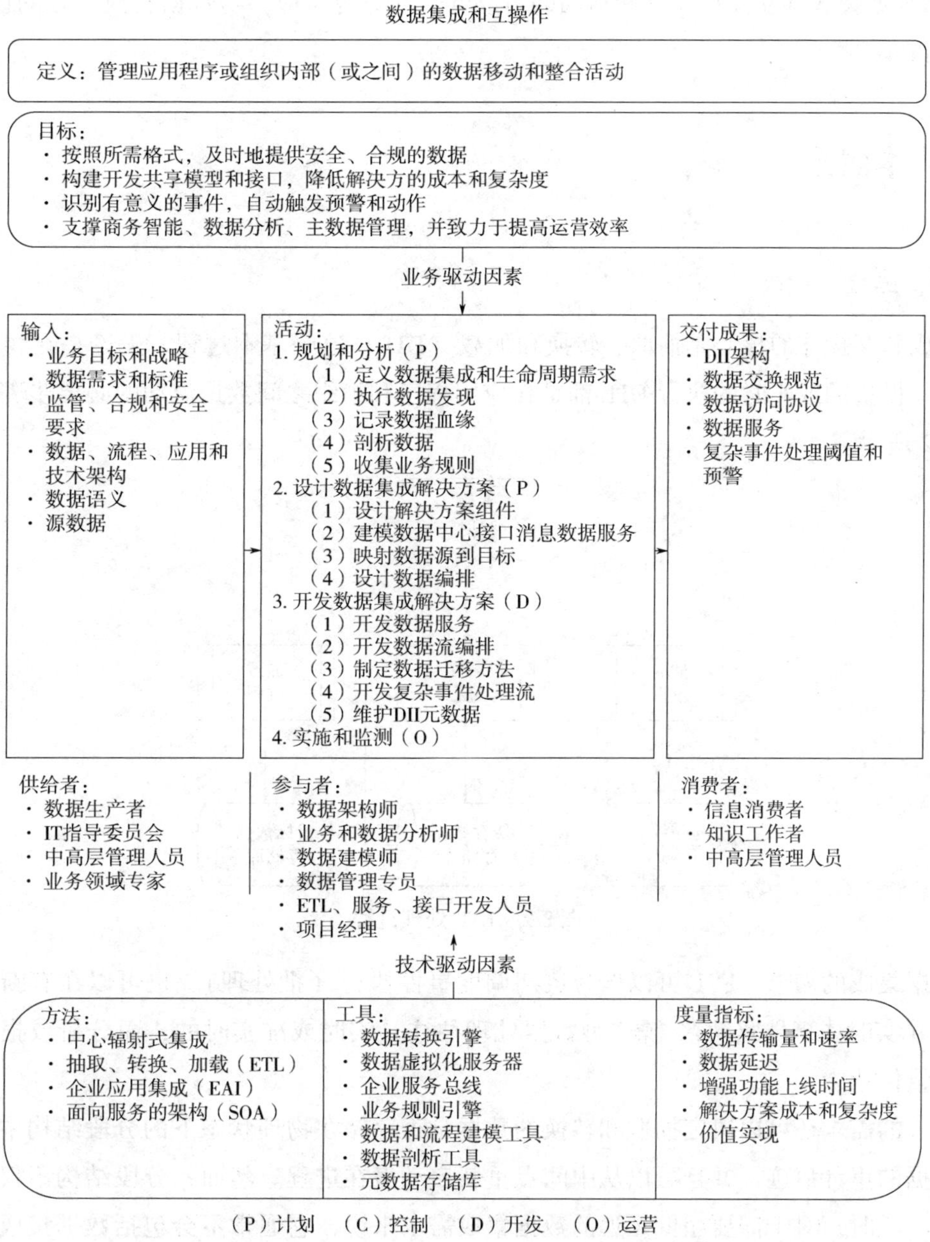

数据集成和互操作

定义：管理应用程序或组织内部（或之间）的数据移动和整合活动

目标：
- 按照所需格式，及时地提供安全、合规的数据
- 构建开发共享模型和接口，降低解决方的成本和复杂度
- 识别有意义的事件，自动触发预警和动作
- 支撑商务智能、数据分析、主数据管理，并致力于提高运营效率

业务驱动因素

输入：
- 业务目标和战略
- 数据需求和标准
- 监管、合规和安全要求
- 数据、流程、应用和技术架构
- 数据语义
- 源数据

活动：
1. 规划和分析（P）
（1）定义数据集成和生命周期需求
（2）执行数据发现
（3）记录数据血缘
（4）剖析数据
（5）收集业务规则
2. 设计数据集成解决方案（P）
（1）设计解决方案组件
（2）建模数据中心接口消息数据服务
（3）映射数据源到目标
（4）设计数据编排
3. 开发数据集成解决方案（D）
（1）开发数据服务
（2）开发数据流编排
（3）制定数据迁移方法
（4）开发复杂事件处理流
（5）维护DII元数据
4. 实施和监测（O）

交付成果：
- DII架构
- 数据交换规范
- 数据访问协议
- 数据服务
- 复杂事件处理阈值和预警

供给者：
- 数据生产者
- IT指导委员会
- 中高层管理人员
- 业务领域专家

参与者：
- 数据架构师
- 业务和数据分析师
- 数据建模师
- 数据管理专员
- ETL、服务、接口开发人员
- 项目经理

消费者：
- 信息消费者
- 知识工作者
- 中高层管理人员

技术驱动因素

方法：
- 中心辐射式集成
- 抽取、转换、加载（ETL）
- 企业应用集成（EAI）
- 面向服务的架构（SOA）

工具：
- 数据转换引擎
- 数据虚拟化服务器
- 企业服务总线
- 业务规则引擎
- 数据和流程建模工具
- 数据剖析工具
- 元数据存储库

度量指标：
- 数据传输量和速率
- 数据延迟
- 增强功能上线时间
- 解决方案成本和复杂度
- 价值实现

（P）计划　（C）控制　（D）开发　（O）运营

图 8-1　语境关系图：数据集成和互操作

1）及时以数据消费者（人和系统）所需的格式提供数据。

2）将数据物理地或虚拟地合并到数据中心。

3）通过开发共享模型和接口来降低管理解决方案的成本和复杂度。

4）识别有意义的事件（机会和威胁），自动触发警报并采取相应行动。

5）支持商务智能、数据分析、主数据管理以及运营效率的提升。

在实施数据集成和互操作时，组织应遵循以下原则：

1）采用企业视角确保未来的可扩展性设计，通过迭代和增量交付实现。

2）平衡本地数据需求与企业数据需求，包括支撑与维护。

3）确保数据集成和互操作设计和活动的可靠性。业务专家应参与数据转换规则的设计和修改，包括持久性和虚拟性。

8.1.3 基本概念

1. 抽取、转换、加载

数据集成和互操作的核心是抽取、转换和加载（ETL）这一基本过程。无论是在物理状态下或虚拟状态下，批量的或实时的执行 ETL 都是在应用程序和组织之间数据流动的必要步骤。ETL 处理过程如图 8-2 所示。

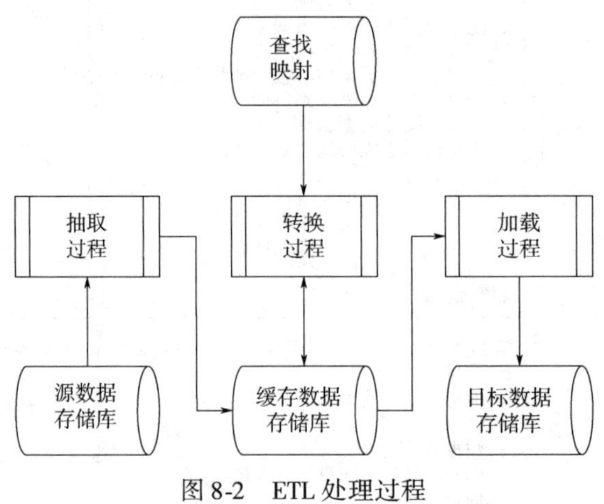

图 8-2 ETL 处理过程

根据数据集成的需求，ETL 可以作为定期调度事件执行（批处理），也可以在有新数据或数据更新后执行（实时或事件驱动）。操作型数据处理往往是实时或准实时的，而分析或报表所需的数据通常在批量作业中。

数据集成的需求还可以决定抽取和转换的数据是否存储在物理状态下的分段结构中。物理分段允许追踪数据的审计痕迹，并且可以从中间点重新启动潜在进程。然而，分段结构不仅占用磁盘空间，而且读写耗时。对于需要超低延迟的数据集成需求来说，它通常不会包括数据集成中间结果的物理分段。

（1）抽取

抽取过程包括选择所需的数据并从其源数据中提取。然后，被抽取的数据会在磁盘或内存中的物理数据存储库中进行储存。如果在磁盘上进行物理缓存，则缓存数据库可以和源数据库或目标数据库合并，或者与两者都合并。

在理想情况下，如果这个过程在一个操作型系统上执行时，为了避免对操作流程产生负面影响，那么设计时应考虑尽可能少地使用资源。在非高峰时间进行批处理是抽取的一个选项，其中包括执行选择或识别待抽取更改数据的那些复杂处理。

（2）转换

转换过程是让选定的数据与目标数据库的结构相兼容。

转换包括多种情况。例如，当数据向目标移动时将它从源数据中移除，或是数据复制到多个目标中，或是数据用于触发事件但不会持久化。

转换的例子包括：

1）格式变化。技术上的格式转换，如从 EBCDIC 到 ASCII 的格式转换。

2）结构变化。数据结构的变化，如从非规范化到规范化的记录。

3）语义转换。数据值转换时保持语义的一致化表达，如源性别代码可以包括 0、1、2 和 3，而目标性别代码可以表示为 UNKNOWN、FEMALE、MALE 或 NOT PROVIDED。

4）消除重复。如规则需要唯一的键值或记录，以确保包括扫描目标、检测和删除重复行的方法。

5）重新排序。改变数据元素或记录的顺序以适应已定义的模式。

转换可以批量执行，也可以实时执行，或者是将转换结果存储在物理状态下的缓存区域，或者是将转换后的数据存储在虚拟状态下的内存中，直至移动到加载步骤为止。转换阶段所产生的数据应准备好与目标结构中的数据进行集成。

（3）加载

加载过程是在目标系统中物理存储或呈现转换结果。根据所执行的转换、目标系统的目的和其预期用途，数据可能需要被进一步的处理以便与其他数据集成，或者可能以一种最终形式呈现给消费者。

（4）抽取、加载、转换（ELT）

如果目标系统比源系统或中间应用系统具有更强的转换能力，那么数据处理的顺序可以切换为 ELT——抽取、加载、转换（图 8-3）。ELT 允许在数据加载到目标系统后再进行转换。ELT 允许源数据以原始数据的形式在目标系统上实例化，这对其他进程是有用的。用 ELT 的方式加载至数据湖，这在大数据环境中是很常见的（见参 14 章）。

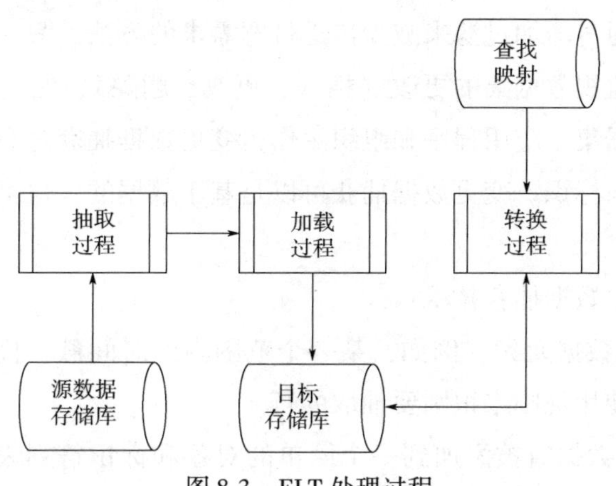

图 8-3　ELT 处理过程

（5）映射

映射（Mapping）是转换的同义词，它既是从源结构到目标结构建立查找矩阵的过程，也是该过程的结果。映射定义了要抽取的源数据与抽取数据的识别规则、要加载的目标与要更新的目标行的识别规则（如果有的话）以及要应用的任何转换或计算规则。许多数据集成工具提供了映射的可视化界面，因此开发人员可以使用图形界面创建转换代码。

2. 时延

时延（Latency）是指从源系统生成数据到目标系统可用该数据的时间差。不同的数据处理方法会导致不同程度的数据延迟。延迟可以是很高（批处理）或较高（事件驱动），甚至是非常低（实时同步）。

（1）批处理

大多数数据在应用程序和组织之间以一批文件的形式移动，要么是根据数据使用者的人工请求，要么是按周期自动触发。这种类型的交互称为批处理或 ETL。

以批处理模式移动的数据将代表在给定时间点的全部数据，如一个周期结束后的账户余额或自上次发送数据以来已更改的数据值，如一天内已完成的地址的更改。这组变化的数据称为增量，而某一时刻的数据称为快照。

对于批处理数据集成解决方案，在源中的数据更改和目标中的数据更新之间，通常会有明显的时延，从而导致高延迟。批处理对于在短时间内处理大量数据非常有用，它倾向用于数据仓库数据集成解决方案，即使在低延迟解决方案可用时也是如此。

为了实现快速处理和低延迟，一些数据集成解决方案使用微批处理。微批处理是指使批处理的运行频率高于按天更新的频率，如每 5 分钟运行一次。

批量数据集成可用于数据转换、迁移和归档以及从数据仓库和数据集市中抽取和加载数据。批量处理的时机可能存在风险。为了尽量减少应用程序的更新问题，可以将应用程序之间的数据移动安排在工作日的逻辑处理结束时或者在夜间对数据进行特殊处理后。为了避免数据集的不完整，对数据转移到数据仓库的作业应按照每日、每周或每月的报表来进行调度。

（2）变更数据捕获

变更数据捕获是一种通过增加过滤来减少传送带宽需求的方法，只包含在特定时间范围内更改过的数据。变更数据捕获监视数据集的更改（插入、更改、删除），然后将这些更改（增量）传送给使用这些数据的其他数据集、应用程序和组织。作为变更数据捕获过程的一部分，对数据也可以用标记或时间戳等标识符来标识。变更数据捕获可以是基于数据的，也可以是基于日志的（参见第 6 章）。

有三种基于数据的变更数据捕获技术：

1）源系统填入特定的数据元素。例如，某一个范围内的时间戳、代码或标志，它们都可以作为变更指示符。抽取过程使用规则来识别要抽取的行。

2）源系统进程在更改数据时被添加到一个简单的对象和标识符列表，然后用于控制抽取数据的选择。

3）源系统复制已经变化的数据。这些数据已经作为交易的一部分变成了独立对象，然后用于抽取处理。此对象不需要在数据库管理系统内。

这些类型的提取使用源应用程序内置的功能，这可能是资源密集型的，需要有修改源应用程序的能力。

在基于日志的更改数据捕获中，数据库管理系统创建的数据活动日志被复制和处理，然后寻找将其转换并应用到目标数据库的特定更改。复杂的转换可能比较难，但是可以使用类似源对象的中间结构作为进一步处理变更数据的一种方式。

（3）准实时和事件驱动

大多数未采用批量方式的数据集成解决方案都是使用准实时或事件驱动的方式。数据在特定的时间表内是以较小的集合进行处理，或者在事件发生时处理，如数据更新。与批处理相比，准实时（Near-Real-Time）处理具有更低的延迟，而且通常因为工作是随时间分布的，所以系统负载较低。但是，它通常比同步数据集成解决方案要慢一些。准实时数据集成解决方案通常是使用企业服务总线来实现。

状态信息和进程的依赖必须由目标应用程序加载过程来进行监控。进入目标的数据可能无法按照目标构建所需的正确顺序进入。例如，要在处理主数据关联的交易数据之前先处理主数据或维度数据。

（4）异步

在异步数据流中，提供数据的系统在继续处理之前不会等待接收系统确认更新。异步意味着发送或接收系统可能会在一段时间内离线，而另一个系统可以正常运行。

异步数据集成不会阻塞源应用程序继续执行，也不会在任何目标应用程序不可用时导致源应用程序不可用。由于在异步配置中对应用程序进行的数据更新不是及时的，所以称为准实时集成。在接近实时的环境中，源中进行的更新与中继到目标数据集之间的延迟通常为秒级或分级。

（5）实时，同步

有些情况下，源数据和目标数据之间不允许存在时间延迟或其他差异。当一个数据集的数据必须与另一个数据集的数据保持完美的同步时，必须使用实时的同步解决方案。

在同步集成解决方案中，执行过程在执行下一个活动或事务之前需等待接收来自其他应用程序或进程的确认。因为必须花费时间等待数据同步的确认，所以这意味着解决方案只能处理更少的事务。如果任何需要更新数据的应用程序处于不可用状态，那么主应用程序中的事务就无法完成。这种情况可以使数据保持同步，但有可能使关键应用程序依制于不太重要的应用程序。

采用这种类型的架构存在于一个连续体中。采用这种架构的基础是数据集可能有多大差异以及这种解决方案的价值有多少。可以通过数据库能力（如两阶段提交）保持数据集同步。两阶段提交要确保事务中的所有内容更新，要么都是成功的，要么都没有成功。例如，金融机构使用两阶段提交解决方案来确保财务交易表与财务平衡表完全同步。因为应用程序出现意外中断时，其中一个数据集更新而另一个数据集不更新的可能性很小，所以不是所有项目都使用两阶段提交。

在状态管理方面，实时的、同步的解决方案比异步解决方案的需求少，因为事务处理的顺序显然应由更新应用程序管理。然而，应用程序的自我状态管理也可能导致阻塞和延迟其他交易。

（6）低延迟或流处理

快速的数据集成解决方案已经取得了巨大的进展。这些解决方案需要大量的硬件和软件投资。如果一个组织需要非常快速地进行远距离移动数据，那么为低时延解决方案付出的额外成本是合理的。随着事件的发生，“流数据”在事件发生后立即从计算机系统实时连续地流出。数据流捕捉事件，诸如购买商品或金融证券、社会媒体评论以及从传感器监控位置、温度、使用情况或其他的读数等。

低延迟数据集成解决方案旨在减少事件的响应时间。它们可能包括使用像固态硬盘的硬件解决方案或使用内存数据库的软件解决方案，这样就不会因为读写传统磁盘而造成延迟。传统磁盘驱动器的读写过程比处理内存或固态磁盘驱动器中数据的速度要慢数千倍。

异步解决方案通常用于低延迟解决方案，这样事务在处理下一个数据之前不需要等待后续进程的确认。

大规模多处理器或并行处理也是低延迟解决方案中一种常见的配置，这样传入数据的处理可以同时分散在多个处理器上，而不是在单个或少量的处理器上，以免造成阻塞。

3. 复制

考虑为世界各地的用户提供更好的响应时间，一些应用程序在多个物理位置上有维护数据集的精确副本。复制技术将分析和查询对主事务操作环境性能的影响降至最低。

这种解决方案必须把物理上分布的各个数据集副本进行数据同步。大多数数据库管理系统中都有复制工具来完成这项工作。当所有数据集都在相同的数据库管理系统技术中维护时，这些复制工具工作得最好。复制解决方案通常监视数据集的更改日志，而不是数据集本身。因为它们不会与应用程序竞争访问数据集，所以它们可以最大限度地减少对任何操作应用程序的影响。只有来自更改日志的数据在复制副本之间传送。标准复制解决方案是准实时的，数据集的一个副本和另一个副本之间的更改有很小的延迟。

由于复制解决方案的好处是对源数据集的影响最小，传送的数据量也最小（非常明显），因此许多数据集成解决方案中都使用了复制，即使是那些不包括远程物理分布的解决方案也是如此。因为使用这些数据库管理工具不需要大量的编程工作，所以很少会有程序缺陷问题。

当源数据集和目标数据集是彼此的精确副本时，复制工具的表现最佳。源数据和目标数据的差异给同步带来了风险。如果最终目标数据不是源数据的精确副本时，那么就需要维护出一个暂存区域来容纳源数据的精确副本。这需要使用额外的磁盘，并且可能需要额外的数据库技术。

如果数据更改动作发生在多个副本站点时，那么数据复制解决方案不是最佳的选择。如果有可能在两个不同的站点更改相同的数据片段，则存在数据可能不同步的风险，或者其中一个站点的更改可能会在没有警告的情况下被覆盖（参见第 6 章）。

4. 归档

不经常使用的数据可以移动到对组织成本较低的备用数据结构或存储解决方案中。ETL 功能可用于归档数据并可能将其转换为存档环境中的数据结构。使用归档存储来自正在退役的应用程序的数据以及来自长期未使用的生产系统的数据，可以提高操作效率。

监控归档技术非常重要，要确保在技术发生改变时，数据仍然可以被访问。使用新技术却无法读取旧结构或旧格式的存档，这样可能会存在风险，特别是对于那些仍然合法需要的数据（参见第 9 章）。

5. 企业消息格式/规范格式

规范化的数据模型是组织或数据交换团队使用的通用模型，用于标准化数据共享的格式。在中心辐射型数据交互设计模型中，所有想要提供或接收数据的系统只与中央信息中心进行交互。根据通用的或企业的规范消息格式将数据从发送系统转换到接收系统中。规范格式的使用降低了系统或组织之间数据转换量。每个系统都只需要将数据转换为中央规范格式的数据，而不需要将数据转换为众多系统格式。

开发和商定共享消息格式是一项重要的任务，拥有规范格式可以显著降低企业中数据互操作的复杂性，从而大大降低支持成本。在使用中心辐射型数据交互模型来实现企业数据集成解决方案时，创建和管理所有数据交互的公共规范数据格式是一项开销巨大的工作。3 个以上系统之间的数据交互就应当考虑这些因素，对于管理 100 多个应用系统数据交互的环境则更要考虑。

6. 交互模型

交互模型描述了在系统之间建立连接以传送数据的方式。

（1）点到点

共享数据系统之间的绝大多数交互都是“点对点”的，它们直接相互传递数据。这个模型在一小组系统的上下文中是行得通的。但是，当许多系统需要来自同一来源的相同数据时，它会很快变得效率低下并增加组织风险。具体有以下几个方面：

1）影响处理（Impacts to Processing）。如果源系统是操作型的，那么提供数据的工作量可能会影响交易处理。

2）管理接口（Managing Interfaces）。点对点交互模型所需的接口数量接近系统数量的平方数。一旦建立了这些接口，就需要维护和支撑这些接口。管理和支撑系统之间接口的工作量很快就会大于系统本身的支持。

3）潜在的不一致（Potential for Inconsistency）。当多个系统需要不同的版本或数据格式时，就会出现设计问题。使用多个接口获取数据会导致发送给下游系统的数据不一致。

（2）中心辐射型

中心辐射型（Hub-and-Spoke）模型是点对点的替代方案，它将共享数据（物理或虚拟）整合到应用程序可以使用的一个中央数据中心。所有想交换数据的系统都是通过一个中央公共数据控制系统进行交换的，而不是直接与其他系统（点对点）进行交换。数据仓库、数据集市、操作数据存储和主数据管理中心都是数据中心的最佳示范。

数据中心提供一致的数据视图，对源系统性能的影响有限。数据中心甚至最小化了必须访问的数据源系统和抽取的数量，从而减少对源系统资源的影响。向组合中添加新系统，只需要构建到数据中心的接口。如果涉及系统数量不多，中心辐射型交互效率会更高。此外，可以对成本进行合理调整，尤其对于管理成百上千的系统组合至关重要。

企业服务总线（Enterprise Service Bus，ESB）是用于在多个系统之间接近实时共享数据的数据集成解决方案，其数据中心是一个虚拟概念，代表组织中数据共享的标准和规范格式。

中心辐射型模型可能并不总是最好的解决方案。部分中心辐射型模型存在着不可接受的时延或性能问题。数据中心本身在中心辐射型架构中存在创建开销。点对点解决方案不需要数据中心。然而，当 3 个或更多的系统参与共享数据时，数据中心的好处就超过了开销大的缺点。利用中心辐射型设计模式来交换数据，可以显著减少数据的转换工作和集成解决方案的需求，从而大大简化必要的组织支持。

（3）发布与订阅

发布和订阅模型涉及推送（发布）数据的系统和其他接受（订阅）数据的系统。在数据服务的目录中列出推送数据的系统，希望使用数据的系统订阅这些服务。在发布数据时，数据会自动发送给订阅用户。

当多个数据消费者需要特定格式的数据集时，集中开发该数据集并使其对所有需要的人都可用，可确保所有参与者及时收到一致的数据集。

7. 数据集成和互操作作架构概念

（1）应用耦合

耦合描述了两个系统交织的程度。两个紧密耦合的系统通常有一个同步接口，其中一个系统等待另一个系统的响应。紧密耦合代表了运营上的风险：如果一方系统不可用，那么它们实际上都不可用，并且两个系统的业务连续性计划必须保持一致（参见第 6 章）。

在某些情况下，松耦合是一种优选的接口设计，其中在系统之间传送数据不需要等待响应，而且一个系统不可用时，不会导致另一个系统无法使用。可以使用服务、API 或消息队列等各种技术来实现松耦合。图 8-4 解释了松耦合的一种设计模式。

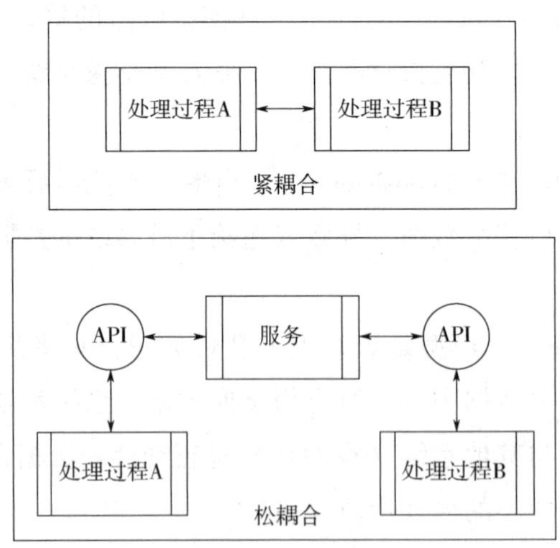

图 8-4　应用耦合

基于企业服务总线（ESB）的面向服务架构是松散耦合数据交互设计模式的一个示例。

当系统松散耦合时，因为交互点有良好的定义，所以理论上可以在不重写与之交互系统的情况下，替换应用程序清单中的系统。

（2）编排和流程控制

编排（Orchestration）是一个术语，用来描述在一个系统中如何组织和执行多个相关流程。所有处理消息或数据报的系统，必须能够管理这些流程的执行顺序，以保持一致性和连续性。

流程控制是确保数据的调度、交付、抽取和装载的准确和完整的组件。基本数据传送架构中经常被忽略的有以下几个方面：

1）数据库活动日志。

2）批量作业日志。

3）警报。

4）异常日志。

5）作业依赖图，包含补救方案、标准回复。

6）作业的时钟信息，如依赖作业的定时、期望的作业长度、计算（可用）的窗口时间。

（3）企业应用集成

在企业应用集成模型（Enterprise Application Integration，EAI）中，软件模块之间仅通过定义良好的接口调用（应用程序编程接口-API）进行交互。数据存储只能通过自己的软件模块更新，其他软件不能直接访问应用程序中的数据，只能通过定义的 API 访问。企业应用集成是基于面向对象的概念，它强调重用和替换任何模块而不影响任何其他模块的能力。

（4）企业服务总线

企业服务总线（Enterprise Service Bus，ESB）是一个系统，它充当系统之间的中介，在它们之间传送消息。应用程序可以通过 ESB 现有的功能封装发送和接收的消息或文件。作为一个松散耦合的例子，ESB 充当两个应用程序之间的服务角色（图 8-5）。

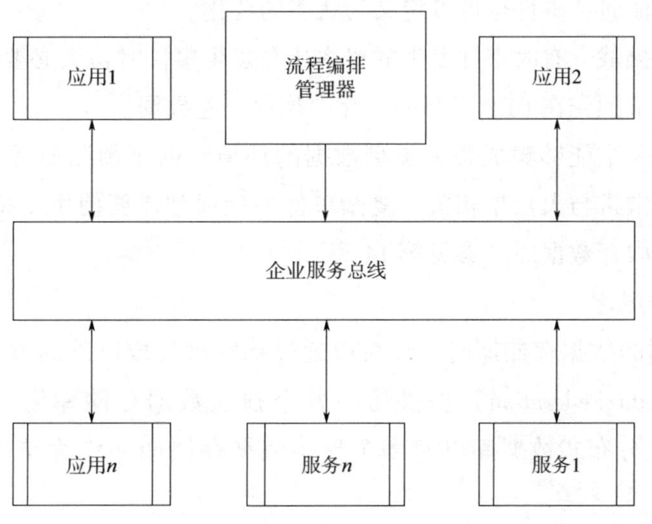

图 8-5　企业服务总线

（5）面向服务的架构

大多数成熟的企业数据集成策略都采用面向服务的架构（Service-Oriented Architecture，SOA）思想。通过在应用程序之间定义良好的服务调用，可以提供推送数据或更新数据（或其他数据服务）的功能。使用这种方法，应用程序不必与其他应用程序直接交互或了解其他应用程序的内部工作。SOA 支持应用程序的独立性和组织替换系统的能力，而无需对与之交互的系统进行重大更改。

SOA 的目标是在独立的软件模块之间定义良好的交互。每个模块可供其他软件模块或个人消费者执行功能（提供服务）。SOA 的关键概念是提供了独立的服务：该服务没有调用应用程序的预先知识，服务的实现是调用应用程序的黑匣子。SOA 可以通过 Web 服务、消息传送、RESTful API 等多种技术来实现。通常作为可以供应用系统或个人消费者调用的 API（应用程序编程接口）实现服务。一个定义良好的 API 注册表包含了可用的选项、需要提供的参数以及提供的结果信息。

数据服务可以包括数据的添加、删除、更新和检索，这些服务被指定在可用服务的目录中。为了实现企业的可扩展性（使用合理的资源，支持企业内所有应用之间的集成）和重用性（具有某类所有请求者所利用的数据服务）目标，必须围绕服务和 API 的设计及注册建立一个强大的治理模型。在开发出新的数据服务之前，要确保不存在能够满足所请求数据的已有服务。此外，新的服务设计需要考虑满足广泛的需求，这样它们才能不受当前需要的限制，满足可以重用的要求。

（6）复杂事件处理

事件处理是一种跟踪和分析（处理）有关发生事件的信息流（数据流），并从中得出结论的方法。复杂事件处理（Complex Event Processing，CEP）将多个来源的数据进行合并，通过识别出有意义的事件（如机会或威胁），为这些事件设置规则来指导事件处理及路由，进而预测行为或活动，并根据预测的结果自动触发实时响应，如推荐消费者购买产品。

组织可以使用复杂事件处理来预测行为或活动，并根据预测的结果自动触发实时响应，诸如销售机会、Web 点击、订单或客户服务电话等事件可能发生在组织的各个层面上。它们可以包括新闻、短信、社交媒体、股票市场、流量报表、天气报告或其他类型的数据。当测量值超过预定的时间、温度或其他值的阈值时，事件也可以定义为状态的变化。

CEP 存在很多数据挑战。有时事件发生的概率让在发生事件时检索必要的额外数据变得不切实际。高效的处理通常要求预先在 CEP 引擎的内存中预存一些数据。

复杂事件处理需要一个能够集成各种类型数据的环境。由于预测通常涉及大量各种类型的数据，所以复杂事件处理常常与大数据相关。复杂事件处理通常需要使用支持超低时延要求的技术，如处理实时流式数据和内存数据库（参见第 14 章）。

（7）数据联邦和虚拟化

当数据存在于不同的数据存储库时，还可以通过除物理集成以外的方式来聚合。无论各自结构如何，数据联邦（Data Federation）提供访问各个独立数据存储库组合的权限。数据虚拟化（Data Virtualization）使分布式数据库以及多个异构数据存储能够作为单个数据库来访问和查看（参见第 6 章）。

（8）数据即服务

软件即服务（SaaS）是一种交付和许可模式。许可应用程序提供服务，但软件和数据位于软件供应商控制的数据中心，而不是获得许可组织的数据中心。提供不同层次的计算基础设施即服务（IT 即服务 IaaS、平台即服务 PaaS、数据库即服务 DBaaS）也是类似的概念。

数据即服务（DaaS）的一个定义是从供应商获得许可并按需由供应商提供数据，而不是存储和维护在被许可组织数据中心的数据。一个常见的例子是证券交易所出售证券和相关价格（当前和历史）的信息。

尽管 DaaS 通常适用于表示向行业内的用户销售数据的供应商，但是这个“服务”概念同样也适用于组织内部，如向各种功能和操作系统提供企业数据或数据服务。服务组织提供可用服务目录、服务级别和定价计划。

（9）云化集成

云化集成，也称为集成平台即服务或 IPaaS，是作为云服务交付的一种系统集成形式。用它处理数据、流程、面向服务架构（SOA）和应用集成。

在云计算出现之前，集成可以分为内部集成和企业间集成（B2B）。内部集成需求是通过内部中间件平台提供服务，并且通常使用服务总线（ESB）来管理系统之间的数据交换。企业间集成是通过电子数据交换（EDI）网关、增值网络（VAN）或市场完成。

基于云化集成，SaaS 模式为整合位于组织数据中心外部的数据创造了一种新的需求。自从这种模式出现后，许多集成内部应用程序以及类似 EDI 网关功能的能力被开发出来。

云化集成解决方案通常作为 SaaS 应用程序在供应商的数据中心运行，而不是在拥有被集成数据的组织中运行。云化集成涉及与要使用 SOA 交互服务集成的 SaaS 应用程序数据的交互（参见第 6 章）。

8. 数据交换标准

数据交换标准是数据元素结构的正式规则。如同许多行业一样，国际标准化组织（ISO）也制定了数据交换标准。数据交换规范是组织或数据交换团队使用的通用模型，用于标准化数据共享格式。交换模式定义了任何系统或组织交换数据所需的数据转换结构。数据需要映射到交换规范中。

制定开发一项能够共享信息格式的工作是非常重要的，在系统之间达成一致的交换格式或数据布局可以大大简化企业中的数据共享过程，从而降低支撑的成本，并使工作人员能更好地理解数据。

国家信息交换模型（NIEM）是为在美国政府机构之间交换文件和交易而开发的数据交换标准。其目的是使信息的发送者和接收者对该信息的含义有一个共同的、明确的理解。与 NIEM 的一致性确保了基本的信息集被很好地理解，并且在不同的社区中具有相同的一致性的含义，从而实现互操作性。

国家信息交换模型（NIEM）使用可扩展标记语言（XML）来定义模式和元素的表示，允许通过简单但详细的 XML 语法定义规则来定义数据的结构和含义。

8.2 活动

数据集成和互操作涉及在什么时间、什么地点、以什么方式能获得数据。数据集成活动遵循开发生命周期模型，从规划开始，经过设计、开发、测试和实施等过程。一旦实施，就必须对集成系统进行管理、监控和升级。

8.2.1 规划和分析

1. 定义数据集成和生命周期需求

定义数据集成需求涉及理解组织的业务目标，以及为实现这些目标而需要的数据和建议的技术方案。还需要收集这些数据的相关法律或法规。由于数据内容的原因，有些活动可能受到限制，而预先了解这些情况将防止以后出现问题。还必须考虑有关数据保留和数据生命周期其他部分的组织策略。数据保留的要求通常因数据域和类型而异。

数据集成和生命周期需求通常由业务分析师、数据管理专员和具有各种职能的架构师（包括 IT）定义。这些架构师希望以特定的格式在特定的位置获取数据，并与其他数据集成。这种需求将确定数据集成和互操作交互模型的类型，然后确定满足需求所需的技术和服务。

定义需求的过程可以创建并发现有价值的元数据。这些元数据从发现到操作，应该在整个数据生命周期中进行管理。组织的元数据越完整和准确，其管理数据集成风险和成本的能力就越强。

2. 执行数据探索

数据探索（Data Discovery）应该在设计之前进行。数据探索的目标是为数据集成工作确定潜在的数据来源。数据探索将确定可能获取数据的位置以及可能集成的位置。该过程将技术搜索与主题专业知识相结合，搜索技术会使用能够扫描组织数据集上元数据和/或实际内容的工具。

数据探索还包括针对数据质量的高级别评估工作，以确定数据是否适合集成计划的目标。这个评估不仅需要审查现有的文档，采访主题专家，而且还需要通过数据剖析或其他分析来验证根据实际数据收集的信息。几乎在任何情况下，对数据集的看法与实际探索发现的数据集会存在差异。

数据探索生成完善组织的数据目录，这个目录应该在元数据仓库中维护。应确保该目录作为集成工作的标准部分得到维护：添加或删除数据存储、更改文档结构等。

大多数组织都需要集成来自其内部系统的数据。然而，数据集成解决方案也可能涉及从组织外部获取数据。有大量且越来越多的有价值的信息可以免费或者从数据供应商那里获得。当来自组织外部的数据和组织内部数据集成在一起时，这是非常有价值的。但是，获取和集成外部数据需要做好规划。

3. 记录数据血缘

数据探索过程还将揭示数据是如何在一个组织中流动的信息。此信息可用于记录高级数据血缘：数据是如何被组织获取或创建的，它在组织中是如何移动和变化以及如何被组织用于分析、决策或事件触发的。详细记录的数据血缘可以包括根据哪些规则改变数据及其改变的频率。

血缘分析可能会识别使用中的系统所需的更新。自定义编码的 ETL 和其他遗留数据操作对象应当被记录下来，以确保组织能够分析出数据流中任何更改的影响。

分析过程还可以提供改进现有数据流的机会。例如，发现一处代码可以升级为对工具中函数的简单调用，或者由于不再相关而被丢弃。有时，一个旧工具正在执行一个转换，这个转换在后面发现不必再做了。发现和消除这些低效率或无效的配置，可以极大地帮助项目的成功，并提升组织使用其数据的整体能力。

4. 剖析数据

理解数据的内容和结构是实现数据集成成功的关键。数据剖析（Data Profiling）有助于实现这一目标。实际的数据结构和内容总是和假定的有差异。有时差异很小，有时差异大到足以破坏集成工作。剖析数据可以帮助集成团队发现这些差异，并利用这些差异对采购和设计做出更好的决策。如果跳过数据剖析过程，那么有些影响设计的信息直到测试或实际操作之前都不会被发现。

基本剖析包括：

1）数据结构中定义的数据格式和从实际数据中推断出来的格式。

2）数据的数量，包括 null 值、空或默认数据的级别。

3）数据值以及它们与定义的有效值集合的紧密联系。

4）数据集内部的模式和关系，如相关字段和基数规则。

5）与其他数据集的关系。

对潜在的源数据和目标数据进行更广泛的剖析，可以了解数据在多大程度上能满足特定数据集成活动的要求。对源数据和目标数据进行剖析，可以了解如何将数据转换为符合要求的数据。

剖析的目标之一是评估数据的质量。对于特定用途的适用性，评估数据时需要记录业务规则，并测量数据满足这些业务规则的程度。需要将评估的准确性与确定正确的一组数据进行比较。有时可能未必找得到这样的一组数据，因此作为剖析工作的一部分，准确的测量有时也是不现实的。

与高级数据探索一样，数据剖析包括验证与实际数据相关的数据假设。在元数据存储库中捕获数据剖析的结果，以便在以后续的项目中使用，并使用从过程中获得的知识来提高现有元数据的准确性（Olson，2003）（参见第 13 章）。

剖析数据的要求必须与组织的安全和隐私规定保持平衡（参见第 7 章）。

5. 收集业务规则

业务规则是需求的一个关键子集，是定义或约束业务处理方面的语句。业务规则旨在维护业务结构、控制或影响业务的行为。业务规则分为四类：业务术语定义、相互关联的术语的事实、约束或行为断言以及派生。

实现数据集成和互操作需要业务规则的支撑。具体内容包括以下几个方面：

1）评估潜在的源数据集和目标数据集的数据。

2）管理组织中的数据流。

3）监控组织中的操作数据。

4）指示何时自动触发事件和警报。

对于主数据管理而言，业务规则包括匹配规则、合并规则、存活规则和信任规则。对于数据归档、数据仓库和使用数据存储的其他情况，业务规则还包括数据保留规则。

收集业务规则也称为规则获取或业务规则挖掘。业务分析师或数据管理专员可以从现有文档（如案例、规范、系统代码等）中提取规则，他们也可以组织研讨会和业务主题专家访谈来获得，或者两者兼而有之。

8.2.2 设计数据集成解决方案

1. 设计数据集成解决方案

数据集成解决方案应该在企业和单个解决方案两个层面上统筹考虑（参见第 4 章）。因为评估和协商工作是需要在确定数据集成解决方案之前进行，所以通过建立企业标准可以让组织节省实施单个解决方案的时间。企业可以通过集团折扣的方法来节省许可证成本，以及通过操作一致、复杂性下降的方法来解决方案成本。支持和备份的操作资源是共享池的一部分。设计一个满足需求的解决方案，尽可能多地重用现有的数据集成和互操作性组件。解决方案体系结构表示将要使用的技术，它将包括所涉及数据结构的清单（持久和可传递、现有和必需）、数据流的编排和频率指示、法规、安全问题和补救措施以及有关备份和恢复、可用性和数据存档和保留。

（1）选择交互模型

确定哪个交互模型或组合将满足需求——中心辐射型、点到点或发布订阅。如果需求与已经实现的现有交互模式相匹配，则尽可能地重用现有系统，以减少开发工作。

（2）设计数据服务或交换模式

创建或重用现有的集成流来移动数据。这些数据服务应该与现有类似数据服务相辅相成，但要注意不要创建多个几乎完全相同的服务，因为在服务激增的情况下，故障排除和支持会变得越来越困难。如果一个现有的数据流可以被修改以支持多种需求，那么这种修改做法可能是值得提倡的，而不是创建一个新的服务。

任何数据交换规范设计都应该基于行业标准开始，或者以已经存在的其他交换模式为标准。在可能的情况下，对现有模式进行更改要考虑通用性，以使更改对其他系统具有通用性；如果只是针对一种特定交换模式更改，会存在像点对点连接类似的问题。

2. 建模数据中心、接口、消息、数据服务

数据集成和互操作中所需的数据结构包括数据持久化的数据结构，如主数据管理中心、数据仓库和数据集市、操作型数据存储库以及那些只是用于移动或转换数据的临时数据结构，如接口、消息布局和规范模型。这两种类型都应该建模（参见第 5 章）。

3. 映射数据源到目标

几乎所有的数据集成解决方案都包括从源结构到目标结构的数据转换。做好从一个位置到另一

位置的数据格式转换映射规则。

对于映射关系中的每个属性，映射规范如下：

1）指明源数据和目标数据的技术格式。

2）指定源数据和目标数据之间所有中间暂存点所需的转换。

3）描述最终或中间目标数据存储区中每个属性的填充方式。

4）描述是否需要对数据值进行转换，如通过在表示适当目标值的表中查找源值。

5）描述需要进行哪些计算。

转换可以在批量计划中执行，也可以由实时事件触发。可以通过目标格式的物理持久化或通过对目标格式数据的虚拟化呈现来完成。

4. 设计数据编排

数据集成解决方案中的数据流必须做好设计和记录。数据流程编排是从开始到结束的数据流模式，包括完成转换和/或事务所需的所有中间步骤。

批量数据集成的流程编排将设定数据移动和转换的频率。批量数据集成通常被编码为一个调度器，它会在某个时间、周期或在事件发生时被触发启动。调度器可能包括具有依赖关系的多个步骤。

实时数据集成流程编排通常由事件触发，如数据新增或更新。实时数据集成流程编排通常更复杂，通常需要跨越多个工具来实现，甚至可能都不是线性的过程。

8.2.3　开发数据集成解决方案

1. 开发数据服务

开发服务来获取、转换和交付指定的数据，并且匹配所选的交互模型。实现数据集成解决方案经常用到一些工具或供应商套件，如数据转换、主数据管理、数据仓库等。为了实现这些不同的目的，建议在整个组织中使用一致的工具或标准的供应商套件，并且可以通过启用共享支持解决方案来简化操作支持，并降低运营成本。

2. 开发数据流编排

对集成或 ETL 数据流通常会采用专用工具以特有的方式进行开发。对批量数据流将在一个调度器（通常是企业标准调度器，如 CTRL-M）中开发，以管理执行已开发的数据集成组件的顺序、频率和依赖关系等。

互操作性需求可能包括开发数据存储之间的映射或协调点。一些组织使用 ESB 订阅组织中创建或更改的数据，以及其他应用程序来发布对数据的更改。企业服务总线将不断地对应用程序进行轮询，以查看它们是否有任何要发布的数据，并将所订阅的新的或已更改的数据传递给它们。

开发实时数据集成流涉及监控事件，这些事件触发相应服务执行来获取、转换或发布数据。这个过程通常采用一些专有技术，最好使用能够跨技术管理操作的解决方案来实现。

3. 制定数据迁移方法

当上线新的应用程序，或当应用程序退役或合并时，数据需要进行迁移。这个过程涉及将数据转换为接收应用程序的格式。几乎所有的应用程序开发项目都涉及一些数据迁移工作，即使所涉及的可能只是迁移参考数据。考虑到需要在测试阶段和最终实现中执行，迁移工作并不是一次性的过程。

数据迁移项目经常被低估或缺乏充分的设计，因为程序员只是被告知简单地移动数据。他们没有参与数据集成的分析和设计活动。在没有进行适当分析的情况下迁移数据时，这些数据通常看起来与通过正常业务处理而获得的数据不一样。或者，迁移后的数据可能无法像预期的那样与应用程序一起工作。核心操作型应用程序的数据剖析过程通常会突出显示从上一代或者多代以前系统迁移而来的数据。这些数据不符合通过当前应用程序代码输入数据的标准（参见第 6 章）。

4. 制定发布方式

创建或维护关键数据的系统需要将这些数据提供给组织中的其他系统。生成数据的应用程序应该在数据更改（事件驱动）或定期调度时，将新数据或更改后的数据推送到其他系统（特别是数据中心和企业数据总线）。

最佳实践是为组织中的各种数据类型确定一个通用的消息定义（规范格式），并让具有适当访问权限的数据使用者（应用程序或个人）订阅接收有关数据更改的通知。

5. 开发复杂事件处理流

开发复杂事件处理方案需要做以下几个方面的工作：

1）准备有关预测模型的个人、组织、产品或市场和迁移前的历史数据。

2）处理实时数据流，充分填充预测模型、识别有意义的事件（机会或威胁）。

3）根据预测执行触发的动作。

对预测模型所需历史数据的准备和预处理可以在夜间进行批处理或准实时执行。通常，一些预测模型可以预先在触发事件前填充。例如，确定哪些产品通常是一起购买的，把它作为额外推荐购买的内容。

一些处理流触发对实时流中的每一个事件的响应，如将一个物品添加到购物车；其他处理流可以尝试识别触发一些特别有意义的事件，如可疑的信用卡欺诈性扣款尝试。

识别出有意义事件的反应可以简单到只发出警告信息，也可以是特别复杂场景的自动部署。

6. 维护数据集成和互操作的元数据

正如前面提到的，在开发数据集成和互操作解决方案过程中，组织将创建和发现有价值的元数据。应该管理和维护这些元数据，以确保正确理解系统中的数据，并防止在将来的解决方案中需要重新整理这些信息。可靠的元数据提高了组织管理风险、降低成本和从数据中获得更多价值的能力。

记录所有系统的数据结构涉及源、目标和缓存的数据集成，包括业务定义和技术定义（结构、格式、大小）以及数据在持久化的数据存储之间的转换。数据集成元数据无论是存储在文档中，还是存储在元数据仓库中，如果没有业务和技术利益相关方的审核和批准过程，就不应该改变它。

大多数 ETL 工具供应商都将其元数据存储库打包为附加功能，以实现治理和管理监督。如果将元数据存储库用作操作工具，那么它甚至可能包括有关何时在系统之间复制和转换数据的操作元数据。

对于数据集成和共享解决方案来说，特别重要的是 SOA 注册中心，它提供了一个不断发展变化的受控信息目录：即访问和使用应用程序中数据和功能的可用服务。

8.2.4　实施和监测

启用已开发并通过测试的数据服务时，对实时数据处理过程需要实时监控运行状况。应建立表示潜在问题的度量指标以及直接反馈问题的机制，尤其是当触发响应的复杂性和风险增加时，应建立对反馈问题的自动化处理和人工监控流程。例如，在有些情况下，自动金融证券交易算法问题触发了影响整个市场或导致组织破产的行为。

数据交互功能必须采用与最苛刻的目标应用程序或数据使用者相同的服务级别进行监视和服务。

8.3　工具

8.3.1　数据转换引擎/ETL 工具

数据转换引擎（或 ETL 工具）是数据集成工具箱中的主要工具，是每个企业数据集成程序的核心。这些工具通常支持数据转换活动的操作和设计。

无论是批量的还是实时的，物理的或虚拟的数据都存在运用非常复杂的工具来开发和执行 ETL。对于使用单一的点对点解决方案，数据集成过程经常通过自定义程序编码来实现。企业级解决方案通常需要使用各种工具在整个组织内以标准方式执行相关处理。

数据转换引擎选择的基本考虑应该包括是否需要运用批处理和实时功能，以及是否包括非结构化和结构化数据。目前最成熟的是用于结构化数据的批量处理工具。

8.3.2 数据虚拟化服务器

数据转换引擎通常对数据进行物理抽取、转换和加载，而数据虚拟化服务器对数据进行虚拟抽取、转换和集成。数据虚拟化服务器可以将结构化数据和非结构化数据进行合并。数据仓库经常是数据虚拟化服务器的输入，但数据虚拟化服务器不会替代企业信息架构中的数据仓库。

8.3.3 企业服务总线

企业服务总线（Enterprise Service Bus，ESB）既指软件体系结构模型，又指一种面向消息的中间件，用于在同一组织内的异构数据存储、应用程序和服务器之间实现近乎实时的消息传递。大多数内部数据集成解决方案需要比日常使用更频繁地执行此架构和此技术。最常见的是，ESB 以异步格式使用，以实现数据的自由流动。ESB 也可以在某些情况下同步使用。

企业服务总线中通过在各个环境中安装适配器或代理软件，在参与消息交换的各个系统上实现数据传入和传出的消息队列。ESB 的中央处理器通常在独立于其他参与系统的服务器上实现。处理器跟踪哪些系统对什么类型的消息感兴趣。中央处理器不断轮询每个参与系统的传出消息，并将传入消息存入消息队列，以查找已订阅类型的消息和直接发往该系统的消息。

因为数据从发送系统到接收系统需要几分钟的时间，这种模型被称为“准实时”型。这是一个松耦合的模型，发送数据的系统在继续处理之前不会等待来自接收系统的确认而更新信息。

8.3.4 业务规则引擎

许多数据集成解决方案依赖于业务规则。作为一种重要的元数据形式，这些规则可用于基本的集成，也可用于包含复杂事件处理的解决方案中，以便于组织能够准实时地响应这些事件。业务规则引擎中允许非技术用户管理软件的业务规则，因为业务规则引擎可以在不改变技术代码的情况下支持对预测模型的更改，所以它是一个非常有价值的工具，可以用较低的成本支持解决方案的演进。例如，预测客户可能想要购买什么的模型，可以定义为业务规则而不是代码更改。

8.3.5 数据和流程建模工具

数据建模工具不仅用来设计目标数据结构，而且用来设计数据集成解决方案所需的中间数据结构。在系统和组织之间传送的信息或数据流通常不会持久化，但是也应对其进行建模。另外，如同复杂事件处理流一样，还应该对系统和组织之间的数据流进行设计。

8.3.6　数据剖析工具

数据剖析包括对数据集的内容统计分析，以了解数据的格式、完整性、一致性、有效性和结构。所有数据集成和互操作开发应该包括对潜在数据源和目标的详细评估，以确定实际数据是否满足所提议解决方案的需要。由于大多数集成项目涉及大量数据，所以最有效进行这种分析的方法是使用数据剖析工具（参见第 13 章）。

8.3.7　元数据存储库

元数据存储库包含有关组织中数据的信息，包括数据结构、内容以及用于管理数据的业务规则。在数据集成项目中，可以使用一个或多个元数据存储库来记录数据源、转换和目标的数据的技术结构和业务含义。

通常，像触发器和定时器等预定过程的指令一样，数据集成工具使用的数据转换、血缘和处理规则也存储在元数据存储库中。

每个工具通常都有自己的元数据存储库。来自同一个供应商的工具套件可能共享一个元数据存储库。可以将其中一个元数据存储库指定为用于合并来自各种操作工具数据的中心节点（参见第 12 章）。

8.4　方法

在本章的基本概念中，描述了设计数据集成解决方案的几种重要方法。基本目标是保持应用程序松散耦合，限制开发和管理接口的数量，使用中心辐射形方法并创建标准规范的接口等。

8.5　实施指南

8.5.1　就绪评估/风险评估

每个组织都有某种形式的数据集成和互操作解决方案。因此，就绪评估/风险评估应该围绕企业集成工具实现或增强允许互操作性能力来考虑。

企业数据集成解决方案的选择通常是基于多个系统之间实现集成的成本合理性。设计一个企业数据集成解决方案，不仅要实现第一个应用程序和组织的集成，而且能支持在多个应用程序和组织之间移动数据。

许多组织花费时间重构现有的解决方案，却没有带来额外的价值。应当专注于实现当前还没有集成或部分集成的数据集成解决方案，而不是想着使用跨组织的通用企业解决方案替换组织正在运行的数据集成解决方案。

如果某些数据项目可以证明只针对特定应用程序（如数据仓库或主数据管理中心）的数据集成解决方案是合理的，那么在这些情况下任何对数据集成解决方案的额外使用都会增加投资的价值，因为第一个系统的使用已经达到了预期的效果。

应用程序支撑团队倾向于在本地管理数据集成解决方案。他们会认为这样做的成本比利用企业级解决方案的成本低。支持这些团队的软件供应商也更倾向于使用他们销售的数据集成工具。因此，在解决方案设计和技术采购时，有足够权威级别的团队（如 IT 企业架构级别）来支持企业数据集成项目的实施是很有必要的。此外，通过正面激励措施（如为数据集成技术提供资金）来鼓励参与，或者通过负面的管控措施进行否决（如拒绝批准全新数据集成技术的实施）也是很有必要的。

采用新技术的数据集成开发项目常常将实施重点放在技术上，而忽略了业务目标。必须确保实施数据集成解决方案应保持在关注业务目标和需求上，包括确保每个项目中的参与者都有面向业务或应用程序的人员，而不仅仅是数据集成工具专家。

8.5.2 组织和文化变革

组织必须确定管理数据集成实施的是由集中管理的团队负责，或是由在分散的应用程序团队负责。本地团队了解他们的应用程序中的数据，中心团队对工具和技术有深刻的理解。许多组织组建了专门从事企业数据集成解决方案设计和部署的卓越中心团队。本地和中心团队协作开发，将应用程序整合到企业数据集成解决方案中。本地团队应该主要负责管理和解决整合过程中问题，必要时升级到卓越中心。

数据集成解决方案通常被视为纯粹的技术性解决方案。但是，为了成功地实现价值，必须基于深入的业务知识来开发它们。开发规范化消息模型或者在组织中实现共享数据的一致标准，需要投入大量的资源，这些资源包括业务建模资源和技术资源。在每个涉及的系统中，由业务专家审查所有数据转换映射设计和更改。

8.6 数据集成和互操作治理

数据消息、数据模型和数据转换规则设计的决策，直接影响到组织使用数据的能力。这些决策必须由商业因素驱动。虽然在实现业务规则时需要考虑很多技术因素，但是当数据流入、通过和流出组织时，单纯从技术角度考虑数据集成和共享的方法可能导致数据映射和转换的错误。

业务利益相关方负责定义数据建模和转换规则，并应由他们批准对这些业务规则的任何更改。应该将这些规则捕获为元数据，并进行合并以进行跨企业分析。识别和验证预测模型以及定义预测自动触发的操作也属于业务功能。

如果用户不相信集成和互操作设计将以安全、可靠的方式按承诺执行，那么就没有有效的业务价值。在数据集成和互操作中，支持信任的治理控制布局可能是很复杂和具体的。一种方法是确定什么事件触发治理评审（异常或关键事件），将每个触发器映射到与治理机构对应的审查中。当从系统开发生命周期的一个阶段移动到另一个阶段时，事件触发器可能是每个阶段入口的一部分。例如，架构设计符合性检查表可能包括这样的问题：您是否在使用 ESB 等工具？搜索服务是否可以重用？

控制可能来自治理驱动的日常管理工作。例如，强制审查模型、审核元数据、控制可交付结果以及批准更改转换规则。

在服务水平协议和业务连续性/灾难恢复计划中，实时操作数据集成解决方案必须与它们提供数据的最关键系统采用同样的备份和恢复要求。

需要制定相应制度，以确保组织从企业数据整合和互操作方法中获益。例如，可以制定制度，要求确保遵循 SOA 原则，只有在审查现有服务之后才能创建新服务，并且系统之间的所有数据都须通过企业服务总线。

8.6.1　数据共享协议

在开发接口或以电子方式提供数据之前，应制定一份数据共享协议或谅解备忘录（MOU）。该协议规定了交换数据的责任和可接受的使用用途，并由相关数据的业务数据主管批准。数据共享协议应指定预期的数据使用和访问、使用的限制以及预期的服务级别，包括所需的系统启动时间和响应时间。这些协议对于受监管的行业，或者涉及个人或安全的信息的行业尤其重要。

8.6.2　数据集成和互操作与数据血缘

数据血缘对于数据集成和互操作解决方案的开发非常有价值。通常它对于数据消费者使用数据也很有帮助，并随着数据在组织之间集成，变得更加重要。治理需要确保记录数据来源和数据移动的信息。数据共享协议可能规定了数据使用的限制。为了遵守这些限制，有必要知道数据在哪里移动和保留。一些新兴的合规标准（如欧洲的 Solvency II 法规）要求组织能够描述其数据的来源以及在不同系统中的变化情况。

此外，对数据流进行更改时需要数据血缘信息。必须将此信息作为元数据解决方案的关键部分进行管理。前向和后向数据血缘（即数据的使用位置和来源）是数据结构、数据流或数据处理更改时进行影响分析的重要组成部分。

8.6.3 度量指标

要衡量实现数据集成解决方案的规模和收益，包括可用性、数量、速度、成本和使用方面的指标。

1）数据可用性。请求数据的可获得性。

2）数据量和速度。它包括：传送和转换的数据量，分析数据量，传送速度，数据更新与可用性之间的时延，事件与触发动作之间的时延，新数据源的可用时间。

3）解决方案成本和复杂度。它包括：解决方案开发和管理成本，获取新数据的便利性，解决方案和运营的复杂度，使用数据集成解决方案的系统数量。

8.7 文献引用与推荐

Aiken, P. and Allen, D. M. *XML in Data Management.* Morgan Kaufmann, 2004. Print.

Bahga, Arshdeep, and Vijay Madisetti. *Cloud Computing: A Hands-On Approach. CreateSpace Independent Publishing Platform*, 2013. Print.

Bobak, Angelo R. *Connecting the Data: Data Integration Techniques for Building an Operational Data Store (ODS)*. Technics Publications, LLC, 2012. Print.

Brackett, Michael. *Data Resource Integration: Understanding and Resolving a Disparate Data Resource.* Technics Publications, LLC, 2012. Print.

Carstensen, Jared, Bernard Golden, and JP Morgenthal. *Cloud Computing-Assessing the Risks.* IT Governance Publishing, 2012. Print.

Di Martino, Beniamino, Giuseppina Cretella, and Antonio Esposito. *Cloud Portability and Interoperability: Issues and Current Trend.* Springer, 2015. Print. SpringerBriefs in Computer Science.

Doan, AnHai, Alon Halevy, and Zachary Ives. *Principles of Data Integration.* Morgan Kaufmann, 2012. Print.

Erl, Thomas, Ricardo Puttini, and Zaigham Mahmood. *Cloud Computing: Concepts, Technology and Architecture.* Prentice Hall, 2013. Print. The Prentice Hall Service Technology Ser. from Thomas Erl.

Ferguson, M. Maximizing the Business Value of Data Virtualization. Enterprise Data World, 2012. Web. http://bit.ly/2sVAsui.

Giordano, Anthony David. *Data Integration Blueprint and Modeling: Techniques for a Scalable and Sustainable Architecture.* IBM Press, 2011. Print.

Haley, Beard. *Cloud Computing Best Practices for Managing and Measuring Processes for On-demand Computing, Applications and Data Centers in the Cloud with SLAs.* Emereo Publishing, 2008. Print.

Hohpe, Gregor and Bobby Woolf. *Enterprise Integration Patterns: Designing, Building, and Deploying Messaging Solutions.* Addison-Wesley Professional, 2003. Print.

Inmon, W. *Building the Data Warehouse.* 4th ed. Wiley, 2005. Print.

Inmon, W. , Claudia Imhoff, and Ryan Sousa. *The Corporate Information Factory.* 2nd ed. Wiley 2001, Print.

Jamsa, Kris. *Cloud Computing: SaaS, PaaS, IaaS, Virtualization, Business Models, Mobile, Security and More.* Jones and Bartlett Learning, 2012. Print.

Kavis, Michael J. *Architecting the Cloud: Design Decisions for Cloud Computing Service Models (SaaS, PaaS, and IaaS)* . Wiley, 2014. Print. Wiley CIO.

Kimball, Ralph and Margy Ross. *The Data Warehouse Toolkit: The Complete Guide to Dimensional Modeling.* 2nd ed. Wiley, 2002. Print.

Linthicum, David S. *Cloud Computing and SOA Convergence in Your Enterprise: A Step-by-Step Guide.* Addison-Wesley Professional, 2009. Print.

Linthicum, David S. *Enterprise Application Integration.* Addison-Wesley Professional, 1999. Print.

Linthicum, David S. *Next Generation Application Integration: From Simple Information to Web Services.* Addison-Wesley Professional, 2003. Print.

Loshin, David. *Master Data Management.* Morgan Kaufmann, 2009. Print.

Majkic, Zoran. *Big Data Integration Theory: Theory and Methods of Database Mappings, Programming Languages, and Semantics.* Springer, 2014. Print. Texts in Computer Science.

Mather, Tim, Subra Kumaraswamy, and Shahed Latif. *Cloud Security and Privacy: An Enterprise Perspective on Risks and Compliance.* O'Reilly Media, 2009. Print. Theory in Practice.

Reese, George. *Cloud Application Architectures: Building Applications and Infrastructure in the Cloud.* O'Reilly Media, 2009. Print. Theory in Practice (O'Reilly) .

Reeve, April. *Managing Data in Motion: Data Integration Best Practice Techniques and Technologies.* Morgan Kaufmann, 2013. Print. The Morgan Kaufmann Series on Business Intelligence.

Rhoton, John. *Cloud Computing Explained: Implementation Handbook for Enterprises.* Recursive Press, 2009. Print.

Sarkar, Pushpak. *Data as a Service: A Framework for Providing Reusable Enterprise Data Services.* Wiley-IEEE Computer Society Pr, 2015. Print.

Sears, Jonathan. *Data Integration 200 Success Secrets-200 Most Asked Questions On Data Integration-What You Need to Know.* Emereo Publishing, 2014. Kindle.

Sherman, Rick. *Business Intelligence Guidebook: From Data Integration to Analytics.* Morgan Kaufmann, 2014. Print.

U. S. Department of Commerce. *Guidelines on Security and Privacy in Public Cloud Computing.* CreateSpace Independent Publishing Platform, 2014. Print.

Van der Lans, Rick. *Data Virtualization for Business Intelligence Systems: Revolutionizing Data Integration for Data Warehouses.* Morgan Kaufmann, 2012. Print. The Morgan Kaufmann Series on Business Intelligence.

Zhao, Liang, Sherif Sakr, Anna Liu, and Athman Bouguettaya. *Cloud Data Management.* Springer; 2014. Print.

第 9 章　文件和内容管理

9.1　引言

文件和内容管理是指针对存储在关系型数据库之外的数据和信息的采集、存储、访问和使用过程的管理[㊀]。它的重点在于保持文件和其他非结构化或半结构化信息的完整性，并使这些信息能够被访问。在这方面，它与关系型数据库的数据操作管理大致相同。此外，同样存在一些战略驱动因素。在许多组织中，非结构化数据和结构化数据有着直接的关系，有关内容的管理决策应同样适用于非结构化数据的管理要求。如同其他类型的数据一样，文件和非结构化内容也应是安全且高质量的。确保文件和内容管理的安全性和高质量，需要可靠的架构和管理良好的元数据。文件和内容管理语境关系图如图 9-1 所示。

9.1.1　业务驱动因素

文件和内容管理的主要业务驱动因素包括法规遵从性要求、诉讼响应能力和电子取证请求能力以及业务连续性要求。良好的档案管理还可以帮助组织提高效率。那些基于有效管理的本体及其他良好组织、条理清晰、可检索的网站，有助于提高客户和员工的满意度。

法律法规要求组织保留某些活动的档案。大多数组织还有关于档案保存的制度、标准和最佳实践。档案包括纸质文件和电子存储信息（ESI）。良好的档案管理是维持业务连续性的必要条件，还可以使组织具备针对诉讼的响应能力。

电子取证是查找可能作为法律诉讼证据的电子档案的过程。随着创建、存储和使用数据技术的发展，电子存储信息的数量已经呈指数倍的增长。毫无疑问，这些数据中的一部分最终会出现在诉讼或监管要求中。

组织应对电子取证请求的能力取决于其主动管理电子邮件、聊天、网站、电子文件等档案以及原始应用程序数据和元数据的水平。大数据已经成为更有效的电子取证、档案保留以及强大的信息治理的驱动力。

㊀ 随着收集和存储数字信息能力的增长，非结构化数据的类型自 2000 年初开始发展。非结构化数据的概念是指未通过数据模型预先定义的数据，无论是关系数据还是其他模型数据。

文件和内容管理

定义：对任何形式或媒介的数据及信息进行生命周期管理的计划、实施和控制活动

目标：
· 履行与档案管理有关的法律义务并达到客户的期望
· 确保能够高速有效的存储、检索、使用文件和内容
· 确保结构化和非结构化内容之间的集成能力

业务驱动因素

输入：
· 业务战略
· IT 战略
· 法律保留要求
· 文本文件
· 电子格式文件
· 打印的纸质文件
· 社交媒体流

活动：
1. 规划生命周期管理（P）
（1）规划档案管理
（2）制定内容战略
2. 制定内容处理制度, 包括电子取证方法
3. 定义内容信息架构（D）
4. 实施生命周期管理（O）
（1）捕获和管理档案和内容（O）
（2）留存、处置、存档档案和内容（O）
5. 发布和分发内容（O）

交付成果：
· 内容和档案管理策略
· 政策和过程
· 内容存储库
· 在多种介质形式下管理的档案
· 审计追踪和日志

供给者：
· 法律团队
· 业务团队
· IT团队
· 外部团体

参与者：
· 数据管理专员
· 数据管理专业人员
· 档案管理人员
· 内容管理人员
· 网络开发人员
· 图书管理员

消费者：
· 业务用户
· IT用户
· 政府监管机构
· 审计团队
· 外部客户

技术驱动因素

方法：
· 元数据标签
· 数据标记和交换格式
· 数据映射
· 故事板
· 信息图表

工具：
· 办公生产软件
· 企业内容管理系统
· 受控词表/元数据工具
· 知识管理wiki
· 视觉媒体工具
· 社交媒体
· 电子取证技术

度量指标：
· 合规性审计指标
· 投资回报率
· 使用情况指标
· 档案管理KPI
· 电子取证KPI
· 企业内容管理计划指标
· 企业内容管理运营指标

（P）计划 （C）控制 （D）开发 （O）运营

图 9-1 语境关系图：文件和内容管理

提高效率是改进文件管理的驱动力。文件管理方面的技术进步，有助于组织简化流程、管理工作流、消除重复性的手动任务并实现协作。这些技术让人们获得能够更快地定位、访问和共享文件的额外好处，同时还可以防止文件丢失，这对于电子取证非常重要。通过释放文件存储空间并降低文件处理成本，也节省了资金。

9.1.2 目标和原则

实施文件和内容管理最佳实践的目标，包括：

1）确保能够高速有效地采集和使用非结构化的数据和信息。

2）确保结构化和非结构化数据之间的整合能力。

3）遵守法律义务并达到客户预期。

文件和内容管理遵循以下指导原则：

1）组织中的每个人都应该在保护组织的未来方面发挥作用。每个人都必须按照既定的制度和程序来创建、使用、检索和处置档案。

2）档案和内容处理方面的专家应充分参与制度和规划的制定。不同的行业和法律管辖区之间，监管实践可能会有很大的差异。

即使组织无法聘用专业人员，也可以通过培训让每个人了解档案管理中的挑战、最佳实践和问题。经过培训，业务主管及其他人员就可以协作制定有效的档案管理办法。

ARMA 国际（非营利性的档案和信息管理专业协会）在 2009 年发布了一套被普遍接受的档案保存指导原则®（GARP）[㊀]，它描述了应该如何维护业务档案。它还提供了具有相关指标的档案保存和信息治理框架。每项原则的第一句如下所述（进一步的解释可以在 ARMA 国际网站上找到）：

1）问责原则（Accountability）。组织应指派适当的高级管理人员，采用制度和流程来指导员工，并确保计划的可审计性。

2）完整原则（Integrity）。建立信息治理规划，使组织创建或管理的档案和信息具有合理性以及适当的真实性和可靠性保证。

3）保护原则（Protection）。建立信息治理规划，确保对个人信息或其他需要保护的信息提供合理的保护。

4）遵从原则（Compliance）。建立信息治理规划，遵从适用的法律法规和其他有约束力的机构及组织的制度要求。

5）可用原则（Availability）。组织应确保以及时、高效和准确检索其信息的原则来维护其信息。

6）保留原则（Retention）。组织的信息应保留适当的时间，并考虑所有运营、法律、监管和财政以及其他所有相关约束的要求。

7）处置原则（Disposition）。组织应根据其制度、适用的法律法规以及其他有约束力的机构要求，提供安全和适当的信息处置。

8）透明原则（Transparency）。组织应以工作人员和利益相关方可以理解的方式记录其制度、流程和活动，包括其信息治理规划。

9.1.3 基本概念

1. 内容

对于内容来说，文件就像水桶对于水一样，两者都是容器。内容是指文件、档案或网站内的数据和信息。内容通常基于文件所代表的概念以及文件的类型或状态来管理。内容也有生命周期，在其完整的生命周期中，有些内容成为组织的档案，但正式档案应与其他内容区别对待。

㊀ ARMA International，ARMA 普遍接受的档案保存指导原则®，http：//bit. ly/2tNF1E4。

（1）内容管理

内容管理（Content Management）包括用于组织、分类和构造信息资源的流程、方法和技术，以便以多种方式存储、发布和重复使用这些资源。

内容的生命周期可以是动态的，通过受控的创建和修改流程进行日常更改；它们也可以是静态的，只发生很少或偶尔的更改。内容可以被正式的管理（严格存储、管理、审计、保留或处置）或通过临时更新的方式进行非正式的管理。

内容管理在网站和门户中尤为重要，但基于关键字的索引和基于分类的组织方法可以跨技术平台应用。当在整个企业范围内进行内容管理时，称之为企业内容管理（ECM）。

（2）内容元数据

元数据对于管理非结构化数据至关重要，无论是传统上认为的内容和文件，还是现在理解的“大数据”。如果没有元数据，就无法对内容进行编目和组织。非结构化数据内容的元数据基于：

1）格式。通常数据格式决定了访问数据的方法（如电子非结构化数据的电子索引）。

2）可搜索性。是否已经具备用于搜索相关非结构化数据的工具。

3）自我描述性。元数据是否有自我描述能力（如在文件系统中）。在这种情况下，因为可以简单地采用现有工具，开发的需求是最小的。

4）既有模式。是否可以采用或者适配现有的方法和模式（如在图书馆目录中）。

5）内容主题。人们可能在寻找的东西。

6）需求。需要进行彻底和详细的检索能力（如制药或核工业）[⊖]。因此，内容级的详细元数据可能是必要的，并且可能需要一个能够进行内容标记的工具。

通常，非结构化数据的元数据维护变成了对各种本地模式与企业正式元数据集之间交叉引用的维护。档案管理人员和元数据专业人员认识到整个组织中存在用于文件、档案和其他必须保留多年内容的长期嵌入式方法，但这些方法通常需要花费大量时间才能重新组织起来。在一些组织中，有一个集中团队来维护档案管理索引、分类法甚至变体主题词表之间的交叉引用模式。

（3）内容建模

内容建模（Content Modeling）是将逻辑内容概念转换为具有关系的内容类型、属性和数据类型的过程。属性描述了关于该内容的一些特定的和可区分的信息。数据类型限制了属性可以包含的数据的类型，从而使验证和处理成为可能。元数据管理和数据建模技术用于开发内容模型。

内容建模有两个层次。第一个是信息产品级别，它会产出一个像网站一样的实际可交付成果；第二个是组件级别，它进一步详细说明了构成信息产品模型的元素。模型中的详细程度取决于重用和构造所需的粒度。

内容模型通过指导内容创建并促进内容的再利用来支持内容管理制度。它们支持自适应内容，也就是自由格式且与设备无关。这些模型成为在 XML 模式定义（XSD）、表单或样式表等结构中实现内容的规范。

⊖ 这些行业负责提供某些材料如何处理的证据。例如，医药制造商在允许人们使用化合物之前，必须详细记录化合物的形成、测试和处理过程。

(4) 内容分发方法

内容需要模块化、结构化、可重复使用，且与设备和平台无关。交付的方式包括网页、打印文稿和手机应用以及具有交互式视频和音频的电子书。在工作流中将内容比较早地转换为 XML，可以支持跨不同介质渠道的重复使用。

内容分发系统可分为三种，分别是推式、拉式和交互式。

1) 推式（Push）。在推式系统中，用户按照预先确定的时间表选择传送给他们的内容类型。发布方创建内容并在多个地方将其发布。简易信息聚合（RSS）是推式内容分发机制的一个示例。它根据请求将内容（一个信息流）分发到新闻和其他网页内容上。

2) 拉式（Pull）。在拉式系统中，用户通过互联网获取内容。购物者访问在线零售商店就是拉式系统的一个例子。

3) 交互式（Interactive）。交互式内容分发方法，如第三方电子销售点（EPOS）的应用或面向客户的网站（如用于注册），需要在企业应用之间交换大量的实时数据。在应用程序之间共享数据的选项，包括企业应用程序集成（EAI）、更改数据采集、数据集成和 EII（参见第 8 章）。

2. 受控词表

受控词表（Controlled Vocabularies）是被明确允许用于通过浏览和搜索对内容进行索引、分类、标引、排序和检索术语的定义列表。系统地组织文件、档案和内容离不开受控词表。词汇表的复杂程度包括从简单的列表或选项列表，到同义词环圈或规范表、分类法以及最复杂的主题词表和本体。受控词表的一个例子是用于出版物分类的都柏林核心元素集（Dublin Core Element，DC）。

需要确定谁可以在词汇表中添加词汇的管理制度，如分类学家或者索引管理员。在理论上，管理员需接受专门的培训后再来负责开发词汇表。词汇表的用户只能在其主题范围内引用词表内容（参见第 10 章）。

在理想情况下，受控汇词表应与企业概念数据模型中的实体名称和定义保持一致。自下而上的方法是收集术语和概念并把它们汇编到一个大众分类中（Folksonomy，有通俗分类法、分众分类法等多种翻译名称）。该分类是通过社会标签获得的术语和概念的集合。

受控词汇表构成了参考数据的一个类型。类似其他参考数据一样，需要管理它们的值和定义，以确保完整性和时效性。因为它们有助于解释和支持其他数据的使用，所以它们也可以被视为元数据。文件和内容管理是受控词表的主要使用案例，后面将对它们予以介绍。

(1) 词汇表管理

由于词汇表随着时间的推移而发展，因此需要对它们进行管理。ANSI/NISO Z39. 19—2005 是一个美国标准，它为单一语言受控词表的构建、格式和管理提供了指引。它将词汇表管理描述为一种“提高信息存储和检索系统、Web 导航系统和其他环境的有效性手段，这些环境通过使用语言的某种描述来识别和定位所需的内容。控制词汇表的主要目的是实现采用一致并便于检索的方式描述内容对象”[⊖]。

词汇表管理是针对任何给定的词汇进行定义、寻源、导入和维护的过程。实现词汇表管理的关

⊖ http：//bit. ly/2sTaI2h。

键问题集中在用途、消费者、标准和维护 4 个方面。

1）这个词汇表支持哪些信息概念？

2）谁是这个词汇表的受众？他们支持哪些流程？他们扮演什么角色？

3）词汇表是必需的吗？它会支持哪个应用、内容管理或者分析？

4）哪个决策机构负责指定首选术语？

5）有哪些不同的现有词汇表来对此信息进行分类？它们在哪里？它们是如何创建的？谁是它们的主题专家？是否有任何安全或隐私问题？

6）是否有现成的标准可以满足这种需求？对比内部标准，采用外部标准有哪些担忧？标准的更新频率以及每次更新的更改程度如何？标准是否易于导入/维护，是否有性价比？

这些评估的结果将有利于实现数据整合。他们还将通过术语和术语关系管理功能帮助建立内部标准，包括相关的首选词汇表。

即使没有进行这种评估，仍然建议在组织中定义首选词汇表，否则它们将在一个个的项目竖井中被逐项完成。这样会导致更高的集成成本和更大的数据质量问题（参见 13 章）。

（2）词汇表视图和微控制词汇表

词汇表视图（Vocabulary View）是受控词表的子集，涵盖了受控词表领域内有限范围的主题。当目标是使用包含大量术语的标准词汇表时，词汇表视图是必要的，但并非所有术语都与顾客需要的信息有关。例如，仅包含与营销业务单元相关的术语视图是不会包含与财务相关的术语。

词汇表视图通过只展示适合用户的内容来增加信息的可用性。手动构建所需术语的词汇表视图，或通过作用于所需词汇表术语的数据或元数据的业务规则来构建词汇表视图。对每个词汇表视图都是通过定义一组规则来确定包含哪些术语。

微控制词汇表（Micro-Controlled Vocabulary）是包含一般词汇表中不包含的高度专业化术语的词汇表。微控制词汇的一个示例是具有医学学科子集的医学词典。这些术语应该映射到广泛受控词汇的层次结构上。微控制词汇表在对应的术语关系上存在着内在一致性。

目标是采用标准的词汇表，通过微控制词汇表作为必要的补充，其缺少的内容需要专业的信息使用者进行添加/扩展。构建微控制词汇表的步骤与词汇表视图相同，此外还包括添加或关联额外的首选术语，并通过其来源标识出与原首选术语的区别。

（3）术语和选择列表

术语列表仅仅就是一个列表（List）。它们不会描述术语之间的关系。信息系统中的选项列表、网页下拉列表和菜单选项列表都在使用术语列表。列表中可以通过减小值域来帮助控制歧义，可能对用户提供一定的指导，也可能没什么帮助。

选择列表（Pick Lists）通常隐藏在应用程序中。内容管理软件可以帮助将选择列表和控制词汇转换为可用于主页搜索的选择列表。这些选择列表在软件中通常可以按照分面分类的方法进行管理。

（4）术语管理

ANSI/ NISO Z39. 19—2005 标准将“术语”（Term）定义为命名概念的一个或多个单词[⊖]。与词

⊖ http：//bit. ly/2sTaI2h。

汇表一样，术语也是需要管理的。术语管理包括具体说明术语最初是如何定义和分类的，以及一旦开始被不同系统使用，之后该如何维护。应通过使用治理流程来管理术语。管理者可能需要进行仲裁，以确保在条款变更之前考虑到利益相关方的反馈。ANSI/NISO Z39.19 标准将“优选术语”（Preferred Term）定义为从两个或更多同义词（或词汇变体）中选择一个作为包含在受控词汇表中的术语。

术语管理包括在受控词汇表中建立术语之间的关系。关系的类型可以分为以下3种：

1）等价术语关系（Equivalent Term Relationship）。这种关系同时使用多个术语而不是进行交叉引用术语。这是IT中最常用的术语映射功能，表示来自一个系统或词汇表的术语或值与另一个系统或词汇表相同，因此集成技术可以执行它们的映射关系并标准化。

2）层次化关系（Hierarchical Relationship）。它描述广义（一般）到狭义（特定）或整体-部分的关系。

3）关联关系（Related Term Relationship）。与受控词表中的另一个术语相关联，但这种关联不是层次化的。

（5）同义词环和规范表

同义词环（Synonym Ring）是指一组含义大致相同的术语。同义词环允许搜索其中一个术语的用户去访问与该词环其他术语相关的内容。开发同义词环手册的目的是用于检索而非索引。提供同义词控制，并同等地对待同义词和近似同义词，在索引环境具有非受控词汇表或没有索引的情况下使用。搜索引擎和不同的元数据注册表都有同义词环功能（参见第13章），但是它们很难在用户界面上实现。

规范表（Authority List）是描述性术语的受控词汇表，旨在促进特定领域或范围内的信息检索。其术语处理方法和同义词环不同；在同义词环中有一个术语是首选，其他术语则是变体。权限文件交叉引用每个术语的同义词和变体，以指引用户从非优选术语到优选术语。该列表可能包含也可能不包含这些术语的定义。权限列表应该有指定的管理者，他们可能有结构，一个很好的例子就是美国国会图书馆的主题标题。

（6）分类法

分类法（Taxonomies）是指任何分类或受控词表的总称。最著名的例子是瑞典生物学家林奈（Linnaeus）开发的所有生物的分类系统。

在内容管理中，分类法是一种命名结构，包含用于概述主题、启用导航和搜索系统的受控词表。分类法有助于减少歧义并控制同义词。层次分类法包含了对索引者和搜索者都有帮助的多种类型的父/子关系。这样的分类法常用于向下扩展分类。

分类法可以有多种不同的结构：

1）扁平分类法（Flat Taxonomy）。在受控类别集之间没有关系，所有类别都是平等的。这类似于列表。例如，一个包含多个国家的列表。

2）层次分类法（Hierarchical Taxonomy）。它是一种树结构，其中节点通过规则相互关联。层次结构至少具有两个级别并且是双向的。向上移动层级会扩展类别；向下移动会细化类别。一个能够说明这一点的例子是地理信息，从所属大陆直到详细的街道地址。

3）多重层级结构（Polyhierarchy）。它是具有多个节点关系规则的树状结构。子节点可能有多个父节点，父节点也可以共用一个祖父节点。因此，遍历路径可能会很复杂，所以必须注意避免潜在的无效遍历：从与父节点相关的节点开始向上遍历而非祖父节点。然而，复杂的多重层级结构可能更适合面分类法。

4）面分类法（Facet Taxonomy）。它指的是每个节点与中心节点相关联，其形状看起来像星形图。每个面是中心对象的一个属性。这里的例子是元数据，其中每个属性（创建者、标题、访问权限、关键字、版本等）是内容对象的一个面。

5）网状分类法（Network Taxonomy）。既可用于层级结构，也可用于刻面结构。网状分类中的任何两个节点都基于它们的关联来建立链接，其中一个例子就是推荐引擎（如果你喜欢那个，你可能也会喜欢这个）；另一个例子是主题词表。

随着大量的数据被生产出来，即使使用了最准确的分类法，也需要采用自动化的标记、更正和路由规则。如果不对分类法进行维护，则会产生理解不充分或者错误的结果，并造成被监管的实体和工作人员不合规的风险。例如，在金融分类法中，优选术语可能是“就业后”。内容可能来自将其归类为“离职后”，甚至是“退休后”的某个系统。为了改善此类情况，就应该定义适当的同义词环和相关的术语关系（US GAAP，2008）。

许多组织根据自身对特定主题的整体思考，开发了自己的分类法。因为许多搜索引擎依赖于精确的词语匹配，而且只能找到以相同方式标记过的项目或者使用的相同词语，故分类法对于在网站上呈现和查找信息特别重要。

（7）分类方案和打标签

分类方案（Classification Schemes）是代表受控词表的代码。这些方案通常是分层的，可能有与之相关的词汇。例如，杜威十进制分类法和美国国会图书馆分类（主类和子类）。杜威十进制分类法是基于数字的分类法，它也是主题编码的多语言表达，因为数字可以被“解码”成任何语言。

大众分类法是通过社交标签对在线内容术语和名称分类的方案。个人用户和团体使用它们来注释和分类数字内容。它们通常没有层次结构或优选术语。因为专家不收集整理它们。大众分类法通常被认为不具有权威性，通常也不应用于文件索引。但是，因为它们是直接来自用户的词汇表，所以它们提供了增强信息检索的潜力。大众分类法能与结构性受控词表相联系。

（8）主题词表

主题词表（Thesauri）又称叙词表，是一种用于内容检索的受控词表。它结合了同义词列表和分类方案的特征。主题词表提供相关的每个术语及其与其他术语的关系信息。关系要么是层次关系（父/子或广义/狭义），要么是关联关系或等价关系。在所有的语境场景中，同义词必须是可接受的等价词。主题词表还可能包括定义、引文等。

主题词表可用于梳理非结构化的内容，揭示来自不同介质的内容之间的关系，改进网站导航并优化搜索。当用户输入术语时，系统可以使用一个未暴露的叙词表（用户不能直接使用的）来自动将搜索引导到类似的术语，或者系统可以建议与之相关的术语，用户可以继续用这些相关术语进行搜索。

创建主题词表提供指引的标准包括 ISO 25964 和 ANSI/NISO Z39. 19 的 10. 2. 2. 1. 5 本体一节。

(9) 本体

本体(Ontology)是一种分类法,它代表一套概念和它们在某个领域内概念之间的关联。本体提供语义网络中基本的知识表示,用于语义网络应用程序之间的信息交换㊀。

诸如资源描述框架模式(RDFS)之类的本体语言,通过对某一特定领域的知识进行编码来开发本体。它们可以包括支持处理该知识的推理规则。网络本体语言(Web Ontology Language, OWL)是 RDFS 的扩展,是定义本体的正式语法。

本体描述类(概念)、个体(实例)、属性、关系和事件。本体论可以是一系列的分类法和常见同义词表,用于知识表示和信息交换。本体论通常由包含关系的多个类和定义组成层次结构。例如,把智能活动分解为许多简单的活动模块和层。

分类法(如数据模型)和本体之间存在两个主要区别:

1) 分类法为给定的概念区域提供数据内容分类。数据模型专门调用属性所属的实体以及该属性的有效性。但是,在本体中,实体、属性和内容概念可以完全混合。差异是通过元数据或其他关系来识别的。

2) 在分类法或数据模型中,定义是已知的,别无其他,称为封闭世界假设。在本体中,基于现存的关系可以推断出可能的关系。因此,未明确声明的内容也可能是真的,称之为开放世界假设。

虽然分类法管理是在图书馆研究的基础上发展起来的,但是现在,分类法和本体管理的学科已经划入到了语义管理领域(参见第10章)。

由于建模本体的过程从某种程度上来说是主观的,因此,避免落入导致歧义和混淆的常见陷阱非常重要。这类情况主要有:

1) 无法区分实例关系和子类关系。

2) 将事件建模为关系。

3) 术语缺乏清晰度和独特性。

4) 将角色建模为类。

5) 无法重复使用。

6) 混淆建模语言的语义和概念。

7) 使用基于网络的、跨平台的工具(如 OOPS)进行本体验证有助于陷阱的诊断和修复。

3. 文件和档案

文件(Document)是包含任务说明,对执行任务或功能的方式和时间的要求以及任务执行和决策的日志等的电子或纸质对象。文件可用于交流并分享信息和知识。程序、协议、方法和说明书都属于文件。

只有部分文件才能称为档案(Record)。档案可用于证明所做的决策和所采取的行动是符合程序的;可作为组织业务活动和法规遵从的证据。档案通常是由人来创建的,但仪器和监控设备也可

㊀ 语义网也称为链接数据网或 web 3.0,是对当前 web 的一种增强,其中的含义(即语义)是可机器处理的,让机器(计算机)更容易理解、找到、共享和组合数据/信息。

以提供数据来自动生成档案。

（1）文件管理

文件管理包括在文件和档案的整个生命周期中控制和组织它们的流程、方法和技术。它包括电子和纸质文件的存储、编目和控制。目前，90%以上的文件都是电子文件。虽然无纸化文件的使用越来越广泛，但是世界仍然充满了以前的纸质文件。

一般来说，文件管理关注的是文件本身，几乎不关注文件内容。一个文件中的信息内容可能对如何管理该文件有指导性作用，但是在文件管理中，文件被视为一个单独的实体。

市场和监管压力都将重点放在档案保管期限表、地点、传送和销毁上。例如，一些关于个人的数据不能跨越国际边界。

企业合规管理者正开始关注美国《萨班斯-奥克斯利法案》《联邦民事程序法规电子取证修正案》和加拿大《198 号法案》之类的法律法规，并努力使所在组织内的档案管理实践标准化。管理文件和档案的生命周期包括：

1）编目。识别已有的和新建的文件/档案。

2）制度。文件/档案制度的创建、批准和实施，包括文件/档案的保管制度。

3）分类。文件/档案的分类。

4）存储。纸质和电子文件/档案的短期和长期存储。

5）检索和流转。在遵守制度、安全、控制标准和法律的情况下，允许文件/档案的访问和流通。

6）保存和处置。在遵守组织需求、规章和法规的情况下，对文件/档案进行归档和销毁。

数据管理专业人员是文件分类和保管决策中的利益相关方，他们必须支持基础结构化数据与特定非结构化数据之间的一致性。例如，如果那些已完成的输出报告被视为适当的历史文档，那么在 OLTP 或仓库环境中可以不用再存储报告相关的结构化基础数据。

文件通常具有层次结构，其中的一些文件比其他文件更详细。图 9-2 基于 ISO 9000 的简介和支持包、ISO 9001-4. 2 文件要求指南，描述了一种适用于政府或军方以文件为中心的模式。ISO 9001 描述了基本质量管理体系的最小组成部分。商业实体可能具有不同的文件层次结构或流程来支持业务实践。

（2）档案管理

档案管理（Records Management）是文件管理的一部分，管理档案有一些特殊的要求[⊖]。档案管理包括整个档案的生命周期：从档案的创建或接收到处理、分发、组织和检索，再到处置。档案可以是物理的（如文件、备忘录、合同、报告或缩微胶片）、电子的（如电子邮件内容、附件和即时消息），也可以是网站上的内容及各种介质和硬件上的文件，还可以是各种数据库中采集的数据，甚至是混合档案，如光圈卡（带有嵌入细节或支持材料的缩微胶片窗口的纸质记录）是把各种格式组合在一起。重要档案（Vital Record）是在发生灾难时恢复组织运营所必需的档案。

可靠的档案不仅对于档案保存很重要，而且对于遵守法规也很重要。在档案上签名有助于档案

⊖ ISO 15489 标准将记录管理定义为“负责对记录的创建、接收、维护、使用和处置进行有效和系统控制的管理领域，包括收集和维护业务证据和信息的过程，以记录形式进行的活动和交易。” http：//bit. ly/2svg8ew。

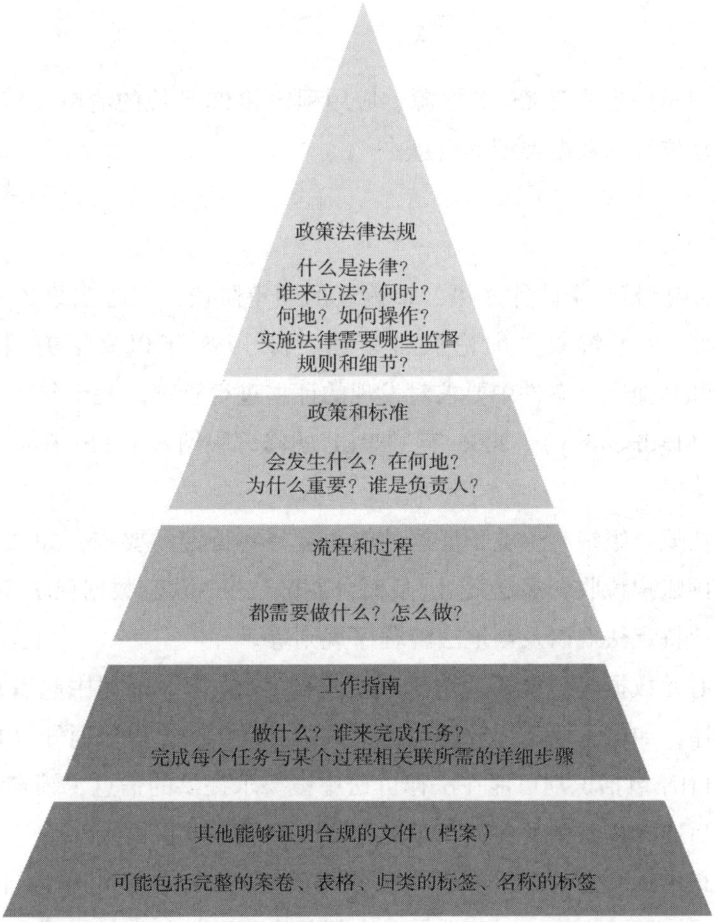

政策法律法规

什么是法律?
谁来立法? 何时?
何地? 如何操作?
实施法律需要哪些监督
规则和细节?

政策和标准

会发生什么? 在何地?
为什么重要? 谁是负责人?

流程和过程

都需要做什么? 怎么做?

工作指南

做什么? 谁来完成任务?
完成每个任务与某个过程相关联所需的详细步骤

其他能够证明合规的文件（档案）

可能包括完整的案卷、表格、归类的标签、名称的标签

图 9-2　基于 ISO 9001-4.2 的文件层次结构

的完整性。其他完整性措施包括事件的验证（如实时见证）以及事后对信息的双重检查。

精心管理的档案具有以下特点：

1）内容。内容必须准确、完整和真实。

2）背景。关于档案的创建者、创建日期或与其他档案关系的描述性信息（元数据）应该在创建档案时收集、组织并维护。

3）及时性。档案应该在事件、行为或决定发生后立即创建。

4）永久性。一旦成为档案，则在档案的法定保存期内不能改变其内容。

5）结构。档案内容的外观和排版需要清晰，它们应被记录在正确的表格或模板上。内容应清晰易读，对术语的使用应始终保持如一。

许多档案同时以电子和纸张两种形式存在。档案管理要求组织知道哪个副本（电子或纸质）是正式的“档案副本”，以履行档案保存义务。一旦档案副本确定下来，其他的副本便可以安全销毁。

（3）数字资产管理

数字资产管理（Digital Asset Management，DAM）和文件管理流程相似，它专注于存储、跟踪和使用视频、徽标、照片等富媒体文件。

4. 数据地图

数据地图（Data Map）是所有 ESI 数据源、应用程序和 IT 环境的清单，其中包括应用程序所有者、保管人、相关地理位置和数据类型等信息。

5. 电子取证

“取证”（Discovery）是一个法律术语，指诉讼的预审阶段，双方当事人互相要求对方提供信息，以查明案件事实，并了解双方的论点有多强。自 1938 年以来，美国联邦民事诉讼规则（FRCP）已经在诉讼和其他民事案件中要求对发现的证据进行管理。几十年来，基于纸质的取证规则被应用到电子取证（E-discovery）。2006 年，FRCP 的修订版纳入了 ESI 在诉讼过程中的取证实践和要求。

其他一些全球性法规对组织产生电子证据的能力有一些特定的要求，如“英国反贿赂法”“多德-弗兰克法案”“外国账户税收合规法案”“反海外腐败法”“欧盟数据保护条例和细则”、全球的反垄断法规、一些行业特定法规以及当地法院程序规则等。

电子文件通常具有元数据（可能不适用于纸质文件），它们在证据中起着重要作用。法律的要求来自关键的法律程序，如电子取证、数据和档案保留实践、法律保留通知（LHN）流程以及法律上可靠的处置做法。LHN 包括识别可能在法律诉讼中被要求提供的信息，锁定该数据或文件以防止被编辑或者删除，然后通知组织中的各方，该数据或文件受法律保留。

图 9-3 描绘了由 EDRM 开发的高级电子取证参考模型，EDRM 是电子取证标准和指南的组织。该框架提供了一种电子取证的方法，对于涉及确定相关内部数据的存储方式和位置、适用什么保留策略、哪些数据不可访问以及哪些工具可用于协助识别流程的人员来说，这种方法非常方便。

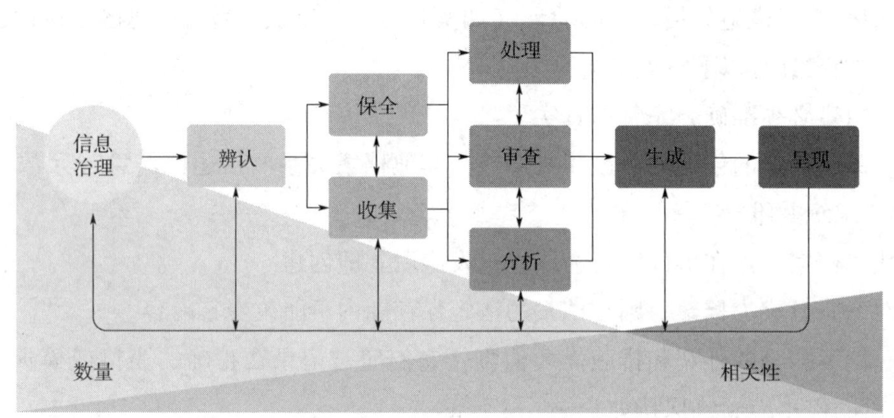

图 9-3　电子取证参考模型[⊖]

EDRM 模型假定数据或信息治理已到位。该模型包括 8 个可以迭代的电子取证阶段。随着电子取证的发展，可取证的数据和信息的数量大大减少，因为它们的相关性大大增加。

在辨认阶段，它有两个子阶段。早期案例评估和早期数据评估（未在图中描述）。在早期案例评

⊖ EDRM（edrm. net）。在 edrm. net 上发布的内容是根据 Creative Commons Attribution 3. 0 Unported 许可证授权的。

估中，主要评估的是法律案例本身的相关信息，称之为描述性信息或元数据（如关键字、日期范围等）。在早期数据评估中，与案例相关的数据类型和位置会被评估。数据评估应确定与保留或销毁相关的数据制度，以便保留 ESI。应与档案管理人员、数据保管人或数据所有者以及信息技术人员进行面谈，以获取相关信息。此外，相关人员需要了解案例背景、法律保留以及它们在诉讼中的作用。

在保全和收集阶段，保全可以确保那些已经被认为是可能相关的数据被置于合法保留状态，以避免被销毁；收集包括以合法的方式从公司获取和转移已辨认的数据并提供给法律顾问。

在处理阶段，经过去重、搜索和分析数据，来确定哪些数据项将会进入到审查阶段。在审查阶段，确定提交文件以响应请求，还确定了将被扣留的特权文件。大部分选择依赖于与文档相关联的元数据。处理过程在审查阶段之后进行，因为它涉及内容分析，以了解诉讼或调查中的情况、事实和潜在证据，并加强搜索和审查流程。

处理和审查依赖于分析阶段的结果，但分析被认为是一个单独的阶段，侧重于内容。内容分析的目的是了解诉讼或调查中的情况、事实和潜在证据，以制定应对法律情形的策略。

在生成阶段，根据商定的规范将数据和信息交给对方律师。原始的信息来源可能是文件、电子表格、电子邮件、数据库、图样、照片、专有应用程序的数据、网站数据、语音邮件等。可以收集、处理并输出为各种格式的 ESI。原生产品（Native Production）保留了文件的原始格式。近原生产品（Near-native Productio）通过提取和转换改变了文件的原始格式。ESI 能够以图像或近纸张的格式生成。字段数据（Fielded Data）是处理 ESI 生成文本分隔文件和 XML 加载文件时，从原生文件中提取的元数据和其他信息。因为没有人想被指控更改提供的数据或信息，所以在生成阶段提供的材料血缘很重要。

在证词、听证会和审判中展示 ESI 是演示阶段的一部分。ESI 展品可以用纸质、近纸质、近本地和本地的格式展示，以支持或反驳案例中的要素。它们可以被用来进一步获取信息，验证现有的事实或立场，或者说服听众。

6. 信息架构

信息架构是为信息体或内容创建的结构。它包括以下组件：

1）受控词表。

2）分类法和本体。

3）元数据映射。

4）搜索功能规格。

5）用例。

6）用户流。

信息架构和内容制度共同描述了“什么”，即哪些内容将在系统中被管理。设计阶段描述了“如何”实施内容管理制度。

对于一个文件或内容管理系统，信息体系架构识别文件和内容之间的链接和关系，指定文件要求和属性，并定义文件或内容管理系统中的内容结构。信息架构是开发一个富有成效网站的核心。故事板为 Web 项目提供了蓝图。作为设计大纲，定义了每个 web 页面上所需的元素，并显示了页面如何协同工作的导航和信息流，以指导开发导航模型、菜单和管理及使用网站所需的其他组件。

7. 搜索引擎

搜索引擎（Search Engine）是一种根据术语搜索信息并检索内容中包含这些术语网站的软件，如 Google。搜索功能需要几个组件：适当的搜索引擎软件、漫游网络的爬虫、将找到内容的统一资源定位符（URL）保留起来的存储、索引遇到的关键字和文本以及排名规则等。

8. 语义模型

语义建模（Semantic Modeling）是一种知识建模，描述一系列概念网络（有关的想法或主题）以及它们之间的关系。结合到信息系统中，语义模型允许用户能够以非技术的方式提出信息问题。例如，语义模型可以将数据库表和视图映射到对业务用户有意义的概念上。

语义模型包含语义对象和语义约束。语义对象是模型中表示的事物，它们可以具有基数和域的属性以及标识符。它们的结构可以是简单的、合成的、复合的、混合的、关联的、父/子类型或原型/版本。语义约束表示 UML 中的关联或关联类模型，这些模型有助于识别模式和趋势，并发现可能看起来不相干信息之间的关系。通过这样做，可以帮助实现跨知识领域或主题领域的数据集成。本体和受控词表对语义建模来说至关重要。

数据集成以几种不同的方式使用本体。单个本体可以作为参考模型。如果有多个数据源，那么每一个数据源用一个本体建模，然后映射到其他本体上。这种混合方法使用多本体来集成一个常见的词表库。

9. 语义搜索

语义搜索（Semantic Search）侧重于语义和语境而非预先设定的关键字。语义搜索引擎可以使用人工智能基于单词及其语境来识别查询匹配。这样的搜索引擎可以根据位置、意图、单词变体、同义词和概念匹配来进行分析。

语义搜索的要求包括弄清楚用户想要什么，也就是需要像用户一样思考。如果用户希望搜索引擎像自然语言一样工作，那么他们很可能希望网络内容以这种方式运行。营销组织面临的挑战是与他们的用户以及他们的品牌相关的关联词和关键字如何结合。

语义优化的网络内容包含自然关键词，而不是依赖于严格的关键字插入。语义关键字的类型包括：包含变体的核心关键字、概念相关术语的主题关键字和能够预测用户可能会问什么的词干关键字。可以通过内容相关性和“共享性”进一步优化内容，并通过社交媒体集成共享内容。

商务智能（BI）和分析工具的用户通常具有语义搜索的需求。BI 工具要有灵活性，以便业务用户可以找到做分析、报表和仪表盘所需的信息。大数据用户也拥有类似的需求，他们要在不同格式的数据中找到共同的含义。

10. 非结构化数据

据估计，多达 80% 的数据存储是在关系型数据库之外维护的。这些非结构化数据没有一定的数据模型使用户能够理解其内容或其组织方式；它们也没有被标记或结构化为行和列。非结构化这个术语在某种程度上有一点误导性，因为文件、图形和其他格式中经常存在结构，如章节或标题。有些人将存储在关系型数据库之外的数据称为非表格式数据或半结构化数据。现在，还没有创造出一个普遍采用的术语用来描述各种格式的电子信息。

非结构化数据有多种电子格式：文字处理文件、电子邮件、社交媒体、聊天室、平面文件、电子表格、XML 文件、事务性消息、报告、图形、数字图像、缩微胶片、视频和音频。纸质文件中也存在大量非结构化数据。

数据管理的基本原则既适用于结构化数据也适用于非结构化数据。非结构化数据是宝贵的企业资产。存储、完整性、安全性、内容质量、访问和有效使用对非结构化数据的管理都具有指导作用。非结构化数据需要数据治理、体系架构、安全元数据和数据质量。

非结构化和半结构化数据对数据仓库和商务智能越来越重要。数据仓库及其数据模型可能会包含结构化索引，以帮助用户查找和分析非结构化数据。一些数据库包含处理指向非结构化数据的 URL 的能力，这些非结构化数据在从数据库表中检索时作为超链接被执行。数据湖中的非结构化数据将在第 14 章中介绍。

11. 工作流

应该通过一个工作流（Workflow）管理内容开发，以确保内容按时创建并获得适当的批准。工作流组件可以包括创建、处理、路由、规则、管理、安全性、电子签名、截止日期、升级（如果出现问题）、报告和交付等过程。它应该通过使用内容管理系统（CMS）或其他独立系统来实现自动化，而不是人工处理。

CMS 具有提供版本控制的额外好处。将内容嵌入 CMS 时，将为其加上时间戳，分配版本号，并将更新人员的姓名标记在上面。

工作流程需要具有可重复执行的能力，在理想情况下包含对各种内容通用的流程步骤。如果内容类型之间存在显著差异，则可能需要一组工作流和模板。利益相关方和各个分布点（包括技术）的协调和对齐非常重要。需要调整截止日期以改善工作流程，否则可能很快就会发现这个工作流程已经过时了，或者流程中某个环节由哪个利益相关方负责还不明确。

9.2　活动

9.2.1　规划生命周期的管理

文件管理实践涉及文件生命周期的规划——从文件的创建或接收文件后的分发、存储、检索、归档和潜在的销毁。规划包括开发分类/索引系统和分类法，以实现文件的存储和检索。重要的是，生命周期规划中需要为档案建立具体的制度。

一方面，确定负责管理文件和档案的组织部门。该部门协调内部和外部的访问和分发，并将最佳实践和处理流程与组织的其他部门整合起来；另一方面，要制定一份整体的文件管理计划，其中包括重要文件和档案的业务连续性计划。该部门确保遵循与公司标准和政府法规相一致的保管制度，并确保根据组织和法规的要求，将长期需求所需的档案进行妥善归档，并在其生命周期结束时妥善处理这些档案。

1. 规划档案管理

在档案管理时先要清楚什么是档案。定义某一专业领域的档案应该包括来自该领域的专家以及理解档案管理体系的人员。

在管理电子档案时需要决定现行的常用档案存储在哪里以及如何存储老旧的档案。尽管现在电子媒体被广泛地使用，不过纸质档案在短期内还不会消失。档案管理方法应将纸质档案、非结构化数据以及结构化电子档案全都考虑在内。

2. 制定内容策略

内容管理计划应直接支持组织以有效和全面的方式提供相关和有用的内容。计划中应考虑内容的驱动因素（需要内容的原因）、内容创建和交付等。内容需求应该驱动技术决策，如内容管理系统的选择。

对内容策略应从对当前状态的审视和差距评估开始。该策略定义了如何对内容进行优先级排序、组织和访问。通过评估会揭示内容创建的生产、工作流程和审批流程的简化方法。一个统一的内容策略强调模块化设计内容组件，以实现可重用性，而不是创建独立的内容。

元数据分类和搜索引擎优化（SEO）使人们能够找到不同类型的内容，这对于任何内容策略都至关重要。提供有关内容创建、发布和治理的建议。适用于内容及其生命周期的策略、标准和指引，这对于维持和发展组织的内容策略非常有用。

9.2.2 创建内容处理制度

制定的制度中需要描述行为的原则、方向和指南等信息，以帮助员工理解并遵守文件和档案管理的要求。

大多数文件管理制度都包括以下相关的内容：

1）审计的范围和合规性。

2）重要档案的鉴定和保护

3）保留档案的目的和保管期限表。

4）如何响应信息保留命令（特殊保护令），即针对已过保留期的诉讼信息要求。

5）本地和异地存储档案的要求。

6）硬盘驱动器和共享网络驱动器的使用和维护。

7）对电子邮件管理，从内容管理的角度进行处理。

8）合理的档案销毁方法，如预先批准的供应商和销毁证明的收据。

（1）社交媒体制度

除了这些常规的话题外，许多组织正在制定应对新媒体的制度。例如，组织必须明确在 Facebook、Twitter、LinkedIn、聊天室、博客、维基或在线论坛上发布的社交媒体内容是否构成档案？特别是员工在使用组织账户开展业务的过程中发布的内容。

（2）设备访问制度

因为用户驱动 IT 的场景，如 BYOD（使用自己的设备）、BYOA（使用自己的应用程序）和 WYOD（穿戴自己的设备）是大势所趋，内容和档案管理功能需要兼容这些情景，以确保合规性、安全性和隐私要求。

制度应区分非正式内容（如 Dropbox 或 Evernote）和正式内容（如合同和协议），以便对正式内容进行控制，为非正式内容提供指导。

（3）处理敏感数据

组织有义务通过识别和保护敏感数据来保护隐私。数据安全或数据治理通常会建立保密方案，并确定哪些资产是机密的或受限制的。制作或拼装内容的人必须要应用这些分类。必须根据制度和法律要求将文件、网页和其他内容组件标记为是否敏感。一旦被标记为敏感，机密数据要么被屏蔽，要么在适当的情况下被删除（参见第 7 章）。

（4）应对诉讼

组织应通过有前瞻性的电子取证措施，为时刻可能的诉讼请求做好准备（报最好的希望，做最坏的打算）。应该创建和管理它们的数据源清单以及与每个数据源相关的风险。通过识别可能具有相关信息的数据源，可以及时响应诉讼保留通知并防止数据丢失。应该采用适当的技术来使电子取证流程自动化。

9.2.3 定义内容信息架构

很多信息系统，如语义网、搜索引擎、网络社交挖掘、档案合规性和风险管理、地理信息系统（GIS）和商务智能应用程序等，都包含结构化和非结构化数据、文件、文本、图像等。用户必须以系统检索机制能够理解的形式提交他们的需求，以便从这些系统中获取信息。同样，需要一种检索机制，以支持快速识别匹配的数据和信息格式描述/索引文件、结构化和非结构化数据的目录。用户查询可能是不完美的，因为他们同时检索相关的信息和不相关的信息，甚至没有检索任何相关信息。

使用基于内容的索引或元数据搜索。基于用户的需求和偏好，索引的设计侧重于索引的关键或属性的决策选项。还将词汇表管理和句法组合成标题或搜索语句进行搜索。

数据管理专业人员在处理非结构化数据和内容的参考数据及元数据时，可能会涉及受控词汇表和术语（参见第 12 章）。应该确保构建受控词汇表、索引、信息检索分类方案工作的互相协调，以及它们与作为数据管理和应用程序的一部分来执行的数据建模和元数据工作的互相协调。

9.2.4 实施的生命周期管理

1. 获取档案和内容

获取内容是管理内容的第一步。电子内容通常已经以某种格式存储在电子存储库中。为了降低丢失或损坏档案的风险，需要扫描纸质内容，然后上传到系统中，编入索引并存储在存储库中，尽可能使用电子签名。

采集内容之后，应使用适当的元数据对其进行标记索引，如至少包括文件或图像标识符、采集的数据和时间、标题和作者。元数据对于检索信息以及理解内容的背景是必需的。自动化的工作流程和识别技术有助于采集和摄取的过程以及提供审计跟踪。

一些社交媒体平台提供采集档案的能力。将社交媒体内容保存在存储库中，以使其能够被审阅、元标记、分类以及作为档案进行管理。网络爬虫可以采集网站的内容。Web 采集工具、APIs 和 RSS 源可以被用来采集内容或作为社交媒体导出的工具。社交媒体档案也可以被手动采集或通过预定义的自动化工作流来采集。

2. 管理版本的控制

ANSI 859 标准基于数据的重要性以及数据损坏或不可用时可能造成的损害，将数据控制分为 3 个等级：正式、修订和托管。

1）正式控制（Formal Control）。需要正式的变更启动、对影响的全面评估、变更管理机构的决策以及给利益相关方一份全面执行和验证的状态报告。

2）修订控制（Revision Control）。没那么正式，在需要变更时通知利益相关方并升级版本。

3）托管控制（Custody Control）。最不正式，仅需要安全存储和一套检索方法。

表 9-1 显示了数据资产和可能控制级别的示例列表。

表 9-1 按照 ANSI-859 标准的文件控制级别

数据资产	正式	修订	托管
实施条目表		x	
议程			x
审计结果		x	x
预算	x		
DD 250s			x
最终建议方案			x
财务数据和报告	x	x	x
人力资源数据		x	
会议纪要			x

（续）

数据资产	正式	修订	托管
会议通知、纪要、出席列表		x	x
项目计划（包括数据管理和配置管理计划）	x		
标书（进行中）		x	
时间表	x		
工作报表	x		
交易研究		x	
培训材料	x	x	
工作底稿			x

ANSI 859 标准建议在决定数据资产的控制级别时，应将下面的标准考虑在内：

1）提供和更新资产的成本。

2）项目影响（如果变更将产生重大成本或进度后果）。

3）企业或项目变更的其他后果。

4）需要重新使用资产或资产的早期版本。

5）维护变更历史（当企业或项目要求时）。

3. 备份和恢复

文件/档案管理系统需要包含在组织的整体企业备份和恢复活动中，包括业务连续性和灾难恢复计划。重要档案规划使组织能够访问在灾难期间开展业务和随后恢复正常业务所需的档案。必须确定哪些是重要档案，并制定和维护其保护和恢复计划。档案经理应参与风险缓解和业务连续性规划，以确保这些活动能够保证重要档案的安全。

灾难可能包括停电、人为错误、网络和硬件故障、软件故障、恶意攻击以及自然灾害。业务连续性计划（或灾难恢复计划）包含书面制度、程序和信息，旨在缓解对组织数据（包括文件）威胁的影响。在发生灾难时，尽快恢复这些数据，同时尽量减少中断。

4. 管理保管和处置

有效的文件/档案管理需要有明确的制度和过程，特别是在保管和处置档案方面。保管和处置制度规定用于运营、法律、财政或历史价值的文件时间范围，规定何时可以将不常用的文件转移到二级存储设施，如异地存储。这些制度明确了合规性流程以及处理文件的方法和期限表。在制定保管期限表时，必须要考虑法律和监管要求。

档案管理人员或信息资产所有者要实施监督工作，以确保团队对隐私和数据保护要求负责，并采取相应的措施防止身份盗用。

文件保管要体现软件方面的注意事项。访问电子档案可能需要特定版本的软件和操作系统。像安装新软件这样简单的技术变更，它可能会导致文件无法被阅读或无法被访问。

无附加值的信息应该从组织的资产中移除并处理掉，以避免浪费实体和电子空间以及与其维护相关的成本。超过法定时限保留档案也是存在风险的，在诉讼时仍能发现这些信息。

然而，许多组织并没有优先删除无附加值的信息，这是因为：

1）制度不适用。

2）对某一个人来说是无附加值信息，但对另一个人来说却是有价值的信息。

3）无法预见当前的无附加值实体和/或电子档案未来可能的需求。

4）对档案管理的不认可。

5）无法决定删除哪些档案。

6）做决定与移除实体和电子档案的感知成本。

7）电子空间很便宜，购买更多的空间比归档和移除过程更容易。

5. 审计文件/档案

要求定期审计文件和档案管理，以确保正确的信息在正确的时间送达正确的人员，以便做出决策或进行操作活动。表 9-2 包含了审计评估的示例。

表 9-2　审计评估样例

文件/档案管理组件	审计评估样例
库存清单	库存清单中的每一个位置都是可以唯一标识的
存储	存储区域有足够的空间容纳不断增加的文件/档案
可靠性和准确性	实施抽查以确认文件/档案充分反映了所创建或接收的内容
分类和索引方案	详细描述元数据和文件计划
访问和检索	最终用户可以轻松查找和检索关键信息
保管过程	保管期限表结构要有逻辑，要么按部门、功能划分，要么按主要的组织职能划分
处置方法	按照建议方法处置文件/档案
保密和安全	违反文件/档案的保密性和造成文件/档案丢失都要被当作是安全事件，应予以妥善处理
组织对文件/档案管理的理解	就文件/档案管理相关的角色和职责，向利益相关方和员工提供适当的培训

审计通常包括以下步骤：

1）定义组织驱动因素，并确定“为什么”要进行文件/记录管理的利益相关方（Why）。

2）一旦确定了检查/测量的内容和要使用的工具（如标准、基准、访问调查），就开始收集相关数据（How）。

3）报告结果。

4）制订下一步的行动计划和时间表。

9.2.5　发布和分发内容

1. 开放访问、搜索和检索

一旦通过元数据/关键字标记对内容进行了描述，并在适当的信息内容体系结构中进行了分类，就可以对其进行检索和使用。维护用户信息的门户技术可以帮助用户找到非结构化数据。搜索引擎可以根据关键字返回内容。一些组织有专业人员通过内部搜索工具检索信息。

2. 通过可接受的渠道分发

由于内容消费者更想在自己选择的设备上消费或使用内容，因而分发期望有所改变。许多组织仍在使用像 MS Word 这样的软件上创建内容并将其转移到 HTML 中，或者分发到规定的平台、特定的屏幕分辨率或既定大小的屏幕上。如果用户希望有另一种分发渠道，则必须为这个渠道量身定做（如打印）该内容。所以存在一种可能性，即任何改变的内容都可能需要变回原来的格式。

来自数据库的结构化数据被格式化为 HTML 后，再将 HTML 格式恢复到原始的结构化数据就很难了，因为将数据从格式中分离出来并不总是那么简单易行。

9.3　工具

9.3.1　企业内容管理系统

企业内容管理系统由一套包含核心组件的平台或一组应用程序组成，这些应用可以全部整合在一起，也可以分开使用。下面的这些组件可以被部署在公司内部，也可以在公司外部的云端。

通过多种工具分发报表，包括打印机、电子邮件、网站、门户网站和短信以及文件管理系统的接口。根据不同的工具，用户可以按需搜索、查看、下载、签入签出及打印报表。添加、更改或删除文件夹中报表的功能有助于报表管理。对报表的保管可以设置为自动清除或归档到其他介质中，如磁盘、CD-ROM、COLD（计算机输出到激光磁盘）等。报表也可以被保管在云存储中。如前所述，将内容保管在无法读取的过时格式中，这会给组织带来风险（参见第 6 章和第 8 章）。

因为业务流程和角色相互交织，并且各个供应商也试图扩大他们的产品市场，所以会造成文件管理和内容管理的边界比较模糊。

1. 文件管理

文件管理系统是用于跟踪和存储电子文件和纸质文件的电子影像的应用程序。文件库系统、电子邮件系统和影像管理系统是专门的文件管理系统。文件管理系统通常具有存储、版本控制、安全性、元数据管理、内容索引和检索功能。某些系统的扩展功能可以包括文件的元数据视图。

可以在文件管理系统中创建或通过扫描仪及 OCR 软件采集文件。必须在采集过程中通过关键字或文本对这些电子文件进行索引，以便容易被找到。通常每个文件都会保持一些元数据，如创建者的名称以及文件创建、修改、存储的日期。可以使用唯一文件标识符或指定涉及文件标识符和/或预期元数据的部分搜索条件，来对文件进行分类，以实现对文件的检索。元数据可以自动从文件中提取或由用户添加。文件的书目记录是描述性的结构化数据，通常以机器可读目录（MARC）的标准格式被存储在本地资源库数据库中，并可在获得隐私和权限允许时通过全球来共享目录提供。

某些系统具有高级功能，如复合文件支持和内容复制。文字处理软件创建复合文件并整合非文本元素，如电子表格、视频、音频和其他多媒体类型内容。此外，复合文件可以是用户界面的有机集合，以形成单一的集成视图。

文件存储库具有管理文件的功能，包括签入签出、版本控制、协作、比较、归档、状态、从一个存储介质迁移到另一个存储介质以及处置等特性。它可以提供对处于自身存储库以外的文件的一些访问和版本管理（如在文件共享或云环境中）。

一些文件管理系统拥有工作流模块，可以支持不同的工作流，如：

1）手动工作流，指示用户将文件发往何处。

2）基于规则的工作流，通过制定规则指示文件在组织内的流向。

3）动态规则，允许基于内容的不同工作流。

文件管理系统有权限管理模块，管理员可以根据文件类型和用户凭据来管理访问权限。组织可以决定某些特定类型的文件，需要哪些额外的安全保障或控制程序。安全限制包括隐私和保密限制，适用于文件创建和管理阶段，同时在分发阶段也同样适用。此外，电子签名可以确保文件传送者的身份和信息的真实性。

一些系统，尤其是涉及情报、军事和科学研究机构的系统，对于访问、使用或者检索，会更多地关注数据和信息的控制和安全能力。竞争激烈或高度管制的行业，如制药和金融行业，也实施了大量的安全和控制措施。

（1）数字资产管理

因为所需的功能相似，所以许多文件管理系统会包含数字资产管理（Digital Asset Management）功能，如对音频、视频、音乐和数码照片之类数字资产的管理。其任务包括数字资产的编目、存储和检索等。

（2）图像处理系统

图像处理系统（Image Processing System）用于采集、转换和管理纸质件的影像和电子文件。采集使用的技术包括扫描、光识别和智能字符识别或表单处理。用户可以在系统中索引或输入元数据，并将数字化图像保存到存储库中。

识别技术包括光学字符识别（OCR）。它是将扫描的（数字化）打印/手写文本以机械或电子转换的方式，将它们转换成可以被计算机软件识别的形式。智能字符识别（ICR）是一种更先进的 OCR 系统，可以处理打印和草书手写的文本。将大量表单或非结构化数据转换为 CMS 格式，这两者都非常重要。

表单处理是通过扫描或识别技术采集打印出来的表单。只要系统能识别其布局、结构、逻辑和内容，通过网站上传的表单也能够被采集。

除了文件影像之外，其他数字化影像，如数码照片、信息图、空间或非空间数据图像也可以存储在存储库中。一些 ECM 系统能够将各种类型的数字化文件和影像（如 COLD 信息、.wav 和 .wmv 文件、XML 和医疗保健 HL7 消息）导入到集成的存储库中。

图像通常是通过使用计算机软件或相机而不是纸张产生的。二进制文件格式包括矢量和栅格（位图）类型以及 MS Word 的 DOC 格式。矢量图像使用数学公式而不是单独的彩色块，非常适合用来创建那些经常需要调整大小的图形。文件格式包括 . EPS、. AI 或 . PDF。栅格图像使用固定数量的彩色像素来形成完整的图像，调整大小时会影响分辨率。栅格文件的格式包括 . JPEG、. GIF、. PNG 或 . TIFF。

（3）档案管理系统

为遵从法规要求，档案管理系统（Records Management System）可能要有自动保管和处置、电子取证支持和长期归档的能力。它应该支持重要的档案程序，以保留关键业务档案。这种系统也许可以与文件管理系统集成。

2. 内容管理系统

内容管理系统（Content Management System，CMS）用于收集、组织、索引和检索内容，将内容存储为组件或整个文件，同时保持组件之间的链接。CMS 还可以提供修改文档内容的控件。虽然文档管理系统可以对其控制下的文档提供内容管理功能，但是内容管理系统本质上独立于文档的存储位置和存储方式。

CMS 负责管理内容的整个生命周期，如网页内容管理系统通过编辑、协作和核心存储库中的管理工具控制网站内容。它可能包含界面友好的内容创建、工作流和变更管理以及用于处理内联网、互联网和外联网应用程序的部署功能。分发功能可能包括响应式设计和自适应能力，以支持一系列的客户端设备。其他组件可能包括搜索、文件合成、电子签名、内容分析和移动应用程序。

3. 内容和文件工作流

工作流工具支持业务流程、路由内容和文件、指派工作任务、跟踪状态以及创建审计跟踪。在内容发布之前，工作流应支持对内容的审核和批准。

9.3.2　协作工具

协作工具（Collaboration Tools）可用于收集、存储、工作流程和管理与团队活动相关的文件。社交网络可以使个人和团队在内部共享文件和内容，并通过博客、wikis、RSS 和标签与外部团队进行交互。

9.3.3　受控词汇表和元数据工具

帮助开发或管理受控词汇表和元数据的工具，包括办公软件、元数据库和 BI 工具以及文件和内容管理系统。例如：

1）在组织中被用作数据指南的数据模型。

2）文件管理系统和办公软件。

3）元数据库、术语表或目录。

4）分类法和分类法之间的交叉参考模式。

5）集合索引（如特定的产品、市场或安装）、文件系统、民意调查、档案、位置或异地控股。

6）搜索引擎。

7）非结构化数据的 BI 工具。

8）企业和部门同义词表。

9）已发布的报告库、内容和参考书目及其目录。

9.3.4 标准标记和交换格式

计算机应用程序无法直接处理非结构化数据和内容。标准的标记和交换格式有助于在信息系统和互联网之间共享数据。

1. 可扩展标示语言（XML）

可扩展标记语言（XML）提供了一种表示结构化和非结构化数据和信息的语言。XML 使用元数据来描述任何文件或数据库的内容、结构和业务规则。

XML 需要将数据结构转换为用于数据交换的文件结构。XML 标记数据元素以识别数据的含义。简单的嵌套和引用提供了数据元素之间的关系。

XML 名称空间提供了一种方法，它可以在两个不同的文件使用相同的元素名称时避免名称冲突。较旧的标记方法包括 HTML 和 SGML 等。

使用可扩展标记语言的内容管理越来越多，原因有以下几个方面：

1）XML 提供了将结构化数据整合到具有非结构化数据的关系型数据库中的功能。非结构化数据可以存储在关系型数据管理系统的 BLOB（二进制大对象）或 XML 文件中。

2）XML 可以将结构化数据与文件、报表、电子邮件、图像、图形、音频和视频文件中的非结构化数据集成在一起。数据建模应考虑从结构化数据生成非结构化报告，并将其包括在创建纠错工作流、备份、恢复和归档中。

3）XML 还可以用于建立企业或公司门户网站（B2B、B2C），为用户提供了一个可以连接到各种内容的接入点。

4）XML 可以识别和标记非结构化数据/内容，以便计算机应用程序可以理解并处理它们。通过这种方式，结构化数据被附加到非结构化内容中。可扩展标记接口（XMI）规范由用于生成包含实际元数据的 XML 文件的规则组成，因此是 XML 文件的“结构”。

2. 基于 JavaScript 语言的轻量级的数据交换格式（JSON）

JSON（Java Script Object Notation）是一种开放的、轻量级的数据交换标准格式。它的文本格式独立于语言，易于解析，但仍是使用 C 语言家族的习惯方式。JSON 有两个结构：一是无序“‘名称/值’对”的集合，也被称为对象；二是值的有序集合，也被称为数组。JSON 正成为互联网、

NoSQL数据库的首选格式。

作为XML的替代者，JSON用于在服务器和网络应用程序之间传送数据。JSON是一种与XML相似但更紧凑的数据表示、传送和解释方法。使用REST技术时，可以选择返回XML或JSON格式内容。

3. 资源描述框架（RDF）和相关的万维网联盟（W3C）规范

资源描述框架（RDF）是用于描述各种网络资源信息的通用框架，是用于在Web上进行数据交换的标准模型。RDF资源保存在三元组中，该三元组是用SPARQL来存储和检索语义查询的数据库。

RDF以主语（资源）-谓语（属性名称）-宾语（属性值）表达式或三元组的形式来描述资源。通常，主语-谓语-宾语每个都由一个URI（统一资源标识符）描述，但主语和宾语可以是空节点，并且谓语可以是文字（不支持空值和空字符串）。URI命名资源之间的关系和连接或三元组的两端的关系。最常见的URI格式是统一资源定位符（URL）。这使得结构化和半结构化数据可以在应用程序之间共享。

语义网需要访问数据和数据集之间的关系。相关数据集的集合也被称为关联数据。URI提供了一种通用方法来识别任何存在的实体。HTML提供了一种在WEB上构建和链接文件的方法。RDF提供了一个通用的基于图形的数据模型来链接描述事物的数据。

RDF使用XML作为其编码语法，它将元数据视为数据（如作者、创建日期等）。RDF所描述的资源允许语义与资源相关联。资源描述框架模式（RDFS）为RDF数据提供数据建模词汇表，而且它也是基本RDF词汇表的扩展。

简单知识组织系统（Simple Knowledge Organization System，SKOS）是一个RDF词汇表（即RDF数据模型应用于采集描述为概念层次结构的数据）。任何类型的分类、分类法或同义词表都可以在SKOS中表示。

网络本体语言（W3C Web Ontology Language，OWL）是RDF的词汇表扩展。它是一种语义标记语言，用于在网络上发布和共享OWL文件（本体），适用于那些需要由应用程序而不是由人类来处理文件中的信息情形。RDF和OWL都是语义网标准，为在Web上共享和重用数据以及实现数据集成和互操作性提供了框架。

RDF可以帮助处理大数据的“多样化”特征。如果可以用RDF三元组模型访问数据，则可以混合来自不同源的数据，并使用SPARQL查询语言来查找连接和模式，而无须预先定义模式。正如W3C所描述的那样，“RDF具有促进数据合并的功能，即使底层模式不同，它也特别地支持模式随时间变化而演进，同时不需要更改所有的数据使用者”[⊖]。它可以整合来自多个来源和格式的不同数据，然后通过语义匹配来减少或替换数据集（数据融合）（参见第14章）。

4. Schema. org

使用语义标记来给内容打标签（如开源Schema. org所定义）使语义搜索引擎更容易索引内容，

⊖ W3C，“资源描述框架（RDF）”，http：//bit. ly/1K9BTZQ。

并使网络爬虫更容易将内容与搜索查询匹配。Schema. org 提供了一组用于页面标记的共享词汇表或模式，以便主流的搜索引擎可以理解它们。它侧重于网页上的文字含义以及术语和关键词。

代码段是每个搜索结果下显示的文本，富文本是特定搜索的详细信息（如链接下的金星评级）。要创建富文本，对网页上的内容需要使用结构化数据进行格式化。例如，Microdata（HTML5 引入的一组标签）和 Schema. org 的共享词汇表。

Schema. org 词汇表集合还可用于结构化数据的互操作（如与 JSON）。

9. 3. 5 电子取证技术

电子取证通常涉及审查大量文件。电子取证技术活提供了许多功能和技术，如早期案例评估、收集、辨认、保全、处理、光学字符识别（OCR）、剔除、相似性分析和电子邮件线程分析。技术辅助审查（TAR）是一个工作流或过程。在此过程中，团队可以审查选定的文件并标记相关与否。这些决策成为预测编码引擎的输入，该引擎根据相关性对剩余的文件进行审查和排序。信息治理的支持可能也是电子取证的一个特征。

9. 4 方法

9. 4. 1 诉讼应诉手册

电子取证工作一般在发生诉讼的时候进行。但是，组织可以在主要取证项目开始之前，通过制定包含目标、度量和职责的操作指引来做好诉讼应诉规划。

指引应明确电子取证的目标环境，并评估当前环境和目标环境之间是否存在差距；应记载电子取证活动生命周期的业务流程，明确电子取证团队的角色和职责；还可以使组织识别风险并主动预防可能导致诉讼的情况。

指引手册汇编内容主要包括：

1）给每个部门（法律、档案管理、IT）建立制度和过程清单。

2）为各主题起草制度，如诉讼保留、文件保管、归档和备份。

3）评估 IT 工具的能力，如电子取证索引、搜索和收集、数据隔离和保护工具以及非结构化 ESI 源/系统。

4）识别和分析相关的法律问题。

5）制订沟通和培训计划，根据预期对员工进行培训。

6）确定可以提前准备的材料，以便根据法律案例进行裁减。

7）在需要外部服务的情况下分析供应商服务。

8）制定如何处理通知的流程并保持指引手册的最新状态。

9.4.2　诉讼应诉数据映射

电子取证通常有时间限制（如90天）。为律师提供可用的IT和ESI环境的数据映射，可以使组织更有效地做出应诉。数据映射是一个信息系统的目录，描述了系统以及系统的用途、包含的信息、保留策略和其他特征。从目录中通常会识别档案系统、源应用程序、存档、灾难恢复副本或备份以及用于每个系统的介质。数据映射应该是全面的，包含所有系统。由于电子邮件通常是诉讼中的详细审查对象，因此数据映射中还应描述电子邮件的存储、处理和使用方式。将业务流程映射到系统列表并记录用户角色和特权，能够实现对信息流的评估和记录。

创建数据映射的过程，将展示创建元数据作为文件管理过程的一部分价值。对于搜索来说元数据至关重要，它还为ESI文件语境，并使案例、副本、承诺等与支持性文件相关联。

电子取证数据映射中应指明哪些档案易于访问、哪些档案不易访问。这两个类别有不同的电子取证规则。难以访问的数据需要被识别出来，并且记下它们难以访问的原因。为了对诉讼作出恰当的响应，组织应该拥有异地存储档案的清单，包括外部云存储。

通常，系统清单已经存在。例如，它们可以通过数据架构、元数据管理或IT资产管理来进行维护。法律和/或档案管理等职能部门应确定是否可以扩展这些功能用于电子取证过程。

9.5　实施指南

实施企业内容管理（ECM）是一项代价高昂的长期工作，与任何企业范围的工作一样，需要利益相关方的广泛支持以及执行委员会的资金支持。对于一个大型项目来说，它有可能会成为预算削减、业务波动、管理变革或惯性的牺牲品。为了最大限度地降低风险，需要确保是内容而非技术在推动着ECM实施的决策。围绕组织需求来配置工作流以显示其价值。

9.5.1　就绪评估/风险评估

ECM就绪评估的目的是确定内容管理需要改进的方面，以及组织对改变其流程以满足这些需求的适应程度。数据管理成熟度评估模型可以在此过程中提供帮助（参见第15章）。

ECM成功的关键因素类似于IT项目管理（如执行支持、用户参与、用户培训、变更管理、企业文化和沟通）。具体的ECM关键成功因素包括对现有内容的审核和分类、合适的信息体系结构、内容生命周期的支持、适当元数据标签的定义以及在ECM解决方案中自定义功能的能力。由于ECM解决方案涉及复杂的技术和流程，因此组织需要确保其拥有合适的资源来支持这个过程。

由于项目规模、与其他软件应用程序结合的复杂性、流程和组织的问题以及迁移内容所需的工作量，实施 ECM 可能会因此出现风险。核心团队成员和内部员工缺乏培训，可能会导致使用效果不一的情况。其他风险包括制定制度、流程和步骤的失败以及缺乏与利益相关方的沟通等。

1. 档案管理成熟度

ARMA 的公认档案保管原则®可以用于指导组织评估其档案管理的制度和规范。与 GARP 一起，ARMA 有一个信息治理成熟度模型，它可以帮助组织评估档案保存计划和实践㊀。该成熟度模型根据 GARP 8 个原则中的每一个原则，在 5 个成熟度等级上对信息治理和档案保管环境的特征作出了描述。这 5 个等级分别是：

1）1 级，低于标准的（Sub-Standard）。信息治理和档案保管问题没有得到解决或只是最低限度的解决。

2）2 级，发展中的（In Development）。认识到信息治理和档案保管可能对组织产生的影响。

3）3 级，基本的（Essential）。必须满足法律法规的最低要求。

4）4 级，积极的（Proactive）。已经建立了一个以持续改进为重点的主动式信息治理计划。

5）5 级，完成变革的（Transformational）。信息治理已经融入企业的基础架构和业务流程中。

可用于档案管理系统和应用程序的技术评估的标准很多。例如：

1）电子档案管理软件应用系统设计标准（DoD 5015.2）。

2）电子办公环境中档案管理原则与功能要求（ISO 16175）。

3）电子档案管理通用需求（MoReq2）。

4）对象管理组（OMG）的档案管理服务（RMS）规范。

应对档案管理评估准备中发现的差距和风险以及它们对组织的潜在影响进行分析。企业必须遵守维护和安全销毁档案的法律和要求。如果一个组织不清楚它的档案情况，则会处于危险之中，因为它无法知道它的档案是否已经被盗或被破坏。如果组织缺少档案保管程序，则可能会花费大量的时间和金钱来查找档案。如不遵守法律和监管要求，还可能导致高额罚款。未能识别和保护重要档案，甚至可能会导致公司破产。

2. 电子取证评估

评估准备中应检查并确定诉讼应诉计划的改进机会。成熟的规划将明确规定角色和职责、保存协议、数据收集方法和披露流程。规划和产生的流程都应被记录在案，要合乎情理并且具备可审计性。

规划中需要了解组织的信息生命周期，并为数据源开发 ESI 数据映射。由于数据保存是一项关键的法律要求，因此应在诉讼前对数据保留制度进行前瞻性审查和评估。应该有一个与 IT 部门合作的计划，以根据需要快速实施诉讼保留。

没有前瞻性的诉讼应诉是有风险的，这种风险应该被评估和量化。有时组织只是在有诉讼的预期时才作出响应，然后疲于寻找相关的文件和信息进行审查。很有可能的是，这种类型的组织会保留超过要求保留的数据量（即所有内容，如各种中间版本等），或者没有适当的数据删除策略。如果电子

㊀ ARMA 国际，信息治理成熟度模型，http://bit.ly/2sPWGOe。

取证需要用到较旧的原不应被清除的档案，则没有数据和信息保管期限表可能会导致法律责任。

9.5.2　组织和文化变革

相比技术而言，人员可能会成为更大的挑战。在日常活动中，管理实践的调整会让人们在使用 ECM 时产生一些问题。在某些情况下，使用 ECM 可能会带来更多的工作任务。例如，扫描纸质文件并定义所需的元数据。

组织经常用到的信息和档案是分部门管理的。这就产生了数据孤岛，阻碍了数据的共享和正常管理。全面的企业内容和档案管理方法可以消除用户认为他们需要存储内容副本的看法。理想的解决方案是集中和安全管理的单一存储库，在整个企业中实施明确定义的策略和流程。有关的流程、制度、工具的培训和沟通，对于档案管理或 ECM 计划的成功是至关重要的。

隐私、数据保护、机密性、知识产权、加密、道德使用和身份，这应是文件和内容管理专业人员与其他员工以及管理层和监管机构合作一起处理的重要问题。一个集中化的组织，通常会处理改善信息访问的流程，控制占用办公空间的物料增长，降低运营成本，保护重要信息，使诉讼风险最小化，并支持更好的决策。

内容和档案管理的地位都需要在组织内提升，不应该被视为是低级别或低优先级的功能。在受到严格监管的行业中，档案和信息管理（RIM）职能需要与公司的法律职能以及电子取证职能紧密结合。如果组织的目标是通过更好地管理信息来提高运营效率，那么 RIM 应该与营销或运营支持小组保持一致。如果组织将 RIM 视为 IT 的一部分，则 RIM 职能应包括可以直接向首席信息官（CIO）或首席数据官（CDO）报告。通常，RIM 职能可在 ECM 程序或企业信息管理（EIM）规划中找到。

9.6　文件和内容治理

9.6.1　信息治理架构

文件、档案和其他非结构化内容可能会给组织带来风险。无论是从管理风险还是从这些信息中获取价值来考虑，都需要对信息进行治理。这么做的驱动因素，包括：

1）法律和法规遵从。

2）档案的合理处置。

3）对电子取证的前瞻性准备。

4）敏感信息的安全。

5）电子邮件和大数据等风险领域的管理。

成功信息治理程序的原则正在出现，其中之一就是 ARMA 的 GARP®原则。其他原则包括：

1）为问责制提供高层支持。

2）教育员工了解信息治理职责。

3）根据正确的档案代码或分类类目对信息进行分类。

4）确保信息的真实性和完整性。

5）确保官方档案是电子档案，除非另有规定。

6）制定制度，使业务系统和第三方与信息治理标准保持一致。

7）存储、管理、访问、监控和审核已批准的企业存储库以及档案和内容系统。

8）保护机密或个人身份信息。

9）控制不必要的信息增长。

10）在信息的生命周期结束时对其进行处置。

11）遵守信息的请求（如取证、传票等）。

12）持续改进。

信息治理参考模型（IGRM）（图 9-4）展示了信息治理与其他组织功能的关系。外环包括了实施信息管理过程中涉及的制度、标准、流程、工具和基础架构等方面，中心展示了一张生命周期图。IGRM 是对 ARMA 的 GARP®的补充。

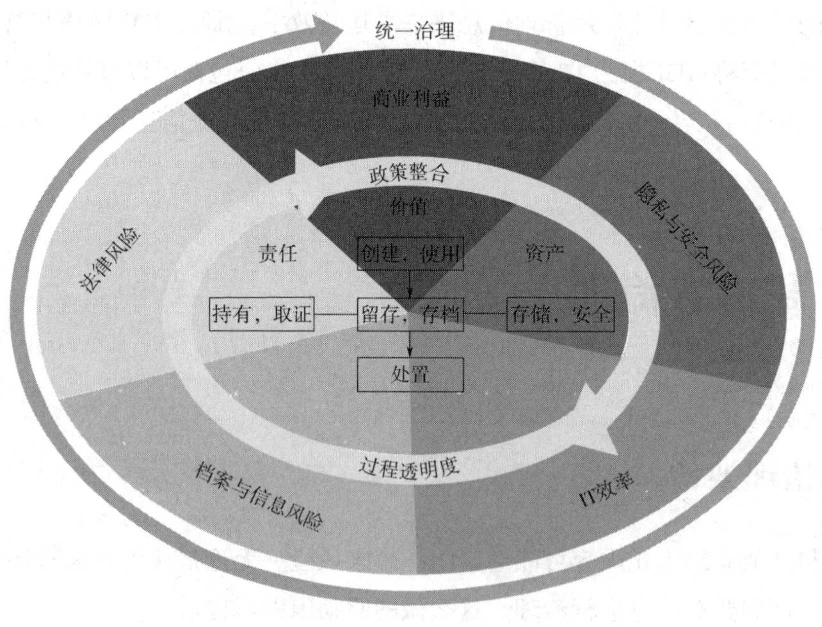

图 9-4　信息治理参考模型[⊖]

C 字头的管理者们或与之类似层级人员的支持是信息治理规划形成和可持续性发展的关键因素。应设立跨职能的高级信息委员会或指导委员会，并定期举行会议。理事会负责企业信息治理战

⊖ EDRM（edrm. net）。在 edrm. net 上发布的内容是根据 Creative Commons Attribution 3. 0 Unported 许可证授权的。

略、操作程序、技术和标准指南、交流和培训、监督和资金募集等工作。还需为利益相关方编写信息治理制度，然后利用理想的技术来实施它们。

9.6.2　信息的激增

一般来说，非结构化数据的增长速度远远快于结构化数据，这增加了治理的难度。非结构化数据不一定非要被归属为某个业务功能或部门，它的所有权很难确定。由于无法从系统中推断出每种非结构化数据的业务目的，因此对非结构化数据的内容进行分类也很困难。没有管理的非结构化数据，也不会有必需的元数据，这意味着存在风险。内容如果不为人知，可能会被曲解，也可能会被错误地处理或出现隐私问题（参见第 14 章）。

9.6.3　管理高质量的内容

管理非结构化数据需要数据管理专员与其他数据管理专业人员以及档案管理人员之间的有效合作。例如，业务数据管理人员可以帮助定义门户网站、企业分类方案、搜索引擎索引和内容管理问题等。

文件和内容治理侧重于与保留、电子签名、报告格式和报告分发相关的策略，这些策略暗示或明示了对质量的期望。准确、完整和最新的信息将有助于做出决策。高质量的信息可以提高竞争优势和组织效率。定义高质量的内容需要了解它生产和使用的背景，如：

1）生产者。谁创建内容？为什么要创建？

2）消费者。谁使用信息？出于什么目的？

3）时间。何时需要信息？需要多久更新或访问一次？

4）格式。消费者是否需要特定格式的内容才能实现目标？是否有不可接受的格式？

5）分发。信息将如何分发？消费者将如何获取信息？如何实施安全措施以防止对电子内容的不恰当访问？

9.6.4　度量指标

关键业绩指标（KPI）是衡量组织绩效与目标的定量和定性指标。可以在战略和运营层面制定关键绩效指标。某些 KPI 可能同时适用于这两个层面，尤其是在它们衡量生命周期功能或风险的情况下。

1. 档案管理

在战略层面，可以在档案管理法规遵从（如满足要求所花费的时间）和/或治理（如遵守制度）方面制定 KPI。在运营层面，可以在档案管理资源（如运营和资本成本）、培训（如给定的类别数量、受过培训的员工数量及水平）、日常档案管理服务的提供与操作（如满足用户服务水平协议（SLA）的百分比）和/或档案管理功能与其他业务系统的整合（如集成的百分比）等方面制定 KPI。

衡量档案管理系统实施成功的标准如下：

1）每个用户有百分之几的文件和电子邮件被认定为是公司的档案。

2）被认定为公司档案中有百分之几得到了控制。

3）在所有存储的档案中有百分之几的档案应用了适当的保管规则。

然后将以上百分比进行比较，以确定出最佳实践的百分比值。

有时，衡量档案管理实施是否成功也是一个简单的预算问题。只需财务部门仔细计算出在什么情况下使用电子档案管理系统比占用空间的纸质文件存储更便宜。

ARMA 的 GARP 原则类别和成熟度模型可以指引 KPI 的定义。通过 ARMA 的信息治理评估软件平台可以识别与信息相关的合规风险，并在电子档案和电子取证（如诉讼保留）等方面制定治理规划成熟度的指标。

2. 电子取证

电子取证常见的一个 KPI 指标是成本降低，另一个 KPI 指标是对比被动收集信息的方式，提前收集信息时提高的效率（如转为电子取证平均需要几天时间）。此外，还有一个 KPI 指标是组织可以快速地进行法律保留通知的过程。

对于提高胜诉率来说，电子取证的度量至关重要。EDRM 模型可以根据每个阶段的需求来指引 KPI 的制定。ERDM 还发布了电子取证指标的度量模型[㊀]。围绕着数量、时间和成本这几个主要中心元素，电子取证工作主要集中在的 7 个方面（活动、监护人、系统、介质、状态、格式和质量保证）。这些都会影响中心元素的结果。

3. 企业内容管理

应制定 KPI 来衡量企业内容管理（ECM）的有形和无形效益。有形效益包括提高生产力、降低成本、提高信息质量和改善合规性；无形效益包括增进协作、简化工作程序和工作流。

随着 ECM 的建立，KPI 将侧重于规划和运营的指标。规划指标包括 ECM 项目数、采用率和用户满意度；运营指标包括一些典型的系统类型 KPI，如停机时间、用户数量等。

特定的 ECM 指标诸如存储利用率（如使用企业内容管理前后的存储容量对比）和检索性能也可以用作 KPI。信息检索能力是通过查准率和查全率来衡量的。查准率是指检索到的文件与实际相关的比率，查全率是指检索到的涉及所有相关文档的比率。

随着时间的推移，可以指定一些与业务解决方案的价值相关的 KPI，如：

1）财务 KPI 可以包括 ECM 系统的成本、与物理存储相关的成本降低以及运营成本下降的百分比。

2）客户 KPI 可以包括首次与客户联系时就解决了他/她的问题的比例和客户投诉的数量。

3）代表更有效和更高效的内部业务流程的 KPI 可以包括在使用工作流程和过程自动化后，文

㊀ EDRM 度量模型，http://bit.ly/2rURq7R。

书工作减少的百分比以及错误减少的百分比。

4）培训 KPI 可包括管理和非管理培训课程的数量。

5）风险缓解 KPI 可以包括取证成本的降低以及追踪电子取证请求的审计跟踪数量。

9.7 文献引用与推荐

Boiko, Bob. *Content Management Bible*. 2nd ed. Wiley, 2004. Print.

Diamond, David. *Metadata for Content Management: Designing taxonomy, metadata, policy and workflow to make digital content systems better for users*. CreateSpace, 2016. Print.

Hedden, Heather. *The Accidental Taxonomist*. Information Today, Inc., 2010. Print.

Lambe, Patrick. *Organising Knowledge: Taxonomies, Knowledge and Organisational Effectiveness*. ChanDOS Publishing, 2007. Print. ChanDOS Knowledge Management.

Liu, Bing. *Web Data Mining: Exploring Hyperlinks, Contents, and Usage Data*. 2nd ed. Springer, 2011. Print. Data-Centric Systems and Applications.

Nichols, Kevin. *Enterprise Content Strategy: A Project Guide*. XML Press, 2015. Print.

Read, Judith and Mary Lea Ginn. *Records Management*. 9th ed. Cengage Learning, 2015. Print. Advanced Office Systems and Procedures.

Rockley, Ann and Charles Cooper. *Managing Enterprise Content: A Unified Content Strategy*. 2nd ed. New Riders, 2012. Print. Voices That Matter.

Smallwood, Robert F. *Information Governance: Concepts, Strategies, and Best Practices*. Wiley, 2014. Print. Wiley CIO.

US GAAP Financial Statement Taxonomy Project. *XBRL US GAAP Taxonomies*. v1.0 Technical Guide Document Number: SECOFM-USGAAPT-TechnicalGuide. Version 1.0. April 28, 2008 http://bit.ly/2rRauZt.

第10章 参考数据和主数据

10.1 引言

在任何组织中，都存在一些需要跨业务领域、跨流程和跨系统使用的数据。如果这些数据实现了共享，所有的业务部门就都可以访问相同的客户清单、地理位置代码、业务部门清单、交付选项、部件清单、成本核算中心代码、政府税收代码以及用于运营业务的其他数据，那么整个组织及其客户都会从中受益。数据使用者在看到不一致的数据之前，通常都会假设这些数据在整个组织中具有一定的一致性。

在大多数组织中，系统和数据的变化速度比数据管理专业人员所希望的要快。特别是在大型组织中，各种项目和方案、合并和收购以及其他商业活动导致存在多套在本质上作用相同的系统，它们相互隔离，无法沟通。以上这些情况不可避免地导致了系统间数据结构和数据值的不一致，从而增加了成本和风险。组织可以通过对参考数据和主数据的管理来降低成本和风险。

参考数据和主数据语境关系图如图10-1所示。

10.1.1 业务驱动因素

启动主数据管理最常见的驱动因素包括：

1）满足组织数据需求。组织中的多个业务领域需要访问相同的数据集，并且他们都相信这些数据集是完整的、最新的、一致的。主数据通常是这些数据集的基础（例如，要想确定一个分析是否需要包含所有客户，就要先对客户有一个统一的定义）。

2）管理数据质量。数据的不一致、质量问题和差异均会导致决策错误或丧失机会。主数据管理通过使用统一的标识来定义对组织至关重要的实体，以降低这些风险。

3）管理数据集成的成本。在没有主数据的情况下，将新数据源集成到一个已经很复杂的环境中成本会更高，这减少了因对关键实体的定义和识别方式的变化而产生的额外成本。

4）降低风险。主数据简化了数据共享架构，从而降低了与复杂环境相关的成本和风险。

参考数据管理的驱动因素与主数据的相似，集中管理的参考数据会使组织获得如下好处：

1）通过使用一致的参考数据，满足多个项目的数据需求，降低数据整合的风险和成本。

参考数据和主数据

定义：管理共享数据以满足组织目标，减少与数据冗余相关的风险，确保更高的质量，并降低数据整合的成本

目标：
- 在一个组织内，跨业务领域和应用程序共享信息资产
- 提供权威的经协调和质量评估的参考数据和主数据来源
- 通过使用标准、通用数据模型和集成模式降低成本和复杂性

业务驱动因素

输入：
- 业务驱动因素
- 跨功能需求
- 行业标准
- 数据术语表
- 购买数据代码集
- 公开数据代码集
- 业务规则

活动：
1. 识别驱动因素和需求（P）
   （1）验证数据定义（C）
2. 评价和评估数据源（P）
3. 定义架构方法（D）
4. 建模主数据/参考数据数据（D）
5. 定义管理职责和维护流程（C）
6. 制定治理制度（C）
7. 实现数据共享/整合服务（D/O）
   （1）获取用于共享的数据源
   （2）发布参考数据和主数据

交付成果：
- 主数据和参考数据需求
- 数据模型和集成模式
- 可信的参考数据和主数据
- 可重复利用的数据服务

供给者：
- 业务领域专家
- 数据管理专员
- 应用程序开发人员
- 数据提供者
- 业务分析师
- 基础设施系统分析师

参与者：
- 数据分析师
- 数据建模师
- 数据管理专员
- 数据整合者
- 数据架构师
- 数据质量分析师

消费者：
- 主数据分析师
- 数据整合者
- 数据架构师
- 应用程序用户
- 应用程序开发者
- 解决方案架构师

技术驱动因素

方法：
- 使用条件协议
- 业务关键部分交叉引用
- 处理日志分析

工具：
- 数据建模工具
- 元数据资料库
- 数据剖析和质量工具
- 数据集成工具
- 主数据管理应用平台
- 数据共享/集成架构

度量指标：
- 数据质量和遵从性
- 数据变更活动
- 数据消费和服务
- 数据共享可用性
- 数据管理专员覆盖率
- 数据共享量和使用情况
- 拥有总成本

（P）计划　（C）控制　（D）开发　（O）运营

图 10-1　语境关系图：参考数据和主数据

2）提升参考数据的质量。

数据驱动型的组织活动通常侧重于交易数据（增加销售或市场份额、降低成本、展示遵从性等），但利用此类交易数据的能力高度依赖参考数据和主数据的可用性和质量。提高参考数据和主数据的可用性及质量，对提升数据的整体质量和业务信心有显著的影响。这些过程对组织还有很多其他好处，主要包括简化 IT 环境、提高效率和生产力，以及利用这些功能改善客户体验。

10.1.2　目标和原则

参考数据和主数据管理规划的目标包括：

1）确保组织在各个流程中都拥有完整、一致、最新且权威的参考数据和主数据。

2）促使企业在各业务单元和各应用系统之间共享参考数据和主数据。

3）通过采用标准的、通用的数据模型和整合模式，降低数据使用和数据整合的成本及复杂性。

参考数据和主数据管理遵循以下指导原则：

1）共享数据。为了能在组织中实现参考数据和主数据共享，必须把这些数据管理起来。

2）所有权。参考数据和主数据的所有权属于整个组织，而不是属于某个应用系统或部门。因为需要广泛共享，所以需要全局的组织管理。

3）质量。参考数据和主数据需要持续的数据质量监控和治理。

4）管理职责。业务数据管理专员要对控制和保证参考数据的质量负责。

5）控制变更。

①在给定的时间点，主数据值应该代表组织对准确和最新内容的最佳理解。改变数据值的匹配规则，应该在有关监督下谨慎地运用。任何合并或拆分参考数据和主数据的操作都应该是可追溯的。

②对参考数据的更改应该遵循一个明确的流程：在实施变更之前应该进行沟通并得到批准。

6）权限。主数据值应仅从记录系统（System of Record）中复制。为了实现跨组织的主数据共享，可能需要建立一个参考系统（System of Reference）。

10.1.3 基本概念

1. 主数据和参考数据的区别

不同类型的数据在组织中扮演不同的角色，也有不同的管理要求，经常会在交易数据和主数据、主数据和参考数据之间进行区分。奇泽姆（Malcolm Chisholm）提出了一种六层的数据分类法，包括元数据、参考数据、企业结构数据、交易结构数据、交易活动数据和交易审计数据（Chisholm，2008；Talburt 和 Zhou，2015）。在这种分类法中，他将主数据定义为参考数据、企业结构数据和交易结构数据的聚合。

1）参考数据（Reference Data）。例如，代码表和描述表，仅用于描述组织中的其他数据，或者仅用于将数据库中的数据与组织之外的信息联系起来。

2）企业结构数据（Enterprise Structure Data）。例如，会计科目表，能够按业务职责描述业务活动。

3）交易结构数据（Transaction Structure Data）。例如，客户标识符，描述了交易过程中必须出现的一些要素（产品、客户、供应商等）。

奇泽姆的定义区分了主数据与用来记录交易细节的交易活动数据，也区分了主数据与用来描述交易状态的交易审计数据，还区分了主数据与用来描述其他数据的元数据（Chisholm，2008）。在这方面，奇泽姆的定义类似于 DAMA 字典中的定义：主数据是“以与业务活动相关的通用和抽象概念形式提供业务活动语境的数据，包括业务交易中涉及的内部和外部对象的详细信息（定义和标识符），如客户、产品、雇员、供应商和受控域（代码值）”（DAMA，2009）。

许多人认为主数据包括交易结构数据和企业结构数据，大卫·洛辛（David Loshin）对主数据的定义在很大程度上与此相似。他将主数据对象描述为组织中不同的应用程序均会使用的核心业务对象，以及与它们相关的元数据、属性、定义、角色、连接和分类等。主数据对象代表那些对组织来说最重要的“事情”——那些在交易中被记录、报告、测量和分析的“事情”（Loshin，2008）。

主数据需要为概念实体（如产品、地点、账户、个人或组织）的每个实例识别和开发可信的实例版本，并维护该版本的时效性。主数据面临的主要挑战是实体解析（也称为身份管理，Identity Management），它是识别和管理来自不同系统和流程的数据之间的关联的过程。每行主数据表示的实体、实例在不同的系统中有不同的表示方式。主数据管理工作就是为了消除这些差异，以便在不同环境中一致地识别单个实体、实例（如特定客户、产品等）。需注意，必须对这个过程进行持续的管理，以便让这些主数据实体、实例的标识保持一致㊀。

从概念上来说，参考数据和主数据有着相似的用途。两者都为交易数据的创建和使用提供重要的上下文信息（参考数据也为主数据提供上下文），以便理解数据的含义，重点是两者都是应该在企业层面上被管理的共享资源。如果相同的参考数据拥有多个实例就会降低效率，并会不可避免地导致实例间的不一致，不一致就会导致歧义，歧义又会给组织带来风险。成功的参考数据或主数据管理规划包含完整的数据管理职能（数据治理、数据质量、元数据管理、数据整合等）。

参考数据还具有很多区别于其他主数据（如企业结构数据和交易结构数据）的特征。参考数据不易变化，它的数据集通常会比交易数据集或主数据集小、复杂程度低，拥有的列和行也更少。参考数据管理不包括实体解析的挑战。

对于参考数据和主数据，管理的重点是不同的：

1）参考数据管理（Reference Data Management，RDM）。需要对定义的域值及其定义进行控制。参考数据管理的目标是确保组织能够访问每个概念的一整套准确且最新的值。

2）主数据管理（Master Data Management，MDM）。需要对主数据的值和标识符进行控制，以便能够跨系统地、一致地使用核心业务实体中最准确、最及时的数据。主数据管理的目标包括确保当前值的准确性和可用性，同时降低由那些不明确的标识符所引发的相关风险（那些被识别为具有多个实例的实体和那些涉及多个实体的实例）。

参考数据管理面临的一个挑战是由谁主导或负责参考数据的定义和维护。一些参考数据来源于使用它的组织之外，它们跨越了组织内部的边界，不只被一个部门所有。其他的参考数据可能会在某个部门中被创建和维护，但在组织的其他部门具有潜在价值。确定获取数据和管理更新的责任是参考数据管理的一部分。缺乏维护问责会带来风险，因为参考数据中的差异可能会导致对数据上下文的误解（如两个业务部门使用不同的值对同一个概念进行分类）。

因为主数据和参考数据为交易提供了上下文信息，因此它们在企业运营过程中（如在CRM和ERP系统中）塑造了进入组织的交易数据，并支持对交易数据的框架分析。

2. 参考数据

如前所述，参考数据是指可用于描述或分类其他数据，或者将数据与组织外部的信息联系起来

㊀ John Talburt和Yinle Zhou（2015）描述了ER模型中的两个步骤：一是确定两份记录是否涉及同一实体；二是进行合并，并将数据整合到记录中，从而创造一个主记录。他们将实体标识信息管理（EIIM）称为确保“主数据管理系统中管理的每个实体在各个处理过程中始终使用相同的唯一标识符进行标记”的过程。

的任何数据（Chisholm，2001）。最基本的参考数据由代码和描述组成，但是有些参考数据可能更复杂，还包含映射和层次结构。参考数据虚拟地存在于每个数据存储中，可以根据状态或类型进行分类（如订单状态：新订单、处理中的订单、已结束的订单、已取消的订单），也可以根据其他外部信息（如地理信息或标准信息）进行分类（如国家代码：DE、US、TR）。

参考数据可以用不同的存储方式满足不同的需求。例如，数据整合（如用于标准化或数据质量检查的数据映射）或其他应用程序功能（如用于实现“搜索”和“发现”的同义词环）。参考数据可能还会有在特定设备的用户界面（如多种语言）上的考虑。参考数据常用的存储技术包括：

1）关系数据库中的代码表。通过外键与其他表链接，以保持数据库管理系统中的参照完整性功能。

2）参考数据管理系统。用于维护业务实体，允许，未来状态、弃用值以及术语映射规则，以支持更广泛的应用和数据整合使用。

3）用特定于对象属性的元数据指定允许值，重点在于应用程序的调用接口或用户界面访问。

参考数据管理需要控制和维护定义的域值、定义以及域值内和域值间的关系。参考数据管理的目标是确保不同功能之间引用的值是一致的、最新的，并且组织内部均可以访问这些数据。与其他数据一样，参考数据也需要元数据。参考数据的一个重要元数据属性就包括其来源，如行业标准参考数据的管理机构。

（1）参考数据结构

根据参考数据所代表的粒度和复杂性，可以将其构造为一个简单的列表、一个交叉引用或一个分类。在设计数据库或构建参考数据管理系统时，应该考虑使用和维护参考数据的能力。

1）列表。最简单的参考数据是由代码值和代码描述组成的列表，见表 10-1。代码值是主标识符，是在其他上下文中出现的短格式参考值。表 10-1 中的描述说明了代码所代表的内容，可以在屏幕、页面、下拉列表和报告中显示描述内容。需注意，在这个例子中，根据国际标准，英国的缩写使用的是 GB，而不是 UK，尽管 UK 是英国（United Kingdom）在许多情况下使用的通用缩写形式。在定义参考数据需求时，要平衡标准的遵从性和实用性的关系。

表 10-1　简单参考列表

代码值	描述
US	United States of America
GB	United Kingdom（Great Britain）

根据参考数据的内容和复杂程度，可能需要一些额外的属性来定义代码的含义。这些定义提供了标签本身无法提供的信息，它们很少出现在报告或下拉列表中，却会出现在应用程序的求助功能中，以帮助人们在当前的上下文环境中恰当地使用代码。

与所有的参考数据一样，列表必须满足数据消费者的需求，包括对适当的详细程度的要求。如果一个数值列表旨在支持普通用户进行数据分类，那么过于详细的列表很可能会造成数据质量问题和用户使用的困难。同样地，一个过于笼统的数值列表将阻碍信息工作者获取足够详细的信息。为了适应这种情况，最好保留与之相关的不同的列表，而不是试图把单一的列表作为所有用户群体的标准。表 10-2 列举了一个服务单状态代码示例。如果没有定义中提供的详细信息，对于不熟悉这个系统的人来说，服务单状态将会变得不明确。这种区别对于那些实现业绩度量指标体系或其他商务智能分析所需要的分类是尤为必要的。

表 10-2　扩展的简单参考列表

代码	描述	定义
1	新建	表示一个新的服务单已经创建，但还未分配人员
2	已分配	表示该服务单已经分配了服务人员
3	施工中	表示分配的服务人员已经开始处理
4	已解决	表示服务人员已经处理完成
5	已取消	表示该服务单根据交互情况已经取消
6	待定	表示服务暂时无法处理
7	已完成	表示请求已经处理完成

2）交叉参考数据列表。不同的应用程序可以使用不同的代码集表示相同的概念。这些代码集可能有不同的粒度，或者具有相同的粒度、不同的值。交叉引用数据集可以在代码值之间转换。表 10-3 展示了一个美国州代码的交叉引用（对在同一级别上事物有多个代码的例子）。美国邮政服务（USPS）的州代码是两个字符的字母代码。联邦信息处理标准（FIPS）使用一个数字来表示相同的概念。国际标准化组织（ISO）的州代码还包括对国家名称的引用。

表 10-3　交叉参考列表

USPS 州代码	ISO 州代码	FIPS 州代码	缩写	名称	正式名称
CA	US-CA	06	Calif.	California	State of California
KY	US-KY	21	Ky.	Kentucky	Commonwealth of Kentucky
WI	US-WI	55	Wis.	Wisconsin	State of Wisconsin

对语言的要求可能会影响参考数据的结构。多语言列表是交叉参考列表的一个具体例子。虽然代码表提供了标准的、机器可读的格式，但是具体语言的词汇表提供了可用的内容。表 10-4 提供了 ISO 3166 标准的示例。根据涉及的语言和字符集的数量，有多种不同的方法来处理多语言列表。列表不被规范化才有效，因为非规范化的结构有时会使得理解这些关系变得更加容易。

表 10-4 多语言参考列表

ISO 3166-1 Alpha 2 国家代码	英语名	本地名	本地语言/本地名	法语名	…
CN	China	Zhong Guo	中文/中国	Chine	

3）分类法。分类参考数据体系根据不同级别的差异性获取信息。例如，美国的邮政编码就是一个有意义的分类，在城镇、县和州中都存在该分类信息。这些关系可以在参考表中表述清楚，并且可以通过使用邮政编码驱动完成多个层次的分析。

分类法（Taxonomies）利用内容分类和多方位的导航以支持商务智能。分类参考数据可以按递归关系储存。分类法管理工具也可以维护数据层次信息。表 10-5 和表 10-6 展示了两个常见的层次分类的例子。在这两种情况下，层次结构包括代码、描述和对各个代码进行分类的父代码的引用。例如，在表 10-5 中，花卉植物（10161600）是玫瑰、猩猩木和兰花的父代码。在表 10-6 中，零售业（440000）是食品饮料商店（445000）的父代码，食品和饮料商店又是专业食品商店（445200）的父代码。

表 10-5 通用标准产品与服务分类（UNSPSC）

代码值	描述	父代码
10161600	花卉植物（Floral plants）	10160000
10161601	玫瑰（Rose plants）	10161600
10161602	猩猩木（Poinsettias plants）	10161600
10161603	兰花（Orchid plants）	10161600
10161700	切花（Cut flowers）	10160000
10161705	月季切花（Cut roses）	10161700

注：数据来源于 http：//bit. ly/2sAMU06。

表 10-6 北美产业分类体系（NAICS）

代码值	描述	父代码
440000	零售业（Retail Trade）	440000
445000	食品饮料商店（Food and Beverage Stores）	440000
445200	专业食品店（Specialty Food Stores）	445000
445210	肉类食品店（Meat Markets）	445200
445220	鱼类和海鲜店（Fish and Seafood Markets）	445200
445290	其他特色食品店（Other Specialty Food Stores）	445200
445291	烘烤店（Baked Goods Stores）	445290
445292	糖果和坚果店（Confectionary and Nut Stores）	445290

注：数据来源于 http：//bit. ly/1mWACqg。

4）本体。一些组织将用于管理网站内容的本体作为参考数据的一部分，这是因为本体模型也被用来描述其他数据或将组织数据与组织边界之外的信息联系起来。本体模型也可以理解为是元数据的一种形式。本体模型和其他复杂的分类法都需要以类似于管理参考数据的方式进行管理，值必须是完整的、最新的且有明确定义的。维护本体的最佳实践类似于参考数据管理的最佳实践。本体的主要用例之一是内容管理，相关内容在第9章有更详细的描述。

（2）专有或内部参考数据

许多组织通过创建参考数据来支持内部流程和应用，这些专有的参考数据通常会随着时间的推移而快速增长。参考数据管理的一部分工作就是通过管理这些数据集，理想情况下，使各个数据集之间具有一致性，并让这种一致性服务于组织。例如，如果不同的业务部门使用不同的术语描述账户的状态，那么组织中的任何部门都将很难及时确定其在某个时间点服务的客户总数。在帮助管理内部参考数据集时，数据管理人员必须在使用相同词汇指代相同信息的需求和不同流程之间保持一定灵活性的需求之间找到平衡。

（3）行业参考数据

行业参考数据（Industry Reference Data）是一个宽泛的术语，用于描述由行业协会或政府机构而不是由某个组织创建和维护的数据集，以便为编码重要的概念提供一个通用的标准。这种编码引出了一种常见的理解数据的方式，也是数据共享和互操作性的先决条件。例如，国际疾病分类代码（ICD）提供了一种常见的方法对健康状况（诊断）和治疗（程序）进行分类，从而在卫生保健和治疗结果方面提供了统一的说明方法。如果每个医生和医院都为疾病制定自己的代码集，那么了解疾病的趋势和模式几乎是不可能的事情。

行业参考数据是由使用这些数据的组织的外部组织生成和维护的，但这些行业参考数据需要理解组织内的事物，它可能需要提供一些对具体的数据质量管理工作（如第三方业务目录）、业务计算（如外汇汇率）或业务数据扩充（如营销数据）的支持。这些数据集的变化很大，取决于具体行业和代码集的不同（参见第10章）。

（4）地理或地理统计参考数据

地理或地理统计参考数据（Geographic or Geo-statistical Reference Data）可根据地理信息进行分类或分析。例如，人口普查局关于人口密度和人口结构变化的报告，为市场规划和研究提供了依据；将历史气象信息对应到严格的地理分类，可以为库存管理和促销计划提供依据。

（5）计算参考数据

很多商业活动都依赖于使用一些通用的、持续计算的数据。例如，外汇计算依赖于良好管理的、及时更新的交换汇率值表。计算参考数据（Computational Reference Data）与其他类型数据的主要区别在于其变化的频率。为了确保数据的完整性和准确性，许多组织从第三方购买这种数据。如果组织试图自行维护这些数据，可能会带来延迟问题。

（6）标准参考数据集的元数据

和其他数据一样，参考数据也会随着时间的变化而变化。由于它被普遍运用于各种组织中，所以维护参考数据集的关键元数据是非常重要的，这样做可以确保它们的血缘和流转过程得到理解和维护。表 10-7 提供了元数据的示例。

表 10-7　关键参考数据元数据属性

参考数据集关键信息	描述
正式名称	官方名称，特别是参考数据集的外部名称（如 ISO 3166-1991 国家代码表）
内部名称	与组织内的数据集相关联的名称（如国家代码-ISO）
数据提供者	提供和维护参考数据集的一方。可以是外部（ISO）、内部（一个具体的部门），或外部扩展（从外部一方获得，然后在组织内部扩展和修改）
数据提供者数据集来源	描述数据提供者数据集的来源。可能是企业网络内外部的通用资源标识符（URI）
数据提供者最新版本号	如果是可用并且被维护的，将描述外部数据提供程序数据集的最新版本，组织可以在该版本中添加或弃用信息
数据提供者最新版本日期	如果是可用并且被维护的，将描述标准列表最后更新的日期
内部版本号	当前参考数据集的版本号或最后更新数据集的版本号
内部版本调整日期	与外部资源比对并对数据集做出调整的最后日期
内部版本最新更新日期	数据集的最后变更日期，这里指的不是与外部资源对比后做出的改动

3. 主数据

主数据是有关业务实体（如雇员、客户、产品、金融结构、资产和位置等）的数据，这些实体为业务交易和分析提供了语境信息。实体是客观世界的对象（人、组织、地方或事物等）。实体被实体、实例以数据/记录的方式表示。

主数据应该代表与关键业务实体有关的权威的、最准确的数据。在管理良好的情况下，主数据值是可信的，可以放心使用。

业务规则通常规定了主数据格式和允许的取值范围。一般组织的主数据包括下列事物的数据：

1）参与方。个人和组织，以及他们扮演的角色，如客户、公民、病人、厂商、供应商、代理商、商业伙伴、竞争者、雇员或学生等。

2）产品和服务，包括内部和外部的产品及服务。

3）财务体系。如合同、总账、成本中心、利润中心。

4）位置信息。如地址和 GPS 坐标。

（1）记录系统，参考系统

当可能有不同版本的“事实”存在时，就有必要对它们加以区分。为了做到这一点，必须知道数据是从哪里来的，或者在哪里被访问的，以及准备这些数据的具体用途和目的。记录系统（System of Record）是一个权威的系统，它通过使用一套定义好的规则和预期（如 ERP 系统可以是记录销售客户的记录系统）来创建、获取并维护数据。参考系统（System of Reference）也是一个权威系统，数据消费者可以从参考系统中获得可靠的数据来支持交易和分析，即使这些信息并非起源于参考系统。主数据管理应用（MDM）、数据共享中心（Data Sharing Hubs，DSH）和数据仓库（DW）通常会被用作参考系统。

（2）可信来源，黄金记录

基于自动规则和数据内容的手动管理的结合，可信来源（Trusted Source）被认为是“事实的最佳版本”。可信来源也可以称为一种单一视图、360 度视图。要想让主数据管理系统成为可信来源，就必须有效地管理它们。在可信来源中，表示一个实体、实例的最准确数据的记录可以被称为黄金记录（Golden Record）。

黄金记录这个词可能颇具误导性。技术目标将黄金记录定义为“事实的单一版本”，其中“事实”是指数据用户希望在确保他们拥有正确版本的信息时就可以把它们作为查阅的参考资料。黄金记录包含一个组织中每个记录系统（SOR）中的所有数据[㊀]。然而，不同系统中的数据很可能无法符合“事实的唯一版本”，这也让该定义受到质疑。

在任何主数据管理中，将多个来源的数据合并或分解成黄金记录并不意味着它总是能百分之百准确完整地表示组织内的所有实体（特别是在那些拥有多个向主数据系统提供数据的记录系统的组织中）。如果承诺是黄金记录的数据而事实上不是黄金记录，将会导致数据消费者失去使用这些数据的信心。

这就是为什么有些人喜欢用可信来源这个词来表示主数据的“我们拥有的最佳版本”，这样做的重点就是如何定义和管理数据以获得最佳版本，并可以帮助不同的数据使用者看到对他们来说很重要的“单一版本”的组成部分。金融和精算领域对客户“单一版本”的看法通常有别于营销领域。可信来源提供了由数据管理专员标识和定义的对业务实体的多角度描述。

（3）主数据管理

如本章引言中所述，主数据管理只有做到对主数据值和标识符的控制，才能保证在系统间实现对核心业务实体最准确、最及时的数据的一致使用。目标包括确保准确的、最新的值的可用性，同时降低不明确标识符的风险。

Gartner 将主数据管理定义为“一个技术支持的知识领域，在这个过程中业务和技术协同工作，以确保企业官方共享主数据资产的统一性、准确性、管理性、语义一致性和问责性。主数据是由标识符和扩展属性组成的一个一致且统一的集合，它描述了企业的核心实体，包括客户、潜在客户、企业公民、供应商、位置、层次结构和会计科目等。”[㊁]

Gartner 的定义强调主数据管理是一个由人、流程和技术组成的知识领域，并不是一个特定的应用程序解决方案。然而，MDM（主数据管理）这一缩写词却通常被用于特指管理主数据的应用系统或产品[㊂]。主数据管理应用系统可以简化主数据管理的一些方法，有时还非常有效，但仅仅依靠使用主数据管理系统并不能保证被管理的主数据能够满足组织的需要。

评估一个组织的主数据管理情况，需要识别以下几点：

1）哪些角色、组织、地点和事物被反复引用。

㊀ http：//bit. ly/2rRJI3b。

㊁ http：//gtnr. it/2rQOT33。

㊂ 在 DAMA-DMBOK 中，MDM 是指管理主数据的整个过程，而不是仅仅指用于管理这些数据的工具。

2）哪些数据被用来描述人、组织、地点和事物。

3）数据是如何被定义和设计的，以及数据粒度细化程度如何。

4）数据在哪里被创建或来源于哪里，在哪里被储存、提供和访问。

5）数据通过组织内的系统时是如何变化的。

6）谁使用这些数据，为了什么目的。

7）用什么标准来衡量数据及其来源的质量和可靠性。

主数据管理具有挑战性，这也是数据管理的一个基本挑战：人们选择不同的方式来表示类似的概念，并且这些表述之间的协调并不总是那么简单的；同样重要的是，信息会随着时间的推移而变化，系统地解释这些变化需要计划安排、数据知识和技术技能。简而言之，它需要辛勤地付出。

任何意识到需要进行主数据管理的组织可能已经拥有一个很复杂的系统了，他们拥有了多种方法来获取和存储对客观世界实体的引用。这是由于系统背景的复杂性会随着时间的推移或企业合并和收购的发生而快速增长，为主数据管理系统提供数据的输入系统可能对实体本身已经有了不同的定义，并且很可能对数据质量也有了不同的衡量标准。考虑到这些复杂性的存在，最好每次只处理主数据管理的一个数据域。从较少的属性入手，逐渐扩展。

在一个域内规划主数据管理包括以下几个基本步骤：

1）识别能提供主数据实体全面视图的候选数据源。

2）为精确匹配和合并实体、实例制定规则。

3）建立识别和恢复未恰当匹配或合并的数据的方法。

4）建立将可信数据分发到整个企业的系统中的方法。

然而，执行过程并不像上述步骤所描述的那样简单，主数据管理是一个全生命周期的管理过程。全生命周期中的关键活动包括：

1）建立主数据实体的上下文，包括相关属性的定义及其使用条件，并加以治理。

2）识别出在单个数据源内以及多个数据源中代表同一实体的多个实例；构建并维护标识符和交叉引用，以支持信息整合。

3）协调和整合不同来源的数据，以提供主记录或事实的最佳版本。合并记录提供了跨系统的信息合并视图，并试图解决属性命名和数据值不一致的问题。

4）识别出那些未被正确匹配或合并的实例，确保它们得到修正，并关联到正确的标识符。

5）通过直接存取、使用数据服务，或通过复制反馈到交易系统、数据仓库或其他分析性数据存储系统，实现对可信数据的跨程序访问。

6）在组织内强制使用主数据。这个过程还需数据治理和变更管理的支持，以确保共享的企业视角。

（4）主数据管理的关键处理步骤

主数据管理的关键处理步骤如图 10-2 所示，包括数据模型管理、数据采集、数据验证、标准化和数据丰富、实体解析、管理和共享。

在一个全面的主数据管理环境中，逻辑数据模型会在多个平台上进行物理实例化，它指导主数据管理解决方案的实施，并提供数据整合服务的基础。逻辑数据模型还应该指导如何配置应用程序，以便让数据协调及数据质量验证能力发挥作用。

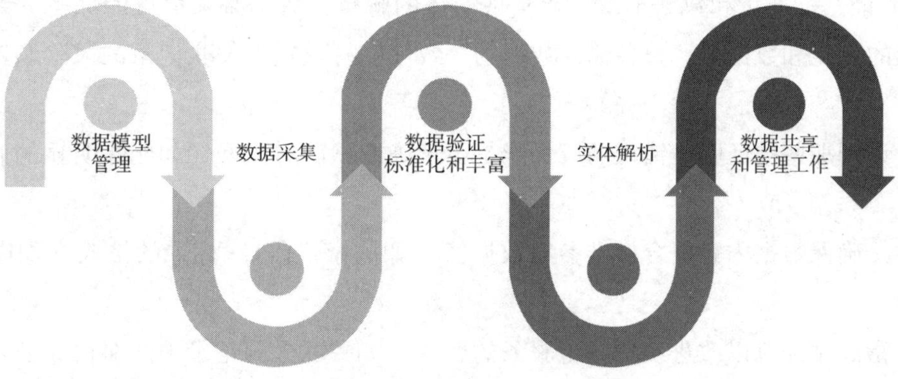

图 10-2　主数据管理的关键处理步骤

1）数据模型管理。主数据工作揭示了清晰一致的逻辑数据定义的重要性。这些模型应该能够帮助组织克服“系统发言”的状况。源系统中使用的术语和定义在该系统的范围内是有意义的，但它们在企业级系统中并不总是有意义的。对于主数据来说，在企业级使用的术语和定义应该与整个组织所进行的业务相关联，而不必依赖于源系统贡献的数据值。

对于构成主数据的属性，定义的粒度和相关数据值的粒度在整个组织中也必须有意义。源系统可能会呈现出相同的属性名称，但在企业级别上，数据值处于完全不同的上下文中。类似地，多个数据源系统中可能存在不同命名的多个属性，在企业级模型中合并为单一属性，并且其数据值处于适当的语境中。有时在单个数据源中呈现多个属性，其各自的数据值合并组成为企业级模型定义的某一个属性数据值。

2）数据采集。即使在给定的数据源中，表示同一实体、实例的数据看起来也可能不同，见表 10-8，其中存在姓名、地址和电话号码信息的不一致性。这个示例将在本章后文中再次引用。

表 10-8　主数据管理系统接收的源数据

源 ID	姓名	地址	电话号码
123	John Smith	123Main，Dataland，SQ 98765	
234	J. Smith	123Main，Dataland，DA	2345678900
345	Jane Smith	123Main，Dataland，DA	234-567-8900

从规划、评估和合并新的数据源到确定主数据管理解决方案，必须是一个可靠的、可重复的过程。数据采集活动包括：

①接收并应对新的数据源采集的要求。

②使用数据清理和数据分析工具进行快速、即时、匹配和高级的数据质量评估。

③评估数据并将数据整合的复杂性传递给请求者，以帮助他们进行成本效益分析。

④试点数据采集及其对匹配规则的影响。

⑤为新数据源确定数据质量指标。

⑥确定由谁负责监控和维护新数据源数据的质量。

⑦完成与整体数据管理环境的集成。

3）数据验证、标准化和数据丰富。要实现实体的解析，数据必须尽可能保持一致。这至少需要减少格式上的变化和数据值调整，输入数据的一致性能有效减少关联记录的风险和错误。准备过程如下：

①验证。识别那些被证明是错误的或可能是不正确或默认的数据（如删除明显的假电子邮件地址）。

②标准化。确保数据内容符合标准参考数据值（如国家代码）、标准的格式（如电话号码）或字段（如地址）。

③数据丰富。添加可以改进实体解析服务的属性（如关联公司记录中的邓白氏公司的邓氏编码 DUNS 与通用公司的终极编码 Ultimate DUNS）、个人记录中的 Acxiom 或 Experian 消费者编码）。

表 10-9 说明了对表 10-8 中示例数据进行清洗和标准化的结果，具有不同格式的地址现在已经可以被识别为是相同的地址，电话号码也已经被转换为标准格式。

表 10-9　标准化和丰富输入数据

源 ID	姓名	地址（已清洗）	电话号码（已清洗）
123	John Smith	123 Main，Dataland，SQ 98765	
234	J. Smith	123 Main，Dataland，SQ 98765	+1 234 567 8900
345	Jane Smith	123 Main，Dataland，SQ 98765	+1 234 567 8900

4）实体解析和标识符管理。实体解析（Entity Resolution）是确定两个对现实世界对象的引用到底是指同一对象还是不同对象的过程（Talbert，2011）。实体解析是一个决策过程，执行过程的模型根据它们确定两个引用之间相似性的方法而有所不同。虽然解析总是发生在成对的引用之间，但是可以把该过程系统地扩展到大型数据集上。因为匹配和合并记录的过程实现了主数据集的构建，所以实体解析过程对于主数据管理至关重要。

实体解析包括一系列活动（实例提取、实例准备、实例解析、身份管理、关系分析），这些活动能够使实体、实例的身份以及实体、实例之间的关系持续地被管理。在实例解析过程中，通过一个判定是否的过程，两个实例可能会被认定为是代表同一实体。这些实例再通过一个全局标识符连接起来，这个标识符能够表明它们是等价的（Talburt，2011）。

①匹配（Matching）。匹配或候选识别是识别不同记录如何与单个实体相关联的过程。这个过程的风险是：

a）假阳性（False Positives）。不代表同一实体的两个对象被关联在一个标识符下。假阳性导致一个标识符指向多个现实世界的实体实例。

b）假阴性（False Negatives）。代表同一实体的两个对象没有关联在一个标识符下。假阴性导致多个标识符指向同一个现实世界的实体，但一个实体本应该有且只有一个标识符。

以上这两种情况都通过一种称为相似性分析或匹配的过程来处理，通常基于相应属性值之间的加权近似匹配对两个记录之间的相似程度进行评分。如果分数高于指定的阈值，则这两个记录就会被认为是代表着相同的实体（匹配）。通过进行相似性分析，可以识别数据的细微变化，并可整合数据值。两种基本方法可以一起使用，即确定式和或然式。

a）确定式算法（Deterministic Algorithms）。例如，解析和标准化依靠确定的模式和规则，按照指定的权重计算相似度的分值。确定性算法是可预测的，因为匹配的模式和应用的规则总是会产生相同的结果。这种类型的匹配比较简单，并具有相对较好的表现，但也不会超出规则开发人员的预期。

b）或然式算法（Probabilistic Algorithms）。依赖于训练数据的采集能力，训练是需要观察全部记录的一个子集的预期结果，再进行匹配器调优，实现匹配器基于统计结果的自我调整。因为这种匹配不依赖于规则，所以结果可能存在不确定性。然而，由于可以在经验的基础上对或然性进行优化，随着分析数据的增多，或然式匹配器可以将其匹配精度逐步提升。

②身份解析。一些匹配采用多个字段实现精确数据匹配，故可信度很高；另一些匹配则由于数值冲突而缺少可信度，例如：

a）如果两个记录有相同的姓氏、名字、出生日期和社会安全号码，但是街道地址不同，是否可以假设它们指的是改变了邮寄地址的同一个人？

b）如果两个记录有相同的社会安全号码、街道地址和名字，但姓氏不同，是否可以假设它们指的是更改姓氏的同一个人？基于性别和年龄判断，这种可能性是增加还是减少？

c）如果一个记录中的社会安全号码未知，那么这些例子会发生什么变化？还有什么其他的标识符可以用来判断匹配的可能性呢？组织需要有多少可信度才能判断一个匹配呢？

表 10-10 说明了表 10-8 和表 10-9 中样本记录过程的结论。表 10-10 中的两个实体、实例（源 ID 234 和 345）被确定为代表同一个人（Jane Smith），而第一个实体（源 ID 123）被标识为代表另外一个人（John Smith）。

表 10-10　候选识别和身份解析

源 ID	姓名	地址（清洗过）	电话（清洗过）	候选 ID	参与方 ID
123	John Smith	123 Main，Dataland，SQ 98765		XYZ	1
234	J. Smith	123 Main，Dataland，SQ 98765	+1 234 567 8900	XYZ，ABC	2
345	Jane Smith	123 Main，Dataland，SQ 98765	+1 234 567 8900	ABC	2

尽管尽了最大努力，匹配决策有时候仍被证实是错误的，所以维护匹配历史信息很重要，以便在发现匹配不正确时可以撤销匹配。匹配率指标使组织能够监测匹配推理规则的影响和有效性。实体解析过程接收到新的信息时，对匹配规则的重新处理可以帮助更好地识别匹配候选者。

③匹配流程/协调类型。不同场景的匹配规则需要不同的工作流程：

a）重复标识匹配规则（Duplicate Identification Match Rules）。重点关注一组特定的数据元素，这些元素能够唯一地标识实体，识别合并机会而不采取自动合并操作。业务数据管理人员可以逐个审查这些事件，并做出决策。

b）匹配链接规则（Match-link Rules）。标识可能与主记录相关的记录，只建立交叉引用关系而不更新这些被交叉引用的记录的内容。匹配链接规则更容易实现，也更容易撤销操作。

c）匹配合并规则（Match-merge Rules）。重点关注记录的匹配，并将这些记录中的数据合并为单一、统一、协调且全面的记录。如果跨数据源应用该规则，那么在每个数据存储中创建一个唯一且全面的记录，至少使用来自一个数据存储的可信数据来补充其他数据存储中的数据、替换缺失或被认为是不准确的值。

匹配合并规则如此复杂，目的就是希望在多个记录和数据源中提供统一的、协调的信息版本。复杂性是由于需要根据一系列规则来确定哪个源的哪个字段可被信任。随着时间的推移，新数据源的引入可以改变这些规则。匹配合并规则所面临的挑战包括：整合数据的操作复杂性，还原错误合并的操作成本。

匹配链接是一种更简单的操作，因为它作用于交叉引用注册表而不是合并的主数据记录的各个属性，尽管从多个记录中呈现综合信息可能更加困难。

因为可信度会随着时间推移而变化，所以需要定期重新评估匹配合并规则和匹配链接规则。许多数据匹配引擎会提供数据值的统计相关性，以帮助建立置信级别（参见第 13 章）。

④主数据 ID 管理。管理主数据涉及管理标识符。在主数据管理环境中，有两种类型的标识符需要跨数据源管理：全局标识符（Global ID）、交叉引用（X-Ref）信息。

全局标识符是主数据管理解决方案分配和维护的唯一标识符，它会被附加到协调记录中，其目的是能够唯一地标识一个实体实例。在表 10-10 的例子中，当多个记录被确定为表示相同的实体、实例时，值“ABC”会被分配给它们作为候选 ID，该记录的参与方 ID 被确定为“2”。

不管使用哪种技术执行主数据整合活动，全局标识符都应该只由一个授权解决方案生成，以避免出现重复值的风险。只要能保持唯一性，全局标识符可以是数字，也可以是全局唯一标识符（GUID）。全局标识符需要解决的难题是，在发生反合并/再合并的情况下如何维护正确的全局标识符（以执行适当的下游数据更新）。交叉引用管理（X-Ref Management）是对源 ID 和全局标识符之间关系的管理，交叉引用管理应该包括维护此类映射历史的功能以支持匹配率指标，并开放查找服务以支持数据整合。

⑤从属关系管理。从属关系管理负责建立和维护现实世界具有关系的实体主数据记录之间的关系。例如，所有权从属关系（如 X 公司是 Y 公司的附属公司，父子关系）或其他关系（如 X、Y、Z 在 X 公司工作）。

主数据管理解决方案的数据架构设计，必须确定是否利用给定实体的父子关系、从属关系，还是同时使用两种关系。

a）隶属关系（Affiliation Relationships）。通过程序逻辑提供了最大的灵活性，父子层次结构的数据也可以用该类型关系来展示。许多下游解决方案，如报表或财务工具都希望看到信息的分层视图。

b）父子关系（Parent-Child Relationships）。因为导航结构是隐含的，故父子关系需要较少的程序逻辑。然而，如果关系发生变化，并且没有其他可用的从属结构，就可能会影响数据的质量和商务智能维度数据。

5）数据共享和管理责任。虽然大部分主数据管理工作可以借助工具实现自动化，从而处理大量记录，但仍然需要一些管理工作来解决数据错误匹配的情况。在理想情况下，从管理工作过程中吸取的经验教训可以用来改进匹配算法并减少人工工作（参见第3章和第8章）。

（5）参与方主数据

参与方主数据（Party Master Data）是关于个人、组织以及他们在业务关系中所扮演角色的数据。在商业环境中，各类参与方包括客户、雇员、供应商、合作伙伴和竞争对手等。在公共部门，参与方通常指公民；在执法机构，重点关注嫌疑人、证人和受害者；在非营利组织，重点是会员和捐赠者；在医疗保健机构，重点是病人和医护人员；在教育系统，重点是学生和教师。

客户关系管理（CRM）系统能够管理客户的主数据。客户关系管理的目标是提供关于每个客户完整且准确的信息。

客户关系管理的一个重要方面是从不同的系统中识别重复、多余、相互矛盾的数据，并确定它们是代表一个客户还是多个客户。客户关系管理必须能够解决冲突的数据值、调和差异，并准确地表示用户当前的信息。这个过程需要强大的规则，同时还要了解这些数据源的结构、粒度、血缘以及质量。

专门的主数据管理系统对个人、组织及其角色、员工和供应商发挥着类似的功能。无论什么行业，管理业务参与方主数据均面临一定的挑战：

1）个人和组织扮演的角色和他们之间关系的复杂性。

2）唯一标识的困难。

3）数据源的数量和它们之间的差异。

4）多个移动通信信道和社交渠道。

5）数据的重要性。

6）客户想要怎样参与的期望。

主数据对于在组织中扮演多重角色的参与方（如既是客户又是雇员）以及使用不同接触点或接触方法（如通过与社交媒体网站绑定的移动设备应用程序的交互）的参与方来说极具挑战性。

（6）财务主数据

财务主数据（Financial Master Data）包括有关业务部门、成本中心、利润中心、总账账户、预算、计划和项目的数据。通常，ERP系统充当财务主数据（会计科目）的中心枢纽，项目的细节和交易信息是在一个或多个应用程序中被创建和维护的。这种结构在分布式后端办公职能的组织中比较普遍。

财务主数据管理解决方案不仅包括创建、维护和共享信息，还可以模拟现有财务数据的变化如何影响公司的基线。财务主数据的模拟通常是商务智能报告、分析和规划模块以及更直观的预算和计划的一部分。通过这些应用程序，可以对不同财务结构的版本进行建模，以了解潜在的财务影响。一旦做出决定，达成一致的结构变化应能够分发给所有相关的系统。

（7）法律主数据

法律主数据（Legal Master Data）包括关于合同、法规和其他法律事务的数据。法律主数据允许对提供相同产品或服务的不同实体的合同进行分析，以便更好地协商谈判，或将这些合同合并到主协议中。

（8）产品主数据

产品主数据（Product Master Data）专注于组织的内部产品和服务，或全行业的产品和服务（包括竞争对手）。不同类型的产品主数据解决方案支持不同的业务功能。

1）产品生命周期管理（PLM）系统侧重于从构想、开发、制造、销售、交付、服务和废弃等方面管理产品或服务的生命周期。组织通过实施产品生命周期管理系统以加快产品的上市。在产品开发周期长的行业（医药行业中长达 8 ~12 年），产品生命周期管理系统使组织能够跟踪跨过程的成本和法律协议，因为产品的构想从最开始的想法发展到潜在产品的过程会变换名称，还可能会依据不同的许可协议。

2）产品数据管理（PDM）系统通过捕获和实现对设计文档（如 CAD 图样）、配方（制造说明书）、标准操作程序和物料清单（BOM）等产品信息的安全共享，以支持工程和制造功能。产品数据管理功能可以通过专门的系统或 ERP 系统实现。

3）企业资源规划（ERP）系统的产品数据主要关注库存单位，以支持从订单录入到库存阶段，可以通过多种技术识别各种独立的产品。

4）制造执行系统（MES）中的产品数据主要关注原材料库存、半成品和成品，其中成品与可以通过 ERP 系统来存储和订购的产品相关联。这些数据在整个供应链和物流系统中也很重要。

5）客户关系管理（CRM）系统支持营销、销售和交互支持，系统中的产品数据可以包括产品系列和品牌、销售代表协会、客户区域管理以及营销活动等。

许多产品的主数据与参考数据管理系统密切相关。

（9）位置主数据

位置主数据（Location Master Data）提供跟踪和共享地理信息的能力，并根据地理信息创建层次关系或地图。位置参考数据和位置主数据之间的区别模糊了位置数据。区别主要表现在：

1）位置参考数据通常包括行政区域数据，如国家、州或省、县、市或镇、邮政编码，以及地理位置坐标，如纬度、经度和海拔高度。这些数据很少更改，如有需要一般会由外部组织进行更改。位置参考数据也可能包括组织定义的地理区域和销售区域。

2）位置主数据包括业务方地址和位置，以及组织拥有的设备的地址和位置。随着组织的发展或收缩，这些地址的变化频率要高于其他的位置参考数据。

不同的行业需要一些专门的地球科学数据（关于地震断层、洪泛平原、土壤、年降雨量和恶劣天气风险区域的地理数据）和相关的社会学数据（人口、种族、收入和恐怖主义风险），这些数据通常由外部来源提供。

（10）行业主数据——参考目录

参考目录是主数据实体（公司、人员、产品等）的权威清单，组织可以购买和使用主数据实体作为交易的基础。虽然参考目录是由外部组织创建的，但管理并协调妥善的信息版本是在组织自己的系统中进行维护的。

获得正式许可的参考目录例子包括邓白氏公司（D&B）全球总部、各地子公司、分支机构的公司目录、美国医学协会医生处方数据库等。

参考目录可以通过以下方式帮助用户更好地使用主数据：

1）为新记录的匹配和连接提供起始点。例如，当有 5 个数据源时，可以将每个数据源与目录对比（5 个对比点），还可以对这 5 个数据源进行相互对比（10 个对比点）。

2）提供在记录创建时可能较难获得的其他数据元素（例如，对医生来说，可能包括医疗许可证状态；对公司来说，可能包括他在北美产业分类体系下的 6 位数产业编码）。

当组织的记录与参考目录匹配、协调时，可信记录将偏离参考目录，并且可追溯到其他源记录，贡献属性和转换规则。

4. 数据共享架构

参考数据和主数据的整合有几种基本的架构方法。每个主数据主题域都可能有自己的记录系统（System of Record）。例如，人力资源系统通常被用作员工数据的记录系统，客户关系管理系统可以充当客户数据记录系统的角色，而 ERP 系统则可以起到企业财务数据及产品数据记录系统的作用。

图 10-3 中的数据共享中心结构模型展示的就是主数据的星形架构。主数据中心可以处理与分支项目（源系统、业务应用和数据存储等）的交互，同时将交互点数量降到最低。本地数据中心可以扩展并延伸主数据中心（参见第 8 章）。

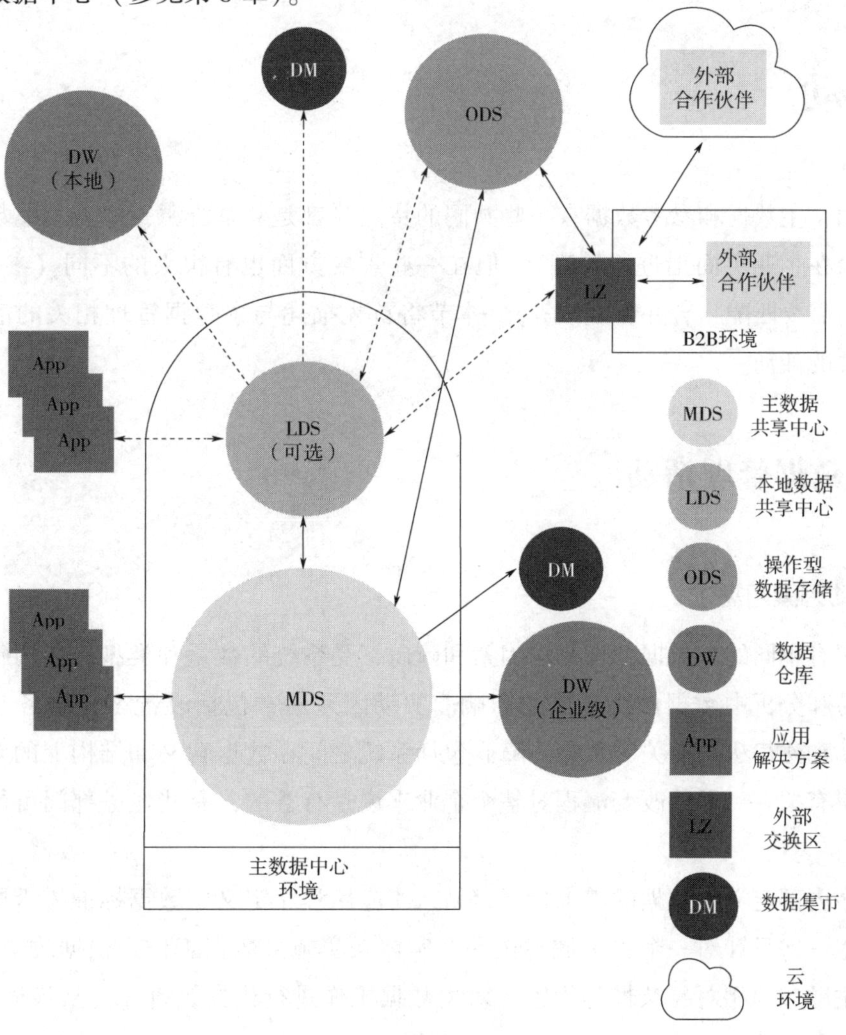

图 10-3　主数据共享架构示例

实现主数据中心环境的三种基本方法各有利弊：

1）注册表（Registry）。注册表是指向多种记录系统（System of Record）中主数据记录的索引。记录系统管理应用程序本地的主数据，可以根据主索引访问主数据。注册表相对容易实现，因为它很少需要对记录系统进行更改。但是，要对多个系统中的主数据进行组合时通常需要复杂的查询。此外，还需要实施多个业务规则，以解决跨系统时产生的语义差异。

2）交易中心（Transaction Hub）。在该种方法中，各应用程序与中心系统交互，实现对主数据的访问和更新。主数据存在于交易中心内，而不存在于任何其他的应用程序中。交易中心是主数据的记录系统。交易中心使更好的治理成为可能，并对外提供一致的主数据源。但是，从现有的记录系统中删除更新主数据功能的成本很高。业务规则仅被实施在单一系统中，即中心系统。

3）混合模式（Consolidated）。混合模式是注册表和交易中心的混合体。记录系统管理应用程序本地的主数据。主数据在一个公共存储库中被合并，并经由数据共享中心实现共享，如此消除了从记录系统直接进行访问的需要。混合法在提供企业视图的同时，能尽量减少对记录系统的影响，但是它需要在系统间进行数据复制，而且数据中心和记录系统之间会有延迟。

10.2 活动

如上文所述，主数据和参考数据有一些共同的特点（都是共享资源，都为其他数据提供上下文和意义，都应该在企业层面上进行管理），但在一些重要方面也有很大的不同（参考数据集较小、更稳定，并且不需要匹配、合并和链接等）。本节将首先描述与主数据管理相关的活动，然后介绍与参考数据相关的活动。

10.2.1 主数据管理活动

1. 识别驱动因素和需求

每个组织都有不同的主数据管理驱动因素和障碍，受系统的数量和类型、使用年限、支持的业务流程以及交易和分析中数据使用方式的影响。驱动因素通常包括改善客户服务和/或运营效率，以及减少与隐私和法律法规有关的风险。障碍包括系统之间在数据含义和结构上的差异。这些障碍常常与文化障碍有关——即使改变流程对整个企业来说是有益的，有些业务部门可能还是不愿意承担这些成本。

在应用程序内部定义主数据的需求相对容易，跨应用程序定义主数据标准需求则比较困难。大多数组织都希望一次只针对一个主题域甚至一个实体来实施主数据工作。根据改进建议的成本/收益以及主数据主题域的相对复杂性等因素，对主数据工作进行优先级排序。从最简单的类别开始，在过程中逐步积累经验。

2. 评估和评价数据源

现有应用中的数据构成了主数据管理工作的基础，理解这些数据的结构和内容以及收集或创建数据的过程是很重要的。主数据管理工作的结果之一可能是通过评估现有数据的质量来改进元数据。评估数据源的目标之一是根据组成主数据的属性来了解数据的完整性。这个过程包括阐明这些属性的定义和粒度。在定义和描述属性时，有时会遇到语义问题，数据管理员需要与业务人员协作，并就属性命名和企业级定义达成一致（参见第 3 章和第 13 章）。评估数据源的另一目标是了解数据的质量。数据质量问题会使主数据项目复杂化，因此评估过程应该包括找出造成数据问题的根本原因并解决问题。不要想当然地认为数据是高质量的——假定数据质量不高才比较稳妥，应将评估数据质量及其与主数据环境的适配性的工作常态化。

正如上文提到的那样，最大的挑战是数据源之间的差异。在任何给定的数据源中，数据可能都是高质量的，但由于结构差异以及表示相似属性的值的差异，这些数据还是不能很好地整合在一起。数据是在应用程序中被创建和收集的，而主数据计划提供了在这些应用程序中定义和实现标准的机会。

对于某些主数据实体，如客户、顾客或供应商，可以购买标准化数据（如参考目录），以实现主数据管理工作。有些供应商可以提供与个人、商业实体或专业人士有关的高质量数据（如卫生保健专业人员），这些数据可以与组织内部的数据进行比较，以此来改善组织内存储的联系信息、地址和名称等数据的质量（参见第 10 章）。除了评估现有数据的质量外，还必须了解支持主数据管理工作的输入采集技术，现有技术将影响主数据管理的架构方法。

3. 定义架构方法

主数据管理的架构方法取决于业务战略、现有数据源平台以及数据本身，特别是数据的血缘和波动性以及高延迟或低延迟的影响。架构必须要考虑数据消费和共享模型。维护工具取决于业务需求和架构选项。工具有助于定义数据管理和维护的方法，同时也依赖于管理和维护的方法。

在抉择整合方法时，需要考虑整合到主数据解决方案中的源系统的数量和这些系统所需的平台。组织的规模和地域分布也会影响整合方法的选择。小型组织可以有效地利用交易中心模式，而具有多个系统的全球性组织更有可能选择注册表模式。如果一个组织兼有“孤立”的业务部门和各种各样的源系统，那么他可能会决定使用一种综合的方法进行统一整合。业务领域专家、数据架构师和企业架构师应该就各种方法提出自己的意见。

当主数据没有清晰的记录系统时，数据共享中心的架构就显得尤为重要。在这种情况下，多个系统会提供数据，一个系统的新数据或更新数据可以与另一个系统已经提供的数据相融合。数据共享中心成为数据仓库或数据集市中主数据的数据源，降低了数据提取的复杂性，并减少了数据转换、修复及融合的处理时间。当然，出于保存历史信息的目的，数据仓库必须反映对数据共享中心所做的所有更改，而数据共享中心本身可能只需要反映实体的当前状态。

4. 建模主数据

主数据管理是一个数据整合的过程。为了实现一致的结果，并在组织扩展时管理新资源的整合，必须在主题域内为数据建模。可以在数据共享中心的主题域上定义逻辑或规范模型，这将建立主题域中实体和属性的企业级定义（参见第 5 章和第 8 章）。

5. 定义管理职责和维护过程

技术解决方案可以在主记录标识符的匹配、合并和管理工作中发挥重要作用，但这个过程还需要做一些管理工作，不仅要修复在此过程中遗失的记录，更重要的是还要修复和改进造成数据遗失的流程。主数据管理项目应考虑主数据保持质量所需的资源，需要对记录进行分析，向源系统提供反馈，并提供可以被用来调整和改进驱动主数据管理解决方案的算法的输入。

6. 建立治理制度，推动主数据使用

主数据项目的初始工作极富挑战性，需要投入很多精力，一旦工作人员和某系统开始使用主数据就会发现它真正的优点（更高的运营效率、更高的质量、更好的客户服务）。整个工作必须要有一个路线图，以便让各个系统可以把主数据值和标识符作为流程的输入。在系统之间建立单向的闭环，以保持系统之间值的一致性。

10.2.2 参考数据管理活动

1. 定义驱动因素和需求

参考数据管理的主要驱动因素是运行效率和更高的数据质量。比起多个业务单元各自维护自己的数据集，集中管理参考数据更具成本效益，并减少了系统间不一致的风险。有些参考数据集比其他参考数据集更重要；建立和维护复杂的参考数据集比建立和维护简单的参考数据集需要做更多的工作。参考数据管理系统的需求应根据最重要的参考数据集提出，一旦建立了这样的系统，就可以将建立新的参考数据集作为项目的一部分。现存的参考数据集应根据已发布的计划进行维护。

2. 评估数据源

大多数行业标准参考数据集可以从创建和维护它们的组织内获得，有些组织免费提供这些数据，有些组织会收取一定费用，中间商还会打包出售参考数据。这些参考数据通常是带有增值功能的，可以根据组织所需的参考数据集的数量和类型从供应商手中购买，特别是那些能够保证定时更新并会对数据进行基本的质量控制的供应商。

大部分组织也依赖内部人员创建和维护参考数据。确定内部或本地参考数据的数据源通常要比确定行业标准参考数据的数据源更具挑战性。与主数据一样，必须对组织内部的参考数据的数据源进行标识、比较和评估。现有数据的所有者必须了解集中管理的好处，并支持有利于企业的数据管理行为。

3. 定义架构方法

在购买或构建管理参考数据的工具之前，关键是要考虑管理参考数据的要求和它所带来的挑战。例如，数据的波动性（大多数参考数据是相对静态的，但有些是相当不稳定的），更新的频率，消费模型。确定是否需要保留数值更改或数据定义更改的历史记录。如果组织要从供应商那里购买数据，则需考虑交付和整合方法。

在考虑架构方法时需要认识到，有些参考数据总是需要手动更新，以确保更新的入口简单直接，并且可以满足基本的数据准入规则，如确保在包含层次结构的参考数据中维护父/子关系。参考数据管理工具应该使数据管理员能够随时进行更新且无须技术支持，同时还应当包括工作流以确保批准和通知的自动化。数据管理员应该确保已知的更新与新发布的代码相一致，应告知数据消费者所有的更改信息。在参考数据驱动编程逻辑的情况下，应在进行更改之前就评估和考虑更改的潜在影响。

4. 建模参考数据

许多人认为参考数据只是一些简单的代码和描述，然而许多参考数据比这要复杂得多。例如，邮政编码数据集通常不仅包括州、县信息，还含有其他行政区域属性。为了实现对元数据的长期使用、建立准确的元数据，并维护数据流程，需要创建参考数据模型。该模型有助于数据消费者理解参考数据集之间的关系，并且可以被用来建立数据质量规则。

5. 定义管理职责和维护流程

参考数据需要确定管理职责，以确保数据值的完整性和时效性，定义清晰，易于理解。在某些情况下，数据管理员将直接负责参考数据的实际维护；在其他情况下，他们可能会负责推动此进程。例如，如果几个不同的业务单位需要参考数据来支持同一个概念，数据管理专员可以组织讨论来定义通用的数据值。

作为管理职责过程的一部分，获取每个参考数据集的基本元数据会很有帮助，包括数据管理专员的名字、来源组织、期望的更新频率、更新计划、使用参考数据的流程、数据的历史版本是否需要被保留等（见 10.1.3 节）。记录哪些流程使用了参考数据，将会使有关数据更改的沟通更有效率。

许多参考数据管理工具囊括审核和批准参考数据变更的工作流，这些工作流本身取决于确定组织内何人为参考数据内容负责。

6. 建立参考数据治理制度

只有人们实际使用的数据是集中管理的参考数据存储库中的数据，组织才能从该存储库中获取值。重要的是，要有适当的政策来管理质量，并强制使用来自该存储库的参考数据，无论是直接通过该存储库发布，还是间接使用来自中央存储库的数据同步的参考系统。

10.3　工具和方法

主数据管理需要一些专门被设计用于实现标识管理的工具。主数据管理可以通过数据整合工具、数据修复工具、操作型数据存储（ODS）、数据共享中心（DSH）或专门的主数据管理应用来实现。有些供应商提供的解决方案可以覆盖一个或多个主数据主题域，另外一些供应商则通过推广其数据整合软件产品和运行服务的使用来创建自定义的主数据解决方案。

产品、账户和参与方的打包解决方案以及打包数据质量检查服务可以快速启动大型程序，结合这些服务可以使组织使用业界最佳的解决方案，同时将它们整合到组织的总体业务架构中，以满足某些特定的需求。

10.4　实施指南

主数据和参考数据管理是数据整合的一种方式。用于数据集成和互操作领域的实施原则，也可以应用到主数据和参考数据管理中（参见第 8 章）。

主数据管理和参考数据管理的能力不可能在一夜之间实现，相关解决方案需要专门的业务和技术知识。组织机构应该期望通过在行动路线图中定义的一系列里程碑，基于业务需求进行优先级排序，并遵从总体架构指导，以逐步实现参考数据和主数据解决方案。

需要注意的是，如果缺乏适当的治理，将会导致主数据管理项目失败。数据治理的专业人员必须了解主数据管理和参考数据管理的挑战，并评估组织的成熟度和适应能力（参见第 15 章）。

10.4.1　遵循主数据架构

建立和遵循适当的参考体系架构，对于管理和共享跨组织的主数据至关重要。整合方法应考虑企业组织架构、记录系统的数量、数据治理实施、数据访问延迟的重要性以及消费系统和应用程序的数量。

10.4.2　监测数据流动

设计主数据和参考数据的数据整合过程，确保在组织内做到及时地提取和分发数据。当数据在参考数据或主数据共享环境中流动时，应监控相关数据流，以便实现以下目的：

1）显示数据如何在整个组织中共享和使用。

2）在管理系统和应用程序中识别数据的血缘关系。

3）辅助进行问题根本原因的分析。

4）展示数据整合和消费整合技术的有效性。

5）通过数据消费展示源系统的数据值延迟。

6）确定在集成组件中执行的业务规则和转换的有效性。

10.4.3　管理参考数据变更

由于参考数据属于共享资源，所以不应任意更改。成功管理参考数据的关键在于，组织放弃本地控制共享数据的意愿。为了维护这种支持，需要对参考数据更改的请求提供一个接收和响应的通道。治理委员会应确保相关制度和规程得到实施，以用于处理对参考数据和主数据环境中数据的变更。

参考数据的变更需要被管理，小的变更可能会影响几行数据。例如，当苏联解体为多个独立国家，“苏联”这个术语便被长期废弃，需引入新的代码。在医疗行业，程序和诊断代码被每年更新，就是考虑到对现行代码的细化、老代码的废弃和新代码的引入。参考数据的重大修订还会影响数据结构。例如，ICD-10 诊断标准的结构方式与 ICD-9 差异很大。ICD10 有不同的格式，相同的概念有不同的数据值。更重要的是，ICD-10 具有组织的附加原则。ICD10 码具有不同的粒度，也更加具体。所以，一个代码能传递更多信息，编码数量也更多（2015 年，ICD-10 编码有 68 000 个，而 ICD-9 编码数量仅有 13 000 个）[⊖]。

ICD-10 编码 2015 年在美国的委托强制使用，曾需要重大的规划。为了符合新标准，医疗保健公司需要进行系统修改，并对受到影响的报告做出调整。

数据修改的类型包括：

1）对外部参考数据集的行级变更。

2）外部参考数据集的结构变化。

3）对内部参考数据集的行级变更。

4）内部参考数据集的结构变化。

5）创建新的参考数据集。

变更可以被计划/安排或临时进行。与临时性变更相比，计划性变更（如对行业标准代码的月度和年度更新）需要的治理较少。在要求建立新的参考数据集的过程中，不仅应考虑原始请求者要求的功能，还应该考虑其他潜在功能要求。

参考数据变更请求应该遵循既定流程，如图 10-4 所示。收到请求时，应通知各利益相关方，以便评估影响。如果更改需要审批，则应进行讨论以通过审批。变更完成后，需要通知各利益相关方。

⊖ http：//bit. ly/1SSpds9（引用日期 2016-08-13）。

图 10-4　参考数据变更请求流程

10.4.4　数据共享协议

在一个组织中共享和使用参考数据及主数据，需要组织内部多方之间协作，有时还需要与组织外部多方进行协作。为了确保恰当的访问和使用，应建立共享协议，规定哪些数据可以共享，以及在何种条件下可以共享。如果这些协议到位，可以帮助解决被代入到这个数据共享环境中出现的数据可用性以及数据质量问题。这些工作应该在数据治理方案下展开，可能涉及数据架构师、数据提供者、数据管理员、应用开发人员、业务分析师、合规/隐私保护人员和信息安全人员。

数据共享环境的负责人员有义务向下游数据消费者提供高质量的数据，为了履行这一职责，他们依赖于上游系统。应当建立服务水平协议（SLA）和指标，以衡量共享数据的可用性和分享数据的质量；处理流程应当到位，以便从根本上解决数据质量或可用性问题；应制定一种标准的沟通方法，使所有受影响的相关方了解问题的存在和补救工作的状况（参见第 8 章）。

10.4.5　组织和文化变革

参考数据和主数据管理要求人们放弃对某些数据和进程的控制，以便创建共享资源，而做到这一点并不容易。当数据管理专业人员认为本地管理的数据有风险、该数据的本地管理人员需要就此展开整改工作时，这些本地管理人员却可能会认为主数据管理或参考数据管理给他们的工作带来新的麻烦。幸运的是，大多数人明白这些努力具有根本性的重要意义，拥有准确、完整的单一客户视图要比多个部分视图好得多。

提高参考数据和主数据的可用性及质量无疑需要对传统做法做出修改，研究和实施解决方案之前应该考虑当前的组织准备情况、组织未来的使命和愿景的需要。

或许最具挑战性的文化变革才是治理的中心：确定哪些决定由哪个人负责，是业务数据管理专员、架构师、管理人员，还是管理层；哪些决策需要由数据管理团队、项目指导委员会和数据治理委员会协同做出。

10.5　参考数据和主数据治理

参考数据和主数据是共享资源，需要治理和管理。并非所有数据不一致的问题都可以通过自动化处理，有的需要人们相互沟通才能解决。如果没有治理，参考数据和主数据解决方案将仅仅是附加的一些数据整合实用程序，无法发挥它们的全部潜能。

10.5.1　治理过程决定事项

治理过程应决定如下事项：

1）要整合的数据源。

2）要落实的数据质量规则。

3）遵守使用规则的条件。

4）要监控的行动和监控频率。

5）优先级和数据工作响应等级。

6）如何展示信息以满足利益相关方的需求。

7）参考数据管理和主数据管理部署的标准授权扎口和预期。

治理过程带来了与合规和法律相关的利益相关方及信息消费者，通过定义把他们纳入隐私、安全和数据保留制度中，以减轻组织的风险。

作为一个不断发展的过程，数据治理在为使用参考数据和主数据的人员制定原则、规则和指导方针时，必须有审查、接收和考虑新规则以及对现有规则进行改变的能力。

10.5.2　度量指标

以下指标可以与参考数据和主数据质量以及支持这些努力的过程结合起来。

1）数据质量和遵从性。数据质量仪表板可以描述参考数据和主数据的质量。这些指标应该说明主题域实体或相关属性的置信度（百分比），以及它在整个组织中符合实际需求的使用价值。

2）数据变更活动。审核可信数据的血缘对于提高数据共享环境中的数据质量是必要的。指标应该展示数据值的变化率，能够帮助人们深入理解为共享环境提供数据的系统，并可被用于调整主数据管理进程中的算法。

3）数据获取和消费。数据由上游系统供应，由下游系统和流程使用。这些指标应该显示和追踪哪些系统在贡献数据，哪些业务区域在共享环境中订阅数据。

4）服务水平协议（SLA）。应建立 SLA 并传达给贡献者和订阅者，以确保整个数据共享环境的使用和采用。遵循 SLA 可以为支持流程、技术问题和数据问题提供解释，而这些问题都有可能减缓主数据管理应用的速度。

5）数据管理专员覆盖率。这些指标应该关注对数据内容负责的个人或团队，并展示覆盖率的评估频率。它们可以用来识别支持方面的差距。

6）拥有总成本。这个指标有多种影响因素、多种表达方式。从解决方案的角度来看，成本可以包括环境基础设施、软件许可证、支持人员、咨询费、培训等。这一指标的有效性主要是基于其在整个组织中的持续应用。

7）数据共享量和使用情况。需要跟踪纳入主数据的数据量和使用情况，以确定数据共享环境的有效性。这些指标应该展示数据共享环境中流入和流出数据的定义、纳入和订阅的数量和速率。

10.6 文献引用与推荐

Abbas, June. *Structures for Organizing Knowledge: Exploring Taxonomies, Ontologies, and Other Schema.* Neal-Schuman Publishers, 2010. Print.

Abernethy, Kenneth and J. Thomas Allen. *Exploring the Digital Domain: An Introduction to Computers and InformationFluency.* 2nd ed., 2004. Print.

Allen Mark and Dalton Cervo. *Multi-Domain Master Data Management: Advanced MDM and Data Governance inPractice.* Morgan Kaufmann, 2015. Print.

Bean, James. *XML for Data Architects: Designing for Reuse and Integration.* Morgan Kaufmann, 2003. Print. The Morgan Kaufmann Series in Data Management Systems.

Berson, Alex and Larry Dubov. *Master Data Management and Customer Data Integration for a Global Enterprise.* McGraw-Hill, 2007. Print.

Brackett, Michael. *Data Sharing Using a Common Data Architecture.* Wiley, 1994. Print. Wiley Professional Computing.

Cassell, Kay Ann and Uma Hiremath. *Reference and Information Services: An Introduction.* 3d ed. ALA Neal-Schuman, 2012. Print.

Cervo, Dalton and Mark Allen. *Master Data Management in Practice: Achieving True Customer MDM.* Wiley, 2011. Print.

Chisholm, Malcolm. "What is Master Data?" BeyeNetwork, February 6, 2008. http://bit.ly/2spTYOA Web.

Chisholm, Malcolm. *Managing Reference Data in Enterprise Databases: Binding Corporate Data to the Wider World.* Morgan Kaufmann, 2000. Print. The Morgan Kaufmann Series in Data Management Systems.

Dreibelbis, Allen, et al. *Enterprise Master Data Management: An SOA Approach to Managing Core Information.* IBM Press, 2008. Print.

Dyche, Jill and Evan Levy. *Customer Data Integration: Reaching a Single Version of the Truth.* John Wiley and Sons, 2006. Print.

Effingham, Nikk. *An Introduction to Ontology.* Polity, 2013. Print.

Finkelstein, Clive. *Enterprise Architecture for Integration: Rapid Delivery Methods and Techniques.* Artech House Print on Demand, 2006. Print. Artech House Mobile Communications Library.

Forte, Eric J., et al. *Fundamentals of Government Information: Mining, Finding, Evaluating, and Using GovernmentResources.* Neal-Schuman Publishers, 2011. Print.

Hadzic, Fedja, Henry Tan, Tharam S. Dillon. *Mining of Data with Complex Structures.* Springer, 2013. Print. Studies in Computational Intelligence.

Lambe, Patrick. *Organising Knowledge: Taxonomies, Knowledge and Organisational Effectiveness.* Chandos Publishing, 2007. Print. Chandos Knowledge Management.

Loshin, David. *Enterprise Knowledge Management: The Data Quality Approach.* Morgan Kaufmann, 2001. Print. The Morgan Kaufmann Series in Data Management Systems.

Loshin, David. *Master Data Management.* Morgan Kaufmann, 2008. Print. The MK/OMG Press.

Menzies, Tim, et al. *Sharing Data and Models in Software Engineering.* Morgan Kaufmann, 2014. Print.

Millett, Scott and Nick Tune. *Patterns, Principles, and Practices of Domain-Driven Design.* Wrox, 2015. Print.

Stewart, Darin L. *Building Enterprise Taxonomies.* Mokita Press, 2011. Print.

Talburt, John and Yinle Zhou. *Entity Information Management Lifecycle for Big Data.* Morgan Kauffman, 2015. Print.

Talburt, John. *Entity Resolution and Information Quality.* Morgan Kaufmann, 2011. Print.

第 11 章 数据仓库和商务智能

11.1 引言

数据仓库（Data Warehouse，DW）的概念始于 20 世纪 80 年代。该技术赋能组织将不同来源的数据整合到公共的数据模型中去，整合后的数据能为业务运营提供洞察，为企业决策支持和创造组织价值开辟新的可能性。同样重要的是，数据仓库还是减少企业建设大量决策支持系统（Decision Support System，DSS）的一种手段，大部分 DSS 系统使用的都是企业中同样的核心数据。企业数据仓库提供了一种减少数据冗余、提高信息一致性，让企业能够利用数据做出更优决策的方法。

数据仓库和商务智能语境关系图如图 11-1 所示。

真正实施数据仓库的建设，要到 20 世纪 90 年代。从那时开始，数据仓库建设逐渐成为主流，特别是与商务智能（Business Inteligence，BI）作为业务决策主要驱动力协同发展。大多数企业都建有数据仓库，数据仓库被公认为企业数管理的核心[⊖]。即使数据仓库已经建设得很好了，但相关技术仍然在不断发展，各种新形式的数据产生得越来越快，新的概念（如数据湖）不断创立，它们将影响数据仓库的未来（参见第 8 章和第 15 章）。

11.1.1 业务驱动因素

数据仓库建设的主要驱动力是运营支持职能、合规需求和商务智能活动（尽管不是所有的商务智能活动都依赖仓库数据）。越来越多的组织被要求用数据来证明他们是合规的，因为数据仓库中包含历史数据，所以经常被用来响应这类要求。不仅如此，商务智能支持一直是建设数据仓库的主要原因，商务智能为组织、客户及产品提供洞察。通过商务智能获得决策知识并采取行动的组织，能提升其运营效率，增强其竞争优势。越来越多的数据以越来越快的速度被使用，商务智能从回顾性评价发展到预测分析领域。

⊖ http：//bit. ly/2sVPIYr。

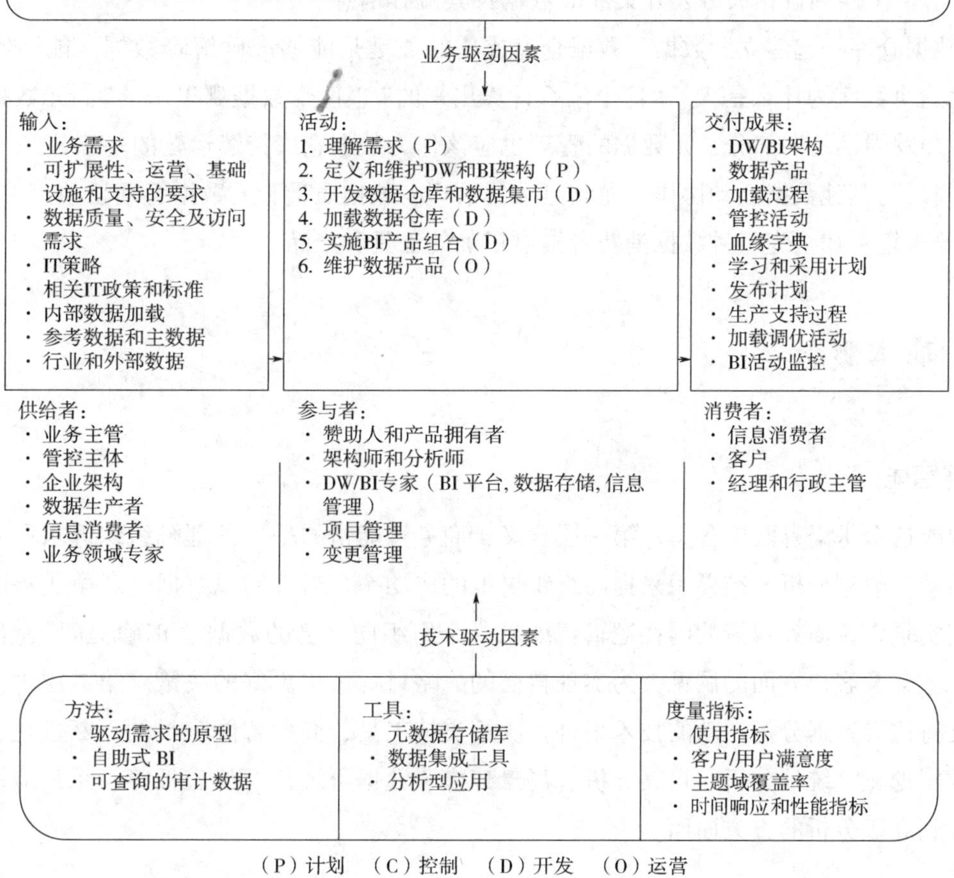

图 11-1　语境关系图：数据仓库和商务智能

11.1.2　目标和原则

一个组织建设数据仓库的目标通常有：

1）支持商务智能活动。

2）赋能商业分析和高效决策。

3）基于数据洞察寻找创新方法。

数据仓库建设应遵循如下指导原则：

1）聚焦业务目标。确保数据仓库用于组织最优先级的业务并解决业务问题。

2）以终为始。让业务优先级和最终交付的数据范围驱动数据仓库内容的创建。

3）全局性的思考和设计，局部性的行动和建设。让最终的愿景指导体系架构，通过集中项目快速迭代构建增量交付，从而实现更直接的投资回报。

4）总结并持续优化，而不是一开始就这样做。以原始数据为基础，通过汇总和聚合来满足需求并确保性能，但不替换细节数据。

5）提升透明度和自助服务。上下文（各种元数据）信息越丰富，数据消费者越能从数据中获得更多数据价值。向利益相关方公开集成的数据及其流程信息。

6）与数据仓库一起建立元数据。数据仓库成功的关键是能够准确解释数据。能回答一些基本问题，如“这个数字为什么是 X”“这个怎么计算出来的”“这个数据哪里来的”。元数据的获取应该作为软件开发周期的一部分，元数据的管理也应该作为数据仓库持续运营的一部分。

7）协同。与其他数据活动协作，尤其是数据治理、数据质量和元数据管理活动。

8）不要千篇一律。为每种数据消费者提供正确的工具和产品。

11.1.3 基本概念

1. 商务智能

商务智能这个术语有两层含义。第一层含义，商务智能指的是一种理解组织诉求和寻找机会的数据分析活动。数据分析的结果用来提高组织决策的成功率。当人们说数据是竞争优势的关键要素时，他们其实是在说商务智能的内在逻辑：如果一个组织向自己的数据“正确提问”，他就能获得关于产品、服务及客户方面的洞见，为实现自己的战略目标做出更好的决策。第二层含义，商务智能指的是支持这类数据分析活动的技术集合。决策支持工具、商务智能工具的不断进化，促成了数据查询、数据挖掘、统计分析、报表分析、场景建模、数据可视化及仪表板等一系列应用，它们被用于从预算到高级分析的方方面面。

2. 数据仓库

数据仓库有两个重要组成部分：一个集成的决策支持数据库和与之相关的用于收集、清理、转换和存储来自各种操作和外部源数据的软件程序。为了支持历史的、分析类的和商务智能的需求，数据仓库建设还会包括相依赖的数据集市，数据集市是数据仓库中数据子集的副本。从广义上来说，数据仓库包括为任何支持商务智能目标的实现提供数据的数据存储或提取操作。

企业级数据仓库（EDW）是集中化的数据仓库，为整个组织的商务智能需求服务。EDW 的建设遵循企业级数据模型，以确保整个企业内部决策支持活动的一致性。

3. 数据仓库建设

数据仓库建设指的是数据仓库中数据的抽取、清洗、转换、控制、加载等操作过程。数据仓库建设流程的重点，是通过强制业务规则、维护适当的业务数据关系，在运营的数据上实现一个集成的、历史的业务环境。数据仓库建设还包括与元数据资料库交互的流程。

传统意义上的数据仓库建设，主要关注结构化数据：定义字段中的元素，无论是在文件中还是在表中，都要与数据模型中记录的一致。随着技术的不断发展，商务智能和数据仓库空间现在也包含半结构化数据和非结构化数据。半结构化数据，定义为作为语义实体组织的电子元素，不需要属性关联，比 XML 出现得早，晚于 HTML。EDI 传送数据就是半结构化数据的一个例子。非结构化数据指的是无法通过数据模型预定义的数据。因为非结构化数据形式多样，存在于电子邮件、自由格式文本、商业文档、视频、照片和网页中，因此定义一个可行的存储结构来维持数据仓库管理中的分析工作负载一直是一个尚未克服的难题。

4. 数据仓库建设的方法

大部分关于数据仓库构建的讨论，都受到两位有影响力的思想领袖 Bill Inmon 和 Ralph Kimball 的影响，他们各有不同的数据仓库建模和实施方法。Inmon 把数据仓库定义为“面向主题的、整合的、随时间变化的、相对稳定的支持管理决策的数据集合”[⊖]，用规范化的关系模型来存储和管理数据。而 Kimball 则把数据仓库定义为“为查询和分析定制的交易数据的副本”，他的方法通常称作多维模型（参见第 5 章）。

虽然 Inmon 和 Kimball 提倡的数据仓库建设方法不同，但他们遵循的核心理念相似：

1）数据仓库存储的数据来自其他系统。

2）存储行为包括以提升数据价值的方式整合数据。

3）数据仓库便于数据被访问和分析使用。

4）组织建设数据仓库，因为他们需要让授权的利益相关方访问到可靠的、集成的数据。

5）数据仓库数据建设有很多目的，涵盖工作流支持、运营管理和预测分析。

5. 企业信息工厂（Inmon）

Bill Inmon 的企业信息工厂（Corporate Information Factory，CIF）是两种主要的数据仓库建设模式之一。Inmon 关于数据仓库的组成是这样描述的：“面向主题的、整合的、随时间变化的、包含汇总和明细的、稳定的历史数据集合”。这种概念描述也适用于 CIF，并指出了数据仓库和业务系统的区别。

1）面向主题的。数据仓库是基于主要业务实体组织的，而不关注功能或应用。

2）整合的。数据仓库中的数据是统一的、内聚的。保持相同的关键结构，结构的编码和解码、数据定义和命名规范在整个仓库中都是一致的。因为数据是整合的，数据仓库不是简单的运营数据的副本。相反，数据仓库变成了一个数据记录的系统。

3）随时间变化的。数据仓库存储的是某个时间段的数据。数据仓库中的数据像快照一样，每一张快照都反映了某个时点的数据状态。这意味着基于某个时间段的数据查询总是得到相同的结果，无论什么时候去查询。

4）稳定的。在数据仓库中，数据记录不会像在业务系统里那样频繁更新。相反，新数据只会追加到老数据的后面。一组记录可以代表同一个交易的不同状态。

⊖ http://bit.ly/1FtgeIL（访问日期 2016-02-27）。

5）聚合数据和明细数据。数据仓库中的数据包括原子的交易明细，也包括汇总后的数据。业务系统很少聚合数据。数据仓库一旦建好，出于成本和空间的考虑，都会有把数据汇总的需求。在当前的数据仓库环境中，汇总数据可以是持久地存在一个表里，也可以是非持久的、以视图的形式展现。汇总数据是否持久化的决定因素通常是性能上是否需要。

6）历史的。业务系统的重心是当前的数据。数据仓库还包括历史数据，通常要消耗很大的存储空间。

Inmon、Claudia Imhoff 和 Ryan Sousa 等是在 CIF 的语境下描述数据仓库的，如图 11-2 所示。CIF 的组成部分包括：

1）应用程序。应用程序处理业务流程。应用程序产生的明细数据流转到数据仓库和操作型数据存储中，继而用作分析。

2）数据暂存区。介于业务系统源数据库和目标数据仓库之间的一个数据库。暂存区是用于数据抽取、转换和加载的地方，对最终用户透明。暂存区中的大部分数据是短时留存的，通常只有相当少的一部分数据是持久性数据。

3）集成和转换。在集成层，来自不同数据源的数据被转换整合为数仓和 ODS 里的标准企业模型。

4）操作型数据存储（ODS）。操作型数据存储是业务数据的集成数据库。数据可能直接来源于应用系统，也可能来自其他数据库。操作型数据存储中通常包括当前的或近期的（30 ~ 90 天）数据，而数据仓库还包含历史（通常是很多年的）数据。操作型数据存储的数据变化较快，而数据仓库的数据相对稳定。不是所有的组织都会建设操作型数据存储，操作型数据存储的存在满足了企业对低延迟数据的需求。操作型数据存储可以作为数据仓库的主要来源，还可用于对数据仓库做审计。

5）数据集市。数据集市为后续的数据分析提供数据。这里说的数据通常是数据仓库的子集，用于支持特定分析或特定种类的消费者。例如，数据集市可以聚合数据，以支持更快的分析。多维模型（用反范式的技术）通常针对面向用户类型的数据集市。

6）操作型数据集市（OpDM）。操作型数据集市是专注于运营决策支持的数据集市。它直接从操作型数据存储而不是从数据仓库获取数据，具有与操作型数据存储相同的特性：包含当前或近期的数据，这些数据是经常变化的。

7）数据仓库。数据仓库为企业数据提供了一个统一的整合入口，以支持管理决策、战略分析和规划。数据从应用程序系统和操作型数据存储流入数据仓库，然后流到数据集市，这种流动通常只是单向的。需要更正的（不符合要求的）数据将被拒绝进入，理想情况是在其源头系统完成更正，然后通过 ETL 流程系统重新加载。

8）运营报告。运营报告从数据存储中输出。

9）参考数据、主数据和外部数据。除了来自应用程序的交易数据，企业信息工厂还包括理解交易所需的数据，如参考数据和主数据。对通用数据的访问简化集成在数据仓库中。当应用程序使用当前的参考数据和主数据时，数据仓库还需要它们的历史值及其有效的时间范围（参见第 10 章）。

图 11-2 描绘了企业信息工厂内的数据流动，从通过应用程序进行数据的收集和创建（左侧），

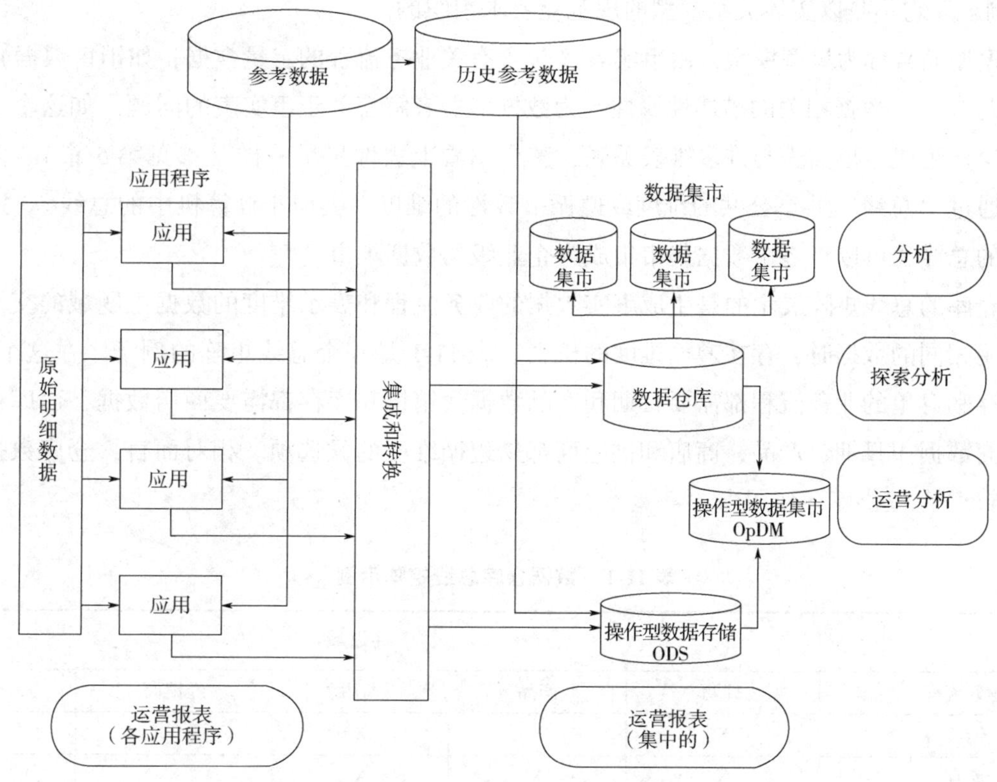

图 11-2　企业信息工厂（CIF）

到通过集市进行信息创建和分析（右侧），在从左到右的数据流动过程中还包括其他一些更改。例如：

1）目标从业务功能的执行转向数据分析。

2）系统最终用户从一线业务人员变成企业决策者。

3）系统使用从固定操作转向即席查询。

4）响应时间的要求不再重要（战略决策分析比例行操作需要花更多的时间）。

5）每个操作、查询或流程涉及更多数据。

数据仓库和数据集市的数据与应用程序中的数据不同：

1）数据的组织形式是按主题域而不是按功能需要。

2）数据是整合的数据，而不是“孤立”的烟囱数据。

3）数据是随时间变化的系列数据，而非仅当前时间的值。

4）数据在数据仓库中的延迟比在应用程序中高。

5）数据仓库中提供的历史数据比应用程序中提供的历史数据多。

6. 多维数据仓库（Kimball）

Kimball 的多维数据仓库是数据仓库开发的另一个主要模式。Kimball 将数据仓库简单地定义为“专为查询和分析而构建的事务数据的副本”（Kimball，2002）。但是，“副本”的说法并不精确。仓库数据存储在多维数据模型中。多维模型旨在方便数据使用者理解和使用数据，同时还支持更优的查询性能[一]。它不是以实体关系模型的规范化要求组织的。

多维模型通常称为星型模型，由事实表（包含有关业务流程的定量数据，如销售数据）和维度表（存储与事实表数据相关的描述性属性，为数据消费者解答关于事实表的问题，如这个季度产品 X 卖了多少）组成。事实表与许多维表关联，整个图看上去像星星一样（参见第 5 章）。多个事实数据表将通过"总线"共享公共的维度或遵循一致性的维度，类似于计算机中的总线[二]。通过插入遵循维度的总线，可以将多个数据集市集成为企业级的数据集市。

数据仓库的总线矩阵展示的是生成事实数据的业务流程和表示维度的数据主题域的交汇。当多个流程使用相同的数据时，存在遵循维度的机会。表 11-1 是一个总线矩阵的例子。在这个例子中，销售、库存和订单的业务流程都需要日期和产品数据。销售和库存都需要商店数据，而库存和订单需要供应商数据。日期、产品、商店和供应商都是遵循维度的候选项。相对而言，仓库数据不共享（不遵循维度），仅供库存使用。

表 11-1　数据仓库总线矩阵示例

	主题域				
业务流程	日期	产品	商店	经销商	仓库
销售	X	X	X		
库存	X	X	X	X	X
订单	X	X		X	
一致性维度候选项	是	是	是	是	否

企业数据仓库总线矩阵独立于技术，可用于表示数据仓库/商务智能系统长期数据的内容需求。这个工具可以帮助组织确定可管理的开发工作范围。每一个新的实现都构成整体架构的增量部分。在某种程度上，存在足够多的维度模式，以兑现实现集成企业数据仓库环境的承诺。

图 11-3 表示 Kimball 的数据仓库/商务智能架构的数据工厂棋子视图。请注意，Kimball 的数据仓库比 Inmon 的数据仓库的可扩展性更强。数据仓库包含数据暂存和数据展示区域的所有组件。

1）业务源系统。企业中的操作型/交易型应用程序。这些应用程序产生数据，数据再被集成到操作型数据存储和数据仓库中。此组件等同于企业信息工厂图中的应用程序系统。

2）数据暂存区域。Kimball 的暂存区域包括需要集成的流程和用于展示的转换数据，可以与企业信息工厂的集成、转换和数据仓库组件的组合进行类比。Kimball 的重点是分析类数据的高效终端交付，比 Inmon 的企业管理数据范围要小。Kimball 的企业数据仓库可以适配数据暂存区域架构。

3）数据展示区域。与企业信息工厂中的数据集市类似，关键的架构差异在于"数据仓库总线"的集成范式，如应用于若干个数据集市的共享或一致的维度。

4）数据访问工具。Kimball 方法侧重于最终用户的数据需求。这些需求推动采用适当的数据访问工具。

㊀ http：//bit. ly/1udtNC8。

㊁ "总线"这个术语来自于 Kimball 的电子工程背景，在那个领域总线是对一系列电子器件提供公共电力的元器件。

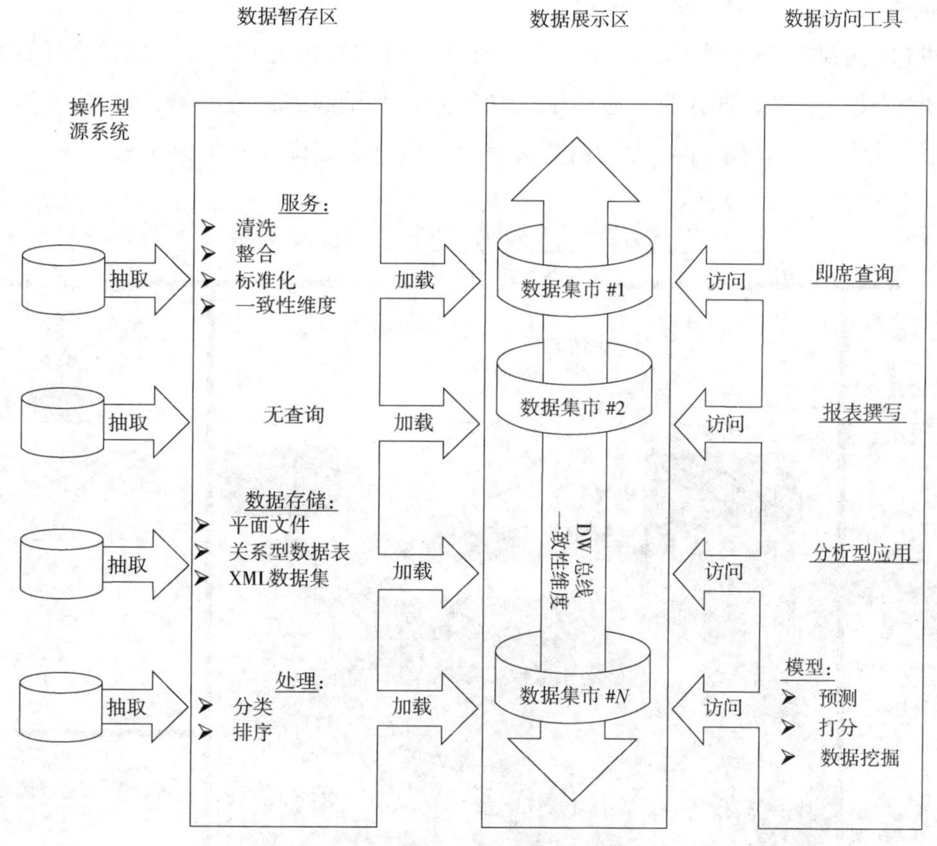

图 11-3　Kimball 的数据仓库棋子视图[⊖]

7. 数据仓库架构组件

数据仓库环境包括一系列组织起来以满足企业需求的架构组件。图 11-4 描述了本节讨论的数据仓库/商务智能和大数据环境的架构组件。大数据的发展为数据流入企业增加了一个新的途径，因而改变了数据仓库/商务智能的格局。

图 11-4 还描述了数据生命周期的各个方面。从源系统流动到数据暂存区，数据可以在这里被清洗，当数据集成并存储在数据仓库或操作数存储中时，可以对其进行补充丰富。在数据仓库中，可以通过数据集市或数据立方体访问数据，生成各种各样的报表。大数据经历了一个类似的过程，但有一个显著的区别：虽然大多数仓库在将数据放入表之前进行数据整合，但大数据解决方案会在整合数据之前先将数据加载进来。大数据的商务智能除了各种传统类型的报表之外，还可能包括预测分析和数据挖掘（参见第 14 章）。

（1）源系统

图 11-4 左侧的源系统包括要流入数据仓库/商务智能环境的业务系统和外部数据。它们通常包括如客户关系管理系统、账务系统和人力资源系统等业务系统，以及与特定行业相关的一些业务系统。来自供应商和外部来源的数据也可能包括 DaaS 服务（数据即服务，Data As a Service）、网页内容和任何大数据计算结果。

⊖ 摘自 *Kimball and Ross*（2002），授权使用。

（2）数据集成

数据集成包括抽取、转换和加载（此三者英文首字母缩写为 E、T、L，通常直接这把三者称为 ETL）、数据虚拟化以及将数据转换为通用格式和位置的其他技术。在 SOA 环境中，数据服务层是该组件的组成部分之一。在图 11-4 中，用箭头表示数据集成流程（参见第 8 章）。

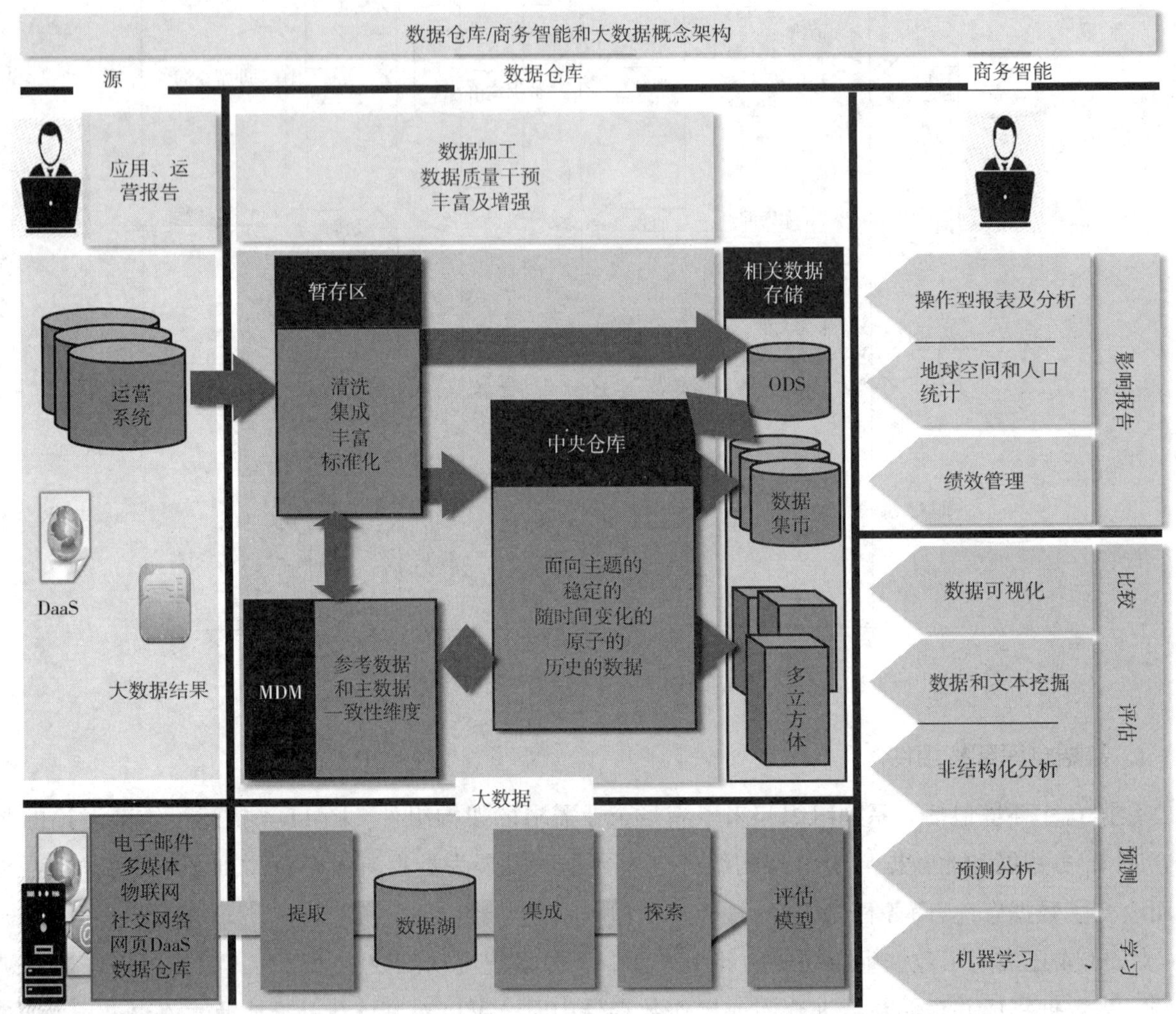

图 11-4　数据仓库/商务智能和大数据概念架构

（3）数据存储区域

数据仓库包含多个不同用途的存储区域：

1）暂存区。暂存区是介于原始数据源和集中式数据存储库之间的中间数据存储区域。数据在这里短暂存留，以便可以对其进行转换、集成并准备加载到仓库。

2）参考数据和主数据一致性维度。参考数据和主数据可以存储在单独的存储库中。数据仓库为主数据系统提供数据，这个单独的存储库为数据仓库提供同样维度数据。

3）中央数据仓库。完成转换和准备流程后，数据仓库中的数据通常会保留在中央或原子层中。在这一层保存所有历史的原子数据以及批处理运行后的最新实例化数据。该区域的数据结构是根据性能需求和使用模式来设计和开发的。数据结构的设计元素包括：

①基于性能考虑而设计的业务主键和代理主键之间的关系。

②创建索引和外键以支持维度表。

③用于检测、维护和存储历史记录的变更数据捕获（Change Data Capture，CDC）技术。

4）操作型数据存储（ODS）。操作型数据存储是中央持久存储的一个解决方案，它能支持较低的延迟，因此可以支持业务应用。由于操作型数据存储包含一个时间窗口的数据而不是全部历史记录，因此可以比数据仓库有更快地刷新频率。有时，实时数据流以预定义的时间间隔进入操作型数据存储，实现报告集成和分析。随着时间的推移，随着业务需求驱动更新频率的增加，以及将实时数据集成到数据仓库技术的不断发展，许多软件产品已将其操作型数据存储合并到其现有的数据仓库或数据集市架构中。

5）数据集市。数据集市是一种数据存储，通常用于支持数据仓库环境的展示层，还用于呈现数据仓库的部门级或功能级子集，以便对历史信息进行集成报表、查询和分析。数据集市面向特定主题域、单个部门或单个业务流程。它还可以是构成虚拟化数据仓库的基础，合并的数据集市构成了最终的数据仓库实体。数据集成过程会刷新、更新或扩展来自持久层各个集市的内容。

6）数据立方体（Cubes）。存在三种经典的支持在线分析处理系统（OLAP）实现方法：基于关系数据库的、基于多维数据库的及混合型存储结构的，它们的名称与底层数据库类型有关。

8. 加载处理的方式

数据仓库建设涉及两种主要的数据集成处理类型：历史数据加载和持续不断的数据更新。历史数据通常只需要加载一次，或者为了处理数据问题加载有限的几次，然后再也不会加载。“持续不断的数据更新”需要始终如一地规划和执行，以保证数据仓库中包含最新的数据。

（1）历史数据

数据仓库的一个优势是它可以捕获所存储数据的详细历史记录。有多种不同的方法来捕捉这些详细信息，想要获取历史数据信息，组织应该根据需求进行针对性的设计，能够重现时间点的快照与简单地显示当前状态需要采用两种截然不同的方法。

Inmon类型的数据仓库建议所有数据存储在单个数据仓库层中。这一层中存储已清洗过的、标准化的和受管控的原子级数据。通用的集成和转换层有助于在多个交付实施项目中进行重用，企业级数据模型有助于数据仓库项目的成功。一旦经过验证，单一数据存储就可以通过星形架构的数据集市面向不同的数据消费者提供数据。

Kimball类型的数据仓库建议，数据仓库由包含已清洗过的、标准化的和受管控数据的部门级数据集市合并而成。数据集市将在原子级别存储历史记录，由一致性维度表和一致性事实表提供企业级信息。

另外一种方法，称作Data Vault，作为数据暂存处理的一部分，同样进行数据清洗和标准化。历史数据以规范化的原子结构存储，每个维度定义了代理键（Surrogate key）、主键（Primary key）、备用键（Alternate key）。确保业务键和代理键关系保持不变，进而成为vault的次要角色，这就是数据集市的历史。在这里，事实表以原子结构的形式持续存在。然后，通过数据集市，各种数据消费者可以使用该vault。通过保留vault内的历史数据，当后来的增量引入粒度（grain）变化时，可以重新加载事实表。可以对表示层进行虚拟化，促进敏捷增量交付以及与业务社区的协作开发。最终的实现过程可以采用更传统的星形数据集市，供生产最终用户消费。

（2）批量变更数据捕获

通常，数据仓库是通过每天晚上的批处理窗口进行一次数据加载服务。因为不同源系统可能需要不同的变更捕获技术，所以加载过程可以包含各种变更检测。

数据库日志技术可能是内部开发应用程序的候选技术，因为购买的供应商应用程序不太可能容忍使用触发器或额外开销进行修改。时间戳或日志表加载是最常见的技术方式。在处理没有原生时间戳功能的遗留系统（是的，那些不用数据库的应用程序）或某些批量恢复条件时，会用到全量加载。

表 11-2 总结了各种变更数据捕获技术之间的差异，包括它们的相对复杂度和加载效率。重叠列判断源系统的更改与目标环境之间是否存在数据重复。当重叠的判断是“Yes”时，此更改数据可能在目标端已存在。当删除提示符设置为“Yes”时，更改数据方法将跟踪源系统中发生的任何删除操作，这对于不再使用的到期维度表非常有用。当源系统未跟踪删除操作时，需要额外的能力来确定它们何时发生（参见第 8 章）。

表 11-2　CDC 技术比对

方法	对源系统的要求	复杂度	事实表加载	维表加载	重叠	删除
时间戳增量加载	源系统中的变化由系统日期和时间戳标识	低	快	快	是	否
日志表增量加载	捕获源系统中的变化并记录在日志表	中	普通	普通	是	是
数据库交易日志	在交易日志记录数据库变化	高	普通	普通	否	是
消息增量	源系统中的变化发布在实时消息（队列）	极高	慢	慢	否	是
全量加载	没有更改标识符，抽取全表数据并比较判断改动	极低	慢	普通	是	是

（3）准实时和实时数据加载

操作型商务智能（或运营分析）的出现推动了更低延迟的需求，将更多实时的或准实时的数据集成到数据仓库中，新的架构方法随之出现，用于处理易变化的数据。例如，操作型商务智能的常见应用是自动柜员机数据需求。在进行银行交易时，需要实时向银行客户提供历史余额和当前进行的银行操作产生的新余额。准实时的供应数据所需的两个关键设计概念是变更隔离和批处理的替代方案。

需注意，必须将新的易变化的数据与大量历史的非易变的数据仓库数据隔离开来。传统数据隔离的架构方法包括建分区，不同的分区使用不同的联合查询。批处理的替代方案解决数据仓库中对数据可用性延迟越来越短的要求，有涓流式加载、消息传送和流式传送三种主要的替代方案，它们在等待处理时的数据累积位置不同（参见第 8 章）。

1）涓流式加载（源端累积）。与夜间窗口批量加载不同，涓流式加载是以更频繁的节奏（如每小时甚至每5分钟）或者以阈值的方式（如每300个事务，每1G数据）进行批量加载。这种方式允许在白天就做一些批处理操作，而不必集中到晚上进行专门的批处理窗口。需要注意的是，如果涓流加载所需时间比两次加载的间隔时间还长，则下一次加载时间会被推迟，以便数据仍然以正确顺序加载。

2）消息传送（总线累积）。当极小的数据报（消息、事件或事务）发布到消息总线时，实时或接近实时的消息交互就非常有用。目标系统订阅消息总线，并按需增量加载数据报到仓库中。源系统和目标系统彼此独立。这种方法在DaaS应用中经常使用。

3）流式传送（目标端累积）。与在源端定时或按阀值加载不同，目标端系统用缓冲区或队列方式收集数据，并按顺序处理。交互或聚合的结果可能作为数据仓库的额外反馈稍后显示出来。

11.2 活动

11.2.1 理解需求

构建一个数据仓库与开发一套业务系统不同。业务系统的开发取决于精确的、具体的业务需求。数据仓库建设则是把数据汇集在一起，再以各种不同的方式使用这些数据。此外，数据的使用方式也会随着时间的推移、用户分析和探索数据需求的发展而发展。在初始设计阶段花些时间来思考与数据功能和数据来源相关的问题，可以支撑这种能力。使用实际数据源进行数据处理测试时，就能体会到初始阶段所花的构思可以降低返工成本，这是一种回报。

在收集数据仓库/商务智能项目的需求时，首先，要考虑业务目标和业务战略，确定业务领域并框定范围；然后，确定并对相关的业务人员进行访谈，了解他们想做些什么和这么做的原因，记录他们当下关心的具体问题和想要询问的数据，以及他们如何区分和分类重要信息。在可能的情况下，界定并书面记录关键的性能指标和计算口径。这些信息可以揭示业务规则，为数据质量自动化奠定基础。

将需求进行分类并排出优先级，与生产上线相关的排在前面，将与数据仓库相关的和那些可以等的排在后面。寻找并快速启动那些简单且有价值的项目，以便在项目初始发布阶段就能获得产出。数据仓库/商务智能项目需求描述应该包括业务领域及其范围内流程的完整业务背景。

11.2.2 定义和维护数据仓库/商务智能架构

数据仓库/商务智能架构应该描述数据从哪里来、到哪里去、什么时候去、为什么要去，以及用什么样的方式流入数据仓库。这里的“用什么样的方式”包括涉及的硬件和软件细节，以及将所有活动组合在一起的组织框架。技术要求应包括性能、可用性和时间性要求（参见第 4 章和第 8 章）。

1. 确定数据仓库/商务智能技术架构

最佳的数据仓库/商务智能架构将提供一种能够以原子化的数据处理方式支撑交易级和运营级报表需求的机制，这种机制可以避免数据仓库存贮每一笔交易细节。例如，基于事务主键（如发票编号）为关键的运营报告或表单提供查看机制。客户始终希望获知所有的详细信息，但某些运营数据（如很长的字段描述）仅在原始报表的语境中才具有价值，并不具备分析价值。

概念模型架构是一个起点，要将非功能需求和业务需求很好地结合起来，许多活动是必要的。做好原型设计可以快速证明或驳斥关键需求的实现，避免对某些技术或架构进行过大的投入。此外，通过授权的变更管理团队向业务团队提供相关技术、架构知识和采用计划，有助于取得临时和持续的运营成功。

这种思维转换过程的一个自然延伸是对企业数据模型的维护，至少是验证。因为重点是哪些组织区域正在使用哪些数据结构，要对照逻辑模型检查物理模型的部署。如果出现遗漏或错误，要进行更正。

2. 确定数据仓库/商务智能管理流程

通过协调和集成维护流程进行生产管理，定期向业务团队发布。

制订一个标准的发布计划至关重要（参见 11.2.6 节）。在理想情况下，数据仓库项目团队应将部署的数据产品的每一次更新作为一个提供附加功能的软件版本进行管理。为发布制订一个时间表，包含年度需求、资源计划以及标准交付计划。使用内部版本调整这个标准化的交付计划、资源预期及其派生的估算表。

建立一个有效的发布流程，确保管理层理解这是一个以数据产品为中心的主动流程，而不是已安装产品的被动式问题解决方式。在跨职能团队中积极主动地协同工作对于持续增长和增强功能至关重要，被动式的支持系统会降低采用。

11.2.3 开发数据仓库和数据集市

通常来说，数据仓库/商务智能建设项目有三条并存的构建轨迹：

1）数据。支持业务分析所必需的数据。这条轨迹涉及识别数据的最佳来源，设计如何修正、转换、集成、存储以及提供给应用程序使用数据的规则。此步骤还包括决定如何处理不符合预期的数据。

2）技术。支持数据存储和迁移的后端系统及流程。与现有企业系统的集成是必需的，因为数据仓库本身并不是一个孤岛。企业架构，特别是技术架构和应用架构，通常管理着这条轨迹。

3）商务智能工具。数据消费者从已部署的数据产品中获得有意义的数据洞察所必需的应用套件。

1. 将源映射到目标

源到目标的映射为从各个源系统到目标系统的实体和数据元素建立转换规则。这种映射还记录了商务智能环境中的每个数据元素及其各自来源系统的血缘关系。

所有映射工作最困难的部分都是确定多个系统中数据元素之间的链接有效性或等效性，考虑将多个计费或订单管理系统的数据合并到一个数据仓库中的工作，可能包含等效数据的表和字段用的不是相同的名字或结构。

需要一个可靠的分类法来将不同系统中的数据元素映射到数据仓库中，并且结构一致。通常，这种分类法是逻辑数据模型。映射过程还必须处理不同结构中的数据是否要追加补充、更改或者插入。

2. 修正和转换数据

强化数据修正或清理活动的执行标准，并纠正和增强各个数据元素的域值。对于涉及重要历史数据的初始加载过程，数据修正工作尤为必要。为了降低目标系统的复杂性，源端系统应负责数据的修复工作并确保数据正确。

为那些已经完成加载但又发现不正确的数据记录制定修正策略。删除旧记录的策略可能会对相关表和代理键造成一些破坏，使一条记录过期并将新数据作为一条全新的记录进行加载可能是更好的做法。

乐观加载策略可以包括创建维度记录以容纳事实数据，这样的过程必须考虑如何更新和处理这些记录。悲观加载策略应该考虑一个事实数据的回收区域，该区域不能与相应的维度键关联。这些记录需要适当的通知、告警和报表，以确保它们被跟踪，并在以后重新加载。实际处理的时候应考虑首先加载回收区的记录，然后处理新到达的内容。

数据转换重点关注技术系统中实现业务规则的活动，数据转换对数据集成至关重要。定义数据集成的正确规则通常需要数据专责和其他领域的业务专家（SME）直接参与，应记录并公示规则，以便于管理。数据集成工具则执行这些活动任务（参见第 8 章）。

11.2.4　加载数据仓库

在所有数据仓库/商务智能工作中，工作量最大的部分都是数据准备和预处理。描述数据仓库中所包含的设计决策和原则是数据仓库/商务智能架构设计的关键考量因素。为仅用于运营报表（如非数据仓库）的数据制订和发布明确的规则，对于数据仓库/商务智能工作的成功是至关重要的。

确定数据加载方法时，要考虑的关键因素是数据仓库和数据集市所需的延迟要求、源可用性、批处理窗口或上载间隔、目标数据库及时间帧的一致性。加载方法还必须解决数据质量处理过程、执行转换的时间、延迟到达的维度和数据拒绝等问题。

确定加载方法时要考虑的另一个因素是围绕变更数据捕获的过程检测源系统中的数据变更，将这些变更集成在一起，并依时间调整变更。现在，一些数据库提供了日志捕获功能，数据集成工具可以直接调用它们，因此数据库会告诉用户发生什么变更。在此功能不可用的情况下，可以通过编写脚本来完成。许多技术可以用来设计和构建跨异构源的集成和延迟协调。

第一个增量为额外的功能开发和新业务团队的使用铺平了道路。许多新技术、流程和技能是必要的，并且需要进行细致的规划和保持对细节的关注。后续的增量建立在这一基础元素之上，因此建议投入更多资金来维持高质量数据、技术架构并过渡到生产。创建流程，以便通过最终用户工作流集成，及时自动化识别数据错误。

11.2.5 实施商务智能产品组合

实施商务智能组合是为了在业务部门内部或业务部门之间为正确的用户社区选定合适的工具，通过协调常见业务流程、性能分析、管理风格和需求找到相似之处。

1. 根据需要给用户分组

在确定目标用户组时，存在一系列的商务智能需求。首先，了解用户组；然后，将工具与公司中的用户组进行匹配。一端是与提取数据有关的 IT 开发人员，他们专注于高级功能；另一端是信息消费者，他们可能希望快速访问先前开发和运行的报表。这些消费者可能需要某种程度的交互，如钻取、过滤、排序，或者可能只想查看静态报告。

随着技能的提高或者所需功能的不同，用户可能会从一个类别转移到另一个类别。例如，供应链经理可能希望查看财务的静态报告，但需要查看用于分析库存的高度交互的报告；财务分析师和负责费用的经理在分析总费用时可能是高权限用户，但对电话账单的静态报告是满意的；高级管理者和经理们会使用固定报表、仪表盘和记分卡的组合；经理们和高权限用户倾向于深入研究这些报表，对数据进行切片和切块，以确定问题的根本原因；外部客户可以使用这些工具中的任何一种作为其体验的一部分。

2. 将工具与用户要求相匹配

商业市场提供了一系列令人印象深刻的报表和分析工具。主流的商务智能供应商提供经典级完美的报表功能，这些功能曾经属于应用程序报告的领域。许多应用程序厂商提供嵌入式分析功能，其中包含从预先填充的数据立方体或聚合表中提取的标准内容。虚拟化使本地数据源与外部采购或开放数据之间的界限变得模糊，在某些情况下还按需提供用户控制的以报表为中心的数据集成。换句话说，公司采用通用的基础设施和交付机制是明智的，包括 Web、电子邮件及用于交付各种信息、报告的应用程序，数据仓库/商务智能是其中的一部分。

现在，许多厂商正在通过并购或全新开发来整合相关的商务智能工具，并提供商务智能套件。套件是企业架构级别的主要选择，但鉴于大多数组织已经购买了单独的工具或者已经采用了开源工具，关于替换还是共存的问题将会浮出水面。请记住，每个 BI 工具都需要付出代价，需要系统资源、技术支持、培训和架构集成。

11.2.6　维护数据产品

构建好的数据仓库及其面向客户的商务智能工具是一个数据产品。对现有数据仓库平台的增强（扩展、补充或修改）应该逐步实现。

在不断变化的工作环境中，维护增量的范围和执行重点工作项的关键路径可能是一个挑战。应与业务合作伙伴共同确定优先级，并将重点放在必须增强的工作上。

1. 发布管理

发布管理对增量的开发过程至关重要，增加新功能，增强生产部署，并确保为已部署的资产提供定期维护。这个过程将使数据仓库保持是最新的、清洁的，并以最佳状态运行。但是，此过程需要 IT 和业务之间的一致性，与数据仓库模型和 BI 功能之间保持一致。这是一项持续的改进工作。

图 11-5 展示了一个基于季度计划的发布过程示例。在过去的一年中，有三个业务驱动的版本和一个基于技术的版本（满足数据仓库内部的需求）。这个过程应该能够促进数据仓库的增量开发和对需求积压的管理。

2. 管理数据产品开发生命周期

当数据消费者正在使用现有的数据仓库时，数据仓库团队正在为下一次迭代做准备，同时他们理解并非所有项目都会投产。根据业务团队按优先级排序的延期交货工作清单对迭代与发布进行调整。每次迭代都将扩展现有增量，或加入业务团队提出的新功能。版本发布需要保持功能与业务团队的需求一致，而迭代将使功能与产品经理管理的配置本身保持一致。

那些业务团队认为已经准备好可以进一步调查的项目，可以在必要时进行审查和调整，然后升级到试点或沙箱环境，业务用户可以在这里尝试新方法、试用新技术，或开发新模型或学习算法。与其他面向业务的区域相比，该区域的治理和监督可能较少，但某种形式的沙箱优先级是必要的。

类似于传统的 QA 或测试环境，仔细检查试验区域中的项目以适应生产环境。试点项目表现的好坏决定了它们下一步的命运。注意，不能不考虑下游数据质量或治理问题就盲目地进行推广。在生产环境的存活期只有一个既存标准，必须具有最好的实际质量才能投入生产。

新的数据产品只有通过试点项目，并被业务和 IT 代表视为已做好生产准备，才可以投入生产。这就完成了一次迭代。

未通过试点的项目可以被完全拒绝或退回开发进行细微优化，也许此时需要数据仓库团队的额外支持，以便在下一次推广迭代中选中该项目。

3. 监控和调优加载过程

监控整个系统的加载处理，并了解性能瓶颈和性能的依赖路径。在需要的地方和时刻使用数据库调优技术，包括分区、备份调优和恢复策略调整。数据归档是数据仓库构建中的一个难题。

由于数仓中的历史记录很长，用户通常将数据仓库视为活动的存档，特别是在 OLAP 系统的数

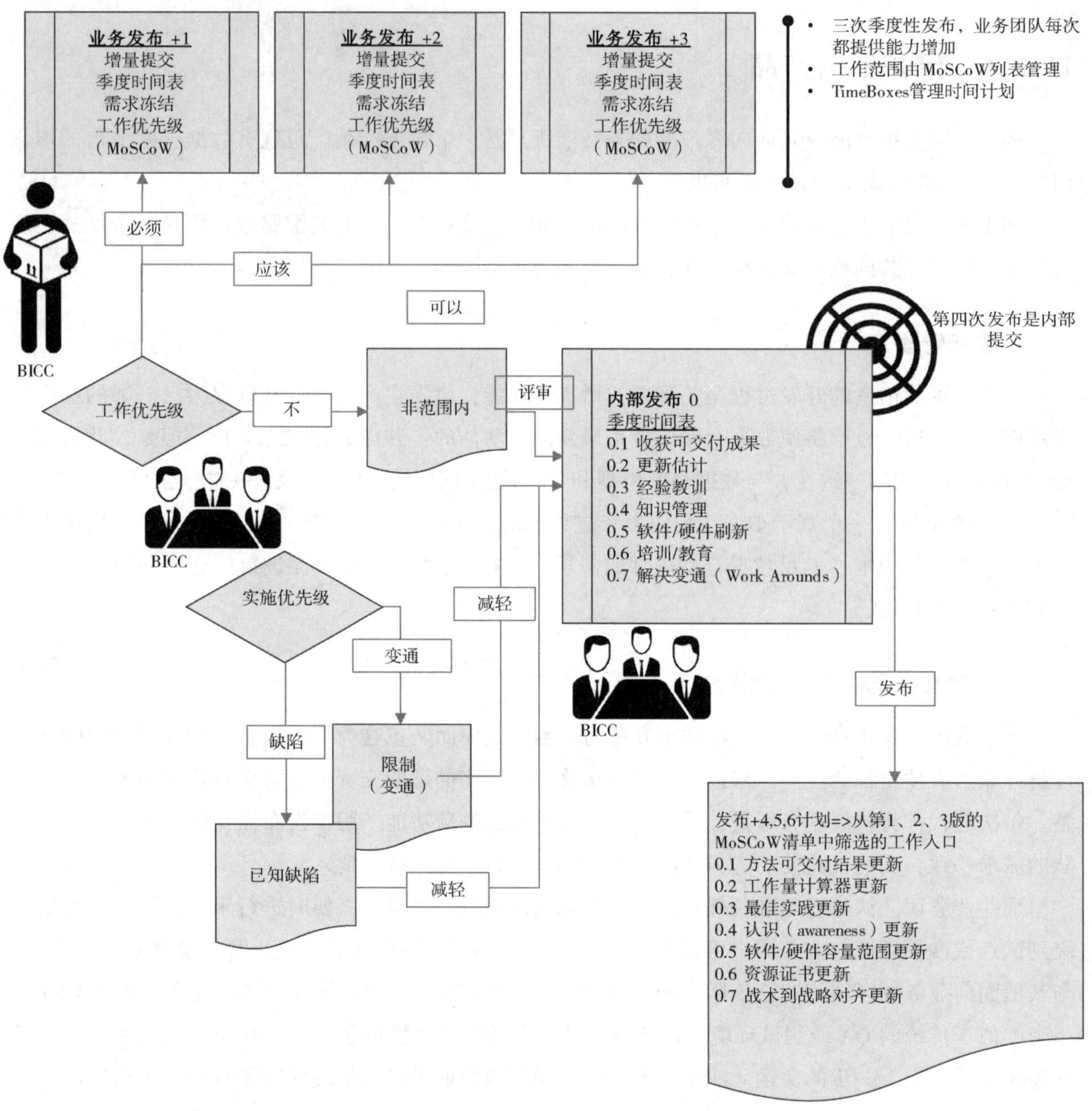

图 11-5　发布流程示例

据来源已经删除记录的情况下，应当看到数据仓库也需要进行归档（参见第 6 章）。

4. 监控和调优商务智能活动和性能

商务智能监控和调优的最佳实践是定义和显示一组面向客户满意度的指标，如平均查询响应时间，每天、每周或每月的用户数就是有用的指标。除了系统提供的统计指标外，定期对数据仓库/商务智能用户进行调查并了解他们的满意度也很有用。

定期审查使用情况的统计数据和使用方法非常重要。提供数据、查询和报表的频率和资源使用情况的报告允许谨慎增强。调优 BI 活动类似于分析应用程序，以便了解瓶颈在哪里以及在哪里进行应用优化。根据使用方法和统计信息创建索引和聚合是最有效的。简单的解决方案可以带来巨大的性能提升，如将完成的每日结果发布到每天运行数百或数千次的报告中。

透明度和可见性是推动数据仓库/商务智能监控的关键原则。越公开数据仓库/商务智能活动的详细信息，数据消费者越能看到和理解正在发生的事情（并且对商务智能充满信心），就越不需要对最终客户提供直接支持。提供一个展现数据交付活动的高阶状态（兼具下钻功能）的仪表板，是允许支持人员和客户按需提取信息的最佳实践。

增加数据质量度量将提高此仪表板的价值，其中的性能不仅是速度和时间。使用热力图可视化基础架构上的工作负载、数据吞吐量以及对操作协议级别的合规性。

11.3　工具

工具集的选择可能是一个漫长的过程，既要满足近期需求、非功能性规范，还需要考虑尚未产生的后续需求。提供决策标准工具集、流程实施工具和专业服务可以促进和加快此过程，不仅要评估传统的架构或购买策略，还要评估 SaaS 厂商提供的租赁选项，这点非常重要。在租用 SaaS 工具和相关的专业知识与全新构建或从供应商购买并部署产品的成本之间进行权衡，同时要考虑持续升级的成本及潜在的替换成本。与设定的操作级别协议（Operational Level Agreement，OLA）保持一致可以降低预测成本，并为设定强制性费用和违反期限的罚款提供费用投入。

11.3.1　元数据存储库

大型组织经常会使用来自不同供应商的系统工具，每个工具都可能部署了不同的版本。元数据存储库的关键是能够将来自各种来源的元数据“黏合”在一起，并使用各种技术实现存储库的自动化和集成填充（参见第 13 章）。

1. 数据字典和术语

数据字典是支撑数据仓库使用的必需组件。字典用业务术语来描述数据，包括使用该数据所需的其他信息（如数据类型、结构细节、安全限制）。通常，数据字典的内容直接来自逻辑数据模型。在建模过程中，应要求建模人员采用严格的定义管理方法，以规划高质量的元数据。

在一些组织中，业务用户可通过提供、定义和校正主题域数据元素定义积极参与数据字典的开发。可通过协作工具进行这项工作，通过卓越中心监控活动确保创建的内容保留在逻辑模型中，确保面向业务的内容与面向技术的物理数据模型之间保持一致，降低下游错误和返工的风险（参见第 13 章）。

2. 数据和数据模型的血缘关系

许多数据集成工具提供血缘分析，既要考虑开发的总体代码，又要考虑物理数据模型和数据库。有些工具通过提供 Web 界面监视、更新模型定义及其他元数据信息。记录的数据血缘关系有很多用途：

1）调查数据问题的根本原因。

2）对系统变更或数据问题进行影响分析。

3）根据数据来源确定数据的可靠性。

希望创建一个能够进行影响分析和血缘分析的工具，可以了解数据加载过程中涉及的所有的移动部分，以及最终用户的报告分析。影响分析报告将概述哪些组件受潜在变更、加快并简化评估和维护任务的影响。

在数据模型的开发过程中，获取并解释了许多关键的业务流程、关系和术语。逻辑数据模型保存了大部分此类信息，这些信息在开发或生产部署期间经常被遗弃或忽略。由此，必须确保不丢弃此类信息，并确保逻辑模型和物理模型在部署后得到更新并保持同步。

11.3.2 数据集成工具

数据集成工具用于加载数据仓库。除了完成数据集成工作之外，它们还可以将来自多个数据源的复杂数据交付以作业的方式进行调度。在选择工具时，还要考虑系统管理的如下功能：

1）过程审计、控制、重启和调度。

2）在执行时有选择地提取数据元素并将其传递给下游系统进行审计的能力。

3）控制哪些操作可以执行或不能执行，并重新启动那些失败或中止的进程（参见第8章）。

许多数据集成工具还提供与 BI 产品的集成功能，支持工作流消息、电子邮件甚至语义层的导入和导出。工作流集成可以推动数据质量缺陷识别、解决和升级流程。通过电子邮件或电子邮件驱动的警报处理发送消息是一种常见的做法，特别是对于移动设备。此外，将数据目标提供为语义层的能力可以成为敏捷实现的数据虚拟化候选对象。

11.3.3 商务智能工具的类型

商务智能工具市场很成熟，有各种各样可用的商务智能工具，因而企业很少会构建开发自己的商务智能工具。这一小节的目的是介绍商务智能市场中可用的工具类型，并概述其主要特征，有助于将工具匹配给适当的客户。商务智能工具正在快速发展，正在实现从 IT 主导的标准化报表向业务驱动的数据探索和自助服务过渡㊀。

1）运营报表。是商务智能工具的应用，分析短期（月度）和长期（年度）的业务趋势。运营

㊀ Dataversity 指的是数据技术民主化的趋势。Ghosh，Paramita. A Comparative Study of Business Intelligence and Analytics Market Trends［J/OL］. Dataversity（2017-01-17）［2017-01-22］. http：//bit. ly/2sTgXTJ.

报表还可以帮助发现趋势和模式，使用战术商务智能工具支持短期业务决策。

2）业务绩效管理（BPM）。包括对组织目标一致性的指标的正式评估，此评估通常发生在高管层面。使用战略商务智能工具支持企业的长期目标。

3）描述性的自助分析。为前台业务提供的商务智能工具，其分析功能可指导运营决策。运营分析将BI应用程序与运营功能和流程相结合，以近乎实时的方式指导决策。对低延迟（近实时的数据捕获和数据交付）的要求，将推动运营分析解决方案的架构方法。面向服务的体系架构（SOA）和大数据成为全面支持运营分析的必要条件（参见第8章、第15章）。

1. 运营报表

运营报表指的是业务用户直接从交易系统、应用程序或数据仓库生成报表。这通常是一个应用程序的功能。尤其是在数据仓库/商务智能治理较差的情况下，或者数据仓库中包含可增强运营交易数据的其他数据时，业务团队通常会使用数据仓库生成运营报表。通常，当报表只是简单的报表或用于启动工作流的时候，通常是即席查询。从数据管理的角度来看，关键是要了解此报表所需的数据是否存在于应用程序自身中，或者是否需要来自数据仓库或操作性数据存储中的数据。

数据检索和报表工具，有时称为即席查询工具，允许用户编写自己需要的报表或创建供他人使用的报表。他们不太关心精确的表格布局，因为他们不想生成一张发票之类的东西，但他们确实希望快速直观地生成包含图表和表格的报表。业务用户创建的报表通常会成为标准报表，而不是特别给某个即席业务问题临时使用。

业务运营报表中的需求通常与业务查询报告的需求不同。业务查询和报表，其数据源通常是数据仓库或数据集市（尽管并非总是如此）。在IT开发生产报表时，高级用户和临时用户使用业务查询工具开发自己的报表。个人、单个部门或整个企业范围内的人都可以使用业务查询工具生成的报表。

生产报表跨越了数据仓库/商务智能的边界，它经常直接查询交易系统，产生诸如发票或银行对账单之类的操作项。生产报表的开发人员往往是IT人员。

传统的商务智能工具可以很好地展现表格、饼图、折线图、面积图、条形图、直方图、K线图等一些数据可视化方法。数据可视化可以以静态格式提供，如已发布的报表或更具交互性的在线格式。一些工具还支持与最终用户交互，其中钻取或过滤功能有助于分析可视化内的数据，其他工具则允许用户根据需要更改可视化界面（参见第14章）。

2. 业务绩效管理

绩效管理是一套集成的组织流程和应用程序，旨在优化业务战略的执行。应用程序包括预算、规划和财务合并。由于ERP供应商和BI供应商在这里看到了巨大的增长机会，并且相信商务智能和绩效管理正在融合，因此在这一细分市场中发生了许多重大并购。客户从同一供应商处购买商务智能和绩效管理产品或服务的频率取决于产品功能。

从广义上讲，绩效管理技术通过流程帮助组织实现目标。绩效度量和带正反馈回路是关键的要素。在商务智能领域，采取了许多战略性企业应用程序，如预算、预测或资源规划。在这个领域形成了另一种专业化的管理方式：创建以仪表板、仪表盘形式展现的记分卡，便于让用户在管理和执行之间保持一致的信息互动。仪表盘与汽车中的仪表板一样，为最终用户提供最新的摘要或汇总信息（Eckerson，2005）。

3. 运营分析应用

IDC 公司的亨利·莫里斯在 20 世纪 90 年代创造了分析型应用这一术语，阐明了它们与一般 OLAP 和 BI 工具的区别（Morris，1999）。分析型应用程序包括从众所周知的源系统（如应用商 ERP 系统、数据集市的数据模型、预构建的报表和仪表板）中提取数据的逻辑和流程。它们为企业提供预先构建的解决方案，优化功能区域（如人力资源管理）或垂直行业（如零售分析）。不同类型的分析应用程序包括客户、财务、供应链、制造和人力资源等领域。

在线分析处理（OLAP）是一种为多维分析查询提供快速性能的方法。OLAP 这一术语在某种程度上源于对 OLTP（在线交易处理）的明确区别。OLAP 查询的典型输出采用矩阵格式，维度构成矩阵的行和列，因子或度量是矩阵内的值。从概念上讲，它展示成一个立方体的样子。分析师想要用已知方法查看数据摘要时，使用数据立方体分析尤其有用。

传统的应用程序是财务分析，分析师希望反复遍历已知的层次结构来分析数据。例如，日期（如年、季度、月、周、日）、组织（如地区、国家、业务单位、部门）和产品层次结构（如产品类别、产品线、产品）。现在，许多工具将 OLAP 数据立方体嵌入其软件中，有些甚至可以与集成定义和加载过程无缝结合。这意味着任何业务流程中的任何用户都可以对数据进行切片和切块。将此功能与主题域组织中的超级用户保持一致，并通过自助服务渠道交付，使这些选定用户能够按照自己的方式分析数据。

通常，OLAP 工具都有服务器组件和可以安装在桌面上或者通过网页访问面向终端用户的客户端组件。某些桌面组件可用电子表格访问，显示为嵌入式的菜单或功能项。根据选择的架构（关系型 ROLAP、多维矩阵型 MOLAP 或混合型 HOLAP）指导开发工作，但所有架构的共同特点是定义数据立方体结构、聚合需求、元数据扩充和数据稀疏性分析。

构建数据立方体以提供所需的功能要求，可能需要将较大的维度拆分为单独的数据立方体，以适应存储、加载或计算要求。使用聚合级别确保在约定的响应时间内计算和检索所需的公式。最终用户增加层次结构，可以满足聚合、计算或加载要求。此外，数据立方体数据的稀疏性可能需要在仓库数据层中添加或删除聚合结构或改进实现需求。

在数据立方体中配置基于角色的安全性或多语言文本，可能需要额外的维度、附加功能、计算或创建单独的数据立方体结构。在最终用户灵活性、性能和服务器工作负载之间取得平衡意味着需要进行协商。协商通常发生在加载过程中，可能需要更改层次结构、聚合结构或其他仓库物化数据对象。在数据立方体计数、服务器工作负载和交付灵活性之间取得适当的平衡，以便及时进行刷新，并且数据立方体提供一致、可靠的查询，而无须高额存储或服务器使用成本。

OLAP 工具和 Cube（数据立方体）的价值是，通过将数据内容与分析师的心理模型对齐，减少混淆和错误解释。分析师可以浏览数据库并筛选特定的数据子集，更改数据的方向并定义分析计算。切片和切块是用户启动的导航过程，通过旋转和向下/向上钻取切片，以交互式调用页面的方式显示。常见的 OLAP 操作包括切片和切块、向下钻取、向上钻取、向上卷积和透视。

1）切片（Slice）。切片是多维数组的子集，对应不在子集中的维度的一个或多个成员的单个值。

2）切块（Dice）。切块操作是数据立方体上两个以上维度的切片，或者是两个以上的连续切片。

3）向下/向上钻取（Drill down/up）。向下钻取或向上钻取是一种特定的分析技术，用户可以在不同数据级别之间导航，范围从最概括（向上）到最详细（向下）。

4）向上卷积（Roll-up）。卷积涉及计算一个或多个维度的所有数据关系。为此，需要先定义计算关系或公式。

5）透视（Pivot）。透视图会更改报表或页面的展示维度。

三种经典的 OLAP 实现方法如下：

1）关系型联机分析处理（ROLAP）。ROLAP 通过在关系数据库（RDBMS）的二维表中使用多维技术来支持 OLAP。星型架构是 ROLAP 环境中常用的数据库设计技术。

2）多维矩阵型联机分析处理（MOLAP）。MOLAP 通过使用专门的多维数据库技术支持 OLAP。

3）混合型联机分析处理（HOLAP）。它是 ROLAP 和 MOLAP 的结合。HOLAP 实现允许部分数据以 MOLAP 形式存储，而另一部分数据存储在 ROLAP 中。控件的实现方式各不相同，设计师对分区的组合也各有不同。

11.4　方法

11.4.1　驱动需求的原型

在实现产品之前，通过创建一组演示数据并在协调原型设计工作中采用需求挖掘的方法，快速确定需求优先级。数据虚拟化技术的进步，可以通过协作原型技术减少一些传统的实现难题。

对数据进行剖析（Profiling）有助于原型设计，并降低与非预期数据相关的风险。数据仓库通常最先体会到源系统或数据输入函数中数据质量差的痛楚。概要分析还揭示了可能对数据集成造成障碍的数据来源之间的差异。数据可能在其来源中具有高质量，但由于各来源的不同，数据集成过程变得更加复杂。

对源数据的状态评估，有助于对集成可行性和工作范围进行更准确的前期估算。评估对于设定适当的期望值也很重要。计划与数据质量和数据治理团队合作，并结合其他主题专家的专业知识来了解数据差异和风险（参见第 11 章和第 13 章）。

11.4.2 自助式商务智能

自助服务是商务智能产品的基本交付方式。它通常会将用户活动放在受管门户中，根据用户的权限提供各种功能，包括消息传递、警报、查看预定的生产报表、与分析报表交互、开发即席查询报表，当然还有仪表盘和计分卡功能。报表可以按标准计划推送到门户，供用户在空闲时检索。用户还可以通过在门户中执行报表来提取数据，这些门户跨组织边界共享内容。

将协作工具向外扩展到用户社区，可以提供一些自助服务提示和技巧、负载状态、整体性能和发布进度的公告，也可以在论坛对话。通过业务支持渠道协调论坛内容，然后通过技术维护渠道与用户组进行交流。

可视化和统计分析工具允许快速的数据探索和发现。有些工具允许以业务为中心构建仪表板，如可以快速共享、审查和恢复活动的对象。曾经只是 IT 和开发人员的领域，现在业务团队也可以使用许多数据处理、计算和可视化技术。这提供了一定程度的工作负载分配，集成工作可以通过业务渠道进行可行的原型设计，然后由 IT 实现和优化。

11.4.3 可查询的审计数据

为了维系数据血缘关系，所有的结构和流程都应该能够创建和存储审计信息，并能够进行细粒度的跟踪和报告。允许用户查询该审计数据，让用户能够自己验证数据的状况和到达情况，从而提高用户的信心。当出现数据问题时，使用审计信息还可以进行更详细的故障排除。

11.5 实施指南

对一个好的数据仓库项目来说，能扩展满足未来需求的稳定架构是很重要的。配置能够处理日常数据加载、分析和解决最终用户反馈的生产支持团队是必需的。此外，要保持项目成功，还必须确保数据仓库团队与业务部门团队保持一致。

11.5.1 就绪评估/风险评估

一个组织准备接受一项新风险，与它有能力承担这个风险之间可能会有一定的差距。成功的项目从先决条件清单开始。所有 IT 项目都应该有业务支持，与战略保持一致，并有一个定义好的架构方法。此外，数据仓库应该能够实现以下几点：

1）明确数据敏感性和安全性约束。

2）选择工具。

3）保障资源安全。

4）创建抽取过程以评估和接收源数据。

识别并清点数据仓库中敏感或受限的数据元素。这些数据需要被脱敏或模糊化，以防止未经授权的人员访问。在考虑将实施或维护工作外包时，可能会有其他限制。

在选择工具和分配资源之前，需考虑安全性约束，确保遵循相关审核和批准的数据治理过程。鉴于这些重要因素，数据仓库/商务智能项目的风险可能重新聚焦或完全取消。

11.5.2　版本路线图

因为需要进行大量的开发工作，所以数据仓库是逐步构建的。无论选择何种实现方法，不管是瀑布式、迭代式，还是敏捷开发，都应该考虑到想要实现的最终状态。这就是为什么路线图是一种有价值的规划工具。该方法与维护流程相结合，灵活且适应性强，以平衡单个项目交付的压力与可重用数据和基础设施的总体目标。

建议将数据仓库总线矩阵作为一个沟通和推广的工具在逐步迭代的过程中使用。使用由风险度量约束的业务确定的优先级，以确定应用于每个增量版本的严格性和开销。小型、单一来源的交付可使用宽松规则，特别是当感受到风险有限时，组织应实现这些想法。

每个增量版本都将修改现有的功能或添加新的功能，这些功能通常与新加入的业务团队保持一致沟通。使用一致的需求和能力流程来确定下一个上线的业务团队。维护延期交付或工作项目列表，以确定未完成的功能和面向业务的优先级。确定需要以不同顺序交付的任何技术依赖项，然后将此工作打包到软件版本中。每个版本都可以按照商定的速度交付：每季度、每月、每周，甚至更快。通过汇总路线图与业务伙伴共同管理发布版本，按功能列出版本日期列表。

11.5.3　配置管理

配置管理与发布路线图保持一致，并提供必要的后台调整和脚本，以自动化开发、测试和发布到生产。它还通过数据库级别的发布来标记模型，并以自动化的方式将代码库与该标记联系起来，以便在整个环境中协调手动的编码、生成的程序和语义层的内容并进行版本控制。

11.5.4　组织与文化变革

在整个数据仓库/商务智能生命周期中，始终保持一致的业务重点是项目成功的关键。了解企业的价值链是理解业务环境的好方法，企业价值链中的特定业务流程提供了一个自然地面向业务的环境，该环境可用于构建分析领域。

最重要的是，考虑到以下关键成功因素，将项目与实际业务需求保持一致并评估必要的业务支持：

1）业务倡议。是否有合适的管理层支持？例如，是否有一个确定参与的指导委员会和对应的资金支持？数据仓库/商务智能项目需要强有力的管理层支持。

2）业务目标和范围。是否有确切的业务需要、业务目标和工作范围？

3）业务资源。业务管理层是否承诺提供或聘用相应的业务专家，专家的参与度如何？缺乏承诺是一个常见的失败点，反过来说也是一个充足的理由，可以在确认承诺前停止 DW/BI 项目。

4）业务准备情况。业务合作伙伴是否准备好这是一个长期的增量交付项目？他们是否承诺建立卓越中心，并在未来持续维护产品的版本？目标组织内的平均知识水平或技能差距有多大，可以在一个增量版本中拉平这种差距吗？

5）愿景一致。IT 战略对业务愿景的支持程度如何？确保所需的功能要求与当前 IT 路线图中已有或可以维持的业务能力相对应，这点至关重要。能力调整中的任何重大偏差或差距，都可能导致数据仓库/商务智能程序暂停或停止。

许多组织都有专门的团队来管理生产环境的持续运行（参见第 6 章）。建立单独团队来进行数据产品的交付有利于工作量优化，因为这个团队在固定周期内有重复的任务，通过维护通道能看到工作负载峰值与具体可交付物情况，可以对工作进行进一步优化调整。

前台支持小组与维护团队进行交互，可以促进部门间关系，并能确保在即将发布的版本中解决关键问题。他们通知团队需要解决的任何缺陷，运营中的后台支持团队可以确保所需的生产环境配置已按要求执行，也可以升级警报并汇报吞吐量状态。

11.6 数据仓库/商务智能治理

受到高度监管且需要以合规为中心报告的行业，将从治理良好的数据仓库中获益匪浅。对持续支持和发布规划至关重要的是确保在实施过程中完成和解决治理活动。越来越多的组织正在扩展其软件开发生命周期，并以特定的可交付成果满足治理需求。数据仓库治理流程应与风险管理保持一致。它们应该是业务驱动的，因为不同类型的企业有不同的需求（如营销和广告公司将使用不同于金融机构的数据）。治理流程应该降低风险，而不是减少任务的执行。

最关键的功能是那些管理业务运营的发现或改进区域，以及确保数据仓库本身质量稳定的功能。由于改进区域引领所有主动边界，因此需要握手和良好运行程序来实例化、操作、传送和丢弃这些区域中的数据。数据存档和时间范围是边界协议的关键要素，因为它们有助于避免蔓延。用户组会话和管理会议中包括对这些环境和时间表的监控，以确定使用期限。将数据加载到仓库意味着分配时间、资源和编程工作，以便将修正好的、可靠的、高质量的数据及时地传递给最终用户组织。

将一次性或有限使用的事件视为生命周期的一部分，并且可能在试验区域内或在用户控制的“沙箱”区域内限制它们。实时分析流程可以通过自动化流程将时间一致的聚合结果反馈到数据仓库中。策略是针对在实时环境中制定的过程定义的，而治理适用于将结果放入仓库供组织使用。

通过风险暴露/缓解矩阵管理的已知或已编目项目进行数据辨别。那些被认为具有高风险、低缓解或难以及早发现的项目，需要通过治理功能来减少相关风险。根据所检验数据的敏感性，可能还需要为选定的本地人员提供单独的工作空间。在制定制度的过程中，与公司的安全人员和法律人员联合进行彻底审查，形成最终的安全网。

11.6.1 业务接受度

一个关键的成功因素是业务对数据的接受程度，包括可以理解的数据、具有可验证的质量，以及具有可证明的数据血缘关系。由业务团队对数据进行验证的工作应该是用户验收测试（UAT）的一部分。在初始加载期间及在几个更新加载周期之后，在商务智能工具中针对源系统中的数据执行结构化随机测试，以满足验收标准。满足这些要求对于每个数据仓库/商务智能实施都是至关重要的，预先还要考虑一些非常重要的架构子组件及其支持活动，具体如下：

1）概念数据模型。组织的核心信息是什么？关键的业务概念是什么？它们是如何相互关联的？

2）数据质量反馈循环。如何识别和修正问题数据？系统所有者如何了解问题是怎么产生的？怎样对解决问题负责？对数据仓库的数据集成过程中引起的问题进行补救的过程是什么？

3）端到端元数据。架构如何支持集成的端到端元数据流？特别是，在架构设计时是否理解上下文环境的意义？数据消费者如何回答诸如“这个报表的含义是什么”或“这个指标是什么意思”等基本的问题？

4）端到端可验证数据血缘。业务用户公开访问的项目是否能以自动化的、可自维护的方式追溯到源系统？所有数据是否都记录在案？

11.6.2 客户/用户满意度

对数据质量的认识将提升客户满意度，但满意度也取决于其他因素，如数据消费者对数据的理解以及运营团队对已识别问题的响应能力。通过定期与用户代表召开会议，可以促进对问题的收集和理解，并根据客户反馈采取行动。此类交互还可以帮助数据仓库团队向用户分享版本路线图，并了解数据消费者是如何使用数据仓库的。

11.6.3 服务水平协议

对具体数仓环境的业务和技术期望应在服务水平协议（SLA）中指定。通常，响应时间、数据保留和可用性要求在不同业务需求类别及其各自的支持系统（如ODS、数据仓库和数据集市）之间存在很大差异。

11.6.4 报表策略

确保BI产品组合内部和跨BI产品组合间都存在报表策略。报表策略包括标准、流程、指南、最佳实践和程序，它将确保用户获得清晰、准确和及时的信息。报表策略必须解决如下问题：

1）安全访问。确保只有获得授权的用户才能访问敏感数据。

2）描述用户交互、报告、检查或查看其数据的访问机制。

3）用户社区类型和使用它的适当工具。

4）报表摘要、详细信息、例外情况以及频率、时间、分布和存储格式的本质。

5）通过图形化输出发挥可视化功能的潜力。

6）及时性和性能之间的权衡。

应定期评估标准报表，以确保它们仍然具有价值，因为报表运行会增加存储成本和处理成本。实施和维护流程以及管理活动至关重要。将适当的报表工具与业务团队保持一致的沟通是一个关键的成功因素。根据组织的规模和性质，可能会在各种流程中使用许多不同的报表工具，确保受众能够充分利用报表工具。复杂的用户会有越来越复杂的需求，根据这些需求维护决策矩阵，以确定升级或未来的工具选择。

数据源的治理监控也很重要，确保为授权人员安全地提供适当级别的数据，并且可以根据商定的级别访问订阅数据。

卓越中心可以提供培训、启动设置、设计最佳实践、数据源提示和技巧，以及其他的解决方案或功能，以帮助企业用户实现自助服务模式。除知识管理外，该中心还可以为开发人员、设计人员、分析师和订阅用户组织提供及时的交流。

11.6.5 度量指标

1. 使用指标

数据仓库中使用的度量指标通常包括注册用户数、连接用户数或并发用户数。这些度量指标表示组织内有多少人正在使用数据仓库。为每个工具授权多少个用户账户是一个很好的开始，特别是对于审计员而言。但是，实际有多少用户连接到该工具是一个更好的度量指标，并且每个时间段由用户社区申请的查询（或与查询相当）数量对于容量规划是更好的技术指标。允许多个分析指标，如审核用户、已生成的用户查询量和使用用户。

2. 主题域覆盖率

主题域覆盖百分比衡量每个部门访问仓库的程度（从数据拓扑的角度来看），还强调哪些数据是跨部门共享的，哪些还不是但也可能是共享的。

将操作源映射到目标是另一种自然的扩展，它强制和验证已经收集的血缘关系和元数据，并可以提供渗透分析，确定哪些部门在使用哪些源系统分析。通过减少对大量使用的源对象的更改，有助于将工作调整集中在那些具有高影响力的分析查询上。

3. 响应时间和性能指标

大多数查询工具会测量响应时间。通过工具检索响应或性能指标。此数据指标代表用户的数量和类型。

数据加载过程以原始格式收集每个数据产品的加载时间。它们还可以表示为预期支持的百分比：一个数据集市的加载预期是每日刷新的，有 4 小时的加载窗口，则处理过程在 4 小时内完成加载是 100% 满足需求的。可以将此过程应用于任何下游数据抽取流程中。

大多数工具将在日志或存储库中为提供给用户的对象保留查询和刷新记录及数据提取时间等。将数据划分为计划执行的对象和已执行的对象，并将其表示为尝试和已成功访问的原始计数。在满意度指标受到影响之前，需要关注非常受欢迎或查询表现不佳的对象。如果一组对象定期出现故障，可以进行缺陷分析，并制订维护计划以及容量规划。补救措施可能因工具而异，如有时创建或删除一个索引可能会带来极大的改善（参见第 6 章）。

这方面指标的后续跟进工作是验证和服务级别调整。在下个版本中调整那些过去一直失败的项目，或者在无充足资金的情况下，降低支持级别。

11.7 文献引用与推荐

Adamson, Christopher. *Mastering Data Warehouse Aggregates: Solutions for Star Schema Performance.* John Wiley and Sons, 2006. Print.

Adelman, Sid and Larissa T. Moss. *Data Warehouse Project Management.* Addison-Wesley Professional, 2000. Print.

Adelman, Sid, Larissa Moss and Majid Abai. *Data Strategy.* Addison-Wesley Professional, 2005. Print.

Adelman, Sid, et al. *Impossible Data Warehouse Situations: Solutions from the Experts.* Addison-Wesley, 2002. Print.

Aggarwal, Charu. *Data Mining: The Textbook.* Springer, 2015. Print.

Biere, Mike. *Business Intelligence for the Enterprise.* IBM Press, 2003. Print.

Biere, Mike. *The New Era of Enterprise Business Intelligence: Using Analytics to Achieve a Global Competitive Advantage.* IBM Press, 2010. Print. IBM Press.

Brown, Meta S. *Data Mining for Dummies.* For Dummies, 2014. Print. For Dummies.

Chorianopoulos, Antonios. *Effective CRM using Predictive Analytics.* Wiley, 2016. Print.

Delmater, Rhonda and Monte Hancock Jr. *Data Mining Explained; A Manager's Guide to Customer-Centric Business Intelligence.* Digital Press, 2001. Print.

Dyche, Jill. E-Data: *Turning Data Into Information With Data Warehousing.* Addison-Wesley, 2000. Print.

Eckerson, Wayne W. *Performance Dashboards: Measuring, Monitoring, and Managing Your Business.* Wiley, 2005. Print.

Han, Jiawei, Micheline Kamber and Jian Pei. *Data Mining: Concepts and Techniques.* 3rd ed. Morgan Kaufmann, 2011. Print. The Morgan Kaufmann Ser in Data Management Systems.

Hastie, Trevor, Robert Tibshirani, and Jerome Friedman. *The Elements of Statistical Learning: Data Mining, Inference, and Prediction.* 2nd ed. Springer, 2011. Print. Springer Series in Statistics.

Hill, Thomas, and Paul Lewicki. *Statistics: Methods and Applications.* Statsoft, Inc., 2005. Print.

Howson, Cindi. *Successful Business Intelligence: Unlock the Value of BI and Big Data.* 2nd ed. Mcgraw-Hill Osborne Media, 2013. Print.

Imhoff, Claudia, Lisa Loftis, and Jonathan G. Geiger. *Building the Customer-Centric Enterprise: Data Warehousing Techniques for Supporting Customer Relationship Management.* John Wiley and Sons, 2001. Print.

Imhoff, Claudia, Nicholas Galemmo, and Jonathan G. Geiger. *Mastering Data Warehouse Design: Relational and Dimensional Techniques.* John Wiley and Sons, 2003. Print.

Inmon, W. H., Claudia Imhoff, and Ryan Sousa. *The Corporate Information Factory.* 2nd ed. John Wiley and Sons, 2000. Print.

Inmon, W. H., and Krish Krishnan. *Building the Unstructured Data Warehouse.* Technics Publications, LLC., 2011. Print.

Josey, Andrew. *TOGAF Version* 9.1 *Enterprise Edition: An Introduction.* The Open Group, 2011. Kindle. Open Group White Paper.

Kaplan, Robert S and David P. Norton. *The Balanced Scorecard: Translating Strategy into Action.* Harvard Business Review Press, 1996. Kindle.

Kimball, Ralph, and Margy Ross. *The Data Warehouse Toolkit: The Definitive Guide to Dimensional Modeling.* 3d ed. Wiley, 2013. Print.

Kimball, Ralph, et al. *The Data Warehouse Lifecycle Toolkit.* 2nd ed. Wiley, 2008. Print.

Kimball, Ralph. *The Data Warehouse ETL Toolkit: Practical Techniques for Extracting, Cleaning, Conforming, and Delivering Data.* Amazon Digital Services, Inc., 2007. Kindle.

Linoff, Gordon S. and Michael J. A. Berry. *Data Mining Techniques: For Marketing, Sales, and Customer Relationship Management.* 3rd ed. Wiley, 2011. Print.

Linstedt, Dan. *The Official Data Vault Standards Document (Version 1.0) (Data Warehouse Architecture).* Amazon Digital Services, Inc., 2012. Kindle.

Loukides, Mike. *What Is Data Science?* O'Reilly Media, 2012. Kindle.

Lublinsky, Boris, Kevin T. Smith, and Alexey Yakubovich. *Professional Hadoop Solutions.* Wrox,

2013. Print.

Malik, Shadan. *Enterprise Dashboards: Design and Best Practices for IT.* Wiley, 2005. Print.

Morris, Henry. "Analytic Applications and Business Performance Management." *DM Review Magazine*, March, 1999. http://bit.ly/2rRrP4x.

Moss, Larissa T., and Shaku Atre. *Business Intelligence Roadmap: The Complete Project Lifecycle for Decision-Support Applications.* Addison-Wesley Professional, 2003. Print.

Ponniah, Paulraj. *Data Warehousing Fundamentals: A Comprehensive Guide for IT Professionals.* Wiley-Interscience, 2001. Print.

Provost, Foster and Tom Fawcett. *Data Science for Business: What you need to know about data mining and data-analytic thinking.* O'Reilly Media, 2013. Print.

Reeves, Laura L. *A Manager's Guide to Data Warehousing.* Wiley, 2009. Print.

Russell, Matthew A. *Mining the Social Web: Data Mining Facebook, Twitter, LinkedIn, Google +, GitHub, and More.* 2nd ed. O'Reilly Media, 2013. Print.

Silverston, Len, and Paul Agnew. *The Data Model Resource Book Volume 3: Universal Patterns for Data Modeling.* Wiley, 2008. Print.

Simon, Alan. *Modern Enterprise Business Intelligence and Data Management: A Roadmap for IT Directors, Managers, and Architects.* Morgan Kaufmann, 2014. Print.

Thomsen, Erik. *OLAP Solutions: Building Multidimensional Information Systems.* 2nd ed. Wiley, 2002. Print.

Vitt, Elizabeth, Michael Luckevich and Stacia Misner. *Business Intelligence.* Microsoft Press, 2008. Print. Developer Reference.

WAGmob. *Big Data and Hadoop.* WAGmob, 2013. Kindle.

Wremble, Robert and Christian Koncilia. *Data Warehouses and Olap: Concepts, Architectures and Solutions.* IGI Global, 2006. Print.

第 12 章　元数据管理

12.1　引言

元数据最常见的定义是“关于数据的数据”。这个定义非常简单，但也容易引起误解。可以归类为元数据的信息范围很广，不仅包括技术和业务流程、数据规则和约束，还包括逻辑数据结构与物理数据结构等。它描述了数据本身（如数据库、数据元素、数据模型），数据表示的概念（如业务流程、应用系统、软件代码、技术基础设施），数据与概念之间的联系（关系）。元数据可以帮助组织理解其自身的数据、系统和流程，同时帮助用户评估数据质量，对数据库与其他应用程序的管理来说是不可或缺的。它有助于处理、维护、集成、保护和治理其他数据。

为了理解元数据在数据管理中的重要作用，试想一个大型图书馆中有成千上万的书籍和杂志，但是没有目录卡片。没有目录卡片，读者将不知道如何寻找一本特定的书籍甚至一个特定的主题。目录卡片不仅提供了必要的信息（图书馆拥有哪些书籍和资料以及它们被存放在哪里），还帮助读者可以使用不同的方式（主题领域、作者或者书名）来查找资料。如果没有目录，寻找一本特定的书将是一件十分困难的事情。一个组织没有元数据，就如同一个图书馆没有目录卡片。

元数据对于数据管理和数据使用来说都是必不可少的（参阅 DAMA-DMBOK 中对元数据的多处引用）。所有大型组织都会产生和使用大量的数据，在整个组织中，不同的人拥有不同层面的数据知识，但没有人知道关于数据的一切。因此，必须将这些信息记录下来，否则组织可能会丢失关于自身的宝贵知识。元数据管理提供了获取和管理组织数据的主要方法。

然而，元数据管理不仅是知识管理面临的一个挑战，还是风险管理的一个必要条件。元数据可以确保组织识别私有的或敏感的数据，能够管理数据的生命周期，以实现自身利益，满足合规要求，并减少风险敞口。

如果没有可靠的元数据，组织就不知道它拥有什么数据、数据表示什么、数据来自何处、它如何在系统中流转，谁有权访问它，或者对于数据保持高质量的意义。如果没有元数据，组织就不能将其数据作为资产进行管理。实际上，如果没有元数据，组织可能根本无法管理其数据。

随着技术的发展，数据产生的速度也在加快，技术元数据已经成为数据迁移和集成方法中不可或缺的一部分。ISO 的元数据注册标准 ISO/IEC 11179 旨在基于精确数据定义，在异构环境中实现以元数据为驱动的数据交换。使用数据时，元数据需要以 XML 或其他格式呈现，其他类型的元数据要求在基于保留所有权、安全要求等属性的基础上进行数据交换（参见第 8 章）。

与其他数据一样，元数据需要管理。随着组织收集和存储数据能力的提升，元数据在数据管理中的作用变得越来越重要。要实现数据驱动，组织必须先实现元数据驱动[⊖]。元数据语境关系图如图 12-1 所示。

图 12-1　语境关系图：元数据

⊖ Cole，David. We kill people based on metadata［J/OL］. New York Review of Books，2014（9）［2014-05-10］. http：//bit. ly/2sv1uls.

12.1.1 业务驱动因素

数据管理需要元数据，元数据本身也需要管理，可靠且良好管理元数据有助于：

1）通过提供上下文语境和执行数据质量检查提高数据的可信度。

2）通过扩展用途增加战略信息（如主数据）的价值。

3）通过识别冗余数据和流程提高运营效率。

4）防止使用过时或不正确的数据。

5）减少数据的研究时间。

6）改善数据使用者和 IT 专业人员之间的沟通。

7）创建准确的影响分析，从而降低项目失败的风险。

8）通过缩短系统开发生命周期时间缩短产品上市时间。

9）通过全面记录数据背景、历史和来源降低培训成本和员工流动的影响。

10）满足监管合规。

元数据有助于采用一致的方式表示信息、简化工作流程以及保护敏感信息，尤其是在已有监管合规要求的情况下。

如果组织的数据质量很高，那么组织可以从数据资产中获得更多价值。高质量的数据和数据治理工作密切相关，因为元数据解释了使组织能够运行的数据和流程，所以元数据对于数据治理至关重要。如果说元数据是组织中数据管理的指南，那么必须妥善管理元数据。元数据管理不善容易导致以下问题：

1）冗余的数据和数据管理流程。

2）重复和冗余的字典、存储库和其他元数据存储。

3）不一致的数据元素定义和与数据滥用的相关风险。

4）元数据的不同版本相互矛盾且有冲突，降低了数据使用者的信心。

5）怀疑元数据和数据的可靠性。

良好的元数据管理工作，可以确保对数据资源的一致理解和更加高效的跨组织开发使用。

12.1.2 目标和原则

元数据管理的目标包括：

1）记录和管理与数据相关的业务术语的知识体系，以确保人们理解和使用数据内容的一致性。

2）收集和整合来自不同来源的元数据，以确保人们了解来自组织不同部门的数据之间的相似与差异。

3）确保元数据的质量、一致性、及时性和安全。

4）提供标准途径，使元数据使用者（人员、系统和流程）可以访问元数据。

5）推广或强制使用技术元数据标准，以实现数据交换。

成功实施元数据解决方案应遵循以下指导原则：

1）组织承诺。确保组织对元数据管理的承诺（高级管理层的支持和资金），将元数据管理作为企业整体战略的一部分，将数据作为企业资产进行管理。

2）战略。制定元数据战略，考虑如何创建、维护、集成和访问元数据。战略能推动需求，这些需求应在评估、购买和安装元数据管理产品之前定义。元数据战略必须与业务优先级保持一致。

3）企业视角。从企业视角确保未来的可扩展性，但是要通过迭代和增量交付来实现，以带来价值。

4）潜移默化。宣导元数据的必要性和每种元数据的用途；潜移默化其价值将鼓励业务使用元数据，同时也为业务提供知识辅助。

5）访问。确保员工了解如何访问和使用元数据。

6）质量。认识到元数据通常是通过现有流程（数据建模、SDLC、业务流程定义）生成的，所以流程所有者应对元数据的质量负责。

7）审计。制定、实施和审核元数据标准，以简化元数据的集成和使用。

8）改进。创建反馈机制，以便数据使用者可以将错误的或过时的元数据反馈给元数据管理团队。

12.1.3 基本概念

1. 元数据与数据

如在简介中所述，元数据也是一种数据，应该用数据管理的方式进行管理。一些组织面临的一个问题是，如何在元数据和非元数据之间划分界限。从概念上讲，这条边界与数据所代表的抽象级别有关。例如，在报告美国国家安全局对美国人使用电话的监控情况时，电话号码和通话时间通常被称为“元数据”，这意味着“真实”数据只包括电话交谈的内容，常识是电话号码和通话时间也只是普通数据。

从经验来说，一个人的元数据，可能是另一个人的数据。即使是看似元数据的东西（如一列字段名称），也可能是普通数据。例如，该数据可以作为输入，满足多个不同组织理解数据和分析数据的需求。

为了管理元数据，组织不应该担心理论上的区别，相反他们应该定义元数据需求，重点关注元数据能用来做什么（创建新数据、了解现有数据、实现系统之间的流转、访问数据、共享数据）和满足这些需求的源数据。

2. 元数据的类型

元数据通常分为三种类型：业务元数据、技术元数据和操作元数据。这些类别使人们能够理解属于元数据总体框架下的信息范围，以及元数据的产生过程。也就是说，这些类别也可能导致混淆，特别是当人们对一组元数据属于哪个类别或应该由谁使用这个类别产生疑问时。最好是根据数据的来源而不是使用方式来考虑这些类别。就使用而言，元数据不同类型之间的区别并不严格，技术和操作人员既可以使用“业务”元数据，也可以使用其他类型元数据。

在信息技术之外的领域，如在图书馆或信息科学中，元数据被描述为不同的类别：

1）描述元数据（Descriptive Metadata）。描述资源并支持识别和检索，如标题、作者和主题等。

2）结构元数据（Structural Metadata）。描述资源及其组成组件之间的关系，如页数、章节等。

3）管理元数据（Administrative Metadata）。用于描述管理生命周期的元数据，如版本号、存档日期等。

这些类别有助于了解定义元数据需求的过程。

（1）业务元数据

业务元数据（Business Metadata）主要关注数据的内容和条件，另包括与数据治理相关的详细信息。业务元数据包括主题域、概念、实体、属性的非技术名称和定义、属性的数据类型和其他特征，如范围描述、计算公式、算法和业务规则、有效的域值及其定义。业务元数据的示例包括：

1）数据集、表和字段的定义和描述。

2）业务规则、转换规则、计算公式和推导公式。

3）数据模型。

4）数据质量规则和检核结果。

5）数据的更新计划。

6）数据溯源和数据血缘。

7）数据标准。

8）特定的数据元素记录系统。

9）有效值约束。

10）利益相关方联系信息（如数据所有者、数据管理专员）。

11）数据的安全/隐私级别。

12）已知的数据问题。

13）数据使用说明。

（2）技术元数据

技术元数据（Technical Metadata）提供有关数据的技术细节、存储数据的系统以及在系统内和系统之间数据流转过程的信息。技术元数据示例包括：

1）物理数据库表名和字段名。

2）字段属性。

3）数据库对象的属性。

4）访问权限。

5）数据 CRUD（增、删、改、查）规则。

6）物理数据模型，包括数据表名、键和索引。

7）记录数据模型与实物资产之间的关系。

8）ETL 作业详细信息。

9）文件格式模式定义。

10）源到目标的映射文档。

11）数据血缘文档，包括上游和下游变更影响的信息。

12）程序和应用的名称和描述。

13）周期作业（内容更新）的调度计划和依赖。

14）恢复和备份规则。

15）数据访问的权限、组、角色。

（3）操作元数据

操作元数据（Operational Metadata）描述了处理和访问数据的细节，例如：

1）批处理程序的作业执行日志。

2）抽取历史和结果。

3）调度异常处理。

4）审计、平衡、控制度量的结果。

5）错误日志。

6）报表和查询的访问模式、频率和执行时间。

7）补丁和版本的维护计划和执行情况，以及当前的补丁级别。

8）备份、保留、创建日期、灾备恢复预案。

9）服务水平协议（SLA）要求和规定。

10）容量和使用模式。

11）数据归档、保留规则和相关归档文件。

12）清洗标准。

13）数据共享规则和协议。

14）技术人员的角色、职责和联系信息。

3. ISO/IEC 11179 元数据注册标准

ISO 的元数据注册标准 ISO/IEC 11179 中提供了用于定义元数据注册的框架，旨在基于数据的精确定义，从数据元素开始，实现元数据驱动的数据交换。该标准由以下几部分组成：

第 1 部分：数据元素生成和标准化框架。

第 2 部分：数据元数据分类。

第 3 部分：数据元素的基本属性。

第 4 部分：数据定义的形成规则和指南。

第 5 部分：数据元素的命名和识别原则。

第 6 部分：数据元素的注册。

4. 非结构化数据的元数据

从本质上来说，所有数据都是有一定结构的，但并非所有数据都是以行、列的形式在我们熟悉的关系型数据库中进行记录的。任何不在数据库或数据文件中的数据（包括文档或其他介质）都被认为是非结构化数据（参见第 9 章和第 14 章）。

相比结构化数据的管理，元数据对非结构化数据的管理来说可能更为重要。上文提到的图书馆中的书籍和杂志就是很好的非结构化数据的例子，目录卡片中元数据的主要用途是找到所需材料，而不用在意其格式。

非结构化数据的元数据包括：描述元数据，如目录信息和同义关键字；结构元数据，如标签、字段结构、特定格式；管理元数据，如来源、更新计划、访问权限和导航信息；书目元数据，如图书馆目录条目；记录元数据，如保留策略；保存元数据，如存储、归档条件和保存规则（参见第 9 章）。

大多数人断言非结构数据的元数据管理与传统的内容管理问题相关，但是围绕着数据湖中的非结构化数据管理出现了新的实践。希望利用数据湖、使用 Hadoop 等大数据平台的组织发现，他们必须对采集的数据进行编目，以便以后访问。在多数情况下，收集元数据作为数据采集流程的一部分，需要收集关于在数据湖中采集的每个对象的最小元数据属性集（如名称、格式、来源、版本、接收日期等），这将生成数据湖内容的目录。

5. 元数据来源

从元数据的类型应该能够清楚地看出，元数据的来源各异。此外，如果来自应用和数据库中的元数据管理得当，则可以较为容易地收集和整合它们。但是，大多数组织都没有在应用层面很好地管理元数据，因为元数据通常是作为应用程序处理的副产品而不是最终产品创建的（它不是为消费而创造的）。与其他形式的数据一样，在元数据集成之前，还需要做大量的准备工作。

大多数操作元数据是在处理数据时生成的。使用这类元数据的关键是以一种可用的形式进行收集，并确保负责解释它的人拥有他们需要的工具。要想理解错误日志中的信息，需要理解描述日志文件中内容的元数据。同样，可以从数据库对象中收集大部分技术元数据。

可以对现有系统中的数据进行逆向工程，并从现有数据字典、模型和流程文档中收集业务元数据（Loshin，2001；Aiken，1995），但这样做是有风险的，最大的风险在于一开始不知道在开发和细化这些定义时需要花费多少精力。如果定义不完善或含糊不清，那么企业就不能向数据使用者提供他们用于理解正在使用的数据的信息。

最好是有意识地重新定义而不是简单地接受现有定义。定义的确定需要时间和正确的技能（如写作和辅导技能），这就是业务元数据的开发需要专职岗位的原因（参见第 3 章）。

管理数据库所需的大部分技术元数据和使用数据所需的业务元数据，可以作为项目工作的一部分进行收集和开发。例如，数据建模过程需要讨论数据元素的含义以及它们之间的关系。应记录和整理讨论过程中共享的知识，以便在数据字典、业务术语表和其他存储库中使用。数据模型本身包含数据物理特征的重要细节，应在这些工作上分配足够的时间，以确保项目产出物包含符合企业标准的高质量元数据。

定义良好的业务元数据可以在不同的项目中重复使用，并促进在不同数据集的业务概念得到一致理解。组织还可以有意规划元数据的集成作为开发元数据的一部分，以便元数据可以重复使用。

例如，可以整理一个系统清单，所有与特定系统相关的元数据都可以使用相同的系统标识符进行标记。

为元数据本身而创建元数据很少能行得通，大多数组织都不会为此类工作提供资金支持，即使他们这样做，也不太可能实施维护流程。在这方面，元数据与其他数据一样：它应该作为有明确定义流程的产品而创建，使用可以保障整体质量的工具，管理员和其他数据管理专业人员应确保有适当的流程来维护与这些流程相关的元数据。例如，如果组织从其数据模型中收集关键元数据，应该确保有一个合适的变更管理过程保持模型的最新状态。

为了使组织对元数据有更深入的感受，此处概述一系列来源，按英文字母顺序排列。

（1）应用程序中元数据存储库

元数据存储库指存储元数据的物理表，这些表通常内置在建模工具、BI 工具和其他应用程序中。随着组织元数据管理成熟度的提升，希望将不同应用程序中的元数据集成，以便数据使用者可以查看到各种信息。

（2）业务术语表

业务术语表（Business Glossary）的作用是记录和存储组织的业务概念、术语、定义以及这些术语之间的关系。

在许多组织中，业务术语表仅仅是一个电子表格。但是，随着组织的日渐成熟，他们会经常购买或构建术语表，这些术语表包含健壮的信息以及跟随时间变化的管理能力。与所有面向数据的系统一样，设计业务术语表应考虑具有不同角色和职责的硬件、软件、数据库、流程和人力资源。业务词汇表应用程序的构建需满足三个核心用户的功能需求：

1）业务用户（Business users）。数据分析师、研究分析师、管理人员和使用业务术语表来理解术语和数据的其他人员。

2）数据管理专员（Data Stewards）。数据管理专员使用业务术语表管理和定义术语的生命周期，并通过将数据资产与术语表相关联增强企业知识，如将术语与业务指标、报告、数据质量分析或技术组件相关联。数据管理员收集术语和使用中的问题，以帮助解决整个组织的认识差异。

3）技术用户（Technical users）。技术用户使用业务术语表设计架构、设计系统和开发决策，并进行影响分析。

业务术语表应包含业务术语属性，例如：

1）术语名称、定义、缩写或简称，以及任何同义词。

2）负责管理与术语相关的数据的业务部门和/或应用程序。

3）维护术语的人员姓名和更新日期。

4）术语的分类或分类间的关联关系（业务功能关联）。

5）需要解决的冲突定义、问题的性质、行动时间表。

6）常见的误解。

7）支持定义的算法。

8）血缘。

9）支持该术语的官方或权威数据来源。

每个业务术语表的实施都应该有一组支持治理过程的基本报告。建议组织不要“打印术语表”，因为术语表的内容不是静态的。数据管理专员通常负责词汇表的开发、使用、操作和报告。报告包括：跟踪尚未审核的新术语和定义、处于挂起状态的术语和缺少定义或其他属性的术语（见 12.6.4 节）。

易用性和功能性会背道而驰，业务术语表的搜索便捷性越高，越容易推广使用。但是，术语表最重要的特征是它包含足够完整和高质量的信息。

（3）商务智能工具

商务智能工具生成与商务智能设计相关的各类元数据，包括概述信息、类、对象、衍生信息和计算的项、过滤器、报表、报表字段、报表展现、报表用户、报表发布频率和报表发布渠道。

（4）配置管理工具

配置管理工具或数据库（CMDB）提供了管理和维护与 IT 资产、它们之间的关系以及资产的合同细节相关的元数据的功能。CMDB 数据库中的每个资产都被称为配置项（CI）。为每个 CI 类型收集和管理标准元数据。许多组织将 CMDB 与变更管理流程集成，以识别受特定资产变更影响的相关资产或应用程序。存储库提供了将元数据存储库中的资产链接到 CMDB 中的实际物理实现细节的机制，以提供数据和平台的完整视图。

（5）数据字典

数据字典定义数据集的结构和内容，通常用于单个数据库、应用程序或数据仓库。数据字典可用于管理数据模型中每个元素的名称、描述、结构、特征、存储要求、默认值、关系、唯一性和其他属性。它还应包含表或文件定义。数据字典嵌入在数据库工具中，用于创建、操作和处理其中包含的数据。数据使用者如需使用这类元数据，则必须从数据库或建模工具中进行提取。数据字典还可以描述那些对社区有用的、在安全限制下可用的、在业务流程中应用的数据元素。通过直接利用逻辑数据模型中的内容，在定义、发布和维护用于报告和分析的语义层时可以节省时间。但是，如前所述，应谨慎使用现有定义，尤其是在元数据管理成熟度较低的组织中。

在数据模型的开发过程中，会解释许多关键业务流程、关系和术语。当将物理结构部署到生产环境中时，通常会丢失在逻辑数据模型中捕获的部分信息。数据字典可以帮助组织确保此信息不会完全丢失，以及在生产部署之后逻辑模型与物理模型保持一致。

（6）数据集成工具

许多数据集成工具用于可执行文件将数据从一个系统移动到另一个系统，或在同一系统中的不同模块之间移动。许多工具生成临时文件，其中可能包含数据的副本或派生副本。这些工具能够从各种源加载数据，通过分组、修正、重新格式化、连接、筛选或其他操作对加载的数据进行操作，然后生成输出数据。这些数据将被分发到目标位置，它们记录在系统之间移动数据的沿袭关系。任何成功的元数据解决方案都应该能够通过集成工具移动时使用沿袭元数据，并将其作为从实际源到最终目的地的整体血统进行公开。

数据集成工具提供了应用程序接口（API），允许外部元数据存储库提取血缘关系信息和临时文件元数据。一旦元数据存储库收集了信息，元数据管理工具就可以为任何数据元素生成全局数据地图。数据集成工具还提供有关各种数据集成作业执行的元数据，包括上次成功运行、持续时间和作业状态。某些元数据存储库可以提取数据集成运行时的统计信息和元数据，并将其与数据元素一起公开（参见第6章和第8章）。

（7）数据库管理和系统目录

数据库目录是元数据的重要来源，它们描述了数据库的内容、信息大小、软件版本、部署状态、网络正常运行时间、基础架构正常运行时间、可用性，以及许多其他操作元数据属性。最常见的数据库形式是关系型的，关系型数据库将数据作为一组表和列进行管理，其中表包含一个或多个列、索引、约束、视图和存储过程。元数据解决方案应该能够连接到各种数据库和数据集，并读取数据库公开的所有元数据。一些元数据存储库工具可以集成系统管理工具中公开的元数据，以提供描述物理资产的更全面的图像。

（8）数据映射管理工具

映射管理工具用于项目的分析和设计阶段，它将需求转换为映射规范，然后由数据集成工具直接使用或由开发人员用来生成数据集成代码。映射文档通常也存储在整个企业的Excel文档中。一些厂商现在正在考虑为映射规范提供集中存储库，这些存储库具有版本控制和变更分析的功能。此外，许多映射工具与数据集成工具集成后，便可以自动生成数据集成程序，并且大多数映射工具还可以与其他元数据和参考数据存储库进行数据交换（参见第8章）。

（9）数据质量工具

数据质量工具通过验证规则来评估数据质量，其中的大多数工具提供了与其他元数据存储库交换质量分数和质量概况的功能，使元数据存储库能够将质量分数附加到相关的物理资产上。

（10）数据目录

数据字典和术语表包含有关术语、表和字段的详细信息，但是数据目录包含有关组织内数据的系统、源和位置的信息。元数据目录对于开发人员和数据超级用户（如数据管理团队和数据分析师）来说特别有用，可以了解企业中的数据范围，无论是研究问题还是查找有关寻找新应用程序的信息。

（11）事件消息工具

事件消息工具在不同系统之间移动数据，需要大量的元数据，并生成描述此移动的元数据。这些工具包括图形接口，可以管理数据移动的逻辑，并将接口实现细节、移动逻辑和处理统计信息导出到其他元数据存储库。

（12）建模工具和存储库

数据建模工具用于构建各种类型的数据模型：概念模型、逻辑模型和物理模型。这些工具生成与应用程序或系统模型设计相关的元数据，如主题域、逻辑实体、逻辑属性、实体和属性关系、父类型和子类型、表、字段、索引、主键和外键、完整性约束以及模型中其他类型的属性。元数据存储库可以提取由这些工具创建的模型，并将导入的元数据整合到存储库中。建模工具通常是数据字典内容的来源。

（13）参考数据库

参考数据记录各种类型的枚举数据（值域）的业务价值和描述，在系统中的上下文中使用。用于管理参考数据的工具，还能够管理相同或不同业务领域内不同编码值之间的关系。这些工具套件通常提供将收集的参考数据发送到元数据存储库的功能，元数据存储库则提供将参考数据与业务词汇表以及物理实现该数据的位置（如列或字段）相关联的机制。

（14）服务注册

服务注册是从面向服务的架构（SOA）角度管理和存储有关服务和服务终端的技术信息，如定义、接口、操作、输入和输出参数、制度、版本和示例使用场景。一些与服务相关的最重要的元数据包括服务版本、服务位置、数据中心、可用性、部署日期、服务端口、IP 地址、统计端口、连接超时和连接重试超时。服务注册中心应满足各种需求，如显示所有可用服务的列表、具有特定版本的服务、过时服务或关于特定服务的细节，还可以审查服务评估是否可以复用。这些存储库中包含的信息提供了有关哪些数据存在以及它们如何在各种系统或应用程序之间移动的事实依据。可以提取服务存储库中的元数据，并将其与从其他工具收集的元数据合并，以提供数据如何在各种系统之间移动的完整画面。

（15）其他元数据存储

其他元数据的种类繁多，大多是指特定格式的清单，如事件注册表、源列表或接口、代码集、词典、时空模式、空间参考、数字地理数据集的分发、存储库的存储库和业务规则。

6. 元数据架构的类型

与其他形式的数据一样，元数据也有生命周期。从概念上讲，所有元数据管理解决方案都包含与元数据生命周期相对应的架构层次：

1）元数据创建和采集。

2）元数据在一个或多个存储库中存储。

3）元数据集成。

4）元数据交付。

5）元数据使用。

6）元数据控制和管理。

可以采用不同的架构方法获取、存储、集成和维护元数据，供数据消费者访问元数据。

（1）集中式元数据架构

集中式元数据架构由单一的元数据存储库组成，包含来自各种不同源的元数据副本。IT 资源有限的组织或者那些追求尽可能实现自动化的组织，可能会选择避免使用此架构选项。在公共元数据存储库中寻求高度一致性的组织，可以从集中式元数据架构中受益。

集中式存储库的优点有：

1）高可用性，因为它独立于源系统。

2）快速的元数据检索，因为存储库和查询功能在一起。

3）解决了数据库结构问题，使其不受第三方或商业系统特有属性的影响。

4）抽取元数据时可进行转换、自定义或使用其他源系统中的元数据进行补充，提高了元数据的质量。

集中式存储库的缺点有：

1）必须使用复杂的流程确保元数据源头中的更改能够快速同步到存储库中。

2）维护集中式存储库的成本可能很高。

3）元数据的抽取可能需要自定义模块或中间件。

4）验证和维护自定义代码会增加对内部 IT 人员和软件供应商的要求。

图 12-2 显示集中式存储库在各自具有内部元数据存储库的工具中收集元数据的方式。集中式存储库通过各种工具将元数据定时导入（箭头）来填充。反过来，集中式存储库公开了一个门户，供最终用户提交查询。元数据门户将请求传递到集中式元数据存储库，集中式存储库将以收集的元数据满足请求。在这种架构中，不支持将请求从用户直接传递给各种工具的功能。由于在集中式存储库中收集了各种元数据，因此可以对从各种工具收集的元数据进行全局搜索。

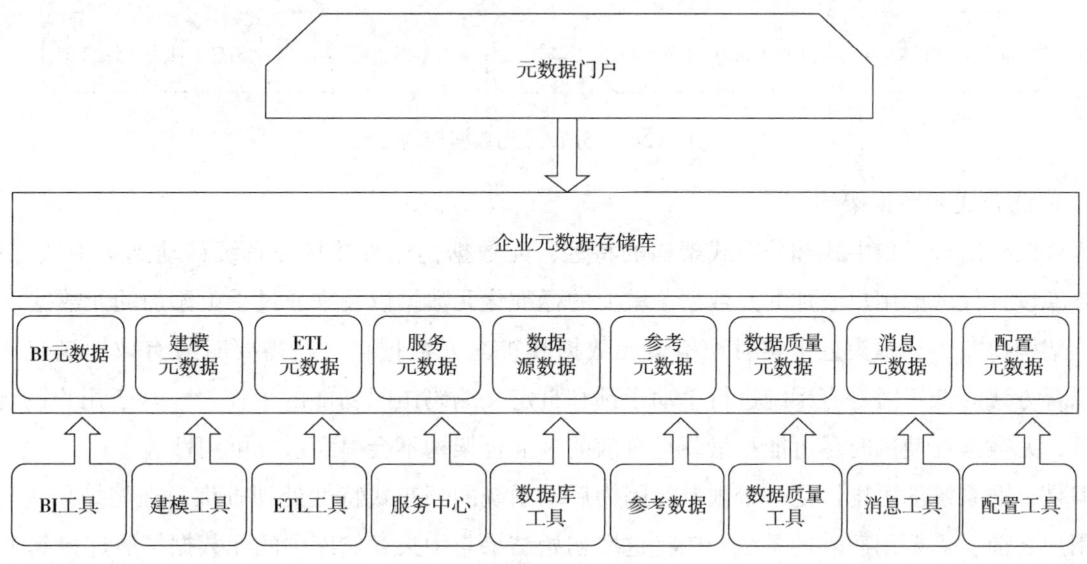

图 12-2　集中式元数据架构

（2）分布式元数据架构

一个完全分布式的架构中维护了一个单一的接入点。元数据检索引擎通过实时从源系统检索数据来响应用户请求；分布式元数据架构没有持久化的存储库。在这种架构中，元数据管理环境维护必要的源系统目录和查找信息，以有效处理用户查询和搜索。可通过公共对象请求代理或类似的中间件协议访问这些源系统。

分布式元数据架构的优点包括：

1）元数据总是尽可能保持最新且有效，因为它是从其数据源中直接检索的。

2）查询是分布式的，可能会提高响应和处理的效率。

3）来自专有系统的元数据请求仅限于查询处理，而不需要详细了解专有数据结构，因此最大限度地减少了实施和维护所需的工作量。

4）自动化元数据查询处理的开发可能更简单，只需要很少的人工干预。

5）减少了批处理，没有元数据复制或同步过程。

分布式元数据架构的缺点包括：

1）无法支持用户定义或手动插入的元数据项，因为没有存储库可以放置这些添加项。

2）需要通过统一的、标准化的展示方式呈现来自不同系统的元数据。

3）查询功能受源系统可用性的影响。

4）元数据的质量完全取决于源系统。

图 12-3 说明了分布式元数据架构。没有集中式元数据存储库，门户会将用户的请求传递给相应的工具来执行。由于没有从各种工具收集元数据进行集中存储，必须将每个请求委托给源系统，因此不具有跨各种元数据源进行全局搜索的功能。

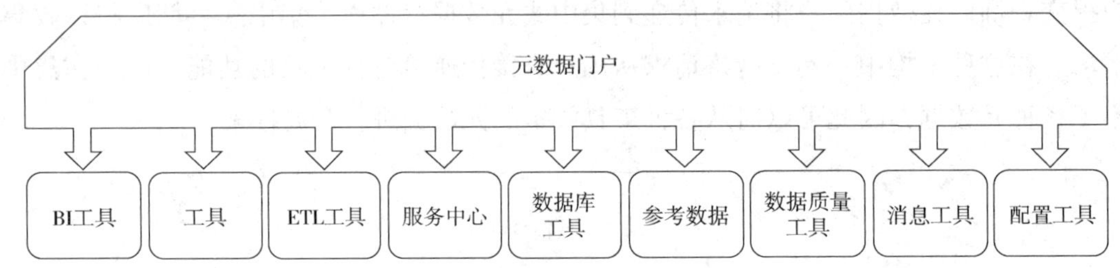

图 12-3　分布式元数据架构

（3）混合式元数据架构

混合架构结合了集中式和分布式架构的特性，元数据仍然直接从源系统移动到集中式存储库，但存储库设计仅考虑用户添加的元数据、重要的标准化元数据以及来通过手工添加的元数据。

该架构得益于从源头近乎实时地检索元数据和扩充元数据，可在需要时最有效地满足用户需求。混合方法降低了对专有系统进行手动干预和自定义编码访问功能的工作量。基于用户的优先级和要求，元数据在使用时尽可能是最新且有效的。混合架构不会提高系统可用性。

但是，源系统的可用性是一个限制，因为后端系统的分布式特性处理查询。在将结果集呈现给最终用户之前，需要用额外的系统开销将这些初始结果与中央存储库中的元数据扩展连接起来。

许多组织都可以从混合架构中受益，包括那些具有快速变化的操作元数据的组织，需要一致、统一的元数据组织，以及在元数据和元数据源正在大幅增长的组织。对于大多静态元数据或元数据量较小元数据增量的组织来说，可能无法发挥这种架构替代方案的最大潜力。

（4）双向元数据架构

另一种高级架构方法是双向元数据架构，它允许元数据在架构的任何部分（源、数据集成、用户界面）中进行更改，然后将变更从存储库（代理）同步到其原始源以实现反馈。

这种方法显然存在各种挑战。该设计强制元数据存储库包含最新版本的元数据源，并强制对源的更改管理，必须系统地捕获变更，然后加以解决；必须构建和维护附加的一系列处理接口，以将存储库的内容回写至元数据源。

图 12-4 说明了如何在集中式元数据存储中收集来自不同来源的公共元数据。用户将他们的查询请求提交到元数据门户，元数据门户将请求传递到一个集中式存储库，集中式存储库将尝试用最初从各种源收集的公共元数据满足用户请求。请求变得更具体或用户需要更详细的元数据时，集中式存储库将委托特定的源处理具体细节。由于在集中式存储库中收集了公共元数据，因此可以跨各种工具进行全局搜索。

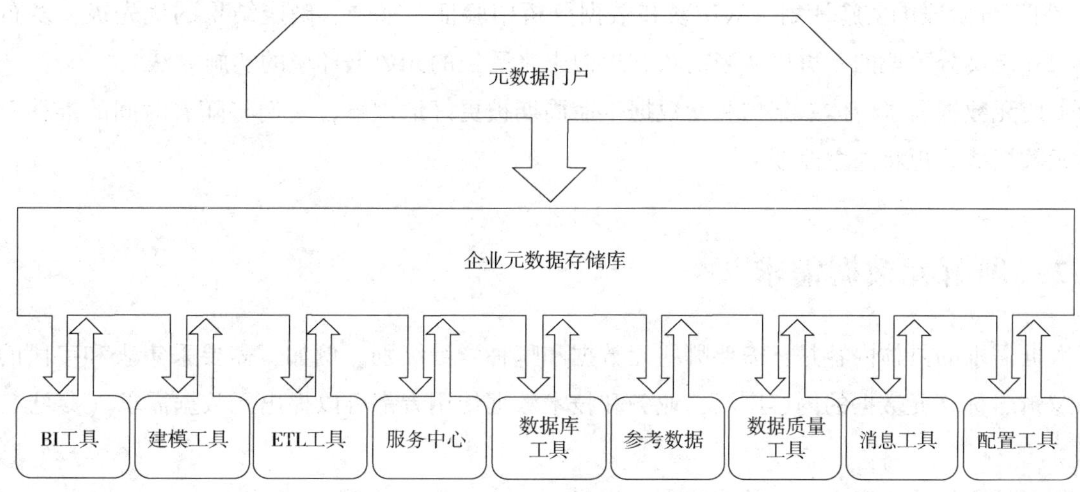

图 12-4　混合元数据架构

12.2　活动

12.2.1　定义元数据战略

元数据战略描述组织应如何管理其自身元数据，以及元数据从当前状态到未来状态的实施线路。元数据战略应该为开发团队提供一个框架，以提升元数据管理能力。开发元数据需求，可以帮助阐明元数据战略的驱动力，识别潜在障碍并克服它。

元数据战略包括定义组织元数据架构蓝图和与战略目标匹配的实施步骤。步骤包括：

1）启动元数据战略计划。启动和计划的目的是保证元数据战略团队可以定义出短期和长期目标。计划包括起草与整体治理措施一致的章程、范围和具体目标，然后展开沟通计划以落实治理措施。关键利益相关方应参与计划制订。

2）组织关键利益相关方的访谈。通过对业务人员和技术人员的访谈，可以得到元数据战略的基础知识。

3）评估现有的元数据资源和信息架构。评估确定解决元数据和系统问题的难度，在访谈和文档复查中识别这些问题。在此阶段，对关键 IT 员工做进一步访谈，审查系统架构、数据模型等文档。

4）开发未来的元数据架构。优化和确认未来愿景，开发可以满足管理现阶段元数据环境长期目标的元数据架构。这个阶段必须考虑战略组成部分，如组织架构、与数据治理所需的管理人员一致、受控的元数据架构、元数据交付架构、技术架构和安全架构。

5）制订分阶段的实施计划。从访谈和数据分析中验证、整合、确定结果的优先级，发布元数据战略，并定义分阶段的、可以从当前状态迈向未来受控的元数据环境的实施方法。

为了使元数据需求、体系架构和元数据生命周期被更好地理解，它们将随着时间的推移而发生变化，元数据战略也将随之改变。

12.2.2 理解元数据需求

元数据需求的具体内容是：需要哪些元数据和哪种详细级别。例如，需要采集表和字段的物理名称和逻辑名称。元数据的内容广泛，业务和技术数据使用者都可以提出元数据需求（参见12.1.3（2）节）。

元数据综合解决方案由以下功能需求点组成：

1）更新频次。元数据属性和属性集更新的频率。

2）同步情况。数据源头变化后的更新时间。

3）历史信息。是否需要保留元数据的历史版本。

4）访问权限。通过特定的用户界面功能，谁可以访问元数据，如何访问。

5）存储结构。元数据如何通过建模来存储。

6）集成要求。元数据从不同数据源的整合程度，整合的规则。

7）运维要求。更新元数据的处理过程和规则（记录日志和提交申请）。

8）管理要求。管理元数据的角色和职责。

9）质量要求。元数据质量需求。

10）安全要求。一些元数据不应公开，因为会泄露某些高度保密数据的信息。

12.2.3 定义元数据架构

元数据管理系统必须具有从不同数据源采集元数据的能力，设计架构时应确保可以扫描不同元数据源和定期地更新元数据存储库，系统必须支持手工更新元数据、请求元数据、查询元数据和被不同用户组查询。

受控的元数据环境应为最终用户屏蔽元数据的多样性和差异性。元数据架构应为用户访问元数据存储库提供统一的入口，该入口必须向用户透明地提供所有相关元数据资源，这意味着用户可以在不关注数据源的差异的情况下访问元数据。在数据分析和大数据解决方案中，接口可能包含大量用户自定义函数（UDF）以利用多个数据集，此时对这些定制元数据向最终用户公开元数据是不透明的方式。方案中减少对UDF的依赖，最终用户将更加直接地收集、检查和使用数据集，此时许多支持的元数据通常可以更好地公开。

组织根据具体的需求设计元数据架构。与设计数据仓库相似，建立公共元数据存储库通常有三种技术架构方法：集中式、分布式和混合式（参见12.1.3节）。这些方法都考虑了存储库的实现以及更新机制的操作方式。

1. 创建元模型

创建一个元数据存储库的数据模型，也叫元模型，是定义元数据战略和理解业务需求后的第一个设计步骤。可以根据需求开发不同级别的元模型；高级别的概念模型描述了系统之间的关系，低级别的元模型细化了各个属性，描述了模型组成元素和处理过程。作为一种规划工具和表达需求的方案，元模型本身也是一个有价值的元数据源。

图 12-5 显示了一个元数据存储库元模型的例子，图中方框表示包含数据的高级别主要实体。

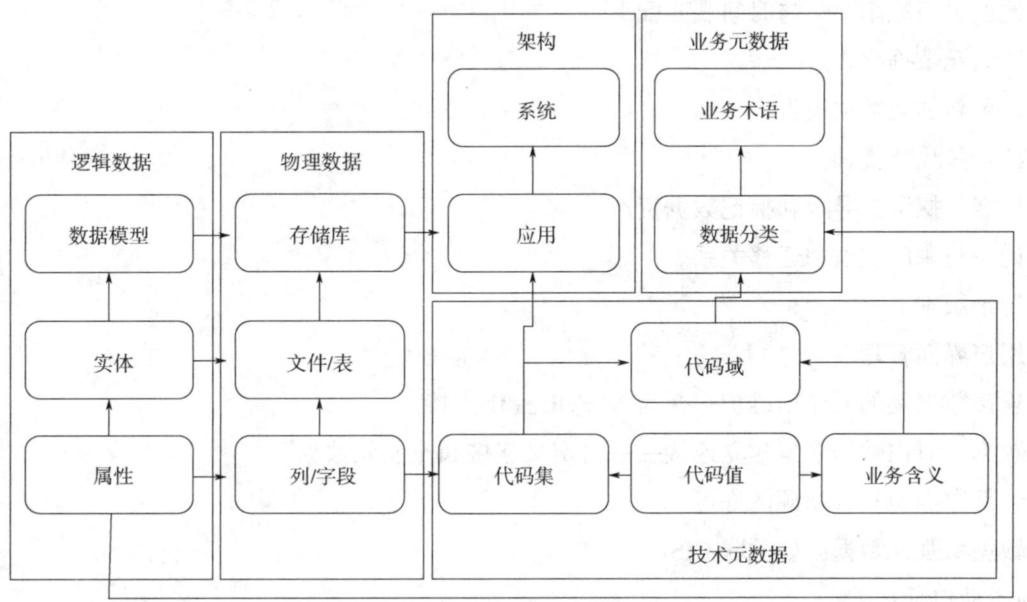

图 12-5　元数据存储库元模型示例

2. 应用元数据标准

元数据解决方案应遵循在元数据战略中已定义的对内和对外的标准，数据治理活动应监督元数据的标准遵从情况。组织对内元数据标准包括命名规范、自定义属性、安全、可见性和处理过程文档，组织对外元数据标准包括数据交换格式和应程序接口设计。

3. 管理元数据存储

实施控制活动以管理元数据环境。存储库的控制活动是由元数据专家执行的元数据迁移和存储库更新的控制。这些活动本质是可管理的、可监控的、可报告的、可预警的、有作业日志的，同时可以解决各种已实施的元数据存储库环境的各种问题。许多控制活动是数据操作和接口维护的标准，控制活动应受到数据治理过程的监督。

控制活动包括：

1）作业调度和监控。

2）加载统计分析。

3）备份、恢复、归档、消除。

4）配置修改。

5）性能调优。

6）查询统计分析。

7）查询和报表生成。

8）安全管理。

质量控制活动包括：

1）质量保证，质量控制。

2）数据更新频率——与时间表匹配。

3）缺失元数据报告。

4）未更新的元数据报告。

元数据管理活动包括：

1）加载、探测、导入和标记数据资产。

2）记录与源的映射和迁移关系。

3）记录版本。

4）用户界面管理。

5）连接数据集的元数据维护——为 NOSQL 提供支持。

6）数据与对内数据采集建立连接——自定义连接和作业元数据。

7）外部数据源和订阅源的许可。

8）数据增强元数据，如关联 GIS。

培训活动包括：

1）教育和培训用户和数据专员。

2）生成和分析管理指标。

3）对控制活动、查询、报告进行培训。

12.2.4 创建和维护元数据

如 12.1.3 节所述，元数据是通过一系列过程创建的，并存储在组织中的不同地方。为保证高质量的元数据，应把元数据当作产品来进行管理。好的元数据不是偶然产生的，而是认真计划的结果（参见第 13 章）。

元数据管理的几个一般原则描述了管理元数据质量的方法：

1）责任（Accountability）。认识到元数据通常通过现有流程产生（数据建模，SDLC，业务流程定义），因此流程的执行者对元数据的质量负责。

2）标准（Standards）。制定、执行和审计元数据标准，简化集成过程，并且适用。

3）改进（Improvement）。建立反馈机制保障用户可以将不准确或已过时的元数据通知元数据管理团队。

如其他类型数据一样，可以对元数据进行剖析和质量的检查。作为项目工作的可审计部分，元数据维护工作应按计划进行或完成。

1. 整合元数据

集成过程中从整个企业范围内收集和整合元数据，包括从企业外部获取的数据中的元数据。元数据存储库应将提取的技术元数据与相关的业务、流程和管理元数据集成在一起，可以使用适配器、扫描仪、网桥应用程序或直接访问源数据存储中的方式来提取元数据。第三方厂商的软件工具和元数据整合工具都提供采集适配器程序。在某些情况下，需要通过 API 来开发适配器。

元数据整合过程中可能存在一些挑战，也可能需要诉诸数据治理流程进行协调解决，例如，在对内部数据集、外部数据（如政府统计数据）、非电子形式数据（如白皮书、杂志文章或报表）进行整合时，可能会出现大量的质量和语义方面的问题。

对元数据存储库的扫描有两种不同的方式：

1）专用接口。采用单步方式，扫描程序从来源系统中采集元数据，直接调用特定格式的装载程序，将元数据加载到元数据存储中。在此过程中，不需要输出任何中间元数据文件，元数据的采集和装载也是一步完成的。

2）半专用接口。采用两步方式，扫描程序从来源系统中采集元数据，并输出到特定格式的数据文件中。扫描程序只产生目标存储库能够正确读取和加载的数据文件。数据文件可以被多种方式读取，所以这种接口的架构更加开放。

在此过程中，扫描程序产生和使用多种类型文件：

1）控制文件。包含数据模型的数据源结构信息。

2）重用文件。包含管理装载流程的重用规则信息。

3）日志文件。在流程的每一阶段、每次扫描或抽取操作生成的日志。

4）临时和备份文件。在流程中使用或做追溯流程所使用的文件。

可以使用一个非持久的元数据暂存区进行临时和备份文件的存储，暂存区应支持回滚和恢复处理，并提供临时审计跟踪信息，这样有助于存储库管理员追踪元数据来源或质量问题。暂存区可以采用文件目录或数据库的形式。

数据仓库和商务智能所使用的数据整合工具通常也适用于元数据整合（参见第 8 章）。

2. 分发和传递元数据

元数据可传递给数据消费者和需要处理元数据的应用或工具。传递机制包括：

1）元数据内部网站，提供浏览、搜索、查询、报告和分析功能。

2）报告、术语表和其他文档。

3）数据仓库、数据集市和 BI（商务智能）工具。

4）建模和软件开发工具。

5）消息传送和事务。

6）Web 服务和应用程序接口（API）。

7）外部组织接口方案（如供应链解决方案）。

元数据方案通常与商务智能方案有联系，所以元数据方案的范围和流转与商务智能内容同步。正因为有这样的联系，元数据需要整合到商务智能的交付物中，并提供给最终用户使用。同样，一些 CRM（客户关系管理）或 ERP（企业资源规划）方案可能也需要在应用交付时整合元数据信息。

有时，可能需要通过文件（文本、XML 或 JSON 格式）或 Web 服务方式将元数据与外部组织进行交互。

12.2.5 查询、报告和分析元数据

元数据指导如何使用数据资产：在商务智能（报表和分析）、商业决策（操作型、运营型和战略型）以及业务语义（业务所述内容及其含义）方面使用元数据。元数据存储库应具有前端应用程序，并支持查询和获取功能，从而满足以上各类数据资产管理的需要。提供给业务用户的应用界面和功能与提供给技术用户和开发人员的界面和功能有所不同，后者可能会包括有助于新功能开发（如变更影响分析）或有助于解决数据仓库和商务智能项目中数据定义问题（如数据血缘关系报告）的功能。

12.3 工具

管理元数据的主要工具是元数据存储库。元数据存储库包括整合层和手工更新的接口。处理和使用元数据的工具集成到元数据存储库中作为元数据来源。

元数据管理工具提供了在集中位置（存储库）管理元数据的功能。元数据可以手动输入，也可以通过专门的连接器从其他各种源中提取。元数据存储库还提供与其他系统交换元数据的功能。

元数据管理工具和存储库本身也是一种元数据的数据源，特别是在混合型元数据架构模型或大型企业架构中。元数据管理工具允许已采集的元数据与其他元数据存储库进行交换，支持采集多种多样的、不同来源的元数据到中央仓库中，支持有差异的元数据在两个存储库迁移时进行提炼和标准化。

12.4 方法

12.4.1 数据血缘和影响分析

发现和记录数据资产的元数据的一个重要意义在于提供了数据如何在系统间转移的信息。许多

元数据工具中存储着某个环境中数据现况的信息，并提供查看跨系统或应用程序接口的血缘功能。基于程序编码的当前版本的血缘称为“实现态血缘（As Implemented Lineage)”。相反，映射规范文档中描述的血缘称为“设计态血缘（As Designed Lineage)”

数据血缘创建的局限性在于元数据管理系统的覆盖范围。特定功能的元数据存储库或数据可视化工具在其管理范围内提供数据血缘的信息，超出管理范围时将无法提供相关信息。

元数据管理系统通过可以提供数据血缘详情的工具导入“实现态血缘”，并从无法自动抽取的“设计态血缘”文件中获取实施细节加以补充。将数据血缘的各个部分连接起来的过程称为“拼接”，“拼接”结果是一个表示数据从原始位置（数据源或记录系统）转移到最终位置的全景视图。

图 12-6 是一个数据元的血缘关系示例，业务数据元“所有延期订单金额”物理实现下的字段“zz_total”依赖其他三个数据元：“单位成本（分)”的字段“yy_unit_cost”、“税金”的字段“yy_tax”、“延期订单数联”的字段“yy_qty”。

如图 12-6 所示，血缘图描述特定数据元的血缘，但不是所有业务人员都能理解。更高阶的血缘关系（如系统血缘）概况描述系统级或应用级的数据迁移。许多可视化工具提供了缩小/放大功能，可以查看系统血缘内部的数据元血缘关系。图 12-7 为一个系统血缘关系的示例，一眼就能看到系统或应用级的数据迁移情况。

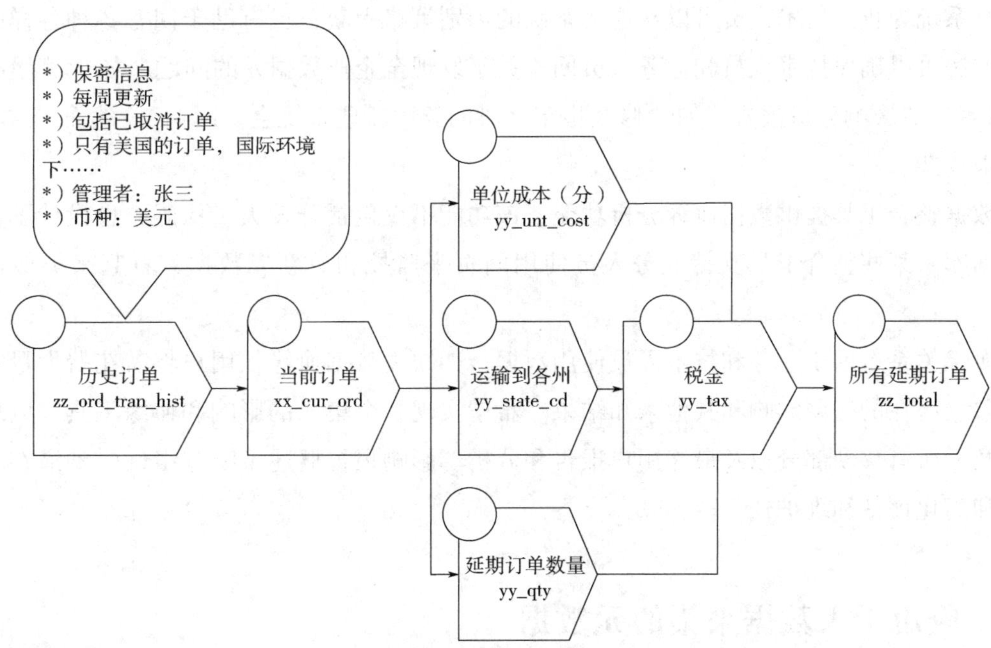

图 12-6　数据元血缘关系流向图示例

随着系统中数据元的大量增加，数据血缘关系的发现变得复杂且难以管理。为了成功实现业务目标，需要计划和设计一个策略来发现和采集元数据到元数据存储库。要想成功发现数据血缘关系，需要兼顾业务焦点和技术焦点。

1）业务焦点。根据业务优先级寻找数据元的血缘关系。从目标位置回溯到具体数据起源的源系统。通过扫描那些发生迁移、传送或更新的数据元，确保业务数据使用者理解特定数据元在系统间迁移时发生了什么。例如，将血缘关系应用在数据质量测量中，血缘关系用来定位影响数据质量

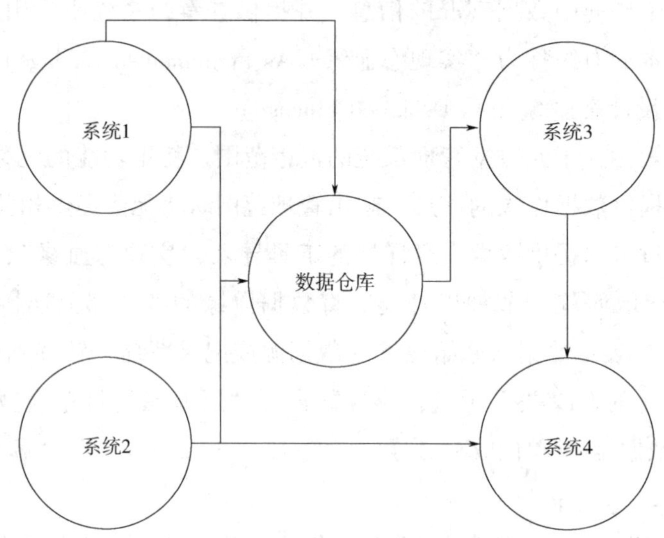

图 12-7　系统血缘关系流向图

的系统设计缺陷。

2）技术焦点。从源系统开始识别直接相关的数据使用者，依次识别间接的数据使用者，直到识别出所有系统为止。技术人员可以从这个系统的识别策略中获益，有助于回答各种各样的数据问题。这一方法可以确保技术人员和业务人员回答关于发现全企业数据元的问题，如“哪里存有社保编号”，或者生成影响分析报告，如“修改指定字段的长度哪些系统会受影响”。然而，这种策略可以管理但很复杂。

许多数据整合工具提供数据血缘分析功能，该功能不仅包括开发大量代码，也设计了数据模型和物理数据库。某些整合工具支持业务人员使用网页来监控和更新元数据，看起来类似业务术语管理。

记录血缘关系有助于业务和技术人员使用数据，如缺失数据血缘，用户将需花费大量时间来检查异常现象、潜在的变更影响和其他未知结果。希望实现一个集成的影响和血缘工具，以理解加载过程中涉及的所有移动部分以及最终用户报告和分析。影响报告概述了哪些组件受到潜在变更的影响，加速和简化评估和维护任务。

12.4.2　应用于大数据采集的元数据

大部分数据管理专业人员更熟悉和适应结构化数据存储，结构化数据的每个数据项都有清晰的定义和标记。然而，如今越来越多的数据以非结构化格式存储，这些非结构化数据源来自组织的内外部。无论是内部，还是外部，都不再需要移动数据到物理环境下同一位置。通过新技术，程序将围绕数据，而不是把数据移动到程序里，这样可以减少大量的数据移动，并提高程序执行速度。尽管如此，数据湖中的成功数据管理依然依赖于管好元数据。

元数据标签应在采集时应用于数据，然后元数据可以用来识别可访问的数据湖中的数据内容。大部分采集引擎采集数据后进行数据剖析，数据剖析可以识别出数据域、数据关系和数据质量问题，并打上标签。采集数据时，识别到敏感或隐私（如个人身份信息，PPI）数据时应添加元数据标签。例如，数据科学家会添加关于置信度、文本标识符和表示集群行为的代码（参见第 14 章）。

12.5　实施指南

使用渐进的步骤建设实施受控的元数据管理环境，可减少组织的风险，并便于用户接受。使用开源的关系型数据库平台来实施元数据存储，可以应对实施存储库项目开始时可能无法预料的各种控制和接口问题。

存储库的内容在设计上应该是通用的，而不只是反映源系统的数据库设计。应基于易理解的元数据模型与企业领域专家共同进行设计。规划设计时应考虑集成元数据，以确保数据使用者无须关注数据源的差异，这个功能将是元数据存储库最有价值的功能之一。元数据存储库包含当前的、计划的和历史版本的元数据。

通常来说，第一个实施的是验证概念并学习管理元数据环境的试点项目。把元数据相关项目与 IT 开发方法论进行整合是必要的，因为 IT 的架构和存储类型不同，这些项目也将随之变化。

12.5.1　就绪评估/风险评估

拥有坚定的元数据战略，有助于所有人进行更高效率的决策。首要的是，所有人应意识到不管理元数据的风险。评估缺失高质量元数据可能带来的影响如下：

1）因不正确、不完整和不合理的假设或缺乏数据内容的知识导致错误判断。

2）暴露敏感数据，使客户或员工面临风险，影响商业信誉和导致法律纠纷。

3）如果了解数据的那些领域专家们离开了，那么他们了解的知识也随之被带走了。

当组织采用坚定的元数据战略时可以减少风险。组织准备情况的评估解决方法为：对元数据相关活动现状进行正式的成熟度评估，评估内容应包括重要的业务数据元、可用的元数据术语表、数据血缘、数据剖析和数据质量管理过程、主数据管理成熟度和其他方面。评估的结果与业务优先级一致，将为改进元数据管理实践的战略方法提供基础。正式的评估结果也为业务案例、赞助和筹集资金提供基础。

元数据战略是整体数据治理战略的一部分，是实现有效数据治理的第一步。元数据评估应该通过对现有元数据的客观检查来进行，包括对关键利益相关方的访谈。风险评估的交付成果包括元数据战略和实施线路。

12.5.2　组织和文化变革

与其他数据管理工作一样，元数据计划经常遇到文化阻力。元数据从非托管环境转移到托管环境需要工作和规范，而即使大多数人已认识到可靠元数据的价值，也不容易做到这一点。因此，组织准备程度是一个主要关注点，治理和控制的方法也是如此。

元数据管理在许多组织中是一项低优先级的工作。一组基本的元数据需要组织中各团队的协调和承诺，它们可能是员工身份数据、保险单编号、车辆识别号或产品规格的结构。如果要更改这些结构，需要对许多企业系统进行重大检修。需要寻找一个合适的案例试点，在这个案例中，控制元数据将为公司的数据带来显而易见的质量效益，从具体的业务相关案例中构建论点。

企业数据治理战略的实现需要高级管理层的支持和参与，要求业务人员和技术人员能够以跨职能的方式紧密合作。

12.6 元数据治理

组织应确定他们管理元数据生命周期的具体需求，并开展元数据治理工作以满足这些需求。建立正式的角色和职责并分配专用资源，特别是在大型或业务关键领域中。元数据治理过程本身依赖于可靠的元数据，因此负责管理元数据的团队可以在创建和使用元数据的过程中对管理原则进行验证测试。

12.6.1 过程控制

数据管理团队应负责定义标准和管理元数据的状态变化（通常使用工作流或协作软件），同时可以负责组织内的质量提升活动、培训计划或实际培训活动。

更成熟的元数据治理需要通过多个不同阶段和状态的决策来确定业务术语和定义，如一个候选术语从申请审批到发布再到更新或者删除的全生命周期的各节点。治理团队还可以管理与业务术语关联的其他术语，以及术语的分类和分组。

需要将元数据战略集成到软件开发的生命周期中，确保变更过的元数据及时得到收集，以确保元数据保持最新。

12.6.2 元数据解决方案的文档

元数据的主目录包括当前作用域中的源和目标。元数据资源面向技术及业务用户，可发布到用户社区，并可作为“元数据在哪里”的指引，告知用户能够满足他们的以下需求：

1）元数据管理实施状态。

2）源和目标元数据存储。

3）元数据更新的调度计划信息。

4）留存和保持的版本。

5）内容。

6）质量声明或警告（如缺失的值）。

7）记录系统和其他数据源状态（如数据内容历史加载、删除或更新标志）。

8）相关的工具、架构和人员。

8）敏感信息和数据源的移除或脱敏策略。

在文件和内容管理中，数据地图展示了类似的信息。整个元数据整合系统的全景视图也作为元数据文档的一部分进行维护（参见第 9 章）。

12.6.3　元数据标准和指南

在与业务贸易伙伴交换数据时，元数据标准是必不可少的。公司已意识到与客户、供应商、合作伙伴和监管机构共享信息的价值。为了支持共享信息的最佳使用，需要共享公共元数据，这催生了许多专业领域的标准。

在计划周期的早期采用基于行业的、行业特有的元数据标准，并使用这些标准评估元数据管理技术。许多领先的厂商支持多种标准，其中一些可以帮助定制基于行业的、行业特有的标准。

工具厂商提供 XML、JSON 或 REST 技术支持其数据管理产品的数据交换，他们使用相同的策略将工具绑定到解决方案套件中，包括数据整合、关系和多维数据库、需求管理、BI 报告、数据建模和业务规则在内的技术使用 XML 提供了数据和元数据导入和导出功能。厂商维护他们专有的 XML 模式、文档类型定义（DTD），或者更常见的 XML 模式定义（XSD）。这些内容是要通过专有接口访问的，需要自定义开发集成工具到元数据管理环境中。

指导方针包括模板、相关示例、有关预期输入和更新的培训，以及“不使用术语定义术语”等规则和完整性声明。针对不同类型的元数据开发不同的模板，部分由所选的元数据解决方案驱动。持续监测指导方针的有效性和必要更新是治理责任。

元数据的 ISO 标准为工具开发人员提供了指导，但不太可能成为使用商业工具的组织所关注的问题，因为工具应该满足这些标准。无论如何，对这些标准及其影响有一个很好的理解都是很有帮助的。

12.6.4　度量指标

要想测量元数据的影响，就需要验证缺少元数据导致的影响。作为风险评估的一部分，将数据使用者搜索信息所花费的时间作为评估指标，以便在实施元数据解决方案后体现改进程度。元数据管理实施的有效性可以根据元数据本身的完整性、与其关联的日常管理操作以及元数据的使用情况来度量。元数据管理环境的建议指标包括：

1）元数据存储库完整性。将企业元数据（范围内的所有产品和实例）的理想覆盖率与实际覆盖率进行比较。参照元数据管理范围定义的策略。

2）元数据管理成熟度。根据能力成熟度模型（CMM-DMM）的成熟度评估方法，开发用于判断企业元数据成熟度的指标（参见第 15 章）。

3）专职人员配备。通过专职人员的任命情况、整个企业的专职人员覆盖范围，以及职位描述中的角色定义说明，来评估的组织对元数据的承诺。

4）元数据使用情况。可以通过存储库的访问次数衡量用户对元数据存储库的使用情况和接受程度。在业务实践中，用户引用元数据是一个很难跟踪的指标，可能需要定性的调研措施获取评估结果。

5）业务术语活动。使用、更新、定义解析、覆盖范围。

6）主数据服务数据遵从性。显示 SOA 解决方案中数据的重用情况。主数据服务上的元数据帮助开发人员决定新的开发任务可以使用哪些现有服务。

7）元数据文档质量。一个质量指标是通过自动和手动两种方式评估元数据文档的质量。自动评估方式包括对两个源执行冲突逻辑的比对、测量二者匹配的程度以及随时间推移的变化趋势。另一个度量指标是度量具有定义的属性的百分比，以及随着时间的推移而发生变化的趋势。手动评估方式包括基于企业质量定义进行随机或完整的调查。质量度量表明存储库中元数据的完整性、可靠性、通用性等。

8）元数据存储库可用性。正常运行时间、处理时间（批处理和查询）。

12.7 文献引用与推荐

Aiken, Peter. *Data Reverse Engineering: Slaying the Legacy Dragon.* 1995.

Foreman, John W. Data Smart: *Using Data Science to Transform Information into Insight.* Wiley, 2013. Print.

Loshin, David. *Enterprise Knowledge Management: The Data Quality Approach.* Morgan Kaufmann, 2001.

Marco, David. *Building and Managing the Meta Data Repository: A Full Lifecycle Guide.* Wiley, 2000. Print.

Milton, Nicholas Ross. *Knowledge Acquisition in Practice: A Step-by-step Guide.* Springer, 2007. Print. Decision Engineering.

Park, Jung-ran, ed. *Metadata Best Practices and Guidelines: Current Implementation and Future Trends.* Routledge, 2014. Print.

Pomerantz, Jeffrey. *Metadata.* The MIT Press, 2015. Print. The MIT Press Essential Knowledge ser.

Schneier, Bruce. *Data and Goliath: The Hidden Battles to Collect Your Data and Control Your World.* W. W. Norton and Company, 2015. Print.

Tannenbaum, Adrienne. *Implementing a Corporate Repository: The Models Meet Reality*. Wiley, 1994. Print. Wiley Professional Computing.

Warden, Pete. *Big Data Glossary*. O'Reilly Media, 2011. Print.

Zeng, Marcia Lei and Jian Qin. *Metadata*. 2nd ed. ALA Neal-Schuman, 2015. Print.

第13章　数据质量

13.1　引言

有效的数据管理涉及一系列复杂的、相互关联的过程，它使组织能够利用他们的数据来实现其战略目标。数据管理能力包括为各类应用设计数据模型、安全存储和访问数据、适当地共享数据、从数据中获得知识，以及保障满足业务需求的能力等。但实现数据价值的前提是数据本身是可靠和可信的，换句话说，数据应是高质量的。

然而，诸多因素都在破坏这一前提。导致低质量数据产生的因素包括：组织缺乏对低质量数据影响的理解、缺乏规划、孤岛式系统设计、不一致的开发过程、不完整的文档、缺乏标准或缺乏治理等。而很多组织都未能清楚定义该怎么做才能让数据满足目标。

所有数据管理的原则都应有助于提高数据质量，支持组织使用高质量数据应是所有数据管理原则的目标。数据交互过程中任何人的糟糕决策或行动，都可能导致数据质量变差，因此产生高质量数据需要跨职能的承诺和协调。组织和团队要意识到这一点，通过执行过程和项目管理，提前为高质量的数据做好准备，以应对与数据相关的意外或不可接受的风险。

没有一个组织拥有完美的业务流程、完美的技术流程或完美的数据管理实践，所有组织都会遇到与数据质量相关的问题。相比那些不开展数据质量管理的组织，实施正式数据质量管理的组织碰到的问题会更少。

正式的数据质量管理类似于其他产品领域的持续质量管理，包括在整个生命周期制定标准，在数据创建、转换和存储过程中完善质量，以及根据标准度量数据来管理数据。将数据管理到这样的水平通常需要有数据质量团队（Data Quality Program Team）。数据质量团队负责与业务和技术数据管理专业人员协作，并推动将质量管理技能应用于数据工作，以确保数据适用于各种需求。该团队可能会参与一系列项目，通过这些项目建立流程和最佳实践，同时解决高优先级的数据问题。

由于管理数据质量涉及数据生命周期管理，因此数据质量团队还将承担与数据使用相关的操作责任。例如，报告数据质量水平，参与数据问题的分析、问题的量化和优先级排序。团队还负责与那些需要数据开展工作的人合作，以确保数据满足他们的需求，并与那些在工作过程中创建、更新或删除数据的人合作，以确保他们正确地处理数据。数据质量取决于所有与数据交互的人，而不仅仅是数据管理专业人员。

与数据治理和整体数据管理一样，数据质量管理不是一个项目，而是一项持续性工作。它包括项目和维护工作，以及承诺进行沟通和培训。最重要的是，数据质量改进取得长期成功取决于组织文化的改变及质量观念的建立。正如《领导者数据宣言》（*The Leader's Data Manifesto*）一书中所述：持续性的根本变革需要组织内各级人员的坚定领导和参与。使用数据完成工作的人——在大多数组织中，这一比例非常高——需要去推动变革，而最关键的变革之一是关注他们的组织如何管理和提高数据质量[⊖]。

数据质量语境关系图如图 13-1 所示。

数据质量

定义：为确保满足数据消费者的需求，应用数据管理技术进行规划，实施和控制等管理活动

目标：
- 根据数据使用者的需求，开发一种让数据符合用途的管理方法
- 作为数据生命周期的一部分，定义数据质量控制的标准、要求和规范
- 定义和实施测量、监控和报告数据质量水平的过程
- 通过过程和系统的改进，识别和提倡提高数据质量的机会

业务驱动因素

输入：
- 数据政策和标准
- 数据质量期望
- 业务需求
- 业务规则
- 数据需求
- 业务元数据
- 技术元数据
- 数据源和数据存储
- 数据血缘

活动：
1. 定期高质量数据（P）
2. 定义数据质量战略（P）
3. 识别关键数据和业务规则（P）
   （1）识别关键数据
   （2）识别已有规则和模式
4. 执行初始数据质量评估（P）
   （1）确定问题并排定优先顺序
   （2）执行问题根本原因分析
5. 确定改进方向并排定优先顺序
   （1）根据业务影响确定行动的优先级
   （2）制定预防和纠正措施
   （3）确认计划的行动
6. 定义数据质量改进目标（P）
7. 开发和部署数据质量操作（D）
   （1）开发数据质量操作规程
   （2）修正数据质量缺陷
   （3）度量和监控数据质量
   （4）报告数据质量水平和调查结果

交付成果：
- 数据质量战略和框架
- 数据质量规划组织
- 数据概况分析
- 基于问题根本原因分析的建议
- 数据质量管理规程
- 数据质量报告
- 数据质量治理报告
- 数据质量服务等级协议
- 数据政策和指南

供给者：
- 业务管理人员
- 业务领域专家
- 数据架构师
- 数据建模师
- 系统专家
- 数据管理专员
- 业务流程分析师

参与者：
- 首席数据官
- 数据质量分析师
- 数据管理专员
- 数据所有者
- 数据分析师
- 数据管理专业人员
- 数据库管理员
- 数据质量经理
- IT 操作员
- 数据集成架构师
- 合规团队

消费者：
- 业务数据消费者
- 数据管理专员
- 数据管理专业人员
- IT 专业人员
- 知识工作者
- 数据治理组织
- 合作组织
- 卓越中心

技术驱动因素

方法：
- 多个子集交叉抽查
- 标记和注释数据问题
- 根本原因分析
- 统计过程控制

工具：
- 数据剖析和查询工具
- 数据质量规则模板
- 质量检查和审计代码模块
- 元数据存储库

度量指标：
- 和治理一致性指标
- 数据质量测量结果
- 数据质量趋势
- 数据问题管理指标

（P）计划　（C）控制　（D）开发　（O）运营

图 13-1　语境关系图：数据质量

⊖ 《领导者数据宣言》（*The Leader's Data Manifesto*）的全文请参阅 http://bit.ly/2sQhcy7。

13.1.1 业务驱动因素

建立正式数据质量管理的业务驱动因素包括：

1）提高组织数据价值和数据利用的机会。

2）降低低质量数据导致的风险和成本。

3）提高组织效率和生产力。

4）保护和提高组织的声誉。

希望从数据中获取价值的组织认识到，高质量数据比低质量数据更有价值。使用劣质数据充满风险（参见第 1 章），会损害组织的声誉，导致罚款、收入损失、客户流失和负面的媒体曝光。监管的需求通常要求高质量的数据。此外，许多直接成本均与低质量数据有关，例如：

1）无法正确开具发票。

2）增加客服电话量，降低解决问题的能力。

3）因错失商业机会造成收入损失。

4）影响并购后的整合进展。

5）增加受欺诈的风险。

6）由错误数据驱动的错误业务决策造成损失。

7）因缺乏良好信誉而导致业务损失。

高质量数据本身并不是目的，它只是组织获取成功的一种手段。值得信赖的数据不仅降低了风险，而且降低了成本，提高了效率。当员工使用可靠的数据时，他们可以更快、更一致地回答问题。如果数据是正确的，他们能花更少的时间发现问题，而将更多的时间用于使用数据来获得洞察力、做决策和服务客户。

13.1.2 目标和原则

数据质量管理专注于以下目标：

1）根据数据消费者的需求，开发一种受管理的方法，使数据适合要求。

2）定义数据质量控制的标准和规范，并作为整个数据生命周期的一部分。

3）定义和实施测量、监控和报告数据质量水平的过程。

根据数据消费者要求，通过改变流程和系统以及参与可显著改善数据质量的活动，识别和倡导提高数据质量的机会。

数据质量管理应遵循以下原则：

1）重要性。数据质量管理应关注对企业及其客户最重要的数据，改进的优先顺序应根据数据的重要性以及数据不正确时的风险水平来判定。

2）全生命周期管理。数据质量管理应覆盖从创建或采购直至处置的数据全生命周期，包括其在系统内部和系统之间流转时的数据管理（数据链中的每个环节都应确保数据具有高质量的输出）。

3）预防。数据质量方案的重点应放在预防数据错误和降低数据可用性等情形上，不应放在简单的纠正记录上。

4）根因修正。提高数据质量不只是纠正错误，因为数据质量问题通常与流程或系统设计有关，所以提高数据质量通常需要对流程和支持它们的系统进行更改，而不仅仅是从表象来理解和解决。

5）治理。数据治理活动必须支持高质量数据的开发，数据质量规划活动必须支持和维持受治理的数据环境。

6）标准驱动。数据生命周期中的所有利益相关方都会有数据质量要求。在可能的情况下，对于可量化的数据质量需求应该以可测量的标准和期望的形式来定义。

7）客观测量和透明度。数据质量水平需要得到客观、一致的测量。应该与利益相关方一同讨论与分享测量过程和测量方法，因为他们是质量的裁决者。

8）嵌入业务流程。业务流程所有者对通过其流程生成的数据质量负责，他们必须在其流程中实施数据质量标准。

9）系统强制执行。系统所有者必须让系统强制执行数据质量要求。

10）与服务水平关联。数据质量报告和问题管理应纳入服务水平协议（SLA）。

13.1.3　基本概念

1. 数据质量

“数据质量”一词既指高质量数据的相关特征，也指用于衡量或改进数据质量的过程。这一双重含义可能会令人困惑，因此将它们区分开有助于理解什么是高质量的数据[⊖]。

数据质量如达到数据消费者的期望和需求，也就是说，如果数据满足数据消费者应用需求的目的，就是高质量的；反之，如果不满足数据消费者应用需求的目的，就是低质量的。因此，数据质量取决于使用数据的场景和数据消费者的需求。

数据质量管理的挑战之一，是与质量相关的期望并不总是已知的。通常，客户可能不清楚自身的质量期望，数据管理人员也不会询问这些需求。然而，如果数据是可靠和可信的，那么数据管理专业人员需要更好地了解客户的质量要求，以及如何衡量数据质量。随着业务需求和外力的发展，需求会随着时间的推移而变化，因此需要进行持续的讨论。

2. 关键数据

大多数组织都有大量的数据，但并非所有的数据都同等重要。数据质量管理的一个原则是将改进的重点集中在对组织及其客户最重要的数据上，这样做可以明确项目范围，并使其能够对业务需求产生直接的、可测量的影响。

虽然关键的特定驱动因素因行业而异，但组织间存在共同特征，可根据以下要求评估关键

⊖ 在 *DAMA-DMBOK2* 中，我们试图避免在不澄清上下文的情况下使用数据质量一词。例如，高质量数据或低质量数据，以及数据质量工作或数据质量活动。

数据：

1）监管报告。

2）财务报告。

3）商业政策。

4）持续经营。

5）商业战略，尤其是差异化竞争战略。

根据定义，主数据至关重要。可以根据使用的过程、出现在报告中的性质，或者如果出现问题对组织的财务、监管或声誉的风险，来评估数据集或单个数据元素的重要性[㊀]。

3. 数据质量维度

数据质量维度是数据的某个可测量的特性。术语“维度”可以类比于测量物理对象的维度（如长度、宽度、高度等）。数据质量维度提供了定义数据质量要求的一组词汇，通过这些维度定义可以评估初始数据质量和持续改进的成效。为了衡量数据质量，组织需要针对重要业务流程（值得测量的）和可以测量的参数建立特征。维度是衡量规则的基础，其本身应该与关键流程中的潜在风险直接相关。

例如，如果“客户电子邮件地址”字段的数据不完整，将无法通过电子邮件向这些客户发送产品信息，这就将失去了潜在的销售机会。因此，应衡量有可用电子邮件地址的客户的百分比，并改进流程，直到至少有 98% 的客户有可用电子邮件地址为止。

数据质量领域的很多杰出学者已经发表了一系列质量维度[㊁]。这里介绍三个最具影响力的人物，他们深入研究了如何获得高质量数据，以及如何测量数据质量。

Strong-Wang 框架（1996）侧重于数据消费者对数据的看法，描述了数据质量的 4 个大类及 15 个指标：

（1）内在数据质量

1）准确性。

2）客观性。

3）可信度。

4）信誉度。

（2）场景数据质量

1）增值性。

2）关联性。

3）及时性。

4）完整性。

5）适量性。

㊀ 关键数据合理化方法见 Jugulum（2014），第 6 章和第 7 章。

㊁ 除了这里详细介绍的示例和关于这个主题的大量学术论文外，有关数据质量维度的详细讨论请参阅 Loshin（2001）、Olson（2003）、McGilvray（2008）和 Sebastian Coleman（2013）。参见 Myers（2013）了解关于维度的比较。

（3）表达数据质量

1）可解释性。

2）易理解性。

3）表达一致性。

4）简洁性。

（4）访问数据质量

1）可访问性。

2）访问安全性。

Thomas Redman 在《信息时代的数据质量》（*Data Quality for the Information Age*，1996）一书中，制定了一套基于数据结构的数据质量维度㊀。Redman 将一个数据项定义为“可表示的三元组”：一个实体属性域与值的集合。维度可以与数据的任何组成部分相关联：模型（实体和属性）及其值。Redman 还定义了一类用于记录数据项规则的表达维度。在这三大类别中（数据模型、数据值、数据表达），他一共描述了 20 多个维度，其中包括以下内容：

（1）数据模型

1）内容。

①数据关联性。

②获取价值的能力。

③定义清晰性。

2）详细程度。

①特征描述颗粒度。

（2）属性域的精准度

1）构成。

①自然性。每个属性在现实世界中应该有一个简单的对应物，且每个属性都应承载一个关于实体的单一事实。

②可识别性。每个实体都应能与其他实体区分开来。

③同一性。

④最小必要冗余性。

2）一致性。

①模型各组成部分的语义一致性。

②跨实体类型属性的结构一致性。

3）应变性。

①健壮性。

②灵活性。

（3）数据值

①准确性。

㊀ Redman 扩展并修订了他的数据质量维度集：*The Field Guide*（2001）。

②完备性。

③时效性（Currency）。

④一致性。

（4）数据表达

①适当性。

②可解释性。

③可移植性。

④格式精确性。

⑤格式灵活性。

⑥表达空值的能力。

⑦有效利用存储。

⑧数据的物理实例与其格式一致。

Redman 认识到，实体、价值和表达的一致性可以通过约束来理解，不同类型的一致性受不同类型的约束。

Larry English 在《改善数据仓库和业务信息质量》（*Improving Data Warehouse and Business Information Quality*，1999）一书中提出了一套综合指标，分为两大类别：固有特征和实用特征[㊀]。固有特征与数据使用无关，实用特征是动态的，与数据表达相关，其质量价值依赖数据的用途而不同。

（1）固有质量特征

1）定义的一致性。

2）值域的完备性。

3）有效性或业务规则一致性。

4）数据源的准确性。

5）反映现实的准确性。

6）精确性。

7）非冗余性。

8）冗余或分布数据的等效性。

9）冗余或分布数据的并发性。

（2）实用质量特征

1）可访问性。

2）及时性。

3）语境清晰性。

4）可用性。

5）多源数据的可整合性。

6）适当性或事实完整性。

㊀ Larry English 在 *Information Quality Applied* 中扩展了维度说明（2009）。

2013 年，DAMA UK 发布了一份白皮书，描述了数据质量的 6 个核心维度：

1）完备性。存储数据量与潜在数据量的百分比。

2）唯一性。在满足对象识别的基础上不应多次记录实体实例（事物）。

3）及时性。数据从要求的时间点起代表现实的程度。

4）有效性。如数据符合其定义的语法（格式、类型、范围），则数据有效。

5）准确性。数据正确描述所描述的“真实世界”对象或事件的程度。

6）一致性。比较事物多种表述与定义的差异。

DAMA UK 白皮书还描述了对质量有影响的其他特性，但没有将这些指标称为“指标”，它们的工作方式类似于 Strong-Wang 的语境和表达数据质量特征，以及 English 的实用性特征。

1）可用性（Usability）。数据是否可理解、简单、相关、可访问、可维护，且达到正确的精度水平？

2）时间问题（Timing Issues）（超出时效性本身）。是否稳定，是否对合法的变更请求做出及时响应？

3）灵活性（Flexibility）。数据是否具有可比性，是否与其他数据有很好的兼容性？是否具备可用的分组和分类？是否能被重用？是否易于操作？

4）置信度（Confidence）。数据治理、数据保护和数据安全等管控是否到位？数据的可信性如何，它是否经验证的或是可验证的？

5）价值（Value）。数据是否有良好的成本/收益实例？是否得到了最佳应用？是否危及人们的安全、隐私或企业的法律责任？它是否支持或无助于建立企业形象或企业信息？

虽然不存在单一的、一致认可的数据质量维度集，但这些表述包含了一些共同的看法：维度包括一些可以客观衡量的特征（完整性、有效性、格式一致性），以及依赖于情境或主观解释的其他特征（可用性、可靠性、声誉）。无论使用什么名称，维度都集中在是否有足够的数据（完整性），数据是否正确（准确度、有效性），数据是否符合要求（一致性、完整性、唯一性），数据是否最新（及时性）、可访问性、可用性和安全性。表 13-1 列示了一组有着普遍一致性的数据质量维度定义，并描述了测量它们的方法。

表 13-1 常见的数据质量维度

质量维度	描述
准确性 （Accuracy）	准确性是指数据正确表示“真实”实体的程度。准确是很难描述的，除非组织能够复制数据或手动确认记录的准确性。大多数准确性的测量依赖于与已验证为准确的数据源的比较，如来自可靠数据源的记录或系统（如邓白氏征信所的参考数据）
完备性 （Completeness）	完备性是指是否存在所有必要的数据。完备性可以在数据集、记录或列级别进行测量。数据集是否包含所有列记录？记录是否正确填写？（不同状态的记录可能对完备性有不同的期望）是否将列/属性填充到预期的级别？（有些列是强制性的，可选列仅在特定条件下填充）将完备性规则分配给具有不同约束级别的数据集：需要值的强制属性、具有条件值和可选值的数据元素，以及不适用的属性值。数据集级别的测量可能需要与记录源进行比较，也可能基于该数据集的历史水平

（续）

质量维度	描述
一致性 （Consistency）	一致性可以指确保数据值在数据集内和数据集之间表达的相符程度。它也可以表示系统之间或不同时间的数据集大小和组成的一致程度。一致性可以在同一记录中的一组属性值和另一组属性值（记录级一致性）或不同记录内的一组属性值和另一组属性集（跨记录一致性）之间定义，也可以在不同记录中的同一组属性值之间或在同一记录不同时间点（时间一致性）的一组属性值之间定义。一致性也可以用来表示格式的一致性。注意，不要混淆一致性与准确性或正确性 期望在数据集内和数据集之间保持一致的特性可以作为标准化数据的基础。数据标准化是指对输入数据的调整，以确保数据符合内容和形式的规范。标准化数据可以实现更有效的匹配，并促进一致的输出。将一致性约束封装为一组规则，这些规则指定属性值之间、记录或消息之间或单个属性的所有值（如有效值的范围或列表）之间的一致关系。例如，人们可能期望每天的事务数不超过前 30 天平均事务数的 105%
完整性 （Integrity）	完整性（或连贯性）包括与完备性、准确性和一致性相关的想法。在数据中，完整性通常指的是引用完整性（通过两个对象中包含的引用键实现数据对象之间的一致性）或数据集内部的一致性，这样就不至于缺失或不完整。没有完整性的数据集被看作已损坏或数据丢失。没有引用完整性的数据集称为“孤儿”，具有无效的引用键或记录“重复”，即可能对聚合函数产生负面影响的重复行。“孤儿”记录的级别可以通过原始数据或数据集的百分比来衡量
合理性 （Reasonability）	合理性是指数据模式符合预期的程度。例如，基于对该区域的顾客的了解，在该地区的销售分布是否有意义。合理性的衡量可以采取不同的形式。例如，合理性可能基于对基准数据的比较，或是过去相似数据集的实例（如上一季度的销售）。有些关于合理性的观点可能被认为太主观。如果是这样，请与数据消费者一同阐明他们对数据的期望，以制定客观的比较基准。一旦建立了合理的基准度量，就可以使用这些度量客观地比较相同数据集的新实例，以便发现变化（参见 13. 4. 5 节）
及时性 （Timeliness）	及时性的概念与数据的几个特性有关。需要根据预期的波动性来理解及时性度量——数据可能发生变化的频率以及原因。数据的时效性是衡量数据值是否最新版本信息的指标。相对静态的数据，如国家代码等参考数据值，可能在很长时间内保持最新。易变数据在短时间内保持最新。某些数据（如金融网页上的股票价格）通常会随时间显示，以便数据消费者了解数据记录后发生变化的风险。白天，当市场开放时，这些数据将频繁更新；一旦市场关闭，数据将保持不变，因为市场没有新的交易成交，它们仍然是最新的数据。延迟性度量数据从创建到可用之间的时间。例如，对于前一天输入系统的数据，隔夜批处理可以在上午 8 点提供，有 1 天的延迟，但对于批处理期间生成的数据，只有 1 小时的延迟（参见第 8 章）
唯一性/数据去重 （Uniqueness/ Deduplication）	唯一性，是指数据集内的任何实体不会重复出现。数据集内的实体有唯一性，意味着键值与数据集内特定的唯一实体相关。唯一性可以通过对关键结构进行测试来度量（参见第 5 章）
有效性 （Validity）	有效性，是指数据值与定义的值域一致。值域可以被定义为参考表中的一组有效值或一个有效的范围，或者能够通过规则确定的值。在定义值域时，必须考虑期望值的数据类型、格式和精度。数据也可能只在特定时间内有效，如从 RFID（射频识别）或某些科学数据集中生成的数据。数据有效性的检验，可以通过将其与域约束进行比较来进行。需要注意的是，数据可能是符合值域要求的有效值，但与特定记录的关联却是不准确或不正确的

图 13-2 展示了数据质量维度及其相关的概念。箭头表示概念之间有明显的重叠，也表明在特定概念上没有达成一致的定义。例如，准确性指标与“与现实世界一致”“与可信的来源匹配”以及与有效性相关的概念（如“推导正确”）相关。

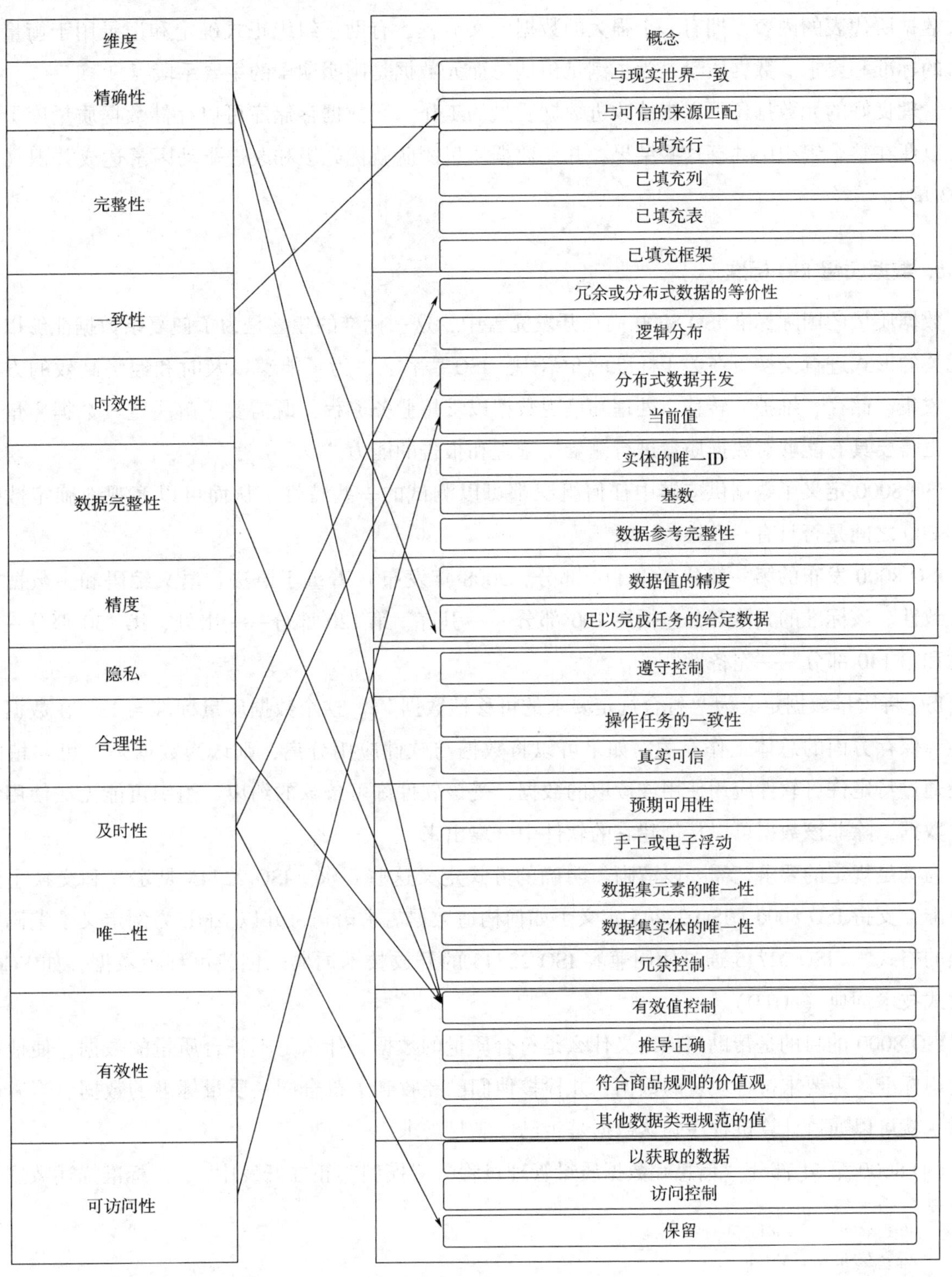

图 13-2　数据质量维度之间的关系[⊖]

⊖ 改编自 Myers（2013），经授权使用。

4. 数据质量和元数据

元数据对于管理数据质量至关重要。数据的质量取决于它如何满足数据消费者的需求。元数据定义数据所代表的内容，拥有一个强大的数据定义流程，有助于组织正式确定和记录用于衡量数据质量的标准和要求。数据质量是为了满足预期，而元数据是阐明期望的主要手段。

管理良好的元数据还可以支持改进数据质量的工作。元数据存储库可以存储数据质量度量的结果，以便在整个组织中共享这些结果，并使数据质量团队就优先级和改进驱动因素达成共识（参见第 12 章）。

5. 数据质量 ISO 标准

数据质量的国际标准 ISO 8000 尚在开发完善中，这一标准的建立是为了使复杂数据能够以与应用无关的形式进行交换。在关于标准的介绍中，ISO 声称：“为了能够以及时和经济高效的方式创建、收集、储存、维护、转移、处理和呈现数据以支持业务流程，既需要了解决定其数据质量的特征，也需要具有能够对数据质量进行测量、管理和报告的能力。”

ISO 8000 定义了数据供应链中任何组织都可以测试的一些特性，从而可以客观地确定数据与 ISO 8000 之间是否具有一致性[一]。

ISO 8000 发布的第一部分（第 110 部分，2008 年发布）着重于语法、语义编码和主数据规范的一致性。该标准的其他部分包括第 100 部分——引言、第 120 部分——出处、第 130 部分——准确性和第 140 部分——完备性[二]。

ISO 将质量数据定义为“符合规定要求的可移植数据”[三]。这个数据质量标准与 ISO 在数据可移植性和保存方面的总体工作有关。如果可以将数据与软件应用分离，则认为数据是“可移植的”。只能通过特定许可软件应用使用或读取的数据，受该软件许可条款的约束，组织可能无法使用它创建的数据，除非该数据可以从创建它的软件中分离出来。

为满足规定的要求，需要以清晰、明确的方式定义这些要求。ISO 22745 是定义和交换主数据的标准，支持 ISO 8000。ISO 22745 定义了如何构造数据需求语句，并以 XML 为例定义了编码数据交换的格式[四]。ISO 22745 通过使用兼容 ISO 22745 的开放技术词典来创建可移植数据，如 ECCMA 开放式技术词典（eOTD）。

ISO 8000 的目的是帮助组织定义什么是符合质量的数据、什么是不符合质量的数据，使他们能够使用标准约束要求符合质量的数据，并检核他们已经收到了符合同一质量标准的数据。当遵循标准时，就可以通过计算机程序确认数据是否已经满足需求。

ISO 8000 第 61 部分“信息和数据质量管理过程参考模型”正在开发中[五]。该标准描述数据质量

㊀ http：//bit. ly/2ttdiZJ。

㊁ http：//bit. ly/2sANGdi。

㊂ http：//bit. ly/2rV1oWC。

㊃ http：//bit. ly/2rUZyoz。

㊄ http：//bit. ly/2sVik3Q。

管理的结构和组织，包括：

1）数据质量规划。

2）数据质量控制。

3）数据质量保证。

4）数据质量改进。

6. 数据质量改进生命周期

大多数改进数据质量的方法都是基于物理产品制造过程中的质量改进技术[㊀]。就此而言，数据被理解为一系列过程的产物。简单地说，过程被定义为一系列将输入转化为输出的步骤。创建数据的过程可能由一个步骤（数据收集）或多个步骤组成：数据收集、集成到数据仓库、数据集市聚合等。在任何步骤中，数据都可能受到负面的影响，它可能被错误地收集、在系统之间丢弃或重复收集、对齐或汇总不正确等。提高数据质量需要能够评估输入和输出之间的关系，以确保输入满足过程的要求，并且输出符合预期。由于一个流程的输出成为其他流程的输入，因此必须沿着整个数据链定义需求。

数据质量改进的常用方法如图13-3所示，是戴明环的一个版本[㊁]。基于科学的方法，戴明环是一个被称为“计划-执行-检查-处理”的问题解决模型。改进是通过一组确定的步骤来实现的。必须根据标准测量数据状况，如果数据状况不符合标准，则必须确定并纠正与标准不符的根本原因。无论是技术性的，还是非技术性的，根本原因可能都会在处理过程的某一步骤中找到。一旦纠正，应监控数据以确保其持续满足要求。

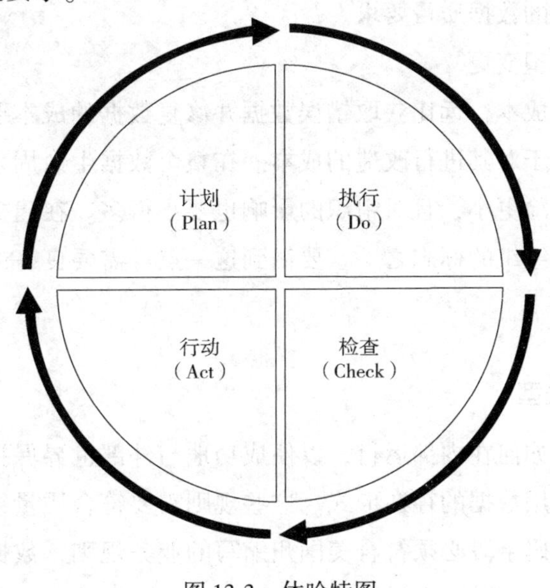

图13-3 休哈特图

㊀ 参见Wang（1998）、English（1999）、Redman（2001）、Loshin（2001）和McGilvray（2008）。参见Pierce（2004）了解数据作为产品概念相关的文献综述。

㊁ 参见美国质量协会：http：//bit. ly/1Elybk。Plan-Do-Check-Act由Walter Shewhart发起，由戴明推广。测量、分析、改进、控制（DMAIC）是6西格玛的一个变化周期。

对于给定的数据集，数据质量管理周期首先确定不符合数据消费者要求的数据，以及阻碍其实现业务目标的数据问题。数据需要根据质量的关键指标和已知的业务需求进行评估。需要确定问题的根本原因，以便利益相关方能够了解补救的成本和不补救问题的风险。这项工作通常由数据管理专员和其他利益相关方共同完成。

1）计划（Plan）阶段。数据质量团队评估已知问题的范围、影响和优先级，并评估解决这些问题的备选方案。这一阶段应该建立在分析问题根源的坚实基础上，从问题产生的原因和影响的角度了解成本/效益，确定优先顺序，并制订基本计划以解决这些问题。

2）执行（Do）阶段。数据质量团队负责努力解决引起问题的根本原因，并做出对持续监控数据的计划。对于非技术流程类的根本原因，数据质量团队可以与流程所有者一起实施更改。对于需要技术变更类的根本原因，数据质量团队应与技术团队合作，以确保需求得到正确实施，并且技术变更不会引发错误。

3）检查（Check）阶段。这一阶段包括积极监控按要求测量的数据质量。只要数据满足定义的质量阈值，就不需要采取其他行动，这个过程将处于控制之中并能满足商业需求。如果数据低于可接受的质量阈值，则必须采取额外措施使其达到可接受的水平。

4）处理（Act）阶段。这一阶段是指处理和解决新出现的数据质量问题的活动。随着问题原因的评估和解决方案的提出，循环将重新开始。通过启动一个新的周期来实现持续改进。新周期开始于：

①现有测量值低于阈值。

②新数据集正在调查中。

③对现有数据集提出新的数据质量要求。

④业务规则、标准或期望变更。

第一次正确获取数据的成本，远比获取错误数据并修复数据的成本要低。从一开始就将质量引入数据管理过程的成本，低于对其进行改造的成本。在整个数据生命周期中维护高质量数据，比在现有流程中尝试提高质量风险更小，且对组织的影响也要小得多。在建立流程或系统时就确立数据质量标准是成熟的数据管理组织的标志之一。要做到这一点，需要良好的治理和行为准则以及跨职能的协作。

7. 数据质量业务规则类型

业务规则描述业务应该如何在内部运行，以便成功地与外部世界保持一致。数据质量业务规则描述了组织内有用数据和可用数据的存在形式。这些规则需要符合质量维度要求，并用于描述数据质量要求。例如，所有州代码字段必须符合美国州缩写的业务规则，数据输入可以通过选取列表和数据集成查找强制执行。之后，测量有效或无效记录的数量。

业务规则通常在软件中实现，或者使用文档模板输入数据。一些简单常见的业务规则类型有：

1）定义一致性。确认对数据定义的理解相同，并在整个组织过程中得到实现和正确使用；确认包括对计算字段内任意时间或包含局部约束的算法协议，以及汇总和状态相互依赖规则。

2）数值存在和记录完备性。定义数值缺失的情况是否可接受的规则。

3）格式符合性。按指定模式分配给数据元素的值，如设置电话号码格式的标准。

4）值域匹配性。指定数据元素的赋值须包含在某数据值域的枚举值中，如州字段的合理取值为 2 个字符的美国邮政编码。

5）范围一致性。数据元素赋值必须在定义的数字、词典或时间范围内，如数字范围大于 0、小于 100。

6）映射一致性。表示分配给数据元素的值，必须对应于映射到其他等效对应值域中的选择的值。这个“州”数据域再次提供了一个很好的例子，州的值可以用不同的值域（USPS 邮政编码、FIPS 联邦信息处理标准 2 位代码、全名）表示，并且这些类型的规则验证“AL”和“01”都映射到“亚拉巴马州”。

7）一致性规则。指根据这些属性的实际值，在两个（或多个）属性之间关系的条件判定。例如，通过对应于特定州或省的邮政编码进行地址验证。

8）准确性验证。将数据值与记录系统或其他验证来源（如从供应商处购买的营销数据）中的相应值进行比较，以验证值是否匹配。

9）唯一性验证。指定哪些实体必须具有唯一表达，以及每个表达的真实世界对象有且仅有一个记录的规则。

10）及时性验证。表明与数据可访问性和可用性预期相关特征的规则。

其他类型的规则可能涉及应用于数据实例集合的聚合函数（参见 13. 4. 5 节）。聚合检查的示例包括：

1）验证文件中记录数量的合理性。这需要基于一段时间内的统计量，以得到趋势信息。

2）验证从一组交易中计算出的平均金额的合理性。这需要建立比较阈值，并基于一段时间内的统计数据。

3）验证指定时间段内交易数量的预期差异。这需要基于一段时间内的统计数据，并通过它们来建立阈值。

8. 数据质量问题的常见原因

从创建到处置，数据质量问题在数据生命周期的任何节点都可能出现。在调查根本原因时，分析师应该寻找潜在的原因，如数据输入、数据处理、系统设计，以及自动化流程中的手动干预问题。许多问题都有多种原因和促成因素（尤其是那些人们已经针对其创造了解决方法的问题）。这些问题的原因也暗示了防止问题的方法：通过改进接口设计，将测试数据质量规则作为处理的一部分，关注系统设计中的数据质量，并严格控制自动化过程中的人工干预。

（1）缺乏领导力导致的问题

许多人认为大多数数据质量问题是由数据输入错误引起的。更深入理解后发现，业务和技术流程中的差距或执行不当会导致比错误输入更多的问题。然而，常识和研究表明，许多数据质量问题是由缺乏对高质量数据的组织承诺造成的，而缺乏组织承诺本身就是在治理和管理的形式上缺乏领导力。

每个组织都有对运营有价值的信息和数据资产。事实上，每个组织的运作依赖于它共享信息的能力。尽管如此，很少有组织能够严格管理这些资产。在大多数组织中，数据差异（数据结构、格式和使用值的差异）是一个比简单错误严重的问题，可能是数据集成的主要障碍。数据管理制度专注于定义术语和合并数据周边的语言，这是组织获得更一致数据的起点。

许多数据治理和信息资产项目仅由合规性驱动，而不是由作为数据资产衍生的潜在价值驱动。领导层缺乏认可意味着组织内部缺乏将数据作为资产并进行质量管理的承诺（Evans 和 Price，2012），如图 13-4 所示。

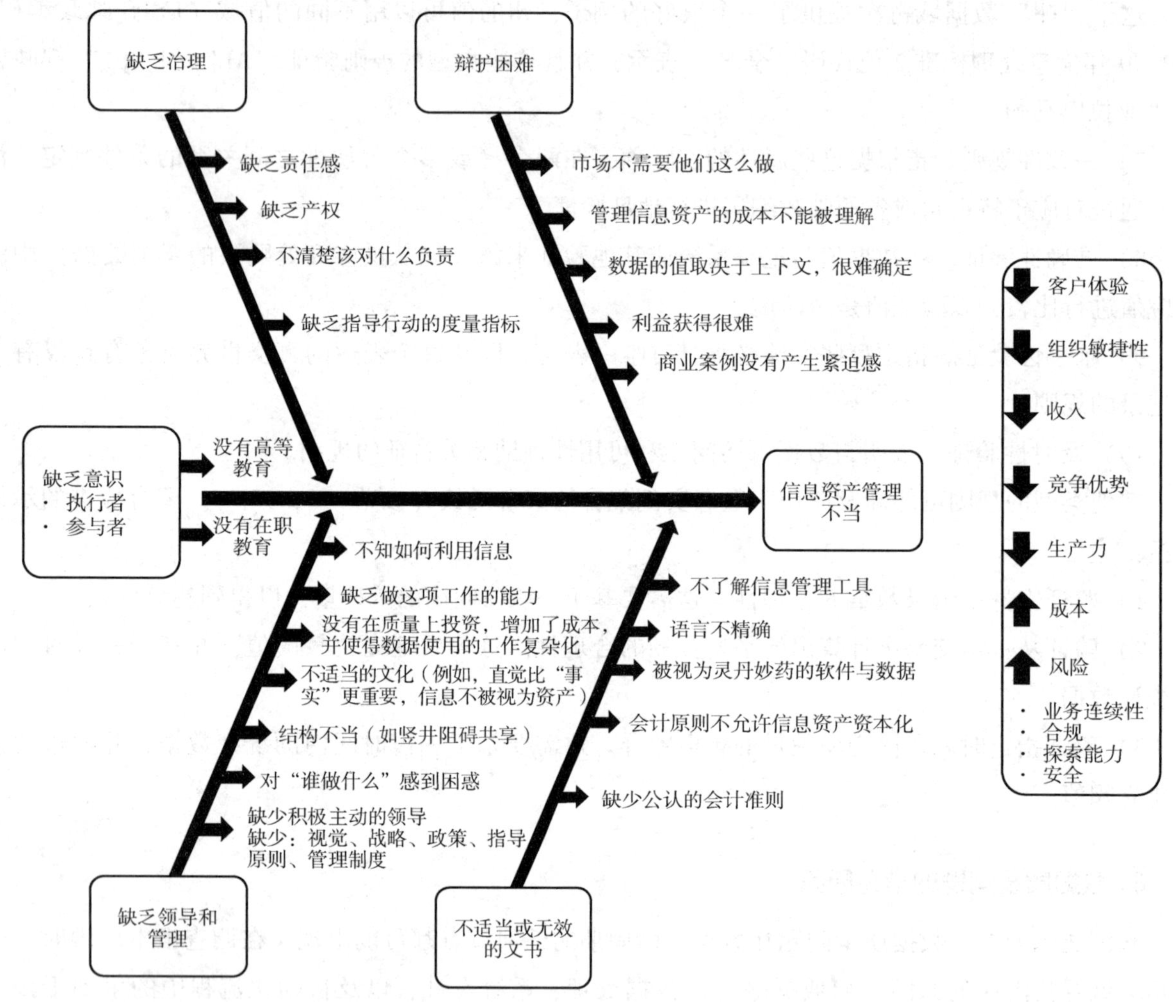

图 13-4　将信息作为业务资产进行管理的障碍和根本原因[㊀]

有效管理数据质量的障碍包括[㊁]：

1）领导和员工缺乏意识。

2）缺乏治理。

3）缺乏领导力和管理能力。

4）难以证明改进的合理性。

㊀ 由 Danette McGilvray、James Price 和 Tom Redman 开发的图表，经授权使用，参阅 https://dataleaders.org。

㊁ 改编自《领导者的数据宣言》，参见 https://dataleaders.org。

5）测量价值的工具不合适或不起作用。

这些障碍会对客户体验、生产力、士气、组织效率、收入和竞争优势产生负面影响，既增加了组织的运营成本，也引入了风险（参见第 11 章）。

（2）数据输入过程引起的问题

1）数据输入接口问题。设计不当的数据输入接口可能导致数据质量问题。如果数据输入接口没有编辑或控件防止不正确的数据被录入系统，则数据处理人可能会采取快捷方式处理数据，如跳过非强制字段和不更新有默认值的字段。

2）列表条目放置。即使是数据输入界面的一个简单小功能，如下拉列表中的值顺序，也可能导致数据输入错误。

3）字段重载。随着时间的推移，有些组织会出于不同的商业目的重复字段，而不是更改数据模型和用户界面。这种做法会导致字段内数据不一致和混乱。

4）培训问题。即使控制和编辑到位，缺乏过程知识也会导致错误的数据输入。如果数据处理人不知道错误数据的影响，或者鼓励数据处理人提高录入效率而忽视录入准确性，则他们可能会根据数据质量以外的驱动因素做出选择。

5）业务流程的变更。业务流程随着时间的推移而变化，在变化过程中引入了新的业务规则和数据质量要求。但是，这些业务规则更改并不总能被及时或全面地纳入系统。如果接口未升级以适应新的或更改的需求，将导致数据错误。此外，除非在整个系统中宣导业务规则的更改，否则数据很可能会受到影响。

6）业务流程执行混乱。通过混乱的流程创建的数据很可能不一致。混乱的流程可能是由培训或文档编制问题以及需求的变化导致的。

（3）数据处理功能引起的问题

1）有关数据源的错误假设。问题可能是由多种原因导致：错误或变更、系统文档不完整或过时，或知识转移不充分（如当领域专家（SME）离开时没有记录他们的知识）。通常，基于对系统之间关系的有限知识来完成系统整合活动，如与并购相关的活动。当需要集成多个源系统并进行数据反馈时，总有可能遗漏细节，特别是在不同层次的源系统知识以及紧张的时间安排下。

2）过时的业务规则。随着时间的推移，业务规则会发生变化，应定期对业务规则进行审查和更新。如果有自动测量规则，测量规则的技术也应更新。如果没有更新，可能无法识别问题或产生误报（或两者都有）。

3）变更的数据结构。源系统可以在不通知下游消费者（包括人和系统）或没有足够时间让下游消费者响应变更的情况下变更结构。这可能会导致无效的值或阻止数据传送和加载，或者导致下游系统无法立即检测到的更细微的改变。

（4）系统设计引起的问题

1）未能执行参照完整性。参照完整性对于确保应用程序或系统级别的高质量数据是必要的。如果没有强制执行参照完整性，或者关闭了验证（如为了提高响应时间），则有可能出现各种数据质量问题：

①产生破坏唯一性约束的重复数据。

②既可以包含，又可以排除在某些报表中的孤儿数据，导致同样的计算生成多个值。

③由于参照完整性要求已还原或更改，无法升级。

④由于丢失的数据被分配为默认值而导致数据准确性。

2）未执行唯一性约束。表或文件中的多个数据实例副本预期包含唯一实例。如果对实例的唯一性检查不足，或者为了提高性能而关闭了数据库中的唯一约束，则可能高估数据聚合的结果。

3）编码不准确和分歧。如果数据映射或格式不正确，或处理数据的规则不准确，处理过的数据就会出现质量问题，如计算错误、数据被链接或分配到不匹配的字段、键或者关系等。

4）数据模型不准确。如果数据模型内的假设没有实际数据的支持，则会出现数据质量问题，包括实际数据超出字段长度导致数据丢失、分配不正确 ID 或键值等。

5）字段重载。随着时间的推移，为了其他目的重用字段，而不是更改数据模型或代码，可能会导致混淆的值集、不明确的含义，以及潜在的结构问题，如分配错误的键值。

6）时间数据不匹配。在没有统一数据字典的情况下，多个系统可能会采用不同的日期格式或时间，当不同源系统之间的数据同步时，反过来会导致数据不匹配和数据丢失。

7）主数据管理薄弱。不成熟的主数据管理可能为数据选择不可靠的数据源，导致数据质量问题，在数据来源准确的假设被推翻之前很难找到这些问题。

8）数据复制。不必要的数据复制通常是数据管理不善造成的。有害的数据复制问题主要有两种：

①单源-多个本地实例。例如，同一个客户的信息保存在同一数据库中多个类似或内容相同名字不同的表中。如果没有系统的、特定的知识，很难知道哪一个实例最适合使用。

②多源-单一本地实例。具有多个权威来源或记录系统的数据实例。例如，来自多个销售点系统的单个客户实例。处理此类数据时，可能会产生重复的临时存储区域，当把其处理为永久性的生产数据区时，合并规则决定哪个“源”具有更高的优先级。

(5) 解决问题引起的问题

手动数据修复是直接对数据库中的数据进行更改，而不是通过应用接口或业务处理规则进行更改实现。这些脚本或手动命令通常是仓促编写的，用于在紧急情况下“修复”数据，如蓄意注入坏数据、安全疏忽、内部欺诈或外部数据源引起的业务中断等情况。

与其他未经测试的代码一样，如果修改需求之外的数据，或没有将补丁传送给受原始问题影响的所有历史数据的下游应用系统等，则极有可能导致更多的错误，并产生更高的风险。大多数这样的补丁也都是直接更改数据，而不是保留先前的状态并添加已更正的行。

如果没有从备份中完全还原，这些更改通常是不可撤销的，只有数据库日志显示了更改过程。因此，非常不鼓励使用这些捷径——它们可能会引起安全漏洞或者业务中断，最终花费的时间比采用恰当纠正措施需要的时间更长。所有的改变都应该通过一个受控的变更管理过程实现。

9. 数据剖析

数据剖析（Data Profiling）是一种用于检查数据和评估质量的数据分析形式。数据剖析使用统计技术来发现数据集合的真实结构、内容和质量（Olson，2003）。剖析引擎生成统计信息，分析人员可以使用这些统计信息识别数据内容和结构中的模式。例如：

1）空值数。标识空值存在，并检查是否允许空值。

2）最大/最小值。识别异常值，如负值。

3）最大/最小长度。确定具有特定长度要求的字段的异常值或无效值。

4）单个列值的频率分布。能够评估合理性（如交易的国家代码分布、频繁或不经常发生的值的检查，以及用默认值填充的记录百分比）。

5）数据类型和格式。识别不符合格式要求的水平，以及意外格式识别（如小数位数、嵌入空格、样本值）。

剖析还包括跨列分析，它可以识别重叠或重复的列，并暴露值的内在依赖关系。表间分析探索重叠的值集，并帮助识别外键关系。大多数数据分析工具允许深入分析数据，以进行进一步调查。

分析人员必须评估剖析引擎的结果，以确定数据是否符合规则和其他要求。一个好的分析人员可以使用分析结果确认已知的关系，并发现数据集内和数据集之间隐藏的特征和模式，包括业务规则和有效性约束。剖析通常被作为项目中数据发现的一部分（尤其是数据集成项目），或者用于评估待改进的数据的当前状态。数据剖析结果可用来识别那些可以提升数据和元数据质量的机会（Olson，2003；Maydanchik，2007）。

虽然剖析是理解数据的有效方法，但只是提高数据质量的第一步，它使组织能够识别潜在的问题。解决问题还需要其他形式的分析，包括业务流程分析、数据血缘分析和更深入的数据分析，这些分析有助于隔离出问题的根本原因。

10. 数据质量和数据处理

虽然数据质量改进工作的重点是防止错误，但也可以通过某种形式的数据处理来提升数据质量（参见第8章）。

（1）数据清理

数据清理或数据清洗，可以通过数据转换使其符合数据标准和域规则。清理包括检测和纠正数据错误，使数据质量达到可接受的水平。

通过清理不断地修正数据，这个过程需要花费成本，并且会带来风险。在理想情况下，随着时间的推移，数据问题的根本原因已经得到解决，对数据清理的需求应该减少。数据清理需求可以通过以下方式解决：

1）实施控制以防止数据输入错误。

2）纠正源系统中的数据。

3）改进数据录入的业务流程。

在某些情况下，通过中游系统做出持续修正是必要的，因为在中游系统中重新处理数据比任何其他替代方案的代价都要小。

（2）数据增强

数据增强或丰富是给数据集添加属性以提高其质量和可用性的过程。通过集成组织内部的数据集可以获得一些增强，也可以通过购买外部数据来增强组织数据（参见第10章）。数据增强的示例包括：

1）时间戳。改进数据的一种方法是记录数据项创建、修改或停用的日期和时间，这有助于跟踪历史数据事件。如果在数据中发现了问题，时间戳能使分析人员定位到发生问题的时间范围，在根本原因分析中将非常有价值。

2）审计数据。审计可以记录数据血缘，这对于历史跟踪和验证很重要。

3）参考词汇表。在定制化的业务语境中，特定于业务的术语、本体和词汇表增强了数据理解和控制。

4）语境信息。添加如位置、环境或访问方法等上下文语境信息，并标记数据以供审查和分析。

5）地理信息。可以通过地址标准化和地理编码增强地理信息，包括区域编码、市政和街区地图、经纬度对和其他类型的位置数据。

6）人口统计信息。可以通过人口统计信息增强客户数据，如年龄、婚姻状况、性别、收入或民族编码。企业实体数据可以与年收入、员工数量、办公空间大小等关联。

7）心理信息。用于按特定行为、习惯或偏好对目标人群进行细分的数据，如产品和品牌偏好、组织成员资格、休闲活动、通勤交通方式、购物时间偏好等。

8）评估信息。针对资产评估、库存和销售数据等使用这种增强方式。

（3）数据解析和格式化

数据解析是使用预先确定的规则来解释其内容或值的分析过程。首先，数据分析人员定义一组模式；然后，把这些模式录入用于区分有效和无效的数据值的规则引擎内，规则引擎匹配特定模式触发操作。

数据解析将特征分配给数据实例中出现的数据值，这些特征有助于确定潜在的附加效益来源。例如，如果可以确定一个名为“name”的属性中嵌入了属于“business name”的值，那么该数据值将被标识为一个企业的名称，而不是一个人的名称。数据值中任何含有层次结构（如子零件、零件和部件）语义的情况，都使用相同的方法。

许多数据质量问题涉及这样的情况，即表示类似概念的数据值发生变化时会导致歧义。重新提取和排列分离的组件（通常称为“标记”，即“Tokens”），可以使其转换为标准的表达，从而创建一个有效的模式。当无效模式被识别出来时，应用程序可以尝试将无效值转换为符合规则的值，或者将数据从某个源模式映射到相应的目标表述来实现标准化。

例如，思考一下符合编码习惯但格式不同的电话号码。有些有数字，有些有字母字符，都使用不同的特殊字符来分隔。人们可以识别出每一个电话号码，但是为了确定这些数字是否准确（可能通过将其与主客户目录进行比较），或者为了调查每个供应商是否存在重复的号码，必须将这些值解析为不同的组成段（区域代码、交换局代码和终端代码），然后转换为标准格式。

另一个很好的例子是客户名称，因为名称可以用数千种不同的形式表示。一个好的标准化工具能够把客户名称解析为不同的组成部分，如名、中名、姓、首字母、头衔、世代称呼，再将这些组成部分重新排列成其他数据服务能够操作的规范表示。

人类识别熟悉模式的能力有助于描述属于同一抽象值类的不同数据值；人们识别不同类型的电话号码，因为它们符合常用模式。分析人员描述所有表示数据对象的格式模式，如人名、产品描述等。数据质量工具解析符合这些模式的任何数据值，然后将其转换为单一的标准化形式，从而简化评估、相似性分析和补救过程。基于模式的解析可以自动识别，并促成有意义的值组件的标准化。

（4）数据转换与标准化

在正常处理过程中，可以通过触发数据规则将数据转换为目标体系结构可读取的格式。然而，可读取并不总是意味着可接受。规则直接在数据集成流中创建，或依赖于可选的嵌入式技术，或可从工具中访问的其他技术上进行创建。

数据转换建立在这些标准化技术基础之上。通过将原始格式和模式中的数据值映射到目标表述形式来指导基于规则的转换。模式中经解析的组件将按照知识库中的规则进行重新排列、更正或任何更改。事实上，标准化是分析人员或工具供应商经过反复分析语境、语言学，以及公认的最常见的惯用语等，为获取规则而进行的一种特殊的格式转换（参见第 3 章）。

13.2　活动

13.2.1　定义高质量数据

许多人看到质量差的数据时都能辨识出，但是很少有人能够定义高质量数据，或者他们用非常不严谨的术语定义它："数据必须是正确的""我们需要准确的数据"。高质量的数据能满足数据消费者的需要。在启动数据质量方案之前，有益的做法是了解业务需求、定义术语、识别组织的痛点，并开始就数据质量改进的驱动因素和优先事项达成共识。根据一组问题，可以了解当前状态，并评估组织对数据质量改进的准备情况。

1）"高质量数据"是什么意思？

2）低质量数据对业务运营和战略的影响是什么？

3）更高质量的数据如何赋能业务战略？

4）数据质量改进需要哪些优先事项的推动？

5）对低质量数据的容忍度是多少？

6）为支持数据质量改进而实施的治理是什么？

7）配套实施的治理结构是什么？

要全面了解组织中数据质量的当前状态，需要从不同的角度来探讨这个问题：

1）了解业务战略和目标。

2）与利益相关方面谈，以识别痛点、风险和业务驱动因素。

3）通过资料收集和其他剖析形式直接评估数据。

4）记录业务流程中的数据依赖关系。

5）记录业务流程的技术架构和系统支持。

上述评估过程可以揭示大量的机会，这需要根据对组织的潜在利益进行优先排序。利用利益相关方（包括数据管理专员、业务和技术领域专家）的输入，数据质量团队应定义数据质量的含义并提出项目优先级。

13.2.2 定义数据质量战略

提高数据质量要有一定的战略，应考虑到需要完成的工作以及人们执行这些工作的方式。数据质量优先级必须与业务战略一致。采纳或开发一个框架及方法论将有助于指导战略和开展战术，同时提供衡量进展和影响的方法。一个框架应包括以下方法：

1）了解并优先考虑业务需求。

2）确定满足业务需求的关键数据。

3）根据业务需求定义业务规则和数据质量标准。

4）根据预期评估数据。

5）分享调查结果，并从利益相关方那里获得反馈。

6）优先处理和管理问题。

7）确定并优先考虑改进机会。

8）测量、监控和报告数据质量。

9）管理通过数据质量流程生成的元数据。

10）将数据质量控制集成到业务和技术流程中。

框架还应该考虑如何管理数据质量以及如何利用数据质量工具。如引言一节所述，提高数据质量需要数据质量团队吸引业务和技术人员，定义一个解决关键问题的工作计划和最佳实践，并制定支持数据质量持续管理的操作流程。这样的团队通常是数据管理组织的一部分，数据质量分析人员需要与各级数据管理专员密切合作，并对制度施加影响，包括有关业务流程和系统开发的制度，即使这样的团队还是无法解决组织面临的所有数据质量的挑战。数据质量工作和对高质量数据的承诺需要嵌入组织实践。数据质量策略应该说明如何扩展最佳实践（参见第 17 章）。

13.2.3 识别关键数据和业务规则

并非所有的数据都同等重要。数据质量管理工作应首先关注组织中最重要的数据：如果数据质量更高，将为组织及其客户提供更多的价值。可以根据监管要求、财务价值和对客户的直接影响等因素对数据进行优先级排序。通常，数据质量改进工作从主数据开始，根据定义，主数据是任何组织中最重要的数据之一。重要性分析结果是一个数据列表，数据质量团队可以使用该结果聚焦他们的工作。

在确定关键数据之后，数据质量分析人员需要识别能描述或暗示有关数据质量特征要求的业务规则。通常，规则本身并没有明确的文档记录，它们可能需要通过分析现有的业务流程、工作流、规则、政策、标准、系统编辑、软件代码、触发器和过程、状态代码分配和使用以及简单的常识进行逆向还原。例如，如果一家营销公司的目标锁定在特定人群，那么数据质量的潜在指标可能是人口统计领域（出生日期、年龄、性别和家庭收入等）的人口水平和合理性。

识别能描述或暗示有关数据质量特征要求的业务规则。大多数业务规则都与如何收集或创建数据相关，但数据质量度量则围绕数据是否被适当使用进行。数据创建和数据使用是相关的，人们之所以想使用数据，正是因为它代表的含义以及数据创建。例如，要了解一个组织在某季度或某一段时间内的销售业绩，需要依靠有关销售流程的可靠数据（销售的数量和单位、销售给老客户和新客户的数量对比等）。

知道数据的所有使用方法是不可能的，但可以理解创建或收集数据的过程和规则。描述数据是否适合使用的度量，应该根据已知用途和基于数据质量指标（完整性、一致性、有效性、完整性等）的可测量规则进行开发，这些有意义的指标提供了测量的基础。分析师通过质量指标描述了规则（如字段 x 是强制的，必须有值）和结果（实际上，该字段 3% 的记录未被填充，是空的；数据完整性仅为 97%）。

在字段或列的级别，规则可以比较简单。完整性规则反映了字段是强制的还是可选的，如果是可选的，还反映了填充字段的条件。有效性规则依赖于规定有效值的域以及在某些情况下字段之间的关系。例如，美国邮政编码本身必须是有效的，并且与美国国家代码正确关联；应在数据集级别定义规则，如每个客户都必须有一个有效的邮寄地址。

因为大多数人不习惯用规则来思考数据，故定义数据质量规则具有很大挑战性。有必要向利益相关方询问相关业务流程的输入和输出需求来间接了解规则，这样有助于了解痛点、数据丢失或不正确时会发生什么、如何识别问题、如何识别坏数据等。请记住，为了评估数据，不需要一次了解所有规则。发现和完善规则是一个持续的过程，获得规则的最好方法之一是分享评估结果，这些结果通常会让利益相关方对数据有一个新的视角，告诉他们想知道的数据信息，帮助他们更清晰地阐明规则。

13.2.4　执行初始数据质量评估

一旦确定最关键的业务需求和支持它们的数据，数据质量评估的最重要部分就是实际查看数据、查询数据，以了解数据内容和关系，以及将实际数据与规则和期望进行比较。第一次这样做时，分析人员会发现许多事情：数据中未被记录的依赖关系、隐含规则、冗余数据、矛盾数据等，当然还有实际符合规则的数据。在数据管理专员、其他领域专家和数据消费者的帮助下，数据治理分析人员需要对调查结果进行分类并确定其优先级。

初始数据质量评估的目标是了解数据，以便定义可操作的改进计划。通常最好从聚焦一项较小工作开始——一个基本的概念证明（Proof of Concept，POC）——来演示改进过程是如何工作的。步骤包括：

1）定义评估的目标。这些目标将推动工作进展。

2）确定要评估的数据。重点应放在一个小的数据集，甚至一个数据元素，或一个特定的数据质量问题上。

3）识别数据的用途和数据的使用者。

4）利用待评估的数据识别已知风险，包括数据问题对组织过程的潜在影响。

5）根据已知和建议的规则检查数据。

6）记录不一致的级别和问题类型。

7）根据初步发现进行额外的深入分析，以便：

①量化结果。

②根据业务影响优化问题。

③提出关于数据问题根本原因的假设。

8）与数据管理专员、领域专家和数据消费者会面，确认问题和优先级。

9）使用调查结果作为规划的基础。

①解决问题，最好是找到问题的根本原因。

②控制和改进处理流程，以防止问题重复发生。

③持续控制和汇报。

13.2.5 识别改进方向并确定优先排序

在证明改进过程可行后，下一个目标是策略性地应用它。要做到这一点，需要识别潜在的改进措施，并确定其优先顺序。识别可以通过对较大数据集进行全面的数据分析来完成，以了解现有问题的广度；也可以通过其他方式实现，如就数据的影响问题与利益相关方进行沟通，并跟踪分析这些问题的业务影响。最终，需要结合数据分析人员以及利益相关方的讨论排定最终优先顺序。

执行全面的数据剖析和分析的步骤基本上与执行小规模评估的步骤相同：定义目标、了解数据使用和风险，根据规则衡量、记录并与领域专家确认结果，利用这些信息确定补救和改进工作的优先级。然而，有时也需要全面分析存在技术方面的障碍。如果要制订有效的行动计划，则需要在一个分析团队中协调这项工作，并总结和理解总体结果。像小规模的剖析工作一样，大规模的剖析工作仍然应该集中在最关键的数据上。

剖析数据只是分析数据质量问题的第一步。它有助于识别问题，但无法确定问题的根本原因，也无法确定问题对业务流程的影响。确定影响需要数据链上的利益相关方的介入。在规划大规模分析时，确保分配足够的时间来共享结果、确定问题的优先级，并确定需要深入分析的问题。

13.2.6 定义数据质量改进目标

初步评估获得的知识为特定的数据质量提升目标奠定了基础。数据质量提升可以采取不同的形式，从简单的补救（如纠正记录中的错误）到根本原因的改进。补救和改进计划应考虑可以快速实现的问题（可以立即以低成本解决问题）和长期的战略性变化。这些计划的战略重点应是解决问题的根本原因，并建立问题预防机制。

请注意，许多事情都会阻碍改进工作：系统限制、数据龄期、正在进行的使用有问题数据的项目、数据环境的总体复杂性、文化变革阻力。为了防止这些限制阻碍质量改进工作的进行，须根据对数据质量改进带来业务价值的一致性量化，设定具体的、可实现的目标。

例如，根据流程改进和系统编辑，目标可能是将客户数据的完整性从 90% 提高到 95%。显然，比较初始度量的结果和改进后的结果才能显示改造的成效。但价值来自改进的好处：减少客户投诉、减少纠正错误的时间等，通过测量这些东西来解释改进工作的价值。改善数据必须有积极的投资回报，没有人关心字段完整性的级别，除非有业务影响。当发现问题时，根据以下内容确定改进的投资回报率：

1）受影响数据的关键性（重要性排序）。

2）受影响的数据量。

3）数据的龄期。

4）受问题影响的业务流程数量和类型。

5）受问题影响的消费者、客户、供应商或员工数量。

6）与问题相关的风险。

7）纠正根本原因的成本。

8）潜在的工作成本。

在评估问题时，尤其是评估那些确定了根本原因并且需要进行技术变更的问题时，时时刻刻要注意防止问题再次发生。预防问题的成本通常比纠正问题的成本要低，有时甚至要低几个数量级（参见第 11 章）。

13.2.7 开发和部署数据质量操作

许多数据质量方案都是从通过数据质量评估结果确定的一组改进项目开始的。为了保证数据质量，应围绕数据质量方案制订一个实施计划，允许团队管理数据质量规则和标准、监控数据与规则的持续一致性、识别和管理数据质量问题，并报告质量水平。为了支持这些活动，数据质量分析人员和数据管理专员也需要参与记录数据标准和业务规则、为供应商建立数据质量要求等活动。

1. 管理数据质量规则

剖析和分析数据的过程将帮助组织发现（或反向工程）业务和数据质量规则。随着数据质量实践的成熟，对这些规则的获取应该构建到系统开发和增强过程中。预先定义规则将：

1）对数据质量特征设定明确的期望。

2）提供防止引入数据问题的系统编辑和控制要求。

3）向供应商和其他外部方提供数据质量要求。

4）为正在进行的数据质量测量和报告创建基础。

简而言之，数据质量规则和标准是元数据的一种关键形式。为了提高效率，需要将它们作为元数据进行管理。规则应该是：

1）记录的一致性。建立记录规则的标准和模板，使其具有一致的格式和含义。

2）根据数据质量维度定义。质量维度帮助人们了解正在测量的内容。维度的一致应用将有助于度量和管理问题的过程。

3）与业务影响挂钩。虽然数据质量维度能够帮助理解常见问题，但它们本身并不是目标。标准和规则应该与它们对组织成功的影响直接相关。不应采取与业务流程无关的度量。

4）数据分析支持。数据质量分析人员不应猜测规则，而应根据实际数据测试规则。在多数情况下，规则将显示数据存在的问题，但有关分析也表明规则本身通常并不完整。

5）由领域专家确认。规则的目标是描述数据的形态。通常，需要通过组织过程的知识确认规则正确地描述了数据。当主题专家确认或解释数据分析的结果时，知识就产生了。

6）所有数据消费者都可以访问。所有数据消费者都应该能够访问记录的规则，这样既可以让他们更好地理解数据，同时也有助于确保规则正确和完整，确保使用者能够就规则提出问题并提供反馈。

2. 测量和监控数据质量

业务数据质量管理过程取决于测量和监控数据质量的能力。进行业务数据质量度量的原因有两方面，它们同等重要：

1）向数据消费者通报质量水平。

2）管理业务或技术流程，改变引入的变更风险。

有些测量方法同时适用于这两个目的，应根据数据评估和根本原因分析（简称根因分析）的结果制定测量方法。旨在通知数据消费者度量将侧重于关键数据元素及其关系，如果这些元素和关系不健全，将直接影响业务流程。与风险管理相关的度量应该集中在过去出错的关系以及将来可能出错的关系上。例如，如果数据是基于一组 ETL 规则派生的，并且这些规则可能会受到业务流程更改的影响，那么应该进行测量以检测数据的更改。

应将从过去的问题中获得的知识应用于风险管理。例如，如果许多数字问题都与复杂的推导相关，那么应该评估所有的推导，甚至是那些与数字数据问题无关的推导。在大多数情况下，有必要对存在问题的功能或类似的功能进行监控。

测量结果可以分为两个层次进行描述：执行单个规则相关的详细信息和规则汇总的总体结果。每个规则都应该有一个用于比较的标准、目标或阈值索引。此函数通常反映正确数据的百分比或异常的百分比，具体取决于使用的公式。例如

$$\text{ValidDQI}(r) = \frac{(\text{TestExecutions}(r) - \text{ExceptionsFound}(r))}{\text{TestExecutions}(r)}$$

$$\text{I nvalidDQI}(r) = \frac{(\text{ExceptionsFound}(r))}{\text{TestExecutions}(r)}$$

式中，r 为正在测试的规则。

例如，对业务规则 rule（r）的 10 000 次测试中发现 560 个异常，那么在本例中，有效数据质量（ValidDQI）的结果为 9440/10 000 = 94.4%，无效数据质量（InvalidDQI）的结果为 560/10 000 = 5.6%。

如表 13-2 所示，组织度量和结果有助于在整个报告中构建测量、度量标准和指标，揭示可能的汇总，并加强沟通。该报告可以更加正式化，并与能够解决问题的项目相关联。过滤后的报告对于数据管理专员寻找趋势和贡献很有用。表 13-2 提供了以这种方式构建规则的示例。在适用的情况下，规则结果以正百分比（符合规则和期望的数据部分）和负百分比（不符合规则的数据部分）表示。

数据质量规则为数据质量的操作管理提供了基础。无论是通过现成的商业成品组件（COTS）数据质量工具、用于监视和报告的规则引擎和报告工具，还是自定义开发的应用程序，均可以将规则集成到应用程序服务或数据服务中，以补充数据生命周期。

表 13-2　数据质量值指标例子

维度和业务规则	度量	指标	状态指示器
完备性 业务规则 1： 字段的填充是强制的	计算填充数据的记录数量，并与记录的总数进行比较	将获得的有数据填充的记录的数量除以表或数据库中记录的总记录数，并将其乘以 100%，以换算成百分数完成	不能接受： 填充度低于 80% 超过 20% 未被填充
例 1： 必须在地址栏中填写邮政编码	填充的数量： 700 000 未填充的数量： 300 000 总数：1 000 000	正度量： 700 000/1 000 000 × 100% = 70% 被填充 负度量： 300 000/1 000 000 × 100% = 30% 未被填充	示例 结果： 不能接受
独特性 业务规则 2： 每个表格中，每个实体、实例只能有一个记录	计算已被识别的重复记录的数量报告代表重复记录的百分比	将重复记录的数量除以表或数据库中记录的总数，并将其乘以 100%	不能接受： 超过 0%
例 2： 在邮政编码总览表中每个邮政编码应该有且仅有一个当前行	重复的数量： 1000 总数：1 000 000	10 000/1 000 000 × 100% = 1.0% 的编码在超过一个当前行中出现	示例 结果： 不能接受
及时性 业务规则 3： 记录必须在规定的时间框架内到达	计算未能从业务数据服务中及时到达以供完成交易的记录的数量	将一段时间内不完整交易的次数除以尝试交易的总数并乘以 100%	不能接受： 在规定时间内完成的内容低于 99% 超过 1% 的内容没在规定时间内完成

（续）

维度和业务规则	度量	指标	状态指示器
例 3： 股本市场记录应该在交易后的 5 分钟内到达	计算不完整的交易数量：2000 计算尝试交易数量：1 000 000	正面的： （1 000 000 − 2000）/1 000 000 × 100% = 99. 8% 的交易记录在规定的时间框架内到达 负面的： 2000/1 000 000 × 100% = 0. 20% 的交易记录未能在规定的时间框架内到达	示例 结果： 可接受
有效性 业务规则 4： 如果字段 X = 数值 1，那么字段 Y 必须 = 数值 1 − 首要的	计算满足规则的记录的数量	将满足条件的记录的数量除以记录的总数并乘以 100%	不能接受： 没能 100% 遵守规则
例 4： 只为已发货订单付款	计算运输状态为已运送、付款状态为已付款的记录数量：999 000 计算总数：1 000 000	正面的： 999 000/1 000 000 × 100% = 99. 9% 的记录符合规则 负面的： （1 000 000 − 999 000）/1 000 000 × 100% = 0. 10% 的记录不符合规则	示例 结果： 不能接受

通过将控制和度量过程纳入信息处理流程进行持续的监控，可以通过流程或批处理的方式对数据质量规则的一致性进行自动监控，在三个粒度级别上进行度量：数据元素值、数据实例或记录、数据集。表 13-3 描述了收集数据质量测量结果的技术。在数据创建过程以及在各处理阶段之间传递数据时，可以在流程中完成测量。批处理查询可以在集中收集数据的数据实例时完成，这个过程通常是在持久存储中。因为测量过程可能需要整个集合，故针对数据集的测量通常无法在流程中完成。

将控制和测量过程的结果纳入操作程序和报告框架，可以持续监测数据质量水平，以便对数据生成/收集活动进行反馈和改进。

表 13-3　数据质量监控技术

粒度	流程中处理	批处理
数据元素	应用中的编辑检查 数据元素校验服务 特殊编程应用	直接查询 数据剖析和分析工具
数据记录	应用中的编辑检查 数据集校验服务 特殊编程应用	直接查询 数据剖析和分析工具
数据集	处理过程中插入检查	直接查询 数据剖析和分析工具

3. 制定管理数据问题的操作过程

无论采用哪种工具监控数据质量，数据质量团队成员对结果进行评估时都需要及时、有效地对调查结果进行响应。团队必须设计和实施详细的操作过程。

（1）诊断问题

目的是审查数据质量事件的症状，跟踪相关数据的血缘，确定问题及其来源，并查明问题的根本原因。这个过程应说明数据质量操作团队将如何：

1）在适当的信息处理流程下查看数据问题，并隔离出现缺陷过程的位置。

2）评估是否存在任何可能导致错误的环境变化。

3）评估是否有其他过程问题导致了数据质量事件。

4）确定外部数据是否存在影响数据质量的问题。

注意：根因分析工作需要技术和业务领域专家的投入。虽然数据质量团队可以牵头推动这项工作，但成功需要跨职能的协作。

（2）制订补救方案

根据诊断结果，评估解决问题的备选方案。可能包括：

1）纠正非技术性根本原因，如缺乏培训、缺乏领导支持、责任和所有权不明确等。

2）修改系统以消除技术类的根本原因。

3）制定控制措施以防止问题发生。

4）引入额外的检查和监测。

5）直接修正有缺陷的数据。

6）基于变更的成本和影响对比更正后的数据的价值分析，不采取任何操作。

（3）解决问题

确定解决问题的方案选项后，数据质量团队必须与业务数据的所有者协商，以确定解决问题的最佳方法。该过程应详细说明分析人员如何：

1）评估替代方案的相对成本和优点。

2）推荐计划中的一个备选方案。

3）提供开发和实施该解决方案的计划。

4）实施该解决方案。

在问题管理过程中做出的决定应在事件跟踪系统中进行记录跟踪。如果这个跟踪系统得到良好的管理，它可以提供关于数据问题原因和成本的一些有价值的洞察，包括问题和根本原因的描述、补救方案以及如何解决该问题的决定。

事件跟踪系统将收集与解决问题、分配工作、问题数量、发生频率，以及做出响应、给出诊断、计划解决方案和解决问题所需时间相关的性能数据。这些指标可以为当前工作流的有效性、系统和资源利用率提供有价值的洞察，它们是重要的管理数据点，可以推动数据质量控制进行持续的、具有可操作性的改进。

事件跟踪数据也可以帮助数据消费者。根据经修补的数据进行决策时，应该了解数据已经被修改过，了解数据被修改的原因以及被修改的方法。这就是为什么记录修改方法和它们的原理非常重要。将事件跟踪数据提供给数据消费者和研究代码变化的开发人员，虽然对实施数据修改的人来说，数据的变化可能显而易见，但如果没有文档记录，未来的数据消费者将无法了解更改的历史。数据质量事件跟踪要求培训员工学会对问题进行分类、记录和跟踪。进行有效的跟踪需要做到以下几点：

1）标准化数据质量问题和活动。由于不同行业描述数据问题的术语可能千差万别，因此为所用的概念定义标准词汇表非常重要。这样做将简化分类和报告。随着调查的深入和根本原因的暴露，问题的分类可能会发生变化。标准化可使衡量问题和活动的数量、确定系统和参与者之间的模式和相互依赖关系以及报告数据质量活动的总体影响等变得更加容易。

2）提供数据问题的分配过程。操作过程指导分析人员将数据质量事件分配给个人进行诊断，并提供解决方案。推荐那些具有特定专业领域知识的人员推动事件跟踪系统内的分配过程。

3）管理问题升级过程。数据质量问题处理需要根据问题的影响、持续时间或紧急程度制定明确的升级机制，明确规定数据质量服务级别协议（SLA）中的升级顺序。事件跟踪系统将执行升级过程，这有助于加快有效处理和解决数据问题的速度。

4）管理数据质量解决方案工作流。数据质量服务水平协议（SLA）规定了监控、控制和解决的目标，所有这些定义了操作工作流的集合。事件跟踪系统可以支持工作流管理，以跟踪问题诊断和解决的进度。

4. 制定数据质量服务水平协议

数据质量服务水平协议（SLA）规定了组织对每个系统中数据质量问题进行响应和补救的期望。随着时间的推移，SLA 中计划的数据质量检查有助于确定要解决的问题，逐步减少问题的数量。在对数据缺陷进行隔离和根因分析的同时，预期的操作程序将在既定的时间段内提供解决根本问题的补救方案。进行数据质量检查和到位的监控会提高发现和修补数据质量问题的可能性，及时避免对业务产生重大的负面影响。数据质量 SLA 中定义的数据质量控制操作包括：

1）协议涵盖的数据元素。

2）与数据缺陷相关的业务影响。

3）与每个数据元素相关的数据质量指标。

4）从每个已确定指标的数据元素出发，识别数据价值链上每个应用程序系统中的质量期望。

5）测量这些期望的方法。

6）每次测量的可接受性阈值。

7）如果不满足可接受性阈值，应通知数据管理专员。

8）预期解决或补救问题的时间和截止日期。

9）升级策略，以及可能的奖励和惩罚。

数据质量 SLA 还定义了与业务数据质量过程绩效相关的角色和职责。业务数据质量过程提供了符合业务规则定义的报告，并监控员工在应对数据质量事件时的表现。数据管理专员和业务数据质量人员在维护数据质量服务水平的同时，应考虑其数据质量 SLA 限制，并将数据质量与个人绩效计划联系起来。

如果没能在指定的解决时间内解决问题，则必须有一个向管理链上层报送违反服务级别要求的升级过程。数据质量 SLA 确定了通知生成的时间限制、管理链中通知的名称以及何时需要进行升级。根据数据质量的规则集、一致的测量方法、业务客户定义的可接受阈值以及 SLA，数据质量团队可以监控数据是否符合业务期望，并了解数据质量团队在处理数据错误时候的表现如何。

SLA 报告可以根据业务和运营需求按计划进行。特别关注的是报告趋势分析，如果在 SLA 框架中构建了此类概念，则重点定期关注奖励和惩罚。

5. 编写数据质量报告

评估数据质量和管理数据问题的工作对组织用处不大，除非通过报告共享信息让数据消费者了解到数据的状况。报告应着重于：

1）数据质量评分卡。可从高级别的视角提供与各种指标相关的分数，并在既定的阈值内向组织的不同层级报告。

2）数据质量趋势。随时间显示数据质量是怎样被测量的，以及数据质量趋势是向上还是向下。

3）服务水平协议（SLA）指标。例如，运营数据质量人员是否及时诊断和响应数据质量事件。

4）数据质量问题管理。监控问题和解决方案的状态。

5）数据质量团队与治理政策的一致性。

6）IT 和业务团队对数据质量政策的一致性。

7）改善项目带来的积极影响。

报告应尽可能与数据质量 SLA 中的指标保持一致，以便团队的目标与客户的目标保持一致。数据质量方案还应报告改进项目带来的积极影响，最佳的做法是持续地提醒组织数据为客户带来的直接影响。

13.3　工具

应在企业数据质量项目的规划阶段建立工具架构并选择相应工具。工具可以提供部分规则集的启动工具包，但是组织需要在工具中创建适合自己特定语境的规则和动作。

13.3.1　数据剖析工具

数据剖析工具生成高级别的统计信息，分析人员能够据此识别数据中的模式并对质量特征进行初始评估。一些工具可以用来执行持续的数据监控。剖析工具对于数据发现工作特别重要，通过它能够实现大型数据集的评估。剖析工具随着数据可视化能力的提高而增强，将有助于发现的进程（参见第 5 章和第 8 章以及本章的 13.1.3 节）。

13.3.2　数据查询工具

数据剖析只是数据分析的第一步，它有助于识别潜在问题。数据质量团队成员还需要更深入地查询数据，以回答分析结果提出的问题，并找到能够深入了解数据问题根源的模式。例如，通过查询来发现和量化数据质量的其他方面，如唯一性和完整性。

13.3.3　建模和 ETL 工具

用于数据建模和创建 ETL 过程的工具对数据质量有直接影响。如果在使用过程中有数据思维，这些工具的使用可以带来更高质量的数据。如果在不理解数据的情况下盲目使用它们，可能会产生有害影响。数据质量团队成员应与开发团队合作，以解决数据质量风险，并充分利用有效建模和数据处理工具，确保组织能够得到更高质量的数据（参见第 5 章、第 8 章、第 11 章）。

13.3.4　数据质量规则模板

规则模板给予分析人员机会捕获客户对数据的期望，还有助于弥合业务团队和技术团队之间的交流鸿沟。持续制定一致性的规则可以简化将业务需求转化为代码的过程，无论该代码是嵌入在规则引擎中还是数据分析工具的剖析组件或者数据集成工具中。一个模板可以有几个组成部分，每个部分对应一种要实现的业务规则。

13.3.5　元数据存储库

如 13.1.3 节所述，定义数据质量需要元数据，而高质量数据的定义是元数据的一种价值呈现方式。数据质量团队应与管理元数据的团队密切合作，以确保数据质量要求、规则、测量结果和问题文档可供数据消费者使用。

13.4　方法

13.4.1　预防措施

创建高质量数据的最佳方法是防止低质量数据进入组织。预防措施可以阻止已知错误的发生，在事后对数据进行检查并不能提高其质量。预防方法包括：

1）建立数据输入控制。创建数据输入规则，防止无效或不准确的数据进入系统。

2）培训数据生产者。确保上游系统的员工了解其数据对下游用户的影响，对数据的准确性和完整性进行激励或基础评估，让其不仅仅追求录入速度。

3）定义和执行规则。创建一个“数据防火墙”，一个包含用于检查数据质量是否良好的所有业务数据质量规则的表，然后用于应用程序（如数据仓库）中。数据防火墙可以检查应用程序处理数据的质量级别，如果质量级别低于可接受的级别，分析人员将得到通知。

4）要求数据供应商提供高质量数据。检查外部数据供应商的流程，以检查其结构、定义、数据源和数据出处。这样做可以评估其数据的集成程度，并有助于防止使用未经授权的数据，或者未得到所有者许可而获取的数据。

5）实施数据治理和管理制度。确保定义并执行以下内容的角色和责任：参与规则、决策权和有效管理数据和信息资产的责任（McGilvray，2008）。与数据管理专员合作，修改数据生成、发送和接收的流程和机制。

6）制定正式的变更控制。确保在实施之前对存储数据的所有变更进行定义和测试。通过建立把关过程，防止在正常处理流程之外直接更改数据。

13.4.2 纠正措施

问题发生并被检测到之后，实施纠正措施。数据质量问题应系统地、从根本上解决，最大限度地降低纠正措施的成本和风险。“就地解决问题”是数据质量管理中的最佳实践，这通常意味着纠正措施应包括防止产生质量问题的原因再次发生。

执行数据修正一般有三种方法：

1）自动修正。自动更正技术包括基于规则的标准化、规范化和更正。修改后的值是在没有人工干预的情况下获取或生成和提交的。例如，地址自动更正，它将投递地址提交给地址标准化程序，该标准化程序使用规则、解析、标准化和引用表来核对和更正投递地址。自动更正需要一个环境：具有定义良好的标准、普遍接受的规则和已知的错误模式等。如果这个环境得到很好的管理，并且纠正的数据能够与上游系统共享，那么自动纠正的数量可以随着时间的推移而减少。

2）人工检查修正。使用自动工具矫正和纠正数据，并在纠正提交到持久存储之前进行人工检查。自动应用名称和地址修正、身份解析和基于模式的修正，并使用一些评分机制来提出修正的置信水平。分数高于特定置信水平的更正可以不经审核而提交，但分数低于置信水平的更正将提交给数据管理专员进行审核和批准。提交所有批准的更正，并审查未批准的更正，以了解是否调整应用的基本规则。在某些环境下，敏感数据集需要人工监督（如主数据管理（MDM）是一个可能适用于人工检查的典型场景）。

3）人工修正。在缺乏工具、自动化程度不足或者确定通过人工监督能更好地处理变更的情况下，人工更正是唯一的选择。手动更正最好通过带有控制和编辑的界面来完成，该界面为更改提供了审计跟踪。在生产环境中直接进行更正和提交更新的记录方法非常危险，应避免使用此方法。

13.4.3 质量检查和审核代码模块

创建可共享、可链接和可重用的代码模块，开发人员可以从存储库中拿到它们，重复执行数据质量检查和审计过程。如果模块需要更改，那么链接到该模块的所有代码都将得到更新。这些模块简化了维护过程。精心设计的代码块可以防止许多数据质量问题。与此同时，它们确保了流程的一致执行。如果法律或政策要求报告特定质量结果，通常需要描述结果的血缘关系，质量检查模块可以提供这类功能。对于具有任何可疑质量指标且优先级较高的数据，应在共享环境中通过质量记录和信心评分（confidence racing）使信息质量达到标准。

13.4.4 有效的数据质量指标

管理数据质量的一个重要组成部分是开发度量指标，以告知数据消费者对其数据使用非常重要的质量特征。很多事情都可以度量，但不是所有的事情都值得投入时间和精力。在制定度量标准时，数据质量分析人员应考虑以下特征：

1）可度量性。数据质量指标必须是可度量的——它必须是可被量化的东西。例如，数据相关性是不可度量的，除非设置了明确的数据相关性标准。即便是数据完整性这一指标也需要得到客观的定义才能被测量。预期的结果应在离散范围内可量化。

2）业务相关性。虽然很多东西是可测量的，但并不能全部转化为有用的指标。测量需要与数据消费者相关。如果指标不能与业务操作或性能的某些方面相关，那么它的价值是有限的。每个数据质量指标都应该与数据对关键业务期望的影响相关联。

3）可接受性。数据质量指标构成了数据质量的业务需求，根据已确定的指标进行量化提供了数据质量级别的有力证据。根据指定的可接受性阈值确定数据是否满足业务期望。如果得分等于或超过阈值，则数据质量满足业务期望；如果得分低于阈值，则不满足。

4）问责/管理制度。关键利益相关方（如业务所有者和数据管理专员）应理解和审核指标。当度量的测量结果显示质量不符合预期时，会通知关键利益相关方。业务数据所有者对此负责，并由数据管理专员采取适当的纠正措施。

5）可控制性。指标应反映业务的可控方面。换句话说，如果度量超出范围，它应该触发行动来改进数据。如果没有任何响应，那么这个指标可能没有什么用处。

6）趋势分析。指标使组织能够在一段时间内测量数据质量改进的情况。跟踪有助于数据质量团队成员监控数据质量 SLA 和数据共享协议范围内的活动，并证明改进活动的有效性。一旦信息流程稳定后，就可以应用统计过程控制技术发现改变，从而实现其所研究的度量结果和技术处理过程的可预测性变化。

13.4.5　统计过程控制

统计过程控制（SPC）是一种通过分析过程输入、输出或步骤的变化测量值来管理过程的方法。该技术于 20 世纪 20 年代首先在制造业发展起来，后应用到其他行业，如六西格玛改进方法和数据质量管理[㊀]。简单地说，就是一系列将输入转化为输出的步骤过程。SPC 基于这样一个假设：当一个具有一致输入的过程被一致执行时，它将产生一致的输出。它使用集中趋势（变量的值接近其中心值的趋势，如平均值、中值或模式）和围绕中心值可变性（如范围、方差、标准偏差）的度量来确定过程中的偏差公差。

SPC 使用的主要工具是控制图（图 13-5），它是一个时间序列图，包括平均值的中心线（集中趋势的度量），以及描述测算的上下控制界限（围绕中心值的可变性）。在一个稳定的过程中，超出控制范围的度量结果表明了异常状况的存在。

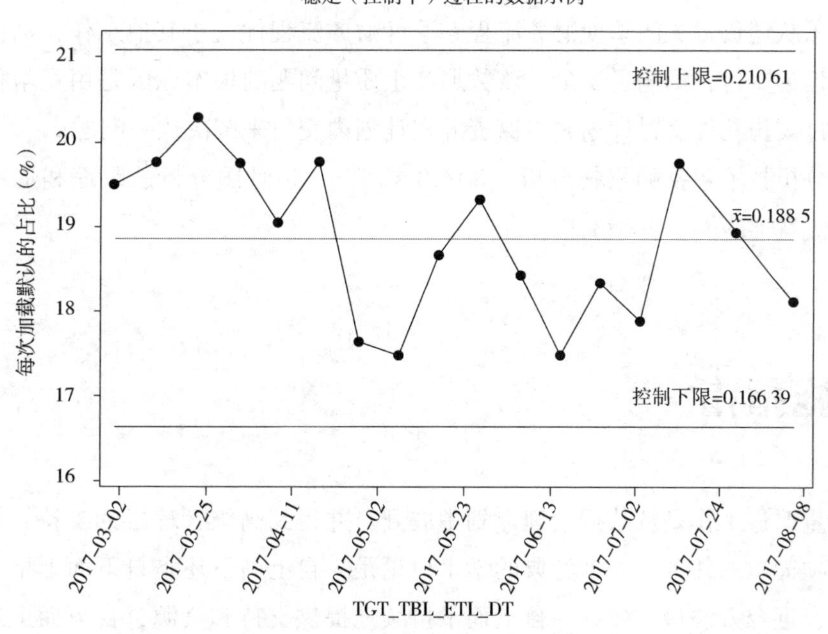

图 13-5　统计控制过程控制图

SPC 通过识别过程中的变化来衡量过程结果的可预测性。过程有两种不同类型：流程内部固有的常见原因和不可预测或间歇性的特殊原因。当常见原因是唯一的变异源时，就说明系统处于（统计）控制之下，并且可以建立一个正常的变化范围，这个范围就是可以检测变化的基线。

将 SPC 应用于数据质量度量是基于以下假设展开的，即数据和制造产品一样，是一个过程的产物。有时创建数据的过程非常简单（如一个人填写表单），有时却相当复杂，如用一组汇总医疗索赔数据的算法跟踪与特定临床方案有效性相关的趋势。如果这样一个过程有一致的输入并且执行过程一致，那么每次运行都会产生一致的结果。但是，如果输入或执行过程发生变化，那么输出也会

㊀ 参见 Redman（1996，2001）、Loshin（2000）、Sebastian Coleman（2013）、Jugulum（2014）。

发生变化。这其中的每一部分都可以被度量，测量结果可用于探测特殊原因，了解这些特殊原因可用于减少与数据收集或处理相关的风险。

将 SPC 应用于控制、发现和提升，第一步是对过程进行度量，以识别和消除特殊原因。该活动建立对过程状态的控制。第二步是尽可能早地发现异常变化，因为早期发现问题简化了对问题根源的调查过程。对过程的度量也有助于减少常见变化原因的不必要影响，从而提高效率。

13.4.6 根本原因分析

导致问题产生的根本原因一旦消失，问题本身也会消失。根本原因分析是一个理解导致问题发生的因素及其作用原理的过程。其目的是识别潜在的条件，这些条件一旦消除，问题也将消失。

数据管理的例子可以解释这个定义。假设每个月运行的数据处理需要输入一个客户信息文件，对数据的测量表明，在 4 月、7 月、10 月和 1 月，数据质量下降。对交付时间的检查表明，在 3 月、6 月、9 月和 12 月，文件在当月 30 日进行交付，而在其他月份则在 25 日交付。进一步分析表明，负责交付文件的团队还负责关闭季度财务流程。季度财务流程优先于其他工作，从而导致客户信息文件在这些月内延迟交付，影响了质量。该数据产生质量问题的根本原因是由竞争优先级引起的进程延迟。可以通过安排文件交付计划并确保资源在计划内交付来解决这一问题。

常见的根因分析技术包括帕累托分析（80/20 规则）、鱼骨图分析、跟踪和追踪、过程分析以及五个为什么等（McGilvray，2008）。

13.5 实施指南

即使数据质量改进工作是从数据治理计划中展开，并得到高级管理层的支持，提高组织内的数据质量也不是一项简单的任务。一个经典的学术讨论是，自上而下还是自下而上地实施数据质量更好。通常情况下，混合方法最有效——自上而下持续地提供支持和资源，自下而上地发现实际存在的问题并逐步解决。

提高数据质量，需要改变人们对数据的看法和行为。文化变革具有挑战性，它需要计划、培训和强化（参见第 17 章）。尽管不同组织的文化变革具体情况不同，但大多数数据质量项目的实施都需要计划：

1）有关数据价值和低质量数据成本的指标。为了提高组织对数据质量管理需求的认识，一种方法是通过指标描述数据价值和改进带来的投资回报。这些指标（区别于数据质量评分）可以为改进提供资金基础，并改变员工和管理层的行为（参见第 11 章）。

2）IT/业务交互的操作模型。业务人员了解数据的意义及其重要性，IT 数据管理人员了解数据存储的位置和方式，因此他们能很好地合作将数据质量的定义转换为查询命令或代码，以识别不符合要求的特定记录（参见第 11 章）。

3）项目执行方式的变化。项目监督必须确保项目资金覆盖与数据质量相关的步骤（如分析和评估、质量期望定义、数据问题补救、预防和纠正、构建控制和度量）。谨慎的做法是确保尽早发现问题，并在项目中预先建立数据质量预期。

4）对业务流程的更改。提升数据质量取决于改进生成数据的流程。团队应能够评估数据质量，并对影响数据质量的非技术（以及技术）过程的变更提出建议。

5）为补救和改进项目提供资金。有些组织即使意识到了数据质量问题也不准备补救数据，但数据是不会自行修复的，应衡量好补救与改进项目的支出与收益。只有如此，数据改进才会优先处理。

6）为数据质量运营提供资金。维持数据质量需要持续操作，以监控数据质量、报告发现的问题，并在发现问题时继续管理问题。

13.5.1　就绪评估/风险评估

大多数依赖数据的组织都有很多改进的机会。从数据管理的角度来看，数据质量方案是否正式、能否取得支持，取决于组织的成熟程度（参见第 15 章）。组织采用数据质量的实践准备情况，可以通过以下特征进行评估：

1）管理层承诺将数据作为战略资产进行管理。要获得管理层对数据管理的支持，就要明确高级管理人员能否理解数据在组织中扮演的角色。高级管理人员在多大程度上认识到数据对战略目标的价值？他们将哪些风险与低质量数据联系起来？他们对数据治理的好处有多了解？对改变文化以支持质量改进的能力有多乐观？

2）组织对数据质量的当前理解。大多数组织在开始其质量改进之旅之前，他们通常表示了解质量数据差的障碍和痛点。了解这些很重要，低质量数据可以直接与组织的负面影响关联在一起，包括直接和间接成本；对痛点的理解也有助于确定和优先考虑改进项目。

3）数据的实际情况。以客观的方式描述导致痛点的数据情况是改进数据的第一步。通过剖析和分析，以及对已知问题和痛点的量化来度量和描述数据。如果数据质量团队不知道数据的实际情况，那么将很难确定优先级并抓住改进机会采取行动。

4）与数据创建、处理或使用相关的风险。识别数据可能出现的问题以及质量不佳的数据对组织造成的潜在损害，为降低风险提供了基础。如果组织认识不到这些风险，那么获取组织对数据质量规划的支持可能是一个挑战。

5）可扩展数据质量监控的文化和技术就绪。数据质量可能受到业务和技术流程的负面影响。提高数据质量取决于业务和 IT 团队之间的合作，如果业务和 IT 团队之间的关系不是协作的状态，将很难取得进展。

就绪评估的结果将有助于确定从何处开始以及如何快速进行，也可为实现路线图计划目标打下基础。如果数据质量改进获得强有力的高层支持，并且组织了解自己的数据，那么就可能启动一个完整的战略计划。如果组织不了解其数据的实际状态，那么在制定完整的战略之前，可能需要先集中精力构建这些知识。

13.5.2 组织与文化变革

数据质量不是通过一些工具和口号就能改进的，而是要通过帮助员工和利益相关方树立不断行动的思维观念，同时要始终考虑数据质量和业务与客户的需求来改进。让一个组织认真对待数据质量，通常需要进行重大的文化变革。这种变革需要领导者的远见和领导力（参见第 17 章）。

首先是提高数据对组织作用和重要性的认识。所有员工都必须负责任地处理并提出数据质量问题，从消费者的角度要求高质量的数据，并向他人提供质量信息。每个接触数据的人都会影响数据的质量，数据质量不仅是数据质量团队或 IT 团队的职责。

正如员工需要了解获取新客户或保持现有客户的成本一样，他们也需要了解低质量数据的组织成本，以及导致数据质量低下的原因。例如，如果客户数据不完整，客户可能会收到错误的产品，从而给组织造成直接和间接成本。客户不仅会退回产品，而且他们可能会通过呼叫中心打电话投诉，对组织声誉造成损害。如果由于组织没有建立明确的需求而导致客户数据不完整，那么使用这些数据的每个人都有权要求澄清需求并遵循标准。

最终，如果要让员工生成更高质量的数据并以确保质量的方式管理数据，他们需要以不同的方式思考和行动，这需要培训和强化训练。培训应着重于：

1）导致数据问题的常见原因。

2）组织数据生态系统中的关系以及为什么提高数据质量需要全局方法。

3）糟糕数据造成的后果。

4）持续改进的必要性（为什么改进不是一次性的）。

5）要“数据语言化”，阐述数据对组织战略与成功、监管报告和客户满意度的影响。

培训还应包括对任何过程变更的介绍，以及有关变更如何提高数据质量的声明。

13.6 数据质量和数据治理

数据质量工作作为数据治理计划的组成部分时，效果更好。通常，数据质量问题是建设企业范围数据治理的原因（参见第 3 章）。将数据质量工作纳入整体治理工作，使数据质量方案团队能够与一系列利益相关方和推动者合作。

1）风险与安全人员可以帮助识别与数据相关的组织弱点。

2）业务流程工程和培训人员，可以帮助团队实施流程改进。

3）业务和运营数据专员以及数据所有者，他们可以识别关键数据、定义标准和质量期望，并优先处理数据问题。

治理组织可以通过以下方式加快数据质量方案的工作：

1）设定优先级。

2）确定和协调有权参与各种数据质量相关决定和相关活动的人。

3）制定和维护数据质量标准。

4）报告企业范围内数据质量的相关测量。

5）提供有助于员工参与的指导。

6）建立知识共享的沟通机制。

7）制定和应用数据质量和合规政策。

8）监控和报告绩效。

9）共享数据质量检查结果，以提高认识，确定改进机会，并就改进达成共识。

10）解决变化和冲突，提供方向性指导。

13.6.1　数据质量制度

数据质量工作应有匹配的数据治理制度的支持。例如，治理制度可授权定期的质量审计，并实施相关标准和最佳实践。所有数据管理知识领域都需要制定相关制度，但数据质量制度尤其重要，因为它们经常涉及法规要求。各项制度应包括：

1）制度的目的、范围和适用性。

2）术语定义。

3）数据质量团队的职责。

4）其他利益相关方的责任。

5）报告。

6）策略的实施，包括与之相关的风险、预防措施、合规性、数据保护和数据安全性等。

13.6.2　度量指标

数据质量团队的大部分工作将集中于质量的度量和报告上。数据质量的高阶指标包括：

1）投资回报。关于改进工作的成本与改进数据质量的好处的声明。

2）质量水平。测量一个数据集内或多个数据集之间的错误或不满足甚至违反需求情况的数量和比率。

3）数据质量趋势。随着时间的推移（趋势），针对阈值和目标的质量改进，或各阶段的质量事件。

4）数据问题管理指标。

①按数据质量指标对问题分类与计数。

②各业务职能部门及其问题状态（已解决、未解决、已升级）。

③按优先级和严重程度对问题排序。

④解决问题的时间。

5）服务水平的一致性。包括负责人员在内的组织单位对数据质量评估项目干预过程的一致性。

6）数据质量计划示意图。现状和扩展路线图。

13.7 文献引用与推荐

Batini, Carlo, and Monica Scannapieco. *Data Quality: Concepts, Methodologies and Techniques.* Springer, 2006. Print.

Brackett, Michael H. *Data Resource Quality: Turning Bad Habits into Good Practices.* Addison-Wesley, 2000. Print.

Deming, W. Edwards. *Out of the Crisis.* The MIT Press, 2000. Print.

English, Larry. *Improving Data Warehouse and Business Information Quality: Methods For Reducing Costs And Increasing Profits.* John Wiley and Sons, 1999. Print.

English, Larry. *Information Quality Applied: Best Practices for Improving Business Information*, Processes, and Systems. Wiley Publishing, 2009. Print.

Evans, Nina and Price, James. "Barriers to the Effective Deployment of Information Assets: An Executive Management Perspective." *Interdisciplinary Journal of Information, Knowledge, and Management* Volume 7, 2012. Accessed from http://bit.ly/2sVwvG4.

Fisher, Craig, Eitel Lauría, Shobha Chengalur-Smith and Richard Wang. *Introduction to Information Quality.* M. I. T. Information Quality Program Publications, 2006. Print. Advances in Information Quality Book Ser.

Gottesdiener, Ellen. *Requirements by Collaboration: Workshops for Defining Needs.* Addison-Wesley Professional, 2002. Print.

Hass, Kathleen B. and Rosemary Hossenlopp. *Unearthing Business Requirements: Elicitation Tools and Techniques.* Management Concepts, Inc, 2007. Print. Business Analysis Essential Library.

Huang, Kuan-Tsae, Yang W. Lee and Richard Y. Wang. *Quality Information and Knowledge.* Prentice Hall, 1999. Print.

Jugulum, Rajesh. *Competing with High Quality Data.* Wiley, 2014. Print.

Lee, Yang W., Leo L. Pipino, James D. Funk and Richard Y. Wang. *Journey to Data Quality.* The MIT Press, 2006. Print.

Loshin, David. *Enterprise Knowledge Management: The Data Quality Approach.* Morgan Kaufmann, 2001. Print.

Loshin, David. *Master Data Management.* Morgan Kaufmann, 2009. Print.

Maydanchik, Arkady. *Data Quality Assessment.* Technics Publications, LLC, 2007 Print.

McCallum, Ethan. *Bad Data Handbook: Cleaning Up the Data So You Can Get Back to Work.* 1st Edition. O' Reilly, 2012.

McGilvray, Danette. *Executing Data Quality Projects: Ten Steps to Quality Data and Trusted Information.* Morgan Kaufmann, 2008. Print.

Myers, Dan. "*The Value of Using the Dimensions of Data Quality*", *Information Management*, August 2013. http://bit.ly/2tsMYiA.

Olson, Jack E. *Data Quality: The Accuracy Dimension.* Morgan Kaufmann, 2003. Print.

Redman, Thomas. *Data Quality: The Field Guide.* Digital Press, 2001. Print.

Robertson, Suzanne and James Robertson. *Mastering the Requirements Process: Getting Requirements Right.* 3rd ed. Addison-Wesley Professional, 2012. Print.

Sebastian-Coleman, Laura. *Measuring Data Quality for Ongoing Improvement: A Data Quality Assessment Framework.* Morgan Kaufmann, 2013. Print. The Morgan Kaufmann Series on Business Intelligence.

Tavares, Rossano. *Qualidade de Dados em Gerenciamento de Clientes (CRM) e Tecnologia da Informação [Data Quality in Management of Customers and Information Technology]*. São Paulo: Catálise. 2006. Print.

Witt, Graham. *Writing Effective Business Rules: A Practical Method.* Morgan Kaufmann, 2012. Print.

第 14 章　大数据和数据科学

14.1　引言

21 世纪以来，大数据和数据科学成为时髦的词语，但人们往往会误解这些词语和它们的含义，或者说人们对它们含义的理解还没有达成共识，甚至“大”的含义也是相对的。也就是说，大数据和数据科学都是促使人们产生、存储和分析海量数据的重大技术变革。更为重要的是，人们可以使用数据来预测和干预行为，以及获得诸如医疗健康实践、自然资源管理和经济发展等一系列重要课题的洞察能力。

大数据不仅指数据的量大，也指数据的种类多（结构化的和非结构化的，文档、文件、音频、视频、流数据等），以及数据产生的速度快。那些从数据中探究、研发预测模型、机器学习模型、规范性模型和分析方法并将研发结果进行部署供相关方分析的人，被称为数据科学家。

数据科学已经存在了很长时间，它过去常常被称为“应用统计学”。不过随着大数据及其支持技术的出现，探索数据模式的能力逐步形成，并在 21 世纪得到迅速发展。传统的商务智能（BI）提供“后视镜”式的报告，通过分析结构化的数据展示过去的趋势。在某些情况下，BI 模式被用来预测未来的行为，但它不具备高可信度。即使现在，深入分析非常大的数据集仍受到技术的限制。数据分析一直依赖于采样或其他抽象方法的近似模式。随着收集和分析大型数据集能力的提升，数据科学家已经从数学、统计学、计算机科学、信号处理、概率建模、模式识别、机器学习、不确定建模以及数据可视化等方面综合了各种方法，根据大数据集对行为进行预测，以获得更多的信息。简而言之，数据科学家已经找到了分析数据和从数据中获取价值的新方法。

随着大数据被加载到数据仓库和商务智能环境中，数据科学技术被用来为组织提供前瞻性的视图（“挡风玻璃”）。使用不同种类的数据源，实现预测能力、基于模型的实时分析能力，能够为组织未来的发展方向提供更深刻的洞察能力，如图 14-1 所示。

然而，要想利用大数据，就必须改变数据的管理方式。大多数数据仓库都基于关系模型，而大数据一般不采用关系模型组织数据。大多数数据仓库依赖于 ETL（提取、转换和加载）的概念。大数据解决方案，如数据湖，则依赖于 ELT 的概念——先加载后转换。更加重要的是，数据的生产速度和容量带来了挑战，需要在数据管理的各个关键领域中采用不同的方法，如集成、元数据管理和数据质量评估。

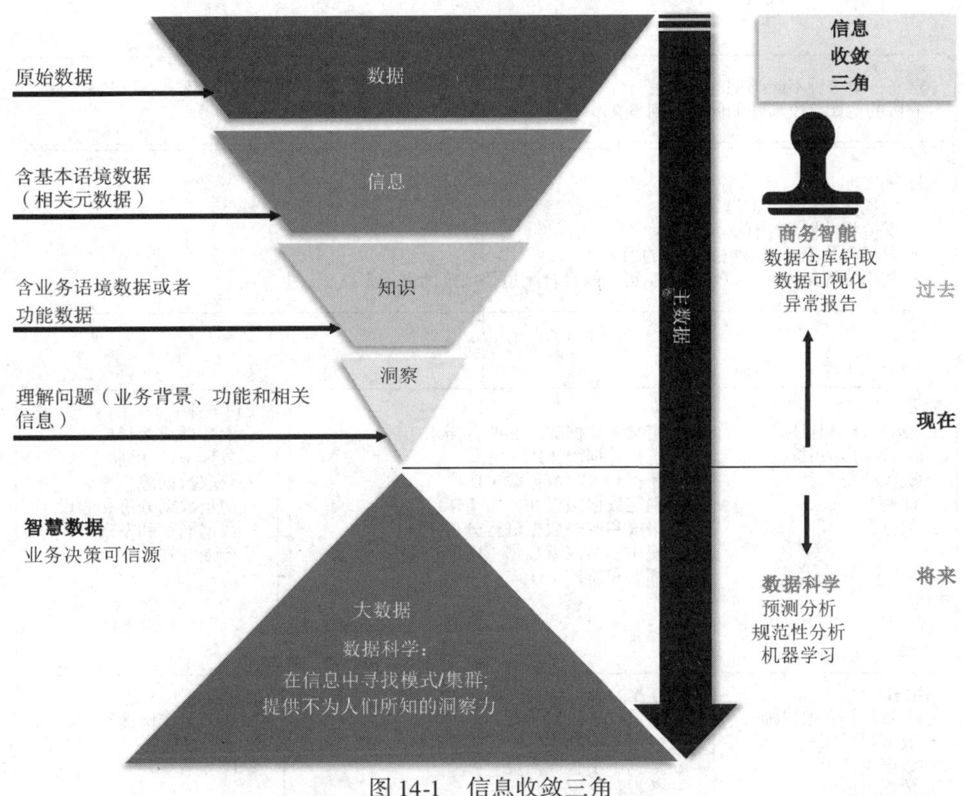

图 14-1　信息收敛三角

14.1.1　业务驱动

期望抓住从多种流程生成的数据集中发现的商机，是提升一个组织大数据和数据科学能力的最大业务驱动力。大数据可以通过对更多、更大的数据集进行探索来激发创新，这些数据可用来定义预判客户需求的预测模型，并实现产品和服务的个性化展示。数据科学可以提升运营水平。机器学习算法可以将那些复杂且耗时的活动实现自动化，从而提升组织效率、削减成本、降低风险。大数据和数据科学语境关系图如图 14-2 所示。

14.1.2　原则

大数据的前景——它将提供一种别具一格的洞察力——取决于能否管理大数据。在许多方面，由于数据源和数据格式的广泛变化，大数据管理将需要比关系数据管理更多的规则。与大数据管理相关的原则尚未完全形成，但有一点非常明确：组织应仔细管理与大数据源相关的元数据，以便对数据文件及其来源和价值进行准确的清单管理。

14.1.3　基本理念

1. 数据科学

如本章引言所述，数据科学将数据挖掘、统计分析和机器学习与数据集成整合，结合数据建模

大数据和数据科学

定义：对多种不同类型的数据进行收集（大数据）和分析（数据科学、分析、可视化），以此来为在分析的初始阶段未知的问题找到答案

目标：
- 发现数据和业务的联系
- 支持将数据源迭代集成到企业中
- 发现和分析可能影响到业务的因素
- 利用可视化技术，以恰当的、可靠的且合乎道德规范的方式来发布数据

业务驱动因素

输入：
- 业务战略和目标
- 建设/购买/租赁决策树
- IT 标准
- 数据源

活动：
1. 定义大数据战略和业务需求（P）
2. 选择数据源（P）
3. 获得和接收数据源（D）
4. 制定数据假设和方法（D）
5. 集成和调整数据进行分析（D）
6. 使用模型探索数据（D）
7. 部署和监控（O）

交付成果：
- 大数据战略与标准
- 数据采购计划
- 获取数据源
- 初步数据分析和假设
- 数据洞察和发现
- 增强计划

供给者：
- 大数据平台架构师
- 数据科学家
- 数据生产者
- 数据供应商
- 信息消费者

参与者：
- 大数据平台架构师
- 融合架构师
- 数据中小企业人员
- 数据科学家
- 分析设计领导者
- DM 经理
- 元数据专家

消费者：
- 业务合作伙伴
- 业务主管
- IT 主管

技术驱动因素

方法：
- 数据混搭
- 机器学习技术
- 高级有监督学习

工具：
- 分布式文件解决方案
- 列压缩
- MPP 无共享架构
- 内存计算和数据库
- 数据库内算法
- 数据可视化工具集

度量指标：
- 数据使用指标
- 响应和性能指标
- 加载和扫描指标
- 学习和故事场景

（P）计划　（C）控制　（D）开发　（O）运营

图 14-2　语境关系图：大数据和数据科学

能力，去构建预测模型、探索数据内容模式。因为数据分析师或数据科学家会使用一些科学的方法来开发和评估模型，所以开发预测模型有时被称为数据科学。

数据科学家提出了一个关于行为的假设，即特定的行为是可以在具体行动之前的数据中被观察到的。例如，购买某类型的物品后通常会跟随着购买另一种类型的物品（如购买房屋后通常会购买家具）。之后，数据科学家分析大量的历史数据，以确定假设在过去真实发生的频率，并从统计学上验证模型可能的准确性。如果一个假设在足够高的频率下是有效的，并且它所预测的行为是有用的，那么这个模型就可能成为操作智能过程的基础来预测未来的行为，甚至可能是实时的预测，如场景暗示性销售广告。

开发数据科学解决方案，包括将数据源迭代地整合到开发洞察力的模型中。数据科学依赖于：

1）丰富的数据源。具有能够展示隐藏在组织或客户行为中不可见模式的潜力。

2）信息组织和分析。用来领会数据内容，结合数据集针对有意义模式进行假设和测试的技术。

3）信息交付。针对数据运行模型和数学算法，进行可视化展示及其他方式输出，以此加强对行为的深入洞察。

4）展示发现和数据洞察。分析和揭示结果，分享洞察观点（表 14-1）对比了传统的数据仓库/商务智能与基于数据科学技术实现的预测性分析和规范性分析的作用。

表 14-1　分析对比

数据仓库/传统商务智能	数据科学	
描述性分析	预测性分析	规范性分析
事后结论	洞察	预见
基于历史： 过去发生了什么 为什么发生	基于预测模型： 未来可能会发生什么	基于场景： 我们该做什么才能保证事情发生

2. 数据科学的过程

图 14-3 阐述了数据科学过程的迭代阶段，每一步的输出作为下一步的输入（参见 14.2 节）。

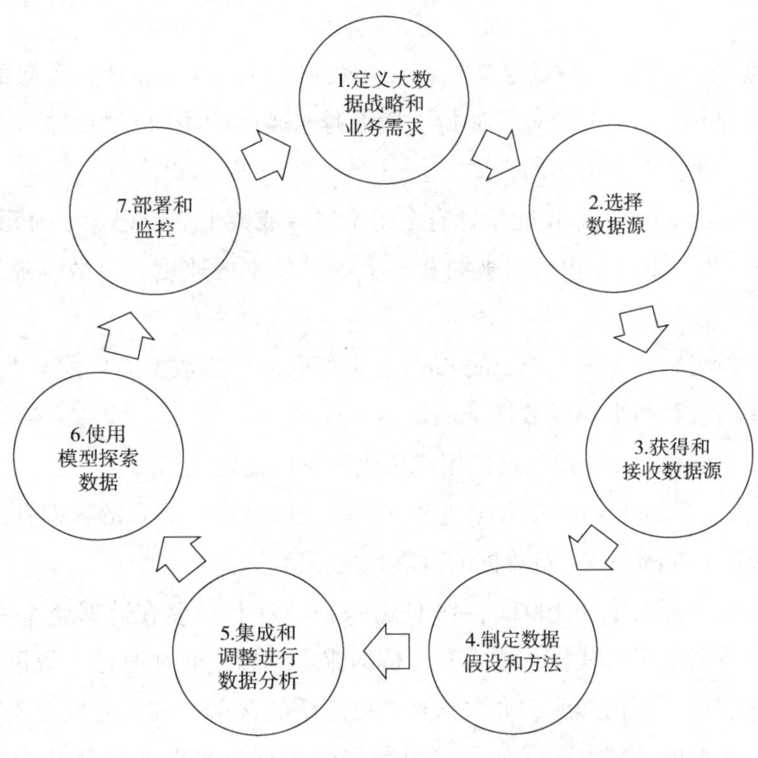

图 14-3　数据科学的过程阶段

数据科学的过程遵循科学的方法，通过观察、设立和检验假设、观察结果、构思解释结果的通用理论来提炼知识。在数据科学中，这一过程通常采用观察数据以及创建和评估行为模型的形式进行：

1）定义大数据战略和业务需求。定义一些可衡量的、能够产生实际收益的需求。

2）选择数据源。在当前的数据资产库中识别短板并找到数据源以弥补短板。

3）采集和提取数据资料。收集数据并加载使用它们。

4）设定数据假设和方法。通过对数据进行剖析、可视化和挖掘来探索数据源。定义模型算法的输入、种类或者模型假设和分析方法（换句话说，通过聚类对数据进行分组等）。

5）集成和调整数据进行分析。模型的可行性部分取决于源数据的质量。要利用可靠的数据来源，应用适当的数据集成和数据清洗技术提升预备数据集的质量和可用性。

6）使用模型探索数据。对集成的数据应用统计分析和机器学习算法进行验证、训练，并随着时间的推移演化模型。模型训练需要针对实际数据对模型进行重复运行，以验证假设并对模型进行调整，如识别异常值。通过这个过程，需求将被细化，初始可行性指标会指引模型的演化，还可能引入新的假设，这些假设需要额外的数据集。本次探索结果将影响未来的建模和输出（甚至改变需求）。

7）部署和监控。可以将产生有用信息的那些模型部署到生产环境中，以持续监控它们的价值和有效性。通常，数据科学项目会转变成数据仓库项目。在这些项目中，会有更为活跃的开发过程（ETL、数据质量、主数据等）。

3. 大数据

早期，人们通过 3V 来定义大数据含义的特征：数据量大（Volume）、数据更新快（Velocity）、数据类型多样/可变（Variety）（Laney，2001）。随着越来越多的组织开始深挖大数据的潜力，已经不止于以上三个 V。V 列表有了更多的扩展：

1）数据量大（Volume）。大数据通常拥有上千个实体或数十亿个记录中的元素。

2）数据更新快（Velocity）。指数据被捕获、生成或共享的速度。大数据通常实时地生成、分发及进行分析。

3）数据类型多样/可变（Variety/Variability）。指抓取或传递数据的形式。大数据需要多种格式储存。通常，数据集内或跨数据集的数据结构是不一致的。

4）数据黏度大（Viscosity）。指数据使用或集成的难度比较高。

5）数据波动性大（Volatility）。指数据更改的频率，以及由此导致的数据有效时间短。

6）数据准确性低（Veracity）。指数据的可靠程度不高。

大数据的量非常大（通常大于 100TB，在 1PB ~ 1EB 范围内）。在数据仓库和分析解决方案中，非常庞大的数据量对数据加载、建模、清理和分析构成了挑战，通常通过大规模并行处理或分布式并行处理数据方案来应对。不仅如此，大数据具有更广泛的含义。过大的数据集需要改变数据存储和访问的总体方式、数据的理解方式（如目前对数据的大部分思考方式都基于关系数据库结构），以及数据的管理方式（Adams，2009）。图 14-4 显示了通过大数据技术获得的数据范围以及对数据存储的影响。

㊀ 经 Robert Abate/EMC Corporation 授权使用。

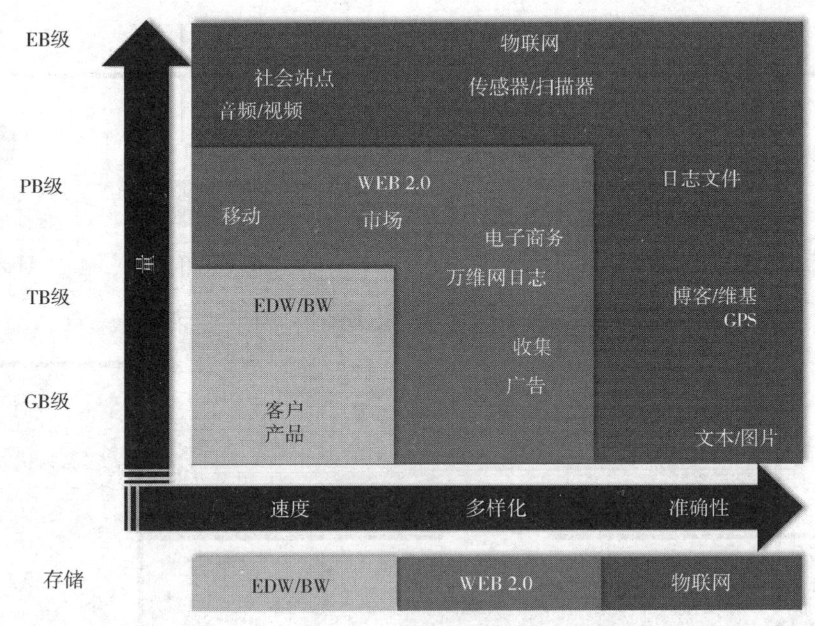

图 14-4 数据存储的挑战⊖

4. 大数据架构组件

大数据和数据科学环境的选择、安装和配置需要相应的专业知识，必须针对现有的和新购置的数据探索工具开发和优化端到端的架构。

图 14-5 描述了 DW/BI 和大数据架构（有关 DW/BI 组件的详细信息，参见第 11 章）。DW/BI 与大数据处理之间最大的区别在于，在传统的数据仓库中，数据在进入仓库时进行整合（提取、转换、加载）；在大数据环境中，数据在整合之前就进行接收和加载（提取、加载、转换）。在某些情况下，传统理念认为数据根本不需要被整合，通常是为了特定的用途（如在构建预测模型的过程中需要集成的特定数据集）而不是要为使用做准备而整合数据。

ETL 和 ELT 之间的差异对数据管理方式具有重要影响。例如，整合集成过程不一定依赖于或生成企业数据模型。如果提取和使用过程都是采用一些临时的方式进行，则可能存在丢失大量数据相关知识的风险。要理解和强化这些过程，需要收集并管理与这些过程相关的元数据。

大数据源和数据湖的构造将在下节介绍，提取、集成、探索、评估模型等活动将在“活动”一节中进行探讨。

5. 大数据来源

由于人类的很多活动都是以电子的方式执行的，因此随着我们在世界各地旅行的脚步、彼此之间的相互交流以及进行的商务交易等，每天都会产生海量的数据，大数据会通过电子邮件、社交媒体、在线订单甚至在线视频游戏生成。不仅电话和销售网点的设备产生数据，监控系统、运输系统中的传感器、医疗监控系统、工业和公用事业监控系统、卫星和军事装备等也会产生大量数据。例如，一个航线的航班可以生成 1TB 的数据，直接与因特网交互的设备也会生成大量数据，设备和因

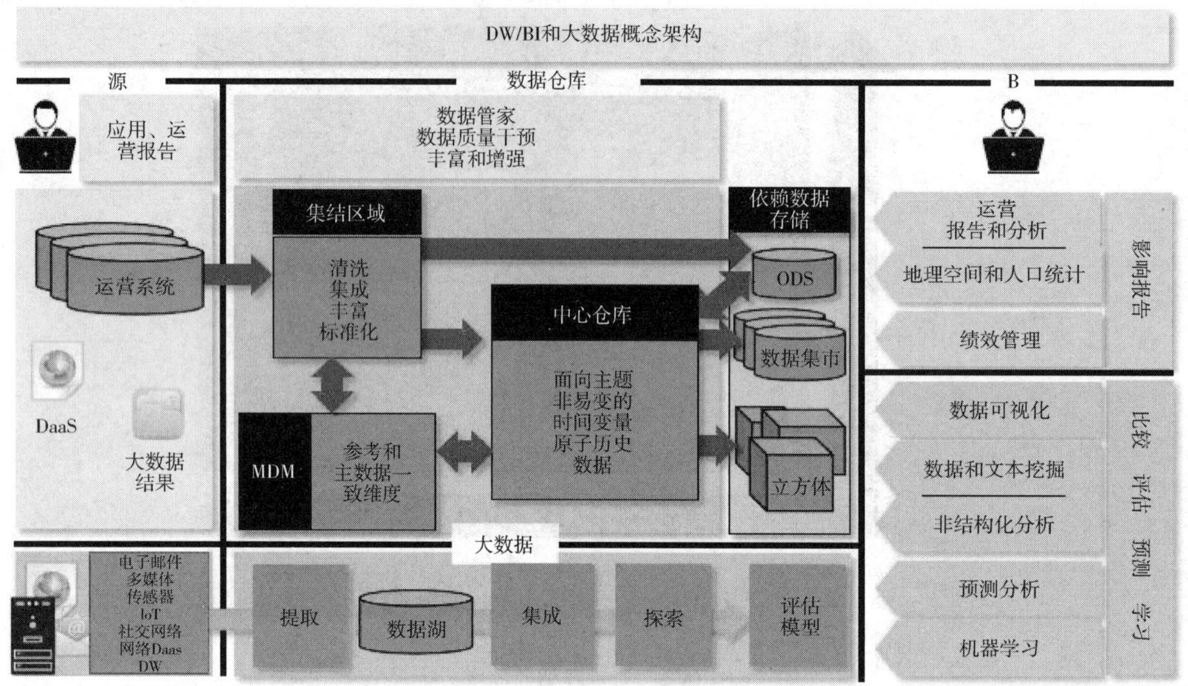

图 14-5 DW/BI 和大数据概念架构

特网之间的连接通常被称为物联网（IoT）。

6. 数据湖

数据湖是一种可以提取、存储、评估和分析不同类型和结构海量数据的环境，可供多种场景使用。例如，它可以提供：

1）数据科学家可以挖掘和分析数据的环境。

2）原始数据的集中存储区域，只需很少量的转换（如果需要的话）。

3）数据仓库明细历史数据的备用存储区域。

4）信息记录的在线归档。

5）可以通过自动化的模型识别提取流数据的环境。

数据湖可以作为 Hadoop 或其他数据存储系统、集群服务、数据转换和数据集成等数据处理工具的一种复合配置来实施。这些处理程序使跨基础架构的分析简化软件变得更加便利，从而使配置结合在一起。

数据湖的风险在于，它可能很快会变成数据沼泽——杂乱、不干净、不一致。为了建立数据湖中的内容清单，在数据被摄取时对元数据进行管理至关重要。为了理解数据湖中的数据是如何关联和连接的，数据架构师或者数据工程师通常使用单一键值或其他技术（语义模型、数据模型等），科学家和其他可视化开发人员通过这些技术数据即可知道如何使用数据湖中存储的信息（参见第 9 章）。

7. 基于服务的架构

基于服务的体系结构（Services-Based Architecture，SBA）正在成为一种立即提供（如果不是完全准确或完整）数据的方法，并使用相同的数据源（Abate，Aiken，Burke，1997）来更新完整、准确的历史数据集。SBA 架构与数据仓库架构有些类似，它会把数据发送到操作型数据存储（ODS）中以实现即时存取，同时也会将数据发送到数据仓库中以实现历史积累。SBA 架构包括三个主要的组件，分别是批处理层、加速层和服务层，如图 14-6 所示。

1）批处理层（Batch Layer）。数据湖作为批处理层提供服务，包括近期的和历史的数据。

2）加速层（Speed Layer）。只包括实时数据。

3）服务层（Serving Layer）。提供连接批处理和加速层数据的接口。

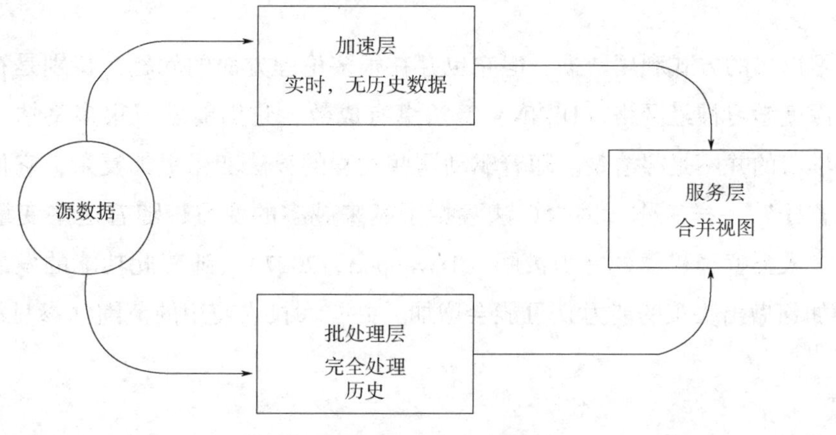

图 14-6　基于服务的架构

数据被加载到批处理层和加速层中。所有分析计算都在批处理层和加速层的数据上执行，这种设计可能需要在两个独立的系统中实现。针对在服务层定义的合并视图，组织需要在完整性、潜在因素和复杂性之间加以权衡来解决同步问题；需要对减少延迟或提高数据完整性的方案进行成本/效益评估，确定成本和复杂性是否值得投入。

批处理层通常被称为随时间变化的结构组件（这里每个事务都是一个插入），而在加速层（通常被称为操作型数据存储或 ODS）中，所有事务都是更新的（或者只有在需要时才插入）。这种体系结构可以同时创建当前状态和历史层的方式预防同步问题。该体系结构通常通过利用元数据抽象数据的服务层或数据服务层来提供数据。服务层确定提供哪里的数据作为“服务”，并适当提供被需求的数据。

8. 机器学习

机器学习（Machine Learning）探索了学习算法的构建和研究，它可以被视为无监督学习和监督学习方法的结合。无监督学习通常被称为数据挖掘，而监督学习是基于复杂的数学理论，特别是统计学、组合学和运筹学。第三个分支正处于形成过程中，称为强化学习，即没有通过教师的认可就实现了目标优化，如驾驶车辆。通过编程使机器可以快速地从查询中学习并适应不断变化的数据集，从而在大数据中引入一个全新的领域，称为机器学习㊀。运行进程，存储结果，在后续运行中使用这些结果以迭代方式通知进程并优化结果。

机器学习探索了学习算法的构建和研究。这些算法一般分为三种类型：

1）监督学习（Supervised learning）。基于通用规则（如将 SPAM 邮件与非 SPAM 邮件分开）。

2）无监督学习（Unsupervised learning）。基于找到的那些隐藏的规律（数据挖掘）。

3）强化学习（Reinforcement learning）。基于目标的实现（如在国际象棋中击败对手）。

统计建模和机器学习已被用于对那些成本高昂的研究和开发项目进行自动化，通过对大量数据进行多次试错，重复试验并收集、分析结果来纠正错误。这种方法可以大大减少回答问题的时间，并基于具有成本效益的可重复流程为组织提供关于发展计划方面的深刻见解。例如，CIVDDD 使用机器学习和复杂的科学数据可视化技术，帮助政府机构和维和人员应对与威胁有关的大量信息挑战㊁。

虽然机器学习以新的方式利用数据，但它也存在很多伦理方面的问题，特别是在透明性原则方面。证据表明，深度学习神经网络（DLNN）算法卓有成效，它们能学习很多事情。然而，我们对它们究竟是如何学习的并不是很清楚。随着驱动这些过程的算法变得更加复杂，它们也就变得更加不透明，像“黑盒子”一样工作。因为算法囊括了越来越多的变量，随着这些变量变得越来越抽象，算法也测试了人类解释机器的能力极限（Davenport，2017）。随着此功能的发展，对透明性的需求（能够看到如何做出决策的能力）可能会增加，并扩大投入使用的范围（参见第 2 章）。

9. 语义分析

媒体监控和文本分析是从大量非结构化或半结构化数据（如事务数据、社交媒体、博客和 Web 新闻网站）中检索并获得见解的自动化方法，用于感知人们对品牌、产品、服务或其他类型主题的感觉和看法。使用自然语言处理（NLP）分析短语或句子、语义察觉情绪，并揭示情绪的变化，以预测可能的情景。

以在网站帖子中寻找关键词为例。如果出现“好的”或“太好了”这两个词可能是一个积极的反应，而出现“糟糕的”或“不好的”可能是一个负面反应的迹象。将数据按响应类型分类，整个社区或帖子（社交媒体，如 Twitter、博客等）的“情绪”就会被揭露出来。也就是说，情绪是不容易被准确地捕获的，因为这些词语本身并不能讲清事情的原委（如我对他们的客户服务很有意见）。必须根据上下文来解释情绪，这需要理解帖子的含义——这种解释通常需要使用例如 IBM 的 Watson 等系统中的 NLP 功能。

10. 数据和文本挖掘

数据挖掘（Data mining）是一种特殊的分析方法，它使用各种算法揭示数据中的规律。它最初

㊀ 请参阅机器学习资源周期表 http：//bit. ly/1dprthc，了解针对机器学习开发人员、科学家和从业者使用的不同平台的交互式指南。

㊁ 信息和数据驱动设计创新中心（the Centre for Innovation in Information and Data-Driven Design，CIVDDD），资助大数据分析和可视化领域的研究，旨在利用新计算工具、代表性策略和接口开发下一代数据发现、设计和可视化技术。

是机器学习的一个分支，属于人工智能的一个子领域。该理论是统计分析的一个子集，称为无监督学习，即当算法被应用于一个数据集时，并不知道确切的或期望的结果。标准化的查询和报表工具能发现一些具体的问题，而数据挖掘工具通过揭示规律来帮助发现未知的关系。数据挖掘是探索阶段的一项关键活动，因为它有助于快速识别需要研究的数据元素，识别以前未知、不清楚或未分类的新关系，并为所研究的数据元素提供分类的结构。

文本挖掘使用文本分析和数据挖掘技术来分析文档，将内容自动进行分类，成为工作流导向和领域专家导向的知识本体。因此，电子文本媒体可以在不重构或重新格式化的情况下被分析。知识本体可以链接到搜索引擎，允许对这些文档进行基于 Web 的查询（参见第 9 章）。

数据和文本挖掘使用了一系列的技术，包括：

1）剖析（Profiling）。剖析尝试描述个人、群体或人群的典型行为，用于建立异常检测应用程序的行为规范，如欺诈检测和计算机系统入侵监控。剖析结果是许多无监督学习组件的输入。

2）数据缩减（Data reduction）。数据缩减是采用较小的数据集来替换大数据集，较小数据集中包含了较大数据集中的大部分重要信息。较小的数据集可能更易于分析或处理操作。

3）关联（Association）。关联是一种无监督的学习过程，根据交易涉及的元素进行研究，找到它们之间的关联。关联的示例包括频繁的商品集挖掘、规则发现和基于市场的分析。互联网上的推荐系统也使用这个过程。

4）聚类（Clustering）。基于数据元素的共享特征，将它们聚合为不同的簇。客户细分是聚类的一个示例。

5）自组织映射（Self-organizing maps）。自组织映射是聚类分析的神经网络方法，有时被称为 Kohonen 网络或拓扑有序网络，旨在减少评估空间中的维度，同时尽可能地保留距离和邻近关系，类似于多维度缩放。降维就像从等式中移除一个变量而不影响结果，使得这些问题变得更容易被解决、数据更容易被展示出来。

11. 预测分析

预测分析（Predictive Analytics）是有监督学习的子领域，用户尝试对数据元素进行建模，并通过评估概率估算来预测未来结果。预测分析深深植根于数学，特别是统计学，与无监督学习拥有许多相同的组成部分，对预期预测结果进行测量时差异是可控的。

预测分析是基于可能事件（购买、价格变化等）与可变因素（包括历史数据）的概率模型开发。当它接收到其他信息时，模型会触发组织的反应。触发因素可能是一个事件，如客户将产品添加到在线购物篮中，也可能是数据流中的数据，如新闻反馈、实用传感器数据，或者服务请求量的增加。触发因素可能是外部事件。有关公司的新闻报道是股价变化的一个重要预测因素。预测股票走势应该包括监控新闻，并判断该新闻对股票价格是利好还是利空。

通常，触发因素是大量实时数据的累积，如大量的交易或服务请求，抑或环境的剧烈波动。监视数据事件流包括在逐步构建的密集模型，直至达到在模型中定义的阈值。

预测模型在做出预测和被预测的事件发生之间提供的时间通常非常短（几秒或小于一秒）。投资于极低延迟的技术解决方案，如内存数据库、高速网络，甚至物理上接近数据源，都可以优化提升组织对预测做出反应的能力。

预测模型的最简单形式是预估（Forecast）。有许多基于回归分析做预估并从平滑算法中受益的技术。平滑数据的最简单方法是通过移动平均值，甚至是加权移动平均值。更先进的技术是有用的，如指数移动平均引入了要应用的平滑因子。将最小二乘法的误差残差最小化可能是一个起点，但需要多次运行来确定和优化平滑因子。趋势处理和季节性成分可以考虑采用两重指数和三重指数平滑模型。

12. 规范分析

规范分析（Prescriptive Analytics）比预测分析更进一步，它对将会影响结果的动作进行定义，而不仅仅是根据已发生的动作预测结果。规范分析预计将会发生什么，何时会发生，并暗示它将会发生的原因。由于规范分析可以显示各种决策的含义，因此可以建议如何利用机会或避免风险。规范分析可以不断接收新数据以重新预测和重新规定。该过程可以提高预测准确性，并提供更好的方案。

13. 非结构化数据分析

非结构化数据分析（Unstructured Data Analytics）结合了文本挖掘、关联分析、聚类分析和其他无监督学习技术来处理大型数据集。监督学习技术也可用于在编程过程中提供方向、监督和指导，利用人为干预在必要时解决歧义问题。

随着更多非结构化数据的产生，非结构化数据分析变得越来越重要。如果没有将非结构化数据纳入分析模型的能力，则无法进行某些分析。但是，如果没有某种方法将要关注的元素与无关元素隔离开来，非结构化数据的分析也会非常困难。

扫描和标记是向非结构化数据添加“钩子”的一种方法，它允许对相关结构化数据进行链接和筛选。但是，要想知道根据什么条件生成什么标签是很困难的。这是一个迭代过程，从识别出建议的标签条件时开始，在摄取数据时分配标签，然后分析使用这些标签去验证标签条件，再分析标签数据。这个过程可能导致标签条件的变化，或者更多的标签变化。

14. 运营分析

运营分析（Operational Analytics），也称为运营 BI 或流式分析，其概念是从运营过程与实时分析的整合中产生的。运营分析包括用户细分、情绪分析、地理编码以及应用于数据集的其他技术，用于营销活动分析、销售突破、产品推广、资产优化和风险管理。

运营分析包括跟踪和整合实时信息流，根据行为预测模型得出结论，并触发自动响应和警报。设计成功分析所需的模型、触发器和响应需要对数据本身进行更多的分析。运营分析解决方案包括对行为模型预填充所需历史数据的准备。例如，在零售产品模型中，填充一个购物篮分析，能够识别出通常被一起购买的产品。在预测金融市场行为时，经常使用历史价格信息和历史价格变动率提前进行预计算，以便及时响应触发事件。

一旦确定预测模型既有效果又有成本效益优势，则整合了历史和当前数据（包括实时和流数据、结构化和非结构化数据）的解决方案，就可以被用来填充预测模型并根据预测触发操作。解决方案必须确保正确的使用模型规则的实时数据流，并正确生成对数据中有意义事件的自动响应。

15. 数据可视化

可视化（Visualization）是通过使用图片或图形表示来解释概念、想法和事实的过程。数据可视化通过视觉概览（如图表或图形）来帮助理解基础数据。数据可视化压缩并封装特征数据，使其更易于查看。通过这种方式，有助于发现商机，识别风险或凸显信息。

数据可视化可以以静态格式（如已发布的报告）或更有交互性的在线格式交付，某些格式支持和最终用户的交互，其中钻取或过滤功能有助于对可视化中的数据进行分析；另一些则使用户可以根据需要通过创新的展示手段（如数据地图和随时间移动的数据景观）来调整可视化效果。

长期以来，可视化一直是数据分析的关键。传统 BI 工具包括诸多可视化选项，如表格、饼图、折线图、面积图、条形图、直方图和烛台图。为了满足日益增长的理解数据的需求，可视化工具的数量不断增加，技术也得到了长足的进步。

随着数据分析的成熟，以新的方式可视化数据将具有战略优势。看到数据中的新规律可能会带来新的商业机会。随着数据可视化的不断发展，企业将必须增强其商务智能团队，以便在一个数据驱动的世界中保持竞争力。业务分析部门将寻求具有可视化技能的数据专家，包括数据科学家、数据艺术家和数据视觉专家，以及传统的信息架构师和数据建模师。另外，要特别考虑误导性可视化可能引发的相关风险（参见第 2 章）。

16. 数据混搭

数据混搭（Data Mashups）将数据和服务结合在一起，以可视化的方式展示见解或分析结果。许多虚拟化工具通过一些功能实现混搭，这些功能通过公共数据元素关联数据源，这些元素最初用于将名称或描述性文本关联到存储的代码。因为提供了立竿见影的益处，采用客户端的方式在发现或探索阶段呈现混搭技术是理想的。这种技术可以很容易地应用到互联网上，在网页中，安全的数据混搭技术实现了跨供应商或提供者地共享个人或机密信息。它们可以与人工智能学习算法结合，通过自然语言接口提供基于互联网的公开服务。

14.2　活动

14.2.1　定义大数据战略和业务需求

组织的大数据战略需要与其整体业务战略和业务需求保持一致并提供支持，并成为其数据战略的一部分。大数据战略必须包括以下评估标准：

1）组织试图解决什么问题，需要分析什么。虽然数据科学的优点是它可以为组织提供一个新的视角，但该组织仍然需要有一个起点。一个组织可以决定如何使用这些数据来理解业务或业务环境，证明关于新产品价值的想法，探索未知的事物，或者发明一种新的商业方法。在项目实施的各个阶段，制订一个评估这些举措的计划非常重要，并且需要在多个时间点评估该计划的价值和可行性。

2）要使用或获取的数据源是什么。内部资源可能易于使用，但也可能在范围上受到限制。外部资源可能很有用，但不在业务控制范围内（由其他人管理，或者不受任何人控制，如社交媒体）。许多供应商在这个领域竞争，所需数据元素或数据集合通常存在多个数据源。获取那些已经存在和整合的数据，可以降低总体投资成本。

3）提供数据的及时性和范围。许多元素可以实时提供，也定时提供快照，甚至可以整合和汇总。针对静止数据的计算算法与流式计算算法之间存在巨大差异，低延迟数据是理想的，但往往以牺牲大量机器学习能力为代价。不要为了满足下游数据使用需求而采用最小化集成级别。

4）对其他数据结构的影响以及与其他数据结构的相关性。可能需要对其他数据结构进行结构或内容改造，使其适合与大数据集成整合。

5）对现有建模数据的影响。包括扩展对客户、产品和营销方法的知识。

一个组织的大数据战略将推动其明确大数据能力路线图的范围和时间。

14.2.2 选择数据源

与任何开发项目一样，数据科学工作的数据源选择必须由组织试图解决的问题驱动。大数据/数据科学开发项目的不同之处在于数据源的范围更广，它不受格式的限制，可以包括组织外部和内部的各种数据。将这些数据纳入解决方案中也存在风险，需要评估数据的质量和可靠性，并制订长期使用的计划。大数据环境可以快速获取大量数据，但随着时间的推移需要进行持续管理，需要了解以下基本事实：

1）数据源头。

2）数据格式。

3）数据元素代表什么。

4）如何连接其他数据。

5）数据的更新频率。

随着更多可用的数据（如美国人口普查局统计、购物人口统计、气象卫星数据、研究数据集）的出现，需要评估数据的价值和可靠性，需要审查数据源和创建这些源的流程，并管理这些新的数据源。

1）基础数据。在销售分析中考虑基础数据组件，如 POS（销售终端）。

2）粒度。理想情况下，以最细粒度的形式获取数据（未聚合），这样可以用于各种目的聚合。

3）一致性。如果可能，选择超越可视化和认知限制、合适且一致的数据。

4）可靠性。选择长时间稳定可靠的数据源。采用权威来源的可信数据。

5）检查/分析新数据源。在添加新数据集之前，需要对变更情况进行测试。随着新数据源的加入，可视化结果可能会发生意想不到的重大变化。

与数据源相关的风险包括隐私问题。快速吸收和整合来自各种来源的数据，为社区提供重新组合原本安全的数据集的能力。同样，已公布的分析结果可以通过汇总、聚合或建模状态描述出一个有标识的子集。这是对非常大的人群进行大规模计算，并针对一个非常特殊的地方或区域发布结果的副作用。例如，当在国家或州的层面计算人口统计数据很快变得难于识别，但按照邮政编码或家庭过滤后发布则非常易于识别㊀。

用于选择或过滤数据的筛选条件也存在风险，应客观地管理这些标准，以避免偏见或偏差。筛选会对可视化产生实质性影响，在删除异常值、将数据集限制为有限域或删除稀疏元素时，操作必须谨慎。通常的做法是集中提供数据来强调隔离结果，但必须客观、统一地进行（参见第2章）㊁。

14.2.3 获得和接收数据源

一旦确定好数据资料，就需要找到它们，有时候还需要购买它们，并将它们提取（加载）到大数据环境中。在此过程中，需要捕获有关源的关键元数据，如来源、大小、时效性和相关内容的额外知识。许多提取引擎在提取数据时需要分析数据，至少应提供部分元数据给分析人员。一旦数据存在于数据湖中，就可以被评估是否适合多种分析工作。因为构建数据科学模型是一个迭代过程，所以数据提取过程也是如此。迭代地识别当前数据资产基础和这些数据源的差距，使用分析、可视化、挖掘或其他数据科学方法探索这些数据源，以定义模型算法输入或模型假设。

在整合数据之前，应先评估数据的质量。评估可以看作简单的查询，查找有多少字段包含空值，或者像运行数据质量工具集或数据分析实用程序一样复杂，对数据进行分析、分类，识别数据元素之间的关系。此类评估可以洞察数据是否提供了有效的样本，如果是，那么如何存储和访问这些数据（跨逻辑处理单元的［MPP］、联邦的、按键值分布的等）。这项工作涉及SME领域专家（通常是数据科学家自己）和平台工程师。

评估过程提供了有关如何将数据与其他数据集（如主数据或历史仓库数据）整合的宝贵见解，以及可用于模型训练集和验证活动的信息。

14.2.4 制定数据假设和方法

数据科学能够发现数据的意义和其中蕴含见解的答案集。制订数据科学解决方案需要构建统计模型，找出数据元素和数据集内部以及二者之间的相关性和趋势。基于对模型的输入，一个问题将

㊀ Fowler在博客中（2013-12-12）提出了这样一个假设，即我们应该总是尽可能多地收集数据。他指出，“一网打尽”的方法会带来隐私风险。取而代之的是，他提出了数据最小化或数据稀疏的概念（来自德语术语datensparsamkeit），http：//bit.ly/1f9nq8k。

㊁ 有关偏见可能会对科学结果的解释产生深远影响的更多信息，请访问以下网站：INFORMS是领先的国际运筹学和分析专业人员协会，http：//bit.ly/2sanqrw；加拿大统计学会，http：//bit.ly/2oz2o5h；美国统计协会，http：//bit.ly/1rjamhx。

会有多个答案。例如，一个人必须选择一个回报率来计算金融投资组合的未来价值。模型通常具有多个变量，因此最佳实践是找到确定性结果——换句话说，对预期价值需要使用最优猜想。但是，最优猜想自身应该受到教育。每种模型都将根据所选的分析方法运行。它应该测试一系列的结果，甚至是那些看起来最不可能的结果。

模型的效果取决于输入数据的质量和模型本身的健全性。数据模型通常可以洞察如何关联找到的信息。例如，使用 K-Means 聚类确定要进一步分析的数据的分组数量（参见第 13 章）。

14.2.5 集成和调整数据进行分析

准备用于分析的数据包括了解数据中的内容、查找各种来源的数据间的链接以及调整常用数据以供使用。

在许多情况下，连接数据源更像是一门艺术，而不是一门科学。例如，有一个每日更新的数据集和一个每月更新的数据集，为了使这两个数据集一致，必须对每日更新的数据集进行汇总，以便得出一个可以在数据科学调查中使用的一致模式。

一种方法是使用共有键值整合数据的通用模型；另一种方法是使用数据库引擎内的索引扫描和连接数据，以获得相似性和记录链接的算法和方法。通常，在初始阶段检查数据，了解如何分析数据。聚类有助于确定数据输出的分组，其他方法可以找到构建模型和显示结果的相关性。在初始阶段使用这些技术有助于理解模型在发布后如何显示结果。

大多数解决方案都需要整合主数据和参考数据去解释分析结果（参见第 10 章）。

14.2.6 使用模型探索数据

1. 填充预测模型

需要使用历史信息预先填充配置预测模型，这些信息涉及模型中的客户、市场、产品或模型触发因素之外的其他因素。通常提前执行预填充计算，对触发事件做出最快的响应。例如，需要用客户的采购历史信息预先填充零售推荐模型。在预测零售市场的行为时，需要将历史价格和价格变化信息与客户、人口统计和天气信息相结合。

2. 训练模型

需要通过数据模型进行训练。训练包括基于数据重复运行模型以验证假设，将导致模型更改。训练需要平衡，通过针对有限数据文件夹的训练避免过度拟合。

在转换到生产之前，必须完成模型验证。通过训练和验证的模型偏移量来解决任何填充失衡或数据偏差问题。这可以在生产中调整，因为初始偏移量可通过实际填充数量逐渐得以调整。通过贝叶斯共同选择，分类器反演或规则归纳可以实现对特征混合的优化。模型也可以被组合起来用于融合学习，通过对简单模型的组合构建更强大的预测模型。

识别异常值或反常现象（不符合被研究元素所表现出来的一般行为的数据对象）对于评估模型至关重要。对于比较易变的数据集，请根据平均值和标准差应用方差检验。两种测试都可以很容易地应用于分析结果，与查找和验证大多数数据的趋势相反的是，异常值可能是练习的目标。

对预测分析而言，使用实时数据流完成预测模型的填充并触发响应，响应可能是警报或事件。数据流需要特别关注极低延迟处理能力的设计和开发，在某些模型中存在预测值在一秒之内差异的极端需求，而解决方案可能需要创新技术和光速限制。

模型可以使用开源库中许多可用的统计函数和技术，其中一个是 R 语言。R 语言是用于统计计算的免费软件环境，它包含许多可作为服务被调用的功能㊀。利用脚本语言可以开发用户定制函数，并实现跨工具、平台和组织的共享。

一旦完成解决方案的设计并对开发和操作进行了评估，组织就可以决定是否建立预测行为的解决方案。实时的运营分析解决方案经常需要大量新的架构和开发，并且可能不具有成本效益。

3. 评估模型

将数据放入平台并准备分析后，数据科学就开始了。针对训练集进行模型构建、评估和验证。此时，需要对业务需求进行完善，早期的可行性指标可以指导进一步处理或废弃需求的管理工作。测试新的假设时完全有可能需要额外的数据集。

数据科学家针对数据运行查询和算法，查看是否有任何见解显现出来，通常会运行许多不同的数学函数以查看是否找到任何有用的信息（数据中的聚类，在数据元素周期间开始出现的规律等）。在此期间，数据科学家通常在批次迭代中发现新的见解。通过这些过程，可以开发出模型，揭示数据元素和见解之间相关性。

在评估模型时，需要用到数据科学实践中的一个道德组件。模型可能会产生意外结果，或无意中反映建模者的假设和偏见。所有人工智能（AI）从业者都应该被要求去进行道德培训。理想情况下，每个学习 AI、计算机科学或数据科学的学生的课程都应包括道德和安全的内容。但是，仅仅有道德还不够，道德伦理可以帮助从业者了解他们对所有利益相关方的责任，但是道德培训需要通过技术能力得到增强，通过采取技术预防措施，建立和测试系统，将良好意愿付诸实践（Executive Office，2016）（参见第 2 章）。

4. 创建数据可视化

模型的数据可视化必须满足与模型目的相关的特定需求，每个可视化应该能够回答一个问题或提供一个见解。设定可视化的目的和参数：时间点状态、趋势与异常、移动部分之间的关系、地理差异及其他。

选择适当的视觉形式来实现目的，确保可视化满足受众的需求；调整布局和复杂性进行响应的突出显示和简化，并非所有受众都准备好使用复杂的交互式图表，应该支持带有解释性文字的可视化。

可视化应采用讲故事的形式。数据“故事讲述”可以将新问题链接到数据探索的上下文环境

㊀ 更多相关信息请访问 R-Project 网站：http：//bit. ly/19wexr5。

中。只有利用相关数据可视化讲述数据故事，才能获得最佳效果。

14.2.7 部署和监控

满足业务需求的模型，必须以可行的方式部署到生产中，以获得持续监控。这些模型需要被改进和维护，有几种建模技术可供实施。模型可以提供批处理过程以及实时整合消息，它们还可以嵌入分析软件，作为决策管理系统、历史分析或绩效管理仪表盘的输入。

1. 揭示洞察和发现

通常，通过数据可视化来展示发现和数据洞察是数据科学研究的最后一步，洞察应与行动项目相关联，这样组织才能从数据科学工作中受益。

可以通过数据可视化技术探索新的关系。当模型被使用时，基础数据和数据关系的变化可能会显现出来，同时也是在讲述有关数据的新故事。

2. 使用附加数据源迭代

展示发现和数据洞察，通常会产生新的问题，这又会触发新的研究过程。数据科学是一个迭代的过程，因此大数据开发需要迭代的支持。从特定的一组数据源中学习的过程，通常会导致需要不同的或额外的数据源，以支持得到的结论并向现有模型中添加洞察。

14.3 工具

技术进步（摩尔定律、手持设备的激增、物联网等）创造了大数据和数据科学产业。要理解这个行业，就必须了解其驱动因素。本节将介绍使大数据科学成为可能的工具和技术。

大规模并行处理（MPP）的出现是大数据和数据科学的首批推动者之一，因为它提供了在相对较短的时间内分析巨量信息的手段。我们今天所做的查找信息，类似于大海捞针或在机器犁过的大量泥土中找到金块，而这种趋势还将继续。

其他改变了我们查看数据和信息方式的技术包括：

1）数据库内的高级分析。

2）非结构化数据分析（Hadoop，MapReduce）。

3）分析结果与操作系统的集成。

4）跨多媒体和设备的数据可视化。

5）链接结构化和非结构化信息的语义。

6）使用物联网的新数据源。

7）高级可视化能力。

8）数据扩展能力。

9）技术和工具集的协作。

现有的数据仓库、数据集市和操作型数据存储（ODS）正在激增，以承载大数据工作量。NoSQL 技术允许存储和查询非结构化和半结构化数据。

访问非结构化数据过去经常通过批处理查询接口进行，导致计划执行缓慢和响应时间漫长。现在有几种 NoSQL 数据库可用于解决获取过程中特定限制的设计，可扩展的分布式数据库自动提供分片功能（本地跨服务器的扩展能力），用于并行查询执行。当然，与任何其他数据库一样，从结构化定义到非结构化数据集的映射，基本上仍然是手动过程。

大数据内存技术可以满足即时查询、报告和分析能力的需要，这些技术允许最终用户构建类 SQL 查询，来访问非结构化数据。还有些工具适用于 SQL 的适配器，这些工具将传送 NoSQL 进程并返回兼容 SQL 的查询——具备提供限制和警告功能。适配器技术可以允许现有工具用于非结构化数据查询。

决策标准工具集、流程实施工具和专业服务等，可以促进和加快选择初始工具集的过程。在获取 BI 工具时，评估所有可选项至关重要，包括构建、购买或租用（作为软件即服务提供）。如第 11 章所述，可以通过供应商获取或者部署采购的产品，从而可以根据产品的构建成本权衡云资源工具和相关专业知识。也要考虑到仍在进行中的升级和潜在的替换成本，与设定的 OLA 协议保持一致可以降低预测成本，并为设定强制性费用和违反期限的处罚提供投入。

14.3.1 MPP 无共享技术和架构

大规模并行处理（MPP）的无共享数据库技术，已成为面向数据科学的大数据集分析标准平台。在 MPP 数据库中，数据在多个处理服务器（计算节点）之间进行分区（逻辑分布），每个服务器都有自己的专用内存来处理本地数据。处理服务器之间的通信通常由管理节点控制，并通过网络互联进行。因为该架构没有磁盘共享，也不发生内存争用，因此称作“无共享”。

MPP 逐步发展起来，是因为传统的计算模式（索引、分布式数据集等）不能在大规模表的处理上提供可接受的响应时间。即使是最强大的计算平台（Cray 计算机，曾经是世界上最快的超级计算机）也需要花费数小时甚至数天对万亿行记录的表进行复杂计算。

现在设想一下，一些商用硬件服务器排成一排并通过管理节点进行控制。针对分段或分布式万亿行表，每个服务器都被发送查询的一部分运行计算。例如，如果有 1000 个处理服务器，查询从访问一个表中的万亿行变为访问 1000 个 10 亿行表。这种类型的计算架构具有线性可扩展性，增加了对数据科学家和大数据用户的吸引力，可以通过可扩展的平台适应增长。

该技术还支持数据库内分析功能——在处理器级执行分析功能（如 K-means 聚类、回归分析等）的能力。将工作负载分配到处理器级别，可大大加快分析查询速度，从而推动数据科学的创新。

在所有可用的本地化硬件上，自动分发数据和并行化查询工作负载的系统是大数据分析的最佳解决方案，如图 14-7 所示。

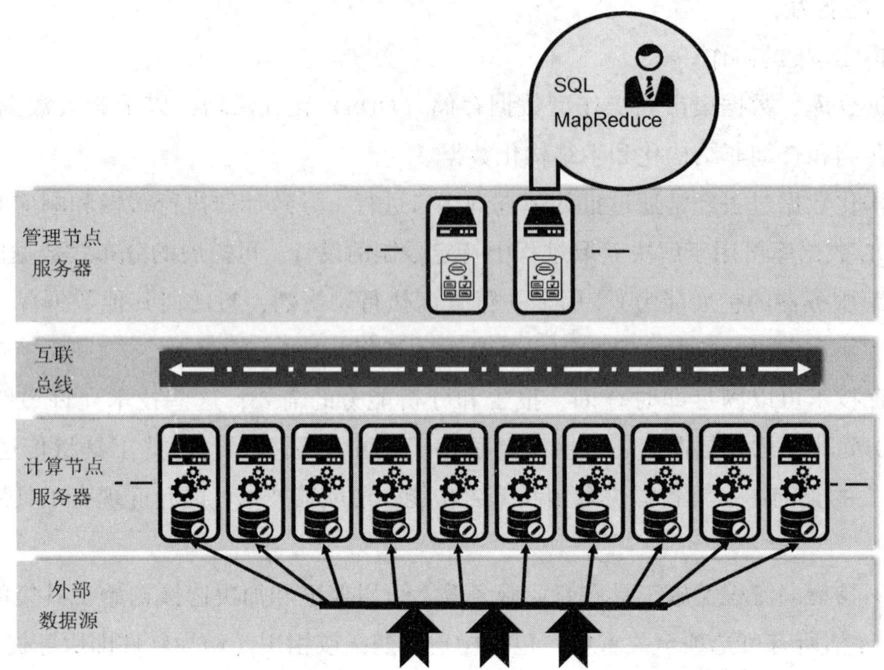

图 14-7　列式应用架构（Columnar Appliance Architecture）㊀

数据量正在快速增长。公司可以随着时间的推移通过添加新节点扩充系统的容量并提升性能。在不断增长的计算池中，MPP 可以轻松扩展数百或数千个内核的并行性。大规模并行计算，无共享架构充分使用每个内核，使大型数据集上具备线性扩展性和更高的处理性能。

14.3.2　基于分布式文件的数据库

分布式文件的解决方案技术，如开源的 Hadoop，是以不同格式存储巨量数据的廉价方式。Hadoop 存储任何类型的文件——结构化、半结构化和非结构化。使用类似于 MPP 无共享（用于文件存储的 MPP 基础）的配置，能够跨处理服务器共享文件。它是安全存储数据（制作多个副本）的理想工具，但在通过结构化或分析机制（如 SQL）访问数据时会遇到挑战。

由于成本相对较低，Hadoop 已成为许多组织的首要选择。在 Hadoop 上，数据可被移动到 MPP 无共享数据库，以便运行算法。有些组织在 Hadoop 中运行复杂的数据科学查询，并不在乎按小时和天（而不是 MPP 架构的几分钟）的响应时间。

基于文件的解决方案中使用的模型称为 MapReduce。该模型有三个主要步骤：

1）映射（Map）。识别和获取需要分析的数据。

2）洗牌（Shuffle）。依据所需的分析模式组合数据。

3）归并（Reduce）。删除重复或执行聚合，以便将结果数据集的大小减少到需要的规模。

这些步骤可以不同的方式、在许多不同的工具中、以顺序和并行的方式组合，并进行复杂的操作。

㊀　图片来源“Greenplum Database 4.0：Critical Mass Innovation”白皮书（2010）。

14.3.3　数据库内算法

数据库内算法（In-database algorithm）使用类似 MPP 的原则。MPP 无共享架构中的每个处理器可以独立运行查询，因此可在计算节点级别实现新形式的分析处理，提供数学和统计功能，提供可扩展数据库内算法的开源库，用于机器学习、统计和其他分析任务。这种设计专门用于内核的内部和外部执行，以及现代并行数据库引擎提供的无共享并行计算，这样确保计算是在数据附近完成的。通过移动计算接近数据，可显著减少复杂算法（如 K-means 聚类、逻辑或线性回归、曼-惠特尼 U 检验、共轭梯度、群组分析等）的计算时间。

14.3.4　大数据云解决方案

有些供应商为大数据提供包括分析功能的云存储和集成整合能力。根据定义的标准，客户将数据加载到云环境中。供应商通过开放数据集或其他组织提供的方式来增强数据。客户可以使用组合数据集进行分析和数据科学活动。一个应用程序将零售报价作为数据的主题，将其与地理和销售数据相结合，并为那些同意以这种方式使用数据的客户提供航空里程。

14.3.5　统计计算和图形语言

R 语言是用于统计计算和图形的开源脚本语言和环境。它提供了各种各样的统计技术，如线性和非线性建模、经典统计检验、时间序列分析、分类和聚类。因为它是一种脚本语言，所以用 R 开发的模型可以在多种环境、不同平台和协作开发中实现，这种协作可以是跨多个地理和组织边界的。R 环境还可以在最终用户的控制下创建出版高品质的图，包括数学符号和公式。

14.3.6　数据可视化工具集

数据可视化中的传统工具有数据和图形组件。高级可视化和发现工具使用内存架构，使用户能够与数据交互，展示难以识别的大数据集的模式。当成千上万个数据点被加载到复杂的显示中时，(可视化工具的）视觉模式可以快速抓取视觉图案。

信息图形或信息图表是为有效进行交互和理解而设计的图形表示。市场营销部门采用了这些方法为演示提供视觉吸引力，记者、博主（blogger）和教师发现信息图表对趋势分析、演示和信息分发很有用。许多工具集现在支持诸如雷达图、平行坐标图、标签图、热图和数据地图等信息可视化方法。这些允许用户快速识别随时间变化的数据，深入了解相关项目，并在影响发生前了解潜在的因果关系。与传统的可视化工具相比，这些工具具有以下优势：

1）复杂的分析和可视化类型，如格子图、火花线、热图、直方图、瀑布图和子弹图。

2）内置可视化最佳实践。

3）交互性，实现视觉发现。

14.4 方法

14.4.1 解析建模

一些开源工具可用于开发，如模型开发的云数据处理、可视化开发过程、Web 抓取和线性编程优化。要通过其他应用程序共享和执行模型，需查找支持预测模型标记语言（PMML）的工具，这是一种基于 XML 的文件格式。

实时访问可以解决批处理中的许多延迟问题。Apache Mahout 是一个开源项目，旨在创建一个机器学习库。Mahout 定位于通过推荐挖掘、文档分类和条目聚类使大数据探索自动化。这一开发分支绕过了传统的批量查询 MapReduce 数据访问技术。利用 API 接口直接进入存储层 HDFS，可以提供各种数据访问技术，如 SQL、内容流、机器学习和用于数据可视化的图形库。

解析模型与不同的分析深度相关联：

1）描述性建模以紧凑的方式汇总或表示数据结构。这种方法并不总能验证因果假设或预测结果，但确实能够使用算法定义或改善变量之间的关系，从而为这种分析提供输入。

2）解释性建模是数据统计模型的应用，主要是验证关于理论构造的因果假设。虽然它使用类似于数据挖掘和预测分析的技术，但其目的却不同。它不能预测结果，只是将模型结果与现有数据相匹配。

预测分析的关键是通过训练模型来学习，学习方法的效果取决于它在测试集（与训练集相互独立）上的预测能力。评估将指导学习算法的选择并度量所选模型的质量。模型选择会评估模型的性能，这需要对模型在新数据上的泛化能力进行评估。

避免过度拟合——这种情况发生在用于训练模型的数据集不具有代表性，模型过于复杂，或者将少量噪声数据具有的特性当作大部分数据的共性时。使用其他技术，如 K 折（k-fold）验证，会指示何时训练不再对模型的泛化产生积极作用。

训练误差会随着模型复杂性的提高而持续降低，并且可以降至零。因此，它不是对测试误差的可用估量。将数据集随机分为三个部分：训练集、测试集和校验集。训练集用于拟合模型，测试集用于评估最终模型的泛化误差，校验集用于预测选择的误差。

重复使用相同的测试集可能会低估真正的测试误差。在理想情况下，通过将数据集随机划分为 K 折或交叉验证中不同的组。基于强相关预测变量选出一个组，用除它以外的所有数据对模型进行训练。在剩余部分测试模型，并基于所有 K 折确定泛化误差。可以应用和执行若干统计测试，这样可以用数值评估模型上下文的有效性。

14.4.2　大数据建模

大数据建模是一项技术挑战，对想要描述和管控数据的组织而言至关重要。传统的企业数据架构原则确实适用，但是数据需要整合、详列和管理。

对数据仓库进行物理建模的主要驱动因素是为查询性能而启用数据填充。这个驱动因素不适用于大数据，但这不是放弃建模过程或将其交给开发人员的借口。数据建模的价值在于它能够使人们理解数据的内容。应用经过验证的数据建模技术，需要同时考虑各种源，至少用概括的方式开发主题域模型，这样一来它就可与适当的上下文实体相关联，并被放入整体路线图中，就像任何其他类型的数据一样。挑战在于只付出合理的代价就可以从这些大型数据集中获得可理解且有用的图景。

需要了解数据集之间的数据的链接方式。对于不同粒度的数据，需要防止对数据元素或值进行多次计数的组合。例如，不要组合原子集和聚合集。

14.5　实施指南

管理数据仓库数据的许多一般规则适用于管理大数据：确保数据源可靠、具有足够的元数据以支持数据使用、管理数据质量、确定如何整合来自不同源的数据，以及确保数据安全且受到保护(参见第 6 章、第 7 章和第 8 章)。实施大数据环境的差异与一组未知问题有关：如何使用数据、哪些数据有价值、需要保留多长时间。

数据速度可能会导致人们认为他们没有时间实施控制。这是一个危险的假设。对于更大的数据集，管理摄取（ingestion）和库存数据对数据库是非常重要的，以防它成为数据沼泽。

对正用于研究的数据集来说，摄取可能并不总是需要组织的所有权或委托。可以考虑租用大数据平台一段时间，以探索感兴趣的数据。探索可以快速确定哪些区域具有潜在价值。在提取到组织数据湖、数据存储或数据临时区域之前，执行数据探索；一旦提取，删除可能会比较困难。

14.5.1　战略一致性

任何大数据/数据科学项目都应该与组织目标战略一致。建立大数据战略可以推动与用户社区、数据安全、元数据管理、数据血缘和数据质量管理相关的活动。

该战略应记录目标、方法和治理原则。利用大数据需要建立组织技能和能力，使用能力管理来安排业务和 IT 计划并制定路线图。战略交付成果应考虑管理以下要素：

1）信息生命周期。

2）元数据。

3）数据质量。

4）数据采集。

5）数据访问和安全性。

6）数据治理。

7）数据隐私。

8）学习和采用。

9）运营。

14.5.2 就绪评估/风险评估

与任何开发项目一样，大数据或数据科学计划的实施应与实际业务需求保持一致。评估与关键成功因素相关的组织准备情况，具体包括：

1）业务相关性。大数据/数据科学计划及其相应的用例与公司业务的一致性如何？要取得成功，他们必须强有力地执行业务功能或流程。

2）业务准备情况。业务合作伙伴是否为长期递增的交付做好了准备？他们是否承诺建立卓越中心以在未来版本中支持产品？目标团体内的平均知识或技能差距有多大，是否可以在单个增量内跨越？

3）经济可行性。建议的解决方案是否保守地考虑了有形收益和无形收益？所有权成本的评估是考虑购买或租赁物品，还是从零开始构建？

4）原型。是否可以在有限的时间内，为一小部分最终用户团体提供建议的原型方案，以证明建议的价值？大规模的实施会造成巨大的影响，试验场可以降低这些交付风险。

5）可能最具挑战性的决策将围绕数据采购、平台开发和资源配置进行。

6）数字资料存储有许多来源，并非所有来源都需要内部拥有和运营。有些可以买，其他的可以租赁。

7）市场上有多种工具和技术，满足一般需求将是一个挑战。

8）及时保护具有专业技能的员工，并在实施过程中留住顶尖人才，可能需要考虑替代方案，包括专业服务、云采购或合作。

9）培养内部人才的时间可能会超过交付窗口的时间。

14.5.3 组织与文化变迁

只有业务人员充分参与，才能从高级分析中获益，需要通过沟通和培训计划来影响这一点。卓越中心可以提供培训、启动设置、设计最佳实践、数据源提示和技巧以及其他点解决方案或工件，以帮助业务用户实现自助服务模式。除知识管理外，该中心还可以为开发人员、设计人员、分析师和数据消费者团体提供及时的交流。

与 DW/BI 一样，大数据实施将汇集许多关键的跨职能角色，包括：

1）大数据平台架构师。硬件、操作系统、文件系统和服务。

2）数据摄取架构师。数据分析、系统记录、数据建模和数据映射。提供或支持将源映射到 Hadoop 集群以进行查询和分析。

3）元数据专家。元数据接口、元数据架构和内容。

4）分析设计主管。最终用户分析设计、最佳实践依靠相关工具集指导实施，以及最终用户结果集简化。

5）数据科学家。提供基于统计和可计算性的理论知识，交付适当的工具和技术，应用到功能需求的架构和模型设计咨询。

14.6　大数据和数据科学治理

与其他数据一样，大数据同样需要治理。寻源、来源分析、提取、丰富和发布流程需要业务和技术控制，解决以下问题：

1）寻源。来源有哪些，什么时候接入源，什么是特定研究的最佳数据来源。

2）共享。组织内部和外部要签订的数据共享协议和合同、条款和条件。

3）元数据。数据在源端意味着什么，如何解释输出端的结果。

4）丰富。是否丰富数据，如何丰富数据，以及丰富数据的好处。

5）访问。发布什么，向谁发布，如何以及何时发布。

企业数据视图应该推动数据处理决策。

14.6.1　可视化渠道管理

成功实现数据科学的方法因素，是为用户团体提供适当的可视化工具。根据组织的规模和性质，可能会在各种流程中应用多种不同的可视化工具。确保用户了解可视化工具的相对复杂性，富有经验的用户将有越来越复杂的需求。企业架构、项目组合管理和运维团队之间的协调对于控制项目组合内部和整个项目组合中的可视化通道是必要的。注意，更改数据提供者或选择标准，可能会对可用于可视化的元素产生下游影响，这可能会影响工具的效果。

14.6.2　数据科学和可视化标准

最佳实践是建立一个定义和发布可视化标准和指南的社区，并在指定的交付方法中审查工件，这对于面向客户和监管的内容尤为重要。标准可能包括：

1）分析范例、用户团体、主题域的工具标准。

2）新数据的请求。

3）数据集流程标准。

4）采用中立的、专业的陈述过程，避免产生有偏见的结果，并确保所有要素都以公平一致的方式完成，包括：

①数据包含和排除。

②模型中的假设。

③结果统计有效性。

④结果解释的有效性。

⑤采用适当的方法。

14. 6. 3　数据安全

拥有可靠的数据保护流程本身就是一项组织资产，应建立和监控处理和保护大数据的政策。这些政策应考虑如何防止滥用个人数据，并在整个生命周期内保护个人数据。

为授权人员安全地提供适当级别的数据，并根据议定的级别提供订阅数据。对用户社区安排服务，以便可以创建特殊服务，为允许其提取的社区提供私有数据，并为其他人屏蔽数据。通常，组织会创建用于访问而不侵犯隐私的信息策略（如不能通过姓名、地址或电话号码进行访问）。为保护高度敏感的信息（如社会安全号码、信用卡号码等），将使用模糊信息的加密技术存储数据。例如，可以选择加密，在加密时具有相同的“内容”，这样在不知道实际值的情况下模式可能会被公开。

重组会衡量重建敏感数据或私人数据的能力，必须将此能力作为大数据安全实践的一部分进行管理。即使实际数据元素只能被推断出，分析结果也可能会侵犯隐私。理解元数据管理级别的结果，对于避免此类和其他潜在的安全违规行为至关重要。这就需要了解拟进行的消费或分析以及所扮演的角色。组织内一些受信任的人员，将被授予在必要时阅读此数据的权利，但不是每个人都有此项权利，当然也不能用于深入分析（参见第 2 章和第 7 章）。

14. 6. 4　元数据

作为大数据计划的一部分，组织将汇集使用不同方法和标准创建的数据集。整合这些数据具有挑战性。与这些数据集相关的元数据，对于它们的成功使用很关键。元数据需要作为数据提取的一部分进行谨慎管理，否则数据湖将迅速成为数据沼泽。用户社区必须具备工具，使他们能够使用元数据创建数据集的主列表，元数据特征化数据的结构、内容和质量，包括数据的来源、数据的血缘沿袭、数据的定义，以及实体和数据元素的预期用途。技术元数据可以从各种大数据工具中获取，包括数据存储层、数据整合、MDM 甚至源文件系统。考虑实时数据、静态数据和计算性数据元素，就要明确源端的数据沿袭关系。

14.6.5　数据质量

数据质量是与预期结果偏差的度量：差异越小，数据满足期望越好，质量就越高。在工程环境中，质量标准应该易于定义（尽管实践表明并非如此，或者许多组织没有花费时间来定义它们）。有些人提出了数据质量是否对大数据有用的问题，按常识说它确实如此。为使分析可靠，基础数据必须可靠。在大数据项目中，确定数据质量似乎非常困难，但需要努力评估质量，以便对分析充满信心。这可以通过初始评估来完成，初始评估是理解数据所必需的，并且通过该评估识别数据集的后续实例的测量值。数据质量评估将产生有价值的元数据，这将是任何集成整合数据的必要工具。

大多数成熟的大数据组织，使用数据质量工具集扫描数据输入源，以了解其中包含的信息。大多数高级数据质量工具集都提供了一些功能，使组织能够测试假设，并构建有关其数据的知识。例如：

1）发现。信息驻留在数据集中的位置。

2）分类。基于标准化模式存在哪些类型的信息。

3）分析。如何填充和构建数据。

4）映射。可以将哪些其他数据集与这些值匹配。

就像在 DW/BI 中一样，将数据质量评估放在最后是很吸引人的。但是，如果没有它，可能很难知道大数据代表什么，或如何在数据集之间建立联系。整合是必要的，并且数据馈送将提供相同结构和元素的可能性几乎为零。这意味着，代码和其他潜在的链接数据可能会因数据提供者而异。如果没有初步评估，在试图合并或组合这些提供者的分析需求之前，这些条件将被忽视。

14.6.6　度量指标

指标对于任何管理流程都至关重要，它们不仅可以量化活动，还可以定义观察到的内容和期望的内容之间的差异。

1. 技术使用指标

许多大数据工具都提供了富有洞察力的管理员报告功能，可直接与用户社区查询的内容进行交互。使用技术分析手段查找数据热点（最常访问的数据），以便管理数据分发和保持性能。增长率也有助于产能规划。

2. 加载和扫描指标

加载和扫描指标定义了提取率以及与用户社区的交互。在采集新数据源时，预期的加载指标会随着源被完全提取而达到峰值，然后趋于平稳。实时馈送（Feeds）可以通过服务查询提供，但也可以按计划的抽取处理；对于这些馈送，预计数据加载会不断增加。

应用层可能会从执行日志中提供最佳数据使用指标。通过可用的元数据监控消费或访问，显示最频繁发生的查询执行计划，以指导使用情况分析。

扫描指标应与查询处理相结合，这种处理可能发生在分析处理自身之外。管理工具应该能够提供这种级别的报告以及整体的服务运行情况。

3. 学习和故事场景

为了显示价值，大数据/数据科学项目必须衡量有形成果，以证明开发解决方案和管理流程变更的成本是合理的。指标可以包括效益的量化、成本预防或避免，以及启动和实现效益之间的时间长度。常用的测量方法包括：

1）已开发模型的数量和准确性。

2）已识别的机会中实现的收入。

3）避免已识别的威胁所降低的成本。

有时，分析的结果会讲述一些故事，这些故事会导致组织重新定位、重新振兴和新的机会。一个衡量标准可以是营销和高管发起新项目、新方案的数量。

14.7 文献引用与推荐

Abate, Robert, Peter Aiken and Joseph Burke. *Integrating Enterprise Applications Utilizing A Services Based Architecture.* John Wiley and Sons, 1997. Print.

Arthur, Lisa. *Big Data Marketing: Engage Your Customers More Effectively and Drive Value.* Wiley, 2013. Print.

Barlow, Mike. *Real-Time Big Data Analytics: Emerging Architecture.* O'Reilly Media, 2013. Kindle.

Davenport, Thomas H. "Beyond the Black Box in analytics and Cognitive." *DataInformed* (website), 27 February, 2017. http://bit.ly/2sq8uG0 Web.

Davenport, Thomas H. *Big Data at Work: Dispelling the Myths, Uncovering the Opportunities.* Harvard Business Review Press, 2014. Print.

EMC Education Services, ed. *Data Science and Big Data Analytics: Discovering, Analyzing, Visualizing and Presenting Data.* Wiley, 2015. Print.

Executive Office of the President, National Science and Technology Council Committee on Technology. *Preparing for the Future of Artificial Intelligence.* October 2016. http://bit.ly/2j3XA4k.

Inmon, W. H., and Dan Linstedt. *Data Architecture: A Primer for the Data Scientist: Big Data, Data Warehouse and Data Vault.* 1st Edition. Morgan Kaufmann, 2014.

Jacobs, Adam. "Pathologies of Big Data." *AMCQUEU*, Volume 7, Issue 6. July 6, 2009. http://bit.ly/1vOqd80. Web

Janssens, Jeroen. *Data Science at the Command Line: Facing the Future with Time-Tested Tools.* O'Reilly Media, 2014. Print.

Kitchin, Rob. *The Data Revolution: Big Data, Open Data, Data Infrastructures and Their Consequences.* SAGE Publications Ltd, 2014. Print.

Krishnan, Krish. *Data Warehousing in the Age of Big Data.* Morgan Kaufmann, 2013. Print. The Morgan Kaufmann Series on Business Intelligence.

Lake, Peter and Robert Drake. *Information Systems Management in the Big Data Era.* Springer, 2015. Print. Advanced Information and Knowledge Processing.

Lake, Peter. *A Guide to Handling Data Using Hadoop: An exploration of Hadoop, Hive, Pig, Sqoop and Flume.* Peter Lake, 2015. Kindle. Advanced Information and Knowledge Processing.

Laney, Doug. "3D Data Management: Controlling Data Volume, Velocity, and Variety." *The Meta Group* [Gartner]. 6 February 2001. http://gtnr.it/1bKflKH.

Loshin, David. *Big Data Analytics: From Strategic Planning to Enterprise Integration with Tools*, Techniques, NoSQL, and Graph. Morgan Kaufmann, 2013. Print.

Lublinsky, Boris, Kevin T. Smith, Alexey Yakubovich. *Professional Hadoop Solutions.* Wrox, 2013. Print.

Luisi, James. *Pragmatic Enterprise Architecture: Strategies to Transform Information Systems in the Era of Big Data.* Morgan Kaufmann, 2014. Print.

Marz, Nathan and James Warren. *Big Data: Principles and best practices of scalable realtime data systems.* Manning Publications, 2014. Print.

McCandless, David. *Information is Beautiful.* Collins, 2012.

Provost, Foster and Tom Fawcett. *Data Science for Business: What you need to know about data mining and data-analytic thinking.* O'Reilly Media, 2013. Print.

Salminen, Joni and Valtteri Kaartemo, eds. *Big Data: Definitions, Business Logics, and Best Practices to Apply in Your Business.* Amazon Digital Services, Inc., 2014. Kindle. Books for Managers Book 2.

Sathi, Arvind. *Big Data Analytics: Disruptive Technologies for Changing the Game.* Mc Press, 2013. Print.

Sawant, Nitin and Himanshu Shah. *Big Data Application Architecture Q&A: A Problem-Solution Approach.* Apress, 2013. Print. Expert's Voice in Big Data.

Slovic, Scott, Paul Slovic, eds. *Numbers and Nerves: Information, Emotion, and Meaning in a World of Data.* Oregon State University Press, 2015. Print.

Starbird, Michael. *Meaning from Data: Statistics Made Clear* (The Great Courses, Parts 1 and 2). The Teaching Company, 2006. Print.

Tufte, Edward R. *The Visual Display of Quantitative Information*. 2nd ed. Graphics Pr. , 2001. Print.

van der Lans, Rick. *Data Virtualization for Business Intelligence Systems: Revolutionizing Data Integration for Data Warehouses*. Morgan Kaufmann, 2012. Print. The Morgan Kaufmann Series on Business Intelligence.

van Rijmenam, Mark. *Think Bigger: Developing a Successful Big Data Strategy for Your Business*. AMACOM, 2014. Print.

第 15 章　数据管理成熟度评估

15.1　引言

能力成熟度评估（Capability Maturity Assessment，CMA）是一种基于能力成熟度模型（Capability Maturity Model，CMM）框架的能力提升方案，描述了数据管理能力初始状态发展到最优化的过程。CMA 概念源于美国国防部为评估软件承包商而建立的标准。20 世纪 80 年代中期，卡内基梅隆大学软件工程研究所发布了软件能力成熟度模型。虽然 CMM 首先应用于软件开发，但现在已被广泛用于其他一系列领域，包括数据管理。

成熟度模型通过描述各阶段能力特点来定义成熟度的级别。当一个组织满足某阶段能力特征时，就可以评估其成熟度等级，并制订一个提高能力的计划。它还可以帮助组织在等级评估的指导下进行改进，与竞争对手或合作伙伴进行比较。在每一个新等级，能力会变得更加一致、可预测和可靠。当能力呈现出与下一等级相符的特征时，等级会得到提升，但能力等级是按既定顺序来提升的，不能跳过任何等级。这些级别通常包括[⊖]：

1）0 级。无能力级。

2）1 级。初始级或临时级：成功取决于个人的能力。

3）2 级。可重复级：制定了最初级的流程规则。

4）3 级。已定义级：已建立标准并使用。

5）4 级。已管理级：能力可以被量化和控制。

6）5 级。优化级：能力提升的目标是可量化的。

在每个级别中，判定标准是通过展现的能力特征来描述的。例如，成熟度模型可能包括与流程如何落地执行有关的标准，包括这些执行过程的自动化程度等。它可能侧重于策略、控制及过程细节。

这样的评估有助于搞清楚哪些方面的工作做得很好，哪些方面的工作做得不好，以及组织在哪些方面存在差距。基于评估结果，组织可以制定路线图以实现以下目标：

1）与过程、方法、资源和自动化相关的高价值改进机会。

⊖ 改编自精选的业务解决方案，“什么是能力成熟度模型（What is the Capability Maturity Model）?” http：//bit. ly/ifmji8（访问日期 2016-11-10）。

2）符合业务战略的能力。

3）为定期基于模型评估组织能力开展治理项目。

数据管理成熟度评估（Data Management Maturity Assessment，DMMA）可用于全面评估数据管理，也可用于聚焦单个知识领域甚至单个过程。无论其焦点是什么，DMMA 都可以帮助弥合业务部门和 IT 部门在数据管理实践的健康状况和有效性方面的观念冲突。DMMA 提供了一种用于描述数据管理知识领域进展情况的通用语言，也提供了一种可以根据组织的战略优先事项进行调整的基于阶段的改进路径[1]。因此，它可以用于设置和衡量组织目标，以及将该组织与其他组织或行业基准进行比较。

在开始介绍 DMMA 之前，组织必须建立对其当前状态能力、资产、目标和优先级的初步认识。首先，组织需具备一定程度的成熟度后进行评估，并通过设定目标、制定路线图和监控进度来有效地响应评估结果。

15.1.1 业务驱动因素

各组织进行能力成熟度评估有以下几个原因：

1）监管。监管对数据管理提出了最低成熟度水平要求。

2）数据治理。出于规划与合规性目的，数据治理需要进行成熟度评估。

3）过程改进的组织就绪。认识到要改进其实践过程应从评估其当前状态开始。例如，它承诺管理主数据，并需要评估其部署主数据管理流程和工具的准备情况。

4）组织变更。组织变更（如合并）会带来数据管理挑战。数据管理成熟度评估为制造挑战应对计划提供了必要的输入。

5）新技术。技术的进步提供了管理和使用数据的新方法。组织希望了解成功采用的可能性。

6）数据管理问题。当需要解决数据质量问题或应对其他数据管理挑战时，组织希望对其当前状态进行评估，以便更好地决定如何实施变更。

数据管理成熟度评估语境关系图如图 15-1 所示。

15.1.2 目标和原则

数据管理能力评估的主要目标是评估关键数据管理活动的当前状态，以便制订计划进行改进。评估通过分析具体的优势和弱点，将组织置于成熟度水平量尺上，从而帮助组织认知、确定优先次序和实施改进机会。

在实现其主要目标时，DMMA 可以对文化产生积极影响。它有助于：

1）向利益相关方介绍数据管理概念、原则和实践。

2）厘清利益相关方在组织数据方面的角色和责任。

3）强调将数据作为关键资产进行管理的必要性。

[1] http：//bit. ly/1Vev9xx（访问日期 2015-07-18）。

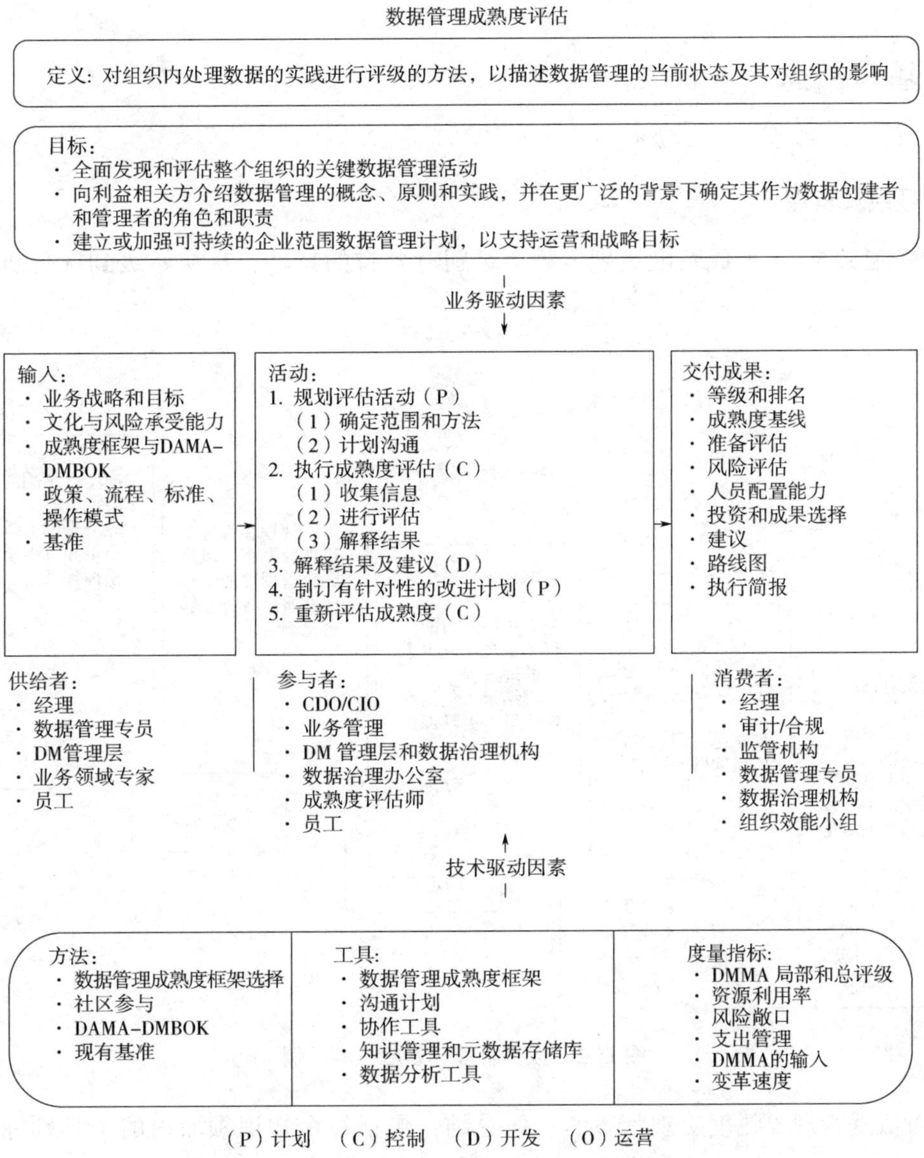

数据管理成熟度评估

定义：对组织内处理数据的实践进行评级的方法，以描述数据管理的当前状态及其对组织的影响

目标：
- 全面发现和评估整个组织的关键数据管理活动
- 向利益相关方介绍数据管理的概念、原则和实践，并在更广泛的背景下确定其作为数据创建者和管理者的角色和职责
- 建立或加强可持续的企业范围数据管理计划，以支持运营和战略目标

业务驱动因素

输入：
- 业务战略和目标
- 文化与风险承受能力
- 成熟度框架与DAMA-DMBOK
- 政策、流程、标准、操作模式
- 基准

活动：
1. 规划评估活动（P）
（1）确定范围和方法
（2）计划沟通
2. 执行成熟度评估（C）
（1）收集信息
（2）进行评估
（3）解释结果
3. 解释结果及建议（D）
4. 制订有针对性的改进计划（P）
5. 重新评估成熟度（C）

交付成果：
- 等级和排名
- 成熟度基线
- 准备评估
- 风险评估
- 人员配置能力
- 投资和成果选择
- 建议
- 路线图
- 执行简报

供给者：
- 经理
- 数据管理专员
- DM管理层
- 业务领域专家
- 员工

参与者：
- CDO/CIO
- 业务管理
- DM 管理层和数据治理机构
- 数据治理办公室
- 成熟度评估师
- 员工

消费者：
- 经理
- 审计/合规
- 监管机构
- 数据管理专员
- 数据治理机构
- 组织效能小组

技术驱动因素

方法：
- 数据管理成熟度框架选择
- 社区参与
- DAMA-DMBOK
- 现有基准

工具：
- 数据管理成熟度框架
- 沟通计划
- 协作工具
- 知识管理和元数据存储库
- 数据分析工具

度量指标：
- DMMA 局部和总评级
- 资源利用率
- 风险敞口
- 支出管理
- DMMA的输入
- 变革速度

（P）计划　（C）控制　（D）开发　（O）运营

图 15-1　语境关系图：数据管理成熟度评估

4）扩大整个组织内对数据管理活动的认识。

5）有助于改进有效数据治理所需的协作。

根据评估结果，组织可以丰富其数据管理大纲，从而支撑组织的运营和战略方向。通常，数据管理的计划存在组织孤岛问题，它们很少从企业视图审视数据。DMMA 可以帮助组织刻画组织整体战略的统一愿景，还能使组织明确优先事项和目标，并制订综合改进计划。

15.1.3 基本概念

1. 评价等级及特点

CMM 通常定义 5～6 个成熟度级别，每个级别有各自的特性，从初始级到优化级，如图 15-2 所示。

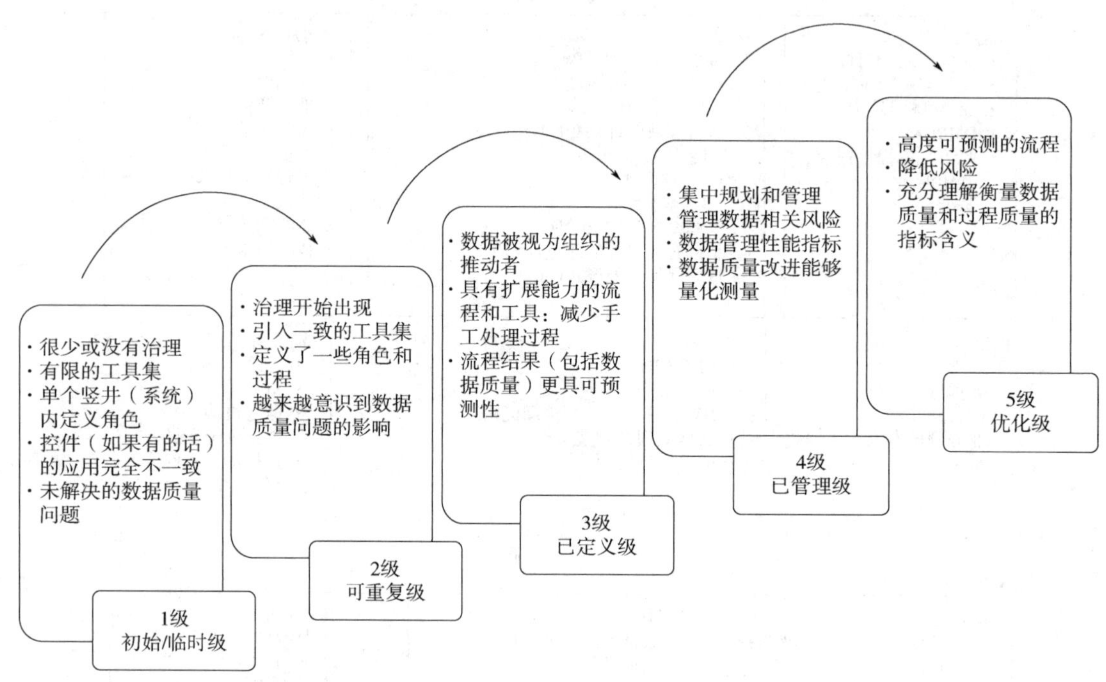

图 15-2 数据管理成熟度模型示例

以下是对数据管理成熟度宏观状态的一般总结，包括每个知识领域内的子类别标准的详细评估，如战略、政策、标准、角色定义等。

1）0 级：无能力。在数据管理中，管理活动或正式企业流程处于无组织的状态。很少有组织处在 0 级阶段，这个级别在成熟度模型中是为了定义才被设定的。

2）1 级初始/临时。使用有限的工具集进行通用的数据管理，很少或根本没有治理活动。数据处理高度依赖于少数专家，角色和责任在各部门中分开定义。每个数据所有者自主接收、生成和发送数据控件（如果有的话）的应用不一致。管理数据的解决方案是有限的。数据质量问题普遍存在，但无法得到解决，基础设施支持处于业务单元级别。

评估标准可能包括对任意一个流程进行控制，如记录数据质量问题。

3）2 级可重复。有一致的工具和角色定义来支持流程执行。在 2 级中，组织开始使用集中化的工具，并为数据管理提供更多的监控手段。角色的定义和流程并不完全依赖于特定专家。组织对数据质量问题和概念有认识，开始认识到主数据和参考数据的概念。

评估标准可能包括组件中的正式角色定义，如职位描述、流程文档以及利用工具集的能力。

4）3 级已定义：新兴数据管理能力。第 3 级将引入可扩展的数据管理流程将其制度化，并将数据管理视为一种组织促成因素。其特点包括在组织中的数据复制受到控制，总体数据质量普遍提高，有协调一致的政策定义和管理。越正式的流程定义越能显著减少人工干预，这样伴随着集中化的设计流程，意味着流程的结果更加可预测。

评估标准可能包括制定数据管理政策、可扩展过程的使用以及数据模型和系统控制的一致性。

5）4 级已管理。从 1 ~3 级增长中获得的经验积累使组织能够在即将开展新项目和任务时预测结果，并开始管理与数据相关的风险，数据管理包括一些绩效指标。4 级的特点包括从桌面到基础设施的数据管理工具标准化，以及结构良好的集中规划和治理功能。此级别的机构在数据质量和全组织数据管理能力（如端到端的数据审核）等方面有显著性提高。

评估标准可能包括与项目成功相关的指标、系统的操作指标和数据质量指标。

6）5 级优化。当数据管理实践得到优化时，由于流程自动化和技术变更管理，它们是高度可预测的，这个成熟度级别的组织会更关注于持续改进。在第 5 级，工具支持跨流程查看数据。控制数据的扩散防止不必要的复制，使用容易理解的指标来管理和度量数据质量和过程。

评估标准可能包括变更管理组件和流程改进的一些度量指标。

2. 评估标准

每个能力级别都有与正在评估的流程有关的具体评估标准。例如，如果正在评估数据建模功能的成熟度，那么 1 级可能会问到是否有数据建模实践以及多少个系统；2 级可能会要求定义企业数据建模方法；3 级将考察该方法的实施推广程度；4 级将查看建模标准是否得到了有效的执行；5 级将要求有适当的方式来改进建模实践（参见第 5 章）。

在任何级别上，评估标准都将按照一个尺度进行评估，如 1—未开始、2—正在进行、3—能使用、4—有效，以此显示该级别的进展情况，并向下一个级别迈进。分数可以组合可视化手段显示，以便理解当前状态和目标状态之间的差异。

当使用可映射到 DAMA-DMBOK 数据管理知识领域的模型进行评估时，可以根据语境关系图中的类别制定标准：

1）活动。活动或流程在多大程度上已到位？是否定义了有效和高效执行的标准？活动的定义和执行情况如何？是否产生最佳实践输出？

2）工具。该活动在多大程度上是由一组通用工具实现自动化和支持的？是否在特定角色和职责范围内提供工具培训？工具是否在需要的时候和需要的地方可用？它们是否优化配置以提供最有效和最高效的结果？长期技术计划应制订到何种程度，才能适应未来的能力？

3）标准。这项活动在多大程度上得到一套通用标准的支持？这些标准是否有文件记录？标准是否有治理活动和变更管理活动强制执行和支持？

4）人员和资源。组织在多大程度上配备人员执行活动？执行活动需要哪些特定的技能、训练和知识？角色和职责的定义如何？

图 15-3 直观地呈现了数据管理成熟度评估的结果。对于每种能力（治理、架构等），图形的外环显示了组织竞争成功所需的能力等级，内环显示通过评估确定的能力等级，两环之间距离最大的

区域代表着组织面临的最大风险。这种报告有助于确定优先事项，还可以用来测量一段时间内的进展情况。

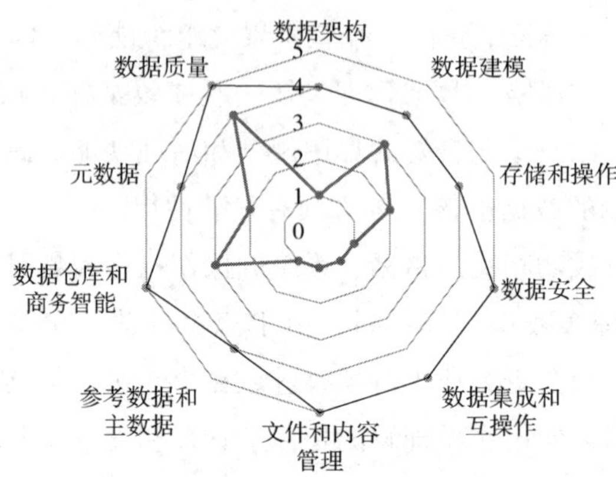

图 15-3　数据管理成熟度评估可视化示例

3. 现有 DMMA 框架㊀

数据管理成熟度评估框架被划分为离散的数据管理主题，框架焦点和内容取决于它们是用于通用行业还是特定行业。然而，大多数主体都可以映射到 DAMA-DMBOK 知识领域，上面的示例旨在说明数据管理领域中开发的能力成熟度模型范围。许多供应商都开发了自己的模型，在选择供应商或开发自己的框架之前，组织应该先评估如下几个模型。

（1）CMMI 数据管理成熟度模型（DMM）

CMMI（能力成熟度模型研究所）开发了 CMMI-DMM（数据管理成熟度模型），该模型为以下数据管理领域提供了评估标准：

1）数据管理策略。

2）数据治理。

3）数据质量。

4）平台与架构。

5）数据操作。

6）支持流程。

在每个流程中，模型都会识别出一些评估子流程。例如，数据质量部分包括数据质量策略和数据质量评估、分析和清理。该模型还考虑了数据管理各知识领域之间的关系。例如，会考虑利益相关方的需求以及业务流程和数据质量管理之间的关系㊁。

㊀ 有关数据管理成熟度模型的更多信息，请参阅：Alan McSweeney，《数据管理成熟度模型审查》（*Review of Data Management Maturity Models*），slideshare. net，2013 年出版。http：//bit. ly/2spcy9. Jeff Gorball，《数据管理成熟度模型简介》（*Introduction to Data Management Maturity Models*），slideshare. net，2016 年出版。McSweeney 将 DAMA-DMBOK 也作为其成熟度模型之一，但是 DMBOK 还不能算是一个成熟度模型。

㊁ http：//bit. ly/1Vev9xx（访问日期 2015-07-18）。

（2）EDM 委员会 DCAM[1]

企业数据管理委员会（Enterprise Data Management Council）是总部设在美国的金融服务行业宣传组织，它开发了数据管理能力评估模型（Data management Capability Assessment Model，DCAM）。DCAM 是成员们努力在数据管理最佳实践上达成共识的结果，描述了与可持续数据管理项目开发相关的 37 项能力和 115 个子能力。评估重点关注利益相关方的参与程度、流程的形式及展示能力的组件。

（3）IBM 数据治理委员会成熟度模型[2]

IBM 数据管理委员会成熟度模型基于 55 个组织委员会组成。委员会成员合作定义了一组通用的可观察和期望的行为，组织可以通过这些行为评估和设计自己的数据治理项目。该模型的目的是通过经验证的业务技术、协作方法和最佳实践，帮助组织构建治理中的一致性和质量控制。该模型围绕 4 个关键类别组成：

1）结果。数据风险管理和合规、价值创造。

2）使能因素。组织结构和认知、政策、管理。

3）核心内容。数据质量管理、信息生命周期管理、信息安全和隐私。

4）支持内容。数据架构、分类和元数据、审计信息、日志记录和报告。

IBM 模型既是一个成熟度框架，也是为了成熟度分级而构造出的一组有答案的评估问题。

（4）斯坦福数据治理成熟度模型[3]

斯坦福大学的数据治理成熟度模型是为该大学开发的。它并不是一个行业标准，但即便如此，它仍然是提供指导和测量标准模型的一个好例子。该模型关注的是数据治理，而不是数据管理，但它为全面评估数据管理奠定了基础。该模型区分基础部分（意识、形式化、元数据）和项目部分（数据管理、数据质量、主数据）。在每部分，该模型都清楚地说明了人员、政策和能力的驱动因素，而且阐明了每个成熟度级别的特征，并为每个级别提供了定性和定量的测量。

（5）Gartner 的企业信息管理成熟度模型

Gartner 发布了一个企业信息管理成熟度模型，该模型建立了评估愿景、战略、度量、治理、角色和责任、生命周期和基础架构的标准。

15.2　活动

数据管理成熟度评估需要计划。为确保实际可行的结果，应在计划内留出时间准备材料和评估结果，评估应在规定的短时间内进行。评估的目的是揭露当前的优势和改进的机会，而不是解决

[1] http：//bit. ly/2sqaSga（访问日期 2015-07-18）。

[2] https：//ibm. co/2sRfBIn（访问日期 2016-12-04）。

[3] http：//stanford. io/2sBR5bZ（访问日期 2016-12-04）；http：//stanford. io/2rVPyM2（访问日期 2016-12-04）。

问题。

评估是通过向业务、数据管理和信息技术参与者征求意见来进行的，目的是在证据的支持下就当前的状态能力达成共识。证据可能来自对组件的检查（如是否存在数据库备份）、访谈（证实某人正在执行评估系统以供重用）或两者兼而有之。

评估可以扩展以满足组织需要，但修改时须小心谨慎。如果剪裁或修改模型，模型可能会失去原始的严谨性或可追溯性。自定义模型时，应保持模型的完整性不变。

15.2.1 规划评估活动

评估计划包括确定总体方法，并在评估之前和评估期间与利益相关方进行沟通，确保他们参与评估工作。评估本身包括收集和评估输入、沟通结果、建议和行动计划。

1. 定义目标

任何组织当其决定进行数据管理成熟度评估时，其实已经是在努力改进。在大多数情况下，这样的组织将为评估活动确定驱动因素。这些驱动因素必须以目标的形式进行阐明，描述评估的影响范围和重点。管理人员和业务部门必须清楚地了解评估的目标，以确保其与组织的战略方向保持一致。

评估目标还需要提供一些标准，包括采用哪种评估模型、哪些业务领域需要优先评估、由谁提供直接的输入等。

2. 选择框架

如 15.1.3 节所述，现有框架侧重于数据管理的不同方面。根据当前状况和评估目标的假设审查这些框架，以便选择一个对组织有帮助意义的框架。评估模型的聚焦领域可以根据组织的侧重或范围进行定制。

框架的选择影响评估的进行方式，因此相应的工作小组必须具备模型和相应方法论方面的知识。

3. 定义组织范围

虽然大多数 DMM 框架的设计都适用于整个企业范围，但在整个企业范围实施可能是不切实际的。对于第一次评估，最好定义一个可控的范围，如单个业务领域或项目。所选领域是该组织的一个有意义的子集模块，参与者应是可以影响关键业务流程的人，这些关键的业务流程会对数据资产产生影响。作为整个阶段的一部分，这种评估工作可以在该组织的其他领域重复进行。这是在局部评估和全企业评估之间的一种折中方法。

1）局部评估（Localized assessments）。可以更深入地了解细节，也可以更快地完成，因为其范围有限。要进行局部评估，应选择受高度监管的职能领域，如上市公司的财务报告。输入、角色、工具和消费者可能不在被评估职能的范围内，它们会使评估的范围界定和执行复杂化。因为许多数据资产是共享的，故计划良好的局部评估通常可以聚合和加权以形成企业评估。

2）企业评估（Enterprise assessments）。侧重于组织中广泛存在的、有时是不连贯的部分。企业评估可以由多个局部评估组成，也可以是一个独立的任务。例如，一个组织可以基于相同的标准评估不同的职能（研发、制造和融资）。输入、角色、工具和消费者通常是跨企业、多层次的。

4. 定义交互方法

在实施 DMMA 时，组织应遵循所选模型的建议。信息收集活动可能包括研讨会、访谈、调查和组件评审。采用一个能在组织文化中运作良好的方法，可以尽量减少参与者的时间投入，以便在参与者对评估过程还有清晰认识的情况下定义评估行动，并使评估能够快速完成。

在所有情况下，都需要通过让参与者对评估标准进行评分来确定响应行动。在许多情况下，评估还包括对产品工件和其他证据的实际检查和评估。

如果在完成评估过程中出现延误，利益相关方可能会失去对数据管理计划的热情及促成积极变革的动力。建议避免太过详细和全面的分析，强调根据评估领导的专业知识做出正确的判断。DMM 框架提供了衡量标准和嵌入式改进路径，使当前的数据管理项目和它的部分工作融合形成一幅完整的图画。

5. 计划沟通

沟通有助于评估项目的整体成功以及由此产生相应行动的推进，应该在参与者和其他利益相关方之间直接进行沟通。最终的调查结果可能会改变方法论和组织标准，从而影响人们的工作，因此需要就个人和团体的目的、过程和具体期望进行清楚的沟通，确保参与者了解评估模型以及如何使用调查结果。

在评估开始之前，应告知利益相关方对评估的期望。沟通应描述：

1）数据管理成熟度评估的目的。

2）评估应如何进行。

3）他们参与的是什么部分。

4）评估活动的时间表。

在任何评估活动（如专题小组会议）期间，确保有明确的议程，包括解决待办事项问题的计划。不断提醒参与者活动的目标和目的，对参与者的持续参与表达感激并向其描述下一步计划。

明确计划的方法是否可能在目标业务范围内成功，包括阻力与合作因素；明确外部检查暴露发现问题可能引发的内部合规问题，以及可能存在的人力资源问题等。

沟通计划应包括对调查结果的汇报，以及在各层级上进行再次沟通的建议时间表，包括一般报告和执行简报。

15.2.2　执行成熟度评估

1. 收集信息

下一步的工作是根据交互模型为评估活动收集适当的输入。收集的信息至少包括评估标准的正式评级，还可以包括访谈和焦点小组的成果、系统分析和设计文档、数据调查、电子邮件字符串、程序手册、标准、策略、文件存储库、批准工作流、各种工作产品、元数据存储库、数据和集成参考架构、模板和表单。

2. 执行评估

总体评级任务和解释通常是多阶段的。参与者可能会对同一个评估主题产生不同的评级意见，需要通过讨论达成一致意见。输入由各位参与者提供，然后通过组件评审或评估团队的检查进行改进，其目标是对当前状态达成共识，这种共识应该得到证据的支持（行为和组件的实际证据）。如果利益相关方对当前的状态没有共识，那么将很难就如何提升组织达成共识。

改进需要遵循如下过程：

1）审查评级方法，并为每个工作产品或活动给定初步评级。

2）记录支持证据。

3）与参与者一起讨论，就每个领域的最终评分达成共识。在合适的情况下，根据每个标准的重要性使用不同权重。

4）记录关于模型标准的声明和评审员的解释，作为评级的说明。

5）开发可视化工具，展示说明评估结果。

15.2.3 解释结果及建议

对结果的解释包括明确提升机会与组织战略保持一致，并建议利用这些机会实施行动。换句话说，解释定义了朝向目标状态迈进的下一步行为。当评估完成后，组织需要为其希望在数据管理中实现的目标状态做出规划。根据目前状态、组织文化和变革驱动因素的不同，实现预期目标所需的时间和努力也有所不同。

在呈现评估结果时，从组织评级的意义开始。评级的意义可以与组织和文化驱动以及业务目标驱动等联系起来，如提升客户满意度或增加销售额。这说明了组织的当前能力与它们支持的业务流程和策略之间的联系，以及通过转移到目标状态带来能力提升的益处。

1. 报告评估结果

评估报告应包括：

1）评估的业务驱动因素。

2）评估的总体结果。

3）按主题分类有差距的评级。

4）弥补差距的建议方法。

5）所观察到的组织的优势。

6）进展的风险。

7）投资和成果选项。

8）衡量进展的治理和指标。

9）资源分析与未来潜在效用。

10）可在组织内使用或重复使用的组件。

评估报告是作为一种增强数据管理计划的输入（无论是作为一个整体，还是作为数据管理知识领域的部分）。从中，组织可以开发或推进其数据管理策略，策略应包括通过改进治理流程和标准来进一步实现业务目标。

2. 制定管理层简报

评估团队应准备管理层简报来总结调查结果（包括优势、差距和建议），管理层使用这些结果作为制定有关目标、计划和时间表的决策的输入。团队必须提炼这些信息，以明确每个执行组可能产生的影响和利益。

管理层往往希望目标高于评估建议。换句话说，他们希望在成熟度模型中跳级。对于具有较高成熟度的目标，必须将其反映在对建议的影响性分析中。这种加速是有成本的，而成本必须与收益相平衡。

15.2.4　制订有针对性的改进计划

DMMA 应该直接影响数据策略、IT 治理及数据管理程序和策略。DMMA 的建议应该是可行的，且应该描述组织所需要的能力。通过这一做法，评估可以成为 IT 和业务领导者的有力工具，帮助组织设定优先级和分配资源。

DMMA 评级突出了管理层关注的项目。最初，评级可能被用作一个独立的度量标准，以确定一个组织从事某项特定活动的程度。但是，评级可以快速地作用于正在进行的一些度量中，特别是对于需要更改的活动（如“目标是‘n’级，因为我们需要或希望能够做‘z’级的事情”）。如果评估模型用于持续的度量，那么它的标准不仅引导组织达到更高的成熟度级别，还保持对组织改进工作的关注。

DMM 评估结果应足够详细和全面，能支撑多年的数据管理改进计划，包括该组织建立数据管理能力所做的最佳实践举措。由于变革主要通过项目在组织中发生，所以新项目必须采用更好的实践措施。路线图或参考计划应包括：

1）对特定数据管理功能进行改进的系列活动。

2）实施改进活动的时间表。

3）一旦活动实施，DMMA 评级的预期改善情况。

4）监督活动，包括在时间线上逐渐成熟的监督。

路线图将为优化工作流提供目标和节奏，并辅之以衡量进展的方法。

15.2.5 重新评估成熟度

应定期进行重新评估，它们是循环往复持续改进的一部分：

1）通过第一次评估建立基线评级。

2）定义重新评估参数，包括组织范围。

3）根据需要，在公布的时间表上重复 DMM 评估。

4）跟踪相对于初始基线的趋势。

5）根据重新评估结果制定建议。

重新评估也可以重振或重新集中精力。可衡量的进展有助于保持整个组织的认同和热情。监管框架的变动、内外部政策、可治理方法和战略创新的变化是定期重新评估的其他原因。

15.3 工具

1）数据管理成熟度框架。成熟度评估中使用的主要工具是 DMM 框架本身。

2）沟通计划。沟通计划包括利益相关方的参与模式、要共享的信息类型和时间表等。

3）协作工具。协作工具允许共享评估结果。此外，数据管理实践的证据可以在电子邮件、完整的模板和评审文档中找到，评审文档是通过协作设计、操作、事件跟踪、审查和批准的标准流程产生的。

4）知识管理和元数据存储库。可以在这些存储库中管理数据标准、策略、方法、议程、会议记录或决策，以及用作实践证明的业务和技术组件。在一些能力成熟度模型中，缺少这样的存储库是组织成熟度较低的一个度量指标。元数据存储库可以存在于多个构件中，这对参与者来说可能不是那么明显。例如，一些商务智能应用程序完全依赖元数据编译其视图和报告，而不是将其作为单独的存储库。

15.4 方法

许多与执行 DMMA 相关的技术都是由所选择的 DMM 框架的方法定义的。这里将介绍一些更为通用的技术。

15.4.1　选择 DMM 框架

在选择 DMM 框架时，应考虑以下标准：

1）易用性。实践活动是以非技术性术语来描述的，它传达了活动的功能本质。

2）全面性。该框架涉及广泛的数据管理活动，包括业务参与，而不仅仅是 IT 过程。

3）可扩展性和灵活性。框架的结构能够支持增强行业特定或附加的规程，并且可以根据组织的需要全部或部分使用。

4）内置的未来演进路径。虽然不同组织确定的优先级不同，但 DMM 框架描述了每个功能逻辑前进的方式。

5）行业不可知论与行业特定论。某些组织受益于行业特定的方法，但其他组织受益于更通用的框架。所有的 DMM 框架都应该遵循跨垂直领域的数据管理最佳实践。

6）抽象或详细程度。实践和评估标准表达详细，可以确保它们指导相关执行工作。

7）非规定性。框架描述了需要执行的内容，而不是必须如何执行。

8）按主题组织。框架将数据管理活动放置在适当的情景中，使每个活动都能够单独评估，同时又可识别依赖关系。

9）可重复。该框架可以得到一致的解释，支持可重复的结果，以便将一个组织与其行业中的其他组织进行比较，并跟踪一段时间内的进展情况。

10）由中立的独立组织支持。为了避免利益冲突，该模型应由保持中立的供应商广泛提供，以确保最佳实践的广泛代表性。

11）技术中立。模型的重点应该放在实践上，而不是放在工具上。

12）培训支持。该模型有全面的培训支持，使专业人员能够掌握框架并优化其使用方法。

15.4.2　DAMA-DMBOK 框架使用

DAMA-DMBOK 可用于为 DMMA 准备工作或建立标准。执行人将看到各分段职能（知识领域）和相应任务（活动）之间的直接联系，DMBOK 知识领域、活动和可交付成果（工作产品）可以根据测量的领域、其支持的活动、相关性和可用时间配置特定的 DMM 框架。这种快速的检查表方法可用于确定需要更深入分析、表示差距或指出修复热点的领域。

DMBOK 作为评估规划工具提供了额外的优势：有大量的专业知识人员使用 DMBOK 作为跨行业的指南，围绕 DMBOK 的使用创建了一个实践社区。

15.5 实施指南

15.5.1 就绪评估/风险评估

在进行成熟度评估之前，识别潜在风险及一些风险缓解策略是有帮助的。表 15-1 总结了 DMMA 的典型风险及其缓解措施。

表 15-1 DMMA 的典型风险及其缓解措施

风险	缓解措施
缺乏组织认同	将与评估有关的概念社会化 在进行评估之前，建立受益声明 分享文章和成功案例 请一位高层支持者来支持这项工作并审查其结果
缺乏 DMMA 专业知识 缺乏时间或内部专业知识 缺乏沟通计划或标准	使用第三方资源或专家 要求将知识转移和培训作为参与的一部分
组织中缺乏“数据说话” 关于数据的对话很快就转移到关于系统的讨论	将 DMMA 与特定的业务问题或场景关联起来 在沟通计划中声明，无论背景和技术经验如何，DMMA 都将教导所有参与者 让参与者在 DMMA 之前了解关键概念
用于分析的资产不完整或已过期	标记“截止日期”或相应地平衡评级。例如，对于过期超过 1 年的所有内容都给予 -1
关注点太过狭小	将调查深度降低到一个简单的 DMMA，并快速转到其他区域进行评估，针对后来的对比极限做出评级 作为试点进行第一次 DMMA，然后运用经验知识处理更广阔的范围；在 DAMA-DMBOK 知识领域的背景下提出拟议评估范围内的重点 说明遗漏的范围，并讨论包含的必要性
难以接近的工作人员或系统	降低 DMMA 的横向范围，优先关注可用的知识领域和工作人员
出现诸如监管变化的意外情况	在评估工作流程和重点中增加灵活性

15.5.2 组织和文化变革

建立或增强数据管理程序包括对过程、方法和工具的改变。随着这些变化，文化也必须改变。组织和文化变革起始于承认事情可以变得更好，衡量功能的工作通常会带来有意义的变化。DMMA

以成熟度级别定位组织，并提供改进的路线图。这样做，可以指导组织通过变革向前发展。DMMA 结果应该是组织内部更大范围讨论的一部分。当有效的数据治理得到适当的支持时，DMMA 结果可以合并不同的观点，形成共同的愿景，并加速组织的发展（参见第 17 章）。

15.6　成熟度管理治理

通常，DMMA 是整个数据治理活动集的一部分，每个活动都有一个生命周期。DMMA 的生命周期包括初始规划和初始评估，然后是建议、行动计划和定期重新评估，而生命周期本身应该受到控制。

15.6.1　DMMA 过程监督

对 DMMA 过程的监督工作属于数据治理团队。如果正式的数据治理不到位，那么监督工作将默认为属于 DMMA 的指导委员会或管理层。流程应该有一个执行发起人（最好是首席数据官，CDO），以确保数据管理活动的改进直接映射到业务目标中。

监督的广度和深度取决于 DMMA 的范围。流程中涉及的每个功能在执行、方法、结果和总体评估的路线图中都有发言权。每个涉及的数据管理区域和组织功能都将有一个独立的视图，将通过 DMM 框架拥有共同语言。

15.6.2　度量指标

度量指标除了作为改进策略的核心组成部分之外，也是关键的沟通工具。初始 DMMA 指标是表示当前数据管理状态的评级，可以定期对这些进行重新评估，以显示改进趋势。每个组织都应该根据其目标状态路线图开发指标。指标示例可能包括：

1）DMMA 评级。DMMA 评级提供了组织能力级别的快照。评级会附带一个描述，也许是针对评估或特定主题领域的评级的自定义加权，以及推荐的目标状态。

2）资源利用率。这是一个强大的度量指标，帮助人员以计数的形式表示数据管理的成本。例如，组织中的每个资源都花费 10% 的时间手动聚合数据。

3）风险敞口。对风险情景做出反应的能力，反映了组织相对于其 DMMA 评级的能力。例如，某组织想要开始一项需要高度自动化的新业务，但其当前的操作模式基于手动数据管理（1 级），那么他们将有无法交付的风险。

4）支出管理。表示如何在整个组织中分配数据管理成本，并确定此成本对可持续性和价值的影响。这些指标与数据治理指标相重叠。

①数据管理可持续性。

②实现主动性的目标和目的。

③沟通的有效性。

④教育和培训的有效性。

⑤变更采用的速度。

⑥数据管理价值。

⑦对业务目标的贡献。

⑧降低风险。

⑨提高运营效率。

5）DMMA 的输入。这对于管理非常重要，因为它们涉及覆盖范围的完整性、调查水平以及与评分结果解释相关的范围的详细信息。核心输入可以包括以下内容：计数、覆盖范围、可用性、系统数量、数据量、涉及的团队等。

6）变革速度。指一个组织提高自身能力的速度。通过 DMMA 建立基线，定期重新评估用于趋势改进。

15.7 文献引用与推荐

Afflerbach, Peter. *Essential Readings on Assessment.* International Reading Association, 2010. Print.

Baskarada, Sasa. *IQM-CMM: Information Quality Management Capability Maturity Model.* Vieweg + Teubner Verlag, 2009. Print. Ausgezeichnete Arbeiten zur Informationsqualität.

Boutros, Tristan and Tim Purdie. *The Process Improvement Handbook: A Blueprint for Managing Change and Increasing Organizational Performance.* McGraw-Hill Education, 2013. Print.

CMMI Institute（website）. http：//bit. ly/1Vev9xx.

Crawford, J. Kent. *Project Management Maturity Model.* 3rd ed. Auerbach Publications, 2014. Print. PM Solutions Research.

Enterprise Data Management Council（website）.

Freund, Jack and Jack Jones. *Measuring and Managing Information Risk: A FAIR Approach.* Butterworth-Heinemann, 2014. Print.

Ghavami, Peter PhD. *Big Data Governance: Modern Data Management Principles for Hadoop, NoSQL and Big Data Analytics.* CreateSpace Independent Publishing Platform, 2015. Print.

Honeysett, Sarah. *Limited Capability - The Assessment Phase.* Amazon Digital Services LLC., 2013. Social Insecurity Book 3.

IBM Data Governance Council. https：//ibm. co/2sUKIng.

Jeff Gorball, *Introduction to Data Management Maturity Models.* SlideShare. net, 2016-08-01. http: //bit. ly/2tsIOqR.

Marchewka, Jack T. *Information Technology Project Management: Providing Measurable Organizational Value.* 5th ed. Wiley, 2016. Print.

McSweeney, Alan. *Review of Data Management Maturity Models.* SlideShare. net, 2013-10-23. http: //bit. ly/2spTCY9.

Persse, James R. *Implementing the Capability Maturity Model.* Wiley, 2001. Print.

Saaksvuori, Antti. *Product Management Maturity Assessment Framework.* Sirrus Publishing Ltd., 2015. Print.

Select Business Solutions. "What is the Capability Maturity Model?" http: //bit. ly/IFMJI8 (Accessed 2016-11-10).

Stanford University. *Stanford Data Governance Maturity Model.* http: //stanford. io/2ttOMrF.

Van Haren Publishing. *IT Capability Maturity Framework IT-CMF.* Van Haren Pub, 2015. Print.

第16章　数据管理组织与角色期望

16.1　引言

随着数据领域的快速发展，组织需要改进管理和治理数据的方式。当前，大多数组织正面临着越来越多的数据。这些数据格式多样、数量庞大，并来源于不同的渠道。由于数据数量和种类的增加，加剧了数据管理的复杂性。与此同时，数据消费者要求更快速、更方便地访问数据，他们希望理解并使用数据，以便及时地解决关键业务问题。数据管理和数据治理组织需要足够灵活，才能在不断发展的环境中有效地工作。因此，他们需要澄清关于所有权、协作、责任和决策的基本问题。

本节将描述在组建数据管理或数据治理组织时应该考虑的一组原则，同时涉及数据治理和数据管理，因为数据治理为数据管理组织执行活动提供指导和业务背景。两者都没有完美的组织结构。虽然数据治理和数据管理组织应该遵循一些公共原则，但是很多细节仍依赖于组织所在行业的驱动因素和组织自身的企业文化。

16.2　了解现有的组织和文化规范

意识、所有权和问责制度是激励和吸引人们参与数据管理积极性、政策和流程的关键。在定义任何新组织或尝试改进现有组织之前，了解当前组织的企业文化、运营模式和人员都非常重要（图16-1）。例如：

1）数据在组织中的作用。数据驱动的关键流程是什么？如何定义和理解数据需求？数据在组织战略中扮演的角色如何？

2）关于数据的文化规范。实施或改进管理和治理结构时，是否存在潜在的文化障碍？

3）数据管理和数据治理实践。如何以及由谁来执行与数据相关的工作？如何以及由谁来做出有关数据的决策？

4）如何组织和执行工作。例如，专注于项目和运营执行之间的关系是什么？哪些委员会框架可以支持数据管理工作？

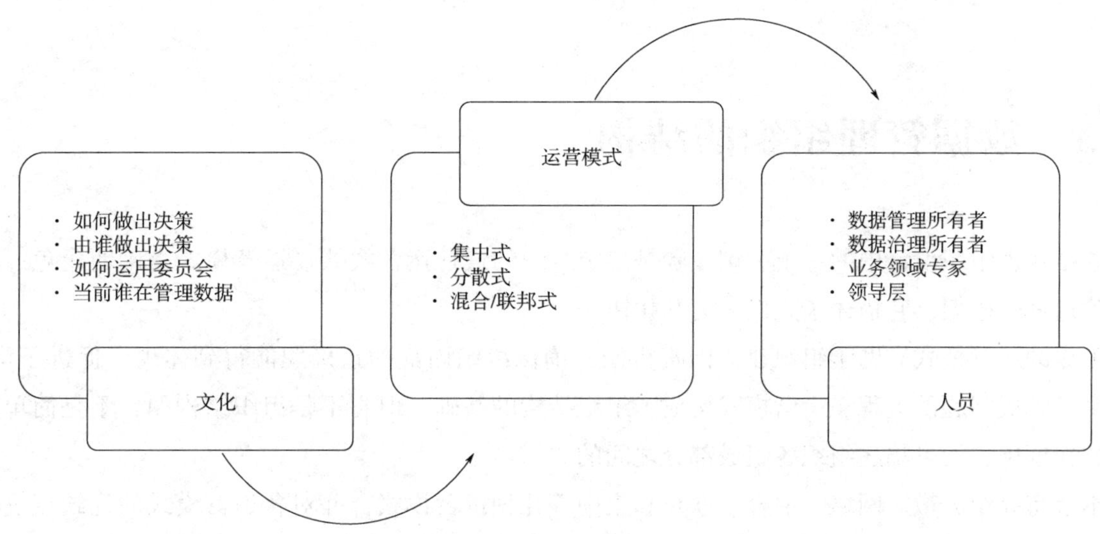

图 16-1　评估当前状态以构建运营模式

5）汇报关系的组织方式。例如，组织是集中的、分散的、层级化的，还是扁平化的？

6）技能水平。从一线员工到高管、领域专家和其他利益相关方的数据知识和数据管理知识水平如何？

在形成现状描述之后，评估对当前状态的满意度，以便深入了解组织的数据管理需求和优先级。例如：

1）组织是否拥有制定合理、及时的业务决策所需的信息？

2）组织是否对其收入报告有信心？

3）组织是否跟踪组织关键绩效指标？

4）组织是否遵守所有数据管理有关的法律？

大多数寻求改进数据管理或治理实践的组织，都处于能力成熟度范围的中间级别（他们在 CMM 的级别认定既不是 0 级也不是 5 级）（参见第 15 章）。理解和适应现有的组织文化和组织规范，对建立相关的数据管理组织非常重要。如果数据管理组织与现有的决策和委员会结构不一致，那么后期维持将是一项挑战。因此，发展而不是实施激进的变革对组织是有意义的。

数据管理组织应与公司的组织层级结构和资源保持一致。找到合适的人员，需要了解数据管理在组织内部的功能和政治作用。目标应该是跨职能的不同业务利益相关方共同参与。需要做到：

1）识别当前正在执行数据管理职能的员工，认识并先邀请他们参与进来。仅在数据管理和治理需求增长时，才考虑投入更多的资源。

2）检验组织管理数据的方法，并确定如何改进流程。改进数据管理实践可能需要进行多次改变。

3）从组织的角度考虑，规划需要进行的各种变更，以更好地满足需求。

16.3 数据管理组织的结构

数据管理组织设计中的一个关键步骤是确定组织的最佳运营模式。运营模式是阐明角色、责任和决策过程的框架，它描述了人们如何互相协作。

可靠的运营模式有助于组织建立问责机制，确保组织内部的正确职能得到体现，促进了沟通，并提供了解决问题的流程。运营模式构成了组织结构的基础，但它不是组织结构图，不是简单地将人名放在框中，而是描述组织各组成部分之间的关系。

本节将介绍分散、网络、混合、联邦和集中等几种运营模式，并对各运营模式的优缺点进行详细描述。

16.3.1 分散运营模式

在分散运营模式中，数据管理职能分布在不同的业务部门和 IT 部门（图 16-2）。委员会是互相协作的基础，委员会不属于任何一个单独的部门。许多数据管理规划从基层开始，意图统一整个组织的数据管理实践，因而具有分散的结构。

该模式的优点包括：组织结构相对扁平，数据管理组织与业务线或 IT 部门具有一致性。这种一致性通常意味着对数据要有清晰的理解，相对容易实施或改进。

该模式的缺点是让过多的人员参与治理和制定决策，实施协作决策通常比集中发布号令更加困难。分散模式一般不太正式，可能难以长期性维持。为了取得成功，他们需要一些方法强化实践的一致性，但这可能很难协调。使用分散模式来定义数据所有权，通常也比较困难。

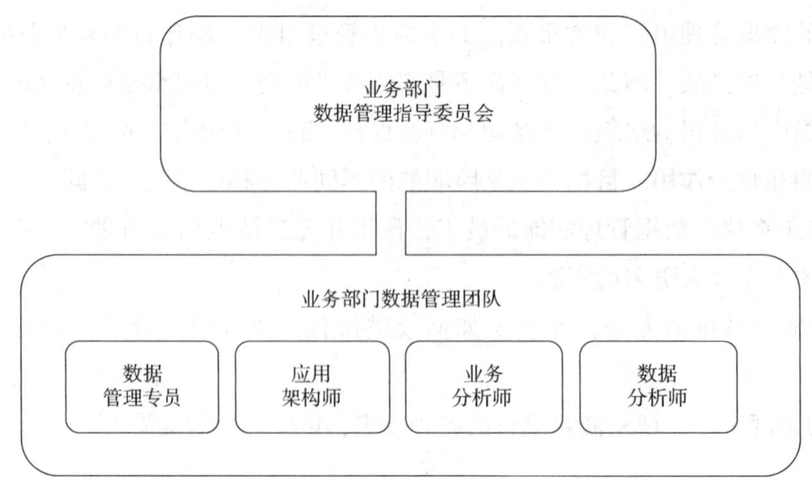

图 16-2　分散运营模式

16.3.2　网络运营模式

通过 RACI（谁负责，Responsible；谁批准，Accountable；咨询谁，Consulted；通知谁，Informed）责任矩阵，利用一系列的文件记录联系和责任制度，使分散的非正规性组织变得更加正式，称为网络模式。它作为人和角色之间的一系列已知连接运行，可以表示为“网络”（图 16-3）。

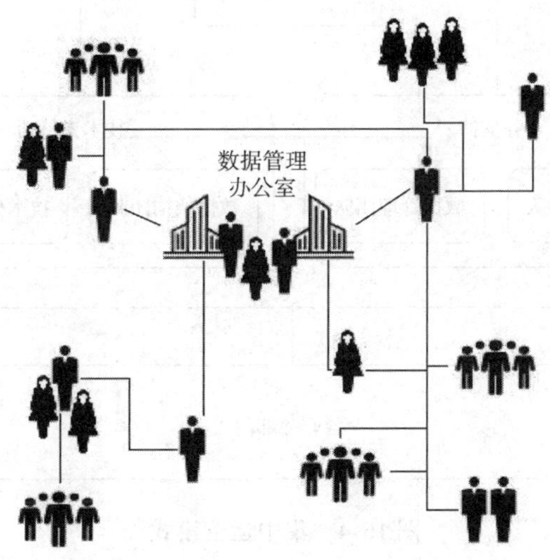

图 16-3　网络运营模式

网络模式的优点类似于分散模式（结构扁平、观念一致、快速组建）。采用 RACI，有助于在不影响组织结构的情况下建立责任制。它的缺点是需要维护和执行与 RACI 相关的期望。

16.3.3　集中运营模式

最正式且成熟的数据管理运营模式是集中运营模式（图 16-4）。所有工作都由数据管理组织掌控。参与数据治理和数据管理的人员直接向负责治理、管理职责、元数据管理、数据质量管理、主数据和参考数据管理、数据架构、业务分析等工作的数据管理主管报告。

集中模式的优点是，它为数据管理或数据治理建立了正式的管理职位，且拥有一个最终决策人。因为职责是明确的，所以决策更容易。在组织内部，可以按不同的业务类型或业务主题分别管理数据。它的缺点是，实施集中模式通常需要重大的组织变革。将数据管理的角色从核心业务流程正式分离，存在业务知识逐渐丢失的风险。

集中模式通常需要创建一个新的组织。但问题出现了：数据管理组织在整个企业中的位置如何？谁领导它，领导者向谁报告？对于数据管理组织而言，不再向 CIO 报告变得越来越普遍，因为他们希望维护业务而非 IT 对数据的看法。这些组织通常也是共享服务部门、运营团队或者是首席数据官组织的一部分（参见 16.6.1 节）。

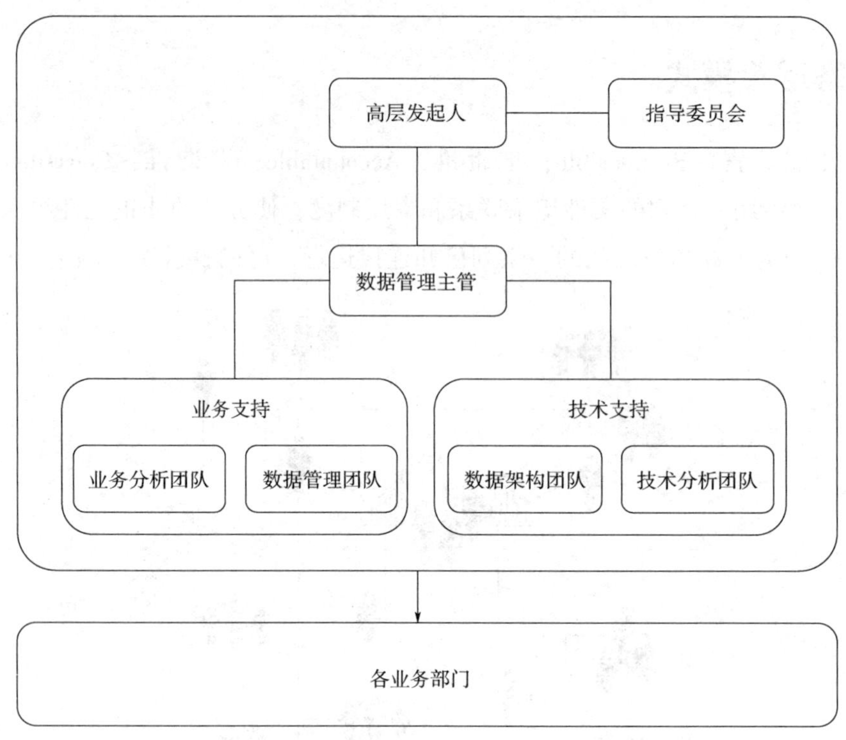

图 16-4　集中运营模式

16.3.4　混合运营模式

顾名思义，混合运营模式包含分散模式和集中模式的优点（图 16-5）。在混合模式中，一个集中的数据管理卓越中心与分散的业务部门团队合作，通常通过一个代表关键业务部门的执行指导委员会和一系列针对特定问题的技术工作组来完成工作。

在该模式内，一些角色仍然是分散的。例如，数据架构师可能会保留在企业架构组中，各业务团队可能拥有自己的数据质量团队。哪些角色是集中的，哪些角色是分散的，在很大程度上取决于组织文化。

混合模式的优点是，它可以从组织的顶层制定适当的指导方向，并且有一位对数据管理或数据治理负责的高管。业务团队具有广泛的责任感，可以通过业务优先级调整给予更多的关注。他们受益于这个专门的数据管理卓越中心的支持，有助于将重点放在特定的挑战上。

该模式的挑战包括组织的建立，通常这种模式需要配备额外的人员到卓越中心。业务团队可能有不同的优先级，这些优先级需要从企业自身的角度进行管理。此外，中央组织的优先事项与各分散组织的优先事项之间有时也会发生冲突。

16.3.5　联邦运营模式

作为混合运营模式的一种变体，联邦模式提供了额外的集中层/分散层，这在大型全球企业中

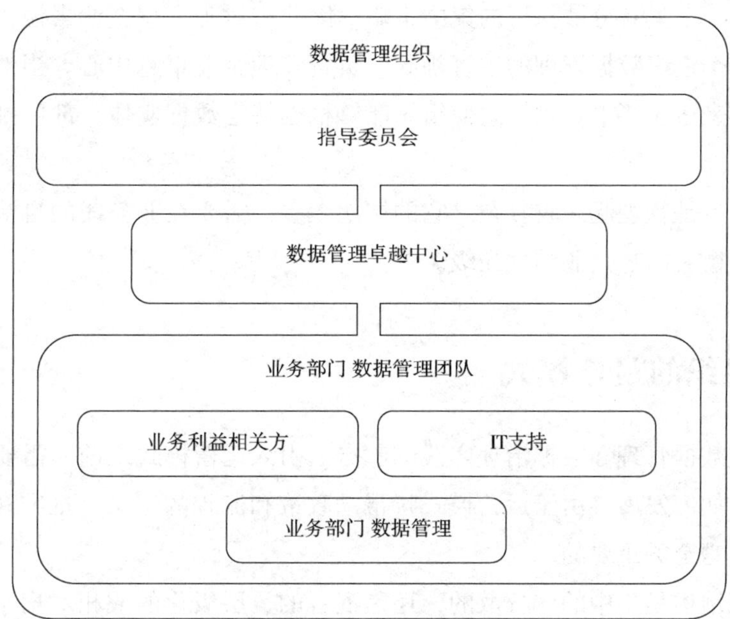

图 16-5　混合运营模式

通常是必需的。想象一下，基于部门或区域划分，企业数据管理组织具有多个混合数据管理模式（图 16-6）。

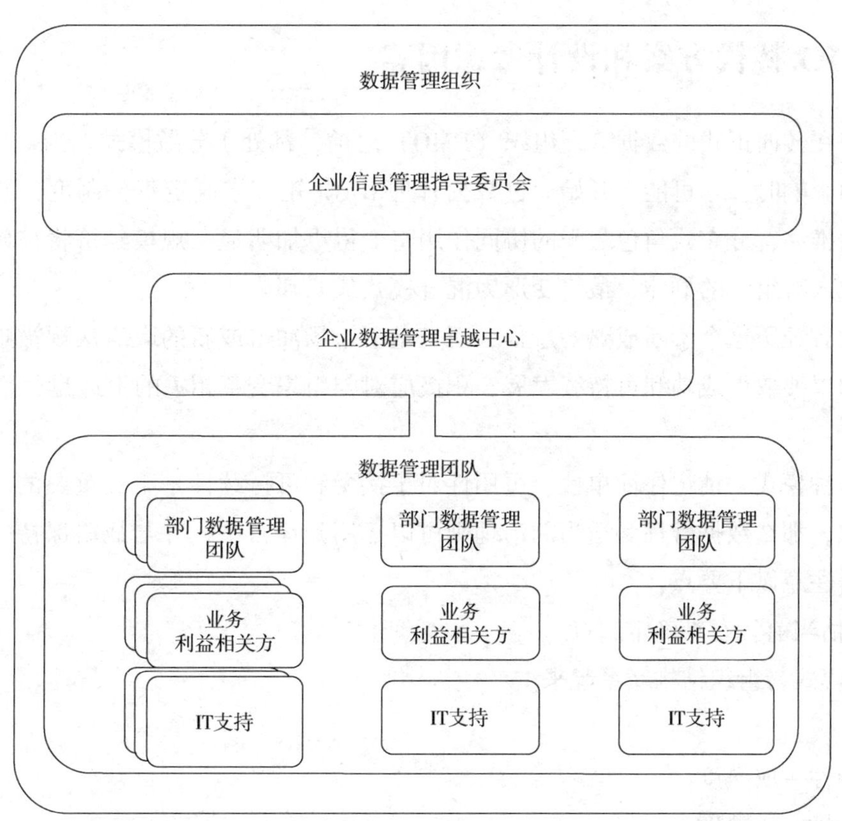

图 16-6　联邦运营模式

联邦模式提供了一个具有分散执行的集中策略。因此，对于大型企业来说，它可能是唯一可行的模式。一个负责整个组织数据管理的主管领导，负责管理企业卓越中心。当然，不同的业务线有权根据需求和优先级来适应要求。该模式使组织能够根据特定数据实体、部门挑战或区域优先级来确定优先级。

该模式的主要缺点是管理起来较复杂。它的层次太多，需要在业务线的自治和企业的需求之间取得平衡，而这种平衡会影响企业的优先级。

16.3.6 确定组织的最佳模式

运营模式是改进数据管理和数据治理实践的起点。引入运营模式之前，需要了解它如何影响当前组织以及它可能会如何发展。由于运营模式将帮助政策和流程的定义、批准和执行，因此确定最适合组织的运营模式是至关重要的。

评估当前的组织结构是集中的、分散的，还是混合的、层级化的或相对扁平的？描述相关部门或区域的独立性。他们的运作几乎是自给自足的？他们的要求和目标是否有很大的差异？最重要的是，尝试确定决策是如何做出的（如民主或强制性指令），以及如何实施这些决策？

这些问题的答案能够提供一个起点，以了解组织处于分散模式和集中模式之间的位置。

16.3.7 DMO 替代方案和设计考虑因素

大多数组织在转向正式的数据管理组织（DMO）之前，都处于分散模式。当一个组织看到数据质量改进带来的影响时，它可能已开始通过数据管理 RACI 矩阵来制定责任制度，并演变成网络模式。随着时间的推移，分布式角色之间的协同作用将变得更加明显，规模经济将被确立，从而将一些角色和人员拉入有组织的群体，最终变形为混合模式或联邦模式。

有些组织没有经历这个不断成熟的过程，而是基于市场冲击或新的政府法规被迫迅速成长。在这种情况下，如果要取得成功和可持续发展，积极应对与组织变革相关的不适是很重要的（参见第 17 章）。

无论选择哪种模式，请记住简单性、可用性对于接受和可持续性是至关重要的。如果运营模式符合公司的文化，那么数据管理和适当的治理则可以运用到运营中，并与战略保持一致。构建一个运营模式时，需注意以下要点：

1）通过评估当前状态来确定起点。

2）将运营模式与组织结构联系起来。

3）考虑：

①组织复杂性 + 成熟度。

②领域复杂性 + 成熟度。

③可扩展性。

4）获得高层支持——这是可持续发展模式的必要条件。

5）确保任何领导机构（指导委员会、咨询委员会、董事会）都是决策机构。

6）考虑试点规划和分批次实施。

7）专注于高价值、高影响力的数据域。

8）使用现有的资源。

9）永远不要采用一刀切（One-Size-Fits-All）的方法。

16.4　关键成功因素

无论数据管理组织的架构如何，有 10 个因素始终被证明对其成功发挥着关键作用：

1）高管层的支持。

2）明确的愿景。

3）主动的变更管理。

4）领导者之间的共识。

5）持续沟通。

6）利益相关方的参与。

7）指导和培训。

8）采用度量策略。

9）坚持指导原则。

10）演进而非革命。

16.4.1　高管层的支持

拥有合适的高管层支持，可确保受数据管理规划影响的利益相关方获得必要的指导。在组织变革的过程中，将新的以数据为中心的组织有效地整合在一起，从而获得长期持续的发展。相关管理层人员应该理解并相信这一过程，他们必须能够有效地动员其他领导者支持变革。

16.4.2　明确的愿景

明确的愿景以及推动的计划，对数据管理组织的成功至关重要。组织领导者必须确保所有受数据管理影响的利益相关方（包括内部和外部）明白和理解数据管理是什么，为什么很重要，他们的工作将如何影响数据管理及数据管理对他们自身的影响。

16.4.3 积极的变更管理

管理与建立数据管理组织相关的变更过程，需要规划、管理和保持变更。将组织的变革管理应用于数据管理组织的建立，可以解决人们面临的挑战，使数据管理组织获得长期可持续发展的可能（参见第 17 章）。

16.4.4 领导者之间的共识

领导者之间的共识，确保了对数据管理规划的一致性和统一支持，并就如何定义成功达成一致。领导者之间的共识，包括领导者对目标与数据管理成果和价值的共识，以及对领导者宗旨的共识。

如果领导者之间未能达成一致，会导致他们释放抵制并将破坏变革的信息。因此，评估并定期重新评估各级领导者之间的意见，确定他们之间是否存在较大的分歧，并采取措施快速解决这些问题是至关重要的。

16.4.5 持续的沟通

应尽早展开沟通，并保持公开和一定的频率。组织必须确保利益相关方清楚地知道数据管理是什么，为什么它对公司很重要，什么在变化以及行为需要如何变化。如果不知道该采取何种不同的方法，就无法改进管理数据的方式。围绕数据管理计划创作一个故事，并围绕它构建关键信息有助于这些过程。

我们在强调数据管理的重要性时，信息必须是一致的。此外，信息还应根据利益相关方群体进行定制。例如，在数据管理方面，不同群体所需的教育水平或培训次数会有所不同。信息应该支持按需重复，能对其进行经常性的检查，以确保数据持续有效，并逐步建立起数据意识。

16.4.6 利益相关方的参与

受数据管理计划影响的个人和团体，会对新计划及他们自己在其中的角色做出不同的反应。组织如何吸引这些利益相关方，如何与他们沟通、回应他们并邀请他们参与，都将对新计划的成功产生重大影响。

利益相关方分析有助于组织更好地理解那些受数据管理变更影响的内容。通过获取这些信息并根据组织内的影响程度和数据管理实施中的兴趣（或因数据管理实施而产生的影响）对利益相关方进行映射，组织可以确定让不同利益相关方参与变更过程的最佳方法（见 16.5.3 节）。

16.4.7　指导和培训

不同的群体需要不同类型和层次的培训，培训对于实现数据管理是至关重要的。

领导者需要明确数据管理的方向，并明确数据管理对公司的价值。数据管理专员、所有者和管理员（如那些处于变革前沿的人）都需要深入地了解数据管理计划，有针对性的培训可以使他们有效地发挥作用。这意味着他们需要新政策、流程、技术、程序甚至工具方面的培训。

16.4.8　采用度量策略

围绕数据管理计划的进展情况制定度量标准是非常重要的，这有助于了解当前的数据管理路线图是否有效，以及是否继续有效。如何制定度量标准，具体如下：

1）是否采用。

2）改进的程度，或相对于之前状态的增量。

3）数据管理的有利方面。数据管理如何影响结果可测量的解决方案。

4）改进的流程和项目。

5）识别并规避的风险。

6）数据管理的创新方面。数据管理如何从根本上改变业务的方式。

7）可信度分析。

数据管理的有利方面可以侧重于改进以数据为中心的流程。例如，月末结账、风险识别和项目执行效率。数据管理的创新可以通过增强可信数据来改进决策和分析。

16.4.9　坚持指导原则

指导原则阐明了组织的共同价值观，是战略愿景和使命的基础，也是综合决策的基础。指导原则构成了组织在长期日常活动中遵循的规则、约束、标准和行为准则。无论是分散的运营模式，还是集中的运营模式，还是介于两者之间的任何形式，都必须建立和商定指导原则，使所有参与者保持一致的行事方式。指导原则是做出所有决策的参考，是创建有效数据管理计划的重要步骤，它有效地推动了组织行为的转变。

16.4.10　演进而非革命

在数据管理的各个方面，“演进而非革命”的理念有助于最大限度地减少重大变化或大规模高风险项目。建立一个持续发展和成熟的组织非常重要。以逐步改进数据管理和业务目标优先级的方式，将确保和持续改进新的政策和流程的执行。增量变化更容易被证明，因此也更容易获得利益相关方的认可和支持，并让那些重要的参与者参与进来。

16.5 建立数据管理组织

16.5.1 识别当前的数据管理参与者

在实施运营模式时，从已经参与数据管理活动的团队开始。这将最大限度地减少对组织的影响，并有助于确保团队关注的重点是数据而不是人力资源或政治。

首先，回顾现有的数据管理活动，如谁创建和管理数据，谁评估数据质量，甚至谁的职位头衔中包括“数据”二字。通过对组织的调查，找出谁可能已经担任了所需的角色和职责，这些人可能拥有不同的职位，他们可能是分散组织的一部分，尚未被企业识别出。编制“数据人员”清单后，找出差距，确认执行数据策略还需要哪些其他角色和技能。通常，组织中其他部门的人员拥有类似的、可转移的技能。请记住，组织中的现有人员为数据管理工作带来了宝贵的知识和经验。

完成人员盘点后，为他们分配合适的角色，并审查他们的薪酬，使其与数据管理的期望保持一致。或许，人力资源部门将参与核实职位、角色、薪酬和绩效目标。在组织内部，确保将角色指派给正确且级别恰当的人员。这样，需要他们做出决定时，他们就有能力做出坚定的决策。

16.5.2 识别委员会的参与者

无论组织选择哪种运营模式，一些治理工作都需要由数据治理指导委员会和工作组来完成。让合适的人员加入指导委员会，并充分利用他们的时间，这是非常重要的。让他们了解情况并专注于改进数据管理，将有助于他们实现业务目标和战略目标。

许多组织不愿意启动另一个委员会，因为他们已经有很多委员会。利用现有委员会推进数据管理工作往往比建立一个新的委员会更容易，但这个过程需要小心谨慎。利用现有委员会的主要风险是数据管理工作可能无法获得所需关注，尤其是在早期阶段。成为高级指导委员会或者战略性小组一员的过程都需要进行利益相关方分析，以此识别高层支持者。

16.5.3 识别和分析利益相关方

利益相关方是指能够影响数据管理规划或被其影响的任何个人或团体。利益相关方可以在组织内部或外部，他们可能是领域专家、高级领导者、员工团队、委员会、客户、政府或监管机构、经纪人、代理商、供应商等。内部利益相关方可能来自 IT、运营、合规、法律、人力资源、财务或其他业务部门。对于一些具有影响力的外部利益相关方，数据管理组织也必须考虑他们的需求。

利益相关方分析可以帮助组织确定一些最佳方法，通过这些方法让参与者参与数据管理流程，并让他们在运营模式中发挥作用。从分析中获得的洞察力也有助于确定如何最佳地分配利益相关方的时间和其他有限资源。越早进行分析越好，这样组织越能够预测对变革的反应，越能提早制订计划。利益相关方分析需要回答以下问题：

1）谁将受到数据管理的影响。

2）角色和职责如何转变。

3）受影响的人如何应对变化。

4）人们会有哪些问题和顾虑。

分析的结果将确定：利益相关方名单、他们的目标和优先事项，以及这些对他们重要的原因。根据分析，找出利益相关方会采取的行动。需要特别注意的是，怎样做才能找到关键的利益相关方。这些关键的利益相关方可以决定组织的数据管理成功与否，尤其是最初的优先事项。考虑以下几点：

1）谁控制关键资源。

2）谁可以直接或间接阻止数据管理计划。

3）谁可以影响其他关键因素。

4）利益相关方是否会支持即将发生的变化。

图 16-7 提供了一个根据对利益相关方的影响度、利益相关方对规划的兴趣度或规划对他们的影响度来确定利益相关方的优先顺序的简单映射图。

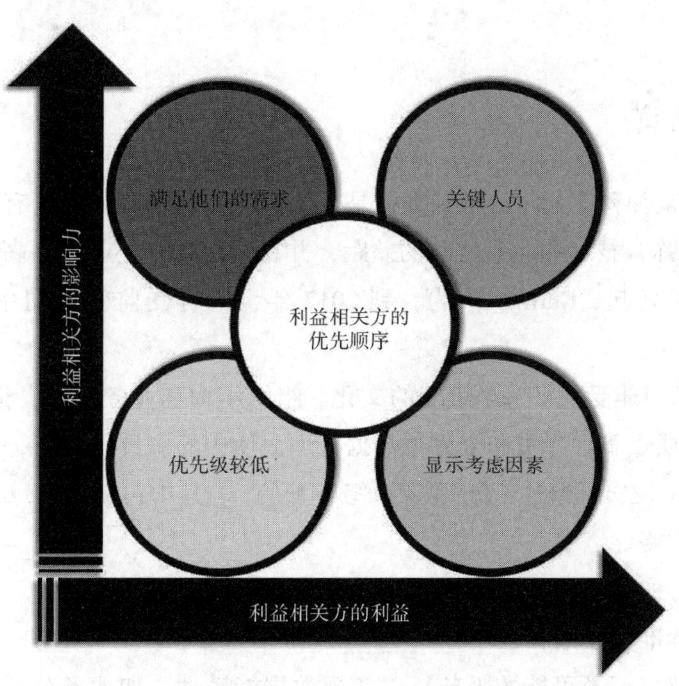

图 16-7　利益相关方兴趣图

16.5.4　让利益相关方参与进来

在识别利益相关方、高层支持者或列出备选名单后，清楚地阐明为什么每个利益相关方都包含在内是非常重要的。他们可能不会错过这个机会。推动数据管理工作的个人或团队，应阐明每个利益相关方对项目成功不可或缺的原因。这意味着需要了解他们的个人目标和职业目标，并将数据管理过程的输出与他们的目标关联，这样他们就能看到直接联系。如果不了解这种联系，他们也许在短期内愿意提供帮助，但不会长期提供支持或帮助。

16.6 数据管理组织与其他数据相关机构之间的沟通

一旦确立了运营模式并确定了参与者，就可以将人员转移到新授权的角色中。组织的正式运作，意味着组建委员会并与利益相关方建立合作。在集中模式下，大多数数据管理活动将控制在一个组织内进行。在分散或网络模式下，数据管理组织则需要与对数据管理方式产生重大影响的其他团体合作。这些团体通常是：

1）首席数据官组织。

2）数据治理机构。

3）数据质量团队。

4）企业架构团队。

16.6.1 首席数据官

虽然大多数公司在某种程度上已认识到数据是有价值的公司资产，但只有少数公司指定了首席数据官（CDO）来帮助弥合技术和业务之间的差距，并在高层建立企业级的高级数据管理战略。然而，CDO 这一角色正在兴起。Gartner 认为，到 2017 年，所有受监管公司中有一半将聘用 CDO（Gartner，2015）。

虽然 CDO 的要求和职能受限于每个组织的文化、组织结构和业务需求，但许多 CDO 往往是业务战略家、顾问、数据质量管理专员和全方位数据管理大使中的一员。

2014 年，Dataversity 发布了概述 CDO 常见任务的研究[⊖]。其中包括：

1）建立组织数据战略。

2）使以数据为中心的需求与可用的 IT 和业务资源保持一致。

3）建立数据治理标准、政策和程序。

4）为业务提供建议（以及可能的服务）以实现数据能动性，如业务分析、大数据、数据质量和数据技术。

5）向企业内外部利益相关方宣传良好的信息管理原则的重要性。

6）监督数据在业务分析和商务智能中的使用情况。

Dataversity 的研究结果显示，不同行业的关注点存在差异。

⊖ http：//bit. ly/2sTf3Cy。

无论是哪个行业，数据管理组织通常都可以通过 CDO 进行报告。在偏分散的运营模式中，CDO 负责制定数据战略，而 IT、运营或其他业务线中的资源负责战略执行。一些数据管理办公室最初是在 CDO 刚刚确定战略的基础上建立的。但随着时间的推移，数据管理、治理和分析等职能也将逐步划分在 CDO 的职责范围内。

16.6.2 数据治理

数据治理是用于建立有效管理企业数据的战略、目标和策略的组织框架。它由管理和确保数据的可获得性、可用性、完整性、一致性、可审计性和安全性所需的流程、策略、组织和技术组成。由于数据治理过程需要数据战略、标准、政策和沟通的相互作用，因此它与数据管理具有协同关系。数据治理为数据管理提供了一个框架，使其与业务优先级和利益相关方保持一致。

在集中模式下，数据治理办公室可以向数据管理组织报告，反之亦然。当数据管理计划专注于将数据作为资产及建立所需的策略和指南时，数据治理办公室可以作为主管，数据管理组织向数据治理办公室报告（或二者合为一体）。这种情况多在以政策和责任制度为重点的高度监管的环境中产生。

即使在非常分散的模式中，数据治理办公室和数据管理组织之间也应该建立紧密的合作关系，数据治理办公室负责创建数据管理的指导方针和政策，而数据管理组织负责实施。John Ladley 简洁地阐明了这种关系：数据治理是要“做正确的事情”，数据管理是要“将事情做正确”（Ladley，2012）。它们是创造有价值数据所需要的两个方面。通过这种方式，数据治理为数据管理提供了指导方向。

最重要的是，就支持数据治理和数据管理效率的角色、职责和责任而言，需要有协同和一致的认识。数据治理工作组的参与者可以来自数据管理组织，数据管理组织可以使用数据治理监督提供的授权和“空中掩护”。

16.6.3 数据质量

数据质量管理是数据管理实践和组织的关键能力。许多数据管理组织的工作最早从关注数据质量开始，期望评估和改进整个组织的数据质量。在一个业务范围内，甚至在一个应用程序内解决数据质量问题，而无须涉及其他组织或跨管理职能的复杂性。然而，随着数据质量实践的成熟，组织将从统一的数据质量方法中受益，如建立卓越中心。当数据质量管理的目标是提升跨业务线或应用程序共享的数据质量时，通常侧重于主数据管理。数据管理组织通过数据质量计划有机发展是很常见的，因为对提高数据质量的投资可以增加整个公司的价值，与提高数据质量相关的工作可以扩展到其他领域，如主数据管理、参考数据管理和元数据管理。

数据质量计划可以演变为与总体数据管理计划类似的运营模式，尽管任何规模的公司都极少能够完全集中数据质量职能。在大多数情况下，数据质量的很多方面都是在单一业务线或应用程序中执行的。由于数据质量规划可以是分散式的、网络式的或混合式的（使用卓越中心方法），因此可将数据质量运营模式与整个数据管理组织的运营模式保持一致，使用一致的利益相关方、关系、责任、标准、流程甚至工具。

16.6.4 企业架构

企业架构团队负责设计并记录组织的总体蓝图，阐明如何实现其战略目标并进行优化。企业架构实践包括：

1）技术架构。

2）应用架构。

3）信息（或数据）架构。

4）业务架构。

数据架构是数据管理组织有效运行的关键能力。因此，数据架构师可以安排在任一团队中，同时服务于其他团队。

当数据架构师位于数据管理组织内部时，他们一般通过架构审查委员会（Architecture Review Boards，ARB）与其他架构同行进行交流。ARB 负责审查并指导各种项目和程序中架构标准的实施，以及它们受影响的情况。ARB 可以依据对架构标准的遵守程度来批准或拒绝新项目和系统。

当组织没有数据架构师时，数据管理可以通过以下几种方式与架构组织进行交互：

1）通过数据治理。由于数据管理和企业架构都参与了数据治理计划，因此治理工作组和委员会框架可以提供一个共同的目标、期望、标准和活动平台。

2）通过 ARB。在将数据管理项目提交给 ARB 后，架构团队将提供指导、反馈和批准。

3）点对点（Ad-hoc）。如果没有正式的委员会，那么数据管理负责人应定期与架构负责人会面，以确保双方对受影响的项目和流程有共同的认识和理解。由于点对点式管理流程的难度较大，可能会逐渐发展出促进讨论和决策的正式角色或委员会。

如果有数据架构师，那么他们将在治理讨论中代表架构，并主导 ARB 的讨论。

16.6.5 管理全球化组织

全球公司面临着复杂的数据管理挑战，这些挑战基于不同国家/地区的特定法律法规的数量和种类，特别是与特定类型数据的隐私和安全有关的法律法规。将这些问题添加到全球化组织（分散的工作人员、系统，不同的时区和语言）的典型管理挑战中，高效且有效地管理数据似乎是一项无休止的繁重任务。

全球化组织需要特别注意：

1）遵守标准。

2）同步流程。

3）明确责任制度。

4）培训和交流。

5）有效地监控和度量。

6）发展规模经济。

7）减少重复性工作。

随着数据管理计划和组织变得更加全球化，网络或联邦模式变得更具有吸引力。在这些模式中，权责更容易明确，标准更容易被遵循，并且可以包容区域的差异性。

16.7　数据管理角色

可以根据职能或个人层级定义数据管理角色。在不同组织之间，角色名称会有所不同，对某些角色的需求会增加或减少。

无论是直接角色（如设计数据仓库的数据架构师），还是间接角色（如开发网站的 Web 开发人员），所有 IT 角色都可以映射到数据生命周期中的某个点，因此他们都会影响数据管理。同样，许多业务角色需要创建、访问或操作数据，某些角色（如数据质量分析师）需要综合技术技能和业务知识。下面将侧重于那些直接参与数据管理的职能和角色进行描述。

16.7.1　组织角色

IT 数据管理组织提供从数据、应用程序和技术架构到数据库管理的一系列服务。集中式数据管理服务组织专注于数据管理，该组织团队可能包括数据管理执行官、其他数据管理的管理人员、数据架构师、数据分析师、数据质量分析师、数据库管理员、数据安全管理员、元数据专家、数据建模师、数据管理员、数据仓库架构师、数据集成架构师和商务智能分析师。

联邦式数据管理服务方式会包括一组 IT 单元，而每个单元分别侧重于数据管理的某个方面。特别是在大型组织中，这些 IT 单元的职能通常是分散的。例如，每个业务线可能都有自己的软件开发团队。也许，还同时采用了混合模式。例如，虽然每个业务线有自己的开发人员，但 DBA 功能可能是集中的。

专注于数据管理的业务线通常与数据治理或企业信息管理团队相关。例如，数据管理专员通常是数据治理组织的一部分。这些组织将促进数据治理机构的设立，如数据治理委员会。

16.7.2　个人角色

个人角色可以从业务或 IT 角度分别定义。一些混合角色，则需要同时掌握系统和业务流程两方面的知识。

1. 执行官角色

数据管理执行官可能侧重于业务或技术层面，首席信息官和首席技术官则在 IT 方面发挥着重要作用。在过去 10 年间，侧重业务层面的首席数据官（CDO）获得了良好的信誉，许多组织已经聘请了 CDO。

2. 业务角色

业务角色主要关注数据治理功能，尤其是管理职责。数据管理专员通常被认为是领域专家，他们对业务实体的数据质量和元数据、主题域或数据库负责。依据组织的优先级不同，数据管理专员扮演不同的角色。数据管理职责的最初重点，通常是为其主题领域定义业务术语和有效值。在许多组织中，数据管理专员还负责定义数据属性，以及维护数据质量要求和业务规则，并帮助识别和解决数据问题，为数据标准、策略和过程提供输入。数据管理专员可以被安排在企业、业务部门或职能部门。他们的角色可以是正式的（“数据管理专员”本身是一个职位）或非正式的（他们专职管理数据，但职位头衔不同）。

除了数据管理专员，业务流程分析师和流程架构师也有助于确保业务流程模型和创建数据的实际流程的合理性，并支持下游使用它们。

其他基于业务知识的工作者们，同样有助于数据的整体管理。例如，利用客户数据及信息进行分析的业务分析师提升了组织的数据价值。

3. IT 角色

IT 角色包括不同类型的架构师、不同级别的开发人员、数据库管理员以及一系列支持性角色。

1）数据架构师（Data Architect）。负责数据架构和数据集成的高级分析师。数据架构师可以在企业级或某个功能级别开展工作。数据架构师一般致力于数据仓库、数据集市及其相关的集成流程。

2）数据建模师（Data Modeler）。负责捕获和建模数据需求、数据定义、业务规则、数据质量要求、逻辑和物理数据模型。

3）数据模型管理员（Data Model Administrator）。负责数据模型版本控制和变更管理。

4）数据库管理员（Database Administrator）。负责结构化数据资产的设计、实施和支持，以及提高数据访问性能的技术方法。

5）数据安全管理员（Data Security Administrator）。负责确保对不同保护级别数据的受控访问。

6）数据集成架构师（Data Integration Architect）。负责设计数据集成和提高企业数据资产质量的高级数据集成开发人员。

7）数据集成专家（Data Integration Specialist）。负责实现以批量或准实时方式集成（复制、提取、转换、加载）数据资产的软件设计或开发人员。

8）分析/报表开发人员（Analytics/Report Developer）。负责创建报表和分析应用解决方案的软件开发人员。

9）应用架构师（Application Architect）。负责集成应用系统的高级开发人员。

10）技术架构师（Technical Architect）。负责协调和集成 IT 基础设施，以及 IT 技术框架的高级技术工程师。

11）技术工程师（Technical Engineer）。负责研究、实施、管理和支持某一块信息技术基础设施的高级技术分析师。

12）桌面管理员（Help Desk Administrator）。负责处理、跟踪和解决与信息、信息系统或 IT 基础设施使用相关的问题。

13）IT 审计员（IT Auditor）。负责包括审计数据质量和数据安全性的 IT 内部或外部的审计人员。

4. 混合角色

混合角色需要同时具备业务和技术知识，根据组织的不同情况确定担任这些角色的人员是汇报给 IT 部门还是业务部门。

1）数据质量分析师（Data Quality Analyst）。负责确定数据的适用性并监控数据的持续状况；进行数据问题的根因分析，并帮助组织识别提高数据质量的业务流程及技术改进。

2）元数据专家（Metadata Specialist）。负责元数据的集成、控制和交付，包括元数据存储库的管理。

3）BI 架构师（Business Intelligence Architect）。负责商务智能用户环境设计的高级商务智能分析师。

4）BI 分析师/管理员（Business Intelligence Analyst/Administrator）。负责支持业务人员有效使用商务智能数据。

5）BI 项目经理（Business Intelligence Program Manager）。负责协调整个公司的 BI 需求和计划，并将它们整合成一个整体的优先计划和路线图。

16.8　文献引用与推荐

Aiken, Peter and Juanita Billings. *Monetizing Data Management: Finding the Value in your Organization's Most Important Asset.* Technics Publications, LLC, 2013. Print.

Aiken, Peter and Michael M. Gorman. *The Case for the Chief Data Officer: Recasting the C-Suite to Leverage Your Most Valuable Asset.* Morgan Kaufmann, 2013. Print.

Anderson, Carl. *Creating a Data-Driven Organization.* O'Reilly Media, 2015. Print.

Arthur, Lisa. *Big Data Marketing: Engage Your Customers More Effectively and Drive Value.* Wiley, 2013. Print.

Blokdijk, Gerard. *Stakeholder Analysis - Simple Steps to Win, Insights and Opportunities for Maxing Out Success.* Complete Publishing, 2015. Print.

Borek, Alexander et al. *Total Information Risk Management: Maximizing the Value of Data and Information Assets.* Morgan Kaufmann, 2013. Print.

Brestoff, Nelson E. and William H. Inmon. *Preventing Litigation: An Early Warning System to Get Big Value Out of Big Data.* Business Expert Press, 2015. Print.

Collier, Ken W. Agile *Analytics: A Value-Driven Approach to Business Intelligence and Data Warehousing.* Addison-Wesley Professional, 2011. Print. Agile Software Development Ser.

Dean, Jared. *Big Data, Data Mining, and Machine Learning: Value Creation for Business Leaders and Practitioners.* Wiley, 2014. Print. Wiley and SAS Business Ser.

Dietrich, Brenda L., Emily C. Plachy and Maureen F. Norton. *Analytics Across the Enterprise: How IBM Realizes Business Value from Big Data and Analytics.* IBM Press, 2014. Print.

Freeman, R. Edward. *Strategic Management: A Stakeholder Approach.* Cambridge University Press, 2010. Print.

Gartner, Tom McCall, contributor. "Understanding the Chief Data Officer Role." 18 February 2015. http://gtnr.it/1RIDKa6.

Gemignani, Zach, et al. *Data Fluency: Empowering Your Organization with Effective Data Communication.* Wiley, 2014. Print.

Gibbons, Paul. *The Science of Successful Organizational Change: How Leaders Set Strategy, Change Behavior, and Create an Agile Culture.* Pearson FT Press, 2015. Print.

Harrison, Michael I. *Diagnosing Organizations: Methods, Models, and Processes.* 3rd ed. SAGE Publications, Inc, 2004. Print. Applied Social Research Methods (Book 8).

Harvard Business Review, John P. Kotter et al. *HBR's* 10 *Must Reads on Change Management.* Harvard Business Review Press, 2011. Print. HBR's 10 Must Reads.

Hatch, Mary Jo and Ann L. Cunliffe. *Organization Theory: Modern, Symbolic, and Postmodern Perspectives.* 3rd ed. Oxford University Press, 2013. Print.

Hiatt, Jeffrey and Timothy Creasey. *Change Management: The People Side of Change.* Prosci Learning Center Publications, 2012. Print.

Hillard, Robert. *Information-Driven Business: How to Manage Data and Information for Maximum Advantage.* Wiley, 2010. Print.

Hoverstadt, Patrick. *The Fractal Organization: Creating sustainable organizations with the Viable System Model.* Wiley, 2009. Print.

Howson, Cindi. *Successful Business Intelligence: Unlock the Value of BI and Big Data.* 2nd ed. Mcgraw-Hill Osborne Media, 2013. Print.

Kates, Amy and Jay R. Galbraith. *Designing Your Organization: Using the STAR Model to Solve 5 Critical Design Challenges*. Jossey-Bass, 2007. Print.

Kesler, Gregory and Amy Kates. *Bridging Organization Design and Performance: Five Ways to Activate a Global Operation Model*. Jossey-Bass, 2015. Print.

Little, Jason. *Lean Change Management: Innovative practices for managing organizational change*. Happy Melly Express, 2014. Print.

National Renewable Energy Laboratory. *Stakeholder Analysis Methodologies Resource Book*. BiblioGov, 2012. Print.

Prokscha, Susanne. *Practical Guide to Clinical Data Management*. 2nd ed. CRC Press, 2006. Print.

Schmarzo, Bill. *Big Data MBA: Driving Business Strategies with Data Science*. Wiley, 2015. Print.

Soares, Sunil. *The Chief Data Officer Handbook for Data Governance*. Mc Press, 2015. Print.

Stubbs, Evan. *The Value of Business Analytics: Identifying the Path to Profitability*. Wiley, 2011. Print.

Tompkins, Jonathan R. *Organization Theory and Public Management*. Wadsworth Publishing, 2004. Print.

Tsoukas, Haridimos and Christian Knudsen, eds. *The Oxford Handbook of Organization Theory: Meta-theoretical Perspectives*. Oxford University Press, 2005. Print. Oxford Handbooks.

Verhoef, Peter C., Edwin Kooge and Natasha Walk. *Creating Value with Big Data Analytics: Making Smarter Marketing Decisions*. Routledge, 2016. Print.

Willows, David and Brian Bedrick, eds. *Effective Data Management for Schools*. John Catt Educational Ltd, 2012. Print. Effective International Schools Ser.

第 17 章　数据管理和组织变革管理

17.1　引言

对于大多数组织而言，改进数据管理实践需要改变人们协作的方式和对组织中数据所起作用的理解，以及他们使用数据和部署技术来支持组织流程的方式。成功的数据管理实践需要：

1）根据信息价值链调整数据责任制度，以此来学习横向管理。

2）将垂直的（筒仓）数据责任制度转变为共享的信息管理工作。

3）将局部业务关注点或 IT 部门工作中的信息质量演变为整个组织的核心价值。

4）将对信息质量的思考从“数据清洗与数据质量记分卡”提升转变为组织的基本能力。

5）对不良数据管理引发的代价和规范化数据管理带来的价值进行衡量。

这种级别的变更不是通过技术实现的，即使适当使用软件工具可以支持交付。相反，它是通过对组织管理的变革采取谨慎和结构化的方法来实现的。各级组织都需要做出改变，最重要的是要对变革进行管理和协调，以避免进入死胡同、丧失信心，以及对信息管理职能及其领导力造成损害。

那些能正确理解变革管理的数据管理专业人员会更成功地实现组织变革，从而帮助他们的组织从数据中获得更多的价值。要做到这一点，必须了解：

1）为什么变革会失败。

2）有效变革的触发因素。

3）变革的障碍。

4）人们是如何经历变革过程的。

17.2　变革法则

组织变革管理专家总结了一套基本的“变革法则”，这些法则描述了为什么变革并不容易，在变革过程之初就认识到这些问题有助于取得成功。

1）组织不会变革，是人的变革。不是因为新组织宣布成立或新系统实施上线就要变革，而是人们认识到变革带来的价值而发生行为变化时，变革就会发生。改进数据管理实践和实施正式数据治理流程将对组织产生深远的影响。人们需要改变数据处理的方式，以及在数据相关活动中的互动方式。

2）人们不会抗拒变革，但抵制被改变。人们无法接受看起来武断或独裁的变革。如果他们始终参与变革、定义变革，并且他们理解推动变革愿景，以及知道变革发生的时间和方式，就更有可能愿意进行变革。数据相关举措的变革管理部分涉及团队合作，以在组织层面建立起对数据管理实践改进后价值的理解。

3）事情之所以存在是惯性所致。事情的现状可能是历史上正确的原因导致，在过去某个节点，有人定义了业务需求、定义了流程、设计了系统、编写了策略，或者确立了当前恰好需要变革的商业模式。了解当前数据管理实践的起源，将有助于组织规避历史错误。如果允许在变革中畅所欲言，就更可能将新举措理解为改进提升。

4）除非有人推动变革，否则很可能止步不前。如果想有所改进，就必须采取新措施。正如爱因斯坦的名言："我们无法用创造问题的思维来解决问题。"

5）如果不考虑人的因素，变革将很容易。变革在"技术"层面上的实现通常是很容易的，挑战来自于如何处理人与人之间的自然差异。

变革不仅需要变革推动者关注系统，更重要的是需要关注人的因素。变更推动者要积极听取员工、客户和其他利益相关方的意见，以便在问题出现之前发现问题，并更顺利地执行变更。

最终，需要对变革目标有清晰的愿景，并明确定期与利益相关方沟通，以便在出现挑战时获得参与、认同、支持和（重要的）持续支持。

17.3　并非管理变革：而是管理转型过程

变革管理专家威廉·布里奇斯（William Bridges）强调转型过程在变革管理进程中的核心地位。他把转型过程定义为人们适应新环境的心理过程。虽然多数人认为变革仅仅是一个新的开始，但布里奇斯认为变革经历三个迥然不同的阶段，从结束当前状态开始。结束是很困难的，因为人们需要舍弃现有的状态。之后，人们进入相持阶段。在这个阶段，当前状态尚未完全结束，新的状态还未完全开始。当建立起新的状态时，就实现了变革（表 17-1）。在这三个阶段中，相持阶段是最难预测的，也是最令人困惑的，因为相持阶段是新旧的混合体。如果组织中的人员不通过相持阶段进行过渡转换，那么组织就有可能重蹈覆辙，不能成功实现变革。

布里奇斯认为，组织变革失败的一个最大原因是，推动变革的人很少思考结局，因此无法管理结局对人们的影响。他说："大多数组织都试图从头开始，而非以终为始。他们忽视结果且不承认相持阶段存在，然后还困惑人们在改变时为何会有如此大的困难"（William Bridges，2009）。

在变革过程时，所有人都会经历这三个阶段，只是进展快慢不同。进展取决于以往经验、个人偏好风格、认识问题和制订可能解决方案的参与程度，以及感知被迫接受变革而非自愿走向变革的程度等因素。

表 17-1 William Bridges 的变革转型阶段

变革过渡阶段	描述
结束阶段	· 我们承认，有些事情需要放手 · 我们意识到，我们已经失去了一些事情 · 例如，工作变动。即便这是符合个人意愿的选择，仍然可能带来一些事与愿违的损失，如失去工作上亲密无间的伙伴
相持阶段	· 旧的已去，但新的还没来 · 一切都在变动，感觉就像没人知道该做什么 · 事情混乱无序 · 例如，搬新家。搬家后的头几天甚至头几个月，新房还没有家的感觉，事情很可能相当混乱
新的开始阶段	· 新的方法让人感觉舒服、正确，且是唯一的方法 · 例如，孩子的降生。经过中间动荡的几个月生活之后，将进入新的生活阶段，你无法想象如果生活中没有新生的宝宝，你的生活将会是什么样子

布里奇斯强调，变革管理者的首要任务是理解目标（或愿景），以及实现目标的途径。变革管理的终极目标是说服人们踏上变革之旅。在管理变革和转型过程时，变革推动者以及变革过程中任何经理或领导的作用，就是帮助人们认识到变革过程和转型阶段是自然而然的。Bridges 的转型阶段如图 17-1 所示。

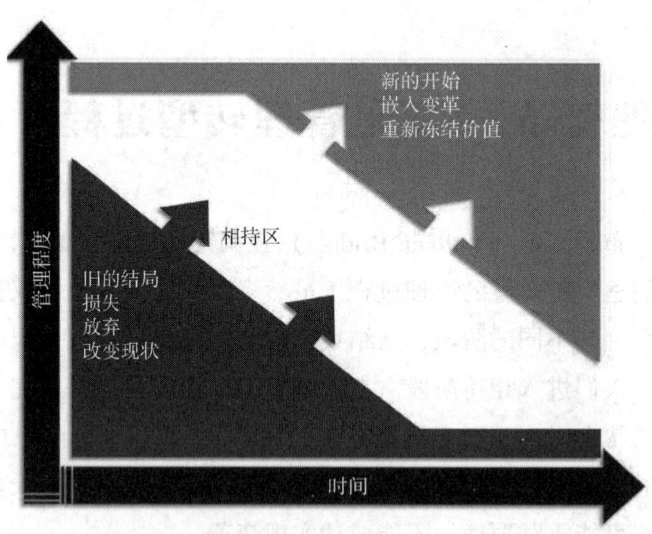

图 17-1 Bridges 的转型阶段

下面的转型管理检查清单总结了管理者在帮助人们过渡时应注意的关键点。

（1）告别过去

1）帮助大家理解当前的问题，以及变革的必要性。

2）了解谁有可能失去什么。请记住，对一些人来说失去朋友和亲密同事的重要性，就像某些人失去地位和权力一样重要。

3）损失是主观的。某人所悲伤的事情对其他人来说可能毫无意义。承认主观损失的重要性。不要与他人争论如何看待损失，也不要惊讶于他人对损失的反应。

4）期待并接受悲伤的迹象，公开地并具有同情心地承认损失。

5）定义什么已经结束了，什么还未结束。人们必须在某些时候突破，试图坚持旧的方法会延长困难。

6）带着尊重善待过去。人们可能在非常困难的条件下非常努力地工作。认识到这一点，并表明工作是有价值的。

7）展现如何结束某些事情可以确保对人们重要的事情能够得以继续并改善。

8）向人们提供信息，然后以不同的方式反复地做。例如，通过书面信息以供阅读、择机讨论和提问。

9）使用利益相关方分析来规划如何以最佳方式对待不同的个体。理解他们的观点可能需要参与启动变革，以及可能存在的阻力点。

（2）相持阶段

1）认识到这是每个人必须经历的新旧交替的困难阶段。

2）让人们参与进来一起工作，给他们时间和空间去试验和测试新的想法。

3）帮助人们让他们感受到自己仍受重视。

4）赞美有好想法的人，即使并非每个好想法都能产生预期效果。PDSA 模型（计划，Plan；执行，Do；学习，Study；行动，Act）鼓励人们尝试事物，并从每个循环中学习。

5）向人们传达信息，以各种方法一遍又一遍地传达。

6）对考验中的想法和已做出的决定的结果提供反馈意见。

（3）崭新开始

1）不要在恰当的时机到来之前急于开始。

2）确保人们知道在新系统中所扮演的角色。

3）确保政策、程序和优先次序清晰明确，避免传递含糊的信息。

4）计划庆祝新的开始，对已经做出改变者予以表扬。

5）向人们传达新开始的信息，以各种方法一遍又一遍地传达。

17.4　科特的变革管理八大误区

约翰·科特（John P. Kotter）是变革管理领域最受尊敬的研究者之一。他在《领导变革》一书中总结了组织执行变革遭遇失败的八大误区，对信息管理和数据管理环境下经常出现的问题具有参考意义。

17.4.1 误区一：过于自满

科特认为，组织变革时人们所犯的最大的错误，是尚未在同事和上级中建立足够高的紧迫感的情况下就冒进了（这与变革平衡公式中的不满情绪因素有关，参见 17.6 节）。科特的分析为那些希望避免重蹈覆辙的变革管理者提供了有价值的指导。变革推进者通常：

1）高估了自己推动巨大组织变革的能力。

2）低估了让人们走出舒适区的难度。

3）未能预见他们的行为和方法可能会引发抵触而强化现状。

4）冲向人们不敢踏足的地方。在缺乏充分沟通（愿景）需要改变什么、为何改变的情况下，就启动改变活动。

5）将紧迫性与焦虑混为一谈，这反过来又会导致恐惧和阻力，利益相关方会因此（毫不夸张地说）故步自封。

虽然人们很容易认为，面对组织危机不会存在自满问题，但事实往往恰恰相反。在面对太多（常常是相互冲突的）的变革要求时（通常当成“如果一切都很重要，那么什么都不重要”来处理），利益相关方往往选择坚持现状。

表 17-2 描述了信息管理环境中显现的自满征兆的例子。

表 17-2 自满的场景

示例场景	它是如何显现的
对监管变革的反应	“我们还好，根据现行规定，我们还没有遭受处罚”
对业务变革的反应	“多年来，我们一直成功地支持这项业务。我们不会有事的”
对技术变革的反应	“这项新技术未经验证。当前系统很稳定，我们知道如何解决问题”
对问题或错误的反应	“我们可以指定一个问题解决小组对问题进行修补。在我们部门肯定有可用之人”

17.4.2 误区二：未能建立足够强大的指导联盟

科特指出，如果缺乏组织领导人的积极支持，缺乏同其他领导人联合起来指导变革，要实现重大变革几乎不可能。在数据治理工作中，领导参与尤其重要，这是因为数据治理工作需要显著的行为改变。如果缺乏高层领导人承诺，短期的自身利益优先于治理所带来的长期利益。

指导联盟是由来自整个组织的强大而激情的团队，有利于实施新战略和组织变革。建立指导联盟的关键挑战是识别必要的参与方（参见第 17.5.2 节）。

17.4.3 误区三：低估愿景的力量

如果对变革愿景缺乏清晰明确的描述，即使是再紧迫、再强大的指导联盟也是远远不够的。愿景提供了变革努力的背景，帮助人们理解任何单个事项的含义。明确定义沟通良好的愿景可以帮助推动正确实施变革所需的能量水平。如果缺乏指导决策的公开愿景声明，那每次选择都可能沦为辩论，任何行动都可能偏离或破坏变革举措。

愿景与计划或项目管理不同。愿景不是项目计划或项目章程，也不是变更所组成部分的详细分解。

愿景是一个明确和令人信服的声明，阐述变革的方向。

沟通愿景意味着与人沟通。对于数据管理计划，该愿景必须阐明现有数据管理实践的挑战、改进的好处以及通往更好未来状态的道路。

在信息管理中，某个特定项目的愿景通常呈现为某项新技术的实现。技术虽然重要，但技术并非变革，也不是愿景，组织需要利用技术来做什么事情才构成愿景。

例如，声明“我们将在第一季度末之前实施一种新的集成财务报告和分析套件，该套件基于［在此处插入技术名称］”是一个值得称赞和可衡量的目标。然而，这个声明没有清楚地传达出令人信服的、有关这项变革的未来成果的说明。

然而，声称“我们将提升财务报告的准确性和及时性，使所有利益相关方更容易获得这些报告。更好地了解数据如何流入和流出的报告流程，将支持对数据的可信度，节省时间，并在期末处理时减少不必要的压力。我们将在第一季度末通过实施［System X］迈出第一步，来实现此目标”阐明了将要做什么以及为什么要做。如果你可以指出变革对组织的好处，那么你就能够得到对变革的支持。

17.4.4　误区四：10倍、100倍或1000倍地放大愿景

即使人人都对现状不满，人们也不会改变，除非他们认为变革的好处是对现状的重大改善。

对愿景进行一致、有效的沟通，然后采取行动，对于成功的变革管理至关重要。科特建议，沟通来自言语和行动，言行一致是成功的关键。没有什么能比收到以下信息能更快地扼杀变革的努力了：“照我说的去做，而不是照我做的去做。”

17.4.5　误区五：允许阻挡愿景的障碍存在

当人们感到变革道路上会遇到巨大障碍时，即使人们完全接受变革的必要性和方向，新举措也会失败。作为转型的一部分，组织必须识别应对各种障碍：

1）心理障碍（Psychological）。人们头脑中存在的障碍必须基于成因来解决。他们是出于恐惧，缺乏知识，还是其他原因。

2）组织结构（Structural）。由于组织结构造成的障碍，如工作类别过窄或绩效考核制度，迫使人们在愿景和自身利益之间取舍，这必须作为变革管理进程的一部分加以解决。变革管理应解决结构对变革的激励和抑制的问题。

3）积极抵抗（Active resistance）。存在哪些障碍使人们拒绝适应新环境，还是人们提出了与转

型不一致的要求？如果组织的关键成员对变革愿景发出了正确的声音，却没有改变自己的行为或对正确的行为做出奖励，或是继续运用不相符的方式方法，那么他们就会破坏愿景的执行，并导致最终的失败。

科特呼吁组织中的“聪明人”去面对这些障碍，如果他们不行动，其他人就会感到无能为力，就会削弱变革。

17.4.6 误区六：未能创造短期收益

真正的变革需要时间。任何曾经实施过健身计划或减肥计划的人都知道，坚持下去的秘诀就是有小的短期目标，通过标记进步来保持动力和势头。任何涉及长期承诺、努力和资源投入的事情，都需要一些早期和定期的成功反馈。

复杂的变革努力需要短期目标来支持长期目标，达到这些目标可以让团队欣喜并保持势头。关键是要创造短期的胜利，而非仅仅寄希望于长期目标。在成功转型中，管理者应积极建立早期目标，并奖励实现这些目标的团队。如果缺乏系统的努力来保证成功，变革很可能会失败。

在信息管理环境中，短期的胜利和目标通常来自对已识别问题的解决。例如，如果建立业务术语表是数据治理举措的关键交付成果，那么短期的胜利可能来自解决了对数据理解不一致的相关问题（两个业务领域报告 KPI 的结果不一样，是因为在计算中使用的规则不同）。

识别问题，解决问题，并将解决方案与变革的整体长期愿景联系起来，这样团队就可以庆祝此目标，并在行动中展示此愿景。它还为有关愿景的交流提供了宝贵的辅助资料，并有助于完善变革信息。

17.4.7 误区七：过早宣布胜利

在变革项目尤其是那些持续数年变革的项目中经常会出现，人们倾向于在首次重大绩效提升时就宣布项目成功的情况。短期的胜利和初胜是保持动力和士气的有力工具，然而任何工作已经胜利完成的暗示通常都是误区。除非这些变革已植根于本组织文化当中，否则新方法仍非常脆弱，旧习惯和旧的做法会卷土重来。科特认为，整个公司的变革可能需要 3 ~ 10 年的时间。

经典例子“任务完成综合征”描绘了这样一种场景，在此场景中，技术实现被视为改进信息管理或解决数据质量或数据可靠性问题的途径。一旦技术部署完成，就很难让项目朝着目标继续前进——特别是未能良好定义总体愿景的情况下。表 17-3 给出了几个过早宣布胜利后可能产生的后果示例。

表 17-3　过早宣布胜利可能产生的后果

示例场景	可能的表现形式
处理数据质量	“我们购买了数据质量工具，现在已经解决了问题” 组织中没有人对数据质量报告进行审查或采取行动

（续）

示例场景	可能的表现形式
混淆能力交付与实施和操作	“我们已经实施了 X 合规报告系统，实现了法律遵从要求” 监管要求会发生变化 没有人对报告中识别的问题进行审查或采取行动
数据迁移	“系统 X 中的所有数据现在都已在系统 Y 中” 记录数匹配了，但系统 Y 中的数据不完整，或由于迁移过程失败而数据中断，需要人工干预

17.4.8　误区八：忽视将变革融入企业文化

组织不会变，人会变。在新行为尚未融入组织社会规范和共享价值时，一旦变革工作的重点转移，变革就会衰减和退化。科特明确表示，参与任何变革活动，忽视文化变革都有非常大的风险。

确定组织文化变革的两个关键因素是：

1）有意识地向人们展示特定行为和态度是如何影响绩效的。

2）投入充足时间将变革方法嵌入后续管理。

这种风险突出了人为因素在整体变革中的重要性，这些变革可能为数据治理执行、元数据管理和使用以及数据质量实践（就以这三个方面来说）带来提升。

例如，某个组织可能已经对所有文档引入了元数据标记需求，以支持其内容管理系统中的自动分类和归档流程。工作人员在最初的几周内能够很好地遵守要求，但随着时间的推移，他们又恢复了旧习惯，未能恰当地标记文档，导致大量未分类记录积压。在这种情况下，需要进行人工审查，以使其符合技术解决方案的要求。

这凸显了一个简单的事实，那就是信息管理的改进是通过流程、人员和技术三者的协作来实现的。这个中间部分经常被遗漏，导致交付不佳和进度倒退。由此可见，在采纳新技术或者新流程时，考虑人为因素如何推进变革并保证收益是非常重要的。

17.5　科特的重大变革八步法

除了变革管理的八大误区外，科特还提出阻碍变革管理的一些常见因素：

1）内向型文化。

2）瘫痪的官僚机构。

3）狭隘性政治。

4）信任度低。

5）缺乏团队合作。

6）狂妄自大。

7）欠缺领导力或者领导力失败。

8）对未知的恐惧。

为解决这些问题，他提出了重大变革的八步法模型。该模型提供了一个框架，在此框架内，通过支持可持续长期变革的方式来解决每个问题。每个步骤都能关联到某个破坏转型努力的基本误区。

该模型的前四步旨在打破根深蒂固的原有现状。正如科特所言，由于变革不易，这些投入是必要的。正因为变革不易，我们才需要致力于此项工作。

接下来的三个步骤（5 ~7）介绍了新的实践和工作方法。最后一步锁定了变革，并为未来收获和改进提供了平台。

科特建议遵循这些步骤尚无捷径可走，所有成功的变革努力都必须经历全部八步。关注步骤 5、6、7 很有意义。然而，这并没有为维持这种变化提供坚实的基础（没有远见、没有指导联盟、没有对现状的不满）。同样，在整个过程中需要加强每一步。应使用阶段性的胜利加强愿景和沟通，并突出显示现实中的问题。

科特的重大变革八步法如图 17-2 所示。

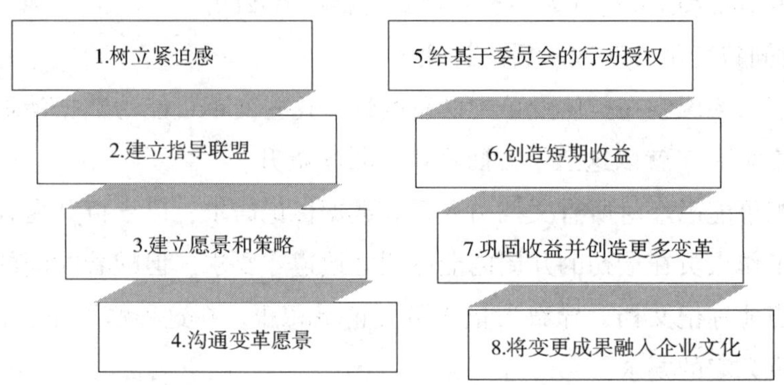

图 17-2　科特的重大变革八步法

17.5.1　树立紧迫感

当人们认为没必要做某件事的时候，他们会找到成千上万种不合作的理由。要想激励足够多的关键人员支持变革，就必须让人们有清晰而令人信服的紧迫感。要取得协同和合作，就需要喊出一致的口号。

与紧迫感相反的是自满。当自满情绪高涨时，很难组建一个足够强大的团队来创建变革愿景并指导变革努力。在极少数情况下，面对组织的自满情绪，个人可以取得一些进展，但这完全是不可持续的。

在信息管理方面，促使紧迫感产生的因素有如下几种：

1）监管变化。

2）信息安全的潜在威胁。

3）业务连续性风险。

4）商业策略的改变。

5）兼并与收购。

6）监管审计或诉讼风险。

7）技术变革。

8）市场竞争对手的能力变化。

9）媒体对组织或者行业信息管理问题的评论。

1. 自满的根源

科特列出了令组织和人员自满的九种可能原因（图 17-3）。

1）在缺乏明显危机时，很难提高紧迫感。

2）成功的表象可以掩盖某些情况的紧迫性。

3）使用过低的绩效评估标准，或使用无法与外部基准或内部长期发展匹配的标准衡量员工绩效。

4）职能部门的绩效衡量标准各异，职能目标过窄将会导致组织整体绩效不佳或者受到影响时，出现无人负责的情况。

5）如果内部计划和控制体系受操纵（或可能被操纵），每人的目标都很轻松，易于滋生自满情绪。

6）如果绩效反馈的唯一来源是错误的内部评价，就无法正确地对自满进行检查。

7）在发现问题或收集外部绩效反馈时，通常因有损士气、伤害他人或可能引发争论而遭受攻击。这种文化并非将信息作为组织绩效评估的一种输入，而是专注于“杀死信息传递者”。

8）出于很简单的心理原因，人们不接受不想听到的事情。当出现重大问题证据时，人们往往会忽略这些信息，或者以一种不那么痛苦的方式重新解释。

9）即使在前八项挑战并不严重的组织中，也存在这样一种风险，即组织中的高级管理层或高级人物的“愉快谈话”可能会产生一种不必要的安全感和成功感。这种“愉快的谈话”往往是过去成功历史的结果，过去的成功可以让人自负，并形成傲慢的文化。这两个因素都会降低紧迫感，阻碍变革。

采用任何变革举措的经验法则是，永远不要低估那些可能强化自满情绪、推动现状的力量，必须应对自满的挑战。组织如果不能找出真正的问题，就无法做出任何重要的决策。

2. 提高紧迫感

要提高紧迫感的程度，就需要消除自满的根源或减少其影响。建立一种强烈的紧迫感需要领导人采取大胆甚至冒险的行动，可以回忆戴明是如何忠告管理层将领导力作为其转型变革 14 点的一部分的（图 17-3）[⊖]。

大胆行动意味着做一些可能导致短期内痛苦，而不仅仅是在营销邮件中公布一些看起来不错的事情。换言之，“需要采用新的哲学（再次借用戴明的话：adoption of the new philosophy）”，采取足

⊖ 在《走出危机》（*Out of the Crisis*，1982）中，戴明发表了他对管理变革的 14 点看法。http：//bit. ly/1KJ3JIS。

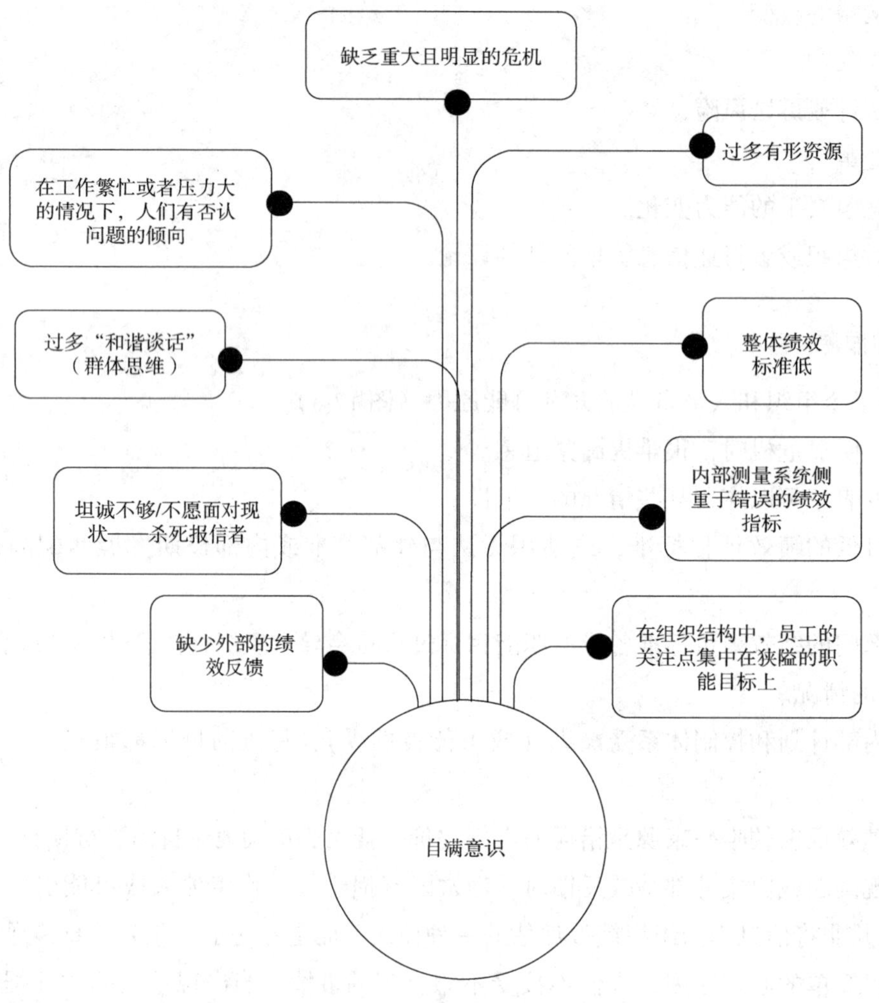

图 17-3 自满情绪的根源

够大胆的行动来减少自满倾向导致的短期冲突和焦虑。然而，如果这些冲突和焦虑被引导到变革愿景上，那么领导者可以利用短期的不适来构建长期目标。

缺乏领导的支持和鼓励时，大胆行动会困难重重。谨慎的高级管理者如果不能增加紧迫感，就会降低组织的变革能力。

3. 谨慎使用危机

提高紧迫感的一种方法是紧紧抓住明显的危机。常言道，除非本组织的经济生存受到威胁，否则不可能进行重大变革。然而，即使受到威胁也不一定就会变革，因为组织中的经济或金融危机往往会导致资源稀缺，难以获得必要资源来支持变革愿景。

通过用现存问题、潜在问题、潜在机会的信息轰炸组织，或者通过设定雄心勃勃的目标来打破现状，有可能制造出一种感觉上的危机。科特建议，创造一个恰好你有计划要解决的新问题通常会更容易。

4. 中层和基层管理人员的作用

根据变革目标的规模（如是某个部门、某个业务单元，还是整个组织），核心人物将会是负责那个单元的管理人员，他们要能够减少在他们直接管理团队内部的自满情绪。如果有足够的自主权，就可以不考虑组织内其他单位变革的速度来推进事情。如果没有足够的自主权，那么一个小单元的变革努力从一开始就注定要受到外部惯性力的影响。通常，高级管理人员需要负责消除这些影响。然而，如果中层或基层管理者具有战略思维，他们也可以推动变革发生。例如，使用分析报告清楚展示不进行必需的改变会对关键战略项目产生什么样的影响。当对分析报告的争议可以通过某个外部团体（如外部顾问，他们可能帮助进行分析）获得支持时，这种方法特别有效。

5. 紧迫感的程度

对某个问题的紧迫感会导致人们认为现状必须改变。为了长期维持转型，需要足够数量的管理人员提供支持。科特建议这个数据为 75%。然而，制造太多紧迫性可能会适得其反。过于紧迫可能会导致对变革愿景的对抗，或者人们将注意力集中在“救火”的事情上。

足够强烈的紧迫感将有助于启动变革、助力变革，有助于在指导联盟中获得正确的领导地位。归根结底，紧迫感必须足够强烈，以防止取得初步成功后自满情绪再次抬头。一个关键的方法是利用“客户的声音”，了解外部客户、供应商、股东或其他利益相关方对紧迫感的看法。

17.5.2　指导联盟

没有人拥有创建愿景所需的全部答案或者综合洞察力，也没有人能恰好拥有合适且多样的关系网，以有效传达某个愿景的沟通。

要变革成功，需要避免两种特定情况：

1）唯 CEO 论或者唯领导论。

2）低可信度的委员会。

唯 CEO 论将变革工作的成败掌握于 CEO 一人之手。当今，大多数组织变化速度如此之快，以至于一个人不可能管理所有事情，要么在缺乏充分评估问题的前提下做出决定，要么决策沟通的速度过慢。任何一种选择都会导致失败。

当某个有能力的声援者（champion）被授予一个由多个职能部门的代表（也许还有一些外部顾问）组成的“特别工作组”时，低可信度的委员会就出现了，特别工作组缺乏来自高层的足够有资历的人物代表（如果有的话）。如果员工认为工作组“重要，但又没那么重要”（同样，因为缺乏高层承诺），人们就会缺乏去了解真实情况的动力，“特别工作组”的失败将不可避免。

必须建立一个适当的指导联盟，该联盟具有必要的管理承诺，以支持变革的紧迫性。此外，团队必须支持有效的决策——这需要团队内部的高度信任。作为一个团队工作的指导联盟可以更快地处理更多的信息。它还加快了理念的实施，因为拥有权力的决策者真正了解情况，并致力于关键决策。

一个有效的指导联盟具有 4 个关键特征：

1）职位权力。是否有足够多的关键人物，特别是主要管理者，这样那些被排除在外的人就不会轻易阻碍进展。

2）专家意见。相关观点是否有充分的代表性，以便做出有见识的和明智的决定。

3）可信性。团队中是否有足够多的人在组织中声誉良好，从而使团队受到重视。

4）领导力。团队中是否有足够可靠的领导者来推动变革进程。

其中，领导力是关键。指导联盟必须在管理和领导技能之间取得良好的平衡。领导推动变革，管理使过程可控。要获得持续成果，两者缺一不可。

在构建指导联盟的过程中，出现的关键问题包括：

1）需要多少人来协助定义和指导这种变化？这个问题的答案听起来很让人痛苦，就是顾问们常常说的“视情况而定”，联盟规模的大小与受影响的整个群体规模有关，需要在一个太大的团队和一个让关键利益相关方感觉排除在外的小团队之间取得平衡。

2）应该让谁参与或邀请谁来加入指导联盟？指导联盟不同于正式项目或计划指导委员会，它需要提供一个平台将影响力贯穿于整个组织。因此，联盟需要包括来自不同利益相关方的代表。然而，它也不是某些利益相关方的需求收集论坛，要从可能在组织的信息价值链中受影响的人群那里寻求观点。

指导联盟成员的关键特征是，他们有能力通过组织层级结构中的正式权威或通过在组织中的地位和经验来影响同伴。

行为是指导联盟的关键。

在建立指导联盟时，变革领导者需要避免削弱团队的有效性、职能和影响力的行为。例如：

1）唱反调。唱反调的人可能会阻碍积极开放的对话，而这种对话是指导联盟发展创造性想法，完善、实施和发展变革愿景以及确定增长机会所必需的。

2）分散注意力。指导联盟团队成员需要专注于变革活动。注意力不集中的人会使团队分心，导致延误或无法取得早期成功的能力。

3）自私自利。指导联盟的努力推动着整个组织，影响着每一个人，不能让隐秘议程破坏团队的努力。

1. 在联盟中发挥有效领导力的重要性

管理和领导是有区别的，仅有优秀管理者但缺乏领导力的指导联盟难以成功。领导力缺失，可通过从外部招聘、从内部提拔以及鼓励员工担任领导来补足。

当形成联盟时，需要警惕科特所说的几种人格类型：“自我”“阴险”“不情愿”。“自我”是指那些占据全部而拒绝他人贡献的人；“阴险”是传谣、离间、引发误解的人；“不情愿”（通常）是那些认为需要适度改变，对紧迫性理解不充分的资深人物。

任何一种人格类型的人都有可能对变革的努力造成阻碍或破坏，应尽量使其远离团队或密切保持沟通。

2. 信息管理环境中的示例

在信息管理变革倡议环境中，指导联盟有助于组织识别机会，将参与整体变革的各倡议方联系起来。

例如，为了遵从法律，公司内部顾问可能已开始建立数据流向图以及组织数据流程，同时数据仓库项目可能已经开始绘制数据血缘关系，以核查报告的准确性与质量。

数据治理变革负责人可将法律负责人和报告负责人一同召集在指导联盟中，在数据治理环境中提升信息流程的归档和控制。反过来，这可能还需要使用数据和创建数据的一线团队的加入，以了解任何变革提议带来的影响。

最终，对信息价值链的充分理解将有助于确定纳入指导联盟的潜在候选人。

3. 建立有效团队

有效团队建立在两个简单基础之上：信任和共同目标。缺乏信任往往是由于缺乏沟通或其他因素，如错位竞争。例如，经典的“业务和 IT”就是一个信任破裂的例子。建立信任，参与团队建设活动，创造和促进相互理解、尊重和关怀。不过在达成相互理解的过程中，应注意避免“群体思维”。

4. 避免群体思维

“群体思维”是一种在高度和谐的、充满凝聚力的群体中出现的心理效应，特别是那些可能与其观点相左的信息来源封闭隔离开来的群体，或者那些由领袖支配只准同意其立场而禁止讨论的群体。

在“群体思维”中，即使对某项建议持保留意见，所有人也会一致通过某个提案。如果发生以下情况，组织可能正在陷入群体思维中：

1）无人提出异议。

2）缺乏其他选择。

3）不同的观点很快消失，永远消失。

4）对可能挑战思维的信息未积极探寻原因。

要防止群体思维，重要的是：

1）鼓励所有参与者遵循科学的数据收集方法，以帮助了解问题的性质和原因。

2）建立一份标准清单，评估所有决定。

3）学会有效合作，避免为快速完成工作而采取群体思维的捷径。

4）鼓励集思广益。

5）领导要最后发言。

6）积极寻找外部知识，并将它们引入会议。

7）一旦确定解决方案，团队不仅要制订行动计划，还要制订一个“B 计划”（迫使重新思考原计划中的假设）。

5. 信息管理环境中的示例

群体思维可以出现在各种背景下。一个潜在的领域是传统的“业务与 IT 的划分”，即组织的不同部分抵制另一部分提出的更改。还有一种可能的情况是，组织的目标是成为数据驱动型，重点关注分析和数据收集，这可能导致与信息处理相关的隐私、安全或道德问题在总体工作计划中被忽视或降级。

在组织中进行数据治理有多种原因，关键是确保所用模型和方法要清晰明确。这种明确性将引导业务与 IT 划分或平衡竞争优先级等问题，以适当和一致的方式得到解决。

6. 共同目标

如果指导联盟中各个成员努力的方向不同，便会导致信任破裂。

能起到凝聚人心作用的典型目标是对卓越的承诺，或是希望看到组织在特定领域中达到最高水平的期望。这些目标不应与变革愿景相混淆，而应与之相辅相成。

17.5.3 发展愿景和战略

变革管理中一个常见的误区是依靠专制命令或者微观管理来推动变革。如果变革情况复杂，这两种方法都会失效。

如果目标是改变行为，除非管理者非常强势，否则专制命令即使在最简单的情况下也难以奏效。缺乏“王权”的支持，专制命令不可能突破所有的抵抗力量，变革推动者往往被忽视、削弱或四处碰壁。而且几乎不可避免的是，一些抵制变革的人会利用变革推动者的虚张声势来测试变革过程背后的权威和影响力。

微观管理试图绕过这些弱点，具体详细规定员工应做什么，然后追踪制度遵从情况。这样可以克服某些变革障碍，但随着时间的推移会更加耗时，因为随着变革复杂度的增加，管理层必须花费更多的时间详细规定变革后行为的工作实践和方法。

唯一能让变革推动者不断突破现状的方法，是将变革建立在令人信服和充满动力的愿景之上（图 17-4）。

1. 为何需要愿景

愿景是一幅关于未来的图景，其中隐含着人们为何要努力创造未来的明确或隐含的解释。一个好的愿景有三个重要特指：明确性、动力性和一致性。

1）明确性。通过设置关键参数，良好的愿景可明确变革方向，并对一系列详细的决策进行简化。一个有效的愿景（以及支持证实战略）有助于解决方向分歧问题，以及关于变革动机或驱动因素的困惑。无休止的辩论可以通过一个简单的问题避免：这个行动计划是否与愿景一致？同样，愿景有助于理清事项，让团队集中精力在对变革工作有益的优先项目上。

2）动力性。清晰的愿景会激励人们朝正确方向采取行动，即使最初行动对个人而言是痛苦的，

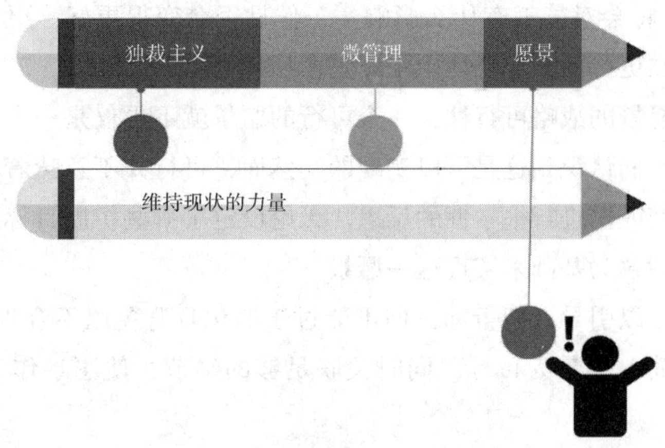

图 17-4　愿景打破现状

尤其是人们还会被迫离开舒适区。当未来令人沮丧并且令人失去斗志时，正确的愿景可凝聚众人为之奋斗。

3）一致性。充满吸引力的愿景能融合个人并有效协调大家积极行动，否则，就是借助详细的指示或无休止的会议。经验表明，如果缺乏共同方向，相互依赖的人可能会陷入不断冲突和不停开会的循环泥潭中。

2. 有效愿景的特性

愿景可以是平凡而简单的，不必宏伟或包罗万象。愿景是变革工具和变革过程体系中的一项要素。与该体系中还包含的战略、计划、预算等相比，愿景是一个非常重要的因素，它要求团队专注于切实的改进。

有效愿景的几项关键特征如下：

1）充满想象。描绘了一幅未来的图景。

2）吸引力。有利于增加员工、客户、股东和其他利益相关方的长期利益。

3）可行性。目标现实、可实现。

4）重点突出。为决策提供明确指导。

5）灵活性。它足够普适，允许个人采取主动，并在条件或约束发生变化时做出替代计划和响应。

6）可交流性。容易在 5 分钟或者更短时间内分享和清晰交流。

检验愿景是否有效的关键，首先是判断愿景是否易于想象、令人向往。良好的愿景允许一定牺牲，但必须在一定范围内保证各相关方的长期利益。缺乏对长期利益关注的愿景最终将遭遇挑战。同样，愿景必须植根于产品的实际情况或服务市场中。在多数市场中，实际情况需要持续考虑最终客户。

要问的一些关键问题是：

1）如果愿景实现，将如何影响内部和外部的客户？

2）如果愿景实现，将会对股东有什么影响？会让他们更高兴吗？会带给他们长期的价值吗？

3）如果愿景实现，将会对员工有什么影响？工作是否会变得更好，更快乐，更有成就感？压力是否会更少？员工能在更好的工作环境中工作吗？

另一项关键考验是愿景的战略可行性，一个可行的愿景就不再仅是一个愿望。愿景可扩充资源和扩展能力，但必须让人们认识到这是可以实现的。然而，可行并不意味着容易。这一愿景必须具有足够的挑战性，以迫使人们进行根本性的反思。无论设定了哪些扩展目标，组织都必须以对市场趋势和组织能力的合理理解为基础来实现这一愿景。

愿景必须足够集中，以引导人们行动，但不能过于僵化且避免以不合理的行为模式束缚员工。通常，最好的方法是以简单愿景为目标，同时关联足够的细节，使愿景作为决策的宝贵基石和参考点。

例如，我们的目标是在 5 年内成为业内的世界领导者。因此，领导力意味着能够更有效地管理信息，以实现更高收入、更多利润，并为我们的员工提供一个更有价值的工作场所。要实现这一雄心，就需要对决策能力有坚实的信任基础、清晰的内部外部沟通、更好地理解信息环境、合理投资适当工具和技术，以支持数据驱动的文化风气。这种文化将受到股东、客户、员工和社区的信任和赞赏。

3. 建立有效愿景

科特建议，建立有效的愿景是一个反复迭代的过程，成功的愿景必备的几项要素包括：

1）初稿。起草初步陈述，反映大家的梦想和市场需求。

2）指导联盟的角色。指导联盟修改初稿，以适应更广泛的战略视角。

3）团队合作的重要性。没有团队合作，团队过程就会失灵。鼓励人们参与并做出贡献。

4）头脑和心灵的作用。逻辑思考和异想天开在整个活动中都是必需的。

5）过程的混乱。这不是一个一蹴而就的过程，而是一个会有很多争论、返工和改变的过程。如果没有这些，那就是愿景和团队二者之一出现了问题。

6）时间框架。活动并非一次性交易，可能需要几周、几个月甚至更长时间。在理想情况下，愿景应该是不断发展的。

7）最终产品。一个未来的方向，是可取的、可行的、重点突出的、灵活的、可以在 5 分钟或更短的时间内清晰表达的。

管理与领导力的对比如图 17-5 所示。

17.5.4 沟通传达变革愿景

只有当变革活动参与者对其目标和方向有共同的理解、对所期望的未来有共同的看法时，愿景才有力量。传达愿景时通常会出现以下问题：

1）沟通无效或者沟通不充分。

2）沟通不畅。用词烦琐笨拙，无法突出变革紧迫感，难以吸引注意力。

3）沟通不深入。管理者需要对向上/向下沟通训练有素，而领导者需要与更广泛的群体进行沟

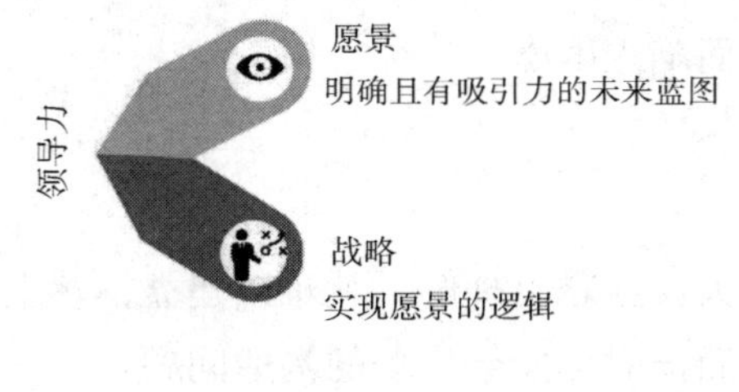

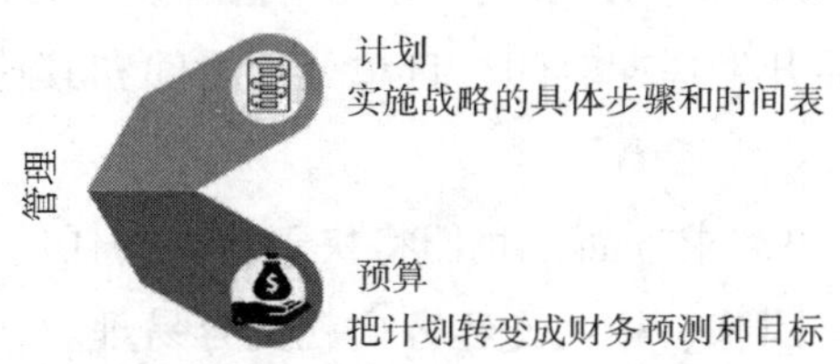

图 17-5　管理/领导力对比

通。这种大范围的沟通，需要领导者对问题以及如何解决问题有清晰的认识。

另一个挑战是处理有关愿景的问题，来自利益相关方、指导联盟和实施变革本身的团队。通常，指导联盟会花费大量时间来解决这些问题，并为它们准备答案，但只需一次快速单（双）击(一个常见问题页面、简报的注释)，就可以将它们转储于组织中，由此产生的信息过载遮蔽了愿景，造成短期恐慌和抵抗。

考虑到在常规组织中，变革信息只占员工沟通总量的 0.5%，很明显需要以更高效的方式增进对变革信息的交流，而非无效的、简单的传达信息。

科特确定了有效传播愿景的七大关键要素：

1）保持简单。去掉行话、内部词汇和复杂句子。

2）使用比喻、类比和例子。例如，一张简单的图（甚至是一些图片）可以胜过千言万语。

3）适用不同场合。从电梯演讲到广播备忘录，从小型会议到全员简报，信息需要在各种不同的场合之间传递。

4）重复，重复，再重复。思想在被内化和理解之前必须被多次听到。

5）以身作则。重要人物行为需要与愿景保持一致。不一致行为会废掉所有其他形式的沟通。

6）解释表面上的不一致。虎头蛇尾和未解决的协调问题会破坏所有沟通的可信度。

7）给予和索取。双向沟通总是比单向沟通更有效。

1. 信息管理环境中的示例

在信息管理环境中，由新技术或由技术部署为重点驱动的能力推进措施中，会发现要定义或传达清晰且有说服力的变革愿景通常很困难。由于不了解或不理解新技术或新方法在信息处理方面可能带来的收益，相关方可能会对新工作方式进行抵制。

例如，一个组织正在实施元数据驱动的文件和内容管理流程，如果没有明确的沟通愿景来了解或应用元数据标记或记录分类，那么业务相关者可能不会参与应用元数据标记或记录分类的前期工作，也不会理解这将对组织和他们带来什么好处。如果不这样做，这项原本有价值的计划可能会因为采用或遵循了低于要求的标准而陷入困境。

2. 保持简单

如果愿景的表述生硬、长篇大论或难以理解，就难以建立情感上的联系和共鸣。

有个例子说明了当愿景不够简洁时可能会出现的沟通问题：

“我们的目标是减少平均‘修复时间’指标，让其明显低于目标地区和人群市场的所有主要竞争对手。同样，我们也将新产品开发周期时间、订单处理时间和其他与客户相关的流程作为变革的目标。”

翻译过来就是：“在满足客户需求方面，我们将快于业内的任何人。”

当以简洁方式阐明愿景时，团队、相关方和客户就更容易理解所建议的变革、变革可能的影响以及他们在变革中的作用。这反过来又帮助他们更容易地与彼此沟通。

3. 在多种场合中运用愿景

使用多种沟通方式来交流愿景通常更有效。存在这种状况有多种原因，有些渠道可能信息过多，或者有以前变革举措的“包袱”，不同的人对信息的理解和处理有所不同。如果人们通过各种渠道都获取了相同的信息，这就增加了信息被听到、被内化并采取行动的可能性。与这种“多通道、多方式”方法相关的是，需要不断重复愿景并通报交流进展情况。

4. 重复，重复，再重复

在很多情况下，变革愿景和变革信息就如同河水冲击巨石，水不会立即冲毁巨石（除非它背后有很大的破坏性力量），但随着时间的推移，水在巨石周围流动，就会通过反复侵蚀来磨损巨石。

同样，变革倡议必须在各种场合以各种形式对变革愿景进行多次复述，以产生“黏性”的变革。可以思考以下哪种情况更有效：

1）高级管理层向全体员工发布了一条视频信息，并通过语音邮件发布公告，向所有人简要介绍了这一变化。有关执行的详细信息将由直线经理提供。局域网在接下来的 6 个月中发布了三篇关于愿景的文章，并在季度管理会议上发布简报（在当天结束时发布）。该计划包括 6 个沟通的实例，没有细节上的赘述。

2）高级管理层承诺每天找到四次有关变革谈话的机会，并将其与“大局”联系起来。他们也让直接下属寻找四次机会，并让他们的直接下属寻找四次机会。因此，当张三在与产品开发部门开会时，他要求在“大愿景”的背景下回顾计划。当李四提交状态更新时，他将其与对愿景的贡献联系起来。当王五提出内部审计负面结果时，他将从愿景角度解释其影响。每个管理级别、每个经理每年都有无数的交流机会可将愿景引入其中（这也被称为“采用新哲学”和“建立领导力”，这是 W. Edwards Deming 质量管理转型的 14 个要点的关键）。

5. 言行一致

领导者以身作则是责无旁贷的，以身作则可以让变革所需的价值和文化变得形象，这是任何文字语言都无法做到的。如果不出意外，高级管理人员在谈话中会讲到关于愿景的故事并引发关于愿景的讨论，这是一个非常强大的工具。由此得出一个结论，告诉人们一件事而做相反的事会发出一个明确的信息，那就是愿景并没有那么重要，紧要关头时可以忽略，没有什么比指导联盟的资深成员不符合愿景的行动更能破坏变革愿景和努力了。

6. 信息管理环境中的示例

在信息管理环境中，导致“言行不一”可能很简单。例如，高级经理通过不安全或未加密的电子邮件发送包含客户个人信息的文件，这违反了信息安全策略，但没有受到处罚。

言行一致也可能很简单，主导信息治理项目的团队将他们要求组织中其他人员采纳的原则和严格要求应用到自身活动、信息处理、报告以及对问题和错误的响应中即可。

如果团队要将元数据标准和实践应用到自己的内部项目记录中，请考虑元数据管理项目实施过程中的影响。如果没有其他，这将有助于他们理解变更的实用性，也将为其他人提供一个良好的证明，证明正确标记和分类的记录与信息是有好处的。

7. 解释不一致

有时，解释不一致的情况难以避免。可能出于战术或操作的原因，或者仅仅是为了在整个组织系统内推动事情进展，变革推动者可能采取的行动与所述愿景发生不一致的情况。发生这种情况时，必须小心处理和解决，即使需要“绕弯路”，也要确保愿景得以持续。出现的不一致的例子，可能包括当组织寻求降低成本或减少人手时雇佣外部咨询，人们会问：“为何一边限定打印纸使用量，组织却要采购这些昂贵的人力资源呢?”有两种方式可用于处理明显不一致的情况，其中一种肯定会毁了组织愿景，另一种给你一个努力的机会，使事情重回正轨。

第一种选择是忽略此问题，或者进行防御性反应，“解决”提出问题的人。这是一种令人尴尬的结束方式，不一致的地方的确被消除了，以一种对损害变革长期目标的方式结束了。第二种选择是深入问题并解释不一致的理由，解释必须简单、清楚和诚实。例如，引入顾问的组织这样回答比较好：“我们明白，当我们在其他地方削减成本以实现精益、可持续利润的愿景时，在顾问身上花钱看起来很奇怪。然而，为了使成本节省可持续，我们需要打破旧的思维习惯，学习新的技能。这需要我们投资知识。当我们内部没有这种知识时，我们必须在短期内购买它，并利用这一机会为未来在内部积累知识。每个顾问都会分配到某个特定项目。每个项目团队的任务都是通过跟踪顾问，尽可能多地了解他们的新职能并用于正规培训。通过这种方式，我们将确保今后将有可持续的改善。”

关键是要搞清楚不一致，明确解释为什么会产生不一致，如果不一致仅仅是暂时情况，那么这种情况将要持续多久。

8. 信息管理场景中的示例

解释不一致是一个很好的例子，说明了数据治理模型的重要性。这些模型为决策制定确定一致的规程，并促进对异常规则加以正式识别和采取控制措施。

例如，如果治理标准不允许用实时生产数据进行测试，但某个项目要求这样做来验证数据匹配算法，以证明数据清理进程的有效性，那么必须对这种超越预期标准的偏差有清楚明确的解释。这通过适当的治理控制可以实现。如果该项目在缺乏适当的标准和风险评估时使用实时数据执行测试，那么就应该有惩戒措施（要说到做到），或者不适用于惩戒的依据也应同样明确清楚地加以解释。

9. 倾听和被倾听

史蒂芬·柯维（Stephen Covey）建议，希望变得高效能的人士去“首先去理解他人，然后才是被理解”。换句话说，倾听别人，你才能被别人倾听（Covey，2013）。

领导团队往往没有很好地理解愿景，或者他们遇到了障碍或瓶颈，但如果他们能得到更好的信息，就可以避免这些障碍或瓶颈。缺乏信息会导致代价高昂的错误，并削弱对愿景的认同和承诺。双向对话是识别和回答人们对变革或变革愿景的关注的基本方法。客户的声音对于愿景的定义和发展与数据本身的任何质量指标一样重要。如果每一次谈话都被视为讨论愿景和非正式反馈的机会，那么，在非正式的情况下将人们召集到会议上，就有可能进行数千小时的讨论，进一步理解愿景，并有效地执行它。

10. 信息管理场景中的示例

在信息管理场景中，最能说明双向沟通的情况是，IT 职能部门认为关键业务相关方所需的全部数据都能及时、适当地提供，但业务相关方对于在获取工作所需信息方面的延迟一直都表示失望，因为他们在基于数据集市和电子表格的报告之上加入了大量手工操作。

如果改善信息管理和治理能力的愿景，无法识别和解决 IT 职能部门和业务相关方对信息环境理解的差距，将会不可避免地出现问题，并且缺乏开展可持续的有效变革的广泛支持。

17.6 变革的秘诀

有效描述变革最著名的方法之一是变革平衡公式（Gleicher 公式），它描述了组织需要在适当的地方克服变革阻力的因素。Gleicher 公式如下

$$C = (D \times V \times F) > R$$

根据 Gleicher 公式，当对现状的不满程度（D）、对更好替代方案的愿景（V）和实现目标所采取的第一步行动（F）相结合，这三个因素的合力足以克服组织中的阻力（R）时，就会发生变革（C）。

影响 Gleicher 公式中的 4 个变量中的任何一个，都会提高变革工作的有效性和成功率。然而，与任何复杂的机器一样，重要的是要意识到按按钮和拉操纵杆的内在风险：

1）组织内部对工作方式日益不满是一个强有力的工具，需要谨慎使用，以免增加阻力。

2）开发未来的愿景将需要一个具体而生动的愿景，包括：人们的工作有何变化，人们将不必再做什么，或者将开始做什么而现在却没有做。确保人们能够欣赏所需的新技能、新态度或新工作方法，以一种不会把人们吓跑、不为变革设置政治障碍的方式展示这些，让人们不再维持现状。

3）在描述变革第一步时，确保他们是可实现的，并明确地将变革与愿景联系起来。

4）采取行动减少阻力，避免增加对变革的阻力。坦率地说，就是“避免疏远别人”。这需要对利益相关方有很好的了解。

17.7　创新扩散和持续变革

从根本上说，要在组织中实现可持续的信息质量和数据管理变革，培训和教育必须到位。实施变革需要了解新的想法是如何在组织中传播开来的，这个过程称为创新扩散（Diffusion of Innovations）。

创新扩散是一种试图解释新思想和新技术如何、为何以及何种速度在文化中扩散的理论，于 1962 年由著名传播理论家 Everett Rogers 提出。这一理论与营销大师 Seth Godin 创意裂变的流行文化概念有关[㊀]。创新传播一直被广泛应用于各个领域，从医疗处方、农牧业方法的变化到消费电子产品的选用等。

创新扩散理论认为，变革是由占比很小（2.5%）的创新者引起的。创新者通常（在被调查的社会背景下）年轻、社会地位高、经济上有足够保障，可以承担错误选择带来的损失。他们接触技术创新者，且具有较高的风险承受能力。然后是占比 13.5% 的早期使用者，他们与创新者有共同的特点，对风险的容忍度比创新者低。早期使用者了解如何获得正确选择，可以帮助他们保持在社会中受到尊重的核心角色。接受创新的是人口中的最大群体，即占总数 68% 的早期和晚期大众人群。落伍者往往最后才使用创新内容（图 17-6、表 17-4）

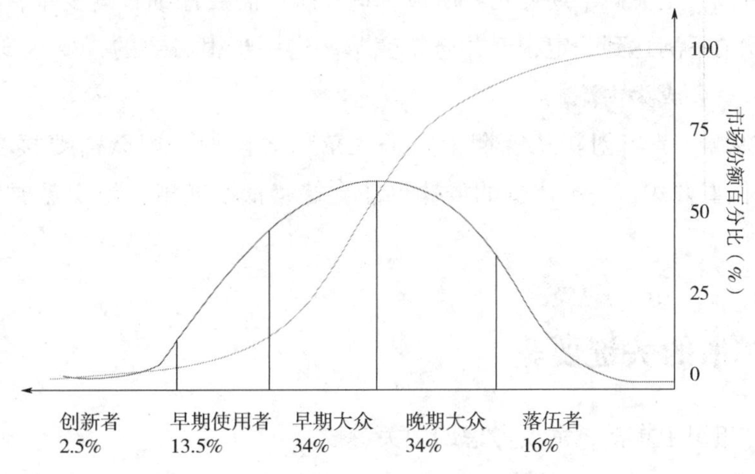

图 17-6　埃弗雷特 · 罗杰斯的创新扩散理论

㊀ http：//bit. ly/2tnwuhd。

表 17-4 适用于信息管理的创新扩散类别[⊖]

采用者类别	定义（信息管理视角）
创新者	创新者是首批发现有更好的方法解决信息质量问题的人群 他们冒着风险尝试开发数据剖析、构建临时记分卡并开始将业务所体验到的症状转换为信息管理语言。通常，这些创新者将使用自己的资源来获得信息并发展关于最佳实践的技能
早期使用者	早期使用者是第二部分最快接受创新的人群 他们是在其他采纳者类别中拥有最高程度的意见领袖，被认为是有远见的管理者（或有经验的管理者，或负责紧急业务战略领域的管理者），已意识到信息质量问题阻碍了成功。通常，他们依靠创新者的初始工作开发业务案例，并开始正规化信息实践
早期大众	早期大众将比早期使用者花费更长的时间来采用某项创新 早期的采用过程往往较慢，社会地位高于平均水平，与早期使用者接触，很少在某个系统中担任意见领袖的位置。他们可能位于组织的“传统核心”领域，数据质量低下的影响被掩盖为“业务成本”
晚期大众	晚期大众对创新抱有高度的怀疑态度，在大多数人接受了创新之后 晚期大众的社会地位通常低于平均水平，大部分人财务不清晰，与其他晚期大众和早期大众人群接触，很少有意见领袖。从信息管理的角度来看，这些可能是组织中预算紧张的领域，同时也可能是对提议的变革产生阻力的怀疑论者
落伍者	落伍者是最后采用创新的人群 这类人很少或没有意见领袖。他们是典型的厌恶变化的人，而且年龄偏大。落后者倾向于关注“传统”。在信息管理中，这些术语通常是业务部门的人员或区域，他们之所以抵制这些术语，是因为“新事物”意味着必须用全新方式或完全放弃“旧事物”

17.7.1 随着创新扩散而需克服的挑战

随着组织中的创新扩散，将面临两个关键的挑战：

第一个关键的挑战，是突破早期使用者阶段。这一阶段需要仔细管理变革，以确保早期使用者能够确定他们对现状的不满达到一定程度并坚持变革。这一步很必要的，要达到“引爆点”，在创新的使用者足够多后就会成为主流。

第二个关键的挑战，是当创新从晚期大众进入落伍者阶段，团队需要接受的是他们不必让100%的人接受新的做事方式。一定比例的群体可能会持续抵制变革，组织需要决定如何对待这一群体。

17.7.2 创新扩散的关键要素

研究创新如何在组织中扩散，需要考虑四项关键要素：

1）创新（Innovation）。个人或其他采纳方认为是新的想法、新做法或新目标。

2）沟通渠道（Communication channels）。信息从一个人传到另一个人的途径。

⊖ 2014 Daragh O Brien，经许可使用。

3）时间（Time）。创新被社会成员采纳的速度。

4）社会系统（Social system）。为实现共同目标而共同解决问题的一组相互关联的单元。

在信息管理的背景下，创新可以是一些简单的东西，如关于数据专员角色的想法，以及数据专员需要跨职能工作处理常见的数据问题，而非传统的竖井思维。

创新扩散的过程，以及最有效地扩散创新的渠道，是必须加以考虑和管理的。

最后，社会系统的概念是作为一组相互关联的单元，正朝着联合经营的方向发展。这让人想起了戴明（W. Edwards Deming）所描述的系统，它必须作为一个整体进行优化，而不是一片接一片地单独进行优化。一项创新如果不能扩散到业务部门或者团队之外，就不能算是成功的创新扩散。

17.7.3　创新采纳的五个阶段

任何变革的采纳都遵循五步循环过程：从个人意识到创新（知悉）开始，到被说服相信创新的价值以及与他们的相关性（说服），最后达到对他们与创新的关系做出决策的程度。如果他们不拒绝创新，就会采取行动实施创新，并最终确认创新的采纳（表 17-5、图 17-7）。

当然，由于总是有些创意被拒绝不被采纳，所以早期采用者和早期大众的临界点至关重要。

表 17-5　采纳创新的五个阶段[㊀]

阶段	定义
知悉	在知悉阶段，个人首先接触到创新，但缺乏有关创新的信息。在此阶段，个人还没有被激励去寻找更多关于创新的信息
说服	在说服阶段，个人对创新感兴趣，并积极寻求有关创新的信息
决策	在决策阶段，个人权衡创新的利弊，并决定是否采用或拒绝。罗杰斯指出，这一阶段的个人独特性，使其成为最难获得经验证据的阶段
实施	在实施阶段，个人采用创新并确定其有用，搜索有关创新的进一步信息
确认	在确认阶段，个人最终决定继续使用创新，并充分挖掘其潜力

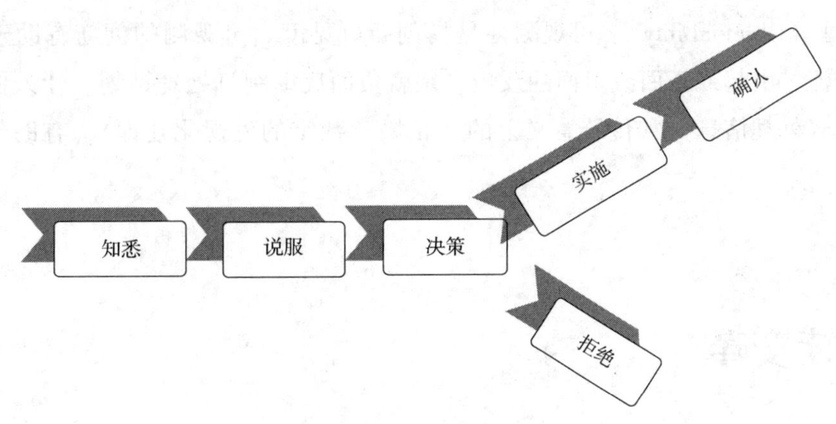

图 17-7　创新采纳的五个阶段

㊀ 改编自 Rogers，1964。

17.7.4 接受或拒绝创新变革的影响因素

人们在接受或拒绝一项创新或变革时，基本上都会做出理性选择。问题的关键是，相对于以前的做事方式，创新总是有任何相对优势。

以现代智能手机为例。与老的智能手机（类似于 Blackberry 或者 Palm 掌上电脑）相比，其明显优势在于易于使用、外观时尚，并有可快速方便地扩展产品功能的应用程序商店。同样，与手动更新数据密钥、定制编码或资源密集型的手动数据搜索和数据探索活动相比，数据管理工具、技术的实现具有相对优势。

例如，许多组织都可能会遇到对简单文件和内容管理变革（如使用带有元数据的标记文件以提供上下文）的抵制。然而，在支持安全控制、保留计划以及信息搜索和检索等简单任务方面，元数据的运用反过来也提供了相对优势。将标记的麻烦与节省的时间联系起来，这些时间要么用于搜索信息，要么用于处理缺乏授权的共享或信息公开问题，有助于证明这种相对优势。

一旦人们看到所提的改进方案，就会询问改进方案是否与他们的生活、工作方式相兼容。再回到智能手机的例子，它将高质量的 MP3 播放器、电子邮件、电话等功能组合在一起，这意味着它匹配目标用户的生活方式和工作方式。

为了理解兼容性，消费者（有意识地或潜意识地）会考虑几个因素。例如，变革的复杂性或简单性。如果创新太难使用，那么创新采纳的可能性就比较小。同样，智能手机和平板电脑平台的发展过程，充满了未能实现简单用户界面目标的失败尝试。而成功做到这些的公司则重新定义了市场的期望，并激发了其他设备使用相似的用户界面。

1）可测试性（Trialability）。可测试性是指消费者对新工具或新技术进行验证的难易程度。由此，为工具提供了免费模式，越容易上手，用户就越有可能采用新工具或创新。此时的重要性在于，这有助于理解相对优势、与组织生活方式和文化的兼容性以及变革的简易度。作为实现变革愿景的第一步，迭代的原型设计和与相关者的“尝试”和“测试”是必不可少的，有助于巩固指导联盟，并发展出一批早期使用者。

2）可观测性（Observability）。可观测性是指创新可见度。可观测的创新有助于通过正式或个人网络来推进交流，引起或正面或负面的反应，须就负面反馈制订处理计划。让人们体验到使用新技术或以特定方式处理信息（如传统意义上的“枯燥”数字的可视化处理），有助于更好地对体验进行沟通反馈。

17.8 持续变革

“启动变革”需要清晰并且令人信服的愿景、明确且快速的第一步、对现状的不满或紧迫感、指导联盟，以及避免变革推动者在开启变革之旅时可能落入陷阱的计划。

然而，信息管理计划（如数据治理计划）的一个常见问题是，它们是为了响应组织中一个特定的驱动因素，或解决局部能力的某些症状而启动的。随着这些症状被解决，不满足感和紧迫感就会随之减轻。这样一来信息管理项目就更难获得政策或财务方面的持续支持了，特别是在与其他的项目竞争时。

解决这些复杂问题所需要的详细分析或工具已经超出了本书的内容范围，但是在知识体系的背景下，适当参考本章中概述的变更管理原则，可以提供一些有关如何找到相关解决方案的见解。

17.8.1　紧迫感/不满意感

保持紧迫感非常重要，但由此产生的结果是，要警惕组织中出现新的不满意领域，以及信息管理变革如何帮助支持改进工作。

例如，为支持数据隐私法规要求而实施的数据治理计划，其范围可以扩展到解决个人数据的信息质量问题。这与计划的主要范围有关。随着多数的数据隐私规定都将包含数据质量的部分，并获得访问个人数据的权限，质量不佳的数据将面临被暴露的风险。然而，这也为数据治理项目提供了更广阔的愿景，可以将信息质量方法和实践包含在内，一旦核心数据的保密管控已经落实到位，就可以把它们列入“第二波”行动计划实施。

17.8.2　构建愿景

最常见的误区是将项目范围与变革愿景混为一谈。实现一个愿景可能需要诸多项目。重要的是在设定愿景时要允许采取广泛的行动，这样在最初的“容易实现的目标”项目交付后，就不会为变革领导者建造出一条死胡同。

有关愿景的一种说法是：“我们将为个人数据实施结构化的治理框架，以确保遵循欧盟的数据隐私监管法规”；另一种说法是：“我们将在管理关键信息资产的可重复和可扩展方法与手段方面引领行业，以确保利润、降低风险、提高服务质量，以平衡我们作为个人信息管理者的道德义务。”

第一种说法仅仅是一个目标，第二种说法则为组织指明了方向。

17.8.3　指导联盟

如果将指导联盟的成员限制在只包括那些能够受到最直接受影响的利益相关方，那么将限制变革的有效性。与愿景一样，重要的是不要将监督具体可交付成果交付的项目指导小组与指导和发展组织变革愿景的联盟混淆。

17.8.4　相对优势和可观测性

虽然变更计划的具体应用或焦点范围可能很窄，但在大多数情况下，应用的原则、实践和工具可能会转移到其他计划。证明这种方法能够为组织中的其他项目带来相对优势，有助于扩大指导联盟，并确定变革项目能够支持新的紧迫性或不满意领域。

例如，在公用事业公司中，数据质量剖析和评分卡的方法与工具实现的单一客户视图可直接移植到监管计费合规项目中，特别是人工数据清理等局部最佳方法可能成为计费数据的默认选项时，将两者联系起来有助于企业数据质量记分卡相关的数据治理和整改举措。

17.9 数据管理价值的沟通

如本章所述，帮助组织了解数据管理的重要性，通常需要一个正式的组织变革管理项目计划。这样的计划有助于组织认识到其数据的价值以及数据管理实践对该价值的贡献。然而，一旦建立了数据管理计划，就必须有持续的项目支持，而持续的沟通能够促进对项目的理解和支持。如果沟通是双向的，那么沟通计划可以通过让利益相关方分享关注点与想法来加强合作伙伴之间的关系。这种沟通工作需要提前做好规划。

17.9.1 沟通原则

任何沟通的目的都是向接收者传递消息。在计划沟通时，需要考虑到消息本身、用于传递消息的媒介以及消息的目标受众。为了支持这一基本结构，无论主题是什么，某些通用原则对于任何正式的沟通计划都是适用的。因为许多人不理解数据管理对组织成功的重要性，故掌握这些原则对人们在沟通数据管理时非常重要。总体沟通计划和每个单独的沟通计划都应该：

1）有明确的目标和期望的结果。

2）由支持所需结果的关键消息构成。

3）为受众/利益相关方量身定制。

4）通过适合受众/利益相关方的媒介传达。

虽然沟通可能涉及一系列主题，但沟通的总体目标可以归结为：

1）通知。

2）教育。

3）设定目标或愿景。

4）定义问题的解决方案。

5）促进变革。

6）影响或激励行动。

7）获得反馈。

8）获得支持。

最重要的是，为了清晰地沟通，有必要与人们分享实质性的信息。如果数据管理团队了解数据管理实践的当前状态，并且有一个将数据管理实践的改进与组织战略目标直接联系起来的愿景和使命声明，那么有关数据管理的总体交流将更加成功。数据管理沟通应致力于：

1）传达数据管理项目的有形和无形价值。

2）描述数据管理职能如何为业务战略和最终成果做出贡献。

3）分享数据管理如何为企业降低成本、增加收益，降低风险或提高决策质量的具体示例。

4）进行基础数据管理概念的教育培训，以提升组织内部对数据管理的认知。

17.9.2　受众评估与准备

沟通规划应包括利益相关方分析，以帮助识别将要进行沟通的听众。根据分析的结果，结合利益相关方的需要，使内容更具相关性、更有意义、更适用。例如，如果沟通计划的目标是为一项倡议寻找赞助，那么就要将沟通目标对准最有影响力的人，通常是那些希望了解他们所资助项目的底线收益的高级管理人员。

在说服他人参与的沟通过程中，要采取多种方法让人们看到其利益与项目目标一致。

1）解决问题（Solve problems）。信息应描述数据管理工作将如何帮助解决与利益相关方需求相关的问题。例如，个人贡献者的需求有别于管理者的需求，IT 人士的需求有别于商务人士的需求。

2）解决痛点（Address pain points）。不同利益相关方的痛点不同。在沟通材料中囊括这些痛点将有助于让听众认识到提议的价值。例如，负责合规的利益相关方会对数据管理项目如何降低风险感兴趣，负责营销的利益相关方会对数据管理程序如何帮他们获得新的商机感兴趣。

3）视变革为改进（Present changes as improvements）。很多时候，引入数据管理实践，要求人们改变他们的工作方式，沟通需要激励人们对所提出的变革充满期望。换句话说，他们需要认识到变革就意味着改进，他们都会从中受益。

4）成功愿景（Have a vision of success）。描述未来的生活状态，使利益相关方能够了解该项目的影响。分享成功的展望，有助于受众了解数据管理项目的好处。

5）避免专业术语（Avoid jargon）。数据管理的专业术语和对技术的过分强调，会让人避而远之并忽略掉信息传递的内容。

6）分享案例（Share stories and examples）。描述数据管理项目的有效方法是使用形象的类比和例子，可以加深听众的印象。

7）变恐惧为动力（Recognize fear as motivation）。有人因恐惧而振奋。告知数据失控的后果（如罚款、处罚）是体现数据管理价值的方式。数据管理实践的缺失对业务单位产生负面影响的例子将会引起共鸣。

有效的信息传达还包括观察受众对信息的反应。如果给定的策略不起作用，应调整并尝试其他的方式。

17.9.3　人的因素

关于数据管理计划的事实、例子和故事并不是影响利益相关方对其价值的看法的唯一因素，人们还会受到同事和领导者的影响。出于这个原因，沟通应该使用利益相关方的分析来发现团体在哪里有类似的兴趣和需求。随着对数据管理工作支持力度的不断提高，支持者可以帮助在同行和领导层间分享这些信息。

17.9.4 沟通计划

沟通计划包含很多计划要素，好的计划可以作为指导工作实现目标的路线图。沟通计划要素见表 17-6。

表 17-6　沟通计划要素

要素	描述
信息	需要传达的信息
目标/目的	传达消息或消息集的预期结果（如传达消息的原因）
受众	沟通面向的群体或个人。沟通计划要为不同的受众制定不同的目标
风格	信息的正式程度和详略程度都应因人而异。与负责项目实施的团队相比，高级管理人员需要更少的细节。风格也会受组织文化的影响
渠道、方法、媒介	采用信息传递的方式和格式不同（如网页、博客、电子邮件、一对一的会议、小组或大组演讲、午餐和学习会议、研讨会等），媒体类型不同，沟通效果也不同
时机	消息的接收方式可能会受到接收时间的影响。与周五下午最后一封邮件相比，员工更容易阅读周一早上第一封邮件。如果沟通的目的是在预算周期之前获得支持，那么应该针对预算周期进行时间安排。有关即将发生的流程变更的信息应在变更发生之前及时共享
频率	大多数信息都需要重复，以确保所有相关者都能听到。沟通计划应安排消息共享的时间表，以便使重复既有助于信息的传递，又不会成为听众的烦恼。此外，应根据商定的时间表发布正在进行的沟通情况（如时事通讯）
材料	沟通计划中应明确列出执行计划所需的各种材料。例如，短版本和长版本的演示文稿和其他书面沟通、电梯演讲、执行摘要，以及海报、马克杯和其他视觉品牌宣传的营销材料
沟通者	沟通计划应明确负责发起沟通的人员。通常，信息的传达者对目标受众有着深远的影响。利益相关方对数据管理的发起人或其他高级管理人员传递的消息和较低级别的经理传递的消息的响应将会有很大差别。要根据消息的目的，决定由谁向哪些相关方传达发布哪些消息
预期反应	沟通计划应预测不同的利益相关团体，或是某些利益相关个人对沟通的回应。这项工作可以通过预先提出问题或针对反对意见提出预案来完成。思考潜在的反应是一种很好的方式，有助于阐明目标并建立强有力的信息来支持它们
指标	沟通计划应包括衡量其自身有效性的度量指标。目标是确保人们理解、愿意并且能够按照计划中的信息采取行动。这可以通过调查、访谈、焦点小组和其他反馈机制来实现。行为的改变是沟通计划成功的终极考验
预算和资源计划	沟通计划必须说明在一定预算范围内实现目标所需的资源

17.9.5　保持沟通

数据管理是一项持续的工作，而不是一次性的项目，需要衡量支持数据管理项目的沟通工作，以确保持续的成功。

新员工被雇佣，现有员工的角色就会发生变更。当变化发生时，沟通计划也需要被更新。随着数据管理项目的成熟，利益相关方也会有所变化。人们需要时间来吸收信息，多次听取信息有助于利益相关方记住信息。随着时间的推移和理解的深入，沟通信息的方法也需要更新。

资金竞争从未停止过。沟通计划的一个目标是提醒利益相关方数据管理计划的价值和好处，展示进展和庆祝成功对于获得持续的支持至关重要。

有效的计划和持续的沟通将展示出数据管理实践对组织的影响。随着时间的推移，对数据重要性的了解会改变组织的数据思维方式，成功的沟通有助于更好地理解数据管理从信息资产中产生的业务价值，并对组织产生深远的影响。

17.10　文献引用与推荐

Ackerman Anderson, Linda and Dean Anderson. *The Change Leader's Roadmap and Beyond Change Management.* Two Book Set. 2nd ed. Pfeiffer, 2010. Print.

Ackerman Anderson, Linda, Dean Anderson. *Beyond Change Management: How to Achieve Breakthrough Results Through Conscious Change Leadership.* 2nd ed. Pfeiffer, 2010. Print.

Ackerman Anderson, Linda, Dean Anderson. The *Change Leader's Roadmap: How to Navigate Your Organization's Transformation.* 2nd ed. Pfeiffer, 2010. Print.

Barksdale, Susan and Teri Lund. 10 *Steps to Successful Strategic Planning.* ASTD, 2006. Print. 10 Steps.

Becker, Ethan F. and Jon Wortmann. *Mastering Communication at Work: How to Lead, Manage, and Influence.* McGraw-Hill, 2009. Print.

Bevan, Richard. *Changemaking: Tactics and resources for managing organizational change.* CreateSpace Independent Publishing Platform, 2011. Print.

Bounds, Andy. *The Snowball Effect: Communication Techniques to Make You Unstoppable.* Capstone, 2013. Print.

Bridges, William. *Managing Transitions: Making the Most of Change.* Da Capo Lifelong Books, 2009. Print.

Center for Creative Leadership (CCL), Talula Cartwright, and David Baldwin. *Communicating Your*

Vision. Pfeiffer, 2007. Print.

Contreras, Melissa. *People Skills for Business: Winning Social Skills That Put You Ahead of The Competition.* CreateSpace Independent Publishing Platform, 2013. Print.

Covey, Stephen R. Franklin Covey Style Guide: *For Business and Technical Communication.* 5th ed. FT Press, 2012. Print.

Covey, Stephen R. *The 7 Habits of Highly Effective People: Powerful Lessons in Personal Change.* Simon and Schuster, 2013. Print.

Franklin, Melanie. *Agile Change Management: A Practical Framework for Successful Change Planning and Implementation.* Kogan Page, 2014. Print.

Garcia, Helio Fred. *Power of Communication: The: Skills to Build Trust, Inspire Loyalty, and Lead Effectively.* FT Press, 2012. Print.

Godin, Seth and Malcolm Gladwell. *Unleashing the Ideavirus.* Hachette Books, 2001.

Harvard Business School Press. *Business Communication.* Harvard Business Review Press, 2003. Print. Harvard Business Essentials.

HBR's 10 *Must Reads on Change Management.* Harvard Business Review Press, 2011. Print.

Hiatt, Jeffrey, and Timothy Creasey. *Change Management: The People Side of Change.* Prosci Learning Center Publications, 2012. Print.

Holman, Peggy, Tom Devane, Steven Cady. *The Change Handbook: The Definitive Resource on Today's Best Methods for Engaging Whole Systems.* 2nd ed. Berrett-Koehler Publishers, 2007. Print.

Hood, J H. *How to book of Interpersonal Communication: Improve Your Relationships.* Vol. 3. WordCraft Global Pty Limited, 2013. Print. "How to" Books.

Jones, Phil. *Communicating Strategy.* Ashgate, 2008. Print.

Kotter, John P. *Leading Change.* Harvard Business Review Press, 2012. Print.

Locker, Kitty, and Stephen Kaczmarek. *Business Communication: Building Critical Skills.* 5th ed. McGraw-Hill/Irwin, 2010. Print.

Luecke, Richard. *Managing Change and Transition.* Harvard Business Review Press, 2003. Print. Harvard Business Essentials.

Rogers, Everett M. *Diffusion of Innovations.* 5th ed. Free Press, 2003. Print.

致　谢

编写 *DAMA-DMBOK*2 一直是许多人热爱的工作。本书的编写工作始于 2011 年年底，并于 2012 年发布了该框架文件的第 1 版。DAMA-DMBOK 编辑委员会花费了大量时间编写 *DAMA-DMBOK*2 草稿。

DAMA-DMBOK 编辑委员会成员及工作如下：

Patricia Cupoli（DAMA 费城分会），是大部分工作的主编，是他找到各部分内容的作者并帮助他们形成了各自的章节。遗憾的是，他在 2015 年夏季去世，临终之前仍然在从事这个项目。

Deborah Henderson（IRMAC-DAMA 多伦多分会），自 2005 年以来一直是 DAMA-DMBOK 项目的总监，是该项目的主要发起人，他在 Patricia Cupoli 去世后致力于确保该项目的完成。

Susan Earley（DAMA 芝加哥分会），起草了 *DAMA-DMBOK*2 框架，是 *DAMA-DMBOK*2 草稿最主要的编辑。她广泛吸取了 DAMA 会议的意见，编辑并组织了 *DAMA-DMBOK*2 的内容。

Eva Smith（DAMA 西雅图分会），协作工具经理，主要负责后勤工作，包括让 DAMA 成员能够访问和评论各个章节。

Elena Sykora（IRMAC-DAMA 多伦多分会），目录学研究者，编辑了 *DAMA-DMBOK*2 的参考书目。

编辑委员会还感谢 Sanjay Shirude、Cathy Nolan、Emarie Pope 和 Steve Hoberman 的特别支持。

Laura Sebastian-Coleman（DAMA 新英格兰分会），DAMA 国际出版官兼制作编辑，她对稿件进行了编辑、整理和定稿以供出版。在这项工作中，她得到了一个咨询委员会的指导。这个咨询委员会包括 Peter Aiken、Chris Bradley、Jan Henderyckx、Mike Jennings、Daragh O Brien 和我本人，Lisa Olinda 为我提供了帮助。在此，要特别感谢 Danette McGilvray。

如果没有主要的撰稿人为框架中定义的愿景提供实质性支持，*DAMA-DMBOK*2 就不可能实现。所有贡献者都是志愿者，他们不仅分享他们的知识，而且分享了他们的时间，他们的贡献将在附录 A 中分别列出。附录 B 中还将列出提供有关章节反馈的诸多 DAMA 会员。

DAMA 国际、DAMA 国际基金会和 DAMA 分会主席理事会发起了 DMBOK 项目。他们的远见、洞察力、耐心和持续的支持使该项目得以成功。

最后，要感谢参与这个项目的所有志愿者的家人，是他们付出了自己的时间保证了这项工作得以顺利完成。

苏·吉恩（Sue Geuens）

DAMA 国际总裁

附　录

附录 A　主要贡献者

#	章节	主要贡献者
1	数据管理	DMBOK 编辑咨询委员会委员，DMBOK 的各位编辑，Chris Bradley，Ken Kring
2	数据处理伦理	
3	数据治理	John Ladley，Mark Cowan，Sanjay Shirude
4	数据架构	Håkan Edvinsson
5	数据建模和设计	Steve Hoberman
6	数据存储和操作	Sanjay Shirude
7	数据安全	David Schlesinger，CISSP
8	数据集成和互操作	April Reeve
9	文件和内容管理	Pat Cupoli
10	参考数据和主数据	Gene Boomer，Mehmet Orun
11	数据仓库和商务智能	Martin Sykora，Krish Krishnan，John Ladley，Lisa Nelson
12	元数据管理	Saad Yacu
13	数据质量	Rossano Tavares
14	大数据和数据科学	Robert Abate，Martin Sykora
15	数据管理成熟度评估	Mark Cowan，Deborah Henderson
16	数据管理组织与角色期望	Kelle O'Neal
17	数据管理和组织变革管理	Micheline Casey，Andrea Thomsen，Daragh O Brien
	文献引用与推荐	Elena Sykora

附录 B　审阅和评论者

以下人员在 *DAMA-DMBOK2* 的各个阶段提供了宝贵的反馈意见：

Khalid Abu Shamleh
Gerard Adams
James Adman
Afsaneh Afkari
Zaher Alhaj
Shahid Ali
Suhail Ahmad AmanUllah
Nav Amar
Samuel Kofi Annan
Ivan Arroyo
Nicola Askham
Juan Azcurra
Richard Back
Carlos Barbieri
Ian Batty
Steve Beaton
Cynthia Dionisio
Shaun Dookhoo
Janani Dumbleton
Lee Edwards
Jane Estrada
Adrianos Evangelidis
William Evans
Mario Faria
Gary Flye
Michael Fraser
Carolyn Frey
Alex Friedgan
Lowell Fryman

Mike Beauchamp
Chan Beauvais
Glen Bellomy
Stacie Benton
Leon Bernal
Luciana Bicalho
Pawel Bober
Christiana Boehmer
Stewart Bond
Gene Boomer
Taher Borsadwala
Antonio Braga
Ciaran Breen
LeRoy Broughton
Paul Brown
Donna Burbank
Nicholene Kieviets
Jon King
Richard King
Bruno Kinoshita
Yasushi Kiyama
Daniel Koger
Katarina Kolich
Onishi Koshi
Edwin Landale
Teresa Lau
Tom LaVerdure
Richard Leacton
Michael Lee

Susan Burk
William Burkett
Beat Burtscher
Ismael Caballero
Peter Campbell
Betty（Elizabeth）Carpenito
Hazbleydi Cervera
Indrajit Chatterjee
Bavani Chaudhary
Denise Cook
Nigel Corbin
James Dawson
Elisio Henrique de Souza
Patrick Derde
Tejas Desai
Swapnil Deshmukh
Susana Navarro
Gautham Nayak
Erkka Niemi
Andy O'Hara
Katherine O'Keefe
Hirofumi Onozawa
Mehmet Orun
Matt Osborn
Mark Ouska
Pamela Owens
Shailesh Paliwal
Mikhail Parfentev
Melanie Parker

Shu Fulai
Ketan Gadre
Oscar Galindo
Alexandre Gameiro
Jay Gardner
Johnny Gay
Sue Geuens
Sumit Gupta
Gabrielle Harrison
Kazuo Hashimoto
Andy Hazelwood
Muizz Hassan
David Hay
Clifford Heath
Jan Henderyckx
Trevor Hodges
Mark Horseman
Joseph Howard
Monica Howat
Bill Huennekens
Mark Humphries
Zoey Husband
Toru Ichikura
Thomas Ihsle
Gordon Irish
Fusahide Ito
Seokhee Jeon
Jarred Jimmerson
Christopher Johnson
Wayne Johnson
Sze-Kei Jordan
George Kalathoor
Alicia Slaughter
Eva Smith
Tenny Soman
Martha Lemoine
Melody Lewin
Chen Liu
Manoel Francisco Dutra Lopes Jr
Daniel Lopez
Karen Lopez
Adam Lynton
Colin Macguire
Michael MacIntyre
Kenneth MacKinnon
Colin Maguire
Zeljko Marcan
Satoshi Matsumoto
George McGeachie
Danette McGilvray
R. Raymond McGirt
Scott McLeod
Melanie Mecca
Ben Meek
Steve Mepham
Klaus Meyer
Josep Antoni Mira Palacios
Toru Miyaji
Ademilson Monteiro
Danielle Monteiro
Subbaiah Muthu Krishnan
Mukundhan Muthukrishnan
Robert Myers
Dean Myshrall
Krisztian Nagy
Kazuhiro Narita
Mohamad Naser
Akira Takahashi
Steve Thomas
Noriko Watanabe
John Partyka
Bill Penney
Andres Perez
Aparna Phal
Jocelyn Sedes
Mark Segall
Ichibori Seiji
Brian Phillippi
R. Taeza Pittman
Edward Pok
Emarie Pope
David Quan
K Rajeswar Rao
April Reeve
Todd Reyes
Raul Ruggia-Frick
Scott Sammons
Pushpak Sarkar
John Schmidt
Nadine Schramm
Toshiya Seki
Rajamanickam Senthil Kumar
Sarang Shah
Gaurav Sharma
Vijay Sharma
Stephen Sherry
Jenny Shi
Satoshi Shimada
Sandeep Shinagare
Boris Shuster
Vitaly Shusterov
Abi Sivasubramanian
Roy Verharen
Karel Vetrovsky
Gregg Withers

José Antonio Soriano Guzmán
Donald Soulsby
Erich Stahl
Jerry Stembridge
James Stevens
Jan Stobbe
Santosh Subramaniam
Motofusa Sugaya
Venkat Sunkara
Alan Sweeney
Martin Sykora
Joseph Weaver
Christina Weeden
Alexander Titov
Steven Tolkin
Toshimitsu Tone
Juan Pablo Torres
David Twaddell
Thijs van der Feltz
Elize van der Linde
Peter van Nederpelt
Peter Vennel
Michael Wityk
Marcin Wizgird
Benjamin Wright-Jones
Teresa Wylie
Hitoshi Yachida
Saad Yacu
Hiroshi Yagishita
Harishbabu Yelisetty
Taisei Yoshimura